石狮年鉴

2023（总第15卷）

中共石狮市委党史和地方志研究室 编

方志出版社
Publishing House of Local Records

图书在版编目（CIP）数据

石狮年鉴. 2023 / 中共石狮市委党史和地方志研究室编. —北京 : 方志出版社, 2023.12
ISBN 978-7-5144-6048-3

Ⅰ. ①石… Ⅱ. ①中… Ⅲ. ①石狮—2023—年鉴 Ⅳ. ①Z525.73

中国国家版本馆CIP数据核字(2023)第254898号

责任编辑：刘方圆
责任校对：张玉霞
责任印制：梅中英
出 版 者：方志出版社
地　　址：北京市朝阳区潘家园东里 9 号（国家方志馆4层）
邮　　编：100021
网　　址：http://www.zgfzcb.cn
发　　行：方志出版社图书营销中心（010-67110500）
印　　刷：福州大坤彩色印刷有限公司
开　　本：889毫米×1194毫米　1/16
印　　张：18
字　　数：714千字
版　　次：2023年12月第1版
印　　次：2023年12月第1次印刷
定　　价：280.00元

《石狮年鉴》编纂委员会

《石狮年鉴》总编室

编辑说明

一、《石狮年鉴》是由中共石狮市委、石狮市人民政府主办，中共石狮市委党史和地方志研究室编纂的年度地方资料性文献，2003 年开始编纂出版，2023 卷为第 15 卷。

二、《石狮年鉴》以马克思列宁主义、毛泽东思想、邓小平理论、“三个代表”重要思想、科学发展观、习近平新时代中国特色社会主义思想为指导，坚持辩证唯物主义和历史唯物主义的立场、观点和方法，实事求是地记载石狮市年度发展状况，反映石狮市自然、政治、经济、文化、社会、生态等领域发展状况，为社会各界了解石狮、研究石狮、置业石狮、旅游石狮提供尽可能全面、翔实的地情资料。

三、《石狮年鉴》采用分类编辑法。主体内容设类目、分目、条目 3 个结构层次，以条目为基本记述单元。

四、《石狮年鉴（2023）》记述时限为 2022 年 1 月 1 日至 2022 年 12 月 31 日，根据需要，个别事项的记述时间适当上溯或下延。

五、《石狮年鉴（2023）》着重反映 2022 年石狮市的基本情况，全书设年度聚焦、专记、大事记、市情概览、中国共产党石狮市委员会、石狮市人民代表大会、石狮市人民政府、中国人民政治协商会议石狮市委员会、中国共产党石狮市纪律检查委员会 石狮市监察委员会、民主党派 工商联、群众团体、法治、军事、外事 侨务 台港澳事务、经济管理、农业 农村、工业、纺织服装业、园区建设、交通 邮政、信息业、商贸流通服务业、金融、旅游、城乡建设和管理、生态环境保护、科学技术、教育、文化、卫生健康、体育、社会民生、应急管理、镇（街道）、荣誉 人物、文献选录、附录等。

六、《石狮年鉴》采用规范的现代语体文记述。数字用法、标点符号用法分别采用国家标准《出版物上数字用法》（GB/T 15835—2011）、《标点符号用法》（GB/T 15834—2011），计量单位采用国家技术监督局 1993 年 12 月发布的《量和单位》系列国家标准。涉农业部分内容，适当保留计量单位“亩”。文中凡简称“省”“全省”均指福建省，“市”“全市”均指石狮市。

七、《石狮年鉴（2023）》资料由全市各级机关、群众团体、企事业单位提供。统计数据以石狮市统计部门资料为准。统计部门统计范围之外的数据由各供稿单位审核后入鉴。

编制单位：福建省地图出版社　审图号：泉S〔2023〕023号　资料截至：2022年12月

石狮名片

城乡交通运输一体化示范县

全国无障碍环境市县村镇

全国“家校（园）共育”数字化示范区

全国文明城市

全国双拥模范城

全国预包装食品出口试点

全国信访工作示范县

全国信访“三无”县市

国家级义务教育发展基本均衡市

国家级紧密型医疗卫生共同体建设试点县

国家级市场采购贸易方式试点

国家生态市（县）

中国休闲服装名城

中国休闲面料商贸名城

中国直播电商发展示范城市

中国校园服饰名城

中国服装网商创新示范基地

全国综合实力百强县市

全国新型城镇化质量百强县市

全国科技创新百强县市

全国绿色发展百强县市

全国县域旅游综合实力百强县

县市电商竞争力百佳样本

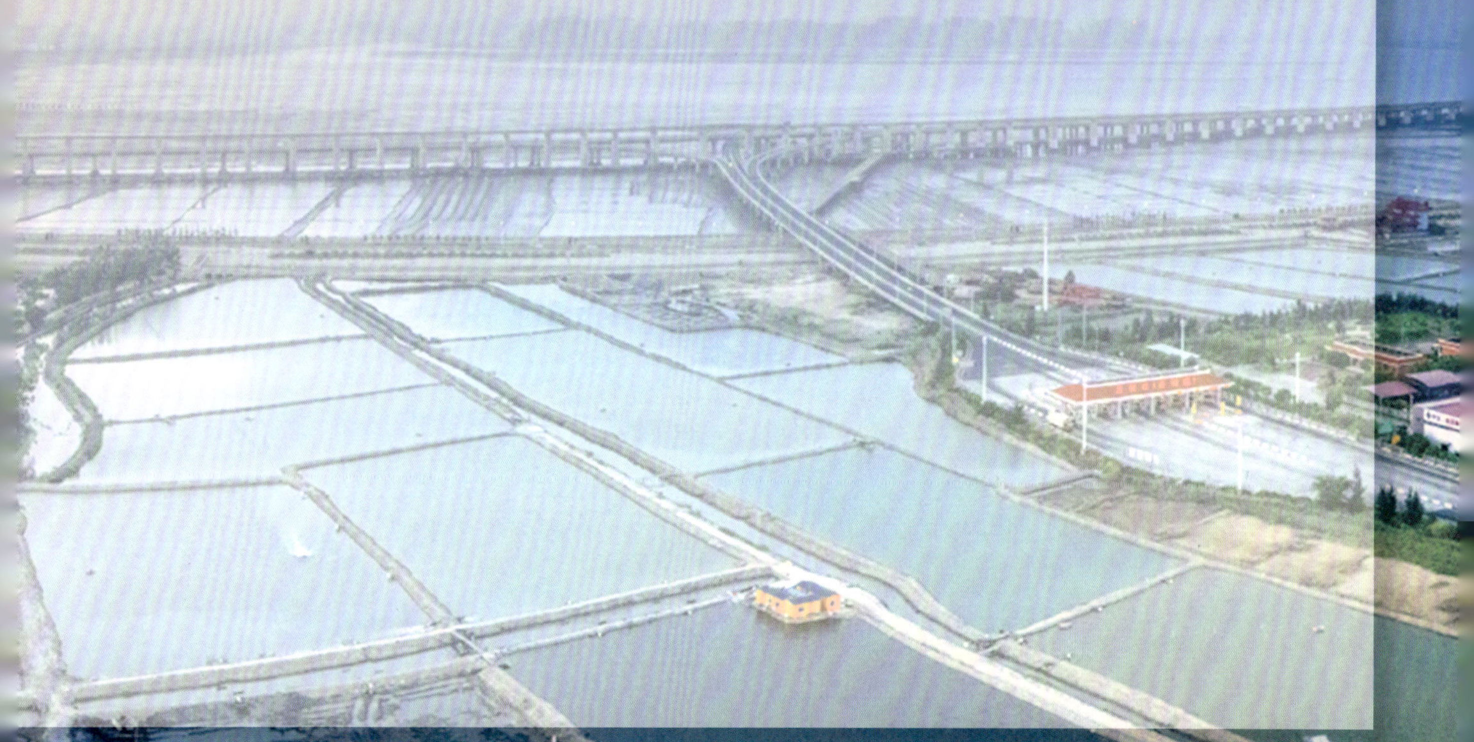

石狮湿地，摄于2022年4月　（泉州市石狮生态环境局 供图）

年末户籍总人口：372731 人

常住人口：69.5 万人

地区生产总值：1159.68 亿元

第一产业增加值：31.56 亿元

第二产业增加值：510.37 亿元

第三产业增加值：617.75 亿元

农林牧渔业总产值：59.41 亿元

社会消费品零售总额：641.41 亿元

一般公共预算总收入：58.11 亿元

城镇居民人均可支配收入：73205 元

农村居民人均可支配收入：34136 元

2022 数字石狮

港口货物吞吐量：4020.61 万吨

港口集装箱吞吐量：171.42 万标箱

水产品产量：400469 吨

海洋捕捞总量：337944 吨

海水养殖产量：62080 吨

金融机构存款余额：987.09 亿元

金融机构贷款余额：844.41 亿元

全社会用电：48.22 亿千瓦时

全市供水量：12633 万吨

各级各类学校：237 所

旅游总收入：68.21 亿元

旅游总量：597.6 万人次

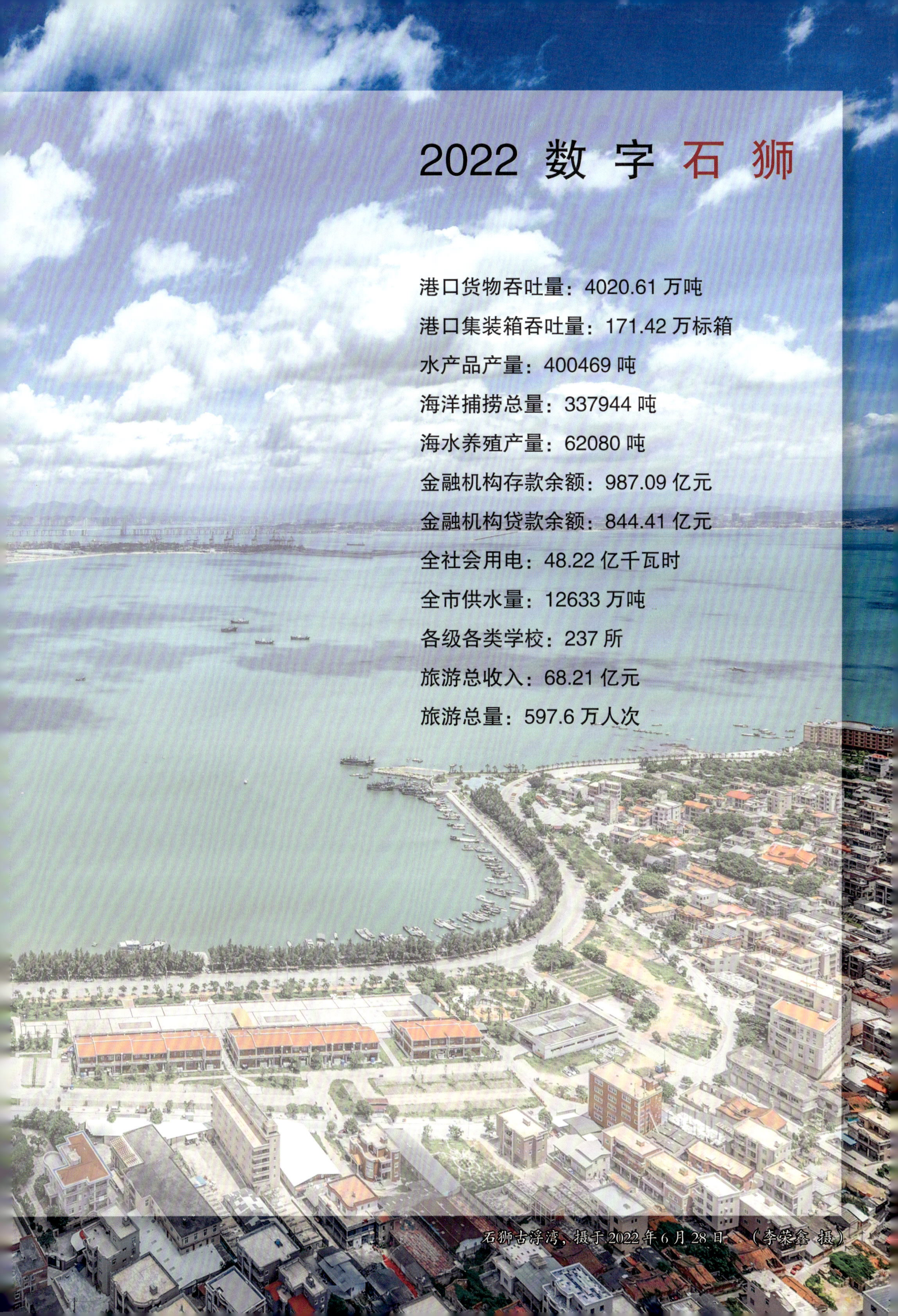

石狮古浮湾，摄于 2022 年 6 月 28 日　（李荣鑫 摄）

石狮锦江外线，摄于2022年8月3日 （李荣鑫 摄）

图说石狮

2022年，为全面建设现代化商贸之都，争当“三个示范”，在高质量发展中发挥“带动性基地”作用。2月9日，石狮市出台《“五在石狮”工作方案》，提出做好“五在石狮”（“创在石狮”“购在石狮”“游在石狮”“吃在石狮”“住在石狮”）文章，对“五在石狮”进行层层设计，激发各级各部门当好“施工队员”的热情，把“路线图”“施工图”转化为“实景图”，聚人气、活市场、兴城市、强产业。

创在石狮

2022年，石狮市紧盯争先创优的目标定位，重点围绕“创在石狮”推动营商环境优化提升，进一步补齐短板，提升既有优势，创新、推行、提炼具有石狮特色的营商环境事项，打造“创新发展”示范基地。

2022年2月6日，圆通智慧供应链创新中心暨福建总部基地签约落地石狮市。图为圆通速递福建总部暨石狮智创园开工现场（李荣鑫 摄）

2022 年 2 月 11 日，石狮市召开企业发展大会，图为表彰现场　　（市委统战部 供图）

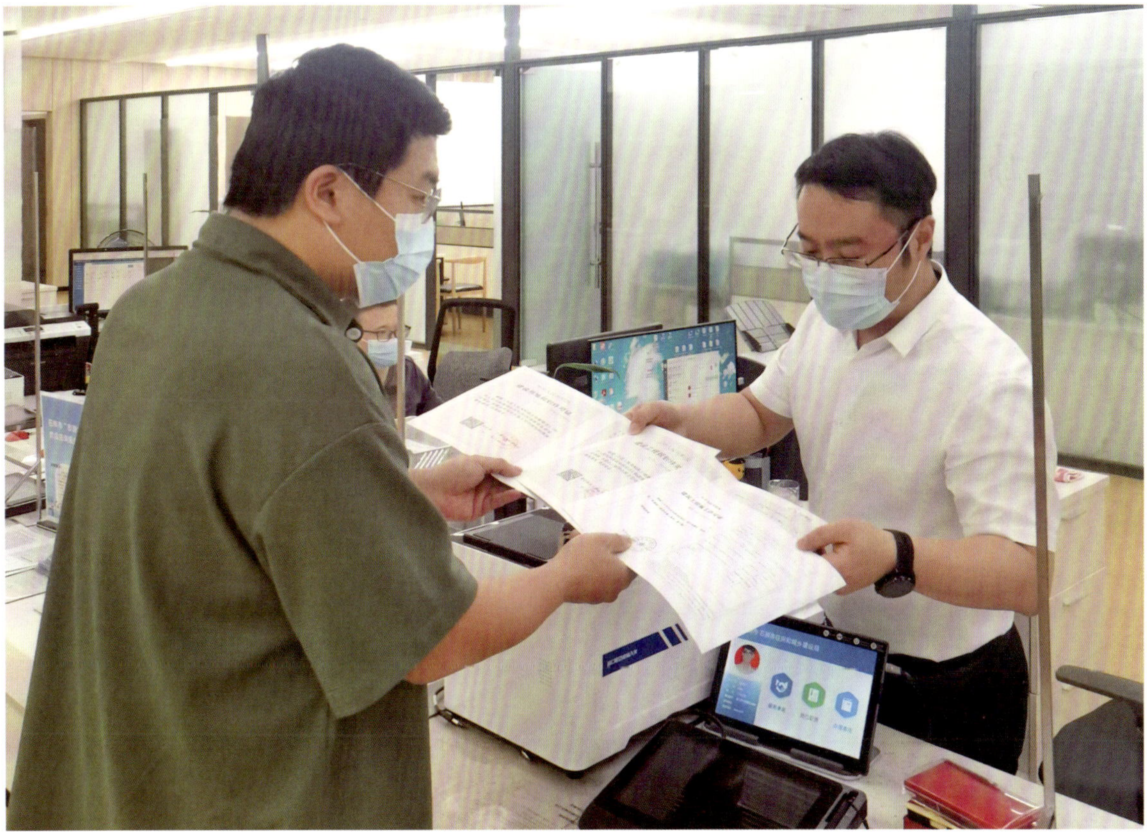

2022 年，石狮加快工程建设审批，实现全市首宗拿地即开工模式。图为 5 月 20 日工程负责人领取建设项目用地规划许可证和建设工程规划许可证　　（石狮市行政服务中心管委会 供图）

2022 年 5 月，石狮启动高校毕业生留石就业创业直通车工程，在 3 所高校设立“留石直通车服务中心”。图为 6 月 15 日，泉州海洋职业学院举行“留石直通车服务中心”授牌仪式　　（市人力资源和社会保障局 供图）

2022 年 9 月 1 日，建新轮胎项目一期工程正式投产。图为建新轮胎石狮公司首条重型工矿轮胎下线（李荣鑫 摄）

2022 年 9 月 15 日，中国泉州—俄罗斯远东航线首航仪式在石狮石湖港举行

（李荣鑫 摄）

2022 年 9 月 27 日，青创网 2022 电商生态峰会在石狮举行　　（市商务局 供图）

2022 年 9 月 30 日，石狮市举行泉州民祥智慧央厨预制菜生产基地项目竣工仪式

（市融媒体中心 供图）

2022年11月6日，石狮市场监管领域率先试行企业开办综合办事窗口改革，企业开办相关事项实现“一窗受理、综合服务”（石狮市行政服务中心管委会 供图）

2022年11月25日，第二届RCEP青年侨商创新创业峰会在石狮举行（李荣鑫 摄）

2022 年 11 月 25—27 日，2022 纺织服装科技成果展暨产业高端论坛在石狮服装城展览艺术中心举行。图为 11 月 26 日科技项目现场签约仪式　　（市工业信息化和科技局 供图）

2022 年，石狮市加快光子技术产业园建设。图为 12 月，石狮光子技术产业园一园一期厂房封顶　　（李荣鑫 摄）

购在石狮

2022年，石狮市依托“市场采购贸易＋跨境电商＋保税物流”综合业态优势，以规划新建“5510+五大市场”为突破口，以外贸出口、跨境电商、直播电商、商圈经济等为抓手，供、销、促齐发力，推动商贸经济繁荣发展。2022年，石狮社会消费品零售总额641.41亿元，同比增长3.9%；市场采购试点全平台出口504.27亿元，同比增长34.16%；电商销售额（含直播）1300亿元，连续5年居全省首位，位列全国县市电商竞争力第三。

2022年1月15日，“购在石狮”活动开幕式暨2022年春节石狮GO启动仪式在石狮德辉广场举行　　（市融媒体中心　供图）

2022年4月18日至5月8日，石狮市举行第三届中国（石狮）网上直播交易会暨“五在石狮”直播节活动。图为4月29日直播现场
（李荣鑫　摄）

2022 年 5 月 18 日，中国(福建)—非洲青年跨境电商大会在石狮市融媒体中心以网络视频连线的形式举行

（李荣鑫 摄）

2022 年 9 月 25 日，石狮市 2022 年中国农民丰收节在石狮泰禾广场举行。图为参展企业为游客介绍产品

（颜华杰 摄）

2022 年 9 月 25 日，“爱泉州·大乐购”石狮电商节系列活动启动仪式在石狮青创城举行。图为启动仪式现场

（市商务局 供图）

2022年9月，石狮（国际）女装网批市场开园仪式在凤里街道举行
（凤里街道 供图）

2022年9月25日，青创城“中国男装城”举行开业仪式
（市商务局 供图）

2022年11月24—27日，第八届中国（泉州）海上丝绸之路国际品牌博览会在石狮举行。图为11月25日，参展企业向民众介绍产品
（李荣鑫 摄）

2022年11月10—12日，石狮市组织18家企业参加中国厦门国际跨境电商产业展览会。图为石狮跨境电商馆展位　　（市融媒体中心 供图）

2022年11月25日，入驻东南亚集采中心、品牌企业代表入驻"侨易邦"签约仪式在石狮举行　　（李荣鑫 摄）

2022年11月26日，国潮品牌大会（泉州）暨丝路品牌侨商对接会在石狮举行　　（市融媒体中心 供图）

游在石狮

2022年，石狮市以滨海资源和海丝文化、闽南文化为重点，以“5+N”重大文旅建设为抓手，延伸“旅游+”“+旅游”产业链，规范提升“吃住行游购娱”全链条服务，全面融入泉州创建世界遗产典范城市，加快建设国际滨海休闲旅游城市，打造十里黄金海岸国家级旅游度假区和海丝航标文化旅游目的地，塑造闽派生活典范城市。2022年，全市旅游接待游客597.6万人次，旅游总收入68.21亿元。

2022年，十里黄金海岸观光栈道全线通车，摄于2022年1月10日
（李荣鑫 摄）

石狮橘若民宿，摄于2022年1月10日
（李荣鑫 摄）

2022年1月11日，由石狮市委宣传部主办、石狮市文化体育和旅游局承办的“文旅融合 游在石狮”专题研讨会在黄金海岸橘若民宿艺术馆举行
（颜华杰 摄）

2022年1月15日，石狮市永宁镇乡村旅游景区——绵羊农场投入运营
（李荣鑫 摄）

2022年4月29日，石狮市不断完善基础设施建设，提高便民服务水平，在永宁镇红塔湾投放50辆智能电动代步车　（颜华杰 摄）

2022 年 5 月 19 日，中国旅游日暨“趣石狮 游山海 微度假”直播活动在石狮华山古民居启动

（市文化体育和旅游局 供图）

2022 年 6 月 3 日，第十六届闽台对渡文化节暨蚶江海上泼水节在蚶江镇举行

（市融媒体中心 供图）

2022 年，石狮市帐篷节在华山研学基地举行，摄于 2022 年 6 月 8 日 （颜华杰 摄）

2022 年 7 月 25 日，第二十届广场文化艺术节在石狮人民广场举行 （李荣鑫 摄）

2022 年 7 月 26 日，泉州首届“福狮”文化节（石狮专场）活动启动仪式在永宁镇永宁古卫城广场举行 （李荣鑫 摄）

2022 年，石狮市黄金海岸悠见海屿营地建成运营，摄于 2022 年 8 月 20 日 （李荣鑫 摄）

吃在石狮

2022年，石狮市以打响丝路美食品牌为重点，加强石狮美食品牌输出，深挖石狮美食文化性和地域性，促进美食与旅游、商务、文创等产业融合发展，培育一批特色美食街区、美食老字号和品牌餐饮食品企业，提升石狮美食产业发展层级，打造闽菜典范城市品牌，争创“世界美食之都”。（颜华杰 摄）

2022年4月18日，石狮市举行第三届中国（石狮）网上直播交易会暨“五在石狮”直播节首场活动，图为“吃在石狮”直播现场
（市商务局 供图）

2022年6月27日，以“打响石狮美食品牌 共创闽菜典范城市”为主题的沙龙活动在石狮绿岛国际酒店举行
（李荣鑫 摄）

2022年，石狮市以市区新湖步行街、金相路、后花夜市、“城东小镇”和沿海的永宁红塔湾、蚶江锦江外线等为代表，打造夜间消费集聚区。图为蚶江锦江外线夜间消费集聚区，摄于2022年7月8日 （李荣鑫 摄）

石狮市祥芝镇古浮湾海鲜大排档夜景，摄于2022年7月8日 （李荣鑫 摄）

2022年7月27日，首届“宋元海丝宴”暨闽南菜传承创意大赛开幕式在石狮市举行　　（颜华杰　摄）

首届“宋元海丝宴”暨闽南菜传承创意大赛活动现场（一）　　（颜华杰　摄）

首届“宋元海丝宴”暨闽南菜传承创意大赛活动现场（二）　　（颜华杰　摄）

2022 年 9 月 12 日，央视频《乘着大巴看中国》节目组一行到世界文化遗产景点林銮渡品“宋元海丝宴”
（李荣鑫 摄）

2022 年，石狮市开展首届“老字号”评选活动，“许记”牛肉羹、“商记”糖品、“阿潭”水煎包等 13 个企业知名品牌被认定为首批“石狮老字号”。图为商家在制作“阿潭”水煎包　（市侨联 供图）

住在石狮

2022年，石狮市以打造方便宜居的“十五分钟生活服务圈”为目标，通过实施精心规划、精致建设、精细管理、生态宜居、出行便利、配套完善、市场稳健七大工程，提升人民群众“住在石狮”的幸福感、获得感、安全感。

锦江外线，摄于2022年7月8日　（李荣鑫 摄）

2022年，石狮市“书香狮城驿站”（石狮新华书店）投入使用，摄于2022年1月（颜华杰 摄）

2022年5月，石狮市改造提升伍堡哨所休闲公园景观（市融媒体中心 供图）

2022年，石狮市围绕打造“一刻钟”便民服务圈，按照城市社区、工业园区、传统村落、商圈市场、文旅景点等5种类型，全域布局建设46个“党建+”邻里中心站点（石狮市融媒体中心 供图）

峡谷旅游路，摄于2022年6月30日　　（李荣鑫　摄）

2022年，石狮市新建口袋公园20个。图为宝盖镇塘边村口袋公园 （颜华杰 摄）

2022年7月13日，石狮市急救中心灵秀分站成立，系石狮市首个急救中心分站 （市卫生健康局 供图）

2022 年，石狮市推进片区更新改造规划。图为 12 月 11 日更新改造中的龟湖东片区　　（颜华杰 摄）

2022 年，石狮市优化教育资源布局，推动城乡教育均衡化发展，组建 5 个小学教育集团。图为 9 月 1 日，石狮市第七实验小学前坑校区揭牌仪式举行　　（市教育局 供图）

2022 年 12 月，钞坑综合市场基本建成　　（李荣鑫 摄）

目 录

年度聚焦

专 记

大事记

市情概览

中国共产党石狮市委员会

石狮市人民代表大会

石狮市人民政府

中国人民政治协商会议石狮市委员会

中国共产党石狮市纪律检查委员会 石狮市监察委员会

民主党派 工商联

群众团体

法 治

军 事

外事 侨务 台港澳事务

经济管理

农业 农村

工 业

纺织服装业

园区建设

交通　邮政

信息业

商贸流通服务业

金 融

旅 游

城乡建设和管理

生态环境保护

科学技术

教 育

文 化

卫生健康

体 育

社会民生

应急管理

镇（街道）

荣誉 人物

文献选录

附 录

石狮“中国休闲服装名城”通过复查

2022 年，中国纺织工业联合会产业集群工作委员会对纺织产业集群试点地区开展第五次复查，并于 12 月 8 日在线上召开的全国纺织产业集群工作会议上，对 2022 年全国纺织产业集群试点地区复查结果、新增集群名单等进行通报，发布了关于确认 193 个地区为纺织产业集群试点地区的决定，其中，中国纺织产业特色名城 71 个，石狮市“中国休闲服装名城”“中国休闲面料商贸名城”顺利通过复查，被继续确认为纺织产业集群试点地区；凤里街道以“中国童装名镇”、灵秀镇以“中国运动休闲服装名镇”、宝盖镇以“中国服装辅料服饰名镇”、蚶江镇以“中国裤业名镇”、鸿山镇以“中国休闲面料名镇”上榜“中国纺织产业特色名镇”。2022 年，石狮市纺织服装服饰业（含辅料）规模以上企业 358 家，实现产值 851.95 亿元，占规模以上工业总产值的 53.7%，比 2021 年增长 6.6%。

（兰良增）

“传承‘晋江经验’·共享品质泉州”系列主题新闻发布会石狮专场举行

2022 年 7 月 15 日，“传承‘晋江经验’·共享品质泉州”系列主题新闻发布会石狮专场举行。石狮市委书记黄春辉围绕“全面建设现代化商贸之都 争当构建新发展格局先行区”作主题发布并回答记者提问；石狮市委常委、宣传部部长郑天助，石狮市政府副市长谢建智回答有关提问。泉州市委宣传部常务副部长、新闻办主任郑国防主持会议。

黄春辉表示，习近平总书记在福建工作期间，曾五次到石狮，要求石狮“坚持发展才是硬道理”“打造全省发展的带动性基地”，推动石狮成为“晋江经验”的重要起源地和早期实践者。石狮人民始终牢记习近平总书记的殷切嘱托，坚定不移沿着习近平总书记指引的方向，昂首阔步走在全省、泉州市改革发展前列。特别是中共十八大以来，全市上下深入学习贯彻习近平新时代中国特色社会主义思想，在泉州市委、市政府的坚强领导下，传承弘扬“晋江经验”，收获了更加丰硕的发展果实。十年来，我们坚信“爱拼才会赢”，顶着困难爬坡过坎，倾力保持实业发展的热度。抓住供给侧结构性改革契机，痛下决心抓转型促升级，倒逼印染行业改进工艺，出台加快发展智能制造政策措施，引导企业累计增加技改投资 610 亿元，千方百计保下实体根基、护住经济大盘，推动地区生产总值从2012年的494亿元增至2021年的1073亿元，在全国中小城市百强排名晋位至第15位。最关键的是进一步激活了石狮人血液里重商善贾的商贸基因，坚持走“以贸带工、贸工联动”的发展道路，市场主体从1.23万家增至14.86万家，限额以上商业销售总额从199亿元增至2044亿元，外贸出口从165亿元增至441亿元，重现“有街无处不经商”的繁荣景象。十年来，我们下功夫描城绣海，精心勾勒“山海城”联动格局，不断夯实城市建设的厚度。作为全省首个“全域城市化”改革试点，石狮把一个市当作一座城来规划建设，城镇化率从74.3%进一步提升至86.1%，交通路网密度高出全省平均水平4.84倍，住房价格长期保持在合理区间，荣膺全国文明城市“二连冠”。坚持把海岸带当成最珍贵的景观廊道和发展空间，新建高等级岸线公路35千米，新增生态绿地近200万平方米，建设峡谷旅游路连山接海，进一步撑开空间格局，还青山绿水于自然，吸引许多珍稀鸟类到这里栖息繁衍，打破了“白鹤不入闽”的历史。文化底蕴不断传承，拥有姑嫂塔、六胜塔、林銮渡3处世界遗产点，“宋元中国看泉州，海丝航标看石狮”，生动写照了这座城市的历史文化魅力。十年来，我们守好初心本色，始终把群众放在心中最暖的地方，努力提升民生保障的温度。城乡居民人均收入长年保持全省县市首位，小康指数位居全国县级市第20位，新建中小学和幼儿园51所、新增学位6.3万个，投入使用占地近20公顷的石狮市总医院等一批优质医疗资源，2021年在全省二级以上公立医院出院患者满意度调查中排名第3位。“来了就是石狮人”已经从理念变为现实，80万名新老石狮人一样享有就学、就医、就业同等待遇，在同一片天地间追逐梦想。

黄春辉指出，在新发展阶段，石狮将认真贯彻新发展理念，深入开展“提高效率、提升效能、提增效益”行动，深化“全面建设现代化商贸之都”发展战略，做好创新创业创造、发展商贸经济、精美城市建设“三个示范”，努力争当构建新发展格局先行区。我们将在搭建优质商品供应链平台上先行先试，支持纺织服装产业深入开展品牌创建和质量提升行动，加快建成一批新型专业市场，打造小商品创新策源地；我们将在发展“网红”电商经济上先行先试，推进“石狮电商谷”和“网红城市”建设，把市场、商品、物流搬到全国、全世界消费者的“家门口”“手机上”；我们将在探索国际贸易规则上先行先试，深入挖掘市场采购贸易试点、预包装食品出口试点、保税物流中心、跨境电商实训基地等国家级试点政策红利，积极拓展RCEP新兴市场，致力成为全省“买全球、卖全球”的“桥头堡”；我们将在完善现代物流体系上先行先试，健全以“石湖+锦尚”组合港为枢纽的集疏运体系，引进更多区域物流总部，加快布局海外仓和海外运营中心，推动物流与订单流、信息流、资金流协调整合。

会上，市领导还就记者关心关注的电商发展、外贸发展、教育优质均衡发展、“吃在石狮”、统筹规划和建设海岸带等问题作了介绍。

（市委史志研究室）

中国泉州—俄罗斯远东航线首航在石湖港举行

2022年9月15日上午，中国泉州—俄罗斯远东航线首航仪式在石狮市石湖港举行，从石湖港运往海参崴港的第一批集装箱被吊装上船，标志着石狮市正式开通泉州至俄罗斯首条外贸航线。此次开通的俄罗斯远东航线将投入2艘656标箱船型的船舶，挂港顺序为泉州石湖—广州南沙—海参崴港，为双周班，提供单程132小时（5.5天）的快捷班轮服务。石湖港作为泉州港的中心港区，此次开通中国泉州—俄罗斯远东航线，是石狮充分发挥港口资源优势，主动融入“丝路海运”，加大国际市场开拓力度的缩影。

近年来，石狮市积极融入泉州市“海丝名城”建设大局，服务“双循环”战略，抢抓“一带一路”机遇，放大市场采购贸易、预包装食品出口等“国字号”试点辐射效应，一方面持之以恒推进港口开发建设、完善港后服务配套，先后投入近百亿元，推进港口泊位、集疏运体系和港后综合配套建设；另一方面采取“一线一策”的措施，精准扶持港口航线培育，不断提升口岸通关效率，截至年底，国内外知名航运企业已在石湖港开通“一带一路”外贸航线15条，与厦门港形成远近洋错位发展格局，推动港航经济不断实现高质量发展，赋能石狮“现代化商贸之都”建设。

（许小雄）

石狮首份 RCEP 原产地证书签发

2022 年 1 月 6 日，石狮市利成水产食品有限公司通过国际贸易“单一窗口”向泉州海关石狮办申办 1 份出口泰国、货值 36.9 万美元的冻鲭鱼出口 RCEP 原产地证书，通过系统审核，并直接打印，成为石狮辖区签发的首份出口 RCEP 原产地证书。凭此证书，该企业这批商品将获得进口国关税减免 7.38 万美元，这标志着《区域全面经济伙伴关系协定》（RCEP）在石狮落地实施。

2022 年 1 月 1 日，《区域全面经济伙伴关系协定》（RCEP）正式生效，世界上人口最多、经贸规模最大、最具发展潜力的自由贸易区正式启航。RCEP 成员国包括中国、日本、韩国、澳大利亚、新西兰以及东盟十国共 15 个国家，从人口数量、经济体量、贸易总额三方面看，均占全球总量的约 30%。RCEP 生效后，区域内 90% 以上货物贸易将逐步实现“零关税”，贸易成本和商品价格将大幅降低。通过 RCEP 关税优惠安排，区域内企业能够显著降低生产成本，消费者能够享受到更加质优价廉的产品。

这一年来，石狮推进 RCEP 政策落地，陆续签发福建省首份出口韩国、马来西亚、菲律宾的 RCEP 原产地证书，持续做好 RCEP 宣贯活动，为辖区企业开展 RCEP 政策解读，深入推进原产地智能审核、自助打印，稳步推动 RCEP 原产地管理信息化应用，石狮企业通过 RCEP 政策红利切身享受到实惠，增添了开拓国际市场信心的同时，也有效助力石狮外贸发展保稳提质。

（庄玲娥）

石狮市推行“名优校 +”教育发展共同体建设模式

2022 年，石狮市教育局立足全市发展大局，以落实立德树人根本任务为思想引领，以办好“家门口的优质教育”为目标，全面实施“名优校 +”教育发展共同体，利用同步课堂、集团办学、合作办学等举措，推动石狮教育优质均衡发展。

组建 5 个小学教育集团 1 个中学教育共同体。2022 年 6 月 2 日，石狮市人民政府批复同意组建 5 个小学教育集团，通过实施教育集团化办学，推动教育优质均衡发展和优质基础教育资源共建共享，让群众享受“家门口的优质教育”。石狮市第二实验小学、石狮市第三实验小学、石狮市第五实验小学、石狮市第七实验小学、石狮市永宁中心小学 5 个小学教育集团，实行“一校多区、同一法人、统一师资、统一管理”的紧密型一体化集团管理模式，覆盖小学 22 所，惠及学生 15921 名。组建 1 个中学教育共同体。创办厦门外国语学校石狮分校教育发展共同体，把永宁中学办成“厦外石分永宁校区”，在鹏山实验学校加挂“厦外石分合作学校”牌子，推进联盟学校抱团发展。

“1+N”模式推动优质教育资源向乡镇延伸。2022 年 6 月 17 日，石狮市第三实验小学举行“名优校 +”同步课堂交流活动，与该校结对的复光校区、锦尚镇锦里小学的老师们走进教室，与学生们共享骨干教师的精彩课堂。2022 年，石狮市投入资金 510 余万元，加强 5G+ 同步课堂信息化建设，实施以市区学校为引领、乡镇学校为基础的名优校“1+N”结对帮扶共同体模式，遴选 3 所优质小学（石狮市实验小学、石狮市第三实验小学、石狮市实验中学附属小学）+7 所乡镇小学，开展送教下乡、同步课堂活动 50 余场，实现市区乡镇学校课堂同上、交流共进、教研共研、差异互补，推动优质教育资源向乡镇延伸。“名优校 +”同步课堂做法受到《中国教育报》等 12 家中央、省、市媒体集中报道。

整合提升教育质量。出台《石狮市永宁镇小规模小学优化提质工作实施方案》，进一步优化永宁镇教育资源配置，满足人民群众对优质教育资源需求，将沙堤小学等 4 所规模 200 人以下小学就近整合到信义实验小学等 3 所中等规模学校。开展泉州师范学院附属小学与石狮校区的合作办学工作，签订合作续约协议，从学校管理、教师培养、教学教研、资源共享等方面开展合作和交流。引进泉州五中优质教育资源，将后垵学校办成“泉州五中石狮教改基地校”，推进教育提档进位，着力构建更高品质的基本公共教育服务体系。

（林 坤）

石狮市获评首批“全国信访工作示范县”

2022年1月，中央信访工作联席会议办公室、国家信访局公布首批“全国信访工作示范县（市、区、旗）”，石狮市榜上有名。

近年来，石狮市认真贯彻落实习近平总书记关于加强和改进人民信访工作的重要思想，不断深化信访工作制度创新，连续两年获全国信访工作“三无”县（市、区）等称号。截至2022年底，石狮市成立信访专班113个，化解大批牵涉面广、影响大、关乎民生的问题。石狮市第一批“治重化积”信访积案化解率达100%，居泉州各县（市、区）第一位。

以点带面，推广“三个做法”。推广“订单分包”做法。拓展“网格通”App功能，推动流程再造，探索出由镇（街道）多元调处中心“收单”“派单”，责任单位和责任人“接单”，参与各方共同“消单”的基层信访事项二次分配模式。多元调处中心实时跟踪，开展销单管理。对于本级不能化解的信访矛盾，及时上报对口市级单位推动解决，在矛盾纠纷处置结束后7日内进行回访，打造工作闭环。推广“融合评理”做法。根据部分村居同风同俗、产业相近的优势，运用片区共治、合署办公、网格共融等方式联合组成信访评理团，集中评理化解信访问题。推动园区互通、就近化解，针对工业园区力量分散、区域扩大、基础设施滞后等问题，建设工业区联合评理室，推动企业矛盾在工业区“家门口”就近化解。推动社区融合、集约治理，试点建设乡村融合治理服务中心，为信访诉求提供“一站式”解决方案。2022年，全市各类特色评理室通过评理化解信访事项244件，化解率达99.1%。推广“社会联调”做法。充分调动全市2.5万名平安志愿者的积极性，构建“无缝隙、全方位、多层次”的信访志愿服务网络，形成品牌志愿者队伍。设立扎根于行业协会的信访问题化解机构，相继成立贵州商会信访评理室等30多个行业调委会和信访评理室，累计完成评理案件40余件，以行业内部矛盾自我化解消除问题隐患。注重发动乡贤人才、海外华侨等力量担任村居“信访评理员”，邀请宗亲会长参与本族信访问题化解，借助乡贤力量说事评理，形成社会合力。

下绣花工，寻求“三种解法”。寻求涉渔纠纷“海上枫桥+”解法。进一步升级“海上枫桥”经验，打造由信访局牵头，市法院、农业农村局等政府机构，老人协会、渔业协会等民间组织，船东、海员等各方力量参与的矛盾纠纷化解机制，构建“海上—港口—乡镇”三级矛盾全链条化解的“海上枫桥+”模式。2022年，化解渔业纠纷49起，实现“小事不出船，大事不出港，矛盾不上交”的纠纷化解目标。寻求房产纠纷“政府+市场+法治”解法。坚持政府主导、开发商主体、市场化法治化推进的原则，落实风险预判、信息预警、领导挂帅、全程监管，解决大批问题。寻求电商纠纷“云服务”解法。紧跟石狮商贸发展态势，积极拓宽“云上”受理渠道，对接“12345”“12315”两大电话投诉平台，整合人民网、微信公众号等网络投诉渠道，实现“一搜”即达、方便投诉，2022年，石狮市网上信访量占比达81.5%。完善跟踪反馈机制，坚持在10个自然日内办结答复消费者投诉事项，远低于45个工作日的规定，进一步营造诚信守法、公平竞争的“丝路电商”市场环境。

长治长效，固化“三项机制”。固化信访问题研判预警机制。构建与市公安局、市融媒体中心互通的社情、舆情提醒制度，提早分析研判。将信访事项按照“黄、橙、红”三色预警及时通报涉事单位及相关领导，并按不同信息分级迅速跟进处理，上报情况。固化信访工作奖惩激励机制。将信访工作与文明创建、绩效考评、干部考评等工作挂钩，严格问效、据实上报，督促各部门切实做好信访工作。固化信访干部培训培养机制。注重在一线发现和培养信访干部，将一些敢担当、能作为的一线信访干部定期向市委和市委组织部推荐。

（市信访局）

石狮“宋元海丝宴”入选“全国地标美食名录”

2022年6月，石狮“宋元海丝宴”被中国饭店协会批准成为“地标美食名宴”，成功入选“全国地标美食名录”。9月，央视《消费主张》特别节目《八大菜系》专门报道“宋元海丝宴”和石狮闽南菜，极大提升闽南菜和石狮美食的影响力和美誉度。

作为南宋美食家林洪的故乡，石狮美食得益于中原文化、海丝文化、闽南文化等多元文化的融合与交汇；作为闽南之滨，石狮毗邻台湾海峡渔场，拥有祥芝国家中心渔港，有石湖红膏蟳、古浮紫菜等本地食材；作为商贸之都，石狮汇聚天南地北的烹饪原材，山珍海味俱全，蔬菜瓜果飘香。石狮依托多元的文化、丰富的物产、发达的经济、便利的交通，博采各路菜系之精华，在千年的历史发展中，形成了闽南口味为主、海鲜水产品菜肴为亮点，兼具南洋、台湾等地的经典风味，集山珍海味于一体，形成了博大精深、异彩纷呈的独特饮食文化。“宋元海丝宴”作为世遗的活化项目，展现了宋元时期世界海洋商贸中心独特的美食文化。11月，宋元海丝宴烹饪技艺等5个项目被纳入石狮市第五批市级非物质文化遗产代表性项目增补名录。

专业化深挖饮食历史文化渊源

文化和产业并举，是石狮打造世界美食之都的突破口。为挖掘石狮美食的历史文化内涵，石狮通过开展学术研讨，全面梳理文化脉络。举办“打响石狮美食品牌 共创闽菜典范城市”“宋元中国看泉州 海丝航标看石狮”等系列沙龙，集合海丝文化专家、闽菜专家、烹饪大师等组成强大专家团队，围绕林洪著作《山家清供》、宋元时期的世界海洋商贸中心的饮食文化和石狮本土饮食文化，进行深度研讨、严谨考证和实地调研，深挖闽菜特别是闽南菜千年饮食文化根源。经多轮的研讨，一席盛宴的核心要义与精髓逐渐清晰：以南宋典籍《山家清供》为根源，以海丝世遗为发端，融合泉州在“海上丝绸之路”的爱拼会赢精神，放眼“一带一路”的石狮作为，融汇古今，传承创新闽菜文化，让“宋元海丝宴”成为中国饮食文化创新、传续的全新亮点，是石狮通过文化赋能美食，美食活化世遗，推动中华优秀传统文化创造性转化、创新性发展的一次有益探索。

系统化开启人文美食复原行动

打造主题名宴品牌体系。遵循宋元海丝文化脉络，通过十几轮的专业遴选、复原、研发，从《山家清供》的104道精选出24道，从《中国闽南菜》《中国闽菜精粹》菜品目录精选最具石狮特色的闽南菜共计188道，组成宋元海丝宴的比赛菜系范围。在此基础上组织全市厨师进行系统化培训，培训内容包括文化和技艺两部分。2022年，举办首届“宋元海丝宴”暨闽南菜传承创意大赛，45个餐饮机构报名参赛，总参赛人数140人，参赛选手现场制作、复原和创新具有海丝内涵、宋元美学特征的代表性菜肴，共同创作生成一席极具IP化、美学感、时代性及石狮特色的“宋元海丝宴”。石狮全面启动《山家清供》全系列菜品复原系统工程，除了兼收闽南名菜、集山珍海味于一席的菜品外，“宋元海丝宴”还融合仿古的宋元器皿、场景、乐曲、诗词等沉浸式元素，将传统文化与餐饮运营相结合，鲜活再现富有宋元美学特征的宴席场景，展现宋元时期“世界海洋商贸中心”独特的饮食文化，进一步丰富泉州世界文化遗产的内涵。

标准化构建主题名宴品牌体系

塑造名宴品牌形象。将“宋元海丝宴”列入市级非遗美食项目，设计并注册“宋元海丝宴”商标，统一宣传册、菜单、礼袋等形象设计，创建百度百科词条，强化名宴IP输出。推动美食名宴项目化。依托荣誉、绿岛等赛事获奖的餐饮机构，推动名宴的市场化运营，取得良好的市场口碑。以文化赋能、科技赋能的方式，策划在黄金海岸美达酒店、八卦街美食展示区等区域生成“宋元海丝宴”沉浸式主题餐厅，通过菜品、宴席与器皿、场景综合呈现，演绎宋元美学主题宴席。申报“地标美食名宴”。以“宋元海丝宴”为申报主体，向中国饭店协会提报“地标名宴”和“地标美食”申请，因立意好，短时间传播范围较广，顺利获评。

市场化延伸美食产业发展链条

启动美食产业规划。成立“吃在石狮”工作领导小组，下设办公室，负责统筹协调全市美食工作，出台《关于推进石狮美食繁荣发展的若干意见》《石狮市扶持美食产业发展若干奖励措施》，建立多层次的扶持奖励机制。推广文创伴手礼。引导荣誉酒店、海西坊、来旺等食品企业融合福狮、宋元海丝文化，研发文创伴手礼，开发“宋元海丝宴——通神饼伴手礼”“宋个茶点”“福礼礼盒”“狮文化”系列产品。策划石狮简餐品牌。延伸“宋元海丝宴”热度，推出简餐品牌，设计Logo、门店形象，统一品牌形象，打造食品城石狮简餐样板店，在北京开设首家石狮简餐店。抢占预制菜发展风口。整合全市预制菜企业，打造食品城预制菜线上线下交易展示中心，初步建设B2C预制菜产业链模式，为餐饮企业提供营销解决方案，截至12月底，入驻电商企业80多家。

立体化打造宣传推介营销网络

高起点谋划宣传。央视频直播节目《乘着大巴看中国》福建站之闽山闽水物华新以“宋元海丝宴”等美食为切入点，多维度地展示石狮城市风光和美食文化，吸引上千万人次在线观看；央视《消费主张》特别节目《八大菜系》专题推出《2022年中国夜市全攻略：福建石狮夜市美食》，人民网、中国经济网、凤凰网、台海网等海内外媒体平台也相继进行专题报道；中英文发行餐饮业权威杂志《美食》《烹饪艺术家》，发表长篇美文推荐“宋元海丝宴”，助力石狮美食“出圈”。全方位推介展示。举办美食摄影赛事，组织拍摄《石狮旅游美食风情片》《来去石狮品美食》等主题宣传片。依托第八届中国（泉州）海上丝绸之路国际品牌博览会暨第二届RCEP青年侨商创新创业峰会、首届“福狮”文化节（石狮专场）、第三届中国（石狮）网上直播交易会暨“五在石狮”直播节，全方位宣传推介“宋元海丝宴”，展示石狮美食独特魅力。

（市委办）

2022年7月27日，石狮市举行首届“宋元海丝宴”暨闽南菜传承创意大赛开幕式。图为活动现场
（颜华杰 摄）

大事记

1月

4日　“福建石狮智慧城市大脑”案例入选《城市大脑案例集（2022）》，系全省唯一入选的城市大脑案例。

6日　石狮市利成水产食品有限公司向泉州海关申办出口《区域全面经济伙伴关系协定》（RCEP）原产地证书，成为石狮辖区签发的首份RCEP原产地证书。

10日　福建省第四届“励志校园·感动福建”优秀学生典型宣传活动颁奖典礼在福建医科大学医大会堂举行。石狮市华侨中学学生吴承谕获“福建励志先锋”称号。

同日　石狮市工会第七次代表大会召开，许顺达当选为市总工会第七届委员会主席。

13日　省退役军人事务厅党组书记、厅长罗庆春一行到石狮调研退役军人服务保障及双拥工作有关情况。

同日　石狮市首个侨亲服务站在凤里街道大仑东片区改造建设工作指挥部举行揭牌仪式。

14日　石狮市党史学习教育总结会议举行。

15日　永宁镇首个乡村景区——石狮绵羊农场开业运营。

20日　祥芝镇首家“公建民营”养老机构——区域性养老服务照料中心正式投用。

21日　石狮市国家水禽品种资源基因库改扩建项目通过竣工验收。

2月

1日　石狮签出福建首份RCEP中韩原产地证书。

6日　圆通智慧供应链创新中心暨福建总部基地签约落地石狮市。

8日　“2022全国网上年货节”期间（1月10日至2月7日），石狮市网络零售额34.9亿元，居全省县级市首位。

11日　石狮市工商业联合会第七次代表大会召开，杨紫明当选为石狮市工商联（总商会）第七届执行委员会主席（会长）。

18日　石狮市未成年人保护联盟家庭教育指导中心在石狮市检察院揭牌成立。

22—23日　省政协副主席阮诗玮带领省政协对口协商课题组一行到石狮开展“加快福建省文化场馆建设”专题调研。

3月

3日　由福建省税务局牵头开展的“春风助企百局行”服务出口企业活动首站到石狮。省税务局会同省商务厅专题调研石狮服装城市场采购贸易方式试点工作开展情况。

4日　石狮市快递行业联合工会成立。

9日　福建省贸促会副会长谢续华带队到石狮调研第八届中国（泉州）海上丝绸之路国际品牌博览会前期组展筹备情况。

15日　石狮市公安局蚶江派出所被命名为全国第二批“枫桥式”公安派出所。

29日　石狮市总医院获批国家首批“千县工程”。

4月

2日　祥芝镇入选2022年全国农业产业强镇创建名单，系泉州市唯一入选的乡镇。

18日　石狮市第三届中国（石狮）

网上直播交易会暨“五在石狮”直播节在石狮市服装城举行。

21日　石狮市入选全省首批法治政府建设示范地区。

26日　石狮市外贸转型升级基地（水产品）获批省级外贸转型升级基地。

28日　石狮市举行金融助力复工复产签约会活动。会上8家金融机构与14家企业、学校、行业协会达成48亿元授信协议。

29日　福建省教育厅办公室发布推广第三批落实“双减”工作典型案例，石狮市实验中学附属小学“五个一，五个有”关爱保障教师的做法入选。

5月

2日　石狮市诚泰食品有限责任公司“诚泰”和大德康元（福建）药业有限公司“大德康元”被认定为第二批“泉州老字号”。

9—10日　省委统战部副部长李文慎一行到石狮开展专题调研。

10日　石狮召开全市妇儿工委全体会议，部署推进新“两纲”编制工作。

同日　石狮市2022年度首期渔业职务船员培训班在泉州海洋职业学院开班，有学员182人。

11日　石狮市世茂商业广场创建省级食品安全示范街签约仪式在世茂海丝博物馆报告厅举行，这意味着石狮市正式启动省级食品安全示范街创建。

13日　第四届“双品”网购节（品牌消费、品质消费）暨非洲好物网购节活动期间（4月28日至5月12日），石狮市网络零售额为23.8亿元，居全省县（市、区）首位。

14日　石狮的蔡武概创作的两幅作品《寒威千里》《温馨家乡》分别获“福见花开”福建省首届残疾人工艺美术文创作品展绘画类一等奖、优秀奖。

16日　石狮市启动电子商务行业人才评定与积分管理工作，在全省率先出台电子商务行业人才评价标准。

17日　共青团石狮市委、石狮青商会联合举办的“四季沐歌”户外主题音乐会之“浅尝初夏”在石狮市体育公园举行。此活动是石狮青商会开展的首期户外主题音乐会。

18日　泰国石狮同乡总会暨泰国石狮商会成立八周年庆典暨第三届理事会就职典礼在泰国曼谷举行。

同日　由福建省人民政府外事办公室、泉州市人民政府联合主办，石狮市人民政府作为承办单位，福建省商务厅作为支持单位的“中国（福建）—非洲青年跨境电商大会”在石狮市融媒体中心以网络视频连线的形式召开。

同日　石狮市“5·18”国际博物馆日主题活动暨“风从海上来——泉州港古航海图特展”在石狮市博物馆举办，共展出19件古航海图、7件海丝主题书法作品和12件摄影配诗图版，多角度展现泉州世界遗产的深厚内涵和绚丽景观。

同日　泰国石狮同乡总会暨泰国石狮商会成立八周年庆典暨第三届理事会就职典礼举行。

18—19日　省委常委、宣传部部长张彦赴泉州晋江市、石狮市、安溪县，实地调研地方特色文化、县级融媒体中心、中小学研学大学生社会实践教育基地建设和文旅经济发展等工作。

19日　“5·19”中国旅游日暨“趣石狮 游山海 微度假”线路推介活动在华山古民居启动。启动仪式上，石狮、德化双方签订山海联盟微度假协议。

24日　“亲情中华·为你讲故事”网上夏令营举办线上开营仪式。这是石狮市侨联举办的第二届菲华网上夏令营、首届中泰网上夏令营。

25日　石狮市公安局蚶江派出所获“全国优秀公安基层单位”称号。

同日　福建省政协常委、提案委主任董建洲率省政协调研组一行到石狮开展“传承创新‘晋江经验’，建设民营经济强省”重点提案督办。

26日　鸿山热电公司举行首批20兆瓦光伏发电项目合作签约仪式，与建新轮胎有限责任公司、福建省煌祥纺织科技有限公司、石狮市龙兴隆染织实业有限公司、泉州市祥欣新材料科技有限公司4家企业签订合作协议。

28日　全国大学生先进成图技术与产品信息建模创新大赛福建省赛在闽南理工学院举行。

30日　石狮市首批政协委员工作室（联系点）及委员读书驿站揭牌仪式举行。

6月

2日　石狮市人民政府批复同意组建5个小学教育集团，分别为石狮市第二实验小学教育集团、石狮市第三小学教育集团、石狮市第五实验小学教育集团、石狮市第七实验小学教育集团、石狮市永宁中心小学教育集团。

同日　石狮首个新时代文明实践示范基地在国网石狮市供电公司揭牌成立。

10—12日　2022海峡（福州）渔业周·中国（福州）国际渔业博览会在福州海峡国际会展中心举行，石狮市12家渔业企业首次以县级品牌馆的形式组团参展。

11日　福建省文化和旅游厅在福建主会场开展2022年“文化和自然遗产日”非遗宣传展示活动，石狮市卢厝狮阵获颁“国家级非物质文化遗产代表性项目”牌匾。

20日　福建省教育厅、福建省工业和信息化厅联合下发《关于公布首批省级现代产业学院建设项目名单的通知》，石狮市闽南理工学院智能制造产业学院获批首批省级现代产业学院建设项目。

21日　石狮法院举行崇军拥军司法服务中心揭牌仪式。

27日　以“打响石狮美食品牌 共创闽菜典范城市”为主题的石狮市“吃在石狮”沙龙活动在绿岛国际酒店举行。

28日　湖滨社区卫生服务中心获评国家级胸痛救治单元。

29日　石狮首家村级党校——中共石狮市永宁镇委员会党校梅林分校揭牌仪式在梅林村举行。

30日　工信部副部长徐晓兰带领调研组一行到石狮开展促进中小企业发展工作调研。

7月

1日　石狮市推出“企业登记基本情况表查询”掌上办服务，在福建省率先实现县级企业登记档案信息查询“掌上办”，让企业登记档案信息查询“零见面，自助办”。

同日　石狮市私营企业协会人民调解委员会成立。

3日　2022中国（石狮）直播电商资源对接会在石狮举行。

同日　2022电商主播大赛总决赛在石狮服装城艺术展览中心举行。

同日　石狮问海文旅项目正式运营。

6日　团省委副书记张阿峰带队到石狮调研青年发展型城市试点工作情况。

7日　石狮市新就业形态工会联合会第一次代表大会召开。大会宣告成立石狮市新就业形态工会联合会，选举产生石狮市新就业形态工会联合会第一届委员会和经费审查委员会，郭亚永当选主席。

同日　石狮“青年活力空间”揭牌仪式在狮达堂流行艺术培训基地举行，该基地是石狮市首个“青年活力空间”。

8日　省人大常委会党组副书记、副主任庄稼汉率全省十三届全国人大代表调研组一行到石狮开展专题调研。

9日　石狮市邻里守望志愿者协会在湖滨街道长福社区揭牌成立。

9—10日　省旅发集团调研组到石狮调研石狮湿地公园、林銮渡、四端堂、华山研学基地、世茂海丝馆、峡谷旅游路、黄金海岸、宝盖山景区等文旅项目。

12日　全国纺织工业先进集体、劳动模范和先进工作者表彰大会举行，石狮市布料同业公会监事长单位联邦三禾（福建）股份有限公司副总经理洪霜雅（女）、石狮市染整同业公会会长单位石狮市新华宝纺织科技有限公司技术科科长万仲海被授予“全国纺织工业劳动模范”称号。

13日　省政协党组副书记、副主席张兆民带领省政协调研组一行到石狮开展省政协重点提案督办调研。

同日　教育部基础教育司下发《关于推广第五批学校落实“双减”典型案例的通知》，石狮市实验中学附属小学《“五有”措施关爱教师》典型案例入选。

同日　石狮市人民政府批复同意创办石狮市第七实验幼儿园、石狮市第八实验幼儿园、石狮市第九实验幼儿园3所学校。3所幼儿园均为市直全日制公办幼儿园。

13—14日　福建省中小企业服务中心主任陈洪春一行到石狮开展“党企新时空·政企直通车”平台运营工作情况调研。

14日　福建省人大常委会副主任、民进省委会主委严可仕一行到石狮市召开“矢志不渝跟党走、携手奋进新时代”政治交接主题教育宣讲会，并走访调研民进会员企业。

15日　“传承‘晋江经验’共享品质泉州”系列主题新闻发布会石狮专场举行。

同日　晋江留学人员联谊会与石狮留学人员联谊会共同举行纪念“晋江经验”提出20周年“汇聚精英 共联未来”石狮行暨“探寻海丝文化 共绘电商蓝图”联谊活动。

同日　由福建省教育厅、福建省军区政治工作局联合举办的2022年福建省大学生军事技能比武活动在仰恩大学举行。泉州纺织服装职业学院获团体成绩一等奖，战术基础科目成绩全省第一，轻武器分解结合科目成绩全省第一，手榴弹定点投掷科目获二等奖，战场医疗救护科目获三等奖。

19日　“喜迎二十大·筑梦新征程·一起向未来”首届海上丝绸之路青少年文化艺术节开幕仪式在福建省世茂海上丝绸之路博物馆举行。

同日　石狮市德皇皮革商贸有限公司收到安瑞检测认证（广东）有限公司开具的“全电发票”，系石狮企业收到的第一份“全电发票”，标志着石狮市税务局“全电发票”受票工作迈入“以数治税”的新阶段。

同日　石狮市的福建飞通通讯科技股份有限公司、福建中科光芯光电科技有限公司入选2022年度全省数字经济核心产业领域创新企业名单。

21日　福建省人大常委会委员、侨（台）工委主任陈雄率领的联合调研组到石狮开展铸牢中华民族共同体意识推动新时代民族工作高质量发展情况调研。

22日　第五届数字中国建设成果展览会在福州海峡国际会展中心开幕。由石狮市打造的“智慧城市大脑”在7号馆亮相。

同日　石狮籍运动员钱闽瑶在福建省第十七届运动会帆船帆板比赛中获帆板女子乙组T293级金牌。

同日　2022中国（石狮）拉美跨境电商时尚类目（美客多）专场对接会在石狮举行。

23日　“瑞鹰科技杯”2022年福建省纺织印染助剂科技成果推介会在石狮举行。

24日　石狮市华侨中学高中生吴承谕获第十九届“叶圣陶杯”全国中学生新作文大赛最高奖项——“全国十佳小作家”。

25—30日　石狮市第二十届广场文化艺术节在石狮市人民广场举行。

26日　以“喜迎二十大　‘福狮’启征程”为主题的泉州首届“福狮”文化节（石狮专场）活动启动仪式在永宁镇永宁古卫城广场举行。

同日　福建运动潮酷暨石狮男装直播节启动仪式在石狮服装城展览艺术中心举行。

27日　首届“宋元海丝宴”暨闽南菜传承创意大赛开幕式在南宋著名美食家林洪的故里——石狮举行。

同日　石狮市伴手礼行业协会旗舰店揭牌仪式在石狮市国际食品城举行。

28—30日　第二十二届中国商品交易市场发展论坛暨全国商品交易市场经验交流大会在河北石家庄以线上、线下结合方式召开，石狮服装城获“全国商品交易市场——最具影响力品牌市场”称号；石狮国际轻纺城获“创建全国优化升级——产业链供应链示范市场”称号；石狮国际商贸城市场品牌“独播”“名仕蒙可”“宾利车”“永发”“大胆创”获“全国商品交易市场——消费者信赖品牌”称号；石狮国际商贸城商户“石狮市诚品服饰贸易有限公司”“石狮市如意袜业商贸有限公司”获“全国商品交易市场——文明诚信经营示范商户”称号。

29日　福建省“双拥模范城（县）”命名大会在福州召开，石狮市再次获“双拥模范城”称号。这是石狮市连续9届获省级“双拥模范城（县）”称号。

8月

3日　石狮市市场监督管理局向辖区食品生产企业核发首张食品生产许可证。

7日　由石狮市政协文化文史和学习委员会编写的《石狮灯谜》获第十四届“郭龙春谜书奖”，全国共有3部谜书获此荣誉。

10日　江西省南昌市红谷滩区委政法委考察组到石狮调研智慧石狮管控平台。

21—23日　由吴忠市商务和投资促进局、中共盐池县委员会、盐池县人民政府、中共石狮市委员会、石狮市人民政府联合主办的“2022年西部电商产业发展论坛暨闽宁商品对接会”在宁夏盐池县举行，石狮市组织100余名企业家参加。

22日　石狮中纺学服装及配饰产业研究院获评2022年“科创中国”创新基地。

24日　在成都举办的2022年全国烹饪技能锦标赛总决赛上，石狮荣誉国际酒店中厨粤菜主管王栋良的参赛菜品获特金奖。

9月

1日　泉州港口岸泉州湾港区锦尚作业区扩大对外开放通过省级验收。

6日　中共省委宣传部、省委网信办等单位主办的2022年国家网络安全宣传周福建省活动开幕式在厦门举行，石狮市获授“福建省级智能社会治理实验基地”牌匾。

同日　中国印染行业协会发布2022年度中国印染行业优秀面料获选产品及企业名单，石狮8家企业的9款产品分别被授予“2022年度中国印染行业优秀面料”一等奖和二等奖。

7日　退役军人事务部退役军人信息中心主任王安岳带队的调研组到石狮，开展退役军人信息化建设专题调研活动。

9日　“国家级市场采购贸易方式试点暨预包装食品出口试点”泉州（石狮专场）招商推介会在石狮国际轻纺城举行。

12日　中央广播电视总台央视频打造的移动演播室直播节目《乘着大巴看中国》福建站之闽山闽水物华新首站在石狮开播。

13日　石狮市乡村振兴促进会成立暨第一届会员代表大会举行，廖春园当选石狮市乡村振兴促进会第一届理事会会长。

14日　石狮科普馆举行揭牌仪式且正式对公众开放。

同日　第25届全国推广普通话宣传周石狮市启动仪式在福建省世茂海上丝绸之路博物馆举行。

15日　福建省政协副主席、省工商联主席王光远一行到石狮，走访调研石狮市青年商会、卡宾服饰（中国）有限公司、石狮市鸿峰环保工程有限公司。

同日　中国泉州—俄罗斯远东航线首航仪式在石狮市石湖港举行。

16日　石狮市新命名的8条路（巷），分别为灵秀镇港塘村的普利路、普利横路；宝盖镇坑东村的东华路、东华中路；宝盖镇塘后村的旭龙巷；宝盖镇上浦村的致祥路、龙寿巷、庆中巷。

18日　在中国西部人才开发基金会和中国乡村发展志愿服务促进会联合举办的第二届“中国乡村振兴人才论坛”上，石狮市泉州海洋职业学院被评选为全国乡村人才振兴优秀案例。

18—19日　第二十三届全国焙烤职业技能竞赛全国总决赛暨第24届中国国际焙烤展览会在上海举行。石狮鹏山工贸学校卢桂华老师在蛋糕装饰项目比赛中获金奖，并被提名为“全国技术能手”。

22日　在全国和谐劳动关系创建示范经验交流电视电话会议上，鸿山热电公司获“全国模范劳动关系和谐企业”称号。

25日　“爱泉州·大乐购”石狮电商节系列活动启动仪式暨青创网2022电商生态峰会在石狮青创城举行。此次为期26天的活动以产品数字化营销、线下专场展销、商家让利促销、直播带货等形式，通过“沉浸式”体验消费、工业旅游购、比赛等多维举措，分时段、分区域，开展一系列的主题促消费及泉州优品数字化活动。

同日　石狮市庆祝2022年中国农民丰收节活动在泰禾广场启动。泉州各县（市、区）以及宁夏回族自治区、政和县的36家农业企业参加活动。

25—26日　“新消费 新未来 新品牌”2022年度中国服装成长型品牌大会在江苏常熟举行，石狮国际商贸城旗下的石狮服装城获评“中国服装品牌孵化基地”，石狮服装城商户泉州远东苹果有限公司的名仕蒙可服饰获评“2022年度中国服装成长型品牌”，石狮服装城市场原创设计师品牌独播获评“2022年度中国服装成长型品牌——原创设计师品牌”。

26日　蚶江—祥芝线被认定为“泉州市第二批乡村振兴精品示范线”。

27日　福建技师学院蚶江校区举行开学典礼，迎来首批300名新生。

同日　省妇联副主席卓晓銮一行到石狮对基层妇联工作开展情况进行实地调研。

同日　泉州市退役军人事务局与泉州海洋职业学院共建泉州市退役军人思想政治研究中心签约暨揭牌仪式举行，标志着全省第一家退役军人思政研究中心落户泉州海洋职业学院。

29日　省政协农业和农村委员会副主任陈照瑜一行到石狮开展“进一步完善海洋防灾减灾体系建设”课题调研活动。

30日　石狮市高新技术开发区入选全省自贸推广先行区。

10月

9日　石狮市宝盖镇被评为第二批省级乡村治理示范乡镇、灵狮村等14个村被评为第二批省级乡村治理示范村。

14日　石狮市入选省级青年发展型城市建设试点。

16日　泉州市首个“爱心食物银行”在湖滨街道长福社区启用。

17日　石狮首位援非医生李少鹏完成两年援助博茨瓦纳的任务返回石狮。

同日　福建省委统战部副部长、省工商联党组书记陈晞一行到石狮，调研2021年以来在全省各类重大招商活动中签约的民营企业项目进展情况。

19日　农业农村部渔政保障中心副主任郭云峰到石狮市开展渔业安全生产“百日攻坚”行动实施情况调研。

25日　第一届福建省中医药文化周石狮站宣传活动在石狮市中医院举行。

同日　石狮市“福小宣·‘泉’民讲·声动狮城”“侨说二十大”宣讲活动启动仪式暨首场宣讲活动在蚶江镇举行。

11月

1日　石狮市公布第四批历史建筑及第一批传统风貌建筑名单。其中，入选石狮第四批历史建筑的分别为苏厝村三区59号的瞻青楼、苏厝村三区56号的映雪楼、仓后三区88号洋楼、山雅村山雅南区21号的宁远楼。入选石狮市第一批传统风貌建筑保护范围的建筑分别为古浮九区14号的李相星故居、古浮九区8号洋楼、鸿山中路1号厝、鸿山东路5号厝。

同日　石狮市公布第五批市级非物质文化遗产代表性项目增补名录，分别为宋元海丝宴烹饪技艺、小吃制作技艺（石狮小吃制作技艺）、海峡传统捕捞技艺、中医诊疗法（传统筋骨疗法）、石狮修谱礼俗。

4日　石狮市举行以“全民阅读——听见内心的力量”为主题的全民阅读读书月活动。

5—8日　第八届全国老年大学文艺汇演在厦门市举行。石狮市老年大学太极拳研究会、市老年大学旗袍研究会选送的参演节目《盛世武魂》《闽南风秀》分别获金牡丹奖（一等奖）和三角梅花奖（三等奖）；市老年大学获“优秀组织奖”。

6日　石狮慧动机器人科创教育培训指导的4名同学获得全国青少年航天创新大赛“太空探测”项目全国一等奖1项、二等奖1项、三等奖2项。

9日　石狮市残疾人联合会第六次代表大会举行，洪奕蓉当选为市残联第六届主席团主席。

11日　“双十一”期间（11月1日0时至11月11日24时），石狮市网络零售额37.53亿元，位居泉州乃至全省各县（市、区）第一。

13日　由国务院侨办事务局、福建省侨办主办，中新社和华侨大学承办的第22期华文媒体高级研修班暨感知中国（福建）行采访活动团一行走进石狮，来自美国、俄罗斯、英国、法国、日本等15个国家和地区的华文媒体精英参加活动。

15日　石狮市永宁镇华侨历史纪念馆入选第四批“泉州市党史教育基地”。

18日　中国中小城市发展指数研

究课题组、国信中小城市指数研究院联合发布《2022年中国中小城市高质量发展指数研究成果》，石狮市分别列“2022年度全国综合实力百强县市”第15位、“2022年度全国新型城镇化质量百强县市”第17位、“2022年度全国科技创新百强县市”第27位、“2022年度全国绿色发展百强县市”第55位。

同日　石狮石湖港片区和晋江陆地港片区共同承载的泉州商贸服务型国家物流枢纽入选2022年国家物流枢纽建设名单，系全省唯一入选的国家物流枢。

21日　由泉州市委宣传部、泉州广播电视台联合举办的“走读泉州”主题融媒体报道开机仪式在石狮市永宁镇永宁古卫城举行。

22日　石狮狮阵入选“2022中华体育文化优秀项目”。

25日　2022石狮国际时装周开幕秀在石狮服装城展览艺术中心举行。

同日　中国国际商会品牌创新委员会成立大会在石狮举办。

同日　第十一届“石狮杯”全国高校毕业生服装设计大赛在石狮服装城艺术展览中心2号馆举行决赛。

25—27日　第八届中国（泉州）海上丝绸之路国际品牌博览会暨第二届RCEP青年侨商创新创业峰会在石狮服装城展览艺术中心举行。

26日　由中国品牌建设促进会、丝路规划研究中心主办的国潮品牌大会（泉州）暨丝路品牌侨商对接会在石狮举办。石狮卡宾服饰（中国）有限公司和大帝集团有限公司获“国潮品牌”称号。

同日　泰国专场商贸对接会暨旅游推介会在石狮服装城展览艺术中心举行。

20日　中国烹饪协会在潮州举办第31届中国厨师节闭幕式暨第32届中国厨师节交接旗仪式。石狮市荣誉酒店集团总厨胡满获“2021年度最美厨师”称号。

30日　石狮市网商协会获评2021—2022年度全国“四好”商会。

12月

12日　中国共产党石狮市第八次代表大会第二次会议召开。

13日　石狮获评2022年福建省村庄清洁行动成效突出县（市、区）。

17日　“学习二十大　奋进新征程”石狮市“声动狮城”大讲堂启动仪式暨首场讲座举行。

20—21日　政协第八届石狮市委员会第二次会议召开。

21—22日　石狮市第八届人民代表大会第二次会议举行。

29日　在“2022年中国纺织大会”暨“中国纺织服装行业社会责任年会”上，石狮市卡宾服饰（中国）有限公司被中国纺织工业联合会授予“中国纺织服装行业气候创新行动先锋单位”称号，卡宾服饰（中国）有限公司董事长兼首席执行官杨紫明被授予“中国纺织服装行业气候创新行动先锋贡献者”称号。

市情概览

自然地理

【地理位置】 石狮市位于泉州湾南部，地处厦门经济特区与泉州文化古城之间，东濒台湾海峡，南临深沪湾海域与晋江围头湾海域相接，西与晋江市接壤，北隔泉州湾与惠安县、丰泽区相望。北距泉州市区21千米，距福州市区221千米，西距晋江市区14千米，南距厦门市区97千米。

【地质地貌】 石狮市位于闽东南沿海平潭—东山断裂及动力变质带中部之强混合岩化的混合花岗岩地段，区域内除第四系地层外，未见其他地层发育。侵入岩分布广泛，主要为燕山早期混合二长花岗岩。石狮市地貌类型主要为丘陵，山脉总体走向为北西—南东向，最高点位于西南部的宝盖山，海拔标高为209.6米；最低点位于北部的石湖港，海拔标高为8.8米。总体地势以宝盖山—髻山—争牛山—洪厝山一线为界，南面地势往南东倾，北面地势则往北东、北西倾，总体地形坡度一般15°—20°，局部大于25°。

（市委史志研究室）

【气候】 2022年，石狮市气温起伏大，降水分布不均，极端天气气候事件频发。雨季雨多涝重，夏秋季高温少雨极端性强，气象干旱发展迅速，台风影响轻。全年出现3次低温过程、15次高温、6场暴雨过程和2场强对流，3个台风影响。

气温　2022年，石狮市年平均气温为21.8℃，与常年相比偏高0.1℃。全年35℃以上的高温日数有32天，其中6月1天、7月9天、8月15天、9月6天、10月1天。年极端最高气温37.6℃，出现在8月27日；年极端最低气温3.7℃，出现在2月21日。

降水　2022年，石狮市年降水量1370毫米，比常年偏多131.5毫米，比2021年多820.4毫米。属正常年景。年降水日108天，出现大雨及以上的日数有19天，暴雨日5天。日最大雨量81毫米，出现时间为11月24日。最长连续降水日10天，出现在3月21日至30日。最长连续无降水日29天，出现在2021年12月23日至2022年1月20日。5月中旬、6月上中旬为强降水集中期。

2022年，石狮市灾害性天气有强对流、暴雨、台风、强冷空气（寒潮）、高温、干旱、大雾。

强对流天气　2022年，石狮市出现2次强对流过程，其中春季1次、夏季1次。春季冷空气较为活跃，强对流过程主要出现在5月13日。夏季强对流天气主要出现在7月5—6日。

暴雨　2022年，石狮市冬季暴雨过程多，汛期连续性暴雨持续时间长，出现6次暴雨过程，主要出现在2021年12月21日、2022年2月3日、5月12—13日、6月6—7日、6月11—17日、11月25日。其中，有2次冬季暴雨过程，1次秋季暴雨过程。汛期连续性暴雨持续时间长，降水强度较强。

台风　2022年，石狮市受3个台风影响，分别为2203号“暹芭”、2220号“纳沙”和2222号“尼格”。与常年（5.3个）相比偏少，影响偏轻。

低温　2022年，石狮市暖冬冷空气虽然频繁，但强度较弱。2022年冬季（2021年12月至2022年2月）季平均气温正常。季内冷空气活跃，季前期出现多次强冷空气降温过程，气温偏低，先后出现在2021年12月1日至2日和12月25日至12月27日；季后期冷空气频繁，强度较弱，气温明显偏高，2022年2月19日至21日达强冷空气标准。2022年春季（2022年3月至2022年5月）季平均气温正常，但是5月全市气温异常偏低，全市平均气温21.4℃，偏低2.6℃，为1961年以来历史同期最低。

高温　2022年，石狮市高温过程多，持续时间长，出现15次高温过程，分别为夏季12次和秋季3次。8月气温≥35℃的高温日数15天，居历史同期第一位。8月以外月份气温≥35℃连续高温日数4天，居历史同期第一位。

干旱　2022年，石狮市降水分布时空不均，干旱主要出现在前冬季和夏秋季，其中7月以来高温少雨，全市气象干旱持续发展，呈现持续时间长，强度强的特点。

大雾　2022年，石狮市春季多连续性大雾天气，春季有6天出现大雾或浓雾天气，多为雨雾带来的低能见度。春季出现能见度≤500米的浓雾天气主要出现在3月25—26日、5月12—13日、5月29—30日。

（市气象局）

资　源

【海洋资源】　石狮市三面临海，陆地面积188.02平方千米，海岸线长68.7千米，行政管辖毗邻海域面积968平方千米；无居民海岛32个；北临泉州湾，南临深沪湾；有5个沿海乡镇分别为蚶江镇、祥芝镇、鸿山镇、锦尚镇、永宁镇。

【森林资源】　截至2022年，石狮市林业用地面积1325公顷，占全市森林总面积的66%。其中，生态公益林面积643公顷、商业林面积114公顷。林地面积2364.5公顷，森林覆盖率10.66%，森林蓄积量6.5万立方米，林地保有量1325公顷，林业自然保护区（含保护小区）403.86公顷，湿地保有量6838.31公顷。

根据石狮市2019年开展建成区范围内常见造林绿化树种普查结果，建成区内共51科118属150种常见造林绿化树种。其中，苏铁科1种、罗汉松科2种、南洋杉科1种、松科3种、杉科2种、柏科2种、木兰科3种、樟科2种、千屈菜科2种、安石榴科1种、蔷薇科3种、山龙眼科1种、海桐花科1种、山茶科2种、桃金娘科8种、木棉科2种、锦葵科4种、大戟科7种、豆科16种、金缕梅科2种、杨柳科1种、杨梅科1种、木麻黄科2种、榆科1种、桑科11种、芸香科3种、楝科5种、漆树科4种、五加科4种、杜鹃花科1种、马钱科1种、木樨科3种、夹竹桃科5种、茜草科4种、紫葳科3种、马鞭草科3种、棕榈科12种、禾本科4种、冬青科1种、山榄科1种、无患子科2种、使君子科1种、紫茉莉科1种、黄杨科1种、紫草科1种、天门冬科4种、姜科1种、美人蕉科1种、唇形科1种、苋科1种、竹芋科1种。按照植物的习性分，乔木类93种、灌木类44种、草本类13种。

（市自然资源局）

【水资源】　石狮境内水资源贫乏，多年平均水资源总量0.643亿立方米。

（市城市管理局）

【旅游资源】　石狮海岸线曲折蜿蜒，岸、湾、潮、礁等自然景观兼备，海丝历史遗迹遍布，滨海旅游业发展条件得天独厚。石狮旅游资源主要有森林公园、滨海风景区、历史遗址、文物古迹4类，自然景观与人文景观相互交融，兼具侨乡风情、闽台特色。滨海资源有十里黄金海岸滨海休闲度假区，生态资源有宝盖山风景区、灵秀山森林公园等登山休闲胜地，休闲购物资源主要有石狮服装城、摩天城、八卦街、食品城、青创城等。文化主要依托九大旅游文化品牌，分别为海丝文化、对渡文化、狮文化、城隍文化、灯谜文化、华侨文化等，形成闽台对渡文化节暨蚶江海上泼水节和永宁古卫城暨城隍文化节、祥芝渔民文化节等节庆活动。国家AAAA级旅游景区1个，为宝盖山风景区，获评AAA级旅游景区2个，分别为永宁古卫城、世茂海上丝绸之路博物馆。全国重点文物保护单位4处，分别为万寿塔、六胜塔、石湖码头、景胜别墅；省级文物保护单位5处，分别为石狮城隍庙、永宁城隍庙、新建蚶江海防官署碑记、永宁海防石刻、玉湖王氏民居。

（市文化体育和旅游局）

环境质量

【大气环境质量】　2022年，石狮空气质量达标天数比例为100%。主要污染物指标二氧化硫（SO_2）平均浓度为0.004毫克每立方米，可吸入颗粒物（PM_{10}）平均浓度为0.032毫克每立方米，细颗粒物（$PM_{2.5}$）平均浓度为0.016毫克每立方米，一氧化碳（CO）24小时平均第95百分位浓度为0.8毫克每立方米，二氧化氮（NO_2）平均浓度为0.014毫克每立方米，臭氧（O_3）日最大8小时滑动平均浓度为0.124毫克每立方米，主要污染物浓度指标均达到《环境空气质量标准》（GB 3095—2012）规定的二级标准要求。空气质量综合指数为2.32，同比改善0.29，首要污染物为臭氧（O_3）。

【水环境质量】　2022年，石狮集中式生活饮用水水源地南高干渠取水口（省控评价点位）水质达到《地表水环境质量标准》（GB 3838—2002）规定的Ⅲ类水质标准要求，达标率为100%。近岸海域水质年均浓度达到第一类水质标准，符合海水水质标准要求。

【声环境质量】　2022年，石狮市城市道路交通噪声昼间平均等效A声级为69.4分贝，为《环境噪声监测技术规范　城市声环境常规监测》（HJ 640—2012）声环境质量“二级”标准，呈“较好”水平，比2021年下降0.3分贝。城市区域环境噪声昼间平均等效A

声级为59.2分贝，比2021年下降1.0分贝，为《环境噪声监测技术规范 城市声环境常规监测》（HJ 640—2012）声环境质量“三级”标准，呈“一般”水平。全市3个城市功能区（新湖村委会、古宅农贸市场A栋、动植物检验检疫站）噪声均符合《声环境质量标准》（GB 3096—2008），昼、夜达标率均为100%。

【土壤环境质量】 2022年，石狮市未发现污染地块，耕地土壤环境质量均为优先保护类，农用地和建设用地安全利用率达到100%。

（泉州市石狮生态环境局）

人文历史

【地名由来】 早在旧石器时代，石狮境内即有先民栖息。春秋战国时期，古越人在这里繁衍生息、陆耕海渔。汉代以后，北方汉人迁入。西晋末年永嘉之乱，中州动荡不安，士族衣冠南渡入闽，部分定居石狮境内晋江流域的滨海平原，或从事农耕，或从事近海捕捞。据《西山杂志》记载，隋代，蚶江、永宁、石狮、祥芝等地均有中原移民南迁定居。永宁岑兜一带建有盐场，先民从事海盐生产已成规模。

隋代，建凤里庵，供奉观音菩萨，至今在本地及海外华侨、华人中影响极为深远。千年古迹凤里庵建有石亭，旁立石狮子，名曰石狮亭。千百年来，商旅往返口传，皆曰“石狮”，约定俗成，久而久之遂成惯称。此乃石狮由来与得名。

【建置沿革】 早在旧石器时代，石狮境内即有先民栖息，考古发现石狮附近海域出水的古人类肱骨化石，经科学鉴定为更新世晚期智人骨骼化石，被考古界命名为“海峡人”。秦汉至唐初，石狮隶属南安县。唐开元六年（718年）始直至清初，隶属于晋江县境。清乾隆三十一年(1766年)，晋江县设石狮分县，以晋江县贴堂县丞驻石狮街，代管安海。乾隆三十五年（1770年），石狮县丞移驻安海旧通判署，嗣后，改设安海分县，其后石狮境域事务仍归晋江县，历民国。1949年9月2日，石狮解放。同年9月9日，石狮境域属福建省第五行政督察专员公署辖区的晋江县。中华人民共和国成立后，石狮境域属晋江县。1987年12月17日，国务院批复同意福建省《关于设置石狮市建制设置》和《关于设立石狮市的补充报告》的请示，批准设立石狮市，为行政区域晋江县石狮、永宁、蚶江3个镇和祥芝乡，为省辖县级市，隶属福建省，委托泉州市代管。1988年9月30日，中共石狮市委、石狮市人民政府举行挂牌仪式。此后，石狮市政区建置隶属未再变更。

【行政区划】 2022年，石狮市下辖7个镇、2个街道，27个社区、101个建制村。其中，凤里街道辖10个社区；湖滨街道辖10个社区；灵秀镇辖1个社区、12个建制村；宝盖镇辖2个社区、18个建制村；蚶江镇辖19个建制村；永宁镇辖4个社区、20个建制村；祥芝镇辖10个建制村；鸿山镇辖11个建制村；锦尚镇辖11个建制村。

【历史名人】 石狮历史悠久，自古山川毓秀，人文蔚起，俊杰辈出。南宋刚正之臣洪天锡，南宋政治家、史学家梁克家，清代李锡金，明代“五部尚书”黄克缵，新中国第一位大学女校长、“中国半导体之母”、著名科学家谢希德。石狮是全国革命老区县市，是长期坚持革命斗争的游击区。全市有老区基点村6个，有共青团福建省委早期领导人、厦门中心市委主要负责人董云阁，新四军政治部组织部部长李子芳，解放军闽粤赣边纵参谋主任王汉杰，战地归侨记者白刃等一批革命烈士和英雄人物。

【人口】 2022年年末，石狮市户籍人口372731人，户籍户数115560户，户籍人口总数比2021年年末增长1.62%。其中，城镇人口297921人，乡村人口74810人。全年出生人口3341人，死亡人口1503人，人口自然增长率4.93‰。年末全市登记流动人口528334人。

【华侨、华人和台港澳同胞情况】 石狮市是福建著名侨乡，全市有海外华侨、华人37.16万人，主要分布在世界六大洲的49个国家、地区，其中近90%居住在东南亚各国。全市有归侨、侨眷12.4万人，占全市总人口的39%。9个镇、街道均是重点侨乡。石狮市有港澳同胞9.27万人，祖籍石狮的台湾同胞30 多万人。

【地方特产】 石狮的美食，集闽南“舌尖文化”之大成，不仅富有地域特色，也被赋予珍肴文化的享受，是这座城市延续乡愁、彰显内涵的重要载体，主要有阿潭煎包、青莲面线、塘头甜粿、蚝仔煎、芋圆、肉粽、田螺肉碗糕、牛肉羹、石湖红膏蟳、花生汤、萝卜饭、肉夹包、三合面、润饼菜、马鲛羹、五香卷、东埔炖猪脚、壶仔饭等。

【民族宗教】 2022年，石狮市少数民族以回族、维吾尔族、苗族、土家族为主，其中以回族人口最多。4个回族行政村总人口10982人，其中回族人口5485人。石狮市有佛教、道教和基督教三大宗教。截至年底，石狮市依法登记宗教活动场所58处，民间信仰场所565处。宗教信仰以佛教、道教居多。

（市委史志研究室）

经济社会发展

【概况】 2022年，石狮市生产总值1159.68亿元，比2021年增长4.2%。

其中，第一产业增加值31.56亿元，比2021年增长1.7%，对地区生产总值增长贡献率为0.9%；第二产业增加值510.37亿元，比2021年增长3.4%，对地区生产总值增长贡献率为35.1%；第三产业增加值617.75亿元，比2021年增长5.0%，对地区生产总值增长贡献率为64.0%。三次产业比重为2.7∶44.0∶53.3。全市工业增加值465.71亿元，比2021年增长4.0%，对地区生产总值增长贡献率为37.9%；批发零售和住宿餐饮业增加值376.67亿元，比2021年增长7.9%，对地区生产总值增长贡献率为59.4%。

【农业】 2022年，石狮市农林牧渔业总产值59.41亿元，比2021年增长1.9%；水产品产量400469吨，比2021年增长1.5%；农业小幅度下降，农业总产值53.97亿元，比2021年下降0.2%，水产品产量394649吨，比2021年下降0.1%。

【工业和建筑业】 2022年，石狮市规模以上工业增加值比2021年增长4.5%，规模以下工业增加值比2021年增长9.4%。分行业来看，纺织服装服饰业规模以上工业增加值比2021年增长8.8%；食品药品业规模以上工业增加值比2021年增长21.8%。全市建筑业总产值123.69亿元，比2021年增长9.5%；商品房销售面积109.78万平方米，比2021年下降7.9%。

【港口】 2022年，石狮市港口货物总吞吐量4020.61万吨，比2021年增长7.2%；全市集装箱总吞吐量1714184标箱，比2021年增长11.5%。其中，石湖港口货物吞吐量2693.60万吨，比2021年增长1.7%，石湖港口集装箱吞吐量1396389标箱，比2021年增长11.2%；华锦码头货物吞吐量1327.01万吨，比2021年增长20.5%，华锦码头集装箱吞吐量317795标箱，比2021年增长12.9%。

【固定资产投资】 2022年，石狮市固定资产投资（不含农户）204.69亿元，比2021年增长4.8%。分产业看，第二产业投资比2021年增长35.3%，第二产业中，工业投资比2021年增长35.3%。其中，技术改造投资比2021年增长86.8%；第三产业投资比2021年下降10.4%。分领域看，项目投资比2021年增长17.2%；房地产开发投资比2021年下降18.4%。

【国内贸易】 2022年，石狮市累计实现限额以上商业销售额2693.04亿元，比2021年增长26.6%。社会消费品零售总额641.41亿元，比2021年增长3.9%；限额以上社会消费品零售额244.63亿元，比2021年增长8.1%。

【财政金融】 2022年，石狮市完成一般公共预算总收入（不含基金）581053万元，比2021年增长6.2%。其中，地方一般公共预算收入436206万元，比2021年增长14.9%。一般公共预算支出（不含基金）618421万元，比2021年增长25.3%。税收收入385061万元，比2021年下降5.5%。非税收入195992万元，比2021年增长48.8%。石狮市金融机构本外币存款余额987.09亿元，比2021年增长17.5%；金融机构本外币贷款余额844.41亿元，比2021年增长3.7%；境内住户存款余额（含本外币）666.94亿元，比2021年增长18.3%；存贷比率由年初93.2%下降到85.5%。

【人民生活与社会保障】 2022年，石狮市居民人均可支配收入64961元，同比增长5.5%。其中，城镇居民人均可支配收入73205元，比2021年增长4.9%；农村居民人均可支配收入34136元，比2021年增长6.7%。城乡居民收入差距比为2.14。全市居民消费价格指数101.4（采用泉州市辖区数据），比2021年增长1.4%。其中，消费品价格指数102.0；服务项目价格指数100.5。八大类商品中，食品烟酒类比2021年增长1.8%；衣着类比2021年下降1.1%；居住类比2021年下降0.1%；生活用品及服务类比2021年增长1.3%；交通和通信类比2021年增长4.0%；教育文化和娱乐类比2021年增长2.6%；医疗保健类比2021年增长0.5%；其他用品和服务类比2021年增长2.2%。

（市统计局）

中国共产党石狮市委员会

综 述

【政治建设】 2022年，中共石狮市委坚持以习近平新时代中国特色社会主义思想为指导，以深入学习贯彻落实中共二十大精神为主线，认真贯彻落实习近平总书记重要讲话重要指示精神，召开常委会会议25次，常委会（扩大）会议11次，理论学习中心组学习会议23次，组织市领导带头深入基层宣讲，掀起学习宣传贯彻热潮。研究制定《关于深入学习宣传贯彻党的二十大精神加快建设现代化商贸之都的决定》，把全市各级党组织和广大党员干部群众力量凝聚到实现中共二十大确定的各项任务上来。召开市第八次党代会第二次会议，谋划争当构建新发展格局先行区、争当共同富裕先行区、建成活力海洋之城、建成美食文旅之城、建成精美善治之城等“两区三城”发展思路，深化“五在石狮”工作部署和“5510”项目奋战年活动，加快建设现代化商贸之都。出台激励担当作为若干措施，抽调690名业务骨干到一线历练，提拔重用优秀干部265名。启动青年人才“狮城荟萃”工程，入选省级青年发展型县域试点。坚持从严管党治党，严肃查处违纪违法案件100件。支持人大、政府、政协和法院、检察院依法依章程履行职责，鼓励工会、共青团、妇联等群团组织创造性开展工作，加强党管武装、双拥支前、民族宗教、对台湾、对港澳、侨务、老干部、关心下一代、山海协作等工作。

【学习贯彻中共二十大精神】 2022年，石狮市围绕迎接学习宣传贯彻中共二十大工作主线，策划宣讲、宣教、文艺三大主题活动30个项目，营造团结奋进、自信自强、国泰民安的社会氛围。市委常委会召开专题会议3次、市委理论学习中心组开展专题学习4次，推动广大领导干部做到“9个深刻领会”。开展“学习二十大精神 砥砺奋进新征程”主题党日活动，全市893个党组织全面组织学习研讨。市委党校开展专题培训22场次，各单位开展专题学习70场次，各校开展思政教育237场次。开展集中宣讲。制订市委领导宣讲方案和市委宣讲团宣讲工作方案，市委书记、市委常委带头赴基层宣讲21场次；市委宣讲团和侨宣讲小分队等9支队伍，深入推进“二十大代表面对面”、“咱厝人”说二十大、“外籍人士谈二十大”等中共二十大理论特色宣讲项目10个，深入农村、社区、企业等基层开展“七进”宣讲131场次。深入研究阐释。开展“中共二十大精神研究阐释”专项研究，推出《笃学力行强产兴城，加快建设现代化商贸之都》等理论文章12篇。开展中共创新理论教育，转发中央主流媒体刊发的系列文章超200篇，推出“侨说二十大”宣传8期；在网络媒体开设“喜迎二十大·看看我们身边的变化”“深入学习贯彻中共二十大精神”等专题专栏26个，刊发报道超1000条，浏览量超100万人次。以“喜迎二十大 强国复兴有我”“学习中共二十大 凝心聚力再出发”为主题，举办第二十届石狮市广场文化艺术节等群众性文化宣传教育活动132场次。召开市委全委会和市第八次党代会第二次会议，贯彻落实中共二十大精神进行专题部署，推动改革发展稳定、防范化解风险挑战、坚定不移全面从严治党等工作，坚决做到“两个维护”。

【全面深化改革】 2022年，石狮市加强重要领域和关键环节改革创新，部署实施24个重点特色改革项目，全国首创的市场采购预包装食品出口试点获商务部推广至湖南高桥、温州鹿城等地。推进数字变革、金融变革、物流变革，畅通从生产、物流、出口、到外汇金融服务的全流程外贸产业链。开启“小石狮·大世界”外贸拓展活动，获批全国首批外经贸提质增效项目，市场采购贸易试点规模上升至全国第四位，外贸出口占泉州的份额增至24%，新增4条外贸航线。加快推进工业园区标准化，建立亩均效益评价提升机制，引导企业加快技术改造升级、数字化融合创新发展。实施品牌电商发展计划，推出全省首个电商人才积分政策，承办全国电商主播大赛，年货节、网购节零售额居全省首位。开展“名优校+”试点，创办5个小学教育集团、厦门外国语石狮分校教育发展共同体，2个“双减”工作成效入选教育部。深化全国县域紧密型医共体试点建设，实施公立医院“8631”学科建设行动（8个优势特色专科、6个县域急危重症救治中心、3个空白短板专科、1个区域医疗中心）。举办第八届“海丝”品博会暨第二届RCEP青年侨商峰会，开展“海丝航标”系列文旅活动，“宋元海丝宴”入选全国地标美食名宴，探索建立预制菜产业链。优化基层网格化治理体系，整合打通智慧交通、城市管理、综治维稳等100多个数字服务应用，实现社会治理事项“一网通办”，“智慧城市大脑”入选全国典型，获评省级智能社会治理实践基地。

【全面从严治党】 2022年，石狮市坚决扛起全面从严治党政治责任，把抓落实作为开展工作的主要方式，对照《党委（党组）落实全面从严治党主体责任规定》，制定年度细化任务安排。组织开展市委主体责任检查和年度领导班子述责述廉工作，及时发现和督促整改责任落实不到位的问题。甄选确定19个市委党建工作重点项目和21个备案管理项目，在各层面各领域实施党建工作项目化管理。开展“一片区一亮点、一镇街一特色”品牌创建活动，生成重点监督项目16个，推动整改问题2496个。制定对“一把手”和领导班子监督清单，率先建立全省首个区域性国企监督治理“一中心一平台”。抓好省、泉州市纪委监委政治监督调研反馈问题整改落实。开展乡村振兴、应急安全与社会治理等主题常规巡察，反馈问题384个，移交问题线索68条。推进正风肃纪反腐，深化“四风”纠治，查处违反中央八项规定精神9起10人。聚焦教育、医疗等领域18个重点问题深化“点题整治”，查处群众身边腐败问题6起7人。开展“身边人身边事”廉政警示教育，加大反腐倡廉宣传力度。贯彻运用“四种形态”处理311人次。

重要会议

【概况】 2022年，中共石狮市委召开全体会议2次，常委会会议25次，常委会（扩大）会议11次，共同商讨全市政治、经济、文化、社会、生态等工作。

【中共石狮市第八次代表大会第二次会议】 2022年12月12日，中国共产党石狮市第八次代表大会第二次会议在公务大厦召开。大会应到代表340名，因事因病请假22名，实到代表318名。会议听取和审议市委书记黄春辉代表中共石狮市第八届委员会向大会所作的题为“深入学习贯彻党的二十大精神 加快建设现代化商贸之都”的工作报告，会议审议通过《关于市委报告的决议》《关于市纪委工作报告的决议》《关于代表提出的提案及意见、建议的审查报告》。

【市委常委会会议】 2022年，中共石狮市委召开常委会会议25次，其中八届市委常委会第15次至第39次、第44次至第49次会议均由市委书记黄春辉主持，八届市委常委会第40次至第43次会议由市长余志伟主持。

2022年中共石狮市委常委会会议一览表

表1

会议名称	召开时间	会议内容
八届市委常委会第15次会议	1月11日	传达学习泉州市十七届人大一次会议、泉州市政协十三届一次会议精神；听取市人大常委会、市政府、市政协党组和市纪委监委及市法院、市检察院党组工作汇报；听取市贸促会2021年度工作汇报
八届市委常委会第16次会议	1月18日	研究石狮市2019—2021年度精神文明建设各类先进评选事宜；研究村（社区）党组织升格为党委事宜；研究石狮市推荐出席党的二十大代表候选人初步人选建议名单；研究召开市委八届三次全会有关事宜
八届市委常委会第17次会议	1月28日	传达学习省十三届人大六次会议和省政协十二届五次会议精神，部署石狮市春节元宵期间有关工作；研究《石狮市“项目攻坚2022”活动方案》；研究《石狮市“抓招商要落地”行动方案》；研究《石狮市加快工业（产业）园区标准化建设实施方案》；传达学习中央、省委、泉州市委农村工作会议精神
八届市委常委会第18次会议	2月7日	研究“创、购、游、吃、住在石狮”工作方案；研究《2022年石狮市“抓城建提品质”专项行动方案》
八届市委常委会第19次会议	2月17日	传达学习中央、省委、泉州市委人大工作会议精神；传达学习全国、全省和泉州市宣传部长会议精神、全省和泉州市文明办主任视频会议精神、全省和泉州市“扫黄打非”电视电话会议精神；传达学习全国、全省和泉州市组织部长会议精神
八届市委常委会第20次会议	2月28日	研究石狮市疫情防控工作；研究石狮市《实施“提高效率、提升效能、提增效益”行动方案》；传达学习全国、全省、泉州市统战部长会议精神

续表 1

会议名称	召开时间	会议内容
八届市委常委会第 28 次会议	4 月 17 日	传达学习省委常委、泉州市委书记刘建洋到石狮调研讲话精神；传达学习中共中央办公厅关于加强和改进新时代市县政协工作的意见文件精神；研究市政协 2022 年度协商监督工作计划；传达学习全国、全省、泉州市老干部工作有关会议精神
八届市委常委会第 29 次会议	4 月 27 日	传达学习全省、泉州市宗教工作会议精神，听取石狮市宗教工作情况汇报，研究贯彻意见；传达学习全省、泉州市基层党建工作重点任务推进会议精神；研究石狮市基层社会治理网格化工作方案；研究石狮市改革创新工业（产业）园区管理体制机制的若干措施；听取石狮市文明创建有关工作情况汇报；听取石狮市环境空气质量分析工作情况汇报
八届市委常委会第 31 次会议	5 月 30 日	传达学习全国稳住经济大盘电视电话会议和省委、泉州市委常委会会议精神；研究石狮市 2019—2021 年度精神文明建设各类先进建议名单有关事宜；传达学习上级关于审计工作的指示批示和会议精神，听取石狮市 2021 年审计工作汇报，研究石狮市贯彻意见和 2022 年审计工作计划
八届市委常委会第 32 次会议	6 月 13 日	传达学习泉州市委人才工作领导小组会议精神；传达学习上级关工委有关文件精神及省、泉州市关工委会议精神；听取市关工委 2021 年工作情况汇报
八届市委常委会第 34 次会议	7 月 6 日	传达贯彻上级审计委有关文件精神，研究《石狮市“十四五”审计工作发展规划》；听取福建技师学院石狮校区合作项目情况汇报；研究《石狮市 2022 年政党协商（会议协商）计划》
八届市委常委会第 35 次会议	7 月 11 日	传达省、泉州市疫情防控工作会议精神
八届市委常委会第 37 次会议	8 月 13 日	传达 2022 年省、泉州市第三季度防范特重大生产安全事故暨安委会成员视频会议及 8 月 3 日全省、泉州市安全生产紧急视频会议精神；研究《2022 年石狮市治理“餐桌污染”建设“食品放心工程”工作方案》
八届市委常委会第 39 次会议	8 月 26 日	研究第五届石狮市道德模范表彰人选事宜；传达学习福建省双拥模范城（县）命名大会精神；听取石狮市招商、项目工作情况汇报，部署有关工作；研究《石狮市深入打好污染防治攻坚战实施方案》；研究《石狮市新时代文明实践“暖心行动”实施方案》
八届市委常委会第 40 次会议	9 月 16 日	传达学习省委书记尹力署名文章《弘扬“马上就办、真抓实干”优良传统 注重效率效能效益 促进高质量发展》和《福建省弘扬“马上就办、真抓实干”优良传统作风若干规定》文件精神
八届市委常委会第 41 次会议	10 月 8 日	传达学习 10 月 8 日上午泉州市委常委会会议精神
八届市委常委会第 43 次会议	10 月 25 日	传达学习党的十九届七中全会和中共二十大精神及省委、泉州市委常委会（扩大）会议精神；传达全省疫情防控工作视频会议精神；研究审议《石狮市法治政府建设实施方案（2021—2025 年）》《石狮市法治社会建设实施方案（2021—2025 年）》
八届市委常委会第 45 次会议	11 月 8 日	传达贯彻《中共中央关于认真学习宣传贯彻党的二十大精神的决定》和中宣部、省委宣传部、泉州市委宣传部学习宣传贯彻党的二十大精神电视电话会议精神，研究石狮市关于认真学习宣传贯彻党的二十大精神、关于做好学习贯彻党的二十大精神宣讲工作、关于市委常委赴基层宣讲党的二十大精神三份方案；听取安全生产工作情况汇报，研究《石狮市进一步强化消防安全责任制落实坚决防范重大火灾风险若干措施》；听取省生态环境保护督察工作情况汇报；研究《“第八届中国（泉州）海上丝绸之路国际品牌博览会暨第二届 RCEP 青年侨商创新创业峰会”执行方案》
八届市委常委会第 47 次会议	12 月 5 日	研究部署石狮市疫情防控工作有关事宜；听取全市 2022 年度统计工作汇报，研究石狮市贯彻落实统计督察反馈意见整改工作方案；听取市红十字会年度工作情况汇报；听取市党史和方志研究年度工作情况汇报
八届市委常委会第 48 次会议	12 月 11 日	传达学习省委十一届三次全会、泉州市委十三届四次全会精神；研究市委市政府 2023 年为民办实事项目和 2023 年重点项目；研究《石狮市 2023 年政府工作报告》《石狮市 2022 年国民经济和社会发展计划执行情况与 2023 年国民经济和社会发展计划》《石狮市 2022 年财政预算执行情况与 2023 年财政预算》；传达贯彻上级共青团工作有关会议精神，听取团市委 2022 年工作情况汇报；听取市委党校 2022 年工作情况汇报
八届市委常委会第 49 次会议	12 月 26 日	听取市妇联 2022 年工作情况汇报

【市委常委会（扩大）会议】 2022年，中共石狮市委召开常委会（扩大）会议11次，会议主要传达贯彻省委常委、泉州市委书记刘建洋到石狮调研讲话精神、传达学习习近平总书记在出席全国两会有关会议时的重要讲话精神和全国两会精神、传达学习省、泉州市疫情防控工作有关会议精神、研究石狮市疫情防控工作、传达学习4月29日中共中央政治局会议、省委主要领导到石狮调研和泉州市视频会议精神、传达学习省委书记周祖翼在泉州宣讲党的二十大精神并调研时的指示要求和泉州市委常委会（扩大）会议精神、研究部署石狮市疫情防控、经济发展、安全生产等事项。

【市委专题会议】 2022年1月14日，石狮市党史学习教育总结会议举行。市委书记黄春辉讲话，泉州市委第二巡回指导组组长刘锦川出席会议并讲话，市委副书记施晓瑛主持会议，市委常委、宣传部部长郑天助传达习近平总书记重要指示精神和全国、全省、泉州市党史学习教育总结会议精神。

2月9日，石狮市召开“强产业、兴城市”双轮驱动动员会、“五在石狮”工作部署会及市委农村和乡村振兴工作推进会。市委书记黄春辉讲话；市委副书记、市长余志伟主持会议并部署“项目攻坚2022”和“抓开放招商促项目落地”“加快工业（产业）园区标准化建设”“抓城建提品质”工作；市领导郭浪滔、谢建智、黄明瑄、郑天助、李怀忠分别部署“五在石狮”工作；市委副书记施晓瑛部署2022年“三农”领域重点工作。

2月28日，石狮市实施“提高效率、提升效能、提增效益”行动部署会举行。会议深入学习贯彻中共十九届六中全会和习近平总书记到闽考察重要讲话精神，按照省委、泉州市委的决策部署，对全市“提高效率、提升效能、提增效益”行动进行动员和部署。与会人员观看“学习深圳经验 再造石狮梦想”纪录片。市委书记黄春辉讲话；市委副书记、市长余志伟主持会议。

5月12日，市委、市政府召开专题会议，传达贯彻泉州市“项目攻坚2022”和工业（产业）园区标准化建设、抓城建提品质、抓开放招商促项目落地推进会议精神，就下一步工作重点和任务再研究、再部署、再推进。市委书记黄春辉主持会议并讲话。

7月28日，中共石狮市委人才工作会议举行，市委书记黄春辉讲话；市委副书记、市长余志伟主持会议。会议贯彻落实中央、省委、泉州市委人才工作会议精神，深入实施“三提三效”“强产业、兴城市”“涌泉”等系列行动，激发人才创新创业创造活力，全面提升石狮市人才工作水平。会上市委常委、组织部部长许顺达作新时代人才强市战略总体规划说明。石狮市政府与自然资源部第三海洋研究所举行海洋生物产业化中试技术研发公共服务平台合作协议签约仪式，石狮市总医院与南方医科大学南方医院李爱青教授团队、石狮市汇星机械有限公司与浙江大学吴斌鑫教授团队举行战略合作协议签署仪式。举行福建省兰姆达物理技术研究院揭牌仪式。

【石狮市企业发展大会】 2022年2月11日，石狮市企业发展大会举行。泉州市委副书记宿利南、石狮市委书记黄春辉分别讲话；市委副书记、市长余志伟主持会议。会议举行新一届工商联就职仪式；表彰“2017—2021年度石狮市功勋企业”“2017—2021年度石狮市纳税超亿元企业”“2021年度石狮市纳税超亿元企业”“2021年度石狮市纳税超5000万元企业”“2021年度石狮市纳税超3000万元企业”；邀请4名制造业、商贸业、高新产业代表发言，并举行12个民营企业重大项目签约仪式。

（市委办）

组织工作

【概况】 2022年，石狮市推进干部队伍建设、基层党组织和党员队伍建设、人才队伍建设，建设运营“党建+”邻里中心26个，其中获评泉州市“五星级”2个、“四星级”3个、“三星级”5个。出台《石狮市技能人才倍增专项行动实施方案》《关于启动高校毕业生留石就业创业直通车工程的通知》《青年人才“狮城荟萃”工程实施方案》等政策，做好技能人才队伍建设、本地高校毕业生留石工作。在全省率先出台电子商务行业人才评价标准——《石狮市电子商务行业人才评定与积分管理暂行规定》，相关做法获省商务厅全省推广。石狮市组织信息工作位居全省组织系统（县市区）第二名，石狮市委组织部被中组部评为“全国组织系统2022年度信息报送先进单位”。全年石狮市有基层党组织1053个，党员18572个。

【干部教育培训】 2022年，石狮市举办科级干部中共二十大精神轮训班2期，开办“狮城干部讲堂”3期，设置“强产业、兴城市”双轮驱动、现代化商贸之都建设等4个专题模块。开展机关干部“岗位大练兵”活动，分领域开展“执法办案大比拼”“窗口服务技能比武”等比武活动13场次。抽调690余名干部到疫情防控、乡村振兴、征地拆迁等一线吃劲岗位锻炼。选派15名优秀干部外出挂职，多岗位培育复合型干部人才。

【公务员管理】 2022年，石狮市结合全市发展急需紧缺专业，面向社会公开招考公务员34名。实施新录用公务员“三年扬帆行动”，通过支部化管理、导师制帮带、全能型锻炼、联动式成长、服务性关怀等举措，对89名近三年新录用公务员重点培养，力争实现“一年适应、三年骨干”成长目标。开展平时考核工作，通过建设线上平台、简化考核程序、指导各单位细化考核指标，考实考准公务员日常表现。落实公务员职务与职级并行制度，坚持注重实绩、持续激励，对敢于担当、一贯表现较好的优秀干部予以晋升职级。

【干部监督管理】　2022年，石狮市加强日常监督管理，结合市委巡察对15个单位开展选人用人专项检查。畅通纪检监察、审计等15个部门干部监督信息沟通渠道，加强干部“八小时以外”监督，健全干部信息数据库。执行任期审计制度，开展自然资源资产责任审计3人、经济责任审计8人。完善重点项目比拼攻坚容错纠错机制，明确7种容错情形，推动项目攻坚提速、提质、提效。规范信访调查核实办法，对涉及征地拆迁、项目建设等信访问题，综合分析干部一贯表现及客观因素，视情况征求所在单位意见再确定是否函询，以组织担当激励干部担当。

【发展党员和党员教育管理】　2022年，石狮市制定出台《提高农村发展党员质量的若干措施》，举办重点发展对象培训班6期，发展党员242名。依托市镇两级党校分领域分层次举办基层党组织书记、党务干部、党群工作者、入党积极分子等专题研讨班、培训班111场次，培训党员干部7100多人次。在全市“党建+”邻里中心广泛开展“千堂党课进邻里”活动89场次，推动机关、村（社区）、企业、园区结对学、帮带学，相关做法被新华网、《泉州晚报》刊载报道。开展“奋进新征程 勇担新使命”主题党日活动，组织各级党组织和党员学习研讨“知责思为、明责担当”专题。落实《2019—2023年全国党员教育培训工作规划》，联合镇（街道）党校、海峡人才市场开展轮训83场次，培训党员6248人次。聚焦流动党员管理难题，创新流动党员教育管理方式，依托智慧石狮管控平台，实行“线上+线下”一体化信息比对，完成省委组织部交办的流入党员管理案例分析并被推荐到中组部，相关做法被省委《八闽快讯》刊载。

【基层党建】　2022年4月，石狮市被确定为创建全省农村基层党建“整乡推进、整县提升”示范市试点，出台《石狮市农村基层党建“整乡推进、整县提升”示范县（市）试点工作方案》，以“十好”镇村创建为抓手，细化镇村两级重点任务清单51项、37项，负面清单16项，完成60%的农村党组织达标创建，相关做法被《福建组工通讯》专期刊载。持续开展村级组织“新班子、新气象、办实事、促振兴”擂台大比拼活动，推动村级班子谋划项目生成1152个，评选出季度优质项目40个、年度优质项目20个，下拨奖补资金600万元。加强对村级“两委”班子的管理，调整不胜任现职的村党组织书记1人、村“两委”6人。完善构建“党建+网格”穿透式组织体系，以楼宇为最小单元，全市划分134个村（社区、园区）、675个单元网格，配备1300余名专职网格员，同步推动网格党组织设置与村（社区）下辖党组织设置有序并轨，相关做法被《福建组工信息》《八闽快讯》刊载。开展“党建引领、赋能国企、激活国资”主题实践活动，推动产学研、上下游、大中小企业党建联建共建，增强市属国企造血功能。持续建强公立医院党员教育阵地，将红色基因融入医院院史馆，与医院党校教育培训相融合，举办培训2期，组织参观院史馆12批次、500余人次。

【非公企业和社会组织党建】　2022年，石狮市立足抓基础、创特色、树品牌，做实做优“两新”组织党建工作，推行“党建入章”，首创《党组织参与民营企业重大事项决策工作指引》，建立民营企业党组织全链条参与议事决策工作机制，鹏泰服饰、磊鑫集团、华锦码头、外来党员等4个党支部特色做法获评福建新时代党建优秀案例。实施新业态新就业群体党建“聚新前行”实施方案，开展“赋能强新”“温暖入新”“凝新聚力”三大行动，组建市网商行业、快递物流行业等新业态党组织4个，改造提升暖心驿站32个，举办“疫线党旗红，暖蜂在行动”关心关爱主题活动39场，引导96名快递“小哥”担任兼职网格员，推动新就业群体参与社会治理。创新推行产业链“双长制”“五联五促”党建工作机制，助推纺织服装产业抱团发展、跨越升级，相关做法入选全国非公党建杂志“年度百佳两新党建创新案例”。推进中组部社会组织党建综合监测区建设，祥芝“海上枫桥”案例入围第六届全国基层党建创新典型案例展示。

【人才引进】　2022年，石狮市新增省引进A、B、C类人才17名，总数39名；新增省工科类青年人才6名；新增泉州市高层次人才117名，累计总数1149名。新培养和引进高技能人才、高校毕业生、专业技术人才9200多人。

【人才平台建设】　2022年，石狮市开展校园引才专项行动，新建4家高校引才工作站。在闽南理工学院等3所在石狮的高校设立高校毕业生就业服务中心，推动高校毕业生留石就业创业直通车专项工程落地。与华侨大学华大石狮数字经济研究院签订共建协议，致力于培养数字经济新时代创新型产业项目落地。全市首个民营高新技术研究院——福建省兰姆达物理技术研究院正式运营。全年新增2家省级众创空间，1家入选省级新型研发机构，1家为省级企业技术中心。

【“党建+”邻里中心建设】　2022年，石狮市聚焦睦邻治理，采取“系统化推进、清单化管理、多元化运营”模式，全域布局建设“党建+”邻里中心，打造“狮城零工市场”“爱心食物站”“社区医保服务一线通办”“小候鸟驿站”“咱厝边家庭服务中心”等特色服务品牌，建设运营“党建+”邻里中心26个，其中获评泉州市“五星级”2个、“四星级”3个、“三星级”5个，获评星级数量和奖励资金均居泉州市各县（市、区）首位，相关经验做法被《人民日报》、《城市党建周刊》、《福建日报》、福建电视台等媒体刊载，“近邻十服务”专项行动做法获省领导批示肯定。

（杨松峰　蔡志荣）

宣传工作

【概况】　2022年，石狮市宣传思想文化工作坚持以习近平新时代中国特色社会主义思想为指导，围绕学习宣传贯彻中共二十大精神，以开展“‘狮响好声音’宣传思想文化工作推进年”活动为抓手，推动理论武装、新闻外宣、精神文明建设、文化事业文化产业等各项工作。举办泉州首届“福狮”文化节（石狮专场），包括“丝路狮缘”福狮文化论坛、福狮文化亲子研学等系列活动。开展“福小宣·‘泉’民讲”专场宣讲，成立侨宣讲小分队并开展主题宣讲12场次。举办石狮市第二十届广场文化艺术节、泉州市学习宣传贯彻中共二十大精神“微宣讲+文明实践”、“三下乡”示范活动石狮专场等活动60余场，在全市地标特色建筑打造15个书香狮城驿站。开展系列新闻宣传活动，中央级、省级媒体报道300余篇。加强“福狮”文化研究阐释，《福建“福狮文化”独特的精神内涵和时代价值》《福狮文化的和合之美与品牌价值》等理论研究报告在“学习强国”学习平台及人民网、央广网等媒体推出。

【思想理论建设】　2022年，石狮市学习宣传贯彻习近平新时代中国特色社会主义思想，创新打造“声动狮城”大讲堂等市委理论学习中心组重要平台，组织专题学习23场次。打造市新时代文明实践中心“云讲堂”线上宣讲主阵地，通过“云讲堂”辐射全市9个镇（街道）、128个村（社区），举办《闽山闽水物华新——习近平福建足迹》、学习贯彻中共二十大精神等系列宣讲报告会，实现4000余人次同步听讲。发挥“侨文化”特色，开展“福小宣·‘泉’民讲”专场宣讲；成立侨宣讲小分队，结合侨情、侨乡文化、华侨精神、侨商经验等开展主题宣讲12场次。开展传承弘扬“晋江经验”暨争当“三个示范”大讨论，结合“五在石狮”工作，围绕商贸发展、城市建设、文旅融合、海洋经济等主题开展沉浸式、场景式专题研讨25场次。

【“报、台、网、微、端”全平台媒体宣传】　2022年，石狮市在“报、台、网、微、端”全平台开设“深入学习宣传贯彻中共二十大精神”等专栏，开展“石狮这十年”“晋江经验20周年的石狮实践”等主题宣传活动，推出“非凡十年·瞰见石狮”系列短片、中共二十大精神知识问答等融媒体产品。围绕“强产业、兴城市”双轮驱动、“5510”项目竞赛、“五在石狮”等中心工作，加强主题宣传，刊发报道1000余篇，其中中央级和省级媒体宣传报道300余篇。加强疫情防控宣传工作，推出疫情防控文、图、影、音等宣传报道1000余篇，疫情防控宣传工作两次得到省委主要领导肯定。推动媒体融合发展。开展“双十双创”提质增效工程，通过健全10项工作机制，生成10个百万项目，激发创新活力和创收效益。融媒体中心微信公众号粉丝量超33万人，原创阅读量超10万人次，融媒体作品115个，制作专题片97部，开展“五在石狮”直播节、福狮文化节等融媒直播活动94场，打造广场艺术文化节等公共文化服务项目32个，推出服务“三农”项目12个。2022年，石狮市融媒体中心获评“全省优秀县级融媒体中心一等”“福建日报社优秀报道组”“泉州市宣传工作先进集体”。

【网络安全与信息化管理】　2022年，石狮市加强网络综合治理，发出网络信息内容整改通知书10份，实地检查105家（次），清理违法和不良信息数百条。开展全市网络安全攻防演练，涉及19家单位的29个系统。开展风险隐患自查，动态发布网络安全预警提示

2022年10月25日，石狮市“福小宣·‘泉’民讲·声动狮城”“侨说二十大”宣讲活动启动仪式暨首场宣讲活动在蚶江镇莲西村举行　（市委宣传部 供图）

12 期。对全市各单位网络平台开展远程风险扫描、实地检查，对全市系统、网站开展远程检测扫描 250 余家次，下发整改通知书 59 份，关停系统 10 个。组织国家网络安全宣传周石狮系列活动，通过“万屏共闪”、“七进宣传”、安全检查、平台培训等“线上 + 线下”活动，提高干部群众的网络安全意识和防护技能。2022 年，石狮市委网信办被省委网信办评为“‘闽盾—2022’网络安全演练泉州市先进单位”。石狮市智能社会治理实验基地被省委网信办评为“福建省级智能社会治理实验基地”。

【文化惠民】 2022 年，石狮市开展第二十届广场文化艺术节、学习宣传贯彻中共二十大精神“微宣讲 + 文明实践”“三下乡”示范活动石狮专场等活动 60 余场。推动全民阅读工作，在全市地标特色建筑打造 15 个书香狮城驿站，建设蚶江林銮渡和宝盖山景区旅游集散中心 2 个新型公共文化空间。开展“听见内心的力量”主题读书月活动，策划“阅读悦美”“斯文在兹”“书香在线”等 25 项读书月活动。组织书法、诗词、绘画、摄影等专题创作，举办“关锁云烟——泉州市首届草书邀请展”、“观音山写生美术作品展”、“印象石狮”书画作品展、“中共二十大报告金句”书法网络展等展览 20 余场。举办“福见石狮 镜艳海丝”全国摄影大展，收到来稿 7828 幅，评选参展作品 100 幅。出版《寻找子芳路》《姑嫂塔——拼一座石狮》《石狮文学丛书》等文学作品集。石狮市文化馆在第五次全国文化馆评估定级工作中获评一级文化馆，石狮市灯谜创作基地入选福建省新时代特色文艺示范基地。

【对外宣传】 2022 年，石狮市推出“海丝潮 • 看石狮”专题融媒体产品，制作“影像速写 • 海风吹过”季播栏目 5 期，讲好海洋文化故事。做好海丝品博会暨 RCEP 青年侨商创新创业峰会活动开幕式在央视移动网等 25 个网络平台直播的工作，浏览量超 955 万人次。深化与《联合日报》《前锋日报》通联合作，注册 Youtube、Facebook 等对外宣传账号 7 个。中国环球电视网 CGTN 聚焦、播出石狮有关节目《持续优化营商环境促增长》等 2 期；新华社《福建泉州开行首条俄罗斯远东外贸集装箱航线》等报道获国内外超 40 个平台转发，阅读量超 1000 万人次。

（许晓城 黄宁馨）

统一战线工作

【概况】 2022 年，石狮市委统战部发挥各民主党派、工商联与无党派人士的优势与作用，支持引导其为石狮建言献策出力。指导工商联开展理想信念教育系列活动，引导民营经济人士投身助力乡村振兴、扶危济困、公益活动。赴政和县开展对口帮扶、助学帮困活动，部署开展石狮在外乡贤普查工作。指导石狮留联顺利完成第三届理事大会换届，举行“石狮市留学人员创新创业基地”“石狮市留学人员创新创业示范点”授牌仪式。指导石狮留联举办“智汇石留 创享未来”系列活动，深入企业走访交流。指导石农村向上级申报项目，为少数民族争取补助资金 69 万元。对台工作经验《创新破解“水土不服”问题 助力台商创在石狮》获得时任全国台联会长黄志贤的批示肯定，侨务工作“石狮市加强联络联谊 引导华侨华人新生代融入家乡发展”做法得到全国侨联副主席陈式海的批示肯定。

【统一战线主题教育】 2022 年，石狮市委统战部组织党员到卡宾创意园、世茂海上丝绸之路博物馆开展“五在石狮，机关党员当先锋”主题实践活动，赴华山古民居家风家训馆和厝仔村“党建 +”邻里中心等开展“喜迎二十大 奋进新征程”主题党日活动，各民主党派举办“喜迎二十大 • 同心跟党走”书画摄影展。组织民营经济人士走进闽赣苏区开展“践行初心使命、开创美好未来”理想信念活动。指导留联开展“走进下党”主题党日活动，组织新联会到鸿山五彩党建文化街区开展“凝聚新力量筑梦新时代”主题教育。举行宗教界“七一”升国旗仪式，弘扬爱国主义精神。

【民主党派工作】 2022 年，石狮市委统战部引导各民主党派围绕石狮市委、市政府中心工作开展调查研究并形成调研文章 9 篇。在石狮市政协八届一次会议上，各民主党派提交团体及个人提案 139 件，占提案总数的 66%，其中民主党派成员提出的 4 件提案为重点提案。推荐 4 名民主党派成员担任石狮市监察委员会第二届特约监察员，7 名民主党派成员担任机关效能建设监督员，63 名民主党派成员担任市检察院、审计局、生态环境保护局及其他部门的特约人员。向各民主党派分发《中国统一战线》和《福建统一战线》等书刊，供各民主党派成员阅读与学习交流。引导各民主党派深入学习中共二十大精神，并结合自身历史和特色资源深入开展理论学习、红色教育行、参观展馆等形式多样、内容丰富的系列活动。引导各民主党派深入基层开展文化下乡、送医义诊、扶贫济困、助学圆梦等社会服务。联合石狮日报社推出“统战之窗”系列报道，连载刊登各民主党派的工作成效与工作计划。

【党外人士和新的社会阶层人士统战工作】

2022 年，石狮市委统战部推荐无党派人士和党外知识分子担任特约监督员，推进无党派人士、党外知识分子参与政治协商、参政议政及民主监督。组织无党派人士、党外知识分子参加中共二十大精神学习教育宣讲系列活动与主题教育观影活动。推荐、选派无党派人士、党外知识分子参加上级培训班，加大对无党派人士和党外知识分子的政治引领和培养力度。走访工商联会员企业、民主党派成员和新的社会阶层人士所在企业，调研生产经营情况。引导新的社会阶层人士开展建言献策、抗击疫情、社会服务、舆论引导等活动。12月30日，石狮市新联会举行“福来福见·福见如愿”新就业形态劳动者微心愿发放仪式，石狮市新阶联筹集爱心善款26500元，认领“微心愿”53个，为货车司机、网约车司机、快递员、美团外卖配送员等新就业形态劳动者代表送上“微心愿”礼品。

【非公有制经济领域统战工作】 2022年，石狮市委统战部构建政企沟通协作机制，多次深入市工商联调研座谈，召开基层商会、异地商会工作座谈会，走访工商联所属商协会企业，定期举行民营经济政企座谈会，联合生态环境局、税务局、检察院等市直相关部门开展优化营商环境座谈互动，建立健全民营企业意见收集、办理反馈的服务体系，帮助解决民营企业发展面临的问题。组建法律服务、中小企业、宣传学习、社会责任、经济联络5个专门委员会和9个镇区活动组，确定挂钩联系所属商会的分工安排，实行执委、监事分组活动制度。指导金银珠宝首饰行业协会完成换届，推动网商协会申报2021—2022年度全国“四好”商会，成立石狮市宝盖鞋城发展促进中心。实施企业家成长计划，举办“塔山学坊”互动学习平台，开展企业家教育培训。配合开展纺织服装产业转型升级企业家沙龙活动、石狮青年企业家培养行动，促进民营企业家相互学习、共同进步。在第七届世界闽商大会上，石狮两位企业家蔡建四、杨紫明获“福建省非公有制经济优秀建设者”称号。

【台港澳联络联谊】 2022年3月9日，石狮市召开港澳台商及异地商会招商动员部署会，成立石狮市港澳台商及异地商会招商工作领导小组办公室和涉港澳台招商、异地商会招商、党派招商、各镇（街道）侨联招商等5个工作小组，招商小组成功推荐并在“晋江经验”20周年招商签约活动上完成港华智慧能源生态投资平台、天球国际贸易电商物流产业园等项目签约，投资金额近30亿元。6月3日，石狮市举行第十六届闽台对渡文化节暨蚶江海上泼水节，吸引近50万人次在线看与参与互动。7月4日，组织石狮籍香港特别行政区各级政协委员参与香港回归祖国25周年活动的泉州（石狮）分会场座谈会。9月5—6日，香港石狮同乡总会举行“迎中秋、叙乡情、畅未来、谋发展”中秋座谈会。11月25日，第五届“海丝情·中国梦”港澳台青年精英故乡行活动在石狮举行，吸引50余名港澳台青年参加。

【海外联络】 2022年，石狮市加强与海外乡会社团联络联谊工作，拟写贺电13份、录制祝贺视频5个，向石狮市海外社团换届表达祝贺。泰国石狮同乡总会暨泰国石狮商会成立八周年庆典暨第三届理事会就职典礼举行，选举产生新一届理事会。推进海外华文教育，举办2022年“亲情中华 为你讲故事”网上夏令营。积极向上级申报王起沃纪念馆、世贸海上丝绸之路博物馆、林登宾纪念堂——“留住根脉”华侨历史文化传承展示工程。

（邱康农 陈安娜 刘欢 蔡连庭 刘以欣）

精神文明建设

【概况】 2022年，石狮市精神文明工作践行社会主义核心价值观，开展基层文明创建活动，加强公民思想道德建设，引导未成年人思想道德教育，开展志愿服务工作，推进新时代文明实践活动，建立石狮市精神文明建设工作新常态。

【文明创建活动】 2022年，石狮市出台《石狮市全国文明城市创建项目专项奖补办法》，指导奖补对象申报重要点位创建奖补项目，审批通过创建奖补项目51个，截至12月底，完成项目28个，兑现奖补资金78.64万元。依托“文明天气图”管理平台，通过开展全域性模拟测评、组织实地调研，专题专项督查，发现问题46044处，整改46016处，整改率99.94%。在《石狮日报》设置专题报道“创城进行时”和“创城督查考评在行动”，刊出40期。开展市民志愿巡访团工作，组织开展住宅小区、农贸市场、背街小巷等巡访活动，并配套发动宣传，提高市民群众文明创建意识。印制发放《市民文明手册》8000册，提升市民群众对文明城市创建的知晓率。

【公民思想道德建设】 2022年，石狮市开展第五届道德模范推选表彰活动，陈松芳等10人获得表彰。截至12月，全市各级道德模范68人次、中国好人23人，福建好人33人。开展健康环保绿色生活创建活动，联合生态环境局开展“全国低碳日”宣传活动。先后命名表彰46家无烟单位，推出首批12辆“清静车厢”示范创建公交车。石狮市湖滨综合市场被福建省委文明办、省商务厅、省市场监管局联合评定为“四星文明集市”。开展公益广告宣传活动，设置公益广告626面，推出各类主题公益广告450余幅。举办第五届石狮市公益广告原创作品设计大赛，通报表扬作品5件。推进移风易俗工作，采取线上、线下相结合的方式，开展“弘扬美德传家风移风易俗树新风”活动。全市简办红白事捐资公益1691.8万元，节约资金4008.85万元。锦尚镇卢厝村获评第四批泉州市文明乡风联系点。

【未成年人思想道德建设】 2022年，石狮市开展第四届石狮市“新时代好少年”评选活动，表扬好少年15名，其中厦外附小王子腾还获评福建省级、泉州市级新时代好少年。清明期间组织“网上祭英烈”活动，“七一”期间拍摄“童心向党·唱支红歌给党听”童声版《万疆》MV，国庆期间组织“向国旗敬礼”主题活动，全市80%以上的学生参与线上宣传和线下实践。举办暑期红色电影展映活动，通过“送出去、走进来”两种方式，引导20所复兴少年宫的近万名未成年人从观影中学党史、听党话、跟党走。开展乡村“复兴少年宫”社会化扶助活动，引进“泉州市城乡学校少年宫志愿服务指导中心”，助力解决部分少年宫师资及器材短缺问题。

【社会志愿服务】 2022年，石狮市在线注册志愿者达11.7万名、志愿服务队伍近760支，发布项目1.3万个。组织开展“文明城市 青年先行”“清洁市场”“清净楼道”等专项志愿服务行动。举办“全国第59个学雷锋纪念日活动暨‘文明石狮 有你更好’创城志愿服务动员大会活动”，同步重启“阳光馒头店”，得到新华社等媒体报道。印发《我们一起，跨过这场倒春寒》《文明守望 狮城有爱》等倡议书，开展疫情防控志愿服务工作。推荐石狮市青年志愿者协会获评福建省“最佳志愿服务组织”。

【新时代文明实践】 2022年，石狮市印发《石狮市拓展新时代文明实践中心建设工作方案》，部署全年文明实践重点工作，确定每月5日为文明实践集中活动日，推动各镇（街道）实现“一月一主题”，全年先后组织开展鸿山镇、凤里街道、湖滨街道、锦尚镇等4个专场活动。优化完善新时代文明实践中心云平台“点单”系统，制作操作手册和培训视频。举办新时代文明实践所、站建设工作专题培训会。建设国网石狮供电公司文明实践示范基地、宝盖科技园文明实践点等阵地。

（高克思 黄雅霜）

2022年3月5日，石狮市全国第59个学雷锋纪念日活动暨“文明石狮 有你更好”创城志愿服务动员大会在灵秀镇华山古民居举行 （市委文明办 供图）

机构编制

【概况】 2022年，石狮市机构编制部门推进基层综合执法改革、重点领域体制改革，优化完善党政群职能体系，加强事业单位登记管理。组织开展深化机构编制执行情况和使用效益评估试点工作。强化第二次全国机构编制核查结果运用，组织开展机构编制监督检查专项工作，完成2021年全市事业单位法人年度报告公示291份。

【重点领域体制改革】 2022年，石狮市机构编制部门落实行政复议体制改革，整合行政复议职责，明确行政复议机构的内设机构设置，建立行政复议辅助人员制度。推进工业园区管理体制改革，研究出台《石狮市改革创新工业（产业）园区管理体制机制的若干措施》，建立“1+N”领导协调机制，加强全市工业（产业）园区统筹领导，探索“政府管理+公司化运作”管理模式，明确市园区办公室、镇级分园办公室、园区开发建设公司具体职责和工作任务，优化完善石狮高新区管理机构，理顺属地镇与园区、国企关系。推进疾病预防控制体系改革。按上级下达的比例标准核定编制数，核增市疾控中心事业编制，在市卫生健康局加挂“石狮市疾病预防控制局”牌子，配备市疾病预防控制局专职局长（副科级），强化疾控专业队伍建设。

【基层综合执法改革】 2022年，石狮市机构编制部门推进基层综合执法改革。市级层面，整合组建市应急管理综合执法大队、市自然资源综合执法大队。镇（街）层面，强化镇（街道）执法力量资源配置，核增各镇（街道）综合执法队事业编制各3名，并各设置法制审核员岗位1名。指导并推动各镇（街道）建立健全综合执法内部协调机制，提升基层综合执法效能。

【镇（街道）权责清单梳理】 2022年，石狮市机构编制部门落实镇（街道）赋权工作，将市直部门100余项行政处罚权赋予各镇（街道），其中两镇两办各赋权107项，沿海五镇各赋权117项。动态调整市自然资源局、住建局、农业农村局、城管局、应急管理局等5个政府部门权责清单，同步推进镇（街道）权责清单动态调整，9个镇（街道）新增权责事项1013项，取消权责事项18项，确保清单准确规范、镇（街道）依法依单履职。

【机构编制管理】 2022年，石狮市机构编制部门加大周转保障力度，新统筹6名行政编制纳入周转池，研究事业编制周转保障，统筹23名事业编制纳入周转池，提高机构编制资源配置效率。组织实施《石狮市总医院人员总量控制备案管理暂行办法》，重新核定市总医院人员规模控制数2431名，收回880余名事业编制。推行全市学前教育机构编制备案制管理，收回全市28个公立幼儿园340余名事业编制。统筹盘活沉淀和低效配置的事业编制资源，统筹余缺空编1224名，专项保障中小学教职工事业编制。联合市财政局、人社局印发《关于规范编外人员管理的通知》，严格审批各部门新增新进编外人员，加强规范全市机关事业单位编外人员队伍管理。

【事业单位改革】 2022年，石狮市优化事业单位布局。在泉州率先单独设立正科级招商机构市投资服务中心，专门负责承担招商投资、招商促进等方面相关工作。调整核增市国有资产发展服务中心编制和领导职数，加强国有资产工作力量和领导力量。设立消防救援勤务中心、网络信访服务中心、美食产业发展中心等事业单位，加强重点领域、民生领域、基层一线工作力量。

【事业单位登记管理】 2022年，石狮市机构编制部门完成审核291家事业单位的2021年全市事业单位法人年度报告工作，审核率100%。强化党政群机关信用赋码工作，统一社会信用代码变更18件。完成215家党政群及事业单位域名续费工作。规范事业单位登记管理，梳理未办理注销、变更登记事业单位法人具体情况和未注销、变更原因，督促有关单位及时办理注销、变更手续。提升事业单位登记管理服务，指导、协助泉州海洋生物产业研究院于签约次日完成事业单位设立登记，第一时间领取事业单位法人证书。

（杨全城 温泽源）

市直机关党建

【概况】 2022年，石狮市党的关系隶属市直机关工委的基层党组织有279个。其中机关党委12个，二级党委2个（老干党委、税务局机关党委），党总支11个，党支部254个，党员数5699人。

【机关党建政治和思想建设】 2022年，石狮市把政治建设摆在首位，指导推进各级党组织开展党员过“政治生日”活动，增强党组织政治功能和组织功能。在石狮组工微信号开设“学习贯彻二十大 凝聚奋进新力量”系列专栏，由工委指导的市法院党总支《淬火》获评“喜迎二十大——泉州市机关党建新成就”短视频十佳作品。开展模范机关创建。细化考评方案，聚焦“大学习”“讲政治”“守纪律”“负责任”“有效率”“强基础”6个方面，指导市直部门结合实际创建模范机关。

【基层组织建设】 2022年，石狮市以“海丝先锋”达标创星活动为抓手，做好党组织设置、换届提醒、班子成员备案等工作，推动26个党组织按期换届。开展机关党员干部素质提升行动，创新举办市直机关青年干部讲堂和市情研学活动，办好机关党务干部专题培训班，示范推进各级党组织培训工作，组织各类培训班、讲堂、研学活动29期，培训1800多人次。加强分类分级指导，实行学校党建积分管理考核办法，成立市直教育系统党委党校。建强公立医院党员教育阵地，举办培训2期，组织参观医院院史馆12批次、500多人次。

【党建品牌建设】 2022年，石狮市落实党建“项目化”管理。推动党委书记至少组织实施1个党建项目，鼓励基层党组织书记策划生成党建项目，立项申报机关特色党建项目24个。市委宣传部党建项目“党建引领‘书香城市’创建”获泉州市级评选优秀奖。市委组织部《石狮市创新“多元化”基层治理模式打造“好支部、好邻里、好生活”近邻善治街区》案例和市商务局《石狮市创新推广外汇避险“公共保证金池”机制》案例在泉州市体制机制创新案例评选中获“特等奖”，8个案例分获一、二、三等奖。推进在职党员到社区“双报到”活动，73个市直部门党组织与27个社区签订共建协议，推动在职党员担任兼职网格员，提供物资保障

2022年11月2日，石狮市纺织服装产业链党委授牌暨“红纺六链 织造未来”党建品牌发布仪式在石狮电商谷党建+邻里中心举行 （市委组织部 供图）

2100多批次。开展市直部门结对帮扶“党建+”邻里中心工作，推动市直部门党组织发挥部门职能优势，梳理形成服务清单，多渠道推进项目建设和运营管理。

（杨松峰　蔡志荣）

老干部工作

【概况】　2022年，石狮市围绕离退休干部党的建设、服务管理、作用发挥和队伍建设等重点，组织离退休干部党组织、涉老组织举办基层治理活动30多场次，举行“喜迎二十大”系列主题活动，举办“基层建设提升年”活动总结暨成果展，开展离退休干部医疗保健服务月活动，入院探望、上门走访老干部800多人次。相关经验做法被《八闽快讯》《石狮快讯》等专题刊载，全年在《中国老年报》刊发宣传报道13篇、《福建老年报》47篇、福建老干部App 29篇。通过“石狮老干”微信公众号学习平台，推送学习12期、54条学习内容链接。市老年大学选送《盛世武魂》《闽南风秀》两个节目分别获得第八届全国老年大学文艺汇演金牡丹（一等）奖、三角梅花（三等）奖。

【离退休干部党建】　2022年，石狮市委老干部局指导在村（社区）“党建+”邻里中心建立9个“老党员工作室”。开展“邻里好帮手”活动，全年组织离退休干部党组织、涉老组织举办基层治理活动30多场次，350多名老党员分别担任讲师团成员、文明劝导员、矛盾纠纷调解员等。通过数字电视端“老年教育”平台，上传讲师团教学视频，方便老干部老党员在家点播自学。组织离退休干部党组织、党员开展“喜迎二十大　增添正能量”系列活动、学习宣传贯彻中共二十大精神主题宣传活动。出台《石狮市离退休干部党建“头雁”人才全过程培养实施方案》，确定37名离退休干部党建“头雁”人才培养对象，8名离退休干部被评为泉州市“刺桐银发头雁”。制作“银龄先锋”微视频，在网站、微信公众号等平台展播。

【待遇保障落实】　2022年，石狮市委老干部局办好离退休干部医疗保健服务月，定期组织健康体检、养生讲座、大型义诊等活动，落实“家庭医生”服务制度，实行“一人一策”。举办第16届离退休干部文化艺术节，选送的文艺节目获得多个国家级、省级奖项。组织入院探望、上门走访老干部800多人次。组织走访慰问困难老干部，发放解困帮扶经费6万余元。

【离退休干部作用发挥】　2022年，石狮市委老干部局开展“银龄助力现代化商贸之都建设”专项行动。谋划生成“银发红心”游学研讨、“银智荟萃”金点子征集、“我看全面建设现代化商贸之都”专题访谈、“我为‘5510’竞赛项目把脉问诊”专题调研等载体，引导老干部党员为石狮建设发展出实招、献良策、做贡献。开展“桑榆党旗红”志愿服务活动。发动600多名离退休干部党员成立老党员、老年大学、老科技工作者等志愿服务队开展政策宣传、文明交通、夕阳助老、义务调解等志愿服务活动。开展银发人才工作。建立9个类别、232人的银发人才库，引导老干部在党建党务、乡村振兴、文明创城、关爱帮扶、纠纷调解等领域发挥积极作用。

【关心下一代工作】　2022年，石狮市委老干部局加强基层关工委建设。开展基层关工委“五好”创建，实现达标村129个、典型示范村（社区）关工委31个，达标率92.3%。丰富青少年社会教育活动平台载体。新增凤里街道仁里社区等4个青少年社会教育活动中心；建成镇、村级“五老”关爱工作室93个；开展“赞成就、迎盛会、树理想、明担当”主题教育，全市各级关工委、青少年社会教育活动中心组织开展活动126场次，参与5600多人次；举办家风家训家教及青少年法治宣讲教育活动86场次，参加7100多人次。聚焦青少年特殊群体关爱帮扶。全年市、镇、村三级关工委“五老”结对帮扶“六失”青少年370多人次，举办“六失”困境青少年“庆六一、看发展、学立志”社会实践营；举办爱心助学座谈会，向37名困难学生颁发爱心助学金18.9万元；举办第十七届“新石狮人优秀子女”表扬大会，101名孩子接受表彰；组织卡宾、港溢、鹏泰等17家民营企业关工委举办不同类型、规模的夏令营、暑托班32场次。

【老年教育】　2022年，石狮市老年教育理论研究成果明显，由市老年教育委员会选送的《“互联网+”老年远程教育的理论与实践研究》获得第五批全国老年远程教育研究课题优秀奖，选送的《一座越来越温暖的城市》入选第九批全国老年远程教育特色微视频课程，选送的《谈谈网络书法教学》发表在国家级CN刊物《老年教育》。

开展正能量活动。开展“强国复兴有我”群众性主题宣传教育活动，引导老干部讲好党百年奋斗重大成就和历史经验的故事。组织举办“建言二十大”“我看中国特色社会主义新时代”系列访谈活动、“喜迎二十大”老年人健身节系列活动、“庆七一　迎盛会”诗词书画摄影作品展、“喜迎二十大”党史学习宣传+健康公益行活动、“喜迎二十大　银龄颂党恩”专场文艺会演、“喜迎二十大　翰墨颂党恩”书画美术摄影诗词作品展、“喜迎二十大　歌颂新时代”灯谜竞猜、“喜迎二十大　歌舞颂党恩”基层老年学校专场文艺演出等活动。

老年文艺演出获嘉奖。组织节目参加各级离退休干部文艺会演，市老年大学选送舞蹈节目《锦绣中华》入选泉州市委老干局“喜迎二十大　增添正能量”优秀文艺节目展演暨泉州市第十五届老年文化艺术节闭幕式，获优秀表演奖；市老年大学木兰拳班学员参加泉州市第三届木兰拳套路比赛获一等奖；市老年大学太极拳研究会参加福建省第十七届运动会群众比赛暨2022年福建省全民健身运动会总决赛获太极拳竞赛男子陈式、24式太极拳2枚金牌以及女子孙式太极拳金牌、陈式太极拳银牌；市老年大学选送的《盛世武魂》《闽南风秀》2个节目分别获得第八届全国老年大学文艺会演金牡丹奖、三角梅花奖。

（王情殊　蔡冰冰）

党校（行政学校）工作

【概况】　2022年，石狮市委党校（行政学校）发挥县级党校干训、宣讲、科研咨政等职能作用，举办各类培训班35期，开办狮城干部讲堂3期，开展异地教学5期。开发党员教育现场教学点35个。创建泉州市首个县级党校“名师工作室”，搭建名师“传帮带”教学研一体化平台。

【干部教育培训】　2022年，石狮市委党校（行政学校）举办各类培训班35期，开办狮城干部讲堂3期，同清华大学签署《清华大学乡村振兴远程教学站合作协议》，设立清华大学乡村振兴远程教学站，累计培训党员干部2200多人次。举办招商引资、园区建设、乡村振兴等研讨班次。强化联合办班，先后举办纪检监察业务、宣传思想文化、机关党务等专题培训班。举办异地培训班，先后举办宁夏盐池县、福建龙岩市、福建安溪县等地异地培训班5期。

【教学改革】　2022年，石狮市委党校（行政学校）创建泉州市首个县级党校“名师工作室”，聘请泉州市委党校、华侨大学、泉州市政府发展研究中心等专家学者为导师，搭建名师“传帮带”“教学研”一体化平台，先后在泉州市、福建省党校系统精品课评比中获得一等奖、二等奖。健全完善学习研讨、市情调研、集体备课、新课试讲等教研机制，生成“深刻理解新时代重大理论和实践问题——认真学习党的二十大报告精神”“从红色故事中深刻领悟伟大建党精神”“做新时代共产党人的楷模和先锋战士——二十大党章新点亮点解读”等课程。组织开发党员教育现场教学点35个，其中市场采购贸易服务中心（国内国际双循环）、“一馆一院两中心”（纺织服装产业转型升级）、青创城网批中心（网批、电商直播平台经济）、红塔湾—宝盖山石窟生态修复公园—湿地公园（石狮全域城市化改革成效和城市新貌）、市行政服务中心—智慧石狮管控平台（营商环境优化）被列入省委党校现场教学精品线路。

【理论宣讲】　2022年，石狮市委党校（行政学校）组建“名师工作室宣讲团”，开展习近平新时代中国特色社会主义思想进农村、进社区、进企业、进社团、进校园的“五进”宣讲活动。推行课程准入制度，校领导参与听课评课，获得通过后方可外出讲课。完成开设“学习领会二十大报告精神”“弘扬伟大建党精神　坚守真理信仰”等课程，下基层讲授43场次。

【科研咨政】　2022年，石狮市委党校（行政学校）邀请省委党校社会建设领域专家开展石狮市“共同富裕”课题研究，形成《县域共同富裕探索的“石狮实践”》学术报告。组织中青班、科级班学员开展市情调研，形成调研报告4篇；其中《乡村振兴视域下“村企共建”破解村集体经济发展难题的探索》发表于《石狮研究》。组织教师参加党校系统课题调研，其中“社会治理维度下石狮公建民营养老机构发展研究”获得泉州党校课题立结项。

（陈加家　洪常颖）

党史和地方志工作

【概况】　2022年，石狮市委党史和地方志研究室深化“史志在行动”活动，建立“史志在行动”市镇工作专班、史志研究专家库，组建宣讲队伍。组织开展史志图书进基层和赠书活动，推动基层设立史志学习驿站。与市档案馆等多部门联动协作，抢救性征集石狮籍侨胞和台港澳同胞的实物、档案资料900多件。指导李子芳纪念馆、董云阁故居、石狮市红色革命教育基地的展陈优化工作。组织编纂《石狮年鉴（2022）》，编发《石狮党史》期刊，1篇文章被“福建纪检监察”微信公众号选刊，1篇文章入选《泉州史志》，“石狮招商故事”被泉州市《资政编研》刊发。

【史志宣传教育】　2022年，石狮市委党史和地方志研究室以宣传思想文化战线的工作骨干、离退休老干部为主要力量，组建“红色力量”党史宣讲团，壮大宣传宣讲志愿服务队伍。运用“党史+N”宣讲模式，融合学习宣传贯彻新思想、中共二十大精神，打磨红色故事汇、身边最美人物、优秀传统文化、文明树新风从我做起等八大主题微宣讲课件，提升微宣讲感染力和覆盖面。加强史志研究成果与媒体媒介、文化文艺宣传的融合创新，开展“共学二十大·强国复兴有我”“书香大美狮城·阅伴你我成长”“福狮阅读小达人”等主题读书会活动以及“喜迎二十大·强国复兴有我”主题“云”宣讲，受众达4000多人；联合市委宣传部、市融媒体中心创作推出李子芳广播连续剧，通过

FM104.7广播频道连载刊播；举办“红色故事进基层”石狮专场、“方寸忆初心·启航新征程”主题邮展，弘扬红色文化。

【地方党史资料编纂】 2022年，石狮市委党史和地方志研究室围绕服务全市“全面建设现代化商贸之都”，推进《石狮市市场经济口述史》资料征集和编纂工作，从石狮改革开放的领导者、推动者、参与者、见证者的视角，多维度展现全市高质量发展历程。截至年底，完成口述访谈8期，其中5期入选《泉州改革开放口述史》。梳理2017年至2021年期间石狮社会经济发展的重大事件，形成《中国共产党石狮大事记》初稿，加快推进《石狮市改革开放史料选编》编纂进程。

【年鉴编纂】 2022年12月，石狮市委党史和地方志研究室完成《石狮年鉴（2022）》编纂工作，提交方志出版社出版。全书共73.1万字，卷首彩页特设新冠疫情防控、经济运行稳健、城乡品质提档、文旅融合发展、商贸会展活跃。主体部分设34个类目，分目188个，条目903个。

【志书编修】 2022年，石狮市委党史和地方志研究室开展镇村志编修工作访谈，重点走访村（社区）46个，组织召开编修工作座谈会5场次。择优吸纳有镇村志编修经验的专家、骨干、老干部、老教师等，组建史志工作人才库，成立镇村志编修专家组，提升对基层工作指导能力和水平。《石湖村志》《古浮村志》完成出版。

【阵地建设】 2022年，石狮市委党史和地方志研究室指导李子芳纪念馆、董云阁故居、石狮市红色革命教育基地的展陈优化工作，推动永宁华侨历史纪念馆获评第四批泉州市党史教育基地，帮助基层开展讲解员队伍培训，促进场馆服务质量和水平提升。巩固石狮市5个泉州市“乡村记忆文化”示范村创建成果，开展“乡村记忆文化”项目推荐评选工作，全市“乡村记忆传承人”12人、“乡村记忆传习所”13处、“乡村记忆名特产”6种，先后通过泉州市初评。推动基层设立党史学习驿站，指导36个村级新时代文明实践站、党建邻里中心开设史志图书专柜。

2022年9月28日，“方存忆初心 启航新征程——‘邮票上的党史’主题邮展”在石狮市新时代文明实践中心启动 （市委史志研究室 供图）

【服务中心工作】 2022年，石狮市委党史和地方志研究室选派2名干部参加上级业务培训，2名干部参加“5510”项目竞赛五大片区改造的凤里大仑东片区征迁工作，1名干部到泉州市委史志研究室双向交流挂职，参与组建“一中健康家园”，4名干部职工下沉镇村一线协助基层开展新冠疫情防控工作。联合市文旅局推出红色旅游路线，扩大红色资源的影响力和吸引力。

（江芳玲 王祖德）

档案工作

【概况】 2022年，石狮市馆围绕中心服务大局，担负起为党管档、为国守史、为民服务重要职责，印发《石狮市“十四五”档案事业发展规划》，推行自助电子查档、信息公开展示等便民举措，接收到政府信息公开372份。接待查阅利用1721人次、6042件次。

【档案接收】 2022年，石狮市档案馆完成市农村集体产权制度改革档案归档进馆工作，接收湖滨街道、灵秀镇、祥芝镇等9个镇（办）农村集体产权制度改革档案1053卷，全引机检目录16548条。接收市委办、广播电视台、科学技术协会等单位文书档案68卷2259件、新冠疫情防控档案182卷2649条。

【档案征集】 2022年，石狮市档案馆联合市档案局、市委统战部等7个部门开展石狮市侨胞台港澳同胞捐赠档案资料征集工作。截至年底，征集到石狮市委统战部移交的世界石狮同乡联谊会等纪念牌、纪念座及郑声党、蔡碧霞石狮功勋纪念牌、吴玉照赠献牌匾等实物档案381件，《石狮侨批故事》《侨区风雷》《赤子情深》《中华情·少年梦》等涉侨书籍，首届至第十四届闽台对渡文化节暨蚶江海上泼水节活动的音视频时长近600分钟、照片6000多张和活动方案、报道等电子资料、图册。征集到抗美援朝老兵蔡芝后人无偿捐赠军旅物品、纪念章、照片若干，以及《姑嫂塔》《永葆安宁》《翰墨史迹》《石狮科学家》《闽南习俗文化》《南音之魂》《穿越永宁街》《石狮民歌》《晋江专区民间音乐资料》等闽南特色文化书籍。

【档案监督指导】 2022年，石狮市档案馆督促全市各单位及时做好到期档案移交、档案登记、档案目录电子数据报送等工作，并召开全市3家整档服务机构业务会议。指导市财政局、工商联、检察院、市人大办、市农业农村局、老干部局等单位做好档案归档和规范管理工作。参加泉州湾港区锦尚作业区2号泊位扩建及4号泊位工程项目档案验收。截至年底，审核市民政局等33个单位的档案目录，审核目录83118条。

（邱敏瑜 李延安）

保密工作

【概况】 2022年，石狮市委保密办、市国家保密局完成全市各项保密工作任务，为全市经济社会健康发展提供安全服务保障。组织开展保密检查工作；开展全市涉密人员、定密事项和涉密政府采购统计报备工作等。组织开展保密宣传活动，推动保密宣传教育进校园、进机关、进社区。

【保密监督检查】 2022年，石狮市委保密办、市国家保密局组织开展保密检查，检查机关、单位40家次，计算机210台次，下发整改通知书13份。开展2022年度全市涉密人员、定密事项和涉密政府采购统计报备工作。做好高考、中考等统一考试的试卷保密检查、应急值班工作。抓好2022年省委保密办检查组反馈问题整改，督促相关单位对照问题逐项整改到位。

【保密宣传】 2022年，石狮市委保密办、市国家保密局发挥石狮市委党校（行政学校）保密教育主阵地、《保密工作》杂志和“保密观”微信公众号的宣传阵地作用，提高领导干部和涉密人员的保密意识。开展保密宣传月活动，通过播放保密公益宣传片、保密宣传标语，发送保密宣传短信，赠送保密教育书籍，组织参加保密教育线上培训活动等方式，深入开展保密“两识”教育，推动保密宣传教育进校园、进机关、进社区。加强领导干部保密安全教育和反奸防谍教育，播放保密警示教育片，营造服务保障中共二十大顺利召开的安全保密环境。保密干部上门为机关单位开展保密培训4场次。

（陈翠玲 纪荣渠）

石狮市人民代表大会

综　述

【依法履职】　2022年，石狮市人大常委会召开人民代表大会1次，常委会会议8次、主任会议9次，听取和审议“一府一委两院”专项工作报告16项，审查“一府一委两院”规范性文件11件，作出决议决定9项，开展专题调研6项、执法检查6次、满意度测评8次，受理群众来信来访11件，依法任免国家机关工作人员51人次。

【思想政治建设】　2022年，石狮市人大常委会组织市镇两级人大代表和人大干部深入学习宣传党的二十大精神，常委会领导带头深入村居、企业和人大代表工作室组织学习宣讲8次，组织机关干部集中学习12次、专题研讨8次。

【健全人大工作制度】　2022年，石狮市人大常委会建立常委会重要会议议题呈报制度，提升常委会集体履职行权的质量和效率。实施“改进监督方式方法，增强监督工作实效”专项行动，改变地方政府债券转贷收支预算到年底一次性调整审批的做法，实行“每调必审”。重视人大审议意见的办理落实，优化交办流程和规范办结要求，实现审议监督工作闭环。健全人大常委会机关干部日常培养管理机制，推行“岗位大练兵”，开设“人大讲堂”，举行机关业务交流20场，选派干部参加疫情防控、征地拆迁等攻坚任务50人次。

【人大信访】　2022年，石狮市人大常委会严格按照《信访工作条例》相关规定，加强业务指导，规范办理流程，积极化解社会矛盾，全年受理来信11件。

【理论研究和宣传】　2022年，石狮市人大常委会开展人大制度理论研究，《人大主导下全过程人民民主在“一站式”多元纠纷解决机制建设中的实践与发展——以石狮市实践经验为样例》调研文章在福建省人大课题调研评选中获优秀奖，《石狮市：“全过程人民民主”的基层实践》《发挥人大代表主体作用推进全过程人民民主》调研文章分别在泉州人大课题调研评选中获一等奖、三等奖，并获“优秀组织奖”。开通“石狮人大”微信公众号，在《石狮日报》开设“人大视线”专栏，在“石狮融媒”视频号开设“人大履职”专窗。石狮市人大工作被《人民代表报》刊载3次；人民政坛、“福建人大”微信公众号刊载3次；被《泉州人大》和“泉州人大”微信公众号推介15次；被《石狮日报》推介195次。

（市人大办）

重要会议

【市八届人大二次会议】　2022年12月21—22日，石狮市第八届人民代表大会第二次会议在市公务大厦附楼大会议室召开，应出席会议代表211名。会议听取和审议石狮市人民政府工作报告；审查和批准石狮市2022年国民经济和社会发展计划执行情况及2023年国民经济和社会发展计划草案的报告，批准石狮市2023年国民经济和社会发展计划；审查和批准石狮市2022年预算执行情况及2023年预算草案的报告，批准石狮市2023年预算；听取和审议石狮市人民代表大会常务委员会工作报告；听取和审议石狮市人民法院工作报告；听取和审议石狮市人民检察院工作报告；通过有关决议。

【人大常委会会议】　2022年，石狮市第八届人大常委会召开常委会会议8次。

2022年石狮市人大常委会会议一览表

表2

会次	时间	会议内容
第一次	2月16日	专题学习《石狮市人民代表大会常务委员会组成人员守则》；审议市人大常委会委员分工及挂钩联系市人大常委会机关各工委的安排、《关于提请设立石狮市第八届人民代表大会常务委员会代表资格审查委员会的议案》、市八届人大常委会各工作委员会委员人选名单、《石狮市人大常委会2022年工作要点》、市八届人大一次会议代表建议重点督办件；审议有关人事事项
第二次	4月21日	听取和审议市人民政府关于2022年第一批地方政府债券转贷收支预算调整方案的报告，审查和批准2022年第一批地方政府债券转贷收支预算调整方案；书面报告市人民政府关于落实2020年度国有资产管理情况审议意见的报告；审议有关人事事项
第三次	6月29日	听取和审议市人民政府关于石狮市2021年环境状况和环境保护目标完成情况报告、关于2022年第二批地方政府债券转贷收支预算调整方案的报告，审查和批准2022年第二批地方政府债券转贷收支预算调整方案；听取和审议市人民政府关于企业国有资产管理情况的专项报告，书面报告2021年度国有资产管理情况的综合报告。听取和审议市人大常委会执法检查组关于检查《中华人民共和国慈善法》实施情况的报告、关于检查《中华人民共和国非物质文化遗产法》实施情况的报告、关于检查《中华人民共和国道路运输条例》实施情况的报告；听取和审议市人大常委会内司工委关于2021年规范性文件备案审查工作情况的报告；审议个别代表辞去有关职务事项；审议《石狮市人民代表大会常务委员会主任会议关于提请蔡攀峰任职的议案》《石狮市人民法院关于提请任命李自由等人为石狮市人民陪审员的议案》
第四次	8月22日	听取和审议市人民政府关于2021年石狮市决算草案的报告、关于石狮市2021年度财政预算执行和其他财政收支情况的审计工作报告，审查和批准2021年石狮市决算；听取和审议市人民政府关于2022年上半年国民经济和社会发展计划执行情况、预算执行情况的报告；听取和审议市人民政府关于进一步减轻义务教育阶段学生作业负担和校外培训负担工作情况的报告、关于铸牢中华民族共同体意识推动新时代民族工作高质量发展情况的报告、关于乡村振兴工作情况的报告；听取和审议市人民政府研究处理市人大常委会《关于〈泉州市市容和环境卫生管理条例〉贯彻实施情况的审议意见》情况的报告，并对市城市管理局进行满意度测评；市人大常委会视察组书面报告关于石狮市中小学学生视力保护工作情况；市人大常委会调研组书面报告关于《福建省宗教事务条例》实施情况；审议有关人事事项
第五次	9月29日	市人大常委会视察组书面报告关于石狮市世界文化遗产保护与利用工作情况；市人大常委会调研组书面报告关于石狮市美食与文旅融合情况；审议有关人事事项
第六次	11月24日	听取和审议市监察委员会关于开展整治群众反映强烈问题工作情况的报告；听取和审议市人民政府关于全国文明城市创建工作情况的报告、关于2022年预算调整方案的报告，审查和批准2022年预算调整方案；听取和审议市人大常委会执法检查组关于检查《中华人民共和国城乡规划法》《福建省实施〈中华人民共和国城乡规划法〉办法》实施情况的报告；听取和审议各主办单位关于市八届人大一次会议代表建议重点督办件办理情况的报告，开展满意度测评；市政府书面报告关于2021年度石狮市环境状况和环境保护目标完成情况的审议意见落实情况；市政府书面报告关于检查《中华人民共和国道路运输条例》实施情况的审议意见落实情况、关于检查《中华人民共和国慈善法》实施情况的审议意见落实情况、关于检查《中华人民共和国非物质文化遗产法》实施情况的审议意见落实情况、关于2021年石狮市决算草案与2021年度预算执行和其他财政收支审计工作报告的审议意见落实情况、关于进一步减轻义务教育阶段学生作业负担和校外培训负担工作情况的审议意见落实情况、关于铸牢中华民族共同体意识推动新时代民族工作高质量发展情况的审议意见落实情况、关于乡村振兴工作情况的审议意见落实情况、关于石狮市企业国有资产管理情况的审议意见落实情况；审议有关人事事项
第七次	12月14日	对市法院法官、市检察院检察官开展履职评议；听取和审议市人民政府关于市八届人大一次会议代表建议办理情况的报告及市人大常委会视察组的报告；听取市人大常委会代表资格审查委员会关于个别代表的代表资格的审查报告；审议市人大常委会关于召开石狮市第八届人民代表大会第二次会议的决定；审议市八届人大二次会议的日程安排及各项建议名单；讨论、通过石狮市人民代表大会常务委员会工作报告稿；市人大常委会调研组书面报告《泉州市机动车停车管理条例》实施情况；审议有关人事事项
第八次	12月27日	补选泉州市第十七届人民代表大会代表；审议有关人事事项

【人大常委会主任会议】 2022 年，石狮市第八届人大常委会召开主任会议 9 次。

2022 年石狮市人大常委会主任会议一览表

表 3

会次	时间	会议内容
第一次	1 月 18 日	研究市人大常委会领导班子成员分工；研究市人大常委会委员工作分工及挂钩联系市人大常委会机构各工委的安排；研究市人大常委会办公室、各工作委员会挂钩镇（街道）人大和代表小组安排；研究市人大常委会办公室领导班子成员工作分工
第二次	2 月 15 日	研究有关人事事项；研究组成市八届人大代表小组的有关事项；研究在石的省十三届泉州市十七届人大代表队编入石狮市八届人大代表小组事项；研究设立市八届人大常委会代表资格审查委员会事项；研究市八届人大一次会议代表建议重点督办件；研究聘任市八届人大常委会各工委委员事项；研究市人大常委会 2022 年工作要点；研究确定市八届人大常委会第一次会议的召开时间和建议议程
第三次	4 月 19 日	研究《关于明确市人大常委会办事机构和工作机构对口联系单位的通知》；研究有关人事事项；研究 2021 年度镇（街道）人大代表工作绩效评估事项；研究《石狮市人大常委会规范性文件备案审查操作流程》；研究市人大常委会财经工委关于 2022 年第一批地方政府债券转贷收支预算调整方案的初步审查报告；听取市人民政府关于落实 2020 年度国有资产管理情况审议意见的报告；研究确定市八届人大常委会第二次会议的召开时间和建议议题
第四次	6 月 27 日	研究有关人事事项；研究个别代表辞去有关职务事项；研究石狮市人民陪审员任命事项；讨论关于 2021 年度石狮市环境状况和环境保护目标完成情况的审议意见稿；讨论市人大常委会财经工委关于 2022 年第二批地方政府债券转贷收支预算调整方案的初步审查报告；讨论关于石狮市企业国有资产管理情况的审议意见稿；讨论关于检查《中华人民共和国慈善法》实施情况的报告和审议意见稿、关于检查《中华人民共和国非物质文化遗产法》实施情况的报告和审议意见稿、关于检查《中华人民共和国道路运输条例》实施情况的报告和审议意见稿、关于检查《中华人民共和国森林法》和《福建省森林条例》实施情况的报告；讨论市人大常委会内司工委关于 2021 年规范性文件备案审查工作情况的报告；研究开展“创建全国文明城市专题监督”活动方案；研究确定市八届人大常委会第三次会议的召开时间和建议议题
第五次	8 月 18 日	研究有关人事事项；研究石狮市人大常委会法官检察官履职评议办法（暂行）；研究关于开展 2022 年度法官检察官履职评议工作的实施方案；讨论关于 2021 年石狮市决算草案的审议意见稿及关于批准 2021 年石狮市决算的决议草案；讨论市人大常委会财经工委关于石狮市 2022 年上半年国民经济和社会发展计划及预算执行情况的初步审查报告；讨论关于进一步减轻义务教育阶段学生作业负担和校外培训负担工作情况的审议意见稿、关于石狮市中小学学生视力保护工作情况的视察报告、关于《泉州市市容和环境卫生管理条例》贯彻实施情况的调研报告、关于铸牢中华民族共同体意识推动新时代民族工作高质量发展情况的审议意见稿、关于乡村振兴工作情况的审议意见稿、关于检查《中华人民共和国乡村振兴促进法》和《福建省乡村振兴促进条例》实施情况的报告、关于《福建省宗教事务条例》实施情况的调研报告；研究确定市八届人大常委会第四次会议的召开时间和建议议题
第六次	9 月 27 日	研究有关人事事项；讨论关于石狮市美食与文旅融合情况的调研报告、关于石狮市世界文化遗产保护与利用工作情况的视察报告；研究确定市八届人大常委会第五次会议的召开时间和建议议题
第七次	11 月 21 日	研究有关人事事项；研究补选市八届人大代表有关事项；听取市政府关于石狮市食品市场培育情况的报告；讨论市人大常委会调研组关于石狮市食品市场培育情况的调研报告；听取市政府关于工业产业园区建设提升情况的报告；讨论市人大常委会调研组关于工业产业园区建设提升情况的调研报告；听取市公安局关于派出所执法规范化建设工作情况的报告；讨论市人大常委会视察组关于派出所执法规范化建设工作情况的视察报告；讨论关于市监察委员会开展整治群众反映强烈问题工作情况的调研报告和审议意见稿、关于创建全国文明城市专项监督工作情况的报告和审议意见稿、关于检查《中华人民共和国城乡规划法》《福建省实施〈中华人民共和国城乡规划法〉办法》实施情况的报告和审议意见稿；讨论市人大常委会财经工委关于 2022 年预算调整方案的审查结果报告；讨论关于石狮市景区文化建设的调研报告；讨论各工委关于市八届人大一次会议代表建议重点督办件督办情况的报告；市政府书面报告关于 2021 年度石狮市环境状况和环境保护目标完成情况的审议意见落实情况、关于检查《中华人民共和国道路运输条例》实施情况的审议意见落实情况、关于检查《中华人民共和国慈善法》实施情况的审议意见落实情况、关于检查《中华人民共和国非物质文化遗产法》实施情况的审议意见落实情况、关于 2021 年石狮市决算草案与 2021 年度预算执行和其他财政收支审计工作报告的审议意见落实情况、关于进一步减轻义务教育阶段学生作业负担和校外培训负担工作情况的审议意见落实情况、关于铸牢中华民族共同体意识推动新时代民族工作高质量发展情况的审议意见落实情况、关于乡村振兴工作情况的审议意见落实情况、关于石狮市企业国有资产管理情况的审议意见落实情况；研究确定市八届人大常委会第六次会议的召开时间和建议议题

续表 3

会次	时间	会议内容
第八次	12 月 13 日	研究有关人事事项；讨论关于开展 2022 年度法官检察官履职评议工作情况的报告和评议意见稿；讨论市人大常委会视察组关于市八届人大一次会议代表建议办理情况的报告；讨论关于《泉州市机动车停车管理条例》实施情况的调研报告；讨论市人大常委会代表资格审查委员会关于个别代表的代表资格的审查报告；讨论市人大常委会关于召开石狮市第八届人民代表大会第二次会议的决定；讨论石狮市人民代表大会常务委员会工作报告稿；讨论市八届人大二次会议的日程安排及各项建议名单；研究确定市八届人大常委会第七次会议的召开时间和建议议题
第九次	12 月 27 日	研究补选泉州市第十七届人民代表大会代表有关事项；研究有关人事事项；研究确定市八届人大常委会第八次会议的召开时间和建议议程

（市人大办）

人大监督

【经济监督】 2022 年，石狮市人大常委会重点关注计划、预算执行和审计发现问题整改落实，督促加快债券资金支出进度；依法审批地方政府债券转贷收支预算、年度预决算和预算调整，督促政府积极落实减税降费政策。针对“创在石狮”，开展工业园区建设提升专题调研，重点督办相关代表建议件，助推“5510”项目实施；针对“购在石狮”，专题调研食品市场培育，助推食品市场健康可持续发展；针对“游在石狮”，开展《中华人民共和国非物质文化遗产保护法》实施情况执法检查，视察石狮市世界文化遗产保护与利用工作，调研景区文化建设，推动文旅产业加快发展；针对“吃在石狮”，开展美食与文旅融合调研，助力打造福建美食“新地标”；针对“住在石狮”，开展《中华人民共和国城乡规划法》实施情况执法检查，督促优化城乡规划布局。跟踪监督 2020 年度国有资产管理审议意见落实，督促摸清国有资产家底；听取 2021 年度国有资产管理综合报告和企业国有资产管理专项报告，督促落实国企改革三年行动方案，抓紧国有资产确权登记。

【民生监督】 2022 年，石狮市人大常委会视察全市中小学学生视力保护工作，开展“双减”工作专题调研；重点督办“教师进修研训基地打造”代表建议件，推进市教师进修学校迈入福建省示范性县级教师进修学校行列。开展《中华人民共和国道路运输条例》实施情况执法检查，专题调研《泉州市机动车停车管理条例》贯彻实施情况，推动解决停车难、乱停车问题；开展《中华人民共和国乡村振兴促进法》实施情况执法检查，推动人才、资金、产业、项目下乡。开展环保工作“年检”工作，听取审议市政府 2021 年环境状况和环境保护目标完成情况专项工作报告，开展《中华人民共和国森林法》实施情况执法检查，调研《泉州市市容和环境卫生管理条例》实施情况，促进环保措施落地见效；重点督办“扬尘治理”代表建议件，2022 年空气质量优良率达 100%，扬尘污染防治初见成效。

开展《中华人民共和国慈善法》实施情况执法检查，强调建立慈善事业激励、监管机制；专题调研新时代民族工作，督促加快民族村经济社会发展；专题调研《福建省宗教事务条例》实施情况，督促解决宗教活动场所登记、确权、管理等难点问题；重点督办“基层融合治理”代表建议件，助推基层网格化体系建设取得新进展。

【法治监督】 2022 年，石狮市人大常委会制定《石狮市人大常委会规范性文件备案审查操作流程》，接受“一府一委两院”报送备案文件 9 件，对不属于备案审查范围的退回 1 件，对超越法定权限的纠正撤销 1 件；听取政府有关专项工作报告，开展执法检查，针对城乡规划盲点、“非遗”活化缺点和基层慈善人才弱点等问题，提出意见建议；视察公安派出所执法规范化建设，督促完善执法办案机制和执法监督制度。听取审议市监委“开展整治群众反映强烈问题工作情况专项报告”，推动侵害群众利益“点题整治”。开展法官、检察官履职评议，通过采取走访座谈、抽查卷宗、旁听庭审和满意度测评等方式，加强对法官、检察官的任后跟踪监督；规范人民陪审员任命程序，任命人民陪审员 94 名，推动司法民主。

（市人大办）

代表工作

【代表履职平台】 2022 年，石狮市人大常委会推进各镇（街道）人大代表联系群众活动室提档升级，结合产业特色和代表分布，全域化布局代表活动室 36 个，其中，新建“海上枫桥”、科技园区、政和园等“党建+”邻里中心人大代表工作室 15 个，推动各级代表联系群众 467 人次，为群众办实事好事 198 件。建立“察民情、集民意、解民忧”工作机制，拓展民主民意表达平台和载体，收集意见建议267件，落实反馈率100%，其中15条意见建议被《泉州人大民情专报》采用。

【代表履职服务】 2022年，石狮市人大常委会通过举办市、镇两级人大代表履职培训，聘请省人大专家授课，提升代表履职能力。成立代表小组9个，组织代表参与视察、调研、执法检查、列席常委会会议、旁听庭审等654人次，广泛听取代表意见建议。创新代表小组活动“三深入三提升”载体，依托市、镇、村三级活动室，建立代表服务群众轮值制度，全年开展轮值396次、主题活动40场。

【代表建议办理】 2022年，石狮市人大常委会将市八届人大一次会议期间收到的159件代表建议，交市政府分解到46个单位和9个镇（街道）办理。组织常委会各工委分系统、全流程跟进督办，开展办理“回头看”和集中视察，推动各承办单位切实把办理代表建议的过程转化为了解民意、推动工作、改进作风的过程。所有代表建议均在规定期限内办结并答复，代表满意率（含基本满意）达100%，其中有12件代表建议被列入市政府常务会、专题会研究，25件转化为重点项目，3件转化为为民办实事项目。

（市人大办）

人事任免

【市八届人大常委会第一次会议人事任免】 2022年2月16日，经市八届人大常委会第一次会议审议决定，任命王汉滨为石狮市人民政府办公室主任；张辉程为石狮市发展和改革局局长；蔡结生为石狮市教育局局长；邱春旭为石狮市工业信息化和科技局局长；黄建辉为石狮市公安局局长；许明忠为石狮市民政局局长；苏金灿为石狮市司法局局长；傅荣辉为石狮市财政局局长；李迎河为石狮市人力资源和社会保障局局长；蔡晓智为石狮市自然资源局局长；佘明涵为石狮市住房和城乡建设局局长；邱建申为石狮市交通和港口发展局局长；王英俊为石狮市农业农村局局长；苏金发为石狮市商务局局长；蔡迎媚为石狮市文化体育和旅游局局长；余文革为石狮市卫生健康局局长；李少宗为石狮市退役军人事务局局长；陈国锋为石狮市应急管理局局长；邓莲珍为石狮市审计局局长；邱灿飞为石狮市市场监督管理局局长；周加建为石狮市统计局局长；刘福全为石狮市金融工作局局长；蔡文轴为石狮市人民政府信访局局长；张尚炬为石狮市城市管理局局长；邱尚齐为石狮市大数据管理局局长。

【市八届人大常委会第二次会议人事任免】 2022年4月21日，经市八届人大常委会第二次会议审议通过：免去许达森的石狮市人民检察院检察员职务。

【市八届人大常委会第三次会议人事任免】 2022年6月29日，经市八届人大常委会第三次会议审议通过：任命蔡攀峰为石狮市人大常委会内务司法工作委员会副主任。

【市八届人大常委会第四次会议人事任免】 2022年8月22日，经市八届人大常委会第四次会议审议决定：免去黄建辉的石狮市人民政府副市长、石狮市公安局局长职务。审议通过：任命林镇中为石狮市人民法院审判员；任命郭鹏珍为石狮市人民法院审判员；任命龚丝丝为石狮市人民检察院检察员。

【市八届人大常委会第五次会议人事任免】 2022年9月29日，经市八届人大常委会第五次会议审议决定：任命陈清平为石狮市人民政府副市长、石狮市公安局局长。

【市八届人大常委会第六次会议人事任免】 2022年11月24日，经市八届人大常委会第六次会议审议通过：任命陈国兴为石狮市人民法院副院长、审判委员会委员、审判员；任命戴剑萍为石狮市人民法院副院长；免去颜良伙的石狮市人民法院副院长职务；免去叶青的石狮市人民法院副院长职务；免去陈清真的石狮市人民法院审判委员会委员、民事审判一庭庭长、审判员职务；免去陈国兴的石狮市人民检察院副检察长、检察委员会委员、检察员职务；免去蔡志强的石狮市人民检察院检察员职务；免去庄华民的石狮市人民检察院检察员职务。

【市八届人大常委会第七次会议人事任免】 2022年12月14日，经市八届人大常委会第七次会议审议通过：任命何荣添为石狮市人民法院审判委员会委员；任命李少雄为石狮市人民法院审判委员会委员；任命王顺玲为石狮市人民法院审判委员会委员；任命许丽纯为石狮市人民检察院检察委员会委员；任命陈长沙为石狮市人民检察院检察委员会委员；任命蔡均钧为石狮市人民检察院检察委员会委员。

【市八届人大常委会第八次会议人事任免】 2022年12月27日，经市八届人大常委会第八次会议审议决定：任命蔡俊龙为石狮市人民政府副市长；任命杜海鹏为石狮市司法局局长；免去李怀忠的石狮市人民政府副市长职务；免去苏金灿的石狮市司法局局长职务。

（市人大办）

石狮市人民政府

综 述

【综合实力】　石狮市实现地区生产总值1159.68亿元，比2021年增长4.2%，全年财政总收入58.11亿元，其中一般公共预算收入比2021年增长14.9%。综合实力保持全国中小城市第15位，县域人口密度排名全国首位，电商竞争力跻身全国县市第三位，获全国信访工作示范市和省级法治政府建设示范市、农村基层党建示范市、双拥模范城“九连冠”等称号。

【经济发展】　2022年，石狮市坚决贯彻中共中央关于“疫情要防住、经济要稳住、发展要安全”的重要要求，认真落实省委“三提三效”（提高效率、提升效能、提增效益）行动和泉州市委“强产业、兴城市”双轮驱动部署，精准发力“两稳一保一防”（稳增长、稳市场主体、保就业、防风险），推进“1+3”专项行动（“项目奋战年”活动+“抓城建提品质”“工业园区标准化建设”“抓开放招商促项目落地”3个专项行动），做好做实“五在石狮”文章。出台抗疫助企保民生促发展九条措施、促进工业企业有效投资等系列政策，组建复工复产服务小组，开展“千名干部进千企、一企一策促发展”专项行动，推动财税“组合拳”政策落地，兑现惠企资金4.8亿元，减免租金9600万元，减免企业税费15.1亿元。建立全覆盖、全要素挂钩服务体系，举办“爱泉州·大乐购”石狮专场等供需对接会，开设招聘市集10个，召开政银企对接会12场次，帮助企业争取纾困贷款20.7亿元，纺织鞋服、食品药品产业规模以上工业增加值分别增长7%和35%。完成重点项目投资240亿元，新建工业项目50个。完善亩均产值、纳税贡献等综合评价体系，加速“腾笼换鸟”，处置批而未供土地84.43公顷、闲置土地37.84公顷，盘活闲置厂房52.5万平方米。

【商贸市场升温升级】　2022年，石狮市在全省率先出台品牌电商扶持政策、电商人才评定标准，举办第二届RCEP青年侨商创新创业峰会、第八届“海丝”品博会等活动，完成限额以上商业销售额2638亿元，增长25%，跻身全国县市电商竞争力百强第三位，网络零售额连续5年保持全省首位；新建成中国男装城、女装网批中心2个专业市场，市场采购完成全平台出口465亿元，增长23.7%，规模跃居全国第四位，外贸占泉州市比重提升至25%，获批省级水产品外贸转型升级基地。出台支持美食、海岸带酒店等行业发展的系列政策措施，举办“趣石狮、游山海、微度假”线路推介活动，五大文旅项目招商建设加快推进；开展首届石狮“老字号”、名菜、名小吃评选，启动建设食品城预制菜线上线下交易展示中心、中餐食材配送基地，宋元海丝宴入选“地标名宴”和全国地标美食名录，美景美食相继登上央视《消费主张》《乘着大巴看中国》等栏目。石湖港5号、6号泊位交工验收，锦尚作业区扩大口岸开放通过省级验收，增开4条外贸航线，新增水路运力56.6万载重吨，外贸集装箱吞吐量增长5.1%，港口货物吞吐量增长4.9%，市场采购货物石湖港出口占比首次超过50%。

【重点领域改革】　2022年，石狮市持续扩大对外开放。全市进出口总额预计达461亿元，增长2.3%。市场采购试点新增市场主体591家，招引福州连江馆入驻，全年实现全平台出口504.26亿元，增长34.16%，规模跃居全国试点第四位。启用跨境电商公共服务中心，获批省级水产品外贸转型升级基地，开发“福农·市采通”“海关数据贷”等市场采购贸易数据融资产品。

2022 年，祥芝镇入选全国农业产业强镇创建名单。图为祥芝渔港　　（颜华杰 摄）

在全省率先开辟跨境收汇总量核销模式，实现跨境收汇 27.55 亿美元。“侨易邦”平台加快运营，入驻品牌厂家 1536 家。持续推进国企改革。搭建“一中心一平台”综合监管系统，梳理形成 59 个监督点，完成 121 家市属国企建档。策划生成 35 个市场化营收项目，预计总投资超 20 亿元。探索创新融资渠道，做成福建省县域级第一笔理财直接融资 2 亿元；成功获批 4 个基础设施投资基金支持项目，总额度达 3.26 亿元。

【城乡建设】　2022 年，石狮市政府坚持城乡统筹，城市功能更加完善。97 个“抓城建提品质”项目完成投资 65 亿元，海岸带开发建设、五大片区更新改造稳步推进，联邦商业城改造重建和 44 个老旧小区修缮全面完成，泉州环湾快速路石狮连接线二期、永宁外线（红塔湾旅游路至梅宁路段）建成，锦南路西段等“断头路”成功打通，新建公交候车亭 26 座，新增停车泊位 2000 多个，晋位全国新型城镇化质量百强县市第 17 位。推进乡村建设。开展“新班子新气象、办实事促振兴”擂台大比拼活动，成立乡村振兴促进会，抓实 6 个省级试点村、3 条泉州市级示范线、3 个整镇推进载体，实施实事好事项目 1302 个，新建高标准农田 76.67 公顷、美丽田园示范区 16 个，新增省级乡村治理示范村 14 个，祥芝镇入选全国农业产业强镇创建名单，永宁镇获评“省级乡村振兴重点特色镇”，宝盖镇被认定为“省级乡村治理示范乡镇”。启动农村生活污水提升治理五年行动，新铺设污水管网 120 千米，新建口袋公园 20 个、造林绿化 58.87 公顷，全面除治泉州湾南岸互花米草 210 公顷，科学实施 10 个大气精准减排治理项目，空气质量优良率、集中式饮用水水源地和近岸海域水质保持 100% 达标。

【社会民生】　2022 年，石狮市政府推进社会事业发展，全年民生支出占财政总支出的八成以上，完成 28 项为民办实事项目。投入 5.7 亿元，推进 24 个教育项目建设，第九实验小学等 7 个学校建成投用，新增学位 3260 个。实施教育人才引育计划，培育各类名师 141 名，引进优秀教师 696 名，教师进修学校获评省级示范。深化省级基础教育改革发展实验区建设，实施“名优校+”集团化办学新模式，高位引进福师大附中、福建技师学院合作办学，加快教育优质均衡发展。市总医院被列入国家首批“千县工程”，市总医院子英院区启动改造，“‘两病’门诊用药保障示范城市样板县”创建工作稳步实施，药品和医用耗材带量采购常态化开展，累计帮助群众减轻药费负担 4500 万元。举办首届“福狮”文化节、云上泼水节等文化节庆活动 23 场，完成 67 所少年宫改造提升，实现市区“15 分钟健身圈”和农村全民健身设施全覆盖。坚持保就业优先导向，在石狮的高校毕业生留在石狮就业人数实现翻番，新增城镇就业 5286 人。省级和谐劳动关系示范区建设有序推进，获评全国和谐劳动关系创建示范企业 1 家、省级劳动关系和谐乡镇 1 个、劳动关系和谐园区 1 个。启动新一轮妇女儿童发展纲要，城乡社保、医保持续扩面提质，低保标准提升至每户每月人均 940 元。全面落实退役军人、军属优待服务政策，蝉联省级双拥模范城“九连冠”。

【政府自身建设】　2022 年，石狮市政府坚持依法行政，修订市政府工作规则，出台法治政府建设实施方案，接受市人大法律监督、工作监督和市政协民主监督，办理人大代表建议 159 件、政协提案 211 件，获评全省首批法治政府建设示范市。开展“提高效率、提升效能、提增效益”行动，深化“局长走流程”活动，创新推行“模拟审批”“拿地即开工”等服务新模式，行政许可事项承诺时限压缩 90.6%，“最多跑一趟”和“一趟不用跑”事项占比 99.8%，“E 政务”自助办事项 115 项，新增市场主体2.5万户。市属国企改革向纵深推进，运营集团获批AA+信用评级，国投、产投、文旅三大集团承建代建项目124个。加强政府系统党风廉政建设，做好各级各类巡视巡察和审计反馈问题整改。

（市政府办）

重要会议

【概况】 2022年，石狮市召开市政府全体会议1次，市政府常务会议15次，研究讨论有关政治、经济、社会、文化、生态等方面的内容，提出具体解决方案。

【市政府全体会议】 2022年12月22日，石狮市政府召开第一次全体成员会议，对市八届人大二次会议确定的各项工作任务进行细化分解，动员政府系统全体干部职工，锚定目标，真抓实干，启动新一年各项工作。

【市政府常务会议】 2022年，石狮市召开市政府常务会议15次，研究讨论71项议题，内容涉及全市国民经济和社会发展的重大战略、中长期规划、年度计划；全市经济社会发展、社会稳定方面的重大政策措施；市级财政预算、重大财政资金安排、重大政府投资、土地利用总体规划；对社会有重大影响的规范性文件；关系国计民生和群众切身利益的疫情防控、安全生产、社会保障、文化卫生、科技教育、环境保护、住房保障、文物保护等重大政策，确定重要奖惩事项等各方面问题。

2022年石狮市政府常务会议情况一览表

表4

会议次别	召开时间	会议内容
第一次	1月18日	会议研究《关于2022年度促进外经贸发展若干措施》《石狮市抓创新促应用专项行动方案》《石狮市信息化管理规定》等有关问题
第二次	1月25日	会议研究《石狮市“项目攻坚2022”活动方案》《石狮市加快工业（产业）园区标准化建设实施方案》等有关问题
第三次	1月29日	会议研究2022年“创、购、游、吃、住在石狮”工作方案、《2022年石狮市“抓城建提品质”专项行动方案》等有关问题
第四次	3月2日	会议研究《石狮市市场采购贸易方式试点若干措施（2022年第一阶段）》等有关问题
第五次	3月9日	会议研究《石狮市加强信息化系统数据与网络安全保障工作方案》等有关问题
第六次	4月13日	会议研究基层社会治理网格化有关工作、全市“项目攻坚2022”赶超工作等有关问题
第七次	5月11日	会议研究《石狮市儿童发展纲要（2021—2030年）》《石狮市农村生活污水提升治理五年行动方案（2021—2025年）》等有关问题
第八次	6月2日	会议传达学习法治泉州建设2021—2025年规划精神并研究石狮市贯彻意见、部署2022年全市河（湖）长制工作等有关问题
第九次	6月14日	会议研究《进一步提升全市城市精细化管理专项行动方案》《2022年度石狮老字号认定（首届）活动方案》等有关问题
第十次	7月20日	会议传达学习中央全面依法治国工作会议主要精神、研究《2022年石狮市治理“餐桌污染”建设“食品放心工程”工作方案》等有关问题
第十一次	9月5日	会议研究《石狮市乡村振兴专项行动方案（2022—2025年）》《石狮市“十四五”应急管理专项规划》等有关问题
第十二次	10月13日	会议传达《中共福建省委 福建省人民政府关于传承弘扬“晋江经验”支持泉州建设21世纪“海丝名城”的意见》精神，研究市政府贯彻落实措施等有关问题
第十三次	11月29日	会议研究《石狮市“十四五”科技创新发展专项规划》《石狮市污水处理提质增效行动方案（2022—2025年）》等有关问题
第十四次	12月1日	会议研究扶持美食产业发展若干奖励措施、疫情防控期间促进工业企业投资若干措施等有关问题
第十五次	12月8日	会议研究2023年市委、市政府为民办实事项目、2023年重点项目等有关问题

（市政府办）

重要活动

【“抓开放招商促项目落地”专项行动】 2022年，石狮市开展“抓开放招商促项目落地”专项行动设立投资服务中心和招商公司，签约落地项目186个，总投资1120亿元，宝龙制罐、钞坑综合市场等一批项目顺利完工。

【“园区标准化建设”专项行动】 2022年，石狮市实施“1+N”园区管理体制改革，建立园区新增财力分成制度，石狮服装智能制造园、光子技术产业园一园等十大产业园区掀起建设热潮，拉动工业投资增长20%；完善亩均产值、纳税贡献等综合评价体系，加速“腾笼换鸟”，处置批而未供土地1266.4亩、闲置土地37.83公顷，盘活闲置厂房52.5万平方米。

【“抓创新促应用”专项行动】 2022年，石狮市开展“抓创新促应用”专项行动，围绕优化科技资源配置、激发创新主体活力、涵养创新创业生态等3个方面，细化制定10项制度创新主攻方向，建成省级智能制造示范项目3个，新增省级数字经济领域“未来独角兽”企业2家、科技“小巨人”企业10家、高新技术企业80家，新引进培育省级高层次人才21人、泉州市高层次人才117人，入选全国科技创新百强县市。

（市政府办）

为民办实事

【概况】 2022年，石狮市确定为民办实事项目28项，涉及承办单位19个。具体主要集中在改善办学条件、加强文体事业建设、完善城市建设管理、养老保障与服务、关爱特殊和困难群体、粮食安全等6个方面，全年完成项目23个，基本完成项目5个。

【办学条件改善】 2022年，石狮市加强教室改造和修缮，提升办学条件，完成23所学校课桌椅采购，完成20所学校多媒体设备添置和安装。改善教室视觉环境，完成5所学校共125间教室护眼灯的安装。

【文体事业建设】 2022年，石狮市邀请国内专业演出团体、本地艺术团体举办惠民演出，全年演出8场。基本完成体育中心维修维护。推进15分钟全民健身场所建设项目，新建篮球场6个、改建篮球场或门球场7个、新建五人制笼式足球场1个，建成健身路径5个。

【完善城市建设管理】 2022年，石狮市加强城市建设管理，建成20个街头绿地、口袋公园或休闲场所，新建公交候车亭26座，完成回兴路（九二东路—东港路）拓宽改造，巩固提升全市自然灾害避灾点7个，完善道路交通安全设施设置与维护。完成建设5G AAU基站配套设施1085个，提升全市5G网络覆盖广度及深度。

【养老保障与服务】 2022年，石狮市推进政府购买养老服务项目和高龄老人意外伤害保险项目，为全市7872名80周岁及以上老年人购买意外伤害保险，减轻老年人医药费负担，提高老年人抵御风险能力。

【关爱特殊和困难群体】 2022年，石狮市开展城乡居民最低生活保障对象帮扶活动，为全市1936名城乡居民最低生活保障对象办理小额人身意外伤害保险，完成249户新增对象的有线电视上门安装调试，减免有线数字电视收视费对象1220户。推进长护险上门入户服务，提供护理服务893人次。

【粮食安全】 2022年，石狮市加强“餐桌污染”治理，建设食品放心工程，围绕开展食品加工质量和婴幼儿配方乳粉提升、校园食品安全守护、农村假冒伪劣食品治理、进口食品“国门守护”等专项行动，查处食品安全违法违规行为。组织开展食品污染物及食品中有害因素监测、食源性疾病监测，防控食品安全风险隐患。推动全市村（社区）开展食品安全责任保险投保工作，提升农村集体聚餐举办者、承办者食品安全主体责任意识。探索网络订餐“互联网+”监管，依托网络平台大数据技术结合线下宣教服务，开展外卖平台线上监测。全年完成食品安全监督抽检2700批次，快检4860批次，累计查处食品违法案件198起，罚没款157.3万元。累计投入200万元。

（市政府办）

信访工作

【概况】 2022年，石狮市信访局受理信访总量3175件，其中来访222件，占比7%；来信308件，占比9.7%；来邮2645件，占比83.3%，群众对信访部门、有权处理机关满意率分别为96%和94.1%。石狮市连续两年获泉州市信访工作综合考评第一名，获评首批“全国信访工作示范县”，石狮市信访局获“全省信访系统先进集体”、福建省“治重化积”优秀集体等称号。“海上枫桥”、“融合评理”、“四个三”、基层信访工作“订单分包”等先进经验获省、泉州市等领导的批示肯定，并以省信访联席会议简报的形式在全省信访系统推广。创新基层信访治理模式，《源头治理“微系统”化解矛盾在萌芽》经验在国家级刊物《人民信访》刊登报道。

【领导接访】 2022年，石狮市领导干部参加接访1770人次，其中，各镇（街道）领导干部共1593人次参加接访，接待来访群众52批次73人次；市级领导共177人次参加接访，接待来访群众35批35人次，发函交办35件，按时办结答复100件，按期办结率为100%。

【信访积案化解】 2022年，石狮市信访局推动“治重化积”工作，逐案落实由市挂钩领导、法院院长、检察院检察长包案的工作机制，压实包案领导责任。按照“属地管理、分级负责”和“谁主管、谁负责”的工作原则，压实镇（街道）党政领导责任，各镇（街道）和职能承办单位逐案明确积案化解的责任领导、组建工作专班责任领导、组建工作专班，逐一制订化解方案；单位一把手定时限定任务、定点听取积案责任领导的化解进展情况和存在的问题，将化解工作与全年绩效挂钩，促进信访积案化解。全市两批“治重化积”案件89件，全部办结化解。

【信访工作机制优化】 2022年，石狮市信访局总结推广全市获评“全国信访工作示范县”经验做法，试点创评“信访工作示范镇（街道）”，发挥镇（街道）信访工作联席会议职能作用，优化信访流转、办理、反馈机制，年内全市2504件初信初访事项全部被纳入“最多投一次”办理，按期办结率100%，至年底，群众对信访部门、有权处理机关满意率分别为96%和94.1%。构建信访事项“多元化解”体系，将信访评理工作融入“党建+”社区邻里中心建设，推动信访评理向商会、行会和宗亲会延伸，打造长福社区“党建+”信访评理室。以湖滨街道为试点，在全市推广基层矛盾纠纷化解“订单分包”工作模式，依靠“网格通”App、信访大数据平台，提高信访件受理、办理、管理“数智化”水平。

（李燕青 肖秋华）

行政审批

【概况】 2022年，石狮市行政服务中心受理办件68.89万件，其中，网上办38.6万件，就近办6.93万件，现场办24.82万件，邮寄办8690件。市公共资源交易中心累计进场交易188项，成交总额33.63亿元。

【审批服务事项优化】 2022年，石狮市优化建设项目审批服务，在全省首推建设项目设计前置服务，即建设项目明确用地范围、土地用途后，各审批部门主动靠前服务，针对项目的审批业务、技术要求提前开展指导服务，全年为中侨药业、北京联东U谷等3宗项目开展服务，汇集设计指导意见88条，宗地建设条件15条，单宗项目指导审批服务事项19项。在全省首推工业类项目“告知承诺”施工许可审批，以告知承诺先办理施工许可证，由政府集中采购施工图审查服务，费用由政府承担，办理施工许可证节约时间15～30天。全年17个项目通过“告知承诺制”选择政府采购施工图审查服务，送审面积约67.29万平方米，节约成本约81.87万元。推行“模拟审批”服务，制订石狮市“模拟审批”工作方案，受理模拟审批事项86宗，出具模拟审批结果57件。在全省率先推出在银行网点设立渔船抵押登记服务专窗，渔船船主最快0.5个工作日就可拿到贷款。4月试行以来，实发贷款2680万元。

【网上政务服务提升】 2022年，石狮市在全省率先上线企业歇业备案信息共享平台，将企业歇业备案登记纳入“一件事”服务事项清单，实现多部门联动，解决企业办理歇业备案“多头跑”及各部门信息不互通等问题，全年7家企业办理歇业备案登记“一件事”。推出“企业登记基本情况表查询”掌上办服务，实现企业登记基本信息查询不见面，提升企业登记档案查询的时效性和便利度。推进市县两级不动产自建业务系统办件数据汇聚，推送电子证照生成信息，更新办件环节信息，汇聚办件信息59689条。扩展“掌上证明”服务，实现在线申请不动产登记信息查询证明、户籍证明等高频事项证明，通过线上或邮寄方式获取，实现掌上办5.36万件，网上办38.6万件。推出“5G消息”智慧办，利用5G消息为企业和个人用户提供高频政务办理服务，打造轻量化、可交互的政务服务入口，全年服务用户2万人次，年发送量2万多条，线上办理率提升23%，群众满意度达91%。该项目案例被评为“2022年度泉州市赋能营商环境十大数字化应用”。

【政务服务“跨省通办”】 2022年，石狮市扩大“跨省通办”朋友圈，与浙江省龙港市、宁夏回族自治区盐池县、江西省乐平市、江西省分宜县、江西省兴国县、江西省于都县6个地区签订“跨省通办”协议，实现政务服务异地通办。“跨省通办”合作，梳理了双方“跨省通办”事项目录清单，在市政务服务中心办事大厅设立“跨省通办”窗口，通过建立工作联络机制，采取直接通办、全程网办、代收代办、多地联办模式多渠道开展双向“跨省通办”服务，为企业和群众申请人提供优质、高效的“异地办”服务。全年办理“跨省通办”业务101件。

【审批服务管理】 2022年，石狮市行政服务中心开展窗口服务量化积分考评，量化细分“窗口服务质量”“审批业务指标”，通过实时量化考评成绩，每季度亮晒积分排名，建立考核指挥棒，形成比学赶超良好工作氛围。常态化开展“局长走流程”活动，全年34个部门主要负责人亲自体验行政审批和公共服务事项221个，其中，线下窗口体验事项159个，线上体验事项62个；查摆存在问题86个并予以解决，压缩189个工作日，精简环节26个，简化材料27份。推行办件“好差评”制度。畅通群众办事评价渠道，所有办件采用现场和短信评价的方式接受办事群众的评价，实现政务服务“一事一评”“一次一评”，满意率达到100%。

（杨德志 佘少英 蔡白榕）

人事人才

【概况】 2022年，石狮市事业单位招聘75人，办理职称晋升聘任手续23人，续聘1318人。新增省引进ABC类人才11名、省工科类青年人才6名、泉州市高层次人才120名；引进产业急需专业本科以上学历毕业生739人。在全省率先出台《电子商务行业人才评定与积分管理暂行规定》，首批兑现19名电商行业人才子女积分入学，20名电商行业人才积分入住。

【事业单位人事管理】 2022年，石狮市人力资源和社会保障局组织事业单位工作人员公开招聘工作，招聘事业单位卫生类工作人员75名。办理干部录（聘）用和调动手续177人次，办理职工录（聘）用和调动手续4人次，办理请假审批手续517人次。制订《石狮市事业单位管理岗位职员等级晋升工作实施方案》，规范事业单位岗位设置核准、认定及聘用管理工作，对全市121个事业单位重新设岗；办理管理岗位聘用27人、专业技术岗位人员聘用1561人、工勤技能岗位聘用12人。

【职称评审】 2022年，石狮市人力资源和社会保障局推进专业技术人才评审工作，新增专业技术人员职务任职资格通过人员1027人，其中，正高级4人、副高级205人、中级292人、初级526人，涉及新闻记者、播音、编辑、群众文化、工艺美术、档案、图书资料、建筑、纺织品检测、化学检测、教师、卫生技术、审计、经济等专业。

【毕业生就业创业服务】 2022年，石狮市人力资源和社会保障局加强离校未就业高校毕业生实名制跟踪服务，征集就业岗位2000余个，帮助33名离校未就业毕业生参加就业见习。指导选送13个大中专毕业生创业项目参加省市级创业项目资助评审，9个项目获得泉州市级资助，3个项目获得省级资助，共获得51万元资金资助。推送9个创业项目参加第五届“中国创翼”创新创业大赛市级、省级选拔赛，6个项目获得市级选拔赛名次，其中，“蟹中蟹”代表泉州市参加省级选拔赛乡村振兴专项赛，获优秀奖。35人获批申请创业担保贷款贴息，发放贷款金额412.36万元。实施高校毕业生留石就业创业直通车工程，在3所本地高校设立留石直通车服务中心，为毕业生提供留石研学实习、就业创业的就业服务启动“创业就业陪跑”项目，指导福建予智企业管理咨询有限公司与泉州纺织服装职业学院开展合作，挑选50名精英学子组成就业创业“陪跑”班，通过就业陪跑、定制班、人才输送和创业项目孵化等方式培养输送人才，引导高校毕业生留在石狮。2022年本地高校毕业生留石率增长到15%以上。

【电子商务行业人才评价标准出台】

2022年，石狮市探索完善人才评价体系，在全省率先出台电子商务行业人才评价标准，创新制定《电子商务行业人才评定与积分管理暂行规定》，以“基础指标＋企业技能自主评价＋专家专业评价”的积分量化形式进行人才评价，电商人才按照积分高低轮候享受购房补助、子女入学、培训补贴、创业扶持等优惠政策，为全省乃至全国构建电子商务人才支撑体系提供有益经验。全年电商行业人才积分建档1310人，首批兑现19名电商行业人才子女积分入学，20名电商行业人才积分入住。

【《青年人才“狮城荟萃”工程实施方案》出台】 2022年7月，石狮市出台《青年人才“狮城荟萃”工程实施方案》。方案针对的人才主要包括高校在校生毕业生、技工院校在校生毕业生、中级以上职称专业技术人才、技师以上职业资格等级技能人才等，推出青年人才乐业狮城、安居狮城、优创狮城、悦享狮城、狮城快兑等5个专项工程24条政策措施，从“实习有奖补”“购房有补贴”“创业有资金”“落户更便利”“生活有补贴”5个方面大力吸引和集聚各类人才到石狮和留在石狮就业创业。

【人才资源开发】 2022年，石狮市人力资源和社会保障局通过人才政策扶持、人才交流培养等措施，做好人才资源开发工作。

人才政策扶持 2022年，石狮市落实泉州“涌泉”计划和青年人才“狮城荟萃”工程，审核通过“优才卡”申请213人、一次性生活补助申请5人、求职短期免费住宿申请2人、免费乘坐公交服务申请81人。为高校毕业生5660人次发放安居补助1153.34万元；为1人发放一次性创业补贴5000元；为吸纳56名见习人员的15家企业发放见习补贴69.9万余元；为23名泉州市引进高层次人才发放奖励金271万元；为31名泉州市高层次人才发放安居保障资金148.75万元。

人才交流培养 2022年，石狮市举办线上和线下校园招聘会18场，有584家企业参加，提供就业岗位8942个，2119人达成初步意向。开展各类留石狮人才服务活动，举办市情研修班5期，组织80余名本地大学生参加“遇见石狮”研学实践活动。印发《高校毕业生留石就业创业直通车工程政策实施细则》，引进本科及以上高校毕业生797名。举办“人社政策下乡、入园、进企”集中宣讲活动、“惠企政策宣讲会” 等7场。

【新市民积分管理】 2022年，石狮市印发《石狮市2022年度新市民、民办高校人才、新闻行业人才及电子商务行业人才积分工作实施方案》，受理2022年积分入住、入学、培训、创业申请，分别有88人获得积分入住、331人获得积分入学、9人获得积分培训、1人获得积分创业资格。举办2021年度新市民、民办高校人才及新闻行业人才积分入住凭证发放仪式，发放积分入住凭证106张；举办2022年度积分入学凭证发放仪式，发放积分入学凭证331张。兑现积分培训补贴1人，金额5000元，兑现积分入住购房补贴80人，补助金额达662万元。截至年底，有167381名新市民在积分管理信息系统中建立个人档案。

【人力资源产业园管理】 2022年，石狮市人力资源服务产业园实现产值超1.28亿元，服务1.69万人次。提供劳务派遣及劳务外包5.4万人次；委托培训、人力资源咨询和招聘6.11万人次；金融结算27.06万人次；为石狮引进产业急需人才1194人次。

（吴剑锋 洪佳鑫）

中国人民政治协商会议石狮市委员会

综 述

【坚定政治方向】 2022年，政协石狮市委员会坚持把政治建设摆在首位，落实全面从严治党主体责任，加强政协系统党的建设。发挥政协党组把方向、管大局、保落实作用，坚决贯彻执行中央、省、泉州市委和石狮市委决策部署，严格执行重大事项请示报告制度。贯彻执行《中国共产党政治协商工作条例》，落实与党委政府共同制定年度协商监督计划机制。首创政协委员工作室（联系点）派驻党建指导员制度，打造石狮政协特色党建。以党组理论学习中心组为引领，完善政协委员和党员干部全覆盖的学习体系，深入学习贯彻习近平新时代中国特色社会主义思想，常态化开展“四史”学习教育，推动理论学习与协商议政双向融合。全年组织党组理论学习中心组、常委会会议以及党支部集体学习29场，专题学习27场。围绕学习宣传贯彻中共二十大精神“三个一”（一期政协委员提升履职能力培训班、一堂“石狮政协讲堂”专题讲座、一轮走进基层巡回宣讲）系列活动，组织到挂钩镇（街道）、活动组、企业开展宣讲7场，在“政协之窗”微信公众号开设学习中共二十大精神专栏，推送委员学习心得40余篇。组织举办“政协讲堂”专题讲座、“丹青迎盛会·翰墨颂党恩”“喜迎二十大·礼赞新时代——‘印象石狮’”书画展和“福见石狮 镜艳海丝”全国摄影展。

【委员履职】 2022年，政协石狮市委员会建立正向激励委员管理新机制，修订完善《石狮市政协委员履职积分管理办法》。开展新一届政协委员履职培训，邀请专家就委员提升自我能力专门授课。组织到晋江经验馆开展现场教学，开设专题讲座。推进“书香政协”创建，在新华书店书香狮城驿站设立“书香政协·委员读书驿站”，开设政协文史之窗，举办“书海巡航·经典品读”读书分享会。开设政协机关“业务大讲堂”，激发履职活力。号召各级政协委员助力疫情防控，捐资、捐物价值1500余万元；发动文艺界人士，以诗歌、书画、摄影等形式创作抗疫主题文艺作品60余篇幅，“政协之窗”微信公众号增设“抗疫有我”专栏。8名政协委员（成员）获各级各类表彰，2名政协委员（成员）获评第五届石狮市道德模范，16名政协委员引荐项目14个。人民政协网、《政协天地》媒体报道《石狮市政协为建设现代化商贸之都汇智聚力》等专题15篇。

【政协委员工作室（联系点）建设】 2022年，政协石狮市委员会丰富“有事好商量、众人的事情由众人商量”制度化实践，建成政协委员工作室（联系点）9个，首创政协委员工作室（联系点）派驻党建指导员制度。在“党建+”邻里中心设立政协委员工作岗26个，进驻委员65人，涵盖18个界别。各委员工作室（联系点）开展调研协商等活动50余场，走访接待群众215人次，解决民生问题27件，协助石狮法院成功调解各类民（商）事纠纷，涉及金额2000余万元。人民政协网专题报道《石狮市政协：委员工作室架起群众“连心桥”》。

【文史工作】 2022年，政协石狮市委员会始终发挥“存史、资政、团结、育人”的社会功能，做好政协文史工作，征集留存政协委员和各界民主人士“亲历、亲见、亲闻”的重要历史事件和具有教育意义的史料，与石狮市图书馆联合对历年石狮文史资料数据化处理存档，参与联合出版《石狮文学丛书精品》。

【交流联谊】 2022年，政协石狮市委员会开展台港澳侨对外交往工作，发挥港澳委员“双重积极作用”，设立台港澳侨政协委员锦尚工作室，搭建侨胞侨亲侨眷交流平台；提出《关于进一步做好石狮华侨古民居保护工作的建议》，推动华侨古民居修缮保护工作与城市建设协调发展；组织走访民族宗教场所、委员企业及公检法、经济、文体、卫生等对口单位，了解生产运营、市场拓展、防疫工作等情况。开展对外交流，6月与江西省兴国县政协建立友好关系，推动石狮、兴国两地实现政务服务“跨省联办”，促成兴国县特产通过石狮东南亚采购集散中心出口，助力两地经济社会发展。

（市政协办）

重要会议

【政协第八届石狮市委员会第二次会议】 2022年12月19—21日，政协第八届石狮市委员会第二次会议在石狮市公务大厦附属楼三楼大会议室举行。会议听取和审议政协第八届石狮市委员会常务委员会工作报告；听取和审议政协第八届石狮市委员会常务委员会关于八届一次会议以来提案工作情况的报告；列席石狮市第八届人民代表大会第二次会议，听取和讨论市政府工作报告等；听取委员大会发言；听取和讨论市法院、检察院工作通报；审议通过政协第八届石狮市委员会第二次会议提案初审情况报告；审议通过政协第八届石狮市委员会第二次会议决议。

【政协常委会会议】 2022年，石狮市政协八届常委会召开会议5次，即八届第一次至第五次常委会会议。

2022年3月7日，石狮市政协八届常委会第一次会议召开，会议颁发第八届市政协常委证书；传达学习中共中央办公厅印发《关于加强和改进新时代市县政协工作的意见》的通知精神；通报八届市政协党组及领导班子成员工作分工情况、各委员活动组组长、副组长名单；审议通过市政协2022年工作要点；审议通过八届市政协各专门委员会主任、副主任建议名单；部署2022年度政协专题调研工作；听取市侨办关于石狮市侨捐项目管理使用情况的通报。

2022年6月20日，石狮市政协八届常委会第二次会议召开。会议传达学习全国两会精神；审议通过《石狮市政协委员履职积分管理办法》；通报解读《石狮市政协委员工作室（联系点）创建管理办法》；听取市商务局关于以商贸提质增效带动产业创新发展的情况通报。

2022年9月20日，石狮市政协八届常委会第三次会议召开。会上市政府与市政协开展“抓城建提品质专项行动”专题议政性协商；听取市检察院关于公益诉讼的工作情况通报；传达学习《中国共产党政治协商工作条例》。

2022年11月22日，石狮市政协八届常委会第四次会议召开。会上市政协党组书记、主席宣讲中共二十大精神；听取市教育局全面推行学校课后服务，治理整顿校外培训机构工作情况通报；听取市政府提案办理工作通报；重点提案主办单位书面汇报并进行重点提案办理情况测评。

2022年12月14日，石狮市政协八届常委会第五次会议召开。会议传达学习中国共产党福建省第十一届委员会第三次全体会议精神、中国共产党泉州市第十三届委员会第四次全体会议精神、石狮市第八次党代会第二次会议精神；协商通过调整增补第八届市政协委员人选；协商通过市政协八届二次会议有关工作安排；协商通过市政协八届常委会工作报告、提案工作报告等。

【政协主席会议】 2022年，石狮市政协召开主席会议6次。

2022年2月14日，石狮市政协主席黄延艺主持召开八届市政协第一次主席（扩大）会议。会议通报八届市政协党组及领导班子成员工作分工情况，研究2022年度重点提案及跟踪督办分工、政协第八届石狮市委员会2022年工作要点、石狮市政协2022年度协商工作计划、石狮市政协2022年度专题调研、政协第八届石狮市委员会镇（街道）及港澳委员活动组组成人员名单、政协第八届石狮市委员会各专门委员会组成人员名单、2021年度石狮市政协机关绩效评估工作方案等事宜。石狮市政协主席黄延艺，副主席朱贤、王莉萍、李宁韧，石狮市政协办公室主任郭永加出席会议；石狮市政协各专委办主任列席会议。

2022年3月3日，石狮市政协主席黄延艺主持召开八届市政协第二次主席（扩大）会议。会议研究关于召开第八届市政协常委会第一次会议及政协委员之家大楼门面修缮经费事宜等事宜。石狮市政协主席黄延艺，副主席朱贤、王莉萍、吕锜，石狮市政协办公室主任郭永加出席会议；石狮市政协各专委会主任列席会议。

2022年6月6日，石狮市政协主席黄延艺主持召开八届市政协第三次主席（扩大）会议。会议研究《石狮市政协委员履职积分管理办法》《关于对我市食品安全工作实行民主监督的报告》《石狮市政协与兴国县政协建立友好政协交流合作框架协议》及召开第八届市政协常委会第二次会议等事宜。石狮市政协主席黄延艺，副主席朱贤、王莉萍、吕锜，石狮市政协办公室主任郭永加出席会议；石狮市政协各专委会主任、办公室副主任列席会议。

2022年9月9日，石狮市政协主席黄延艺主持召开八届市政协第四次主席（扩大）会议。会议研究参与主办“印象石狮”书法作品展、召开第八届市政协常委会第三次会议等事宜。石狮市政协主席黄延艺，副主席朱贤、王莉萍、李宁韧、吕锜，石狮市政协办公室主任郭永加出席会议；石狮市政协各专委会主任、办公室副主任列席会议。

2022年11月18日，石狮市政协主席黄延艺主持召开八届市政协第五次主席（扩大）会议，研究召开第八届市政协常委会第四次会议事宜。石狮市政协主席黄延艺，副主席朱贤、李宁韧，石狮市政协办公室主任郭永加出席会议；石狮市政协各专委会主任、办公室副主任列席会议。

2022 年 12 月 13 日，石狮市政协主席黄延艺主持召开八届市政协第六次主席（扩大）会议。会议研究政协第八届石狮市委员会第二次会议事项（会议议程、日程安排、邀请对象、各项建议名单、常委会工作报告、提案工作报告、大会发言材料等），调整增补第八届市政协委员人选，关于召开第八届市政协常委会第五次会议等事宜。石狮市政协主席黄延艺，副主席朱贤、李宁韧，石狮市政协办公室主任郭永加出席会议；石狮市政协各专委会主任、办公室副主任列席会议。

（市政协办）

政治协商

【概况】 2022 年，政协石狮市委员会发挥政协作为协商民主重要渠道和专门协商机构的作用，围绕党政工作重点、群众关心热点、社会治理的难点选定协商议题，制订年度协商监督计划。全年开展专题议政性协商 2 次、重要协商 4 次，对口协商 4 次，重点提案办理协商 5 件。

【专题议政性协商】 2022 年，政协石狮市委员会紧贴“5510”“五在石狮”活动及商贸发展提质增效行动，按照中共石狮市委“点题”，组织开展“以商贸提质增效带动产业创新发展”专题议政性协商，从产业发展、品牌建设、人才引育等方面提出意见建议 18 条，获得省政协副主席张兆民的批示肯定，人民政协网作相关报道；组织开展“抓城建提品质专项行动”专题议政性协商，形成主报告及子课题 18 篇，提出“五个加快、五个提升”建议（加快推进“三旧”改造、提升城市风貌与居住品质，加快完善配套设施、提升城市建设品质，加快推动生态优先、提升城市绿色发展品质，加快推进规范化整治、提升城市精细化管理品质，加快推动乡村振兴、提升城乡融合发展品质），市政府主要领导就加快推进城建工作向全市提出“六个注重”（注重全域统筹、注重品质提升、注重文脉延续、注重精细管理、注重项目支撑、注重资源整合）要求，获省政协副主席许维泽批示。

【重要协商】 2022 年，政协石狮市委员会将“侨捐项目管理使用情况”列入重要协商议题，就如何做好侨捐项目管理使用，更好维护捐赠人合法权益建言献策。将“公益诉讼”列入重要协商议题，从构建多方参与格局、建立长效机制、加大宣传发动等方面协商建言。将“全面推行学校课后服务，治理整顿校外培训机构”列入重要协商议题，就石狮市实施“双减”政策、推行课后服务、规范培训机构等情况协商建言。将“市政府办理提案情况”列入重要协商议题，听取石狮市人民政府关于提案办理情况通报。

【对口协商】 2022 年，政协石狮市委员会各专委会加强与各对口联系部门的沟通联系，组织开展调研视察、协商议政，助推经济社会发展，就“纺织服装产业转型升级”开展对口协商，助推产业健康发展。就“乡村特色产业发展”和“永宁郭坑回族村生态园建设”开展对口协商，为推进石狮市乡村振兴和美丽家园建设建言献策。就“优化基层医疗服务”开展对口协商梳理短板、对症献策，推动基层医疗服务更好满足群众需求。

【提案办理协商】 2022 年，政协石狮市委员会自八届一次会议起收到提交提案 242 件，经审查立案 211 件，遴选出《关于加快发展跨境电商促进外贸转型升级的建议》《关于打造光子产业集聚区的建议》《关于后申遗时代创新发展石狮市文旅产业的建议》《关于加强中小学校内课后服务提升的建议》《关于科学完善交通信号灯设置的建议》5 件提案作为重点提案。其中，关于打造光子产业聚集区的重点提案被市政府研究采纳，建设光子产业重点项目 3 个，促进光子产业延链聚群；关于后申遗时代创新发展石狮市文旅产业的重点提案推动市委、市政府成立工作专班；推动相关部门制定《石狮市促进 3 岁以下婴幼儿服务发展实施意见》《石狮市机动车停车服务收费管理规定》；推动全市各类公共场所新增配置 AED（自动体外除颤器）31 台，培训持证救护员 3065 人。

（市政协办）

2022 年 11 月 22 日，石狮市政协委员到第五实验小学视察“加强中小学校内课后服务提升”重点提案办理情况

（市政协办 供图）

参政议政

【概况】 2022年，政协石狮市委员会注重提高协商议政实效，把调查研究作为重要基础性工作，做到以调研促进协商质量，以协商促进调研成果转化。全年组织视察调研17场，形成调研报告22篇。

【助推现代化商贸之都建设情况调研】 2022年3月开始，政协石狮市委员会围绕推动落实泉州“强产业、兴城市”战略部署，做实“创在石狮、购在石狮、游在石狮、吃在石狮、住在石狮”5篇文章等，组织各专委会、活动组、民主党派开展“聚焦‘强产兴城’双轮驱动 助推现代化商贸之都建设”专题调研活动，形成调研报告21篇。

【服务海丝名城建设情况调研】 2022年6月8日，政协石狮市委员会开展“汇集侨心侨力侨智，服务海丝名城建设”专题调研。先后实地走访石狮市首家镇级侨史馆——锦尚镇侨史馆，并召开座谈会，围绕如何用好石狮市侨务资源，提升为侨服务水平，引导华侨华人新生代回归创业，服务海丝名城建设进行沟通交流，听取意见建议，形成《关于加强联络联谊，引导华侨华人新生代融入家乡发展》的报告。

【园区标准化建设情况调研】 2022年，政协石狮市委员会开展园区标准化建设系列专项调研，先后到石狮市十大产业园区（光子技术产业园一园、石狮网商园、锦尚智能制造园、青山轻工产业园、蚶江智能制造园、石湖港港后综合物流园、石狮大健康产业园、新能源综合产业园、鸿锦产业园、永宁工业新区）实地视察建设情况，听取石狮市关于工业园区标准化建设工作情况汇报，形成《关于推进园区标准化建设，打造高质量发展载体的建议》，在泉州市政府市政协专题协商会议上作重点交流发言。

【社会力量参与文化建设情况视察】 2022年8月2日，政协石狮市委员会开展“社会力量参与文化建设”专题调研活动。先后走访绿洲读书社、泉州南华轩文化传播有限公司、大德康元药业有限公司等，对其管理模式、运营情况、活动开展及文化传承等情况进行深入细致的考察，并予以充分肯定。

【营商环境优化提升情况视察】 2022年11月3日，政协石狮市委员会开展营商环境优化提升工作情况视察活动。先后到政务服务中心四楼“建设工程审批”服务窗口，了解建设工程审批手续流程及优化服务提升情况；随后到行政服务中心五楼了解“i石狮亲情家园智慧平台”建设情况，以及惠企政策兑现落实情况。

（市政协办）

民主监督

【反映社情民意】 2022年，政协石狮市委员会广泛收集社情民意，整理报送《关于加快露营旅游产业发展的建议》《关于畅通住宅小区消防通道的建议》等专报12期，推动一批社会民生实事得以解决。

【专项民主监督】 2022年，政协石狮市委员会围绕“五在石狮”、守护“舌尖安全”，对食品安全全过程各环节展开专项监督，形成《关于对石狮市食品安全工作实行民主监督的报告》，提出6项建议被中共石狮市委采纳。

【视察性监督】 2022年，政协石狮市委员会关注与群众利益相关问题，连续3年对全市老旧小区改造跟踪视察。围绕“社会力量参与文化建设”开展视察，为探索文化惠民新途径积极发声。“关于加强中小学生校内课后服务提升的建议”被列为重点提案，围绕“全面推行学校课后服务 治理整顿校外培训机构”重要协商议题，就全市实施“双减”政策、推行课后服务、规范培训机构等情况协商建言。围绕“优化基层医疗服务”梳理短板、对症献策，推动基层医疗服务更好地满足群众需求。

（市政协办）

2022年5月23日，石狮市政协委员到福建豪味来食品发展有限公司开展食品安全工作民主监督专项视察 （市政协办 供图）

提案办理

【概况】 2022年，政协石狮市委员会自八届一次会议起收到提交提案242件，经审查立案211件，重点提案办理协商5件，其中5件提案被确定为重点提案。按类别分：经济建设领域的提案61件占28.91%；科教文卫体领域的提案76件占36.02%；政治法律、社会保障等领域的提案74件占35.07%。

【《关于加快发展跨境电商促进外贸转型升级的建议》提案】 2022年，石狮市政协提案《关于加快发展跨境电商促进外贸转型升级的建议》的案由是石狮产业带和电商基础雄厚，且是跨境电商的重要货源地，由于受全球经济衰退的影响，石狮市跨境电商发展仍面临诸多困难和问题。建议金融创新服务跨境电商小微企业，完善“线上+线下”联动平台建设，探索建立专业的跨境服务口岸，支持跨境电子商务业态创新，进行多元化市场布局，减少对特定市场的依赖，规避可能出现的市场风险，壮大跨境电商园，发挥集聚效应，发展跨境物流，提升跨境商品集货配送能力，建立电子商务人才发展机制。截至年底，该提案办理情况：成立跨境电商综合服务中心，并先后举办中国（福建）—非洲青年跨境电商大会以及阿里巴巴、抖音、亚马逊等跨境电商活动周系列活动。

【《关于打造光子产业集聚区的建议》提案】 2022年，石狮市政协提案《关于打造光子产业集聚区的建议》的案由是石狮市发展光子产业集群，在区位、科研技术、专家资源、资本和文化、市场、政策机遇、泉州芯谷辐射带动机遇等方面，都具有不同程度的基础优势，同时也存在可发展提升的空间。建议加快创新驱动，坚持集聚发展，加大财税扶持力度，坚持融合发展，实施重大人才计划，加强金融支持。截至年底，该提案办理情况：启动光子技术产业园一园建设，中科光芯二期、兰姆达研究院等项目先后投产，促进光子产业延链聚群。

【《关于后申遗时代创新发展石狮市文旅产业的建议》提案】 2022年，石狮市政协提案《关于后申遗时代创新发展石狮市文旅产业的建议》的案由是为更好地实施文化强市和文旅融合战略，以申遗成功为战略契机，突出文旅产业的资源整合，顶层设计布局，强调统筹谋划，优化品牌打造，提升文旅产业品质。建议做好顶层设计布局，加大产业发展的投入力度；加快推进“文旅+”业态创新发展，协调配套项目融合发展；打造城市文旅IP，推动石狮市文旅品牌国际化；发展科技赋能文旅产业，培养引进文旅专业人才。截至年底，该提案办理情况：成立发展文旅经济工作专班和滨海旅游产业发展工作专班，加快实施12个重点文旅项目，举办宋元海丝宴暨闽南菜传承创意大赛等活动。

【《关于加强中小学校内课后服务提升的建议》提案】 2022年，石狮市政协提案《关于加强中小学校内课后服务提升的建议》的案由是石狮市小学生课后服务存在不同群体对政策的认知的偏差，课后服务的课程设置受限，服务内容单一，制度还不完善。建议提升校内课后服务不同利益群体的认知；充分了解学生对校内课后服务需求，激活校内现有教师资源；搭建参与平台，整合资源协同丰富课程设置；教育行政部门要主动作为，为校内课后服务护航；完善校内课后服务监督与评价，建立长效管理机制。截至年底，该提案办理情况：积极推动实现义务教育阶段课后服务全覆盖。

【《关于科学完善交通信号灯设置的建议》提案】 2022年，石狮市政协提案《关于科学完善交通信号灯设置的建议》的案由是市区部分道路，仍存在路口交通组织、信号灯设置不够科学等问题。建议优化路口交通组织，提升交通信号灯时间配时的科学性及便民性，加大交通信号设备的智能化改造力度，完善道安设施建设。截至年底，该提案办理情况：在全省首设摩托车借道待行区，优化交通信号灯配时，完善交安设施，道路交通更加规范有序。

（市政协办）

中国共产党石狮市纪律检查委员会
石狮市监察委员会

综 述

【政治监督】 2022年，石狮市纪委监委聚焦疫情防控、项目攻坚等决策部署，明确年度重点监督清单、季度监督重点。开展“一片区一亮点、一镇街一特色”品牌创建活动，生成重点监督项目15个，率先建立全省首个区域性国企监督治理“一中心一平台”（国有企业监督管理中心、国资国企监管平台），对国企重要风险点实施监督预警、分析处置，推动市属三大国企建立健全服务采购管理、工程项目建设等长效机制68项，相关做法被《中国纪检监察》杂志专题报道。

【小微权力监督】 2022年，石狮市纪委监委推进“小微权力”监督工作，明确入群镇村干部名单，集中开展业务培训，督促指导全市各镇（街道）改造提升441个原有居民群，新建215个居民群，统筹好建群数量和入群人数，确保人口覆盖面和合理占比，分批次将629名市、镇、村三级管理人员导入企业微信后台管理平台。协调组织、民政、农业农村等部门，组织各村（社区）通过平台落实好党务、村务、财务公开事项，完成公开事项1827条，阅读量42884次，评论数4607条。通过平台接收群众诉求总量4380件，办结率100%，各项指标均位于泉州市各县（市、区）前列。将村级小微权力监督信息平台与“纪检监察进邻里”相结合，推动纪检干部深入一线，访民情、听民声，全市纪检干部及村级纪检委员走访1724户，收集问题361个，督促整改355个。完善制度建设，依托纪检监察片区一体化管理监督机制，建立“一镇（街）一专班”、全覆盖督导机制，采取“1+1+1+9”监督模式（1个技术调度组、1个明察督导组、农业农村局及民政局职能部门联合督导组，9个镇纪委、街道纪工委监察组），优化绩效考评机制，推动小微权力监督工作高质量发展。

【纪检监察体制改革】 2022年，石狮市纪委监委自觉接受人大监督，围绕开展整治群众反映强烈问题，完成市监委首次向人大常委会报告专项工作。加强对市管企业的监督，探索设立石狮市监察委员会驻福建石狮产业投资发展集团有限责任公司监察专员办公室，与集团纪委合署办公，石狮市纪委监委驻财政系统纪检监察组不再行使对福建石狮产业投资发展集团有限责任公司监察对象的监察权。同时设立监察专员，增强派驻监督有效性，推动派驻机构与驻在单位党组织同题共答。

【营商环境督导】 2022年，石狮市纪委监委开展“提作风、促攻坚”专项行动，牵头成立3个督导组，实地督导28个进度严重滞后重点项目，实行“一周一汇总、一周一清单、一周一会商”工作机制，督促整改问题56个，先后推动大仑东片区改造建设、金曾片区改造建设、钞坑片区改造等14个项目在规定时限内完成进度，14个项目加快进度。针对市肉品加工厂、电商总部项目进度严重滞后问题立案查处2人，追回拖欠拍卖款4000多万元。推进“网上办”“掌上办”，完善“i石狮”亲清家园智慧监督平台功能，督促梳理整合奖补直达、小微融资、掌上证明等审批服务事项1800多项，兑现惠企资金5亿元。在重点企业设立25个营商环境监测点，召开“监督上云端、石狮安心创——优化营商环境主题分享会”，畅通政企沟通协商渠道。推动职能部门在全省率先出台工业企业“零增地”改扩建项目规划改革、施工图纸审查改革，在泉州市率先开展工程建设项目全流程模拟审批，有效压缩审批时限，相关做法被中央电视台、《人民日报》等媒体体宣传报道。

【中共石狮市纪委八届二次全会】 2022年1月28日，中国共产党石狮市第八届纪律检查委员会第二次全体会议举行。市委书记黄春辉参加会议并讲话，石狮市委常委、纪委书记、监委主任陈守林主持会议并代表市纪委常委会作题为《汲取奋进力量 勇担时代使命 为加快建设现代化商贸之都提供坚强保障》的工作报告。会议审议通过陈守林书记所作的工作报告。

（市纪委监委）

正风 肃纪

【信访举报】 2022年，石狮市纪检监察机关探索出台信访举报分类研判联动机制，实现信息共通共享、问题共商共判，接收信访举报226件，比2021年下降35.98%，检举控告96件，经研判属初次举报41件，比2021年下降58.59%，属重复举报55件，比2021年下降40.22%。深化信访分析，开展综合分析4次，专题分析1次，其中《十九大以来石狮市涉国有企业信访举报专题分析》入选2022年度泉州市纪检监察系统特色信访分析汇编。开展“双化解、双促进”专项行动，加强重复举报治理，化解典型重复举报5件、其他类型重复举报17件。

【执纪审查】 2022年，石狮市纪委监委坚持惩前毖后、治病救人方针，运用监督执纪“四种形态”批评教育帮助和处理332人次。保持惩治腐败高压态势，聚焦执法司法、教育医疗、粮食购销等重点领域腐败和不正之风，立案100件，给予党纪政务处分101人，移送司法机关处理7人。

【纠治“四风”】 2022年，石狮市纪委监委深化作风建设，开展分地域分领域分层级治“四风”（形式主义、官僚主义、享乐主义和奢靡之风）树新风专项工作，大力弘扬新风正气。开展全市借用占用受赠车辆情况清理排查工作，规范公务用车管理。监督治理“酒杯中的奢靡之风”，坚决遏制歪风邪气反弹回潮。联合市交警大队、市场监管局等单位走访全市星级酒店，开展检查和劝阻15人次，全年因酒驾醉驾被党纪政务处分的党员23人，比2021年下降14%。开展党员干部违规因私出国（境）问题专项整治，对16个单位开展违规因私出国（境）监督检查，规范村居干部因私出国（境）管理，相关做法获泉州市纪委监委主要领导肯定推广。深化运用“1+X”（“1”指纪委监委履行专责监督；“X”指各有关部门根据职责职权进行职能监督；“+”指党委统一领导，发挥有关部门党组织的领导作用，对党内监督和其他方面监督进行统筹协调，实现协同监督）监督机制，加强联合联动，开展重要节假日节前教育提醒、通报曝光，节中监督检查、明察暗访，节后严查快处、推动整改等行动，查处违反中央八项规定精神9起10人。

【深化“点题整治”】 2022年，石狮市纪委监委聚焦教育、医疗、食品药品安全、乡村振兴、项目审批等领域，确定“点题整治”项目17个，推动解决群众急难愁盼问题，查处群众身边腐败问题6起7人。开展整治学校食品安全和营养健康问题，立案查处校园食品安全相关案件12起，推动建立完善制度8项，相关做法被《中国纪检监察报》、中央纪委国家监委网站等宣传报道。

（市纪委监委）

巡察工作

【概况】 2022年，石狮市委巡察机构聚焦开展“提高效率、提升效能、提增效益”行动、实施“强产业、兴城市”双轮驱动、推进“5510”项目竞赛活动、做好“五在石狮”文章等部署，对26个单位开展常规巡察；围绕上级巡察安排，配合泉州市委巡察一组对灵秀镇党委开展上下联动巡察，按要求组建2个联动巡察组对灵秀镇所辖13个村（社区）开展巡察。巡察共发现问题627件，移交问题线索73件。

【政治巡察】 2022年，石狮市委巡察机构认真贯彻落实上级关于巡视巡察工作部署要求，紧扣市委中心工作开展政治巡察，出台《石狮巡察工作“一县一品牌”实施方案》，将“主题式”推进常规巡察作为巡察工作品牌，开展“乡村振兴”“应急安全与社会治理”“人才保障”“强产兴城”等4批次主题巡察，覆盖巡察对象27个，共反馈问题364件，移交问题线索 68件，纪检监察机关立案4件，推动职能部门完善制度362项，挽回经济损失352.36万元。

【巡察成果运用】 2022年，石狮市深化巡察成果运用，石狮市委巡察办健全巡察机构与纪检监察机关的工作协调机制，完善巡察整改“六联审”机制。对八届市委第一轮巡察集中整改、七届市委巡察未整改到位事项开展专项督查，对整改进展缓慢的12个单位发出《巡察整改提醒函》，推动27个难题完成整改并销号。把发现问题、推动整改与系统施治相结合，通过“乡村振兴”主题巡察，推动谋划生成乡村振兴储备项目113个，拨付扶贫惠农补助资金769万元。通过“国企改革”主题巡察，督促建章立制129项，促进20个营收项目落地，挽回经济损失196万元。通过“应急安全与社会治理”主题巡察，推动开展基层儿童工作人员及寄养家庭家长培训，补发寄养儿童家庭生活保障金171.95万元。

（市纪委监委）

廉政宣传教育

【党规党纪教育】　2022年，石狮市纪委监委紧盯“关键少数”，开展领导干部“每月一文思勤廉”读书活动，围绕重要时间节点，开展廉政谈话、发送廉洁短信、印发廉政公开信等，提醒党员干部严守“底线”、不踩“红线”。严把干部提拔任用“入口关”，以考促学、以考促廉，敦促领导干部学习党纪法规知识。用身边事教育身边人，组织旁听庭审，开展案例剖析、用活案例资源，拍摄警示教育片。

2022年7月25日，石狮市纪委监委举办“喜迎二十大　廉洁新征程”纪检监察业务知识竞赛。图为知识竞赛活动现场
（市纪委监委　供图）

【廉政文化建设】　2022年，石狮市纪委监委依托“纪检监察进邻里”活动，设置廉洁文化宣传材料，推进村（社区）廉洁文化阵地建设。拍摄《杨家大院的家训：清白传家》等8期廉政短视频，拍摄《守住根脉，留住乡愁》《同心抗疫共筑防线》微视频，在中央、省、泉州市等媒体播发。促进文旅结合、文教结合，推动“清风美德润狮城”廉政文化教育基地等活起来，组织干部参观廉政教育基地、重走“红色路线”。创设“狮城清风”微信公众号，与石狮市纪委监委网站、各镇（街道）官微廉政文化栏目同频共振，引导党员干部提高党性觉悟，增强拒腐防变能力。

【纪检监察宣传】　2022年，石狮市纪委监委出台《石狮市派驻纪检监察组纪检监察信息宣传考评办法》《石狮市镇（街道）纪检监察信息宣传考评办法》，组建宣传信息员队伍、宣传领域专业合作团队，注重挖掘地方特色宣传资源，累计在中央、省、泉州市纸媒及融媒体刊发稿件243篇次。

（市纪委监委）

民主党派　工商联

中国国民党革命委员会石狮市总支部委员会

【概况】　2022年，中国国民党革命委员会石狮市总支部委员会（简称“民革石狮总支部”）围绕“矢志不渝跟党走，携手奋进新时代”主题教育，组织开展“组织建设年”各项活动。投稿的6篇征文在民革泉州市委会主办的“喜迎二十大，同心跟党走”征文活动获优秀奖。撰写的《信仰的力量》《调笑令·永恒》获“民革泉州市委会纪念辛亥革命110周年”主题征文活动优秀奖。民革石狮总支部下设3个支部，有党员118人，其中女党员23人，本科及以上学历70人（其中硕士6人、博士2人）；高级职称17人，中级职称46人；石狮市人大代表3人；石狮市政协委员6人（其中政协常委1人）；石狮机关效能建设监督员2人，泉州市机关效能建设监督员1人，受聘各单位特约人员4人。总支部主委当选为民革福建省委委员；1人被评为民革福建省委“2017—2022年度优秀党员”。

【组织建设】　2022年，民革石狮总支部以“矢志不渝跟党走，携手奋进新时代”主题教育为主线，开展“组织建设年”各项工作。3月6日，民革石狮总支部在民主党派机关服务中心举办“花艺DIY活动”庆祝“三八”国际妇女节活动；3月11日，第三支部举办女党员茶话会，丰富女党员的业余文化生活；5月28日，第三支部开展“踏青花海谷，‘粽’情迎端午”户外活动，党员体验包粽子的节日民俗，发扬民革博爱、热心公益的优良传统，把粽子送给花海谷公园维护保洁工作人员；6月5日，民革石狮总支部与泉州市石狮生态环境局、农工石狮市总支部在世茂广场周边联合开展“6·5”环境日主题宣传活动，第一支部主委叶华江、党员郭文福为市民宣讲环保政策法规及知识；9月10日，第二支部召开“喜迎中共二十大”中秋座谈会，让党员在传统佳节感受组织的关心和温暖；9月12日，第一支部在灵秀镇小丫园林内的“梦·营地”举办中秋乐团圆座谈会；11月12日，民革石狮总支部召开第四季度党员大会学习贯彻中共二十大精神。

【参政议政】　2022年，民革石狮总支部向石狮市人大提交人大建议6件，向石狮市政协提交政协提案33件。提交泉州市委会泉州市政协提案8件、社情民意1件。民革石狮总支部《关于提高泉州市科技平台服务能力的建议》获民革泉州市委2021年度优秀调研三等奖。《关于加快培育推广乡村振兴典型示范村的建议》获石狮市委副书记、市长批示肯定。

【民主监督】　2022年，民革石狮总支部有4名党员被聘为石狮市检察院、教育局、城市管理局、自然资源局等单位特约人员。6月，总支委员王仁芳被石狮市检察院聘任为检察院特邀检察官助理；11月，总支委员王明志、党员高伟地被聘为第十届石狮市机关效能建设监督员。

【社会服务】　2022年，民革石狮总支部连续14年举行“心系困难学子，热心金秋助学”捐资助学活动，为10名准大学生发放助学金4万元；连续第10年组织骨干党员、医疗界党员和石狮市总医院体检科医务人员到石狮市婷婷儿童院开展慰问活动，为孤儿免费体检并发放慰问金5000元；组织党员连续第10年走进石狮市古浮慈爱老人院开展慰问孤寡老人活动，发放慰问金5000元。

（许莹琦　张国梁）

2022 年 8 月 20 日，民革石狮总支部一行到石狮市华侨中学开展“金秋助学”活动。图为助学仪式　　（民革石狮总支部 供图）

中国民主同盟石狮市总支部委员会

【概况】　2022 年，中国民主同盟石狮市总支部委员会（简称“民盟石狮市总支部”）发挥自身特色和优势，打造民盟活动品牌和平台，组织开展各类盟务活动。举办“喜迎二十大 健康海丝行”重阳主题活动。开展石狮盟史研究，成立《石狮盟史记忆》编写委员会。总支部委员会下设 4 个支部委员会，有盟员 130 人，其中女盟员 52 人，男盟员 78 人。本科及以上学历 75 人（其中硕士 5 人），高级职称 52 人，中级职称 36 人，占总数的 68%。受聘石狮市监委第二届特约监察员 1 人，各单位特约人员 8 人。

【组织建设】　2022 年，民盟石狮市总支部组织开展各类盟务活动。5 月，民盟石狮市总支部召开“矢志不渝跟党走、携手奋进新时代”政治交接主题教育动员部署会；9 月，民盟石狮市总支部在石狮市海丝博物馆举办“喜迎二十大 健康海丝行”2022 年重阳主题活动；10 月，民盟石狮市总支部与石狮市河长制办公室牵手，签订“合作推进河长制工作协议”，成为福建省首个以主委、副主委及在籍政协委员为整体，共同参与河长制工作的民主党派团体；为增进基层党派之间的互动联谊，强化组织横向联系，民盟石狮市总支部、台盟石狮支部联合开展“凝心共建 同庆二十大”活动；11 月，民盟石狮市总支召开总支委员（扩大）会议，专题学习中共二十大精神；为丰富广大盟员的精神文化生活，打造一支有素质的盟员队伍，民盟石狮市总支部开办盟馨讲坛，形成具有石狮民盟自身特色，富有生机和活力的讲坛文化，截至 12 月，举办“基层参政议政的几点感悟”等各类讲坛 3 次。

【参政议政】　2022 年，民盟石狮市总支部向石狮市政协提交集体提案 14 件、个人提案 7 件，其中《关于加强小学生校内课后服务提升的建议》为重点提案。

【社会服务】　2022 年，民盟石狮市总支部组织开展关爱特殊群体学生捐赠活动，资助学生 20 人。组织盟员到石狮市永宁镇郭坑村、山边村等地开展推动城乡融合发展的调研活动。与石狮市河长制办公室牵手，签订“合作推进河长制工作协议”，成为福建省首个以主委、副主委及在籍政协委员为整体，共同参与河长制工作的民主党派团体。

【宣传调研】　2022 年，民盟石狮市总支部发挥盟员在文化领域的优势，做好宣传工作，激发组织活力，积极向民盟、统战、政协等报刊、网络平台多层次多渠道报送民盟稿件。推进石狮盟史研究工作，6—12 月，民盟石狮市总支部成立《石狮盟史记忆》编写委员会，以人物纪实文学方式见证石狮民盟的发展和时代的变迁；6—11 月，民盟石狮市总支部立足实际，多次召开调研课题研讨会，就推动城乡融合发展课题进行研究，深入石狮市永宁镇郭坑村、山边村等地开展调研学习，并形成高质量的提案。

（*颜艳虹 蔡进强*）

中国民主建国会石狮市基层委员会

【概况】　2022 年，中国民主建国会石狮市基层委员会（简称“民建石狮市基层委员会”）完成妇女工作委员会及下属 5 个支部换届工作。全年民建石狮市基层委员会下设 5 个支部，有会员 140 人，其中女会员 39 人，本科及以上学历 71 人（其中硕士 4 人，博士 1 人）；高级职称 3 人，中级职称 18 人；福建省人大代表 2 人，泉州市政协委员 4 人，石狮市人大代表 5 人，石狮市政协委员 8 人（其中常委 3 人）；石狮市监委第二届特约监察员 1 人，石狮市各级机关特约监督员 7 人。

1人当选民建中央第十二届委员会委员、民建福建省委委员；1人被评为“民建中央反映社情民意信息工作先进个人”；1人被评为民建福建省委“2020—2021年度优秀通讯员”。

【组织建设】 2022年，民建石狮市基层委员会召开学习会议4次，组织会员深入学习中共十九届六中和七中全会精神、全国“两会”精神、中央统战工作会议精神和中共二十大精神。3月，组织完成妇女工作委员会换届工作，4—6月完成下属5个支部换届工作，选举产生新一届支部领导班子，班子平均年龄同比上届下降5.2岁，女性会员占比上升6.7%，研究生以上学历占比13.3%。组织开展“喜迎二十大”系列活动，组织会员在华山古民居、海丝文化重要史迹、馆藏等地开展“矢志不渝跟党走，携手奋进新时代”主题教育。组织参加石狮市统一战线“喜迎二十大·同心跟党走”书画摄影展和“喜迎二十大·礼赞新时代：‘印象石狮’”书画作品展。

【参政议政】 2022年，民建石狮市基层委员会向石狮市政协提交集体及个人提案22件，提案内容涉及民营经济、城市建设、教育事业、医疗卫生等多个领域。10月，成立泉州民建首个参政议政工作委员会。

【社会服务】 2022年，民建石狮市基层委员会在扶贫帮困、公益助学等方面，捐助2名困难学生1万元，捐赠教育物资19.8万元，连续11年慰问石狮市仁爱特教学校。

【宣传调研】 2022年，民建石狮市基层委员会履行自身职责，开展基层调研活动，撰写的《关于提升住宅小区物业服务标准化建设水平的建议》在市政协议政协商会上作主题发言，杜海鹏、王熊熊、吴尔德积极参加市政协“加快发展跨境电商”“科学完善交通信号灯”“公益诉讼”重点提案调研，并提出有针对性、可操作性的意见建议。

（庄泽斌 吕锜）

中国民主促进会石狮市总支部委员会

【概况】 2022年，中国民主促进会石狮市总支部委员会（简称“民进石狮市总支部”）召开第三届5个支部换届选举大会，选举产生5个下设支部委员22名。组织开展“喜迎二十大”系列活动。开展春秋两季“同心助学”活动，资助学生22名。民进石狮市总支部下设5个支部，即综合支部、文化支部、教育第一支部、教育第二支部、教育第三支部，有会员149人，其中女会员48人，本科及以上学历93人；中高级职称96人；职业类别中（不包含退休人员），体制内有100人，非公人士35人；会员中，泉州市第十三届政协委员1人，石狮市第八届人大代表1人，第八届政协委员4人，其中政协常委2人。1人被民进福建省委会评为2021年“反映社情民意信息主题年暨参政议政工作先进个人”。3人被民进福建省委会评为2022年度“参政议政工作先进个人”。

【组织建设】 2022年，民进石狮市总支部组织开展“矢志不渝跟党走、携手奋进新时代”政治交接主题教育学习活动。组织学习中共二十大精神，安排会员代表作交流发言，分享心得体会。邀请民进省委会调研处主任周恒作反映社情民意信息工作专题培训会，加强民进信息人才队伍建设，提升会员参政议政水平。7月23日，民进石狮市总支部召开第三届5个支部换届选举大会，选举产生5个下设支部委员共计22名，配齐支部班子成员队伍。截至12月，民进石狮市总支部加入新会员5名，并发展6名优秀人才为入会积极分子。

【参政议政】 2022年，民进石狮市总支部向石狮市政协提交团体提案12篇，个人提案2篇，共立案13篇。其中，

2022年7月23日，民进石狮市总支部召开第三届委员会第二次会员代表大会
（民进石狮市总支部 供图）

提案《关于后申遗时代创新发展我市文旅产业的建议》被石狮市政协定为重点提案。社情民意《“双减”工作的几点建议》被省政协和民进中央采用。3 篇提案由泉州民进提交政协大会立案，其中提案《关于在学校推广退役军人担任驻校教官或专职保安的建议》被民进中央和全国政协采纳，被授予民进中央 2022 年度参政议政成果三等奖。

【民主监督】　2022 年，民进石狮市总支部积极参与各种监督活动，建言献策，民进石狮市总支部有石狮市各机关单位特约人员 7 人。邱尚辉被任命为民进福建省委会第九届监督委委员，林清丛被任命为民进福建省委会第九届社会服务和联络委员会委员、民进福建经济界会员联谊会值年会长，洪明芳被民进福建省委会评为 2021 年“反映社情民意信息主题年暨参政议政工作先进个人”。洪明芳、陈晓耕和潘泽福被民进福建省委会评为 2022 年度“参政议政工作先进个人”。

【社会服务】　2022 年，民进石狮市总支部开展春秋两季“同心助学”活动，资助学生 22 名，发放助学金 2 万元。开展“六一”慰问活动，向 7 所学校分别赠送各种文具、体育用品和书籍，价值 1 万元。组织开展的“扶持国企开办公立幼儿园”调研被列入民进省委 2022 年度入项调研课题，调研成果分别被民进省委、民进中央采用。

【宣传调研】　2022 年，民进石狮市总支部组织会员开展专题调研活动。1 月，组织会员前往惠安开展“古建筑保护”专题考察活动。2 月，民进泉州市委会专职副主委林智胜到石狮调研，并代表民进上级组织向总支部颁发“民进全国反映社情民意信息工作先进集体”奖牌。7 月，教育三支部牵头到石狮各学校开展“优化基础教育布局”专题调研。8 月，组织会员赴泉州安溪两地开展考察调研活动，了解“后疫情”时期旅游业经营状况。11 月，组织开展“建设石狮特色的现代化商贸之都”调研，撰写的报告被市政协列入年度调研汇编。12 月，组织开展“加强家庭教育工作”调研，被市委统战部采用。“扶持国企开办公立幼儿园”调研列入民进省委 2022 年度入项调研课题，调研成果分别被民进省委、民进中央采用。

（吴婉芬　洪明芳）

中国农工党石狮市总支部委员会

【概况】　2022 年，中国农工党石狮市总支部委员会（简称“农工党石狮市总支部”）有党员 115 人，下设医疗卫生、教育、综合支部等四个支部。其中女党员有 45 人，大专及以上学历有 109 人，副高职称有 52 人。农工党石狮市总支部从事于医疗卫生和文化教育事业 96 人，泉州人大代表有 1 人，石狮市人大代表 3 人，政协委员 4 人。获评“农工党泉州市委 2022 年度三星级基层组织”。

【组织建设】　2022 年，农工党石狮市总支部组织学习贯彻中共二十大精神、2022 年全国两会精神。为缅怀革命先烈，弘扬红色精神，组织到南安市蓬华镇安南永革命烈士纪念碑开展以“不忘初心、牢记使命”为主题的红色革命传统教育活动。

【参政议政】　2022 年，农工党石狮市总支部向石狮市政协提交提案 6 篇，提案涉及民生、经济、教育等方面。组织党员参加市政协，市委统战部，市总医院以及有关部门召开的民主协商会、征求意见会、行风评议、廉政监督，发表意见和建议。

【民主监督】　2022 年，农工党石狮市总支部组织党员积极参与民主监督。李灿新，邱清雄，洪志向，林晓文，王荣柏，柯文章等党员分别受聘于石狮市公安局、教育局、人力资源和社会保障局、国土规划和房产管理局等单位的党风廉政监督员、机关效能监督员、行风评议员等。柯文章和洪志向等被人大聘为石狮人民法院人民陪审员。

【社会服务】　2022 年，农工党石狮市总支部到南安市蓬华镇中心小学开展“同心助学”主题活动，为 10 名贫困学生捐赠爱心助学金 1 万元。多次组织开展“歧黄暖阳进机关”义诊活动，免费为群众进行针灸推拿、号脉刮痧，发放健康宣传册 120 余份，发放香囊、花茶等 400 余份。联合泉州市石狮生态环境局到石狮花海谷公园开展“6·5”环保宣传活动。与多单位联合实施“喜迎二十大　同心护未来”——国际儿童节石狮“福蕾行动”暨“困境家庭救助帮扶”项目。为困境儿童赠送“六一”爱心大礼包，并通过腾讯公益平台为困境儿童家庭筹集 15 万元资金，用于开展困境儿童家庭的助学、助医、助困帮扶。

（李灿新）

中国致公党石狮市总支部委员会

【概况】　2022 年，中国致公党石狮市总支部委员会（简称“致公党石狮市总支部”）与各民主党派联合举办“喜迎二十大·同心跟党走”书画摄影展，与石狮市留学人员联谊会联合举办为期 10 天的第七届石狮“同心杯”篮球邀请赛。全年有党员总数 74 人，由 7 人组成总支部委员会。成员中，男 38 人、女 36 人；研究生学历 6 人、本科学历 43 人，大专学历 12 人；具有高级职称 22 人，中级职称 22 人。成员担任石狮市人大代表2人，石狮市政协委员4人，受聘为石狮市第十届机关效能建设监督员1人，各单位特约监督员4人。

【组织建设】 2022年，致公党石狮市总支部把加强思想建设和学习实践活动放在重要位置，注重提高全体党员思想政治素质和大局意识。2月26日，组织召开政治理论学习会暨2022年第一次党员大会，学习中共十九届六中全会精神，传达致公党泉州市第十二次代表大会精神；5月27日，召开“矢志不渝跟党走、携手奋进新时代”政治交接主题教育动员部署会，学习中共十九大和十九届历次全会精神；7月16日，组织党员到中共德化支部旧址开展“矢志不渝跟党走、携手奋进新时代”政治交接主题教育，重温红色历史，感悟红色精神；9月29日，与石狮市各民主党派在文化馆联合举办“喜迎二十大•同心跟党走”书画摄影展，总支部党员多幅书画、摄影作品参展；12月10日，召开学习贯彻中共二十大精神暨2022年第二次党员大会，组织党员学习贯彻中共二十大精神，对中共二十大报告进行要点解读。

【参政议政】 2022年，致公党石狮市总支部向石狮市政协提交《关于推动我市科技型中小企业创新发展的建议》《关于设立石狮商标托管服务中心的建议》等11件团体及个人提案，内容涉及经济、教育、环境保护、城乡建设等方面。提案《关于打造光子产业聚集区的建议》被评为石狮市重点提案。提交的《关于完善社会配送防疫机制让群众更安心的建议》《关于及时详细公布无症状感染者足迹的建议》《关于为外卖骑手提供疫情防控保障的建议》被致公党泉州市委会采纳；课题《关于创建“无废福建”的建议》被致公党泉州市委会列为2022年重点课题。

【社会服务】 2022年，致公党石狮市总支部助力新冠疫情防控方面，捐款捐物价值15.73万元。组织开展“捐书助教 传递爱心”活动，向石光中学捐资1万元。

【宣传调研】 2022年，致公党石狮市总支部组织开展调查研究，撰写的《关于完善社会配送防疫机制让群众更安心的建议》《关于及时详细公布无症状感染者足迹的建议》《关于为外卖骑手提供疫情防控保障的建议》被致公党泉州市委会采纳并上报；组织参与致公党泉州市委会开展的“一支部一提案”活动，先后提交了《关于坚守实业促转型 巩固壮大实体经济根基的建议》《关于加快发展跨境电商促进外贸转型升级的建议》《关于创建“无废福建”的建议》等，其中有关开展“无废”城市建设的课题被致公党泉州市委会列为2022年重点课题。提交《关于创建“无废石狮”的建议》《关于做好石狮籍华裔青年寻根工作打造面向RCEP的对外贸易桥头堡的建议》两篇调研报告，其中《关于做好石狮籍华裔青年寻根工作打造面向RCEP的对外贸易桥头堡的建议》被确定为石狮市政协八届二次大会发言材料。

（许雅涵 施文坛）

2022年7月16日，致公党石狮市总支部组织党员到德化开展“矢志不渝跟党走、携手奋进新时代”政治交接主题教育 （致公党石狮市总支部 供图）

九三学社石狮市基层委员会

【概况】 2022年，九三学社石狮市基层委员会（简称“九三学社”）发展新社员4名，共有社员60人，其中女社员17人；研究生学历9人，本科学历43人；具有高级职称29人，中级职称29人，初级职称1人。主要从事医疗卫生、工程技术、电子技术、教育、艺术经济等行业。其中，石狮市人大代表1人，石狮市政协常委1人，委员2人，石狮市第十届机关效能建设监督员1人，受聘各单位特约人员4人。社员王克锰的作品入选九三学社福建省委庆祝中共二十大胜利召开主题书画作品网络展，1人获评九三学社省委2022年度社会服务工作先进个人。1人获评2022年度石狮市优秀巾帼志愿者。

【组织建设】 2022年，九三学社加强

理论武装，开展“矢志不渝跟党走 携手奋进新时代”政治交接主题教育，制订《九三学社石狮市基层委员会开展“矢志不渝跟党走、携手奋进新时代”政治交接主题教育实施方案》，成立组织机构，明确目标任务及重点要求。组织召开班子专题学习会议5次。组织参加泉州市九三学社暑假读书班、民主党派代表人士培训班、‘泉’民开讲等学习培训，学习习近平新时代中国特色社会主义思想、《中国共产党统一战线工作条例》等课程。组织社员到李子芳纪念馆、郑成功纪念馆、叶飞将军故居、泉州华侨革命博物馆，接受红色教育和爱国主义教育。

2022年7月1日，九三学社石狮市基层委员会与九三学社南安市支社委员会开展“矢志不渝跟党走 携手奋进新时代”主题教育　（九三学社石狮市基层委员 供图）

【参政议政】　2022年，九三学社向石狮市政协提交调研报告3篇，提案12篇，其中调研报告《关于进一步推进石狮物流业智慧发展的建议》收录于石狮政协大会发言材料汇编，调研报告《关于提升新建住宅小区品质的建议》收录于石狮市政府市政协专题议政性协商材料汇编；《关于加快石狮市海洋经济发展的建议》和《关于进一步加强和规范物业管理工作的建议（并）》2件提案被列为重点提案。《关于打造中国东盟物流 -- 泉州基地（园区）的建议》《关于加快园区建设助力泉州海洋经济发展的建议》等3篇被九三学社泉州市委采用，《关于建设大泉州绿色智慧公交体系的建议》被列为泉州政协重点提案。反映社情民意及建议《关于提高我省疫情宣传标语质量的建议》被省政协采用；《关于复工阶段保障公交出行安全的建议》《关于提高我省疫情防控期间纾困解难的建议》等被九三学社省委采用。

【社会服务】　2022年，九三学社响应社省委“同心帮扶计划”、泉州市统一战线“同心助学”等系列工程，向南平政和县东平小学捐款一万元，用于建造“同心图书室”。九三学社医疗界社员发挥专业优势，参与“心系桑榆，情暖栖鹏”义诊活动、“10·1”国际老人日义诊宣传教育活动、2022年联合国糖尿病日主题宣传暨义诊活动等义诊医药下乡活动。

（谢铭敏 郑海滨）

台湾民主自治同盟石狮市支部委员会

【概况】　2022年，台湾民主自治同盟石狮市支部委员会（简称“台盟石狮市支部”）结合自身优势和特色，履行参政党服务社会、奉献社会的应尽职责。组织开展“加快转型升级 推动渔业可持续发展”专题调研，开展“休闲渔业项目”实地调研等活动。台盟石狮市支部“盟员之家”在石狮方灿商贸有限公司成立。6月，支部主委及3位盟员代表参加台湾民主自治同盟福建省第十一次盟员代表大会。12月，支部主委赴北京参加台盟第十一次全盟代表大会。全年有盟员20人，其中女盟员10人，盟员中具有高级职称4人，中级职称8人，主要由从事医药、卫生、教育、金融等行业的人员组成。盟员中有泉州市政协常委1人，石狮市政协常委1人，政协委员2人，受聘担任泉州、石狮各部门特约监督员5人。

【参政议政】　2022年，台盟石狮市支部向石狮市政协提交政协提案17件，向泉州市政协提交政协提案1件，其中《关于加快发展跨境电商促进外贸转型升级的建议》被石狮市政协确定为重点提案。完成调研报告5篇。其中，《关于聚侨力引侨资 加强石狮市招商引资工作的建议》被收入泉州市委市政协专题协商会议建言材料汇编，《关于做好新生代华侨华人工作的建议》被收入泉州市政协第十三届第二次会议发言材料汇编。

【社会服务】　2022年，台盟石狮市支部结合自身优势和特色，履行参政党服务社会、奉献社会的应尽职责。支部盟员参与“石狮市灵秀镇钞坑村新时代文明实践志愿服务大队”，开展防疫志愿者服务。

【宣传调研】 2022年，台盟石狮市支部加强宣传调研。3月，组织开展“三八”国际妇女节活动，走访调研台青企业，增加闽台两地女同胞的思想交流。5月，支部走访闽南理工学院看望慰问台籍青年教师，并与闽南理工学院副校长许栋梁就如何发展民办教育等开展交流座谈。7月，支部前往石狮市祥芝镇开展“加快转型升级 推动渔业可持续发展”专题调研。10月，支部前往台青小微创业企业“小孩来玩”工作室、台北华格纳艺术机构进行实地调研，了解台青创业就业情况。12月，支部到祥芝镇莲坂村开展休闲渔业项目实地调研，集美大学水产学院休闲渔业研究团队结合实地调研情况，就祥芝镇海域、陆域可实施的项目方向及海洋文创工作进行交流。

（李璐琳）

石狮市工商业联合会（石狮市总商会）

【概况】 2022年，石狮市工商业联合会（石狮市总商会）［简称“石狮市工商联（总商会）”］落实“提高效率、提升效能、提增效益”行动，持续为民营经济服务，持续促进“两个健康”发展，加强招商引资、企业服务等工作，履行好工商联职责。指导在外乡贤和新石狮人组建商会。发挥桥梁纽带作用，利用商会资源优势助力“万企兴万村”。石狮市工商联（总商会）被评为“全省工商联系统先进集体”、福建省工商联系统信息工作先进单位。

【石狮市工商业联合会第七次代表大会】 2022年2月11日，石狮市工商业联合会第七次代表大会召开。泉州市委统战部副部长、泉州市工商联党组书记陈晖，石狮市委书记黄春辉分别讲话。石狮市领导余志伟、李斌、黄延艺、刘艺波、郭浪滔，泉州市工商联副主席杜韶山，以及石狮市直有关部门、各民主党派负责人，市工商联第七次代表大会全体代表参加会议。大会听取审议通过市工商联（总商会）第六届执行委员会工作报告；选举产生第七届执行委员会；宣读《关于凝聚工商界力量、重振石狮商贸辉煌的倡议书》等。杨紫明当选为石狮市工商联（总商会）第七届执行委员会主席（会长）。

【组织建设】 2022年，石狮市工商联（总商会）完成工商联（总商会）换届工作，并通过召开主席（会长）、监事长会议，常委会会议研究组建5个专门委员会和9个镇区活动组。健全商会秘书长联席会议制度，推进所属商会建设，多次召开座谈会，赴广州市协助广州市福建石狮商会筹备成立首届理监事会。指导石狮市南平商会、石狮市江西都昌商会、石狮市漳州商会、金银珠宝首饰行业协会完成换届。指导宝盖商会会长牵头成立石狮市宝盖鞋城发展促进中心，推进宝盖鞋城园区建设。成立工商联机关党支部，以申报市委党建工作重点项目为契机，与江西商会党支部结对，以党建促会建，助推“两个健康”发展。2022年，石狮市网商协会被认定为2021—2022年度全国“四好”商会；石狮市江西商会、石狮市莆田商会、石狮市锦尚商会、福州市石狮商会获评2021—2022年度省“四好”商会。

【会员服务】 2022年，石狮市工商联（总商会）深入基层开展服务，访企问难，宣传惠企政策，助推复工复产。同司法局交流普法工作经验，先后到21家所属商协会开展普法宣传活动，推动“法治民企”建设。组织14名企业家参加泉州民营经济研究院筹建工作调研座谈会，搭建企业家互相学习、交流合作的平台，共有8名石狮籍民营企业家被聘为泉州民营经济研究院理事。联合河长办开展企业河长活动，联合环保局召开“如何优化营商环境”座谈会。

【企业服务】 2022年，石狮市工商联被福建省工商联推荐参加“践行二十大精神、共促法治民企建设”检察开放日活动视频展示。助推合规改革试点工作，与检察院办案部门、相关行政执法单位对接，依托石狮市涉案企业合规第三方监督评估机制，动态评价石狮市涉案企业整改效果，办

2022年2月11日，石狮市工商业联合会第七次代表大会举行 （李荣鑫 摄）

理2起企业合规案件。组织民营企业参与线上德胜门大讲堂2022企业合规管理高端对话，石狮市第三方律师“以案释法”，引导民营企业认识合规的重要性，帮助企业提高防范抵御生产经营法律风险的能力。联合税务局开展“春雨润苗”进校园活动，为60余名大学生举办“政策暖心送红利，就业创业助成长”的交流座谈会。与市税务局联合举办“税商共学二十大，惠企利民促营商”优化税收营商环境座谈会，完善服务民企联动机制，促进税、商、企三方有效沟通。通过工商联公微、走访等形式宣传惠企政策、政策解读。

2022年9月26日，石狮市工商联（总商会）组织所属商会到军事公园开展“喜迎二十大 永远跟党走”——“庆国庆”徒步活动　［石狮市工商联（总商会） 供图］

【调查研究】　2022年，石狮市工商联（总商会）组织商会代表赴政和县开展为期3天的对口帮扶及考察调研活动。组织前往部分在石异地商会、部分在石企业开展调研工作。通过召开工商联座谈会、基层商会工作座谈会、民营经济政企座谈会和走访所属商协会企业方式，倾听诉求，对企业反映的重点难点问题和有关意见建议进行全面梳理和认真研究，及时反馈给相关部门协调处理，并注意跟踪反馈，及时将意见建议办理情况反馈给企业家。

【招商引资】　2022年，石狮市工商联（总商会）落实招商政策，助推项目引进。开展“进百企、走百商、访百才”活动，汇总报告春节期间走访看望企业、客商、人才情况。市工商联走访调研工商联所属商会。组织走访异地石狮商会，与乡贤加强联系，借助商会资源，以商引商。邀请广州市励丰文化科技股份有限公司、港华能源投资有限公司、龙元建设集团股份有限公司等3家公司到石狮考察。通过介绍石狮市“十四五”时期重点产业布局与规划及解读政策文件等多种形式，完成港华智慧能源生态投资平台项目签约，预计投资20亿元。

【社会服务】　2022年，石狮市工商联（总商会）推进山海协作，组织企业家赴政和县开展对口帮扶活动，投入帮扶资金10万元。组织开展关爱困难户、残疾人、退休干部、拥军慰问等活动。成立志愿服务队联合挂钩社区，落实“门前三包”、交通劝导等宣传，助推文明城市创建。组织走访企业13家，了解复工复产后企业诉求。

（蔡丽端　江跃煌）

群众团体

石狮市总工会

【概况】 2022年，石狮市总工会以“县级工会加强年”为契机，打造“红色、实干、为民、品牌”4个工会，团结带领职工群众在全面建设现代化商贸之都、推动高质量发展中发挥主力军作用。石狮市总工会整合“狮城工惠”普惠服务平台建设，被省总工会、省委网信办评为数字赋能示范工会。“园区枫桥”提质扩面工作在2022年福建省工会推进“园区枫桥”机制建设暨现场观摩活动上做经验分享。“园区枫桥”宝盖镇职工法律服务一体化基地入选“首届福建省工会改革创新十佳成果”，市总工会被省总工会、省委网信办评为数字赋能示范工会。创新打造多种类型的“枫桥”模式一体化中心，13个户外劳动者驿站和30个爱心奉茶点，推动维权模式多样化、阵地建设一体化、服务措施贴心化。获全国工人先锋号1个、省工人先锋号2个，省五一劳动奖章3个、省五一劳动奖状1个，泉州工匠2名、泉州市好师傅12名。

【石狮市工会第七次代表大会】 2022年1月10日，石狮市工会第七次代表大会召开。石狮市委书记黄春辉，泉州市总工会党组书记、常务副主席韩卫华，石狮市领导余志伟、李斌、黄延艺、施晓瑛、许顺达、黄明瑄，以及石狮市工会第七次代表大会代表，石狮市直有关部门、各镇（街道）、高新区相关负责人，老工会工作者、离（退）休职工、企业管理人员、劳动模范、科技界人士、新就业形态劳动者代表等参加会议。会上，许顺达代表石狮市总工会第六届委员会向大会作报告。大会审议通过石狮市总工会第六届委员会工作报告、财务工作报告、经费审查委员会工作报告；选举产生石狮市总工会第七届委员会、经费审查委员会。许顺达当选为石狮市总工会第七届委员会主席。

【“思想领航”工程】 2022年，石狮市总工会加强职工思想引领，通过《石狮日报》、工会微信号和视频号等媒体刊登广大职工及劳模、工会干部学习中共二十大精神系列报道。以“强国复兴有我”等为主题，组织参加泉州市职工演讲比赛、短视频征集等活动，分获二、三等奖及优秀组织奖。举办“奋进新征程·当好主力军”——“强国复兴有我”劳模（工匠）宣讲进园区、进校园活动，引导广大职工高举旗帜、接续奋斗。在全市建设12家有声图书馆，倡导职工悦读新方式，累计访问用户量80675人次。页面浏览量137480次。运用新媒体，抓好石狮市总工会微信公众号、视频号等宣传阵地管理，系列推出中共二十大精神、新《中华人民共和国工会法》等学习活动，开展以“疫”路温暖同行、女职工维权行动月等为主题的会员日活动9场，阅读量达1059967人次，关注粉丝44963人。在视频号发布《留石过年·福佑万家》《喜迎二十大·建功新征程》等21个视频短片，传播工会声音、讲述职工故事、讲好劳动故事。

【职工帮扶服务】 2022年，石狮市总工会推动工会“四季送”项目向新就业形态等群体延伸和覆盖，投入近50万元专项资金广泛开展“夏送清凉”活动，筹集35.8万元资助63名困难职工子女入学，为330人次病困职工发放81.2万元帮扶资金。组织6万余名职工参加2022年度职工医疗互助活动，为997人次患病住院职工发放260多万元补助金。承办福建省总工会“五送温暖·工会有爱”活动（“五送”即送健康、送文化、送温暖、送权益、送技能），为奋战在新就业形态、“八大群体”、苦脏累险行业、民营企业等一线的女职工，送上节日的祝福和幸福礼包。因地制宜开办37个暑托班，

2022 年 7 月 14 日，石狮市总工会职工子女暑托班开班仪式在石狮市老干部活动中心举行 （市总工会 供图）

服务职工子女 1100 多人次。投入 150 万元补助 69 所中小学“四点半课后服务”经费，走访慰问参加课后服务的优秀一线教职工。组织参加“福来福见·福见如愿”新就业形态劳动者关爱行动，为新就业形态劳动者近 1800 人购买人身意外伤害保险，为 300 人免费体检，帮助 100 人实现“微心愿”。组织开展 30 期近 1000 人次的企事业职工疗休养活动，并与石狮市委组织部联合组织 80 名防疫抗疫一线优秀职工参与弹性疗休养活动。

【职工权益维护】 2022 年，石狮市总工会协调兑现《石狮市关爱外来务工人员八条措施》，市、镇两级工会成立工作专班、开通服务热线。参与建设针对传统行业职工的锦尚镇“园区枫桥”、针对新就业形态劳动者的乐业 XIN 驿站、针对电商从业人员的灵秀镇“电商枫桥”、针对海上渔工的祥芝镇“海上枫桥”等一批职工服务综合体，投入建设 13 个暖心驿站、30 家工会爱心奉茶点等服务阵地。推动向 2054 家次小微企业返还工会经费 404 万余元，为返石外来工发放 9.6 万元交通补助。开展“乐购石狮·工享美好”“消费帮扶·助力发展”等主题会员日活动，发放价值近 90 万元的生活物资和消费券，助力消费回补和潜力释放，促进企业生产。

【职工劳动竞赛】 2022 年，石狮市总工会承办泉州市港口起重装卸机械操作（桥吊）职工技能竞赛，并组织举办护士职业、电力行业、多种形式消防队伍等技能竞赛。加强职工技术创新项目培育转化，25 个职工创新项目获得全省百万职工“五小”创新大赛奖项，培育泉州市级的劳模创新工作室和工匠型班组各 2 家，组织开展 854 对“名师”带“高徒”活动，为企业发展提供更好的人才支撑，服务区域产业提质升级。获评全国工人先锋号 1 个、省工人先锋号 2 个，省五一劳动奖章 3 个、省五一劳动奖状 1 个，泉州工匠 2 名、泉州市好师傅 12 名。

【产业工人队伍建设】 2022 年，石狮市总工会成立市产业工人队伍建设改革领导小组，创建通达、豪宇 2 家企业为泉州市级产业工人队伍建设改革示范点，建设加多宝、鸿峰等 4 家企业为民营企业产业工人技能培训点，以点带面，示范带动福建中科光芯光电科技有限公司等 23 家民营企业参与产业工人队伍建设改革工作。实施 2022 年职工素质培训行动，组织开展印染企业能源管控、现场 6S 与目视化管理等 6 场“菜单式”职工选课培训，以“送师资、送培训进企业”助力职工素质提升。

【“互联网 +”工会建设】 2022 年，石狮市总工会推进“智慧工会”建设，以“石狮市总工会”订阅号和“职工之家温馨石狮”服务号为主要载体，搭载“泉工 e 家”（石狮工会）子平台和石狮工会会员日（狮城工惠）系统，重点设置通知公告、媒体报道、致敬劳模、工会阵地等模块；同时开通市总工会服务大厅，开发指尖办事、云课堂和便民服务等功能区，逐步实现职工宣传教育线上线下同步展开、工会工作线上线下快捷联动、服务活动个性化普惠性。

【石狮市新就业形态工会联合会成立】

2022 年 7 月 7 日，石狮市新就业形态工会联合会第一次代表大会召开。大会宣告成立石狮市新就业形态工会联合会，选举产生石狮市新就业形态工会联合会第一届委员会和经费审查委员会，郭亚永当选主席。石狮市新就业形态工会联合会涵盖以货车司机、网约车司机、快递员、外卖配送员、家政服务员为主的新就业形态劳动者用工企业和站点近 80 家，覆盖新就业形态劳动者近 8000 人，创新新就业形态劳动者个体自主入会、网上（扫码）入会等便捷入会方式，织密工会组织网络，“兜底”覆盖新就业形态劳动者。

（杨宝玲 黄梅跃）

中国共产主义青年团石狮市委员会

【概况】 2022 年，共青团石狮市委员会（简称“团市委”）加强青少年思想政治教育、基层团组织建设，开展青年志愿服务、青少年权益维护、青年就业创业服务、特殊青少年关爱帮扶等主题实践活动，引领全市广大团员青年为石狮经济社会高质量发展团结奋斗、贡献力量。召开共青团石狮市第九届委员会第二次全体（扩大）会议；召开石狮市青年工作联席会议第二次全体会议暨省级青年发展型县域试点工作动员部署会，审议通过《石狮市青年发展型县域试点实施方案（审议稿）》。团市委下属团（工）委40个，团总支22个，团支部931个，其中镇（街道）团（工）委9个，高新技术开发区团（工）委1个，学校团委16个，机关事业单位团（工）委11个，"两新"组织团（工）委3个。

【团员青年思想引领】 2022年，团市委组织全市团队组织参与"青年大学习"网络主题团课、"红领巾爱学习"网络主题队课等专题学习，覆盖团员青少年达20万人次。组织开展"学习二十大、永远跟党走、奋进新征程"主题教育实践活动，以专题学习、主题团课、分享交流等多种形式，组织全市团组织开展中共二十大精神学习，覆盖团员青年超1.2万人次。依托"智慧团建"系统发起优秀青年（集体）事迹分享、"四史"专题、建团100周年等主题会议，参与学习超8.5万人次。举办石狮市第十一届中学生辩论赛，开展"青年交流座谈""主题团日"等活动40余场，引导团员青年充分交流、碰撞思想，覆盖返乡大学生、团干部、团员、创业青年、青年企业家、机关青年等近2000人次。组织全市各级团干部到基层团组织和"青年之家"等，开展小规模、互动式、有特色的面对面宣讲，覆盖青年1750人次。加强微信、微博等新媒体阵地建设和管理，全年发布微信1046条，拍摄的短片《青春的样子》《星辰大海》被"学习强国"学习平台采纳刊播。

【少先队工作】 2022年，团市委围绕建团百年，学习中共二十大、争做好队员等主题开展系列活动。举办红领巾讲坛微视频征集评选、黑板报评比、青少年书画摄影大赛、百米长卷绘画创作、红领巾共战疫作品征集等活动，收到作品近3000份。举办石狮市青少年文艺采风研学之旅活动和"漫谈闽南文化"主题讲座，组织红领巾巡讲团、少先队辅导员、少先队队员近30人参加。推出清明祭英烈系列线上活动，2.43万人次参与。举办建队节少先队知识线上答题活动，2043名少先队员参与。创新榜样教育，开展2021—2022学年石狮市少先队评先评优工作，评选出优秀个人100名，优秀集体50个。开展2022年石狮市"红领巾奖章"二星章推荐工作，评选出个人二星章202名、集体二星章104个。承办泉州市《关于全面加强新时代少先队工作的实施意见》专题座谈会暨少先队工作经验交流会，并就"红领巾争章"工作作典型发言。举办2022—2025学年石狮市少先队总辅导员竞岗聘任工作暨少先队辅导员职业技能大赛，聘任石狮市少先队总辅导员1名、常务副总辅导员1名、副总辅导员5名。

【青年志愿服务】 2022年，团市委开展"青春担当•志愿有我"系列活动，发动广大青年投入疫情防控、文明城市创建、新时代文明实践"暖心行动"和大型展会服务保障等工作，参与青年2.3万人次、服务时长超8万小时，青年志愿活跃度超24%，位于泉州各县市区前列。开展春运志愿服务、关爱"小候鸟"活动、"春暖花开，疫定平安"慰问活动、免费取药送药志愿服务、爱心义剪志愿服务、"清洁市场"专项行动暨"文明创城　青年先行"系列活动等志愿服务活动90余场次，弘扬"奉献、友爱、互助、进步"的志愿服务精神。开展"雷锋精神记心中，志愿服务树新风"志愿净滩活动，参加达558人，清理深埋于泥沙下的废弃衣服、木头、建筑垃圾等共计5.5吨。组织近200名青年志愿者服务第八届中国（泉州）海上丝绸之路国际品牌博览会暨第二届RCEP青年侨商创新创业峰会、石狮国际时装周。

【团组织建设】 2022年，团市委进一步推动共青团改革向纵深发展，激发基层团组织活力，研究制订《石狮市共青团基层组织改革工作实施方案》。深化团员报到、学社衔接、"星级团组织+星级团员"评定等系列工作，全市1001个团组织全部入驻"智慧团建"

2022年6月24日，共青团石狮市委员会开展石狮市基层团建典型点观摩交流活动暨团干部"岗位大练兵"活动
（团市委　供图）

系统，12164名团员在线报到。坚持市、镇（街道）、村（社区）三级联动，实现全市9个镇街“青年之家”全覆盖，完成入驻“青年之家云平台”4家。开展基层团建典型点观摩交流活动暨团干部“岗位大练兵”活动，20余名基层团干部参加。召开共青团石狮市第九届委员会第二次全体（扩大）会议，召开县域共青团组织改革暨组织工作推进会，对扎实推进县域共青团基层组织改革相关工作及石狮市创建青年发展型县域试点工作进行动员部署。

【青少年权益维护】　2022年，团市委持续做好青春自护、“关爱小候鸟”等工作，举办“童心向党　多彩课堂”公益夏令营，青少年抗逆力小组等活动，帮扶青年群体，维护青年权益。依托“石狮市未成年人检察工作社会支持体系建设示范基地”，实行“多方联动、社会参与、涉罪帮教”的未成年人权益保护工作模式，通过法治宣讲、案例介绍、游戏互动、视频拍摄等多种方式，扎实推进预防青少年犯罪工作。持续实施“‘未’你绽放”石狮市涉案未成年人社会回归支持项目，服务10余名未成年人。在线上平台举办石狮“12355”与你同行——“中高考心理减压”专题讲座，近500名考生和家长在线观看直播并参与交流互动。开展“产业人才•育苗工程”结对助学行动，提供“保学业、保实习、保就业”三大保障，新增结对20名，累计助学150名，共筹集300万元助学金帮助贫困学生圆大学梦。

【青年就业创业服务】　2022年，团市委推进青年创新创业“云孵化”平台项目，吸引在石狮的创业青年“云入驻”，提供在线“云服务”，“云孵化”平台入驻“i石狮”小程序平台。深耕“青商学苑”学习品牌，开展线上、线下学习15期，参与青年超过1.25万人次。与石狮农商银行联合推广“青春奋斗卡”，实际授信金额470余万元，促进更多有前景、有潜力的创业项目落地。举办“创在石狮，赢在未来”创业主题交流活动暨“云孵化”项目研讨会，“涌泉狮城，爱才引才”校园引才主题交流等活动，搭建青年交流平台。举办“团团直播间”毕业季主题直播专场，为高校毕业生们解读石狮就业创业政策，3000余名大学生参与。实施“校园引才大使”计划，聘任25名大学生为校园引才大使，联合共建中国海洋大学、西安工程大学、福州大学、福建农林大学、福建医科大学等5所“校园引才工作站”，推介石狮市就业创业政策。推进青年人才“涌泉”行动、“狮城荟萃”工程，组织近400名大学生参与2022年“扬帆计划”大学生暑期社会实践活动。开展双一流高校大学生暑期家乡行“家燕归巢　青聚狮城”主题活动，举办石狮籍返乡大学生新春交流会暨结业仪式，加强与返乡大学生的联系，促进石狮籍学生返乡就业创业。

【特殊青少年关爱帮扶】　2022年，团市委积极整合社会资源，开展“心有山海，向阳花开”关心关爱慰问及“希望工程•圆梦行动”“红领巾微心愿”等活动，为特殊青少年群体提供有针对性的帮扶。面向困难少年儿童、农村留守儿童等开展关爱慰问活动，为他们送去慰问金。组织返乡大学生到社区少工委开展志愿服务支教活动，为贫困儿童等弱势群体提供寒假期间托管服务。针对困境青少年，协组建青年志愿服务小组，为500余名青少年提供“一对一”的线上学业辅导，并为其提供爱心防疫复课礼包，助力青少年顺利复学复课。打造公益项目、山区孩子圆梦、爱心孵化器等平台，不定期开展帮扶贫困地区留守儿童实现微心愿、爱心义卖捐建“爱心图书馆”、关爱“小候鸟”之图书漂流捐书等活动，帮助50名宁夏地区的贫困留守儿童实现微心愿。

【青年发展型县域试点建设】　2022年，团市委以被确立为省级青年发展型县域试点为契机，针对青年关注的住房、就业创业、医疗、教育、生活娱乐等问题，联合多部门共同谋划开展青年发展系列政策活动。举办“新年开跑•共赴美好2022”5千米健步活动，推出石狮健步5千米小程序，发起“21天挑战打卡任务”，掀起全民运动风潮。在书店、音乐吧等青年聚集的场所建设4个市级“青年活力空间”，定期举办小型音乐会、读书会、技能培训等活动。深化“我为青年做实事”项目，面向未婚青年开展“青年有约•啡你莫属”“音你而来•乐动心声”等主题联谊活动，面向就业青年举办线下招聘会、跨境电商培训等活动。

【建团百年系列活动】　2022年，团市委围绕中国共产主义青年团成立100周年开展系列活动，引领全市团员青年重温建团百年的光辉历程。开展“庆建团百年•展青春风采”百幅作品征集活动，举办“迎建团百年•扬青春风采”线上读书征文、主题演讲比赛，“建团百年铸辉煌　强国有我绽芳华”红歌合唱比赛，“青春心向党•建功新时代”离队入团仪式。开展“学团史•知团情•担使命”线上团史知识答题、团史青年说、石狮市团的史迹资料征集活动。举办“光荣传承——青春足迹”石狮市老团干寄语征集活动，“忆百年团史，畅谈青年志”之百名青年有话说、我与团旗团徽合影活动。启动FM5.4青春之声活动，组织各行业青年代表朗读《习近平关于青少年和共青团工作论述摘编》的相关内容，并进行8期展播。

（苏翠萍　林煜熙）

石狮市妇女联合会

【概况】　2022年，石狮市妇女联合会深化妇联改革，提升服务大局、服务妇女儿童、服务家庭的能力和水平，不断推动全市妇女儿童工作上新台阶。举办石狮市“巾帼竞风采 献礼二十大”石狮市基层妇联组织特色项目展评和展示活动、“咱厝边”家庭服务中心项目交流展示活动，推动工作交流互鉴。全年举办各类座谈会20多场，开展各类活动500余场次，受益家长及儿童达7.8万余人。新培育石狮市蚶江镇锦江村、锦尚镇政和园“党建+”邻里中心、儿童之家等2个泉州市级“儿童之家”，确定凤里街道后花社区、湖滨街道新湖社区、湖滨街道长福社区等10个儿童之家为石狮市为民办实事项目建设点，为儿童提供全方位的服务。市妇联家庭教育指导中心、蚶江咱厝边家庭服务中心获评“省级家庭教育创新实践基地”。

【妇女思想政治引领】 2022年，石狮市妇女联合会学习贯彻习近平总书记关于“把思想政治引领贯穿于妇联开展的各种活动”的重要指示精神，紧扣学习宣传贯彻中共二十大精神这一主线，组织开展“巾帼心向党 喜迎二十大”“巾帼心向党 奋进新征程”主题群众性宣传教育活动，举办“狮城她力量 创享新未来”主题分享会和主题宣讲会、故事分享会、文艺展演等群众喜闻乐见的活动60余场。发挥市妇联“狮城姐妹”微信公众号、各级各类“一呼百万”工作群等线上宣传平台作用，开设“狮城巾帼 同心抗疫”等系列专栏。依托各级咱厝边家庭服务中心、妇女儿童之家、“党建+”邻里中心等线下阵地，常态化开展“狮城姐妹读书会”等有特色、接地气的活动和展示，强化正向舆论引导。组织开展“巾帼文明岗”风采展示、基层组织特色项目展评、寻找最美娘家人等活动，宣传各行各业优秀女性、妇女群体的先进事迹，传播妇联好声音，传递巾帼正能量。

【妇女就业创业服务】 2022年，石狮市妇女联合会发放妇女创业贷款“巧妇贷”10773.82万元，扶持创业女性796户。开展“春风行动”公益招聘，帮助2331名妇女成功就业。完成女企联换届，开展走访交流、培训分享、商务对接活动，承办泉州市女企业家培训班，促进创业女性素质提升。联合举办“汇聚巾帼智慧 助力强产兴城”——“创响泉城”泉州市巾帼科技创新创业优秀项目展评活动，活动中评选一等奖1名，二等奖3名、三等奖1名以及入围奖3名，市妇联获得活动组织奖。玉湖食品公司获得省巾帼示范基地称号。选树先进妇女典型，推荐选树泉州市三八红旗手8名、三八红旗集体3个。扩大“巾帼文明岗”创建覆盖面，截至年底，全市创建各级各类巾帼文明岗80个。

2022年3月10日，石狮市举行庆祝“三八”国际妇女节112周年暨市女企业家联谊会第四届理事会就职典礼
（市妇联 供图）

【妇女儿童权益维护】 2022年，妇女援助中心办结婚姻家庭来访来电案件213件，提供法律援助69起，深度个案26个。推行“网格化+婚姻家庭纠纷排查化解”工作模式，排查出婚姻矛盾纠纷9起。组织各镇村级妇联开展维权服务进社区、进家庭、进企业、到身边活动，举办“与爱同行·法护万家”巾帼维权微课堂直播活动等妇女维权主题宣传活动35场，接受咨询6000多人次。加强与公检法司和民政等部门的协调合作，在民政局婚姻登记处、坑东村“党建+”邻里中心、锦尚政和园成立“紫薇”维权驿站，助力维稳工作。

【家庭文明建设】 2022年，石狮市命名表扬石狮市最美家庭36户、五好家庭30户。7户优秀典型获评全国、省、泉州级最美家庭；3户优秀典型获评省、泉州级五好家庭。各镇妇联组织开展主题活动，传承好家训，培育好家风，推动形成爱国爱家、相亲相爱、向上向善、共建共享的家庭文明新风尚。疫情期间，各镇咱厝边家庭服务中心举行“‘疫’样时光·‘童’样精彩”“居家防疫情 我们在行动”“健身防疫 与你同形”等线上多元居家防疫抗疫活动，宝盖镇妇联咱厝边家庭服务中心升级咱厝边直播间，创新策划维权微课堂、健身防疫、巾帼厨艺秀等多主题“网络直播”活动20余期，关爱服务广大家庭，筑牢家庭抗疫防线。

【妇女儿童关爱帮扶】 2022年，石狮市妇女联合会推进“儿童之家”妇女援助中心等为民办实事项目，为广大家庭提供优质多元公益性服务。构筑“宣传+筛查+救助+保险”四位一体的女性健康保护屏障，截至年底，“母亲健康1+1”募集善款41.69万余元。联合民宗局、慈善总会、佛教协会开展“母亲安康，‘益’起守护”公益活动，为全市500名困难母亲购买“女性安康险”，为4名患者理赔21.4万余元。为20名对象发放“关爱贫困单亲母亲行动”爱心基金10万元。联合市女企联开展“我们和小小新石狮人在一起”邻家妈妈和30名新石狮子女结对关爱、慰问孤独症儿童暖心行动，“防疫守护，成长助力·爱在狮城，伴你童行”关爱“新石狮人”子女主题活动，与千名困难新石狮人子女结对，送去“成长营养福袋”和生日盲盒礼物。联合阳光太太开展“冬日暖阳”慰问活动，为290名困难妇儿发放慰问金14.98万元。

【基层妇联建设】 2022年，石狮市妇女联合会推动“咱厝边”、儿童之家、援助中心工作站等与“党建+”邻里中心有机结合。4个基层妇联组织、1名妇联主席获省妇联“三百五有”［省妇联以“政治引领有方向、服务大局有担当、创新活动有载体、积极履职有制度、妇女工作有实效”为标准，在全省开展百个达标的乡镇(街道)妇联、百个村(社区)妇联和百名优秀妇联主席推荐活动］称号。“独播妇女微家”在2022年全省基层妇联组织建设改革创新案例和品牌妇女微家展评活动中获微家组二等奖。祥芝镇妇联、后花社区妇联、新联会妇联在2022年泉州市基层妇联组织特色项目展评活动中获得佳绩。推进“近邻娘家”创建活动，新建“妇女微家”19家，执委工作室8家，“三新”组织妇联9个。健全基层群众自治制度，与民政局联合推进村（居）民委员会妇女和儿童工作委员会设立工作全覆盖。举办“争做领头雁　喜迎二十大”基层妇女干部和妇联执委履职能力培训班，提升妇联组织工作执行力。

【市妇联家庭教育指导中心获授省家庭教育创新实践基地】 2022年3月，石狮市妇联家庭教育指导中心被省教育厅、妇联命名为省级家庭教育创新实践基地。截至年底，石狮市建立8个镇村家庭教育驿站，制定《关于指导推进石狮市家庭教育的五年规划（2021—2025年）》，完善家教讲师团成员至85人，发布2022年“菜单式”家教讲座课题，启动“家教进万家”公益项目，通过举办线上线下家教讲座、沙龙，开展“全家福”家庭教育指导计划系列主题活动、“把爱带回家——缤纷寒假　悦享成长”公益培训、“书香润万家　故事妈妈周末汇”“走进科学　你我同行”亲子阅读活动等系列“家”字品牌活动，联合市教育局等单位组织开展家庭教育理论专项课题研究和优秀论文评选活动，让良好家教家风深入学校、社区、基层，以家庭“小支点”撬动社会“大文明”。

【美丽庭院创建提升】 2022年，石狮市妇女联合会贯彻落实乡村振兴和城乡建设决策部署，联合市委文明办、市农业农村局推进“最美庭院”创建工作，截至年底，49户获评省级美丽庭院示范户、98户获评泉州市美丽庭院示范户，持续推送319户参评石狮市最美庭院并评选示范户20个。在泉州市“美丽庭院”创建工作现场会作交流发言。组织各级妇联执委、巾帼志愿者开展“巾帼展风采　护河齐行动” 等主题活动。获评省级绿色家庭2户、泉州级绿色家庭4户。在全国妇联开展的绿色家庭创建创新案例征集活动中，祥芝美丽海岸志愿者协会妇联《“祥芝渔嫂”守护碧海银滩》工作案例入选。

（许劲楠　李丽宽）

石狮市科学技术协会

【概况】 2022年，石狮市科学技术协会（简称“市科协”）团结引领广大科技工作者，主动服务市委、市政府中心工作、创新驱动发展、全民科学素质提升等方面，各项工作取得新进展。制订出台《石狮市科学技术协会培育品牌科普活动实施方案》。各科普阵地开展科普活动102场，年科普活动覆盖面达到全市常住人口的90%以上。举办石狮市青少年科技创新大赛、信息学竞赛、创意编程等赛事活动，学生参与或体验超2.6万人。承接全省“圆梦工程”农村未成年人思想道德建设志愿服务专项行动暨2022年“科普希望行”科技实践进乡村活动7场，服务学生1.2万多名。推动 82 所中小学校均高规格建设创客活动室、科学工作室、科学活动室。注册科技服务志愿者2976人，市、镇两级科技志愿服务组织实现100%全覆盖。1人被授予中国老科协奖。

【服务平台建设】 2022年，石狮市科协加强创新平台建设管理和持续跟踪服务，指导福建中科光芯光电科技有限公司院士工作站获评省级示范站，推荐苏辉参加福建省特级创新后备人才遴选，该平台2022年引进国内高水平高校创新人才9名，工作站“基于硅光通信的高功率半导体激光器”项目完成相关专利授权4项。促进石狮市中纺学服装及配饰产业研究院引进大连工业大学郑来久教授及团队开展纺织辅料超临界二氧化碳无水染色关键技术研究，培育研究院获评“福建省科技馆纺织服装特色分馆”。针对全市重点领域、重点行业核心关键问题与产业共性技术问题，先后征集、筛选出产业、企业科技创新有效需求26项，促成石狮市展耀纺织科技有限公司院士工作站与武汉纺织大学合作，针对“印染行业工业废水”展开研究合作，在国内外权威期刊上发表学术论文22篇，完成专利6项。促进福建永前专家工作站与土壤修复专家陈能场教授合作，围绕企业发展急需解决的土壤改良等重大关键技术难题开展联合攻关，全年引进台湾籍专家5名，开展科技服务交流、主题沙龙活动5场，完成2项实用新型专利和1项发明专利。组织节能、低碳、环保等领域相关企业参加“科创中国”试点城市（泉州）生态环保云课堂第三讲“碳排放核算与碳交易”线上讲座。邀请以钱锋院士为首席科学家的“科创中国”制造业数字化转型产业科技服务团暨华东理工大学团队到石狮工作考察，举办现场对接交流座谈会，组织服务团专家到企业实地考察、对接服务，推进“科创中国”试点城市建设。

【科普活动】 2022年，石狮市科协加强市级科普馆和基层科普阵地建设，出台《石狮市科学技术协会培育品牌科普活动实施方案》，以科普“1+N”阵地建设为抓手，结合基地自身特点开展形式多样的科普研学活动，开展以“喜迎二十大 科创谱新篇”为主题的暑期科普夏令营公益活动，举办“2022年全国科技工作者日——石狮市科普科创嘉年华”大型科普主题活动和2022年泉州市、石狮市“全国科普日”主场活动，邀请泉州市应急管理局等50余家参展单位围绕主题开展科普节目表演、健康义诊、“应急救护”科普知识宣传、无人机体验、机器人表演等形式多样的广场集中服务活动。举办福建省全民科学素质网络竞赛，全市8109人参加，答题54.7万次，评选产生“石狮市科普达人”20名，颁发奖金11500元。全年各科普阵地开展科普活动102余场，年科普活动覆盖面达全市常住人口的90%以上，彰显社会教育功能和公益性。开展科普活动进社区、进学校、进机关活动，以“强国复兴有我”为主线，组织刺桐科学传播学者等专家教授在石狮五中等学校和社区举办“科技创新指导”等科普讲座12场，累计服务学生2650余人。以品牌建设为突破口，引导主流媒体加大科技科普宣传力度，通过《石狮日报》、微信公众号、抖音账号等多渠道全媒体传播。截至年底，“石狮科普”抖音账号累计播放量超6358万次，作品点赞6.7万人次，吸引粉丝9737人；“科普石狮”微信公众号推送网络安全知识、健康科普宣传等方面科普文章65篇，阅读量超143592次；加大力度推动“科普中国”落地应用，截至12月，注册科普信息员7214名，转发科普文章1795221次。注册科技服务志愿者2976人，市、镇两级科技志愿服务组织实现100%全覆盖。

【组织建设】 2022年，市科协加强学会建设，督促14家主管学会、研究会按照《社会团体登记管理条例》完成年度检查，指导4家学会完成换届工作，各主管学会单位会员149家，个人会员增至2037人。组织、支持各主管学会开展科技服务、业务培训、特色科普宣传及举办心理咨询讲座、学术交流会议等56余次，发动各主管学会与市行政村结对子，推动市青少年科技创新教育学会与市祥渔村结对，开设人工智能、机器人科普课程6次，惠及700人。推动市农村专业技术协会与市杆头村结对子，普及农业科学技术知识，开展农产品田间病虫害防治知识培训5场，分发宣传材料350多份。加强学会间的沟通联动，组织各主管学会赴泉州科源生态农业基地、永春芦柑科技小院等5家优秀社团组织学习、借鉴先进技术和管理经验，为学会工作注入新的活力。“全国科技工作者日”期间，邀请主管学会科技工作者参加“阳光心态 快乐人生”心理拓展活动，增强科技工作者凝聚力。对基层社区申请建设符合条件的创客活动室、科技活动专用室等科普室项目给予经费补助，补助东店村建设科普室、凤里街道后花社区科学工作室等4个村（社区）共计12万元。截至年底，推动82所中小学校均高规格建设创客活动室、科学工作室、科学活动室等。2022年，石狮市老科技工作者协会会长李密卿被授予中国老科协奖。

【创新精神培育】 2022年，石狮市举办青少年科技创新大赛、信息学竞赛、创意编程等赛事活动，形成难易结合、学生参与面广的科技活动体系，学生参与或体验超26000人，参与学校达90%以上。在第37届福建省青少年科技创新大赛上，石狮市青少年获青少年科技创新项目获一等奖4个、二等奖3个、三等奖1个，科技辅导员科技创新项目获一等奖1个，2幅科幻画获二等奖。2个青少年科技创新项目分获卢嘉锡青少年科技创新奖、贤銮科学教育基金专项奖，1个青少年项目、1个科技辅导员项目被推荐参加国赛。承接全省“圆梦工程”农村未成年人思想道德建设志愿服务专项行动暨2022年“科普希望行”科技实践进乡村活动7场，服务学生12000多名。联合教育局、教师进修学校定期开展科技辅导员科技创新、机器人等业务培训，组织科技教师参加上级培训、外出观摩比赛等，17名教师参加福建省和泉州市青少年科技辅导员培训，年均参训教师达300人次，有效建立专业化科技辅导员队伍。

（何鹏飞 谢文传）

石狮市归国华侨联合会

【概况】 2022年，石狮市归国华侨联合会（简称“市侨联”）聚焦围绕中心、服务大局、服务侨胞，凝聚侨心、发挥侨力，推进侨联各项工作取得明显成效。组建石狮市侨宣讲小分队，结合“侨”文化主题，深入侨乡侨企、侨居古厝开展“福小宣·‘泉’民讲· 声动狮城”“侨说二十大”巡回宣讲。承办“亲情中华·海外华裔青年（小语种国家）跨境电商培训”。组织慰问帮扶困难归侨侨眷70人次，发放关爱资金15.8万元。石狮市有侨联组织141个，实现市、镇（街道）、村（居）三级侨联组织全覆盖，市级1个、9个镇（街道）侨联、11个村级侨联、118个村级侨联小组、1个楼宇侨联、1个侨商企业侨联。有125名市侨联委员，187名专兼职侨联工作者；创建15个“侨胞之家”，有14个获得省级“五有”侨胞之家称号，其中7个获得省级“五好”侨胞之家称号。石狮市侨联被中国侨联评为2021—2022年度全国侨联系统“侨胞之家”典型选树单位。

【侨资引导】 2022年，石狮市侨联做好与海外各社团和重点人士的联谊联络，拜访回乡的10多名海外重点侨商，推介宣传石狮市支持企业发展的优惠政策和产业投资导向，争取海外侨胞在家乡投资或增资扩产，推进招商引资工作，泉州顺通轮船有限公司投资1.2亿元，新增运力3.1万吨。走访石狮市新远辉化纤科技有限公司等25家侨资企业，服务侨企打通产业链供应链卡点、堵点。鼓励侨界创新技术型人才回乡创业，新增引进5名侨界留学生回乡创业。

【为侨服务】 2022年，石狮市侨联开展帮扶慰问，在春节、端午节等重要传统节日开展“送温暖”活动，组织慰问帮扶困难归侨侨眷70人次，发放关爱资金15.8万元。开展关爱侨界留守儿童活动，组织策划开展侨界留守儿童关爱活动，走访慰问凤里街道、湖滨街道等6个镇（街道）和行实小学的共106名侨界留守儿童。与行实小学签订共建协议，并联合举办石狮市“喜迎二十大·侨心永向党”侨界学生主题文艺会演。开展“金秋助学”活动。向29名学子颁发奖学助学金29万元，向31名侨生发放助学金7.9万元。开展归侨侨眷技能培训，组织开展“强国复兴有我”2022年度石狮市归侨侨眷西点烘焙技能培训，41名归侨、侨眷参加为期3天的培训并圆满结业。助力跨境电商，承办“亲情中华·海外华裔青年（小语种国家）跨境电商培训”，5000多名海外华裔青年参加线上跨境电商业务实训，100多名归侨侨眷在线下参与培训。建立重点侨资企业名单库，走访调研新远辉化纤组织科技有限公司等20多家侨二代、侨青创业企业，宣传惠企政策，鼓励支持企业在家乡投资或增资扩产。推进“检察护侨”行动，联合市检察院建立“检察护侨”机制，在石狮市侨联大厦举行检察护侨联络室揭牌仪式，建立5个检察护侨联络点、聘任13名检察护侨联络员，市检察院成立1个涉侨检务中心。

【“侨”文化传播】 2022年，石狮市侨联联合市委文明办等单位举办首届福建省世茂海上丝绸之路博物馆华侨艺术节。以《石狮侨报》为载体，开辟专栏采访报道“一带一路”共建国家的石狮籍侨亲，全年报道20期。联合石狮行实小学举办石狮市“喜迎二十大·侨心永向党”侨界学生主题文艺会演。推进侨乡文化名镇名村创建，锦尚镇被确定为泉州市侨乡文化名镇。建成石狮市华侨图书室。

【联络联谊】 2022年，石狮市侨联以传播中华优秀传统文化为抓手，提升海外青少年的国家认同感，举办“庆元宵”、第三届“千百禾”杯中国象棋网络国际邀请赛；举办为期10天的“亲情中华·为你讲故事”网上夏令营——石狮营，来自菲律宾、泰国的119名华裔青少年营员参加，学习中华文化，倾听石狮故事；举办第二届亲情中华·海外华裔青年（小语种国家）跨境电商培训暨寻根之旅夏（冬）令营回营日活动。

（许蓉蓉 姚凉凉）

石狮市台湾同胞联谊会

【概况】 2022年，石狮市台湾同胞联谊会（简称“市台联”）发挥亲情乡情优势和群团特点，围绕市委、市政府大局，立足本职，广泛联络、服务、团结台胞。组织开展“喜迎二十大 奋进新征程”主题党日活动。组织走访慰问定居台胞（属）。

【台胞服务】 2022年，石狮市台联春节前走访慰问老、病、困定居台胞（属）34人，每人发放慰问金1000元。发放2022年定居老龄台胞生活补贴款62.78万元。配合教育局和市台港澳办出具台籍子女证明原始佐证材料8份。

【联谊交流活动】 2022年，石狮市台联组织开展台湾石狮市同乡总会第一

2022年9月21日，台湾石狮市同乡总会第一届“两岸都是一家人”重阳节慰问活动仪式在石狮市公务大厦举行 （市台联 供图）

届“两岸都是一家人”重阳节慰问定居老台胞活动，为54名65周岁以上老台胞发放慰问金10.8万元。

【服务中心工作】 2022年，石狮市台联联络引进泉州市速速服装有限责任公司，投资总额超过2亿元。组织抽派干部参与宝盖镇前坑片区拆迁改造工作。

（洪鸿婷 李璐琳）

石狮市文学艺术界联合会

【概况】 2022年，石狮市文学艺术界联合会（简称“市文联”）团结各文艺家协会，紧紧围绕中心工作，服务全市改革发展稳定大局，发挥文艺优势，突出时代主题，组织各艺术门类创作、文化惠民活动，弘扬社会主义核心价值观，激发群众干事创业热情。

【文艺活动】 2022年，石狮市文联围绕“喜迎中共二十大”“学习宣传贯彻中共二十大精神”“五在石狮”“狮响好声音”及“福”“狮”文化等主题，举办线上线下各类主题活动50余场。举办“海丝世遗 狮美如歌”广场文化艺术节文艺专场、“吃在石狮 石狮尚好呷”美食摄影大赛、“福”文化闽南四句征集、“在正道上行”美丽石狮写生作品展、“喜迎二十大 永远跟党走”“党建+”邻里中心文艺活动、“喜迎二十大 福狮启征程”福狮文化艺术摄影作品展、“领舞时代——喜迎二十大 共筑中国梦”2022年福建省国际标准舞锦标赛暨中国石狮拉丁舞摩登舞精英公开赛、“喜迎二十大 清风润狮城”石狮市小学生廉政灯谜竞猜邀请赛、“喜迎二十大 共话中秋情”灯谜展猜、“同心诗联迎盛会”诗词楹联吟诵会、“温才杯”石狮市第八届中华灯谜艺术节暨第四届蚶江侨乡谜会、“喜迎党的二十大”观音山美术写生及作品展、“喜迎二十大 翰墨颂清风”廉洁文化作品征集展览、“世遗泉州 海韵狮城”书法展、中共二十大报告金句网络书法展、灯谜网络展猜等活动。

【文艺创作】 2022年，石狮市文艺团体会员作品入选国家级展览10余次、省级展览50余次，摄影家协会会员作品入选“礼赞新时代 奋进新征程”喜迎中共二十大福建省摄影展并获奖。美术家协会会员作品入选“喜迎中共二十大 意之大者”第九届福建省写意画大展并获奖。书法家协会会员作品入选“福来福往 福见华电”福建省福文化主题书法展并获奖。音乐家协会出品抗疫歌曲《石狮加油 加油泉州》获中共泉州市委组织部“镜头里的抗疫先锋”短视频、摄影征集活动二等奖，灯谜协会创作基地获评福建省新时代特色文艺示范基地。高寒长篇小说《寻找子芳路》获2022年福建省文艺创作专项扶持资金。《六十件旗袍》入选年度散文集《人间有所寄》，与王蒙、阿来等名家同辑出版。

【文艺交流】 2022年，石狮市作家协会与石狮总商会合作，深入企业采风挖掘素材；赴永春开展“乡愁故里 生态桃源”主题采风活动；与福建文学杂志社合作举办“文学下基层”走进石狮活动，为石狮作者讲授创作理念，推进石狮文学创作。摄影家协会与泉州摄协、南安摄协深度合作，承办泉州摄协传达学习省文联第八次代表大会精神会议，组织会员赴南安良山采风创作。石狮文艺家与宁夏来石采风文艺家深度交流，通过学习合作提升文艺团体艺术鉴赏力与地区影响力。

【“艺”起抗疫志愿服务】 2022年疫情期间，石狮市组织广大文艺工作者用歌舞、书画、影像、诗词、南音等文艺形式，宣传中央的决策部署，讴歌党、讴歌祖国、讴歌人民，礼赞战“疫”英雄，普及抗疫常识。参与志愿服务300余人次，创作约450件作品，通过协会公众号、泉州文艺、无线泉州、“i石狮”、《石狮日报》、新福建、福建书法等平台发布。配乐诗朗诵《英雄》《疫下狮城》《燃烧的朋友圈》被群众刷屏转载；原创抗疫歌曲视频《石狮加油 加油泉州》被选为石狮市抗疫宣传视频，首日转发

2022年9月11日，“在正道上行”美丽石狮写生作品展在石狮市文联大厦举行

（市文联 供图）

量即超过1.3万人次，点赞量1.2万人次，阅读量26万人次。

（林青 洪明芳）

中国国际贸易促进委员会石狮市委员会

【概况】 2022年，中国国际贸易促进委员会石狮市委员会（简称“市贸促”）发挥贸促职能优势，举办第八届中国（泉州）海上丝绸之路国际品牌博览会等重要展会活动，受邀参加2020年迪拜世博会中国馆福建活动日等活动，推动搭建更大范围、更宽领域、更深层次的商务合作网络。完善出证认证服务网络，为85家企业办理一般原产地证2012份、优惠原产地证55份。

【经贸交流】 2022年，石狮市贸促会把握闽西南协同发展区机制优势，深化区域内协调合作。组织参加2022年闽西南协同发展区贸促机构联席会议全体会议，围绕推进区域协同招商、产业链对接、经贸对接平台建设、重点展会合作、人才资源共享等方面展开交流探讨。组织泉州市东方海洋食品有限公司参加2022年RCEP经贸合作高层论坛配套展示交流会，该公司作为福建省唯一一家预制食品企业参展，借力平台优势，帮助企业积极参与国际合作竞争，把握RCEP（《区域全面经济伙伴关系协定》）生效带来的重要红利。受邀参加2020年迪拜世博会中国馆福建活动日、2022年境外经贸机构联席会暨海外联络处工作会议、2022中国（福州）国际渔业博览会、全国贸促系统珠三角片区座谈会、2022年中国国际消费品博览会、全国贸促系统海南自贸港招商推介会、第五届中国国际进口博览会等活动，依托活动平台优势，推进与有关国家和地区政府部门、工商界、贸易投资促进机构、商协会和相关国际组织的交流合作，推动搭建更大范围、更宽领域、更深层次的商务合作网络。

【市场拓展】 2022年，石狮市策划联办相关活动，助力企业开拓市场。3月，联合市儿童产业联合会、纺织服装产业联盟举办“童装产业外贸交流会”，邀请80余家企业到场参会，为产业供应链之间搭建优质高效对接交流合作平台，探寻童装行业外贸发展新途径。4月，联合相关部门主办“中国（石狮）纺织服饰供应链对接会（线上云展）”，推动全市纺织服饰供应链复工复产，加强产业链环节内循环，促进服装贸易与面辅料、染整行业协同发展。9月，联合泉州市贸促会举办“国家级市场采购贸易方式试点、预包装食品出口试点”泉州（石狮专场）招商推介会，借力传承弘扬“晋江经验”有利时机，借助泰国石狮商会重点项目——东南亚采购集散中心平台效应，让广大企业家更加直观了解两个试点政策红利，深度融入“双循环”战略。

【商事法律服务】 2022年，石狮市贸促会完善出证认证服务网络。为85家企业办理一般原产地证2012份，涉及金额1.11亿美元，优惠原产地证55份，涉及金额181.3万美元。协助泉州市贸促会为石狮2家企业出具石狮市首批2份新冠疫情不可抗力事实性证明，涉及合同出口金额84.542万美元。启动纺织服装产业联盟原产地证签领点，加大推广自主打印项目力度，全年新增4家申请自主打印企业，逐步提升贸易便利化水平。联合泉州市贸促会法律部深入市食品行业协会、个体私营协会等行业商协会开展RCEP协定解读，帮助企业准确把握RCEP贸易便利化形势下的外贸新机遇，培育外贸竞争新优势、激活外贸发展新动能。

【办展组展】 2022年，石狮市举办第八届中国（泉州）海上丝绸之路国际品牌博览会，展会入场参观13128人次，现场成交5021万元、意向成交2.6亿元。组织全市18家企业参加“中国厦门国际跨境电商产业展览会”，联合中跨展组委会设置“石狮跨境电商馆”，以产业集群馆形式凸显石狮跨境电商产业优势，促进石狮企业与跨境电商主流平台、卖家间的有效对接，助力石狮跨境电商产业蓬勃发展。组织30余家企业参加“2022年印尼食品博览会线上展”“2022年RCEP日用消费品云展会”等境外云展会，支持企业利用展会和线上交易平台深耕市场，最大限度放大市场辐射和产业带动效应。

（许锦航 纪锦锋）

石狮市残疾人联合会

【概况】 2022年，石狮市残疾人联合会（简称“市残联”）加强残疾人关爱服务，完善残疾人生活保障，帮扶残疾人就业创业，推动各项残疾人事业发展。石狮市登记在册的各类残疾人共5915人，按照残疾类型分，肢体残疾2363人，视力残疾697人，听力残疾659人，精神残疾1098人，智力残疾533人，多重残疾463人，言语残疾102人。

【石狮市残疾人联合会第六次代表大会】 2022年11月9日，石狮市残疾人联合会第六次代表大会在市政府附属会议室举行。大会选举产生市残联第六届主席团主席、副主席；推举执行理事会陈伟祥为理事长，通过执行理事会洪永家为副理事长；通过工作报告决议等。洪奕蓉当选为市残联第六届主席团主席。

【残疾人康复】 2022年，石狮市残联围绕残疾人的康复需求，完善残疾人

2022年11月9日，石狮市残疾人联合会第六次代表大会在石狮市政府附属会议室举行
（市残联 供图）

康复服务保障体系，推进残疾人康复工作。为305名残疾儿童补助366.91万元。为343人发放精神疾病残疾补助56.96万元，累计补助。为53人次因病住院的残疾人发放住院补助6.74万元。为79名对象发放辅助器具适配补贴资金18.09万元。为164例接受白内障手术患者发放补助15.91万元。

【就业服务】 2022年，石狮市多措并举帮助残疾人就业创业，促进残疾人及其家庭就业增收，提高残疾人生活水平。开展线上就业招聘，依托“石狮市人才网”网站、“石狮残联”微信公众号等网络平台，举办残疾人就业援助月网络招聘会专项活动2场，近百名残疾人参会，累计37家企业提供113个岗位，5名残疾人和企业达成用工意向。开展就业创业培训，以“理论＋实操”相结合的方式，为50名就业年龄段残疾人提供农村实用技术培训；为80多名就业年龄段残疾人提供实用农业技术网络培训，提升残疾人职业素质和就业创业能力，助力残疾人稳岗就业。开展帮扶残疾人就业创业。开展2021年超比例安置残疾人就业奖励及残疾人自主创业社会保险补贴的申报工作，超比例安置奖励2家企业、1家个体户4.816万元，残疾人自主创业社会保险补贴19人、7万元；给予1家盲按机构创业补助1万元，2家企业运营补助1万元；给予16户个体工商户自主创业补助（个体）8万元，2家企业一家个体工商户安排残疾人就业岗位补贴1.37万元。为7名高校应届残疾毕业生录入“一人一台账”，对接机构就业，7名均就业。

【扶残助学】 2022年，石狮市残联推进普特融合教育，使具有接受普通教育能力的残疾学生随班就学、应随尽随。加大特殊教育经费的投入力度，扶持在校残疾学生及贫困残疾人子女124人，发放助学金24.10万元。从残疾人保障金中拨出补助特教学校（仁爱学校）10万元。配合教育局开展残疾儿童少年情况调查摸底工作，残疾儿童308名，306名残疾儿童完成入学率99.35%。

【残疾人权益维护】 2022年，石狮市残联落实残疾人参加城乡基本养老保险，重度残疾人补助400元，轻度残疾人补助200元。落实残疾人参加城乡居民基本医疗保险，对重度残疾和一户多残家庭残疾人参合费给予全额补助。投入17.94万元，为全市6028名残疾人购买意外伤害险，发生意外理赔19起，索赔资金1.6万多元。开展残疾人阳光护理补贴工作，为低保残疾人发放护理补贴76.37万元，受助4575人次。对重度、轻度“一户多残”残疾户发放生活补贴86.11万元，受助3992人次。对受疫情影响导致生活困难的100名残疾人发放困难补助5.2万元。为低保重度肢体残疾人发放居家托养补助金13.1万元，受助对象131名。落实35人入托养老服务机构、残疾人托养服务机构，年发放托养服务补助资金69.32万元。

【文化宣传活动】 2022年，石狮市残联提升残疾人公共文化服务水平，丰富残疾人精神文化生活。助残日期间，仁爱特教学校开展绘画展，木偶戏进校园等2场活动；推荐2幅残疾人美术作品参加“福见花开”福建省首届残疾人工艺美术文创作品征集推荐活动，残疾美术家蔡武概作品《寒威千里》获绘画类一等奖；5件作品选送参加福建省第七届残疾人职业技能竞赛暨第四届全省残疾人展能节。组织13名残疾人选手参加泉州市第六届职业技能大赛，参赛队伍获优秀组织奖，3名残疾人选手获第二名；组织22名残疾人选手参加泉州市残疾人专门协会歌唱比赛，2名选手获第一名、第三名。

【残疾人体育竞赛】 2022年，石狮市残联组织30名残疾人参加石狮市残疾人运动员选拔活动。组织杨丽婉、邱礼特、苏林珠等3名残疾人运动员参加第十六届残奥会及第十届、第十一届全国残运会。

（蔡丽双 王艺明）

石狮市红十字会

【概况】 2022年，石狮市红十字会组织开展各类应急救护培训、人道主义救助、无偿献血宣传等活动。通过开展

“红十字博爱送万家”“红十字博爱周”等活动，发放慰问金、物资价值98.1万元，慰问困难家庭1260户。接收各类捐赠款物218.93万元。为530多名市民登记人体器官志愿捐献。

【人道主义救助】 2022年，石狮市红十字会开展“红十字博爱送万家”“红十字博爱周”“受疫情影响困难群众慰问”等活动，发放慰问金、物资价值98.1万元，慰问困难家庭1260户。做好日常捐赠款物接收工作，接收各类捐赠款物价值218.93万元，并根据捐赠意愿做好捐赠款物使用。在“学雷锋日”“安全生产月”“世界艾滋病日”期间开展无偿献血宣传服务活动10余场次。

【红十字宣传活动】 2022年，石狮市红十字会结合“学雷锋纪念日”“安全生产月”“三下乡”等主题日开展或参与宣传服务活动10余场次，受教育群众5000余人次。打造红十字文化宣传阵地，推动永宁第三社区博爱家园建设，提升服务群众质量。发挥红十字生命教育体验馆作用，向参加社会实践的中小学生普及红十字运动知识和理念，引导学生感悟人生、崇尚人道，热爱生命、敬畏生命。组织闽南理工学院红十字会暑期社会实践队深入永宁第三社区、德辉广场开展红十字文化、急救知识、艾滋病防控宣传，提升红十字会知晓率。在“博爱石狮”微信公众号发布市红十字会相关活动信息及各类信息20多条，在各媒体刊登、报道市红十字会相关活动新闻的信息10多条。

【应急救护培训】 2022年，石狮市红十字会推进疫情常态化下救护培训工作，深入机关、企事业单位、学校等开展应急救护培训近3500人。开展为民办实事活动，在全市公共场所安装配置31台AED（自动体外除颤仪），培训红十字救护员2800余人，提升群众应急救护能力。

【志愿者服务】 2022年，石狮市红十字会组织单位人员、红十字志愿者开展或参与“红十字博爱送万家”、无偿献血、各种摆摊设点等志愿服务活动20余场次，服务群众1万余人次。石狮市红十字水上救援志愿服务队和石狮市红十字祥芝渔港救援队广泛开展水上红十字救援志愿服务，出动救援任务30多场次，帮助群众脱困500多人次。参与“学雷锋”“文明交通劝导”“文明单位结对帮扶”“我们的节日”等志愿服务活动。组织单位人员到挂钩社区龙华协助开展疫情防控宣传、卫生大扫除工作，及创城期间开展入户宣传、美化环境、文明交通劝导等志愿服务活动。

【基层组织建设】 2022年，石狮市红十字会加强与基层组织经常性联系，组织各基层组织开展“99腾讯公益日”网上募捐活动，参与3000余人次，募集资金5万余元。探索社团协作共建模式，依托石狮市海泳协会、祥芝渔港义务救援队开展水上救援工作，在红塔湾两个公共海滨浴场和祥芝渔港开展水上救生救援志愿服务。加强红十字青少年活动，与闽南理工学院签订红十字救护员培训合作协议，依托闽南理工学院红十字会开展校园红十字精神普及宣传，常态化开展救护员培训活动。

（高滨滨 许经杭）

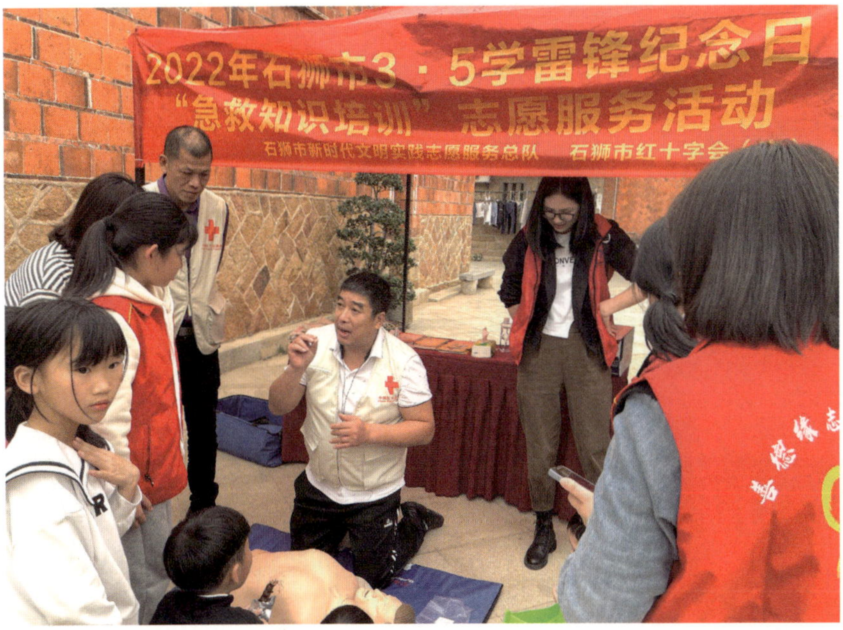

2022年3月5日，石狮市红十字会联合市委文明办等单位在华山古民居开展全国第59个学雷锋纪念日活动暨“文明石狮 有你更好”创城志愿服务活动。图为志愿者为群众开展心肺复苏现场演示 （市红十字会 供图）

石狮市计划生育协会

【概况】 2022年，石狮市计划生育协会聚焦生育关怀与家庭健康两个主题，落实“六项重点任务”（宣传教育、生殖健康咨询服务、优生优育指导、计划生育家庭帮扶、权益维护、流动人口服务），加强组织建设，创新“政策帮扶、协会先行、多重保障、周到关怀、社工介入”的全覆盖失独家庭帮扶模式，成立“关爱小组”29个。提升服务群众能力，开展各类宣传活动50余场，服务3000余人次。

【宣传倡导】 2022年，石狮市计划

生育协会开展各类宣传活动50余场，服务3000余人次。联合市直有关部门举办文化卫生科技“三下乡”启动仪式暨新春集中服务活动及泉州市学习宣传贯彻中共二十大精神“微宣讲+文明实践”“三下乡”示范活动（石狮专场）等，赠送《0—3岁儿童早期发展指导育儿宝典》书籍。“5·29”会员活动日，在金曾社区举办“健康关爱·积善有我”健康知识进万家宣传活动。联合宝盖镇开展“美好生活·民法典相伴”暨“倡新型婚育文化 促人口均衡发展——喜迎中共二十大”绘画主题活动，征集到绘画作品248幅，评选获奖作品52幅。举办青春健康师资培训班，并赠送《成长之道》《沟通之道》教辅书籍。在海洋职业学院举办青春健康教育——婚育家庭篇讲座，开展“青春Party”才艺秀活动，服务300人次。

【生育关怀】 2022年，石狮市计划生育协会以完成市委、市政府为民办实事项目（生育关怀项目）为依托，提升计生家庭帮扶水平。实施安居工程项目，投入56万元，帮助14户困难家庭解决住房问题。推进幸福工程，举办两场技能培训，帮助计生家庭成员掌握就业创业技能。投入105.41万元，推进关爱女性健康保险及计生家庭意外伤害保险工作，为计生家庭抵御风险提供有效保障。投入87.1万元，实施紧急救助项目，救助因重大病灾造成生活特别困难的计生家庭277户。与市妇幼保健院联合在市行政服务中心设立石狮市婚检便民服务点，开展优生优育指导、新型婚育观宣传，健康知识普及等。

【特殊帮扶】 2022年，石狮市计划生育协会创新“政策帮扶、协会先行、多重保障、周到关怀、社工介入”的全覆盖失独家庭帮扶模式。全市成立29个“关爱小组”，每个“关爱小组”活动经费3500元，为失独家庭提供“一对一”生活照顾、心理援助、社会融入等服务。走访慰问失独家庭59户次，发放慰问金5.9万元。

【法律援助】 2022年，石狮市计划生育协会开展法律援助，举办法治讲座3场次，服务80人次；开展法治宣传、法律咨询10场次，服务1515人次；主动接访3人次，下访20人次，调解民事纠纷274宗，挽回计生家庭经济损失455万元，惠及计生群众1.5万人次。组织开展“三说两访”活动，典型经验做法被“中国计划生育协会”微信公众号采用。

（蔡珊珊　吴修忍）

法 治

政法委与综治

【概况】 2022年，石狮市委政法委持续推进平安建设、基层社会治理、维护社会稳定，巩固拓展政法队伍教育整顿成果，完成北京冬（残）奥会、全国两会和中共二十大等重要时间节点的安保维稳任务，全市平安建设考评连续3年位列泉州第一。全市立刑事案件2946起，比2021年下降20.3%；破案率91.9%，比2021年上升16.9%，破案率连续3年位居全省前列。“四项指数”（案件数、死亡人数、受伤人数、财产损失）全面下降，其中，死亡人数27人，同比减少4人。推进“综治+”治理中心建设，依托“党建+”社区邻里中心开展治理中心融合建设，完成全年26个“综治+”社区（乡村）治理中心建设目标任务。举办专题宣讲会1场，选树先进集体3个、先进个人16名。市委政法委被评为福建省平安建设先进集体；“海上枫桥”“和润狮城”等多元矛盾纠纷化解工作经验被《人民日报》《法治日报》等上级刊物刊载转发推广，《多维发力优化法治化营商环境》做法被中央政法委《长安评论》转载；《“三个突出”加强村居民主议事协商》工作成效在《平安福建》专刊上刊发并在全省推广。

【维稳工作】 2022年，石狮市委政法委完成北京冬（残）奥会、全国两会和中共二十大等重要时间节点的安保维稳任务。开展整治“黄赌毒”、涉枪涉爆、盗抢骗以及侵害老年人、妇女、儿童等突出违法犯罪，打击整治电信网络诈骗，破获电诈案件501起，抓获涉诈犯罪嫌疑人1083人，破案率、抓获数分别同比上升22.87%和57.41%。围绕房地产、经济金融、文化教育、劳资社保、征地拆迁、生态环保等重要领域全面排查防范化解矛盾纠纷，常态化开展“拉网式、滚动式”排查，做好信息预警，防止矛盾上行。

【平安石狮建设】 2022年，石狮市开展反渗透反颠覆反恐怖反分裂斗争，依法防范打击非法组织。开展矛盾纠纷积案大化解行动，打造“海上枫桥”“园区枫桥”“电商枫桥”，创新“和润狮城·订单分包”多元化解模式。实施“城安系统”公共视频建设项目，新建重点区域公共安全视频监控点位，推动“雪亮狮眼”公共视频联网，出台联网技术规范及操作指引。制定下发服务保障法治化营商环境建设九条措施，以法治护航经济社会高质量发展。发动高校学生志愿者到义务家教班为外来工义务送教，累计服务15年。成立福建省首个警民联合救援工作站，为游客提供紧急医疗救助救援。组建10余支群防群治队伍，发展成员2000余人，构建公众参与、成果共享的社会治理创新模式。深化网格化服务管理，将全市9个镇（街道）划分为134个村级网格、675个单元网格、1396个责任网格，实行统一网格编码制度，组建专兼结合、平战转换网格员队伍2700余人。

【公共法律服务体系建设】 2022年，石狮市推进涉案企业合规改革试点，出台《石狮市深化涉案企业合规改革试点工作改革方案》，健全刑事合规领域涉案企业依法适用企业合规整改后从宽处罚工作模式，建立企业合规行刑衔接工作机制，办理适用涉案企业合规考察机制案件2件，组织121家企业代表参加“企业合规管理与刑事风险防控”专题培训，选任首批合规监督员6名，聘任涵盖企业生产经营等15个行业领域的专业人员60名。落实司法救助民心工程，审批办结国家司法救助案件21件32人，拨付救助金额 101.82 万元。设立泉州市首个法院主导的知识产权发展工作站，为“国潮品牌”提供定制式知识产权司法保护，审结知识产权侵权纠纷 1075 件。设立网络电商巡回法庭，开辟线上线下涉网纠纷快速解决“绿色通道”，妥善化解涉网商纠纷 483 件。开展“法律六进”现场法律宣传活动 155 场次，“法律进网络”新媒体矩阵发布法治宣传相关微信推文、抖音视频共 74 条。

（蔡奕盛　蔡志强）

法治政府建设

【概况】　2022 年，石狮市贯彻落实《法治政府建设实施纲要（2021—2025 年）》，办理行政复议案件 128 件，决定受理 105 件。清理 2022 年度规范性文件 3 次，废止和宣布失效的规范性文件 14 件。组建石狮市“蒲公英”普法志愿者队伍，培养“法律明白人”640 名、“法治带头人”1280 名。

【法治政府建设基础保障】　2022 年，石狮市成立重大行政决策合法性审核专家库开展学术交流和专业咨询服务，出台《石狮市人民政府行政复议机构与本级人民政府部门工作协调机制（试行）》，成立石狮市行政复议咨询委员会和行政争议联动协调化解中心，与泉州市洛江区法院签署《行政争议诉源和执源治理机制建设合作备忘录》。落实法律顾问全覆盖制度，在制定重大行政决策、推进依法行政中发挥石狮市“法润狮城”律师志愿团作用，成立石狮市“蒲公英”普法志愿者队伍。

【依法决策】　2022 年，石狮市政府严格执行《石狮市人民政府重大行政决策若干规定》规定，对政府研究的重大事项，均经过严格的合法性审核。市司法局审查市政府常务会议议题及市政府交办法律事务 176 件，其中审查市政府合同 35 件。依法备案市政府、市政府办规范性文件 10 件，备案审查各镇（街）、市直规范性文件 40 件。

【行政复议和应诉】　2022 年，石狮市政府接受群众咨询行政复议相关事宜 51 件次，收结行政复议申请 128 件。其中，经审理维持原具体行政行为的 21 件，驳回 13 件，确认违法 8 件，撤销 5 件，终止 58 件，逾期补正告知视为放弃申请 3 件，逾期未补正 4 件，不予受理 16 件。

2022 年，石狮市妥善应对行政应诉工作，接受人民法院依照行政诉讼法对行政机关实施的监督。石狮市政府收到各级人民法院受理的应诉案件 40 件（含上期结转 15 件），其中民事诉讼案件 3 件，行政应诉一审案件 21 件，行政应诉二审案件 13 件，行政应诉再审案件 3 件；石狮市政府工作部门及各镇（街道）收到各级人民法院受理的一审行政应诉案件 76 件（含上期结转 2 件）。全年行政应诉案件为行政处罚 37 件、行政强制 2 件、行政征收 6 件、行政许可 1 件、行政确认 18 件、行政不作为 7 件、其他 3 件。

【行政执法监督】　2022 年，石狮市印发《关于全面推行“双随机、一公开”监管机制 加强事中事后监管工作的通知》《石狮市市场监管领域部门联合“双随机、一公开”监管工作联席会议办公室关于建立联席会议制度的通知》等文件，开展“双随机”抽查（不含部门联合抽查）40 次，检查各类主体 1776 个，项目 1429 个，责令整改 452 户，立案查处 18 起，221 家企业被列入经营异常名录。开展部门联合“双随机”抽查 15 次，抽取抽查对象 1497 户。建立行政执法案卷季评查机制，评查市交通和港口发展局、市公安局、市城市管理局、市市场管理局 4 个部门 40 件行政处罚案卷，并及时通报案卷评查情况。推动行政执法资格考试和业务培训工作，28 个单位 137 名行政执法人员参加 2022 年度福建省行政执法人员资格综合法律知识考试，考试合格 103 人。举办石狮市“行政执法”培训班，39 名行政执法人员参加。

【规范性文件管理】　2022 年，石狮市加强规范性文件的制定程序，以市政府及其办公室名义印发的规范性文件 10 件，每件均经过严格的合法性审查，及时向上级政府及本级人大备案，并在政府门户网站进行公开及解读。严格规范性文件监督管理，市直各部门依据法定职权以本部门名义制定印发的规范性文件，在发文前向市司法局申请审查的规范性文件 13 件；市直各部门向市政府备案规范性文件 42 件。开展清理 2022 年度规范性文件 3 次，清理结果经市政府常务会议研究通过并对外公布。其中，继续有效（含需要适时修改）的规范性文件 99 件，废止和宣布失效的规范性文件 14 件。

（谢良生　陈誉佳）

公　安

【概况】　2022 年，石狮市公安局以中共二十大安保维稳为主线，开展夏季治安打击整治“百日行动”“红盾·2022”百日攻坚行动和“六比三看”（比安全稳定、比打击犯罪、比公共监管、比信息基础、比重点整治、比执法质量，看战果、看排名、看亮点）竞赛活动，推动“情报、指挥、行动”一体化运行机制、“派出所主防”警务模式改革、“数智＋警网”要素管控改革，完成跨境电商线上峰会、大仑德义庙关公文化交流活动、《乘着大巴看中国》系列直播石狮站、第八届中国（泉州）海上丝绸之路国际品牌博览会等大型活动安保工作，社会治安态势持续向好。全年刑事案件立案3141起，破获刑事案件2881起，破案率91.7%，抓获在逃人员1100人。

2022年，石狮市公安局获评“全国公安机关执法示范单位”，是全国唯一连续7次获评的县级公安机关。蚶江镇派出所获评“全国优秀公安基层单位”。锦尚镇派出所获评全省“枫桥式公安派出所”。

【刑事犯罪侦查】 2022年，石狮市刑事案件立案3141起，比2021年下降21.8%，破获刑事案件2881起，破案率91.7%，比2021年上升14%，破案率连续3年保持在全省前列；抓获在逃人员1100人（其中公安部B级在逃人员1人），比2021年上升12.1%。石狮市公安局勘查各类传统案（事）件现场3074起，提取各类痕迹物证726起，利用刑事技术认定嫌疑人245人，案件249起。

扫黑除恶斗争。2022年，石狮市打掉涉恶集团3个，涉恶团伙3个，查封、冻结和扣押涉案财物价值400余万元；破获涉恶九类典型案件181起，抓获涉恶九类案件嫌疑人504名。

打击命案暴力犯罪。2022年，石狮市八类暴力案件（故意杀人、故意伤害致人重伤或死亡、强奸、抢劫、贩卖毒品、放火、爆炸、投放危险物质）立案80起，比2021年下降33.9%，八类严重暴力犯罪案件连续5年实现全破的目标。破命案积案3起，命案侦破工作成效居泉州县区首位。

打击电信网络诈骗犯罪。2022年，石狮市电信网络诈骗案立案710起，群众财产损失金额2116.83万元，分别比2021年下降42.1%和57.4%；破案536起，破案率75.5%，抓获涉诈犯罪嫌疑人4353名。破案率、抓获数分别比2021年上升14.5%和411.5%。

打击“盗抢骗”违法犯罪。2022年，石狮市传统盗抢骗案立案879起，比2021年下降23.8%，破案830起，破案率94.4%，比2021年上升18.6%；抢劫、抢夺、盗窃三类案件3天内破案比例80.7%，快侦率123.26%，居泉州县区第二。

打击侵害弱势群体违法犯罪。2022年，石狮市公安局破获养老诈骗案件13起，抓获嫌疑人35名，打掉犯罪团伙5个，涉案总额817.6万元，追赃225万元；破获性侵案件58起，抓获犯罪嫌疑人62人；破获拐卖妇女儿童案件5起，抓获犯罪嫌疑人8人，解救被拐妇女儿童4人。

【经济犯罪侦查】 2022年，石狮市公安局开展“歼击21”专项行动，各类经济犯罪案件立案149起、破案126起，其中破获部督案件1起、省督案件2起；抓获经济犯罪嫌疑人173名，其中抓获境外在逃犯罪嫌疑人5名。通过云端系统发起集群战役4起、跨区域数据协同作战6起，“昆仑行动”发起集群战役3起。

【禁毒工作】 2022年，石狮市公安局开展“清源断流”行动和“飓风肃毒2022”会战行动，破获各类毒品刑事案件51起，抓获犯罪嫌疑人72人（其中跨区域抓获64人，占比88.9%），起诉毒品犯罪嫌疑人83名，查处吸毒人员60人（在石狮抓获24人，占比40%）。破获部督目标案件2起，省督目标案件2起。全市2022年度缉毒执法绩效和2022年度禁毒工作综合考评均在泉州市排名第一。

【社会治安管理】 2022年，石狮市公安局加强对全市党政机关、校园、银行网点、公交、车站、大型商超以及供水、供电、供气、供油、通信等284家治安重点单位安全管理，全年未发生内保安全事故和案件。

打击枪爆违法犯罪。2022年，石狮市公安局收缴并销毁枪支170支、子弹2381发（含铅弹）、黑火药90千克、烟花爆竹248箱、疑似手雷9枚、疑似炮弹1枚；破获涉枪刑事案件1起，起诉4人，查处涉及非法烟花爆竹行政案件143起（燃放90起、买卖53起），拘留117人、罚款5600元。

打击“黄赌毒”违法犯罪。2022年，石狮市破获涉赌刑事案件152起，刑事拘留245人，查处涉赌行政案件128起，行政处罚272人；破获涉黄刑事案件61起，刑事拘留112人，查处涉黄行政案件289起，行政处罚354人。开展“昆仑2022”等专项行动，破获“食药环”刑事案件22起。

重点行业场所管控。2022年，石狮市公安局开展旅馆业专项整治行动，查处不按规定登记旅馆54家次，无证旅馆47家次，全市132家旅馆全部纳入旅馆业信息管理系统。开展娱乐场所秩序整顿行动，全市52家歌舞娱乐场完成登记备案并纳入系统管理。加强机修业的治安管理，全市156家机修厂安装使用治安信息管理系统并纳入日常管理。

【交通安全管理】 2022年，石狮市发生一般交通事故423起，死亡27人，受伤403人，财产损失116810元。与2021年同期相比，起数减少92起，下降17.86%；死亡人数减少4人，下降12.9%；受伤人数减少179人，下降30.76%；财产损失减少45711元，下降28.13%。

道路交通安全整治 2022年，石狮市加强路面纠违整治，纠正劝导显见性交通违法行为9万多起，现场查处交通违法行为100408起、非现场查处交通违法行为257167起，其中酒醉驾1916起。加大对炸街车、非法改装汽车等整治力度，查获2部大功率摩托车无牌、无证驾驶，13部小型汽车非法改装。交通和港口发展局、城市管理局、公安交警等部门联合开展货车超载“百吨王”整治行动27次，开展“两客一危”（从事旅游客运、公路客运及危险化学品运输的车辆）执法检查42次。开展道路安全隐患排查，排查整改普通道路隐患30处，路灯损坏、老化、不亮等照明不足隐患38处及绿化树遮挡隐患40处。

交通安全设施建设　2022年，石狮市推进二期智慧停车项目建设并投入使用停车泊位2765个。落实道路建设“四同步”审核，完成2条新建、扩建、改建道路交通管理设施设计“四同步”审核，新建3个信号灯路口和配套电警设备。对市区110个路口进行信号配时采集和优化，完成19条主次干道绿波带设置或优化，绿波总长37千米，涉及路口83个，路段平均通行时间缩短42%，停车次数减少56%，行车速度提升约10%。交通安全设施常态化维护，更换护栏584片，修复护栏5120米，校正标志牌466套，修补减速带80米，防撞桶192个、人行过街U形管10套，抢修维护信号灯659处，灯具62套。推动国省道农村交叉口“五有工程”（有减速坎、有警示牌、有路中隔离、有监控和有路灯照明）以及通寺道路交通安全设施完善，完成41处国省道农村交叉口“五有工程”设施增补修缮、7处通寺道路交通安全设施建设。

交通安全宣传教育　2022年，石狮市公安交警部门加大交通宣传、违法曝光力度，曝光各类重点交通违法行为98次；发动辖区农村劝导员、安全员开展“面对面”宣传，签订交通安全宣传教育回执2389份。开展“逢八”宣传，走进学校、企业、村居、单位等，通过上交通安全课、播放交通事故警示片、开展交通安全座谈会等宣传活动，利用宣传橱窗、电子显示屏、横幅等多种载体进行宣传造势；在公园、广场、乡村服务场所等设置展板36张，发放宣传材料20万余份；组织各货运企业、渣土车运输企业开展警示教育223场次。

【基层社会治理网格化】　2022年，石狮市推行善治、自治、法治、德治、智治“五治融合”的社会治理模式，出台《石狮市基层社会治理网格化工作实施方案》，划分全市单元网格675个，构建以市、镇、村、单元网格垂直管理为经线，以市直部门归口管理为纬线，以信息化技术手段为支撑的基层社会治理网络，全市配备有三级网格化中心工作人员570人，单元网格长675人，专职单元网格员675人，兼职网格员1353人。派出所所长和社区民警全部被列入镇（街道）和村（社区）班子，同时分别担任两级网格化中心副主任。建立“和润狮城·订单分包”矛盾纠纷多元化解机制，推行“派单、接单、消单”化解模式，依托“网格通”App，做到矛盾纠纷可流转、可回溯、可留痕、可监管、可化解。全年全市未发生因长期纠纷引发的命案，矛盾纠纷化解率保持在95%以上。

【户政管理】　2022年，石狮市公安局户籍窗口受理业务48884条，群众满意率99.99%。开展无户口人员登记户口“回头看”工作，解决10名无户口人员的户口问题；规范户政业务档案电子化，完成率99.98%；户籍窗口办理准予入户9757人，删除双重户口9人，补录户口6人；办理身份证31738张、临时身份证1516张；受理省内异地办理居民身份证业务7395件，省外异地办理居民身份证11537件；办理台港澳同胞居住证1664张，其中港澳同胞办理1622张、台湾同胞办理42张；受理微信户政办事154条，办结79条。开展深化户口登记管理专项清理整顿活动，注销持虚假出生医学证明办理落户17人；落实无相片人员集中清理核对工作，16～18周岁无相片人员清理率为87.83%，18周岁以上无相片人员清理率为99.81%。清理无相片人员3名，注销户口2人。通过部级人口信息人像比对系统核实人像比对4人次，处理率100%。

【出入境及往来台港澳管理】　2022年，石狮市签发各类往来台港澳证件5560件，办理出国商务、就业、留学护照784本，办理外国人签证证件1012人次。强化打击防范，遏制非法出入境违法犯罪。全市共立妨害国边境管理犯罪案件21起，查获25人，妥善处置“三非”外国人（非法入境、非法居留、非法就业的外国人）案件15起96人。调整优化全市出入境政务服务事项跑趟次数、承诺时限、网办星级等服务指标，更新办事服务指南，达到跑趟次数和申报材料“应减尽减”，承诺时限“应压尽压”，网上办事事项“应上尽上”。开展“党建+邻里中心”服务，6项面向企业群众的出入境服务事项实现就近办理。推行派出所“一站式”综合政务服窗口试点改革工作，在凤里派出所设立出入境办证服务，受理群众赴港澳台旅游6项业务。设立服务企业专窗，为394名企业员工复工复产办理出入境证件提供便利。

【海防管理】　2022年，石狮市公安局开展反走私、反偷私渡专项行动，推进“净海清湾2022”等海上联合执法行动，对乡镇船舶应装尽装定位装置，运用石狮市“智慧渔港”App，落实出海船舶、人员和进出港信息“三报备”，实时掌握船舶、渔船的进出港情况。完善沿海岸线技防建设，成立岸线巡逻队，沿海设立执勤点，实行“巡逻执勤+定点值守”的防控模式，全天候24小时专人值守，布设探照灯、警示牌、爆闪灯、电子哨兵等物防设施。全年全市破获涉海偷私渡刑事案件3起22人，查扣涉案船舶2艘；查扣并取缔非法地下油罐24个，破获涉海冻品案件1起抓获12人、涉海成品油案件3起抓获3人，配合海关缉私部门开展联合行动，抓获犯罪嫌疑人25人。

【网络安全监管】　2022年，石狮市

公安局现场执法检查全市党政机关、事业单位和国有企业互联网网站、重要信息系统95家次，下发《重点网站安全隐患限期整改通知书》59份，关停系统12个，通报督促整改安全漏洞200余个。

【“两队一室”勤务改革】 2022年，石狮市公安局出台《派出所“两队一室”警务运行模式改革实施细则》（“两队一室”为综合指挥室、案件办理队和社区警务队）和《社区基层基础工作大纲》，推进派出所工作标准化建设，派出所民警占全局警力的44.5%，社区民警占派出所警力43.07%；推行城区“队室标准化协同”模式，综合指挥调度，派出所综合指挥室实行24小时实体化运作，制定综合研判、定期会商、巡查考核、跟踪报告等八项工作制度，承接“情报、指挥、行动”一体化实战化运行机制在派出所的末端落实。建立市区“1+2+N”社区警务模式（1个社区至少配备1名社区民警、2名辅警以及多名群防群治力量），沿海“一村一辅警”农村警务模式，建成警务室和警务联系点128个，实现村（社区）覆盖率100%。实现社区民警全部进村（社区）班子，专司履行“五项职责任务”（管理实有人口、掌握社情民意、组织安全防范、维护社区秩序、服务辖区群众）。建立案件办理队和驻所刑警中队捆绑作战模式，实现专业打击与区域打击的相融合，明确派出所办案类型。全年石狮市公安局9个派出所完成“室队制”改革。

【法治建设】 2022年，石狮市公安局实施“少拘慎押”“包容审慎监管”理念机制，出台常见犯罪直接适用非羁押性强制措施的实施意见，在省公安厅包容审慎监管执法“四张清单”（不予处罚事项清单、从轻处罚事项清单、减轻处罚事项清单、免予行政强制事项清单）的基础上新增石狮模块29项，降低诉前羁押率，全年采取取保候审、监视居住等非羁押性强制措施的犯罪嫌疑人数占比达52.28%，比2021年上升11.23%。设置银行卡咨询服务处，因情施策提供法律咨询、资金解冻等服务，协助解决处理银行账户16个，涉及金额80余万元。推行“五张清单”（警情处置、案件结案、能力提升、场所管理、财物处置），实现执法办案全要素监督管理。

（陈泉宇 曾国同）

检 察

【概况】 2022年，石狮市人民检察院（简称“石狮市检察院”）批捕各类刑事犯罪649人，起诉1826人。办理民事生效裁判监督案件9件，民事执行监督案件58件，民事审判活动监督案件6件。办理司法救助案件9件，发放救助金26.9万元。加强检察理论研究，形成高质量调研成果，被国家级刊物采用10篇次，被省级刊物采用4篇次，1个课题获最高人民检察院立项，1个课题获福建省人民检察院立项。在各级媒体刊播稿件391篇次，其中国家级媒体117篇，省级媒体132篇。2部作品在第六届平安中国“三微”大赛中获优秀短视频奖。拍摄《如果·放映厅》第二季普法短视频，被“学习强国”学习平台、最高人民检察院官微、正义网等平台转发，播放量超2000万次。《防止“办了案子，垮了厂子”》经验做法被写入国家层面企业合规第三方机制管委会年度情况报告。全年获省级以上集体表彰8项、个人表彰10人次，连续13次被评为“全国检察宣传先进单位”。

【刑事检察】 2022年，石狮市检察院批准逮捕各类刑事犯罪649人，起诉1826人，办理黄某炎、管某鹤等100人特大集资诈骗、非法吸收公众存款案等一批大要案。落实少捕慎诉慎押刑事司法政策，依法不批捕163人，不起诉363人。开展刑事审判监督，对刑事裁判提出抗诉5件，发出纠正违法通知书14份。健全暂予监外执行实质化同步监督机制，从严审查26人次。设立侦查监督与协作配合办公室，实现与侦查机关共享执法办案信息，监督立案4件，监督撤案21件，追捕追诉漏犯55人，提出纠正意见9件次。推进扫黑除恶斗争常态化，追捕涉黑漏犯1人，批捕涉黑涉恶犯罪2件6人，起诉1件1人，制发社会治理检察建议5件。

【民事行政检察】 2022年，石狮市检察院办理民事生效裁判监督案件9件，发出再审检察建议4件。办理民事执行监督案件58件，民事审判活动监督案件6件。办理支持起诉案件30件，帮助农民工、残疾人等弱势群体追索劳动报酬、人身损害赔偿金315万余元。办理督促行政机关履职案件29件，行政非诉执行监督案件52件。督促依法撤回1488起征收社会抚养费强制执行申请，促成法院对2000余名被执行人解除纳入失信被执行人名单、限制高消费等强制执行措施。针对买卖工商营业执照、利用对公银行账户犯罪等问题发出检察建议17件，促成相关单位对非法接收钱款4.79亿元的78家“空壳”企业及个体工商户依法吊销营业执照。撰写的相关再审检察建议书被最高人民检察院评为“2022年度全国检察机关民事检察优秀法律文书”。办理的相关行政监督案件被评为最高人民检察院“2021年度行政检察优秀案例”。

【公益诉讼检察】 2022年，石狮市检察院建立公益诉讼观察员制度，聘请50名志愿者参与公益诉讼检察活动，发出公益诉讼诉前检察建议71件，提起刑事附带民事公益诉讼10件，法院均判决支持。开展"检察护宝·守护海丝名城"专项监督行动，设立3处护宝观察点，聘请3名护宝观察员。落实食品安全"四个最严"（用最严谨的标准、最严格的监管、最严厉的处罚、最严肃的问责），在办理一起销售有毒有害"悍马糖"案中，责令被告人支付10倍惩罚性赔偿金923万元，召回所售产品并在国家级媒体上赔礼道歉，该案系全省食品安全领域损害赔偿金最大的刑事附带民事公益诉讼案件。

【未成年人检察】 2022年，石狮市检察院批准逮捕侵害未成年人权益犯罪批捕36人，起诉37人。对涉罪未成年人依法不批捕14人，不起诉23人，附条件不起诉19人。成立未保联盟"家庭教育指导中心"，组建家庭教育指导服务团队，为38个涉案未成年人家庭提供家庭教育指导。落实"一号检察建议"，选派干警兼任84所中小学校法治副校长，进校宣讲40余场次，分发普法手册8000余份，张贴宣传海报600余份。

【特殊群体司法保护】 2022年，石狮市检察院加大特殊群体司法保护力度，推进检察护侨专项行动，建立涉侨检务中心，在石狮市归国华侨联合会建立检察护侨联络室，设立5个护侨联络点，聘任护侨联络员12名。开展打击整治养老诈骗专项行动，起诉养老诈骗犯罪5人，联合石狮市人民法院、石狮市公安局对办理的陈某、王某等人骗取100多名老年人财产案件进行追赃挽损。配合打击拐卖妇女儿童犯罪专项行动，起诉拐卖妇女儿童犯罪2人。坚决维护军人荣誉，在追究冒充军人招摇撞骗被告人刑事责任的同时，责令其在国家级媒体上公开赔礼道歉、消除不良影响，经验做法获《人民日报》、央视国防军事频道、东部战区等新闻媒体报道介绍。

（龚丝丝 余冬阳）

法 院

【概况】 2022年，石狮市人民法院受理案件23328件，办结22913件，结案率98.22%，法官年人均结案数居全省基层法院第二，执行综合质效排名全省基层法院第五。石狮市人民法院官方微信公众号获评"全国优秀政法新媒体账号""全国法院百优新媒体账号"，并被中央政法委通报表扬，12个集体、8名个人获国家、省、市级以上表彰。

【营商环境优化】 2022年，石狮市人民法院开展营商环境优化提升行动，入驻石狮市政务服务中心实体化运转服装产业集群法治化营商环境促进中心，联合石狮青商会设立"法商直通"e法庭，审结涉纺服企业案件1147件、标的金额3.71亿元。在石狮国际轻纺城成立网络电商巡回法庭，开辟涉网纠纷在线解决"绿色通道"，化解涉网商纠纷483件。石狮市人民法院获批辖区内一审知识产权民事案件管辖权，设立泉州市首个法院主导的知识产权发展工作站，为"国潮品牌"提供定制式知识产权司法保护，审结知识产权侵权纠纷1080件。《法治日报》专题报道石狮市人民法院司法服务优化营商环境工作举措。

【刑事审判】 2022年，石狮市人民法院审结刑事案件1654件2229人。开展常态化扫黑除恶斗争，案件清结率100%、"黑财"执行到位率94.35%，依法严惩故意伤害、"两抢一盗"、黄赌毒等危害社会治安犯罪317件441人。开展打击整治养老诈骗、电信网络诈骗和"断卡"行动，依法惩处犯罪分子630人，为被害人追回损失2000余万元，严厉打击食药领域犯罪6件13人，守住群众"钱袋子""舌尖上"的安全。严惩破坏市场经济秩序犯罪，审结非法集资、金融诈骗、假冒注册商标等犯罪案件73件161人。落实宽严相济的刑事政策，依法对符合缓刑条件的被告人适用缓刑，为经济困难被告人提供法律援助264人次。石狮市人民法院审理案件入选全国打击毒品犯罪十大典型案例，系福建省唯一入选的案例。

【民商事审判】 2022年，石狮市人民法院审结民商事案件11089件、标的金额24.76亿元。坚持和发展新时代"枫桥经验"，与沿海五镇共建福建省首个"党建+"邻里多元解纷中心，在泉州市率先引入政协委员调解工作室，邀请人大代表、政协委员等解纷力量有效化解纠纷309件。依托石狮宝盖工业园"劳动法庭"和锦尚政和园"巡回办案点"，为企业和职工维权提供"立调审执"家门口服务，化解劳动纠纷338件。成立福建省首个"普惠金融共享法庭"，并入驻3个金融服务网点，构建"e+1+N"金融纠纷化解模式（"e"为构建全流程智能化多元纠纷解决机制和现代化诉讼服务体系，"1"为1个专业的金融审判团队，"N"为"法院+诉非联动""法院+调解资源""法院+司法确认"等多元模式），线上办结涉金融案件2180件，平均审理周期比上年缩短31天。

【案件执行】 2022年，石狮市人民法院开展"护薪""春雷""暖冬"及"执行干警进"千企等专项执行行动，执结案件10114件，执行到位金额12.27亿元。打造执行通知书、不动产询价、案款预分配"三前置"模式，提供案款"码"上发服务（案件"码"上立、信息"码"上查、案款"码"上缴），线上发放执行案款3.78亿元。深化"税务询价+司法网拍+协助扣税"模式，率先将拆迁安置补偿的房票、选房资格等权益纳入拍卖范畴，网拍

2022 年，石狮法院成立全省首个“普惠金融共享法庭驻行 e 站”。图为 10 月 26 日，石狮法院在邮储银行石狮支行“驻行 e 站”开展涉金融案件线上开庭活动

（石狮法院 供图）

成交金额 4.41 亿元，协助税务机关扣税 3584 万元。探索推进“司法 + 征信”评分、“执行 + 保险”救助等执行制度建设，依法为 150 名被执行人解除失信名单，促使 4307 人主动履行还款义务，为申请执行人发放司法救助金 74.92 万元。

【诉讼服务】 2022 年，石狮市人民法院推行“一站办”便捷服务，建成“服务功能集约化、分调裁审一体化、工作平台智能化”的诉讼服务中心，实现 87 项诉讼和执行事务“一站”办理。推行“指尖办”高效服务，对接“i 石狮”智慧平台拓宽“一网通办”应用场景，升级推出集信息查询、线上留言、在线送达等功能于一体的电子诉讼服务卡，让诉讼便利省心。推行“跨域办”精准服务，升级全流程、全智能、全球化跨域诉讼模式，86 项诉讼事务就近能办、同城通办、异地可办，妥处跨域案件 1107 件，为“一带一路”共建国家和地区提供司法协助 20 次。

【社会综合治理】 2022 年，石狮市人民法院以“设站、驻室、派员”方式推动司法资源全覆盖下沉镇、村、网格，为群众调解纠纷 548 件次，提供法律服务 530 人次。构建“生态司法 +”保护模式，实行“先赔偿修复后刑事追责”损害救济方式，开展巡护执法、增殖放流、海洋净滩等活动，生态司法保护工作经验在泉州市法院系统推广。创新微剧普法模式，以“小案件”宣扬“大道理”，自制普法视频被中小学校作为法治教育科普片，石狮市人民法院 3 部原创融媒体作品获省、泉州市表彰，自制微视频《淬火》获最高人民法院“金法槌奖”微视频类优秀奖和网络人气奖。

【司法品牌优化】 2022 年，石狮市人民法院加强民生司法保障，审结涉“医、食、住、行”常见民生案件 1303 件，涉“老、幼、妇、残”弱势群体案件 526 件。坚持“家校法”协同，实行“人身安全保护令、心理干预、家庭教育指导”一体帮扶制度，审结家事案件 348 件。坚持“府院企”联动，深化运用“三零三联”物业纠纷调处制度（提供“零成本”维权、“零距离”服务，促进矛盾“零激化”，形成“法院、住建局、物业服务企业”三方联动合力），审结物业纠纷 685 件、调撤率 97.08%。坚持“情理法”并举，构建专业审判、常态回访、联动帮扶的实质解纷工作模式，审结相邻纠纷、人身伤害、交通事故等侵权案件 251 件。

【司法改革】 2022 年，石狮市人民法院推进院庭长办案常态化，院庭长带头示范办案 6950 件，占总结案数的 30.33%。落实人民陪审员法，提请市人大常委会任命 94 名人民陪审员，组织新任人民陪审员进行就职宣誓、岗前培训、经验交流，人民陪审员参审案件 1042 件，刑事普通程序案件陪审率 90.44%。健全诉前分流、繁简分流、类案分流机制建设，设立“调解速裁 e 中心”，组建小额诉讼、危险驾驶等“1+1+N”速裁团队 5 个（1 个员额法官、1 个法官助理、N 个审判辅助人员），打造矛盾纠纷“快易解”模式，诉前化解纠纷 4629 件。

【智慧法院建设】 2022 年，石狮市人民法院推行无纸化办案模式，电子卷宗 100% 随案生成，替代纸质卷宗流转运用，实现同步阅卷、智能庭审、在线审批，庭审时间平均缩短 15%，民商事案件审理周期同比缩短 9.6 天。实行全过程留痕管理，依托在线办案平台，打通“立审执”的数字化流程全景图，实现案件办理过程可掌握、节点可查询、进程可监测，线上督办、评查案件 292 件。坚持云端上司法公开，利用“一网二微四平台”（“一网”法院官方网站，“二微”即官方微信公众号和官方微博，“四平台”即裁判文书、审判流程、执行信息、庭审公开四大司法公开平台）将司法活动全透明公开，公开裁判文书 11570 份，直播庭审 1383 场，庭审直播率位居全市法院第二，审判流程信息公开率 99.77%。

（蔡怡娜 蔡美婷）

司法行政

【概况】 2022 年，石狮市司法局排查各类矛盾纠纷 3708 件，调解成功 3708 起，调解成功率 100%，接收社区矫正对象 536 名，接收刑释解教人员 432 名。办结各类公证 1888 件。受理法律援助案件 685 件。“海上枫桥”多元调解新模式作为典型经验在司法部《司法要情》刊发推介，“订单分包”创新调解模式作为典型经验在司法部《各地报送信息摘编》刊发推介；石狮市司法局获评“全国组织宣传人民调解工作先进集体”“全省司法行政系统先进集体”“全省人民调解先进集体”；2 人获评“全省人民调解先进个人”。

【人民调解】 2022 年，石狮市依托 1 个市级矛盾纠纷多元化解中心，9 个镇（街道）级矛盾纠纷多元化解中心，128 个村（社区）级矛盾纠纷多元化解工作室 ，29 个行业性、专业性调解委员会开展人民调解，排查各类矛盾纠纷 3708 件，调解成功 3708 起，调解成功率 100%。开展人民调解案件卷宗评查活动 2 次，评查调解卷宗 2291 卷。湖滨街道“订单分包”创新调解模式作为典型经验刊发于司法部《各地报送信息摘编》，省司法厅转发全省司法行政系统，并被《人民日报》报道。

【社区矫正帮教】 2022 年，石狮市社区矫正管理局成立石狮市曙光管理教育服务中心，提升教育感化、关怀帮扶；与石狮市海阔电脑设计职业技能培训学校签订职业技能培训和社区矫正教育服务合作协议，规范提升社区矫正对象的矫中、解矫教育；与第三方签订心理咨询服务合同，对社区矫正对象开展心理健康矫治工作。全年石狮市接收社区矫正对象 536 名，解除 519 名，做出训诫 63 人次，接收刑释解教人员 432 名，在册安置帮教对象累计 1945 人，接受公安、法院等部门委托调查评估 233 份。

【律师事务】 2022 年，石狮市司法局坚持政府购买“一村（社区）一法律顾问”服务全覆盖，村（社区）法律顾问参与起草审查合同 17 份，接受法律咨询 772 人次，参与纠纷调解 69 件，举办法治讲座 29 场；45 名律师入驻网络平台，33 名村（社区）法律顾问轮值律师入驻镇（街道）“党建+”邻里中心，每月定期开展法律咨询服务。依法办理 5 件涉黑恶案件代理、辩护；参与法院、信访局涉法涉诉信访工作 22 人次。

【公证服务】 2022 年，石狮市公证处办结各类公证 1888 件，其中国内公证 1426 件（含涉港澳公证 452 件、涉台公证 90 件），涉外公证 462 件，收取公证服务费 120 万元。其中，涉知识产权的公证 135 件、“最多跑一次”814 件、政府购买服务公证 60 件，办结保全证据公证 70 余件；为企业法人、其他经济组织减收 283 件公证服务费、核实费，为市公益活动、国有土地使用权拍卖、经济困难群众减免公证费用 10.55 万余元；监督国有土地使用权拍卖活动 6 场次，涉成交金额 18 亿元。

【普法教育】 2022 年，石狮市司法局组织、参与“法律进机关”32 场次、“法律进乡村”20 场次、“法律进社区”16 场次、“法律进学校”17 场次、“法律进企业”12 场次，“法律进网络”新媒体矩阵发布法治宣传相关微信推文、抖音视频 106 篇，举办“法治讲堂”活动 23 场次，在“法治直播间”录制法治视频 12 期；开展民法典宣传月活动 22 场次，“石狮司法”微信公众号及“法治石狮”抖音号推送民法典法

2022 年 12 月 8 日，石狮市 2022 年“宪法宣传周”暨“蒲公英”普法志愿者队伍启动仪式在石狮市委党校一楼报告厅举行。图为“蒲公英”普法志愿者队伍授旗仪式

（市司法局 供图）

律知识23篇。开展“12·4”宪法宣传周期间，录制石狮市“宪法宣传周”快闪系列视频5个，受众达1.2万余人次。各单位、各镇街道围绕重点时段举办宪法学习讲座20余场，开展法律“六进”活动70余场次，发放宣传资料10万余份。

【法律援助】 2022年，石狮市法律援助中心受理法律援助案件685件，其中，刑事案件451件，民事案件234件，接受各类法律咨询2852人次。“12348”公共法律服务平台解答电话咨询2392人次，受理网络咨询81件。

【公共法律服务体系建设】 2022年，石狮市公共法律服务中心、站、室138个，法治宣传教育基地4个，行业、专业人民调解组织166个，律师事务所15家，基层法律服务所1家，律师110名，基层法律服务工作者5名，执业公证员4名，法律援助工作人员3名，人民调解员750名。石狮市整合公证办理、法律援助、法律咨询、人民调解等功能，优化升级“12348”法律服务声讯咨询热线，打造“石狮司法”公共法律服务平台，45名律师入驻网络平台；融入“党建+”邻里中心建设，拓展镇、村二级公共法律服务平台，安排第一批33名村（社区）法律顾问轮值律师入驻镇（街道）“党建+”邻里中心，每月定期开展法律咨询服务；实现政府购买服务“一村（社区）一法律顾问”全覆盖，村（社区）法律顾问示范点创建率达40.6%。

（谢良生 陈誉佳）

仲 裁

【概况】 2022年，泉州仲裁委员会石狮分会受理案件数228件，受理案件标的额1.49亿元。其中，追偿权纠纷128件，占案件总数的56.14%。办理案件241件，结案168件。

【案件结案】 2022年，泉州仲裁委员会石狮分会办理案件总计241件（包含2021年未结案件13件），结案168件，结案率达69.71%。其中，调解68件，占总结案数的40.48%；裁决90件，占总结案数的53.57%；撤回申请10件，占总结案数的5.95%。当天调解结案53件，占全部结案数的31.54%。

【案件质量提高】 2022年，泉州仲裁委员会石狮分会加强对仲裁庭实施有效监督，组庭时除合理考虑案件性质及仲裁员的专业特点和实践经验外，还注重考虑仲裁员梯队培养以及推进仲裁员起草文书的需要，从源头上保证提升仲裁案件质量。在文书把关方面，坚持办案秘书、相关负责人、分管负责人及资深顾问层层把关审核环节，确保发出的仲裁裁决书经得住法律和社会的检验。加强内部案件管理，落实仲裁工作的有关规定，经常性梳理在手未结案件情况，敦促办案秘书并通过办案秘书督促仲裁员抓紧结案工作。加强对仲裁案件个案监督，必要时，秘书处及时启动与仲裁庭的沟通程序，有效防止仲裁庭对案件把握的偏差。

【服务领域拓展】 2022年，泉州仲裁委员会石狮分会推行仲裁服务进基层，通过走访企业的方式紧密联系商会行业协会等；通过与建设、金融、保险、物业等各行业领域建立联动机制，增加各行业与仲裁合作的积极性，提高仲裁与各个经济实体的融入度。主动联系省内外仲裁机构，学习探讨其先进经验，推进分会内部管理机制改革。

（刘学娜 庄学连）

军事

人民武装

【概况】 2022年，石狮人民武装部强化政治整训，开展国防教育培训，完成专项演练、征兵等工作。1人被泉州市征兵领导小组评为征兵先进个人，1人被泉州军分区评为动员备战先进个人并记嘉奖，1人被泉州军分区记嘉奖1次。

【思想政治教育】 2022年，石狮人民武装部围绕学习贯彻中共二十大精神，组织开展学习宣传贯彻中共二十大精神主题征文、演讲和文艺作品创作。通过党委中心组理论学习、党日活动、党小组会自学的形式，开展“忠诚维护核心、矢志奋斗强军”主题教育与各类专题教育，引导全部人员牢记革命历史、传承红色精神。深化政治整训，加强从严治部，严防政治风险。加强人员经常性思想政治教育，严格政治考核，强化保密纪律意识。

【军事训练】 2022年，石狮市人民武装部以实战牵引实训，以实训促进实备，按时组织各类民兵分队集训及轻武器射击训练，选派优秀专业技术骨干参加上级联演联训。常抓日常战备，定期组织民兵值班应急分队集结拉动点验并开展专项科目训练。

【征兵工作】 2022年，石狮人民武装部围绕兵役登记、廉洁征兵教育、体检上站、政治考核等开展新兵征集工作，组织征兵宣传进高校活动2次，印制征兵宣传抽纸1万盒，开展征兵宣传，完成全年征兵任务。

【国防动员】 2022年，石狮人民武装部抓好国防动员潜力调查，多次召开任务部署会，组织潜力数据会审和基层武装部集中办公，组织到辖区船运企业、编兵单位和重要目标走访调研并现场勘察。积极协调国动委各办保障到石狮驻训部队演练演训活动，持续为部队军事训练提供支撑。加强基层武装部与海防民兵哨所建设，深化动员准备，完善基层武装工作基础。

（杨源泉 曹耀华）

人民防空

【概况】 2022年，石狮市人民防空办公室组织开展人防工程平战转换、人防信息防护专业队伍训练、人防警报试鸣暨人员疏散演练。推进人防警报有线统控升级改造，提高石狮市防空警报鸣响覆盖率。中心城区警报覆盖率达到98%，警报鸣响率100%。

【人防宣传教育】 2022年，石狮市人民防空办公室结合“9·18”防空警报试鸣活动，组织协调宝盖镇、蚶江镇、鸿山镇、锦尚镇开展疏散演练。结合全民国防教育日，利用人防应急广播和多媒体播放平台在石狮市各个村、社区开展人防宣传和国防宣传教育。

【人防队伍训练】 2022年，石狮市人民防空办公室组织石狮市人防信息防护专业队参加泉州市人防信息防护分队集训，并作为示范队伍为其他县市区信息防护专业队进行野外应急通信保障项目的演练和示范，提高人防信息防护分队遂行人防使命职责能力。

（李丞 张基明）

退役军人事务

【概况】 2022年，石狮市统筹推进退役军人优抚安置、双拥共建、权益维护、优待证办理等工作，承办退役军人

2022 年 9 月 27 日，泉州市退役军人思想政治研究中心揭牌仪式举行

（市退役军人事务局 供图）

事务部举办的全国座谈会。在泉州海洋职业学院成立全省首个退役军人思想政治研究中心，实现高校和政府部门有机联动。“网格化 + 信息化”服务模式深化推广，得到退役军人事务部副部长和信息中心主任的肯定，经验材料在部里内参刊发，并在全国退役军人就业创业系统骨干培训班上作经验交流。双拥工作经验获省委常委、省军区领导批示肯定，获省双拥共建办转发，在全省推广。7 月，石狮市获福建省双拥模范城“九连冠”。

【双拥共建】 2022 年，军地联合举办端午节包粽子、篮球赛、联欢活动 15 场次，举办绿化美化军营、红色电影、法律、流动图书车、心理拓展训练、“粮油科技进军营”等活动 27 场次。军地联合开展“八闽拥军健康行”活动，为石狮市退役军人、军人家属及优抚对象义诊。推进“一村一企一学校”营连共建，开展庆祝建军 95 周年谜语展猜、“喜迎二十大 强国复兴有我”双拥灯谜竞猜活动。

【优抚优待】 2022 年，石狮市为重点优抚对象、60 周岁退役人员等发放各类补助金、优待金、体检费等 1272.99 万元。春节、八一建军节期间，走访慰问重点优抚对象，发放慰问金及慰问物资。常态化走访慰问、帮扶困难退役军人，发放慰问金和帮扶资金。为退役军人及其他优抚对象发放慰问信、春联和年画。举办优待证首发仪式，并通过在线上、线下平台滚动播放优待证政策措施，提高对象知晓率。

【褒扬纪念】 2022 年，石狮市推进新建烈士纪念广场、烈士纪念馆、烈士墓园等相关配套建设，校对烈士纪念设施数据资料，更新完善工作台账。落实零散烈士纪念设施签订管护协议，均由所在村委会或烈士亲属负责日常管护工作。选拔优秀英烈讲解员参加省退役军人事务厅举办的“八闽英烈讲解员”比赛，获一等奖。

【就业创业】 2022 年，石狮市推行退役军人“培训 + 就业”模式，以加强退役军人职业教育和技能培训为方向，开展退役士兵适应性培训。召开招聘会 7 场，并在闽南理工学院就业创业园帮助退役军人成功注册创办企业；泉州海洋职业学院就业创业园推进“浪花计划”高素质船员优质就业，推动甘肃、宁夏地区退役军人到规模以上企业就业。

【服务保障体系建设】 2022 年，石狮市强化退役军人服务保障信息系统运行，服务平台注册使用比例 95% 以上，实现市、镇、村三级平台和服务节点互联互通。按照“五有”（有机构、有编制、有人员、有经费、有保障）标准，建设村级服务站。创新崇军服务模式，201 个“崇军联盟”商家为退役军人和其他优抚对象提供覆盖衣食住行文旅娱等多个领域的服务。湖滨街道金曾社区退役军人服务站获评全省退役军人服务保障体系建设“五有”先进单位（村级 100 家），宝盖镇退役军人服务站获评“省级百家红色退役军人服务站”。

【崇军拥军司法服务中心成立】 2022 年 6 月 21 日，石狮市举行崇军拥军司法服务中心揭牌仪式。活动仪式上，石狮法院与石狮市人民武装部、市退役军人事务局共同签订《三方共建协议》，将退役军人服务工作、拥军工作与法院工作三者有机结合，确保多部门联动配合推进双拥共建工作。协助基层退役军人服务中心建设，通过入户走访、座谈沟通、组织开展法治文化活动等形式，开展常态化联系驻地部队、退役军人活动，加强以案普法、以案释法，打造法治文化宣传阵地。

（王晶晶 蔡宗凯）

外事　侨务　台港澳事务

外　事

【概况】　2022 年，石狮市完善外事工作机制，加强经贸合作交流，统筹协调资源整合，加强国际文化交流。参与省外事“友城话你知”宣传推介栏目。组织开展“外籍人士谈二十大访谈”“侨说二十大宣讲”等主题宣讲宣传教育活动。组织企业参加境外知名展会，拓展海外市场。

【企业参展】　2022 年，石狮市组织 23 家企业赴境外参加美国拉斯维加斯国际服装服饰及面料辅料展览会、德国柏林亚洲服装及配饰博览会、德国慕尼黑国际体育用品和运动时尚国际博览会等国际展会，推介石狮纺织服装产业。

【外事服务与管理】　2022 年，石狮市加强 APEC 商务旅行卡推介和管理工作，受理申办 APEC 商务旅行卡 10 批 19 人次。加强海外领事保护宣传，开展预防性领事保护宣传“进机关、进校园、进社区、进企业”活动，做好海外安全提醒工作。依托“石狮市来石人员信息服务系统”，运用“大数据 + 网格化”模式排查掌握相关信息，规范服务国外到石狮人员 6500 多人次。

【对外交流合作】　2022 年，石狮市对外交流合作活动丰富。5 月 18 日，石狮市以线上线下相结合的形式召开“中国（福建）—非洲青年跨境电商大会”，卢旺达、赞比亚、埃塞俄比亚、肯尼亚、埃及等非洲国家的青年企业家代表，电商创业人员，非洲两大跨境电商官方平台代表，省内高校非洲留学生代表参与商讨电商合作，推进福建省与非洲经贸合作。5 月 24 日，石狮市开展“亲情中华 • 为你讲故事”网上夏令营石狮营活动，邀请友好城市菲律宾那牙市的青少年参与。6 月 19 日，菲律宾驻厦门总领事欧莉娜一行 7 人在石狮市绿岛国际酒店举行庆祝菲律宾独立 124 周年活动。11 月 9 日，泰王国驻厦门总领事馆总领事马家汉一行到石狮参观东南亚采购集散中心，与商务部门、企业洽谈跨境电商人才培训、“两国双园”等合作事宜。11 月 25—27 日，石狮市举办“第八届中国（泉州）海上丝绸之路国际品牌博览会暨第二届 RCEP 青年侨商创新创业峰会”“2022 石狮国际时装周”，泰王国驻厦门总领事馆总领事马家汉、副总领事冰忆莲，菲律宾共和国驻厦门总领事馆副总领事何怡莲参加活动。

（市政府办）

侨　务

【概况】　2022 年，石狮市发挥侨务资源优势，加强为侨服务工作。启动 2022 年石狮市侨法宣传周活动。开展“以侨帮侨”活动，“一对一”帮扶贫困归侨侨眷 16 名。走访慰问贫困归侨侨眷 6 人次。巩固侨乡文化名镇名村创建成果，锦尚镇获评泉州市侨乡文化名镇。

【涉侨服务】　2022 年，石狮市为华侨归侨提供各项行政服务审批办理服务，办理华侨回国定居手续 145 份、审核出具“三侨生”身份证明 2 份、侨捐确认 1 份。

【联谊交流活动】　2022 年 5 月 18 日，泰国石狮同乡总会暨泰国石狮商会在泰国曼谷举行成立八周年庆典暨第三届理事会就职典礼，祖籍永宁的旅泰乡贤杨清筑任新一届会长。全年，石狮市累计拟写贺电 18 份、录制祝贺视频 5 个，向石狮市海外社团换届表达祝贺。

【第二届 RCEP 青年侨商创新创业峰会】　2022 年 11 月 25 日，石狮市举行

2022 年 11 月 25 日，石狮市举行第二届 RCEP 青年侨商创新创业峰会
（市委统战部 供图）

第二届 RCEP 青年侨商创新创业峰会。峰会以“携手新时代·合作促发展·同心创未来”为主题，采取线上和线下相结合的形式举行，共分为主旨演讲、机遇分享与项目推介、现场访谈三个环节，来自 50 个国家和地区的约 150 名青年侨商参加会议，线上开设包括所有 RCEP 成员国在内的全球五大洲 22 个国家和地区视频分会场，就福建省如何高质量实施《区域全面经济伙伴关系协定》，现场回应线上线下海内外侨商提出的问题，更好地服务闽籍青年侨商创新创业，助力新时代新福建建设。

（周振仞　邱汉清）

台港澳事务

【概况】 2022 年，石狮市提升服务台胞水平，做好台胞接待、对台经贸等方面工作，取得实效。加强台港澳联络联谊，举办第十六届闽台对渡文化节暨蚶江海上泼水节、第五届“海丝情·中国梦”港澳台青年精英故乡行等重要活动，走访慰问台港澳人士，推动石狮市台港澳工作发展。

【对台经贸合作】 2022 年，石狮市发挥石湖港台轮停泊点港口优势，接待停靠台轮台胞，服务对台小额贸易。截至 12 月，接待台轮停靠 20 航次、台胞 171 人次，完成对台小额贸易 254 万美元。

【台商台胞服务】 2022 年，石狮市走访台商台企 36 次，协调解决台商台企实际困难 3 件。落实惠台政策，为 12 名台籍考生办理中考加分身份认定，协调教育局照顾 11 名台商子女就读优质中小学。举行第十七届“两岸情·同胞心”助学金颁赠仪式，累计资助学生 592 人次。开展第一届“两岸都是一家人”重阳节慰问活动，为 54 名在石狮老台胞发放慰问金。

【第十六届闽台对渡文化节暨蚶江海上泼水节】 2022 年 6 月 3 日，石狮市举行第十六届闽台对渡文化节暨蚶江海上泼水节，活动以“线上直播 + 线上互动 + 云推官”的方式将闽台对渡、云游蚶江、蚶江美食等内容贯穿整个活动全过程，通过微信客户端、自媒体抖音直播等多个平台同步在线直播，近 50 万人次在线观看、参与互动。

【第五届“海丝情·中国梦”港澳台青年精英故乡行活动】 2022 年 11 月 25 日，第五届“海丝情·中国梦”港澳台青年精英故乡行活动在石狮举行，活动以“筑梦海丝路　携手新征程”为主题，吸引 50 余名港澳台青年参加。港澳台青年先后参访海上丝绸之路博物馆以及万寿塔、六胜塔、石湖码头等世遗景点，亲身体验闽南丰富多彩的传统民俗，品味海丝泉州、世遗之城的多元魅力。港澳台青年还与福建青年座谈交流，共同寻找在内地发展的新机遇。

2022 年 11 月 25 日，石狮举行第五届“海丝情·中国梦”港澳台青年精英故乡行活动
（市委统战部 供图）

经济管理

宏观经济管理

【概况】 2022年，石狮市实施“创在石狮”“购在石狮”“游在石狮”“吃在石狮”“住在石狮”等专项行动，积极对接上级各类产业扶持资金，完成印发《石狮市传承弘扬“晋江经验” 加快建设21世纪“海丝名城”2022年工作要点》《石狮“十四五”海洋强市建设专项规划》《加快建设“海洋强市” 推进石狮市海洋经济高质量发展三年行动方案》。加强经济运行监测分析、价格实时监测分析和成本调查，做好市场价格异常波动快速预警与跟踪调查分析报告。全年经济运行呈现稳中有进态势，石狮市地区生产总值增长4.2%，固定资产投资增长4.8%，社会消费品零售总额增长3.9%，一般公共预算总收入增长6.2%，地方一般公共预算收入增长14.9%。

【经济运行监测】 2022年，石狮市完成《关于石狮市2022年国民经济和社会发展计划执行情况及2023年国民经济和社会发展计划草案的报告》，总结2022年国民经济和社会发展情况，并提出2023年预期目标。开展2023年经济增长点摸底调研，深入各镇、街道了解企业发展状况，从存量和增量角度分析一、二、三产业增长的支撑点，为完成年度主要经济指标计划任务提供支持。每日监测发电、供气、污水处理等经济监测数据，完成月度经济运行情况分析，监测季度经济指标，并对详细分析支撑情况。

【重点项目建设】 2022年，石狮市20个省级重点项目累计完成投资66.57亿元，完成年度计划的123.97%；68个泉州市级重点项目累计完成投资185.33亿元，完成年度计划的123.71%；295个市级重点项目累计完成投资249.45亿元，完成年度计划的105.05%。

【产业结构优化升级】 2022年，石狮市生产总值1159.68亿元，同比增长4.2%。分产业看，第一产业增加值31.56亿元，同比增长1.7%，对地区生产总值增长贡献率为0.9%；第二产业增加值510.37亿元，同比增长3.4%，对地区生产总值增长贡献率为35.1%；第三产业增加值617.75亿元，同比增长5.0%，对地区生产总值增长贡献率为64.0%。三次产业比重为2.7∶44.0∶53.3。

【社会保障体系建设】 2022年，石狮市参加企业职工基本养老、医疗、失业、工伤和生育保险人数分别达到13.79万人、37.3万人、6.57万人、10.69万人和6.74万人。城乡居民医保新增参保人员4941人，增量比位列泉州市第一名。城乡一体化低保标准提高至940元，居泉州市县级市首位、全省县级市前列。强化养老服务供给，推动长福社区与泰和医院、厝仔村与蚶江镇伍星居家养老服务照料中心签约共建，在坑东村、宝源社区建设智慧健康小屋。落实“稳就业保民生”，在本地3所高校设立“留石直通车服务中心”，开展各类招聘活动30场，达成就业意向4198人，全年城镇新增就业5286人。

（刘少恺 张辉程）

国有资产监督管理

【概况】 2022年，石狮市市属国有企业资产总额595.36亿元，比2021年增长12.62%，负债总额336.67亿元，比2021年增长15.76%，资产负债率56.55%，比2021年上升1.53%。

2022年，行政事业单位资产总额32.35亿元，比2021年增长1.25%；

负债总额4.16亿元，比2021年减少1.56%；净资产28.19亿元，比2021年增长5.34%。

【国资国企监管】 2022年，石狮市加强国有资产监管，优化盘活国有资产。制订出台《石狮市加强国有资产盘活实施方案》，推动闲置资产调剂使用、调剂税务局八七路25间闲置店面供市禁毒委员会、市国投集团使用运营，提高资产使用效益。成立市场租金调研小组，调整闲置国有房产租金，盘活行政事业单位久挂未成交闲置店面23间。市属国有企业多渠道发布招租信息，新增出租资产57宗。梳理各部门单位资产确权办证情况，推动行政事业单位55宗资产完成86本确权办证，市属国企9宗资产完成132本确权办证。开展行政事业单位资产管理信息系统一体化整合工作，将资产管理嵌入预算编制、预算执行、会计核算、决算和报告等业务环节。加强日常管理，严控超标准配置，2022年审核办公设备购置申请214笔，退回超标购置申请35笔，审核资产报废133笔；调剂“公物仓”资产6笔。建立部门间资产调剂机制，推进资产共享共用，提高国有资产使用效益。

2022年，石狮市加强国企监督水平。联合市纪委监委共同设立石狮市国有企业监督管理中心，并搭建石狮市国资国企综合监管平台，通过资金、融资、财务、工程、采购、资产、监督、办公等功能模块，监测资产家底、综合财务、企业运营管理等情况。推进数字化综合监管。搭建“一中心一平台”国资国企综合监管系统，以8个功能模块为监管重点，梳理形成59个监督点、完成121家市属国企建档，实时监测市属国企运作管理情况。建立石狮市国有企业资源交易平台，全年发布公告63次，公开招标44笔，成交34笔、成交金额2430.51万元。

【国企投资与发展】 2022年，石狮市深化市属国企改革，整合优化企业内部结构和产业布局。印发《出资人权责清单》，调整审批清单、备案清单和负面清单，建立权责明晰、协调统一的公司治理框架；印发《市属国有企业尽职免责实施办法》，开展企业经营业绩考核和工资审计工作，激励国企干部担当作为，激发企业活力。优化债务结构，集中调度市属国有企业资质资产资源，形成融资合力，成功发行PPN（非公开定向债务融资工具）、私募债、超短融等多种债券产品，严控各集团融资成本。运营集团获评AA+企业主体信用等级，有效提升国有企业公信力，发行1.43亿美元债，为全省区县级首单、同期同类较高水平。推进“5510”项目，市属国企业承接市重点项目125个，年度计划投资49.1亿元。提升资产运营质量，制定“赋能国企 激活国资”实施方案，以企业经营业绩考核为抓手，策划生成可运营、可营收、可盈利项目35个，投资总额超20亿元。拓展盘活渠道，盘活华山古民居、人力资源大厦、玉埔花苑商场、凤凰城商场等多处闲置资产，截至年底，出租资产面积165.6万平方米，出租率81%，比2021年上升30%。

（刘培进 李美蓉）

自然资源管理

【概况】 2022年，石狮市加强土地一级市场运行管理，优化国土资源市场配置。石狮市总供地72宗283.38公顷，核发建设用地项目预审和选址意见书27件，用地总面积约78.27公顷。落实最严格的耕地保护，开展多种形式的废弃石窟综合治理，完成矿山修复治理面积36.73公顷。推进不动产登记工作，办理不动产权属登记14069宗。加强自然资源执法监察，开展土地执法日常巡查162次。

【自然资源审批】 2022年，石狮市规范建设项目用地预审和选址意见书核发，核发建设用地项目预审和选址意见书27件，用地总面积约78.27公顷。落实用林用海保障，审批用林项目6宗，涉及林地面积14.27公顷；审批用海项目1宗，涉及海域面积1.07公顷。

【耕地保护与开发】 2022年，石狮市加强基本农田保护区实地保护，设立镇级永久基本农田保护牌7块、界桩241块，明确地块位置，界定四至范围。落实政府主要领导耕地保护责任，与各镇签订耕地保护责任状7份，签订率100%，全年石狮市耕地保有量2270.13公顷，永久基本农田面积1686.67公顷。完成市域内年度耕地“进出平衡”，防止耕地违规转为其他农用地和建设用地。

【用地报批】 2022年，石狮市农用地转用及土地征收获批15个批次，总面积93.32公顷，其中新增建设用地156.82公顷（涉及耕地79.07公顷）。

【废弃矿山生态管理】 2022年，石狮市完成矿山修复治理面积36.73公顷，超额完成35.5公顷任务数，包括蚶江镇莲塘村西南方向废弃石窟生态修复综合平整治理面积16.53公顷、蚶江镇溪前（蚶江镇西迁村南方向）北锅山废弃石窟生态修复综合平整治理面积4.87公顷、蚶江镇青莲（蚶江镇溪前村南方向）牛岭山废弃石窟生态修复综合平整治理面积约15.33公顷等多处废弃石窟修复治理。废弃石窟生态修复综合治理入选自然资源优秀案例在全省进行推广。

【自然资源市场配置】 2022年，石狮市总供地72宗283.38公顷，总价款305166.26万元，其中出让方式供应37宗（挂牌出让工矿仓储用地18宗88.35公顷、挂牌出让商服用地3宗6.94公顷、拍卖出让城镇住宅——普通商品住房用地7宗20.34公顷、协议出让工矿仓储用地5宗8.504公顷、协议出让商服用地1宗0.36公顷、协议出让文化设施用地2宗0.79公顷、协议出让交通服务场站用地1宗13.59公顷）；划拨方式供应28宗141.96公顷（教育用地7宗34.27公顷、其他公共管理与公共服务用地6宗7.17公顷、拆迁安置用地1宗2.32公顷、交通运输用地12宗80.8公顷、其他用地2宗19.19公顷）；使用集体土地供应7宗2.55公顷。

【土地收购储备】 2022年，石狮市完成新增储备用地125公顷。组织举办土地招拍挂出让活动18次，出让成交28宗115.63公顷，出让成交金额28.76亿元。全年未新增土地储备专项债券，无储备项目融资贷款。

【不动产登记管理】 2022年，石狮市办理不动产权属登记14069宗，不动产抵押登记14852宗，不动产发证33395件。办理不动产查询77305宗。全年不动产收费1476.52万元。办理小微企业免缴登记费116笔，减免登记费5.864万元，涉企（房地产企业和金融机构除外）转移免缴322笔，减免登记费9.908万元。办理房票授权业务1823笔，授权金额9.16亿元，办理房票购房资金结算业务2148笔，结算金额9.29亿元，办理房票余额结算业务484笔，结算金额1.21亿元。

【自然资源执法监察】 2022年，石狮市开展土地执法日常巡查162次，夜间突击巡查4次，出动486次，海监巡查60次，整治4宗非法采挖海滩海砂行为，查处16宗围填海历史遗留问题违法图斑，立案查处林业违法案件7宗1.1公顷。

【测绘地理信息管理】 2022年，石狮市测绘资质单位8家，外地到石狮备案的12家，依托泉州市局多测合一平台，开展多测合一业务，17家测绘单位进驻多测合一平台，办理多测合一业务67宗。开展数字石狮地理空间框架建设，建设内容包括全市地形图修测、天地图和相关管理系统开发等。

（陈振华 邵树枞）

财 政

【概况】 2022年，石狮市落实组合式税费支持政策及稳住经济大盘系列政策措施，围绕向上争取资金、专项债券资金、县级财政管理绩效综合评价排名、财源培植等重点攻坚任务，实行一项攻坚行动一个工作专班，集中实施攻坚突破，各项任务均完成既定目标。全年一般公共预算总收入58.11亿元，比上年增长6.2%；一般公共预算收入43.62亿元，比上年增长14.9%，一般公共预算支出完成62.09亿元，比上年增长25.8%。

【财政保障民生福祉】 2022年，石狮市民生支出53.19亿元，占一般公共预算支出的85.65%。投入3.6亿元支持疫情防控，坚持教育优先，投入17.43亿元用于教育事业，建成一批教育项目，修缮改善校舍，整体提升学校办学水平；社保待遇稳步提升，投入1.96亿元支持医疗卫生事业，投入1.6亿元持续推进乡村振兴战略；投入3.52亿元支持环境卫生保洁、市政设施维护及城市污水治理等，投入2.84亿元用于完善社会保障服务体系，城乡一体化低保标准居泉州市县级市首位、全省县级市前列。

【产业财政扶持】 2022年，石狮市加强产业财政扶持，采取“退、免、减、奖、缓”等措施，兑现各级惠企纾困政策。全年扶持市场主体发展超20亿元，其中奖补直达平台兑现2865笔4.83亿元。落实组合式税费支持政策16.08亿元。落实疫情期间国有房产租金减免政策，减免4147户0.96亿元。

【财政管理】 2022年，石狮市依托预算管理一体化系统，完成预算管理执行、单位会计核算、绩效管理等功能模块上线运行，加强全流程监管。实施零基预算改革，从严从实编排年度预算，全年预算编制压减155个项目4.26亿元。推动预算绩效管理工作，开展绩效重点评价工作，涉及财政资金3.92亿元。出台《财政投资项目工程预结算审核管理方案》，重新梳理审核范围，调整财务决算审核权限等，规范评审程序及标准。强化财政监督检查，开展财经秩序专项整治自查自纠、“1+X”专项督查、年度预决算公开检查、会计信息质量检查、全市国有单位银行账户管理情况专项检查等。加强政府采购预算管理，完成货物及服务采购项目92个，节约资金0.16亿元、节约率8.33%。

【重点项目财政扶持】 2022年，石狮市实施重点项目攻坚行动，出台《石狮市财政局2022年重点攻坚行动实施方案》，围绕向上争取资金、专项债券资金、县级财政管理绩效综合评价排名、财源培植、预算一体化管理、国企改革、项目预结算管理、资产盘活八项重点攻坚任务，实行专班集中攻坚突破，其中向上争取补助资金13亿元，比2021年增长63.91%；专项债获批额度为历年最多，2022年支出率100%；完成预算管理系统一体化建设，完善预算闭环管理。

（刘培进 李美蓉）

税 务

【概况】 2022年，国家税务总局石狮市税务局推进税收征管改革试点，推广“非接触式”办税服务，打造“智慧税务”新模式。组织各项收入86.62亿元，比2021年增长36.8%。其中，税收收入40.35亿元，社保费13.95亿元，非税32.33亿元。新增减税降费16.1亿元。办理出口退（免）税24.38亿元。国家税务总局石狮市税务局第一税务分局（办税服务厅）获评“一星级全国青年文明号集体”。

【减税免税】 2022年，国家税务总局石狮市税务局组建工作专班，团队式统筹推进各项税费优惠政策，同步复盘研判潜在风险点及应对举措。开展“百人进千企”专项活动，邀请各级媒体、税费体验师感受办税流程，帮企业算税，送红利清单。全年新增减税降费16.1亿元，其中增值税增量留抵退税7.7亿元，制造业中小微企业缓缴税款4.3亿元，“六税两费”和其他政策减免4.1亿元。办理出口退（免）税24.38亿元。

【税收征管改革】 2022年，国家税务总局石狮市税务局探索加强基层建设和征管基础工作的新模式，提升基层整体治理能力。实施“网格化+专业化”管理，分级管理纳税人39231户，其中A级、B级纳税人占比34%。试点“税e选”工作模式，开展个体工商户随机核查。强化对第三方数据的提取、分析，提升税费征管的针对性和有效性。联合交管、邮政开展二轮次73户电商龙头企业服务提醒工作，引导电商业户规范经营、按实申报。

【依法治税】 2022年，国家税务总局石狮市税务局加强普法宣传，营造良好的税收法治环境。组建“公职律师涉税争议咨询调解中心”，引进执业律师参与，提供法律服务。提前介入公检法系统相关案件的审理，推进税收债权申报、拍卖欠税分配，共入库800万元。强化第三方数据分析严控风险。通过第三方平台定期提取水、电、气和排污费等数据，比对审核，分类评估，约谈举证，实地核查，及时评定处理。完成57批1172户次税收风险应对任务，缴回留抵退税5624万元，补税1377万元。

【纳税服务】 2022年，国家税务总局石狮市税务局开展便民办税春风行动和“春雨润苗”专项行动，成立“税悦工作室”，建立完善涉税服务快速反应机制。推广“学税定制”服务，实现税费政策宣传辅导输出。整合推出“一件事”套餐，推进纳税人缴费人“一件事一次办”，累计办理1356件。推广“闽捷办”，落实“非接触式”办税缴费新举措，减少纳税人“多趟跑”。深化“银税互动”，通过挖掘征纳互动服务的成效，提升区域纳税人信用水平，将纳税信用转化为融资信用，为符合条件的小微企业提供信用贷款。全年石狮市7家银行通过“银税互动”新增纳税信用贷款1027笔，为企业授信6.07亿元。

（洪加成 刘基郎）

2022年4月22日，国家税务总局石狮市税务局税务人员为信泰（石狮）科技有限公司计算可享受退税款

（市税务局 供图）

审 计

【概况】 2022年，石狮市完成审计项目25个，查出违规金额2959万元、管理不规范金额92908万元，提交审计综合报告和调查报告29篇，提出审计建议67条，促进被审计单位建立健全规章制度4条，促进整改金额43597万元。

【预算执行审计】 2022年，石狮市审计局开展2021年本级预算执行和决算草案审计，重点关注预算管理制度改革情况、一般性财政支出压减和支出结构优化、财政存量资金清理盘活、财政收支真实性和完整性、转移支付管理等，促进预算管理绩效提高。开展部门预算执行和决算草案审计，重点关注预算编制的真实性、完整性、有无挤占挪用、虚列支出、是否严格执行中央八项规定精神等情况，规范部门预算执行。市交通港口局制定《预算绩效管理制度》和《项目支出绩效评价管理办法》。

【经济责任审计】 2022年，石狮市审计局围绕强化干部管理监督，加大对重点领域、重点地区、重点岗位领导干部的经济责任审计力度，开展对市委办公室、市交通和港口局、市委党校、市教育局、永宁镇等8个单位的领导干部任期的履行经济责任情况审计，同步开展永宁镇、原水务处领导干部自然资源资产离任审计。监督检查领导干部守法守纪、履职尽责情况，推动领导干部依法用权和担当作为，完成10个领导干部离任审计，查出违规金额1343万元，管理不规范金额7829元，提出审计建议25条。

【政府投资审计】 2022年，石狮市审计局加强政府投资审计，促进提高政府投资效益。强化通道枢纽功能，了解“十三五”交通规划的目标完成情况，重大通道枢纽项目的完成情况，资金保障及相关政策保障情况等，抽查18个重要通道枢纽建设项目并要求建设严格履行基本建设程序，加强基本建设财务管理。关注政府投资建设。通过专项审计调查财政投资建设项目管理情况，发现建设项目管理中存在的问题，深入分析原因，提出建设性意见建议，加强财政投资建设项目管理，提高财政资金使用效益。

【重大政策跟踪审计】 2022年，石狮市审计局跟进粮食储备政策落实情况。重点检查2021年粮食购销、储存、轮换等领域的政策落实、业务管理及资金使用情况，揭示粮食安全领域存在的问题，促进相关单位建立《粮食储存损耗管理制度（试行）》和《储备粮轮换销售取样制度》等制度。关注石狮市海洋经济领域财力保障和政策落实情况。重点审计海洋经济领域22874万元资金分配和拨付情况、海洋经济发展相关政策落实情况，建议提高海洋经济项目管理，强化资金绩效考核评价。

【审计整改监督管理】 2022年，石狮市审计局组织开展审计整改“回头看”。对2020—2021年已到整改期的审计项目查出问题328个，已整改问题270个，整改到位率82.3%。加强整改规范化管理。规范整改工作流程，建立整改事项台账及“挂销号”制度，一事一号，对账对证据销号；规范台账管理。做好整改项目台账，记录每个审计查出问题的责任单位、整改措施、整改状态和整改成效，实行“清单制”管理。

（陈俊男 邓莲珍）

统 计

【概况】 2022年，石狮市统计局组织实施工业、能源、工业生产者价格指数等统计调查，完成固定资产投资、建筑业、房地产业、服务业等统计调查工作。加大统计执法检查力度，对61家企业开展统计“双随机”执法检查。根据石狮市“七人普”数据，编纂《石狮人口普查年鉴（2020）》。做好“四上”企业及固定资产投资项目新增纳统，新增“四上”企业241家，新增固定资产投资项目192个、房地产项目5个。

【统计调查服务】 2022年，石狮市统计局建立月报数据异常查询记录制度，加大对联网直报平台上的1472家（其中停产278家）“四上”企业数据的跟踪，提高源头数据质量。开展实地走访调研，重点走访经济影响较大，平台数据有趋势性、苗头性问题的企业，适时掌握企业生产经营状况。通过税务、电力等部门数据，了解企业纳税及用水用电情况，开展数据比对工作，核实企业经营状况。开展统计业务指导，举办业务培训会15场。做好名录库维护和一套表核查工作。全年新增单位5660个，剔除注销单位2318个，变更单位信息4666个。

【常规统计调查】 2022年，石狮市统计局贯彻统计调查工作方案要求，组织实施工业、能源、工业生产者价格指数等统计调查，组织实施主要耗能行业节能和重点耗能企业能源统计监测，配合节能、碳排放、生态环境主管部门开展节能、碳排放、生态环境保护等生态文明建设相关目标考核，完成固定资产投资、建筑业、房地产业、服务业、人口抽样、月度劳动力、小微企业、城乡住户、劳动工资、科技、文化产业、批发和零售业、住宿和餐饮业、农村、农业、农民等统计调查工作。

【统计执法监督】 2022年，石狮市统计局制定印发《关于持续开展全面清理纠正违反统计法律法规文件和做法工作的通知》，开展全面清理纠正2016年以来违反统计法律法规文件和做法的自查自纠工作。加大统计执法检查力度，对61家企业开展统计“双随机”执法检查，查处2起统计违法案件。强化统计执法监督职能，分专业开展数据质量核查7次。

（张辛荣 周加建）

价格管理

【概况】 2022年，石狮市加强价格监测预警与分析、公共服务价格管理、价格监管，发布民生商品价格50期，查处价格违法案件17起，受理刑事案件价格认定业务209件。

【价格监测预警与分析】 2022年，石狮市发展和改革局以居民生活必需品和重要生产资料为重点，每日采集3家大型超市和2家农贸市场两大类30种主副食品和日用品民生价格“价比三家”信息，加强价格实时监测分析和成本调查。做好市场价格异常波动快速预警与跟踪调查分析报告，增强政府价格调控决策的时效性和科学性。全年发布民生商品价格50期。

【公共服务价格管理】 2022年，石狮市发展和改革局核定中低压蒸汽供热价格、石狮市步行街地下停车场、华山归园田居停车等收费标准。落实价补联动机制。联合民政、财政、退役军人事务局及时为社会困难群体发放价格临时补贴。与市管局、民政局等相关单位，对全市涉企收费、教育收费、中介服务收费开展专项整治行动3次，抽查收费主体16家。

【价格认定】 2022年，石狮市发展和改革局受理刑事案件价格认定业务209件，完成209件，作出价格认定结论书209份，总标的额3900余万元，

（刘少恺 张辉程）

【价格监管】 2022年，石狮市市场监督管理局打击哄抬涉疫物资及民生商品价格违法行为，出动执法人员1100多人次，巡查检查经营户2500多户次，行政指导3例，责令整改1家，查处价格违法案件17起。

（卢玲珑 李雅芳）

市场监督管理

【概况】 2022年，石狮市在福建省率先实现县级企业登记档案信息查询掌上办、试行简单变更事项“免申即办”、试点市场主体歇业备案；推进石狮市世茂商业广场创建福建省食品安全示范街，顺利通过省食安办验收，查处经营使用非法肠胃镜系列案获国家药监局通报表扬，2022年福建省食品安全“一证通”试点通过验收；截至12月31日，新增市场主体27803户，全市各类市场主体155042户，查处行政处罚案件1004起，罚没款497.44万元，未发生市场监管领域安全事故。

【商事制度改革】 2022年，石狮市在福建省率先实现县级企业登记档案信息查询掌上办、试行简单变更事项“免申即办”、试验市场主体歇业备案，持续激发市场主体发展活力，全年新增市场主体27803户，其中内资企业新增5799户，外资企业新增105户，个体工商户新增21863户，农民专业合作社新增36户；办理食品经营许可证13159份、药品经营许可证254份、医疗器械经营许可证82份、第二类医疗器械经营许可备案447份，办理特种设备使用登记证12907台。推行“绿色通道”“容缺预审”“直通直达”等服务举措，服务重点企业679户。截至12月31日，全市各类市场主体155042户，其中内资企业47209家，外资企业1211家，个体工商户106425户，农民专业合作社197户。

石狮市市场监督管理局履行市场采购试点聚集区市场主体注册登记职责，创新服务方式，推动设立石狮市跨境电商产业园区，推行跨境电商集群注册登记新模式，全程指导并推动市场采购试点范围内跨境互联网电商注册的便捷受理。全年市场采购试点聚集区内新增市场主体4531户，其中市场采购贸易试点范围新增1416户、虚拟产业园新增2844户，跨境电商产业园新增271户。

【企业发展服务】 2022年，石狮市市场监督管理局开展服务实体经济活动。组织服务队入企业调研，有针对性地为鞋服相关企业开展好计量精准咨询和服务。指导石狮辖区4家参与制修订国家标准的企业申请福建省标准化资金补助；向8家企业发放2020—2021年福建省标准化补助资金25万元。组织开展印染行业绿色产品认证专题培训、品牌价值评价宣讲会和电商纺织产品质量提升讲座，提升质量管理水平。

【食品安全监管】 2022年，石狮市市场监督管理局开展食品安全生产、流通等各环节监管，完成食品安全监督抽检3146批次，快检7356批次，查处食品案件249起，罚没款105.84万元，警告176起。强化农村假冒伪劣食品整治、网络订餐食品安全监管、校园及周边食品安全风险隐患排查及中高考期间食品安全保障，查处餐饮服务违规操作食品安全违法行为183起，平台入网餐饮单位证照公示率、证照合规率提升至99.71%。开展校园食品安全监督抽检442批次，检测结果均合格。

【药械化妆品监管】 2022年，石狮市市场监督管理局开展药品经营使用环节专项整治行动、医疗器械质量安全风险隐患排查整治、化妆品经营使用环节专项整治行动，查处药品案件82起、医疗器械案件50起、化妆品案件8起，罚没款188.59万元，抽检医疗器械6批次、药品41批次、化妆品54批次。聘请第三方职业调查队伍开展医疗机构药械规范现场调查和评价工作，检查医疗机构356家，移送违法违规线索8条。

【消费维权】 2022年，石狮市市场监督管理局畅通诉求渠道，重点关注涉及疫情和节假日期间涉及旅游消费投诉举报，全年分流、转办、反馈、答复各类消费者投诉、举报件18000多件，按时初查率99.71%、按时核查率99.86%、按时办结率99.98%。发展ODR（在线消费纠纷解决）入驻企业，新增入驻企业5家，推动线下7天无理由退货自愿承诺活动，新加入2家大型超市，线下7天无理由退换货合计1619件，金额76045.29元。

【质量安全监管】 2022年，石狮市市场监督管理局开展流通领域燃气器具、燃气报警器及其附件、电动自行车质量、烟花爆竹等商品质量专项检查，立案1起。开展流通领域电动自行车用充电器、铅酸蓄电池质量监督抽检各5

2022年7月29日，石狮市市场监督管理局组织开展“咱厝人查厨房‘餐饮安全你我同查’”活动
（市市场监督管理局 供图）

批次、家用燃气灶质量抽检8批次、车用汽油、柴油质量抽检各10批次，立案查处抽检不合格企业7起。石狮市市场监督管理局对207批次抽查不合格产品开展后处理工作，立案查处省级、县级监督抽查不合格企业14起。联合泉州市石狮生态环境局、石狮市公安局按50%的比例检查石狮辖区内的5家机动车检验机构，重点检查机动车检验机构资质、人员及设备管理、是否按标准进行尾气排放检测等行为，未发现相关违法行为。

【特种设备安全监管】 2022年，石狮市市场监督管理局组织现场安全检查特种设备生产使用单位262家，排查并督促整改隐患42条；核查处置特种设备检验不合格或超期未检验事项367条，督促相关使用单位整改闭环，截至12月31日整改闭环率97%，平均闭环时效19.6天，较2021年同期缩短4.25天。组织排查整治电梯安全隐患，督促老旧电梯262台完成安全评估；开展电梯维保质量监督抽查，抽查电梯200台，督促相关电梯维保单位对抽查问题进行整改。检查特种设备生产使用单位873家次，发出《特种设备安全监察指令书》397份，查办特种设备安全违法案件16起，罚没款19.76万元。

【计量监督管理】 2022年，石狮市市场监督管理局开展冷水水表专项计量授权考核，授予福建省石狮供水股份有限公司冷水水表的专项计量授权证书；开展眼镜配制场所计量专项监督检查，检查经营户16家，未发现违反计量法律法规行为；开展2022年春节前电子计价秤计量专项监督检查，抽查集贸市场3个，责令整改3家；开展加油（气）机计量专项监督检查，抽查加油（气）站8家、加油机18台，现场未发现其他计量违法行为；开展医疗领域计量器具专项监督检查，检查计量器具856台次，责令整改5家，督促签署《医疗机构诚信计量承诺书》19份；开展中秋国庆定量包装商品和过度包装商品计量监督随机抽查，抽查27批次，净含量标注日用品类1批次不合格；加强计量器具管理，审核各类强检计量器具备案4463件。

【市场主体信用监管】 2022年，石狮市市场监督管理局组织开展个体工商户、农民专业合作社、广告经营者、食品生产经营单位、企业年报及经营行为“双随机”综合抽查，抽取市场主体1904户，415家企业、11家农民专业合作社被列入经营异常名录、199家个体工商户被经营异常标注。推进企业信用信息归集，石狮市各部门归集涉企信息24459条。加强经营异常名录管理，截至年底，企业被列入经营异常名录5364户次，个体工商户经营异常标注34318户次；移出企业经营异常名录619户次，取消个体工商户经营异常标注9078户次。开展2020—2021年度守合同重信用公示工作，推荐43家企业申报省守合同重信用企业，107家辖区企业被公示为泉州市级守合同重信用企业。关注重点领域监管，查处价格、广告、不正当竞争、直销传销等案件60起。查处无照经营案件11起，按规定通过公函及抄告平台等方式向相关部门抄告29条。

（卢玲珑 李雅芳）

知识产权保护

【概况】 2022年，石狮市新增注册商标17324件，新增授权专利2599件，其中发明专利91件，实用新型1880件，外观设计专利627件，有效发明627件，每万人发明专利拥有量9.14件。

【知识产权运用】 2022年，石狮市市场监督管理局推动5家企业开展知识产权质押贷款融资，获得贷款5200万元；加强知识产权公共服务体系建设，指导福建华昊信息技术咨询有限公司申报知识产权信息公共服务网点；组织8家企业申报省知识产权优势企业；推荐1家企业申报泉州市企业运营类专利导航项目获批并获得补助资金20万元；推荐福建石狮市福盛鞋业有限公司和石狮市华宝明祥食品有限公司为“泉州市品牌企业知识产权保护联盟”成员单位。

【知识产权宣传及维护】 2022年，石狮市市场监督管理局开展2022年全国知识产权宣传周系列活动，举办以“企业知识产权管理与风险防范”为主题的线上培训活动，印制《知识产权扶持奖励项目申报指南》，发动企业积极开展专利项目申报；加大对实体市场、重点商品及侵权假冒重点领域和区域执法力度，重点做好奥林匹克知识产权保护，2022年立案查处知识产权案件110起，其中，商标案件83起、专利案件27起；推荐石狮市私营企业协会申报泉州级知识产权保护站并通过验收。

（卢玲珑 李雅芳）

口岸综合管理

【概况】 2022年，石狮市推动口岸发展事业，从培植外贸航线、推进基础设施建设、优化通关环境等方面，深度融入以国内大循环为主体、国内国际双循环相互促进的新发展格局，推动口岸高质量发展超越。全年港口货物吞吐量3693.11万吨，比2021年增长4.78%；集装箱吞吐量165.52万标箱，比2021年增长5.87%；散杂货吞吐量979.35万吨，比2021年增长29.55%。泉州港口岸泉州湾港区锦尚作业区扩大开放通过省级验收。

【口岸基础设施建设】 2022年，石狮市主要有石湖、锦尚两大良港作业区。石湖港为国家一类口岸，是泉州港内外贸集装箱枢纽港和东南亚地区最大的石材交易市场，主营集装箱业务，兼营以荒料石为主的散杂货业务（含保税仓储业务）。开通内贸航线20多条，覆盖国内各主要港口，开通外贸航线15条，覆盖菲律宾、越南、日本及非洲等地，与厦门港形成远近洋错位发展格局。2022年石湖码头货物吞吐量2401.05万吨、集装箱134.4万标箱（其中外贸8.5万标箱）、散杂货225.5万吨。锦尚作业区下辖华锦码头和鸿山热电码头2个作业点。其中，华锦码头岸线长880米，2022年完成货物吞吐量1292.06万吨；鸿山热电码头岸线长660米，2022年完成货物吞吐量966.54万吨。

【口岸营商环境优化】 2022年，石狮市推进进口“两步申报”“两段准入”通关模式改革，推广出口“提前申报”模式，推动提升通关便利化水平。推行“不见面查验”，优先安排辖区生产企业进口生产原料目的地查验，加快口岸货物流转。推进口岸压紧通关时效工作，推广提前报关，优化现场监管和后续处置工作衔接。持续扶持发展外贸航线。加强与码头企业和航运公司的对接联系，优化调整外贸航线扶持政策，重点开拓东南亚近洋航线，完善石狮与东南亚国家（地区）的航线网络覆盖，2022年开通4条外贸新航线，分别为6月3日开通首条非洲荒料石航线、9月15日开通泉州首条俄罗斯远东外贸航线、9月19日、10月18日新增2条菲律宾航线。至2022年底，共开通“一带一路”外贸航线15条，加快形成循环式的国际物流链条。

【锦尚作业区扩大对外开放通过省级验收】 2022年9月，福建省人民政府口岸工作办公室牵头会同厦门海关、厦门边检总站、福建海事局等有关驻闽口岸查验主管单位组成验收组，对泉州港口岸泉州湾港区锦尚作业区扩大对外开放进行省级验收，验收组同意泉州湾口岸泉州湾港区锦尚作业区扩大开放通过省级验收，并上报申请国家验收。锦尚作业区隶属泉州湾港区，是泉州港新兴港口作业区，下辖华锦码头和鸿山热电码头2个作业点。其中，华锦码头岸线长880米，有5000吨级、1.5万吨级、2万吨级（兼靠3.5万吨级）、3.5万吨级等4个泊位，后方陆域面积约30万平方米，航线覆盖国内主要港口，主营集装箱、散杂货业务；鸿山热电码头岸线长660米，有1个10万吨级煤炭专用泊位，年设计吞吐量为846万吨，码头主要靠泊船型为7万吨级和10万吨级煤船，年平均卸煤量约800万吨。泉州港泉州湾港区锦尚作业区扩大对外开放于2019年11月获国务院口岸扩大开放正式批文，各项设施已按标准建成，具备口岸开放条件，于2022年2月通过泉州市级验收。

（市商务局）

海关监管

【概况】 2022年，泉州海关驻石狮办事处加强提升跨境贸易便利化水平和防控境外疫情输入，全年监管进出关境船舶758艘次，审核进出口报关单97359票。办理进出口业务“两简”案件90起。

【进出口业务】 2022年，泉州海关驻石狮办事处审核进出口报关单97359票，货物总重量376.65万吨，货物总价值89.95亿美元，分别比2021年增长19.08%、下降15.1%和增长26.9%。其中，进口报关单1714票、货重155.65万吨、货值2.55亿美元，分别比2021年下降55.8%、26.8%和29.2%；出口报关单95645票、货重221万吨、货值89.95亿美元，分别比2021年增长22.8%、下降4.2%和增长29.9%。区外加工贸易手册备案11份，备案金额1402.54万美元。签发原产地证4894票，比2021年增长219.04%，签发金额5.18亿美元，比2021年增长235.02%；报检6548票，企业变更207家，新增企业备案272家，企业注销

215家；办理“两简”（简单案件、简易程序案件）案件90起，涉检快办51起，涉检一般案件2起；为缉私部门办理案件计核52宗，涉及商品2537项，税款28978.31万元。

【通关便利化】 2022年，泉州海关驻石狮办事处压缩通关时间，确保口岸通关便利化水平提高。全年石狮办出口整体通关时间1小时，进口整体通关时间29.28小时，分别比厦门海关平均整体通关时间低0.25小时、0.03小时。参与市场采购贸易平台建设，实行“一站式”服务和“互联网+海关”等措施，接受企业24小时申报和出口提前报关，99%以上报关单达到“秒审”“秒放”。开展政策宣讲，指导企业用好“简化申报”等市场采购优势政策，了解和征集企业的困难和建议并开展系列政策指导活动。加强重企业信用培育，组织开展新海关信用管理政策宣贯，为地方重点企业量身制订个体化信用培育方案，开展“一对一”企业认证体系帮扶工作，建立AEO（经认证的经营者）储备企业梯队。

【市场采购试点】 2022年，石狮市发挥石狮服装城作为国家级市场采购贸易试点的优势，石狮服装城出口8.65万票、504.41亿元，比2021年增长26.43%和33.4%。出口商品涉及建材类、鞋类、日用百货、机器及机械类制品、纺织服装类等13个大类，产品出口到东南亚、中东等160多个国家和地区。市场采购信息平台统计备案企业数量6457家。信息平台备案商品13类491501项，其中新增备案商品196295项。

【出入境检验检疫】 2022年，泉州海关驻石狮办事处监管进出关境船舶758艘次。检出一般性有害生物印度谷螟、长角跳虫等7批次、14种类、16种次；检出检疫性有害生物台湾乳白蚁1批次、1种类、1种次；入境货物集装箱中检出检疫性有害生物红火蚁1批次、1种类、1种次。

【海关缉私】 2022年，泉州海关驻石狮办事处加大对武器弹药、毒品走私、濒危物种及其制品走私、洋垃圾走私和其他重点渠道、重点领域、重点商品走私的打击监管力度，在一般贸易渠道查获进口危险化学品未如实申报2起。对台贸易渠道查获13箱外包装违反一个中国原则货物。办理“两简”案件86起，涉检案件38起，移交缉私案件线索16起。

（林健雄 何丽玲）

海事监管

【概况】 2022年，泉州石狮海事处加强水上交通安全监管中心工作，围绕安全生产强化年、安全生产大检查、三年行动巩固提升年活动开展各专项行动，开展海上联合巡航执法16次。严格审批国际航行船舶进口岸申请及审批手续，查处国际航行船舶未经许可进出口岸的违法行为1起。推动船员换班渠道畅通，保障国际航行船舶21艘次316名中国籍船员换班。

【重点船舶安全监管】 2022年，泉州石狮海事处加强重点船舶安全监管。加大对高风险船舶、船龄大于12年和曾从事非法装载海砂船舶的检查力度，开展现场监督机制砂船56艘，安检18艘并滞留4艘，处罚案件12起。加大对被评为C类船舶的检查力度，开展现场监督危险品船舶12艘，安检6艘并滞留1艘低标准油船。开展施工船舶现场检查20艘，其中安检12艘并滞留2艘，处罚案件10起。规范海上休闲旅游船舶运行，制定船舶信息清单，加强联合执法，新增海上休闲旅游船舶2艘，累计海上休闲旅游船舶8艘。

【水上安全风险防范】 2022年，泉州石狮海事处围绕安全生产强化年、安全生产大检查、三年行动巩固提升年活动开展各专项行动，排查梳理安全风险3类，问题隐患21项，均完成整改。加强商渔船碰撞风险防范。开展商渔船船长面对面交流2次、商渔船防碰撞专题宣讲4次、进渔村进校园活动3次，提升防范成效。发挥现场综合指挥室作用，结合无人机等科技手段，加强对重点水域的船舶动态管控。开展联合执法，与农业农村局、海警、航道站等涉海部门开展海上联合巡航执法16次，处置碍航捕捞、非法养殖9次，保障商渔船通航安全。

【海上入境管控】 2022年，泉州石狮海事处严格审批国际航行船舶进口岸申请及审批手续，严格核查国内航行船舶进港报告信息，核对船舶AIS（船舶自动识别）轨迹及在船人员信息。加强巡查范围覆盖辖区水域、岸线，掌握在港船舶动态信息。加强联防联控，强化海上非法入境渠道管控，与海关、边检等口岸单位建立健全联络机制，做好入境船舶信息及时共享、人员及时管控、疫情及时处置工作。与工信局等部门定期巡查辖区船厂，督促修造船企业严格落实主体责任，严禁私自承接国际航行船舶的维修业务。查处1起国际航行船舶未经许可进出口岸的违法行为。

【船舶污染防治】 2022年，泉州石狮海事处组织船用燃油质量监督检查，开展到港船舶燃油含硫量快速检测170艘次，发现船舶使用不符合标准或者要求的船舶用燃油的违法行为5起。强化到港船舶岸电使用监督检查，上报船舶岸电使用情况81艘次。加强危防从业人员监管和船岸应急训练和演练，配合船舶处做好“两员”管理核查工作3人次，规范源头申报工作。

【港航经济服务】 2022年，泉州石狮海事处开辟重点物资运输船舶海上“绿色通道”，重要生产和民生物资安全、高效运输，保障重点行业产业链供应链稳定。发挥海事专业优势，加强与防疫部门、港口、海关、边检等单位协作，实现联防联控无缝对接，推动船员换班渠道畅通，保障国际航行船舶21艘次316名中国籍船员换班。推进锦尚作业区口岸开放，参与指导辖区码头、泊位对外开放工作，强化与地方政府、口岸单位的协调配合，指导业主单位配备相关设施设备和落实相关措施，督促指导码头业主单位主体责任落实。推进辖区涉水工程复工复产，针对泉州市级重点项目太平洋码头石湖作业区5—6号泊位工程，以及石狮高新区污水处理厂历史遗留问题，与建设单位交流沟通，派专员指导施工单位编制施工作业保障措施方案。优化进出口岸审批手续办理，保障新增外贸航线“中国泉州—俄罗斯远东航线”投入运营。

（洪华东　郑钧衡）

农业 农村

综 述

【农业政策支持】 2022年，石狮市出台《石狮市进一步支持现代农业产业化发展实施意见》，完成兑现拨付2022年石狮市本级农业产业化扶持资金129.52万元。其中，耕地集中规模流转20万元、农业品牌推介及参展2万元、培育农村实用人才1.6万元、“三品一标一牌”认证奖励1.5万元、农业节水灌溉60.5万元、大棚蔬菜、水果种植1万元、粮食作物种植推广42.92万元。

【新型农业经营主体培育】 2022年，石狮市有国家级农民专业合作社示范社1家，省级农民专业合作社示范社2家，泉州市级农民专业合作社示范社3家，省级家庭农场示范场4家。市农业农村局指导石狮市协盈农机服务合作社获评2022年泉州市级“十佳”农民专业合作社，指导石狮市尚益源农场获评2022年泉州市级“十佳”家庭农场。

2022年，石狮市新增农业产业化市级重点龙头企业3家（福建省海星生物科技有限公司、石狮市长发其祥食品有限公司、福建泓一实业有限公司）；新增农业国际贸易高质量发展基地2家（福建万弘海洋生物科技有限公司、石狮正源水产科技开发有限公司）。截至年底，石狮拥有农业产业化国家重点龙头企业1家，农业产业化省级重点龙头企业5家，农业产业化泉州级重点龙头企业10家。

【山海协助对口帮扶】 2022年，石狮市与政和县开展山海协作对口帮扶工作互访交流。石狮市落实帮扶资金1300万元，两地共同引进福建波菲特新型建筑材料有限公司、福建省浙立合金铸造有限公司入驻政和石狮产业园，合作开展学校联合专场线上招聘会，提供就业岗位785个。石狮市给予24名政和籍到石狮务工满一年的申请人2021年基本养老、基本医疗和失业保险个人缴费部分金额补助金112136.72元，组织企业家们到政和县开展捐资助学活动，资助10个困难大学生总计10万元。两地加强农业领域合作，签订“点对点”生猪购销协议，实现产销合作，保障市场供给，全年调运5车次591头。两地签订文旅合作协议，深度挖掘两地旅游精品合作潜力，推动两地旅游产业发展。

【农业科技与信息化建设】 2022年，石狮市推进农技推广服务信息化建设，引导推动农业专家教授、基层农技人员等，通过“云上智农”App、福建“12316”、“慧农信”、微信群和QQ群等平台，在线开展问题解答、咨询指导、互动交流、技术普及等，服务90人次。

【农业综合执法】 2022年，石狮市农业农村局出动农业执法检查人员583人次，检查农资经营店43家次、饲料生产21家次、宠物诊疗44家次、农业机械63辆次、生猪屠宰场37家次、农产品生产主体68家次、宅基地检查12家次、大棚房检查14家次，立案11起，结案9起，罚没款3.1万元，未发生重大农资质量事故和农产品质量安全事件。开展防灾减灾宣传咨询日、农业安全生产暨农产品质量安全宣传、农民丰收节、食品安全宣传周等农业普法活动7场，下乡推广90余次，推广种养户180余家次，分发各类宣传材料800余份。

【农产品质量管理】 2022年，石狮市完成蔬菜、水果等种植类产品农药残留快检5070份，未发现问题产品；本级监督抽检202份，其中3份不合格，罚款0.4万元；接受上级风险专项监测35份，未发现问题产品；上级监督抽检68份，1份不合格，立案处理完毕。全年开展农产品检查77次、167人次，抽查农产品种植主体68家次，办理销售的农产品中农药化学物质残留不符合农产品质量安全标准案1起、使用禁用农药案2起，罚没款0.93万元。

【农业生产技术服务】 2022年，石狮市推介测土配方施肥技术应用面积2873.33公顷次、推广有机肥增施面积累计840公顷、推行水稻、甘薯、花生及胡萝卜等大宗作物秸秆还田面积累计达960公顷次，促进全市耕地质量提升0.08个等级。开展科学用肥宣传工作，推进化肥使用量"零增长"减量化专项行动。据统计，2022年农用化肥使用量（折纯）1425吨，比2021年下降2.73%。

（市农业农村局）

种植业

【概况】 2022年，石狮市农作物粮经比为38.6∶61.4，农作物播种总面积2920公顷，主要作物有水稻、甘薯、花生、大豆和蔬菜瓜果等。水果年末实有种植面积75.2公顷、总产920吨，其中可采摘面积61.3公顷。主要种植葡萄、芒果、枇杷等其他水果，其中葡萄种植面积21.6公顷、总产1399吨，芒果9.7公顷、总产89吨，枇杷9.7公顷、总产22吨。

【粮油作物生产】 2022年，石狮市粮食作物主要有水稻、薯类、大豆及其他杂粮，粮食播种面积1126.6公顷，总产5340吨，比2021年分别增长1.16%和4.03%。其中，水稻播种面积104公顷，总产689吨；甘薯等薯类作物播种面积945.6公顷，总产4357吨；大豆（含杂豆）播种面积41.7公顷，总产89吨。油料作物以花生为主，播种面积251.87公顷，总产561吨，比2021年减少1.77%和0.72%。其中，夏花生222.67公顷、总产482吨；秋花生29.2公顷、总产79吨。

【农作物病虫害防控】 2022年，石狮市坚持"预防为主、综合防治"的植保方针，开展主要病虫预警监测、综合防治和区域检疫对象调查、防控等工作。石狮市主要农作物病虫害发生面积3340公顷次，防治面积4573.33公顷次，其中开展统防统治面积3380公顷次，占全年病虫害防治面积的44.30%；推广应用农作物病虫害绿色防控技术1326.67公顷，占全年病虫害防治面积的44.42%。

【农业技术推广】 2022年，石狮市组织实施2022年全国基层农技推广体系改革与建设补助项目，围绕提高基层农技推广服务水平，推广优质绿色高效技术，建设长期稳定的农业科技示范服务平台，培育农业科技示范主体等主要工作目标，推进基层农技推广体系建设。建立分级分类培训机制，采取异地培训、集中办班、现场实训、网络培训等方式，加强农技人员知识技能培训，组织27名农技人员参加省级、泉州市级基层农技推广培训。创建农业科技示范基地。组织遴选建设2个示范带动效果明显、长期稳定的农业科技示范基地。依托基地开展集成示范先进适应技术、开展观摩培训，实施100%农作物秸秆综合利用、100%农膜科学使用与回收利用等技术措施。组织主推技术遴选与推介。立足全市优势农产品和特色产业发展需求，遴选确定22个主导品种，9项主推技术，制订技术操作方案，印发技术明白纸。培育农业科技示范主体。遴选100个能力较强、乐于助人的新型农业经营主体带头人、种养大户等作为农业科技示范主体，通过指导服务、技术培训、现场观摩、物化补贴绿色农资等方式，把配套集成、简单易学的种养技术、防灾减灾和标准化生产技术传授给示范主体，把省工省力、节本增效的新型农机具推广到示范主体，提高示范主体的自我发展能力和对周边农户，特别是小农户的辐射带动能力。

【化肥农药减量】 2022年，石狮市坚持以绿色生态为导向，化肥减量增效、农药减量控害为目标，推广测土配方施肥技术、有机肥增施、秸秆还田等技术措施，开展农作物病虫害绿色防控与统

2022年10月21日，石狮市农业农村局组织验收2022年实施的福建省甘薯新品种（紫色型、优质淀粉型）展示示范项目 （市农业农村局 供图）

防统治，多措并举推进全市农用化肥、农药减量化专项行动。2022年，石狮市化肥（折纯量）使用量1425吨，比2021年减少2.73%；农药使用量31吨、比2021年减少3.12%。

【种子】 2022年，石狮市落实实施3个福建省级、3个泉州市级的农作物新品种试验展示示范项目，总面积40多公顷，引进农作物新品种55个，含水稻、甘薯、花生等进行试验展示示范，筛选出适合全市生产推广的优良农作物新品种3个。加快农作物新品种的更新换代，全市农作物良种覆盖率达98.8%，优质专用率达86.8%。在异地无病区建立优质高产甘薯良种薯块育苗及扩繁架植基地，从广东农业科学院引进脱毒一代种薯加强育苗管理，生产46.96万株“广薯87”脱毒无病良种壮苗，全部免费赠送给石狮市农业合作社与广大农户作为甘薯生产用苗，解决石狮市常年甘薯生产由于疮痂病危害造成的减产局面，创造甘薯亩产超万斤的超高产量，比传统种植甘薯增产30%以上。

（市农业农村局）

林 业

【概况】 2022年，石狮市围绕“森林城市、城市森林”思路，建立“林长+法院、检察院、公安局”等联动机制，开展义务植树活动8场次，完成造林绿化和森林抚育60.53公顷。加强森林防火安全生产工作，实现森林火灾“零发生”，森林防火形势较为平稳。

【森林资源保护】 2022年，石狮市森林覆盖率10.66%，森林蓄积量6.5万立方米，林地保有量1325公顷，林业自然保护区（含保护小区）403.86公顷，湿地保有量6838.31公顷。在林地的使用上严格遵循“占补平衡，先补后占”的原则，做好保护发展森林资源目标责任制工作，实现环境建设与经济建设协调发展。

【造林绿化】 2022年，石狮市组织开展义务植树活动8场次，累计完成造林绿化和森林抚育60.53公顷，完成古树名木微景观改造14株，落实环境卫生整治工作，拆除各类影响古树生长的临时建筑物。

【森林防火】 2022年，石狮市加强护林员管理，落实巡山护林，强化定位系统检查。完成主要林区山体道路测绘工作，制作石狮市森林防灭火指挥图。组织开展春季秋季森林防火宣传月、《石狮市森林火灾综合风险普查》调查工作。推进“防火码”推广工作，下发19座山体“防火码”二维码，确保有序开展进山人员信息自愿登记工作。加强落实春节、清明节、国庆节等重要节点的林区火源管控和隐患排查等森林防火安全生产工作，实现森林火灾“零发生”，森林防火形势较为平稳。

【林业病虫害防治】 2022年，石狮市开展松材线虫病防控工作和松林改造提升工作，完成清理松枯死木4529株，诱捕松墨天牛4009只，完成35.33公顷松林改造任务。

【野生动植物保护】 2022年，石狮市自然资源局组织开展泉州湾河口湿地省级自然保护区（石狮段）互花米草清理工作，恢复滩涂面积200余公顷，原有光滩等自然海滩生态逐步恢复，光滩带内浮游生物、底栖生物种类繁多，鱼、虾、贝、藻种类数量明显增加，为候鸟栖息繁殖，提供大量的食物来源。

2022年10月以来出现在石狮水头外线湿地的冬候鸟除了黑脸琵鹭、白琵鹭外，还有数十只国家二级重点野生动物白腰杓鹬、大杓鹬，以及约500只反嘴鹬和大量鸻鹬类、雁鸭类候鸟。11月22日，5只国家一级保护动物白鹤再次出现在泉州湾河口湿地省级自然保护区（石狮段），该区域正处于石狮市互花米草除治区。截至2022年底，在全市记录到的鸟类有200余种，包括国家一级保护鸟类白鹤、黑脸琵鹭、彩鹮，及国家二级保护白琵鹭、黑翅鸢、红隼、岩鹭等各类国家、省级重点保护鸟类。

（陈振华 邵树枞）

畜牧业

【概况】 2022年，石狮市继续执行规模化畜禽禁养区规定（石狮市水禽遗传资源保护研究中心除外），全市有少量农村散养畜禽，未发生区域性重大动物疫病。截至年底，石狮市家禽存栏3万羽，比上年增长0.07%，出栏2.2万羽，和上年持平；牛存栏90头，比上年增长0.05%，出栏110头，比上年增长0.1%；羊存栏100头，比上年增长0.11%，出栏150头，比上年增长0.5%。

【动物疫病防疫】 2022年，石狮市强制免疫家禽禽流感5.96万羽，牛羊口蹄疫674头、羊小反刍兽疫91头，群体免疫密度达到国家规定要求，监测家禽禽流感血清样品1998份，口蹄疫样品20份。开展病原学监测，抽检屠宰场、畜禽批发市场、市种业发展中心、野鸟栖息地双腔棉拭子样品、组织样品及环境样品290份，非洲猪瘟检测结果均为阴性，抽检禽类样品225份，禽流感H5、H7检测结果均为阴性。开展动物疫病流调工作，送检禽类双腔拭子40份，禽类血清样品40份，犬猫血清样品32份。开展布鲁氏菌病基线调查工作，抽检全市牛羊血清样品130份，均为布鲁氏菌病抗体阴性，全市畜间布鲁氏菌病得到稳定控制。依托市区现有的11家具有动物诊疗许可证的宠物医院或诊所建立犬类定点免疫点，开展犬类狂犬病免疫工作并发放犬牌。联合宠物诊疗机构到永宁镇港东村开展犬猫狂犬病免疫公益下乡暨人畜共患病防治宣传活动。石狮兽医刘伟代表泉州市参加福建省动物检疫检验员技能竞赛，获得第二名，被授予福建省技术能手和“金牌工匠”称号。

【动物卫生监督】 2022年，石狮市屠宰检疫生猪216632头，监督屠宰场无害化处理病死生猪82头；抽检“瘦肉精”7988头份，检测结果均为阴性。不定期开展实地检查37家次，办理1起未经调入地动物防疫监督机构批准，从县境外调入动物产品案，罚款0.3万元，无害化处理猪肉60千克。

【饲料行业管理】 2022年，石狮市加强饲料主体监管。对全市2家饲料生产主体进行企业生产经营活动日常监督检查和安全生产专项整治检查，出动执法人员43人次，检查饲料生产主体21家次，抽检鱼粉样品1份，检测结果为合格，2家饲料生产主体均签订安全生产标准化承诺书，均完成企业安全生产标准化评定。

【畜禽养殖污染整治】 2022年，石狮市组织畜禽养殖巡查10次，出动执法人员25人次，重点监控已清理、关闭的畜禽养殖场，巡查厝上溪河道周边，严格执行畜禽禁养规定，防止养殖回潮，未发现违法畜禽养殖场。

【水禽遗传资源保护研究】 2022年，国家水禽品种资源基因库有效保护鸭地方品种15个，开展第三次全国畜禽遗传资源普查，实施褐色菜鸭的体形外貌、体尺体重、繁殖性能等指标的测定及相关影像资料的拍摄任务。

【应急物资储备】 2022年，石狮市储备消毒药品5.93吨，其中烧碱2.75吨，大型动物扑杀器2台，高压电动喷雾消毒机2台，消毒喷雾器28台，疫点、疫区警示牌44个，应急灯54个、防护服700件、动物尸体袋5000个、口罩等应急物资。下发消毒药品至各镇（街道）、全市各大农贸市场、活禽批发市场、屠宰场、市种业发展中心水禽基因库等重点场所2.76吨。

（市农业农村局）

海洋与渔业

【概况】 2022年，石狮市加大对渔业各项基础设施的投入力度，优化渔业产业结构和布局，推动全市渔业经济持续稳步发展。石狮市水产品总产量400469吨，比2021年增长1.47%；近海捕捞产量288186吨，远洋捕捞49758吨，渔业产值增长，达到581542万元（含远洋捕捞产值），比2021年增长11.87%。其他各项主要指标呈平稳波动态势。

【海洋捕捞业】 2022年，石狮市海洋捕捞总量337944吨，比2021年增长1.63%（鱼类268139吨，虾蟹类13703吨，贝类3828吨，藻类129吨，其他类52145吨）。其中，近海捕捞产量288186吨，与2021年持平；远洋渔业49758吨，比2021年增长12.19%。

【水产养殖业】 2022年，石狮市海水养殖产量62080吨，其中鱼类47吨，虾蟹类551吨，贝类60166吨，藻类1316吨，比2021年增长0.67%。海水养殖重点发展贝类养殖，主要海水养殖品种有牡蛎、花蛤、缢蛏、紫菜、南美白对虾、鲍鱼、锯缘青蟹等品种。淡水养殖面积50公顷，淡水养殖年产量445吨，主要养殖品种为鲫鱼、罗非鱼、青鱼、草鱼、鲢鱼、鳙鱼、鲤鱼等品种，淡水养殖产量与2021年产量持平。

【水产品加工】 2022年，石狮水产加工企业91家，水产加工品总量346767吨，产值80.23亿元，其中水产品冷冻品44.17亿元，鱼糜制品及干腌制品20.73亿元，藻类加工品1.79亿元，水产饲料（鱼粉）990万元，其他加工品13.44亿元。

【渔业安全生产管理】 2022年，石狮市加大对渔港、渔船的检查力度，强化进出港渔船人、证、安全设备的检查，开展检查1256次，出动4399人次，检查渔船3190艘，现场整改148次，发出整改通知书515份，完成515份。开展海上执法行动35次，行程990海里。立案54起，移送2起，结案46起，罚没款108.15万元。全年渔业安全生产形势稳定，未发生较大以上渔业安全生产事故。

【水产品质量安全监管】 2022年，石狮市完成水产品中禁限用药物残留快速检测76份，未发现问题产品；本级监督抽检35份，全部合格。接受上级监督抽检30份，全部合格；专项风险监测116份，未发现问题产品。开展水产品执法检查24次，出动执法人员71人次，检查水产养殖单位83户次，完成水产品禁限用药物残留监督抽查65批次，未发现问题产品。重点检查生产单位持证情况、“三项记录”、“一品一码”录入等情况，督促生产单位养殖生产中严格按照农业农村部有关水产养殖用药和休药期的规定，严防不合格水产品流入市场。

【渔业科技推广】 2022年，石狮市推广渔业新品种、新技术、新机具、新饲料、新渔药等渔业“五新”技术，持续推进渔业新机具“环保塑胶浮球”的推广，完成45.58公顷的牡蛎养殖设施升级改造项目建设验收工作。支持传统养殖模式技术创新，开展渔业新技术推广，推广陆上工厂化帆布池养殖面积1

万平方米以上。

【渔港建设】 2022年，石狮市有1个国家中心渔港（祥芝国家中心渔港）、2个一级渔港（东埔一级渔港、梅林一级渔港）、2个二级渔港（锦尚东店、鸿山伍堡）、2个三级渔港（蚶江石湖、永宁沙堤）。两个开工在建项目，分别为祥芝中心渔港提升改造整治维护项目和锦东一级渔港项目。

2022年7月29日，祥芝中心渔港提升改造整治维护项目开工，主要包括港池疏浚111.82万立方米、港池炸礁5.81万立方米、鱼货棚1.2128万平方米、预留发展用地硬化0.8万平方米、旧港区路面堆场修复3.6万平方米、码头设施修复、渔港管理设施、水电工程、环保工程、智慧渔港系统，工程投资约15000万元。2022年完成总投资额约4000万元，完成工程量约40%。10月11日，锦尚镇东店村一级渔港升级改造项目开工，建设内容包括码头452米、防波堤315米、引堤536米、炸礁7.8万立方米、港池疏浚54万平方米，渔港综合管理中心1200平方米。工程造价约1.56亿元。2022年，完成投资额约651万元，完成投资量约4%。

【渔业资源增殖放流】 2022年，石狮市开展渔业资源增殖放流活动，放流真鲷、黑鲷、日本对虾苗种20413.5万尾，补充恢复海洋渔业资源。

【休闲渔业】 2022年，石狮市持续发展“养殖＋垂钓”“养殖＋餐饮”等休闲渔业，支持蚶江镇石壁村、洪窟村及永宁镇沙堤村等地的养殖生产单位利用现有养殖基地，以养殖为主，兼具发展垂钓、餐饮业务，全年休闲渔业产值300万元，比2021年增长10%。

【渔业船员培训】 2022年，石狮市制订《2022年石狮市渔业船员培训方案》，针对经考试、考核后取得渔业船员证书的普通船员，给予300元／人的财政补助。全年组织普通船员培训82期，培训4493人，职务船员培训41期，培训739人。

【现代渔业】 2022年，石狮市新增工厂化养殖场3家，水产苗种场1家，开展南美白对虾、加州鲈鱼及罗氏沼虾育苗生产，新增养殖和育苗面积21000平方米。加快现代渔业的发展，港顺远洋渔业有限公司新购入6艘千吨级远洋渔船，发放817艘渔业资源养护补贴资金1亿元。组织港顺和万弘两家公司申报新型农业经营主体贷款贴息项目，获得补助资金48.85万元。

（市农业农村局）

农业机械化

【概况】 2022年，石狮市水稻机耕106.67公顷、机播86.67公顷、机收100公顷，水稻耕种收综合机械化率达91.19%，主要农作物综合机械化率达68.75%。石狮市祥芝镇获评2022年泉州市“平安农机”示范乡镇。

【农机购置补贴政策落实】 2022年，石狮市开展农业购置补贴机具补贴，有18个主体105台农机具符合条件，发放补贴资金41.99万元，其中中央资金18.422万元，省级资金3.01万元，同时发放全市农业机械购置补贴市级累计补贴资金20.56万元。

【农机新机具、新技术应用】 2022年，石狮市引进日本“井关”胡萝卜收获机，在石狮市恒农盛家庭农场召开胡萝卜机械化采收试验现场会。在协盈科技种养家庭农场召开水稻全程机械化示范推广观摩会，通过现场会的形式讲解和演示各类机械的操作流程，并分发农机惠农补贴政策宣传材料。

【农机安全监管】 2022年，石狮市有效在册拖拉机为110辆，其中农用轮式拖拉机89台，手扶拖拉机21台；在册拖拉机驾驶人127名，农机合作社2家。组织农机安全检查25次，出动63人次，并与交警部门开展联合执法行动2次。开展农机安全执法检查和隐患排查，排查检验拖拉机63辆，拖拉机驾驶证换证7本，作废公告10辆拖拉机登记证书、号牌、行驶证。举办农机安全生产学习班2期35人参加，签订“农机手安全生产责任书”35份，分发农机安全宣传材料80份。全年农机行业安全形势持续稳定，农机事故保持“零发生”。

（市农业农村局）

乡村振兴

【概况】 2022年，石狮市推进乡村振兴战略实施，推动试点示范项目建设，6个省级乡村振兴试点村、1个省级实绩突出村（祥渔村）和1个泉州市级实绩突出村（坑东村）生成建设项目26个，完成投资2234万元，开展村级组织“新班子、新气象、办实事、促振兴”擂台大比拼活动，生成为民办实事项目1396个，评选优质项目40个。“蚶江—祥芝”示范线获评泉州市第二批乡村振兴精品示范路线。启动宝盖镇、祥芝镇、永宁镇3个整镇推进试点工作，宝盖镇、祥芝镇被授予2022年度泉州市乡村振兴整镇推进“五好”乡镇称号。推进乡村“五个美丽”建设，完成14个初级版“绿盈乡村”建设和认定工作。祥芝镇获评国家级农业产业强镇。蚶江镇农业公园和永宁镇郭坑村美丽庭院成为福建省乡村“五个美丽”建设现场推进会观摩点，蚶江镇农业公园入选全省美丽田园典型案例。

【农村产业振兴】 2022年，石狮

2022年，蚶江镇农业公园入选全省美丽田园典型案例　（市农业农村局 供图）

市因地制宜统筹谋划，推进农产品稳产保供工程和农产品加工业提升工程，提升粮食生产能力，推动特色现代农业高质量发展。全年粮食播种面积1127.73公顷，粮食产量5371吨，分别完成年度计划的102.1%和105.7%。水产品总产量32.47万吨，比2021年增长4.49%，海水养殖产量2.02万吨，比2021年增长5.03%。加快推进祥芝中心渔港提升改造整治维护项目、锦东一级渔港项目、东埔一级渔港等渔港项目的建设和验收，推动祥芝镇获评国家级农业产业强镇。制订《石狮市乡村振兴整镇推进行动方案》，按照城乡融合型、工贸带动型2种类型，率先启动宝盖、祥芝、永宁镇等3个整镇推进试点。拓展"农业+""文旅+""电商+"等乡村发展业态，各村级组织共谋划生成1396个办实事项目，截至12月底，评选优质项目30个，下拨奖补资金300万元。推动祥芝镇问海微度假、永宁镇悠见海屿营地、绵羊农场等文旅项目落地，打造热门网红打卡点，吸引游客超5万人。

【乡村人才振兴】　2022年，石狮市加大力度育才引才，实施技能人才倍增专项行动，鼓励城乡劳动者主动参加职业技能培训并给予补贴，兑现补贴45.84万元，惠及412人；开展9期高素质农民系列培训，共609人参加，带动农民持续增收。推动人才跨城乡流动，打破户籍制度藩篱，推行新市民积分管理制度，截至年底全市近16.7万人建档。强化创业指导，组织指导6个优秀青年创业项目参加第五届"中国创翼"创新创业大赛及2022年省、泉州市级创业资助项目评审。石狮市选送的"蟹中蟹"及"鳗兴天下"项目分别获得泉州市级选拔赛乡村振兴专项赛一等奖、三等奖，其余4个项目获主体赛服务业、青年创意专项赛优秀奖。优化营商环境，及时兑现各类惠企政策，将连续失业一年以上的农村进城务工劳动者、农村新被征地农民、近三年返乡的石狮市户籍农民纳入一次性创业补贴对象，鼓励支持农民创业带动就业。鼓励企业吸纳高校毕业生和就业困难人员就业，并下放社保补贴审核权限到各镇（街道）便民服务中心，打通服务"最后一公里"。全年受理各项社保补贴24人次。

【乡村生态振兴】　2022年，石狮市围绕农村建设品质提升和农村人居环境整治提升，策划实施重点建设项目，构建宜居乡村。推动农村"厕所革命"，组织镇村干部摸排全市101个行政村的62383个户厕以及514个公厕，未发现不能使用或不能全年使用的问题厕所。2022年完成污水提升治理村庄35个，完成投资7930.43万元。整治裸房1540栋。开展村庄清洁行动，获评2022年福建省村庄清洁行动成效突出县。出台《石狮市扎实推进乡村建设"五个美丽"创建工作方案》，打造360个美丽乡村庭院、105个美丽乡村微景观、22个美丽乡村小公园（小广场）、7片美丽田园和2个美丽乡村休闲旅游点。推进"绿盈乡村"建设，2022年完成14个初级版"绿盈乡村"建设和认定工作，累计完成89个"绿盈乡村"创建。加强生态保护修复工作，推进矿山修复整治，完成治理面积36.73公顷。

【农村基层组织振兴】　2022年，石狮市成立石狮市乡村振兴促进会，助力全市乡村振兴。制订《石狮市农村基层党建"整乡推进、整县提升"示范县（市）试点工作方案》，建立联席会议制度，明确每年具体目标、创建标准、创建数量。加强融合提升，通过组织联建、产业联促、文化联创推动各村形成村企合作、村村联动，推动以产业链为纽带，策划产业优势互补、土地资金互补、人力资源供需互补、生态项目互补、文化市场互补等5种产业链发展架构。加强基层治理体系，全市设立网格675个，配备专职网格员1300多名。设立"市、镇、村三级网格中心+单元网格+责任网格"的五级组织架构，截至年底，设立网格党支部118个，网格党小组204个。推行导师帮带，在全市择优选拔95名干部人才，并结合村级换届，聘任26名"老乡村""土专家"等离任村主干为第一书记和导师，打造"三级一专"乡村振兴导师团。推行跨村联建，科学编制联村片区、联建村发展规划，整合利用资金、土地、人才等资源进行跨村联建，聚合党组织、村集体、党员、群众的利益，实现抱团发展。推行镇域统筹，针对部分村集体经济发展不均衡，存在“有资金没项目、有项目没资金、没项目没资金”的难题，发挥镇党委引领作用，统筹财政扶持资金，共同投资村级集体经济发展项目，实现风险共担、利益共享、发展共赢。

（市农业农村局）

农村工作

【概况】 2022年，石狮市加强乡村建设，改善农村人居环境品质。推动乡村治理，打造善治乡村。开展农村集体经济组织登记赋码信息核对，指导全市119个农村集体经济组织完成信息核对工作巩固农村集体产权制度改革成果。开展农村集体“三资”监管专项整治行动，整改率100%。石狮市获评2022年全国村庄清洁行动先进县和福建省村庄清洁行动成效突出县。

【农村集体产权制度改革】 2022年，石狮市农业农村局开展农村集体经济组织登记赋码信息核对工作，通过全国农村集体资产监督管理平台，农村集体经济组织根据农村集体产权制度改革时点的相关历史资料，重点核对有关法定代表人、集体成员、资产情况等信息是否正确，指导全市119个农村集体经济组织完成信息核对工作巩固农村集体产权制度改革成果，提高农村集体经济组织登记赋码信息的准确性。指导宝盖镇塘后村开展村民委员会事务和集体经济事务分离试点工作，完成政经分离。

【农村集体“三资”监管】 2022年，石狮市出台《石狮市农村集体“三资”监管巩固提升工作方案》，开展农村集体“三资”监管专项整治行动，发现44个问题，完成整改44个。拓宽村级财务公开渠道，打破传统将村级财务在村务公开栏公开的形式外，利用泉州市农村集体“三资”管理平台和乡村振兴（扶贫惠民）资金在线监管平台实现村级财务线上公开，全市128个村（社区）财务全部被纳入平台监管，方便广大农民群众监督。改变农村集体资金结算方式，制订《石狮市推行村集体资金“银农直联”结算方式的实施方案》，推广“银农直联”无现金结算方式。通过泉州市级农村集体“三资”管理平台和银行业务系统直联，实现网上记账、网上审批、财务公开、预警提示等功能，确保村集体资金管理全程可留痕、可查询、可追溯。

【农村人居环境整治】 2022年，石狮市完成污水提升治理村庄35个，完成投资7930.43万元。整治裸房1540栋，超额完成泉州市下达的任务。清理农村生活垃圾42891吨、清理村内水塘425口、清理村内沟渠378.4千米、清理淤泥1589.1吨。以祥芝镇祥渔村、鸿山镇洪厝村、宝盖镇坑东村、蚶江镇莲中村、锦尚镇西港村、永宁镇西岑村为试点村设置清洁日（清洁周），取得良好成效，石狮市获评2022年全国村庄清洁行动先进县和福建省村庄清洁行动成效突出县。

【农业项目建设】 2022年，石狮市围绕高标准农田建设工作，组织鸿山镇莲厝等3个村和永宁镇沙堤等4个村2019年高标准农田建设项目竣工验收，组织蚶江镇莲塘村和锦尚镇西港等4个村2020年高标准农田建设项目竣工验收，实施蚶江镇溪前等5个村2021年高标准农田建设项目。

【扶持现代农业发展】 2022年，石狮市农业农村局指导各种植主体申报现代农业产业化发展项目，受理大棚蔬菜、甘薯水稻玉米种植推广等各类项目48个。扶持泉州市休闲农业发展项目、农产品初中工项目和一村一品项目建设。完成3个泉州市级农业产业园项目验收并拨付补助资金近30万元。祥芝镇入选2022年农业产业强镇创建名单。

水利

【水资源管理】 2022年，石狮市总用水量19906.98万立方米，其中，农业用水量2398.85万立方米、工业用水量6825.83万立方米、生活用水量6442.41万立方米、人工生态环境补水量4239.89万立方米。

【水利安全生产管理】 2022年，石狮市安排水务项目10个，年度计划投资约3.1亿元，截至12月底完成年度投资约2.52亿元，完成投资总额的81.29%。

开展水利安全生产标准化工作，编制《水利工程安全生产标准化提升工作方案》。检查水利设施及在建涉水工程，排查并整改隐患35处。做好水库设施养护，完成塔山水库背水坡渗漏修复，清理水库溢洪道垃圾、杂草。加强临水临边游泳、钓鱼、聚集群众的劝离和疏散，确保事故隐患动态“清零”。完成小型水库安全鉴、应急预案和调度计划编制工作。

【水库物业化管理】 2022年，石狮市投入40.9万元实施11座小型水库物业管理，举办管理人员培训会1场，组建防汛抢险队伍1支，开展小型水库防汛应急演练1次。完善管理规程、强化巡查、科学调度、严格考核，提升水库管理规范化、专业化水平。

（李薇薇 蔡荣滢）

工 业

综 述

【工业经济运行】 2022年，石狮市统筹推进疫情防控和经济社会发展，协调推进复工复产、满工达产、增资扩产、提质增产“四产联动”，工业经济总体呈现稳中有进的良好态势。全年完成规模以上工业产值1586.1亿元，比2021年增长5.8%。工业增加值465.71亿元，比2021年增长4%。规模以上工业增加值比2021年增长4.5%，规模以下工业增加值比2021年增长9.4%。工业投资比2021年增长35.3%，其中技改投资比2021年增长86.8%。纺织服装、机械装备和食品医药三大重点产业完成规模以上产值1227.3亿元，占全市规模以上工业总产值的77.4%，较好地为全市工业经济大盘实现稳定增长提供坚实支撑。

【工业技改】 2022年，石狮市对接鹏泰服饰、信泰科技等龙头企业，传洋服饰、烈酒服饰等中小企业，推进石狮服装智能制造园、锦尚智能制造园等园区建设。全年工业技改投资增长86.8%，居泉州各县（市、区）第三位。发挥专项资金引导作用。举行省级“技改专项贷”银企对接活动，累计分7批次向上推荐30个项目申请列入省重点技术改造项目库，推动5家企业申请技改贷贴息，授信融资6.55亿元。

【企业发展帮扶】 2022年，石狮市推荐优质纺织鞋服企业申请省纺织鞋服纾困贷款，86家企业审核通过，其中41家纺织鞋服企业获得贷款金额5.77亿元，放款企业数、放款金额均列泉州第二位。召开政银企对接会12场次，帮助企业争取纾困贷款20.7亿元。

【智慧工业企业综合服务平台建设】

2022年，石狮市加强工业企业服务体系建设工作，在全省率先推出“智慧石狮工信科技综合服务平台”，平台主要从工业企业、资源要素部门、分级网格人员、领导决策者等用户角度出发，构建石狮市、乡镇、园区、企业上下联动，各市直（要素）部门左右协同的“1234N”工业企业综合服务体系［“1”指智慧平台；“2”指两种分级办法，分别指市镇村区域行政分级、企业分级网格；“3”指三类数据来源，分别为政务数据、征信数据、人工采集数据；“4”指四类用户对象，分别为领导决策者、市直（要素）部门工作人员、乡镇网格员、工业企业用户；“N”指N种企业服务与应用场景］，系统性推动“亩均效益提升”工作向纵深“三推进”，即推进企业经营、耗能、征信等多维数据归集整合；推进企业能效、政策、金融、防疫、诉求等多类服务串联贯通；推进市直（要素）部门数据共享、评价结果应用联动。截至年底，平台汇聚规模以上企业508家、规模以下企业1106家，归集企业用水、用电、用地、税务数据7719条。

【工艺美术服务】 2022年，石狮市城镇集体工业联合社加强工艺美术行业管理，加强宣传“吴为家艺术展览馆”，打响“通草画”品牌，协助做好工艺美术作品的巡展工作，引导行业企业参加博览会。组织全市工艺美术大师、名人及工艺美术从业者参加2021年度全省工艺美术系列高级（含正高）、中级、初级职务任职资格评审。

（市工业信息化和科技局）

机械制造业

【概况】 2022年，石狮机械制造业规上企业54家，实现产值231.52亿元，占比14.6%，同比减少3.5%。与纺织工业相配套的纺织机械，逐渐向数控化、智能化的新型高端装备转型。

【项目建设】 2022年，建新轮胎项目一期工程正式投产，工程占地37.64公顷，建筑面积37万平方米，项目设置5条工矿轮胎生产线，满产后年产150万条工矿轮胎、年产值40亿元至50亿元。石狮通达创智项目正式投产，占地面积4.2公顷，总建筑面积4.35万平方米，项目设置条6条生产线，满产后年产注塑家居产品5200万套，五金家居用品1000万件，年产值约2.5亿元。汇星机械项目占地面积3.33公顷，建筑面积6万平方米，引进全自动生产线生产针织机中心组件的锻造件工程机械、风力发电的重型法兰件，主要生产针织机械配件，年产值5亿元。特步现代化智能物流、仓储及生产车间项目一期正式投产，占地面积6.67公顷，总建筑面积8.43万平方米，项目设置10条生产线，满产后年产500万双鞋品，年产值约3亿元。

【项目立项】 2022年，福建中科光芯光电科技有限公司和汇星机械有限公司入选泉州市2022年“揭榜挂帅”重大技术需求项目并获得立项。

（市工业信息化和科技局
市发展和改革局）

食品药品业

【概况】 2022年，石狮市推进海洋食品园区建设，启动建设生物医药园区，扶持发展水产品交易市场，升级改造进出口食品贸易中心，统筹建设祥芝冷链物流基地，规模以上工业企业38家。

【海洋食品业发展】 2022年，石狮市推进海产品加工，延伸渔业产业链，构建“一条鱼、一条产业链、一个品牌”的水产品精深加工发展模式。紧盯市场新动向，鼓励企业开发新型海洋活性物质、海洋功能食品、中餐预制菜等产品，提高产品附加值，带动相关产业协调发展，不断拉长、增厚海洋食品产业链条。截至年底，石狮市有水产品加工企业90家，其中规模以上的加工企业46家，形成华宝、海星、万弘等高科技海洋生物精深加工企业。

【海洋食品园建设】 2022年，石狮市完成签订海洋食品园控规动态维护合同，食品园道路、电力开闭所、配套公园、污水处理厂、污水管网和集中供热管道等一批基础设施完工并投用。截至年底，园区入驻25家企业，其中规上企业3家。新增开工项目1个，新增扩建项目3个，新增完工项目12个。

【生物医药业发展】 2022年，石狮市生物医药产业增长态势平稳，市场开拓成效初显，初步形成华宝、海星、万弘等高科技海洋生物精深加工群，努力拓展以海洋生物多糖、海洋生物蛋白、海洋脂类物质等为主要功效成分的海洋原料药，以高纯度海洋胶原蛋白、生物多糖、荧光蛋白等为原料的新型医用生物材料。依托中益制药、福建中医药大学等龙头项目及载体，加快突破海陆结合、中西医融合特效、高效的海洋中医药药方药剂产品开发，提高海洋生物医药产业发展层次。

【生物医药园建设】 截至2022年底，生物医药园完成规划，规划建设中药生产基地、销售公司福建总部、医药仓储配送基地，打造以中成药生产为核心、大健康产业协同发展的专业化、标准化园区。引进中侨药业（修正）项目，计划一期总投资6亿元，拟新建厂房、办公楼及宿舍楼等12万平方米。

（市发展和改革局）

光电信息业

【概况】 2022年，石狮市光电信息业围绕光子技术产业及其应用与集成，打造特色鲜明的光子技术产业集聚区，根据项目不同发展阶段，构建完善“小型孵化器+中型加速器+大型产业园”的产业培育体系，汇聚上下游企业42家，包括中科光芯、安元光学、通达光电等龙头企业，涵盖光通信、光学元器件、光学材料和前沿光电子技术等重点领域。

【光子技术产业园一园一期项目】

2022年，石狮光子技术产业园一园一期厂房顺利封顶。光子产业园一园总投资15.6亿元，总用地面积17.53公顷，总建筑面积41.2万平方米，该项目的建设，为石狮光子技术企业提供规模化发展的载体支撑，为产业链发展、人才聚集提供平台支持。

【项目建设】 2022年，中石光芯强化产品延伸，覆盖外延片、光芯片、封装测试、光器件组件和光模块全产业链，全年产值2.7亿元，企业员工600余名。安元光学聚焦高端微棱镜反光膜，强化技术研发和成果转化，打破国外技术垄断，全年产值1.1亿元，连续3年保持双位数增长，企业员工100余名。

【招商项目落地】 2022年，石狮光子技术产业新增兰姆达仪器设备、鸿川精密科技、晨诺光学科技等新成员，落地外延片扩产、光学器件基地、汽车光学镀膜、圆点光栅、半导体仪器设备等光子技术项目。

（市发展和改革局）

电 力

【概况】 2022年，石狮市全社会用电量48.22亿千瓦时，比2021年下降2.50%；工业用电量30.40亿千瓦时，占比61.47%，比2021年下降5%；农业用电量1296万千瓦时，比2021年增长125.6%；城乡居民生活用电总量10.4亿千瓦时，占比21.58%，比2021年增长3.7%；地区最高负荷达到79.9万千瓦，比2021年增长12.4%。石狮电网现投入运行220千伏变电站5座，主变压器10台，总容量186万千伏安；投入运行110千伏变电站15座（含佳龙石化），主变压器33台，总容量169万千伏安；投入运行110千伏输电线路34条计172.72千米，10千伏配电线路387条计2225.15千米。配电变压器6370台，总容量361.595万千伏安。全市用电环境总体良好，未出现大面积停电事件和各类电力安全事故。

【电网建设】 2022年，石狮市完成电网投资1.36亿元、比2021年增长22.5%。新建10千伏电力开闭所14座，新装10千伏电力环网柜133个、变压器430台、柱上开关172台；新建改造10千伏电力架空线路2.15千米、电缆线路50.3千米、台区79个共6.58万千伏安，电网容载比、抵御自然灾害能力位居全省前列：220千伏容载比2.13，110千伏容载比2.38；配网线路绝缘化率98.67%，缆化率85.28%，互联率100%，配电网网架结构进一步优化。

【电网安全建设】 2022年，国网石狮市供电公司有效管控六级及以上电网风险31项，电网连续安全运行超4500天。更换缺陷环氧树脂刀闸125组，解决沿海污闪问题。构建政企联防联控机制，与市自然资源局、市应急局、消防大队建立常态联动机制，开展林区火灾隐患专项行动、电气防火专题检查，清排隐患44处、整治率100%。全年应对最高负荷四创新高和4轮强降雨考验，投运5项迎峰度夏工程，78个大中型小区实现“零感知”转电，保障企业生产、百姓安全用电。印发《乡村电气化示范乡镇和示范点创建细则》，打造乡村电气化示范项目6个。拓展电能替代6120万千瓦时；全域光伏并网57.24兆瓦，年发电量6136.32万千瓦时、比2021年增长220.36%。全年保持无发生高故障线路，完成不停电作业1876次，供电可靠率99.978%，综合电压合格率99.956%。

【社会供电保障】 2022年，石狮市推进居民智能用电服务，完成11.8万只HPLC智能电表改造，低压用户覆盖超96%，泉州地区排名第一。加快全域“零计停”建设，累计建成2个8平方千米的示范区，7.07万个用户实现计划检修“零停电”。实施农村电网巩固提升工程，改造农村配电台区7个、拆旧杆塔40基。完成永利街“一户一表”改造，完成海丝品博会、RCEP青年华侨创业峰会等重大保电任务86次，高考保电获省教育厅肯定。

（王 骏 苏超毅）

纺织服装业

综 述

【纺织服装业发展】 2022年，石狮市围绕“强链、补链、固链、延链”发展思路，深化产业发展体制机制改革，梳理推动重点支撑项目，加快纺织鞋服数字化转型步伐，打造具有全国竞争力的纺织鞋服生产基地。年内，第四届中国校园服饰国际博览会推出“团服网”线上平台，卡宾博瑞、校园大道、福盛鞋业等企业参与《学生校园鞋》团体标准制定，石狮中纺学服装及配饰产业研究院获评2022年“科创中国”创新基地，大帝集团入选中国校服十强企业名单。石狮服装智能制造园、信泰鞋材、福地化纤等项目加快建设，圣洁卫生用品、晋晖科技厂房及配套设施、挑战狼现代化成衣生产厂区等一批项目完工。截至年底，石狮纺织服装服饰业（含辅料）规模以上企业358家，实现产值851.95亿元，占规模以上工业总产值的53.7%，比2021年增长6.6%。

（市发展和改革局
市工业信息化和科技局）

【政策扶持】 2022年，石狮市出台《石狮市加快推动纺织服饰创意设计产业发展若干措施》及实施细则，对服装企业、服装设计师及个人工作室在国际知名时装周、国内城市知名时装展会上单独举办时装秀等发布活动的，给予办展费用最高50万元奖励。9月9日，石狮市古由卡电子商务有限公司在北京举办中国国际时装周专场发布秀，发放办展费用补贴奖励19万余元。

（市人力资源和社会保障局）

【数字化转型】 2022年，石狮市加快打造龙头企业数字化转型标杆示范。推动卡宾服饰、鹏泰服饰、信泰科技等龙头企业通过数据采集、流程溯源、柔性生产、协同管理、服务化延伸等，初步形成传统产业数字化转型典型场景案例，启动行业工业互联网平台建设工作，促进平台技术、产品、解决方案与纺织鞋服企业各关键业务环节融合，提升行业数字化、网络化、智能化发展水平。出台数字化转型专项扶持政策，邀请海尔卡奥斯工业互联网平台公司调研企业数字化转型程度，举办工业互联网在线培训2期，营造加快数字化转型良好氛围。

【项目建设】 2022年，石狮加快服装智能制造园、煌祥纺织、信泰鞋材、福地化纤等项目建设。其中，石狮服装智能制造园占地面积54.53公顷，规划建设标准厂房、仓储研发销售中心、配套物流、人才社区等，项目融合“新旧联动”“工贸一体”“国企民企合力”等理念，打造集网商仓储、物流、研发、生产、住宿功能于一体的网商产业新地标；信泰鞋材项目占地21.53公顷，建筑面积约80万平方米，建设智能工厂及生活配套设施，预计项目达产后年产高档运动鞋面材料1.5亿双，年产值可达20亿元；福地化纤项目占地3.31公顷，总建筑面积5万平方米，设置4条成套ES复合短纤维生产设备线，项目建成后可实现年产8万吨ES复合短纤维，产值8亿元。

2022年，石狮完成挑战狼现代化成衣生产厂区、百丝达无纺布、百川再生绿色生态纺织品等项目建成投产。其中，石狮挑战狼服饰投入1.2亿元打造以成衣制作为主体的工业4.0智能化工厂，引进新型成衣吊挂系统及相关全流程设备并配套完善的员工活动场所以及创意办公空间、公寓式宿舍等，打造集“互联、数据、集成、创新、转型”为一体的新型智能化工厂。百丝达无纺布项目占地7.47公顷，总建筑面积约7.5万平方米，建设厂房、办公楼，引进先进生产线，生产医用无纺布；百川再生绿色生态纺织 品项目占地6.2公顷，建筑面积约10万平方米，新建智能化生产车间两栋，仓库一栋，综合楼一栋，购置纺织、后整理等自动化生产设备。

2022年9月29日，挑战狼现代化成衣生产厂车间　（李荣鑫　摄）

项目建成后预计年产1亿米再生免染纺织品，年产值可达3.5亿元。

（市工业信息化和科技局）

纺织服装生产

【概况】　2022年，石狮市纺织业实现规上产值317.48亿元，比2021年增长3.7%，印染业产值150.59亿元，增长4.3%；服装服饰业实现规上产值524.25亿元，增速8.5%；辅料实现规上产值10.23亿元，比2021年减少0.6%；制鞋业实现规上产值87.47亿元，比2021年增长5.7%。

【纺织印染】　2022年，石狮市纺织印染工业总产值150.59亿元，纺织印染企业62家。

【辅料生产】　2022年，石狮市辅料年产10.23亿元，辅料生产企业4家，分别为石狮市云祥五金服饰有限公司、福建省石狮市华联服装配件企业有限公司、福建省石狮市华联辅料有限公司、石狮市亨祥服饰配件有限公司。

【校服生产】　2022年，石狮市率先建设集产、展、销为一体的校服专业市场，从培育壮大产业链条、引导企业提质增效、多方推进市场开拓等方面，构筑全方位、多层次、立体化、深覆盖的校服产业配套体系，涌现出季季乐、校园大道、大帝校园、钻石伙伴等知名校服企业。年内，石狮市建立石狮校服生产企业库，引导27家有生产能力的企业转型生产校服。开展校服质量提升培训会，拓展企业业务，校服整体业绩稳步提升。截至年底，石狮市校服企业200家，规上校服企业产值30.82亿元。石狮市17家校服企业入选福建省教育装备（学生装）生产服务示范企业，占全省入选企业的70%以上。

【石狮企业入选中国校服十强企业】2022年，中国服装协会发布中国校服十强企业名单，石狮市大帝集团有限公司依托校服研发、制造能力、智能化程度和服务水平等高质量发展要素评中国校服十强企业。这是继石狮市宝辉服饰织造有限公司获评中国校服十大品牌优秀企业之后，石狮校服企业首次登上中国校服十强企业榜单。

（市工业信息化和科技局）

纺织服装研发

【概况】　2022年，石狮市新增纺织服装类省级科技项目1个、泉州市科技计划项目3个。服装行业商标注册量4095件；专利授权量35件，其中实用新型授权的31件，外观4件。石狮市万峰盛漂染织造有限公司入选“中国印染行业协会产品研发生产基地”，石狮中纺学服装及配饰产业研究院获评“科创中国”创新基地。

【纺织服装科技计划项目】　2022年，石狮市加快实施纺织服装科技计划项目，新增纺织服装类省级科技项目1个，泉州市科技计划项目3个。石狮市指导并推荐福建省青创城数据处理有限公司承建的“中国男装城”申报泉州市众创空间，围绕男装方面开展创新创业工作。

【石狮企业入选“中国印染行业协会产品研发生产基地”和中国印染企业30强】　2022年7月14日，以“双碳机遇 智创未来”为主题的中国印染行业协会六届六次理事扩大会议暨六届九次常务理事会在浙江绍兴召开，石狮市万峰盛漂染织造有限公司被授予“中国印染行业协会产品研发生产基地”牌匾。石狮市万峰盛漂染织造有限公司主要经营针织、机织高档织物面料的印染及后整理加工，建有现代化的环保型厂房和生产线，先后引进欧洲、台湾产电脑自动控制的高温染色机、常温机、定型机等先进节能生产设备，并拥有现代化的化验室、小样室、对色室、检测中心室等技术中心。

石狮市华宝集团有限公司入选2022年度中国印染企业30强。石狮市华宝集团有限公司是一家以纯棉、涤棉、纯棉拉架、涤棉拉架、尼龙、尼龙拉架等系列高档针织面料染整加工为主业的创新型企业。近年来，该公司依靠国际先进生产设备和全自动化标准操作系统，严把环保、品质关，产品各项指标均超国家标准，获得社会各界的认可，产品远销欧美、东南亚及国内各大市场，在行业内处于领军地位。

【石狮中纺学服装及配饰产业研究院获评“科创中国”创新基地】　2022年，中国科学技术协会官网公布2022年度

2022 年 7 月 14 日，石狮市万峰盛漂染织造有限公司被授予“中国印染行业协会产品研发生产基地” （市工业信息化和科技局 供图）

194 个“科创中国”创新基地示范项目名单，石狮中纺学服装及配饰产业研究院获评 2022 年“科创中国”创新基地。石狮市中纺学服装及配饰产业研究院是中国纺织工程学会在地方产业集群地设立的一个以企业为主体、市场为导向、产学研用相结合的纺织科技协同创新平台。

（市发展和改革局
市工业信息化和科技局）

纺织服装市场

【概况】 2022 年，石狮市纺织服装出口 150.97 亿元，比 2021 年减少 3.18%，占全市出口总额的 34%。其中，成衣出口 124.59 亿元，比 2021 年减少 5%，占纺织服装出口总额的 82.52%；纺织面料出口 26.38 亿元，比 2021 年增长 6.4%，占纺织服装出口总额的 17.48%。石狮有纺织服装企业 358 家，其中省级重点龙头企业 7 家，市级重点龙头企业 11 家。石狮服装城获评“全国商品交易市场——最具影响力品牌市场”，石狮国际轻纺城获评“创建全国优化升级——产业链供应链示范市场”。

（市工业信息化和科技局 市商务局）

【石狮国际商贸城】 2022 年，中国石狮国际商贸城推动石狮从传统的内贸为主产业批发市场向综合性内外贸并举的国际商贸市场转化，以市场采购为手段，打造石狮商贸的核心商圈。石狮国际商贸城由石狮服装城、石狮国际轻纺城组成，包括纺织面辅料、服装鞋帽、地方特色产品、国际采购集贸等四大业态，产品辐射面遍及全国，远达东南亚及 RCEP 国家和地区。石狮服装城总占地面积 30.33 公顷，总建筑面积 80 万平方米，规划服装交易区、展览艺术中心区、星光休闲广场、物流配送区、商务配套服务区五大功能分区，已建成 8 座交易区，配套建设服装城展览艺术中心、名牌展示中心（市场贸易采购中心）2 座展馆。石狮国际轻纺城总占地面积 17.2 公顷，总建筑面积 81 万平方米，规划布料市场区、辅料和电商区、商务办公区、配套服务区、物流配送区五大功能分区，配套国家面料馆、意大利面料馆、检验检测中心、纺织服装产业研究院、打样创新工作室等综合配套项目，打造成为服务型、创新型、开放型的现代化纺织服装产业平台，一期已建成 3 座交易区。截至年底，石狮服装城交易区新租 153 户 211 间，石狮国际轻纺城市场区新租 43 户 73 间。

（石狮服装轻纺名城运营有限公司）

【纺织服装电商】 2022 年，石狮市以省“互联网 + 纺织服装产业”试点县市为抓手，引导电商企业实现跨境电商转型、线下市场向网批平台转型、电商从仿牌到品牌转型。全市纺织服装企业超 90% 完成嫁接电子商务销售渠道，涌现战地吉普、传奇保罗、闪电潮牌等一批年销售额超 10 亿元的新兴电商销售品牌企业。对接招引跨境电商服务项目，引进落地快递龙头企业圆通速递福建总部暨石狮智创园项目，完善石狮的商贸配套。

2022 年，石狮市纺织服装电商平台主要为石狮市青创城国际网批中心、海西（石狮）电子商务园区、石狮双奇智慧电商城。石狮市青创城国际网批中心是福建省首家线上线下一体化的“市场 + 平台 + 直播 + 供应链”新型互联网鞋服产业专业批发平台企业，与国内外 30 大第三方电商平台包括淘宝、天猫、京东、苏宁、1688、拼多多、抖音、快手、亚马逊、Ebay、Wish、Shopee 等建立战略合作关系。海西（石狮）电子商务园区规划总占地面积 8.73 公顷，项目整体规划为涵盖电商营运中心、运营总部中心（含海西（石狮）众创空间）、内外贸网批中心、跨境电商运营中心、电商人才孵化中心、纺织贸易中心、物流配送中心和综合服务中心等为一体的全产业链、数字化、智慧型电子商务与现代物流产业基地。石狮双奇智慧电商城，占地 3.47 公顷，建筑面积 7.8 万平方米，石狮首个以开发销售渠道及搭建服装供应链为导向的产业服务平台，园区以石狮服装基地为依托，建设品牌服饰电商网批交易市场、电商营运中心、综合服务中心、网红直播基地、仓储住宿配套等一体的石狮电商城市综合体，可入驻服装批发档口 600 余间、电商商家 230 余家、精装单身公寓 500 余套及停车位 700 余个，同时配套多家物流、餐饮、摄影工作室等。

【石狮（国际）女装网批市场开园】 2022 年 9 月，石狮（国际）女装网批市场开园仪式在凤里街道举行，项目总投资 1 亿元，直接投资 3000 万元，整合凤里北片区女装生产及电商产业集群，改造盘活原九地市联运城 2.8 万平方米闲置资产，建成女装原创服饰电商交易市场、电商运营中心、青年创业中心等为一体的石狮女装电商综合体，可容纳近 300 家女装电商企业及品牌同时办公经营。截至开园前，园区签约品牌 60 个，入驻商家 175 家，直播商户 50 家。

【青创城中国男装城开业】 2022 年 9 月 25 日，青创城中国男装城举行开业仪式。作为石狮“电商谷”的重点发展项目，青创城二期西城 1 号楼以“中国男装城”为定位，致力于优质男装产业带供应链整合，汇聚广州、杭州、武汉以及福建省等具有原创设计能力及自主品牌的头部供应商入驻，与网红达人主播合作，签约高校人才，引进 MCN 机构，建立孵化培育机制，打造全国最大男装选品中心，引领石狮电商向“品质、品牌、品味”转型升级发展。青创城西城“中国男装城”总建筑面积为 9 万平方米，规划建设 1300 多个商铺，截至开业前，市场招商入驻率达 80% 以上。

【“狮城定制”平台】 2022 年，石狮市拓展新兴市场，加快打造“狮城定制”高质量发展新名片，通过发挥石狮纺织服装产业集群优势，引导服装生产企业实现大规模、高效率、低成本定制化生产，推动全市服装制造业结构优化升级。10 月出台《“狮城定制”运营推广活动总体方案》，组建“狮城定制”商家联盟、开通“狮城定制”线上平台、开设“狮城定制”线下展示中心等工作，确定 24 家入驻线上平台企业，鼓励并引导当地各单位和机构通过“狮城定制”线上平台集中采购工作制服等。

（市商务局）

【纺织服装类专项整治行动】 2022 年，石狮市市场监督管理局加大知识产权执法力度，通过加强商标专用权保护、治理专利领域违法行为、净化重点市场环境等多项专项行动，打击侵权违法行为，全年开展各纺织服装类专项整治行动 6 次。推进打击侵犯知识产权和制售假冒伪劣商品工作，查处假冒专利行为，重点加强对五金配件、服装辅料市场监管，全年查处纺织服装知识产权违法案件 75 件。

（市市场监督管理局）

纺织服装活动

【中国（石狮）纺织服饰供应链对接会（线上云展）】 2022 年 4 月 26 日，中国（石狮）纺织服饰供应链对接会（线上云展）在石狮国际轻纺城举行，并通过“石狮融媒”视频号全程直播对接会，现场达成 1.3 亿元意向合作签约。活动现场，20 家布料企业、21 家染整企业、5 家辅料企业以“产品发布 + 云展会”推出最新研发产品的同时，分别举行 5 场新型面料前沿发布和 6 场金融服务产品与供应链业务推介。

【2022 石狮国际时装周举行】 2022 年 11 月 25—27 日，2022 石狮国际时装周开幕秀在石狮服装城展览艺术中心举行，2022 石狮国际时装周以“丝路闽风•潮向世界”为主题，以“海丝非遗”“原创新锐”“商贸经济”为核心，挖掘世遗的历史文化内涵、人文背景、工艺特征和艺术价值，向外界传播石狮“世遗”文化，打响石狮“海丝航标”的世遗文旅名片，助推“海丝名城”“智造强市”“品质泉州”建设。活动期间还举办福建省“十佳服装设计师”评选活动和第十一届“石狮杯”全国高校毕业生服装设计大赛。

【第十一届“石狮杯”全国高校毕业生服装设计大赛】 2022 年 11 月 25 日，第十一届“石狮杯”全国高校毕业生服装设计大赛在石狮服装城艺术展览中心 2 号馆举行决赛。大赛以“形韵之间”为主题，吸引来自全国 62 所高校选送的 739 件优秀毕业作品参赛。经专家严格评审，闽江学院服装与艺术工程学院、江西服装学院分别获得本届“石狮杯”全国高校毕业生服装设计大赛男、女装组金奖。决赛还评出男、女装银奖各 2 名、铜奖各 3 名，最具市场潜力奖男女装组、最佳创意奖男女装组、最佳工艺奖男女装组各 1 名。

【国潮品牌大会（泉州）暨丝路品牌侨商对接会】 2022 年 11 月 26 日，由中国品牌建设促进会、丝路规划研究中心主办的国潮品牌大会（泉州）暨丝路品牌侨商对接会在石狮举办，活动旨在探索“国潮品牌”对于中国经济与新消费的推动作用，探讨中国品牌走向世界的路径，为新时代城市发展注入新动力，打造国家经济新的增长点。会上，16 家泉州企业被授予全国首批“国潮品牌”称号，其中石狮卡宾服饰（中国）有限公司和大帝集团有限公司获“国潮品牌”称号。

（市商务局）

2022 年 4 月 26 日，中国（石狮）纺织服饰供应链对接会（线上云展）在石狮国际轻纺城举行。图为活动现场

（市商务局 供图）

园区建设

综 述

【园区管理】 2022年，石狮园区企业缴纳税金9.75亿元，占辖区比重66.33%，入园规模以上企业308家，入园率54.61%，产值973.12亿元。截至2022年年底，石狮服装智能制造园、光子技术产业一园、生物医药园等3个园区被列入泉州市工业（产业）园区标准化建设重点项目。

【十大产业园区建设情况】 截至2022年底，10个小微产业园累计拨付征迁款6.31亿元，总体拨付进度77.17%，7个园区完成全部征迁款拨付和土地报批，2个园区完成成片开发方案建设。

【工业用地分类利用】 2022年，石狮市加快推进闲置和低效工业用地分类提升再利用，引导零星分散的工业企业向工业园区集聚，推进产业集群化发展。全年出让工业用地23宗，收回土地14宗，重新盘活11宗，建成工业项目76个。

石狮高新技术产业开发区

【概况】 2022年，石狮高新技术产业开发区实现规上工业产值547.27亿元，同比增长4.7%。2022年，石狮光子技术产业基地在泉州市新基建新经济基地建设比拼活动中获所属方阵第一名，在福建省自贸创新成果复制推广先行区考评中获第五名。

【招商引资】 2022年，石狮高新技术产业开发区落地项目10个，总投资48.3亿元，其中光子技术类项目4个，纺织及机械类项目3个，食品类项目2个，生物技术类项目1个。全年先后盘活福诚、忠信、爱力宝、华冠等闲置土地及厂房，引进裕庆生物科技项目、锦溢纺织机械等项目，合计盘活土地面积10.67公顷、厂房面积超3万平方米，总投资达6亿元。

【项目建设】 2022年，石狮高新技术产业开发区实施基础设施类重点项目8个，计划投资7.6亿元，园区两大配套项目邻里中心投入使用。加快光子技术产业园、石狮网商园、锦尚智能智造园等工业园标准厂房建设进展，其中，总建筑面积41.2万平方米的光子技术微产业园一园项目建设启动；石狮网商园完成施工单位招标；锦尚智能智造园标准厂房启动前期设计工作。

【企业服务】 2022年，石狮高新技术产业开发区联合多部门举办“金融助力，全力以‘复’”政银企融资专题沙龙，汇聚8家金融服务机构和30家有迫切金融服务需求的中小型企业参加，帮助10多家企业融资上亿元资金，及时助力企业纾困解难；强化与园区内教育机构联动，推进祥芝第二中心幼儿园、石狮市第八中心小学等教育类项目，整合优质教育资源向园区倾斜。

【科创培育能力提升】 2022年，石狮高新技术产业开发区有国家级高新技术企业67家，比2021年增加14家；园区企业拥有知识产权授权专利突破3000件。飞通科技、中科光芯两家企业入选2022年度福建省数字经济领域“未来独角兽”企业和“瞪羚”企业，中科光芯入选“安永复旦最具潜力企业”奖榜单，鸿日光学科技连续两年突围晋级中国创新创业大赛全国赛。加强创新创业中心、海峡两岸科技孵化基地两个省级科技企业孵化器的培育孵化功能，在孵培育企业30余家；推进福建省兰姆达物理技术研究院建设，为光电子技术领域专业化的项目孵化、产品设计和测试验证服务提供平台。

【人才引进和培育】 2022年，石狮高新技术产业开发区有泉州高层次人才73名。园区加强与泉州师范学院、闽南理工学院、仰恩大学、福建省电子信息应用技术研究院等高校、科研院所的合作互动，完善“院所＋企业＋服务结构”的人才生态。

（吴雅南 施长华）

新型染整产业循环发展园

【概况】 2022年，石狮市新型染整产业循环发展园面积222.62公顷，规模以上工业企业63家，实现规模以上工业产值239.62亿元，园区包括大堡集控区、伍堡集控区、锦尚集控区。

【伍堡集控区园区】 2022年，伍堡集控区园区面积43.62公顷，规模以上工业企业16家，实现规模以上工业产值112.7亿元，完成规模以上工业企业纳税0.64亿元。园区以工业为主，包括集工业、商贸、技术研发于一体的现代化综合性工业区，集产品研发、加工制造和产品流通于一体的现代化工业开发区，主导产业为纺织、印染等，有印染企业17家，实行集中污水处理、集中供气。

2022年，伍堡集控区园区坚持科技创新，支持企业加强与高校科研机构合作，加大技术改造步伐和节能减排力度，提升产业竞争力。园区建立国家纺织产品开发基地21个，初步形成休闲服装面料产业体系。加大对企业的引导、支持、服务力度，引导企业实施体制改革、技术改造、品牌建设等工作，扶持优质企业发展。

（鸿山镇）

【锦尚集控区园区】 2022年，锦尚集控区园区面积99公顷，规模以上工业企业30家，实现规模以上工业产值49.6亿元，完成规模以上工业企业纳税0.75亿元。园区主导产业为纺织、印染等，有印染企业30家。产业园以“品质高端、绿色时尚”为目标，发展集技术创新、工贸一体化、精细化管理于一体的全国领先高端染整产业循环发展园。

2022年，锦尚集控区园区围绕产业链部署创新链，鼓励和支持园区内企业与国内重点高校、科研院所合作，强化创新服务平台建设，构建“源头创新、技术开发、成果转化、企业孵化、主导产业”全链条式竞争优势。加快培育高新技术企业，打造一批国家级、省级企业研发平台。通过“互联网＋”，推进“机器换人”，推进开发区智能制造提质扩面和智能化产品研发生产，加快从“制造向智造”转变，加强品牌建设，提升企业品牌影响力。截至年底，园区有工业企业38家，其中印染企业21家（2021年度印染行业分级评定A级6家、B级10家、C级3家、D级2家）、水洗企业9家（2021年度印染行业分级评定A级1家、B级7家、C级1家）、其他行业企业8家，其中规模以上工业企业30家、高新技术企业11家、科技“小巨人”企业2家、战略性新兴产业企业3家；园区企业员工总数约7000人，工业总产值合计约27亿元，税收总额7500万元，年纳税超百万元企业18家。

（锦尚镇）

【大堡集控区园区】 2022年，大堡集控区园区面积80公顷，规模以上工业企业17家，实现规模以上工业产值77.32亿元，完成规模以上工业企业纳税0.48亿元。大堡集控区园区始建于1991年，为全国最早的污染集中控制区，并被列为国家环保试点工业集控区，占地面积80公顷，距离市区中心的直线距离为14千米。

2022年，园区主导产业为纺织、印染等，有14家漂染水洗企业、12家五金电镀企业以及2家污水处理厂，是全国染整及五金电镀产业基地之一。园区主要企业为石狮市华宝集团有限公司，是集染整织造、海洋生化、国际贸易、新材料工程等五大产业于一体的大型企业集团，先后获“福建省100家重点企业”“福建省民营百强企业”“全国纺织印染行业前三十强企业”“全国市场诚信联盟企业”等称号。

（祥芝镇）

石狮服装智能制造园

【概况】 2022年，石狮服装智能制造园（石狮网商园）规划用地面积54.33公顷，总投资约50亿元，主要建设标准厂房、仓储研发销售中心、配套物流、人才社区等。项目融合“新旧联动”“工

2022年12月7日，石狮服装智能制造园 （颜华杰 摄）

贸一体”“国企调控”等理念，打造集网商仓储、物流、研发、生产、住宿功能于一体的网商产业新地标。

【园区规划】 2022年，石狮服装智能制造园分为建成区和新建区两部分，建成区包含14栋旧厂房改造提升、7栋宿舍楼改造为人才公寓。新建区包含5.47公顷标准厂房、7公顷仓储研发销售中心，以及圆通速递福建总部基地、网商人才社区四部分。

【项目建设】 2022年，圆通速递福建区域中心（转拨及运营总部）总用地面积约11.33公顷，总建筑面积约22.4万平方米，建设1栋17层的办公综合楼、2栋5层集运中心、3栋门卫及停车场等附属配套设施，截至年底纳税600余万元。网商人才社区（国投•狮城领秀项目）用地面积3.8公顷，总建筑面积约12.4万平方米，计容建筑面积9.5万平方米，建筑最高层数为26层，总户数792户，总项目投资约10亿元，项目于2022年开盘销售。

【企业入驻】 截至2022年底，石狮服装智能制造园清退20家低效企业和不符合园区产业规划的企业，新引入智能制造服装企业8家。

（灵秀镇）

宝盖鞋业工业园

【概况】 2022年，宝盖鞋业工业园区地处宝盖镇西北侧、泉州湾南岸，为泉州湾经济圈的重要组成部分。宝盖鞋业工业园面积45.35公顷，规模以上工业企业22家，实现规模以上工业产值126.57亿元，完成规模以上工业企业纳税1亿元，企业员工9000多人。园区获福建省劳动模范关系和谐工业园区、全国模范劳动关系和谐工业园区等称号。园区有厂区32个，企业176家，入驻永兴、友联、顺之轩、泓盛等鞋业鞋材企业69家、耀翔、隆羽晨等纺织服务企业49家、宏伟、鸿鹰等五金企业28家、展盛等塑胶企业7家、冠豪等体育用品企业6家，具有一定规模和品牌的企业16家，成为泉州鞋业产业板块重要组成部分。基本形成服饰辅料、五金塑料、纺织服装、鞋业鞋材、包装印刷、体育用品等多种产业并举的多元化产业结构，产业布局日趋合理，经济发展势头强劲。

【宝盖鞋城发展促进会中心成立】

2022年5月，宝盖鞋业工业园成立宝盖鞋城发展促进会中心，中心坚持以提升园区环境、持续优化公共设施建设为目标，提升园区软硬环境。开通园区服务热线，主动配合园区内企业合理诉求。聘用安保人员开展日常巡逻，对乱停放车辆、小摊小贩乱摆乱放等方面合理管制。

【小型工业园区消防基地成立】 2022年，宝盖鞋业工业园组建首个园区消防基地，提高工业园区自查自改、自防自救和区域应急联动能力，首创“5分钟消防圈”。成立“宝盖企业安全生产微基金”，配备消防救援车2辆，并入驻12名消防员，旨在为宝盖范围内的众多的工业园区及企业提供服务。

【项目建设】 2022年，宝盖鞋业工业园加大招商力度，鼓励园区内木依羊、冠豪、宏伟五金等厂区增资扩建，耀翔纺织、三海户外等企业通过购买厂房入驻园区。

（宝盖镇）

宝盖科技园

【概况】 2022年，宝盖科技园工业园区位于宝盖镇中心区域，距石湖码头5千米，距晋江机场仅7千米，是石狮市规模较大、产业较集中的产业园区，园区规划面积120多公顷，有入驻企业253家，员工总数超3万人，行业分布有服装、针织、五金辅料、鞋业鞋材、食品和包装等产业。有各类企业250多家，入驻卡宾、伊妮斯、森宝、佳林岛等纺织服装企业141家，华联、顺达等五金辅料企业56家，星港等印刷包装企业16家，益盛、明昌等针织类企业14家，美伦多、新世界、诚泰等食品企业8家，骏兴、世界风、迈创融等鞋业鞋材企业6家，和兴、炎英等塑胶类企业5家。截至年底，园区完成工业产值126.57亿元，有规模以上企业55家。

【企业服务】 2022年，宝盖科技园建设宝盖科技园“党建+”邻里中心。坚持以党建引领为中心，围绕事有所办、居有所乐等六大基本功能统筹谋划，把“党建+”邻里中心打造成“便民服务的前台，企业发展的平台，职工乐享的舞台”。引进中国海峡人才市场石狮工作部，以服务企业人才招引、人才培养为目标，打造乐业XIN驿站特色服务品牌。自6月18日揭牌以来，组织开展企业人才沙龙、跨境电商业务培训等活动135场，服务11029人次。设立宝盖镇人才服务微基金，提升优化工业园区就业环境，激发人才创新积极性。打造“零工市场”。探索多渠道解决多类型群体灵活就业问题，宝盖镇与中国海峡人才市场石狮工作部、宝盖科技园“党建+”邻里中心共同打造“宝盖零工市场”，立足科技园、鞋城两个园区和宝盖镇村居，通过“线上+线下”相结合的方式，建设公益性规范化零工市场，打造“邻里15分钟就业圈”。截至年底，宝盖“零工市场”服务1000多家次企业，为1万多人次提供有效招工信息，助力400多人实现灵活就业。开发线上“宝盖职聘”小程序，为宝盖企业搭建专属惠企招工平台，进一步服务广大工业园区企业，缓解企业招工难、招工成本高的问题。

【项目建设】 2022年，宝盖科技园推进威斯登、鑫键、卡菲诺、永磊石雕等厂区腾换，引进骏兴鞋业、世界风、美伦多食品、亨达利织造等多家企业。完成科技园直一路工程（海宁路至横一路）、科技园一期人行道建设修复工程（三期）、科技园排水系统维修工程（二期）。

（宝盖镇）

中小企业创业基地

【概况】 2022年，中小企业创业基地位于石狮市共富路西侧，规划用地面积22公顷，总建筑面积491709平方米，容积率2.18，建筑密度35.5%，停车位326个。包含24单元的厂房、鹏泰厂区、瑞福祥厂区、商场和9栋员工宿舍。中小企业创业基地主要为服装制造和针纺织品织造类企业，有鹏泰服饰、金豪服饰、浪峰服饰、宽豪服饰、飘帝服饰、恒春织造、鑫元丰印务等企业。园区高新技术企业9家，创新型中小企业2家。截至2022年底，园区入驻企业56家，以服装制造和针纺织品织造企业为主，有规模以上工业企业26家，实现规模以上工业产值14.5亿元、完成规模以上工业企业纳税0.33亿元

【项目建设】 2022年，中小企业创业基地为提高企业生产效率及员工生活品质，对生产区与生活区进行分区。其中，生产区规划12幢24单元的五层标准厂房（每幢约1万平方米）、1幢25层写字楼；生活区规划9幢24单元员工公寓、6个食堂、1幢大型商场、商业街及教育、医疗、娱乐、休闲等配套设施。截至年底，一期A地块建成，22幢标准厂房正常运营，32家企业入驻投产，其中包含5家规模以上企业。

【基础设施】 2022年，中小企业创业基地入驻园区员工约3500人，配套有政和园“党建+”邻里中心、2家食堂、1家大型超市、1家幼儿园、1家医疗机构、1个农贸市场及公安治安执勤点等服务配套设施。

【运营管理】 2022年，中小企业创业基地管理体制为园区宿舍区及公共区域由产投集团委托城投集团旗下物业管理公司管理、各厂房由业主自治管理的共制模式，其中产投集团主要负责物业管理公司工作的监督、物业管理费及园区维护资金的支付、园区资产的出租管理等，物业公司负责宿舍区及公共区域卫生保洁、绿化维护、公共设施管理（含消防设施维护）、安全生产等方面工作，属地政府负责整个园区企业安全生产、员工子女就学、劳资纠纷调解等工作。

（锦尚镇）

小微园区

【概况】 2022年，石狮市规划建设10个小微产业园，分别为光子技术产业园一园、石狮网商园、锦尚智能制造园、青山轻工业园、蚶江智能制造园、石湖港港后综合物流园、生物医药园、新能源综合产业园、鸿锦产业园、永宁工业新区。10个小微产业园累计拨付征迁款6.31亿元，总体拨付进度77.17%，7个园区完成全部土地报批，2个园区完成成片开发方案建设。

【光子技术产业园一园】 2022年，光子技术产业园一园位于鸿山镇，规划用地17.53公顷，以高新区创新创业中心为孵化加速平台，引进国内外优质光子技术企业和上下游配套产业，打造具有市场竞争力、产业辐射力和创新活力的光子技术产业特色集聚区。项目分为3期工程，其中一期工程包含2栋中型厂房，共计4.87万平方米，完成封顶；二期工程包含2栋研发车间、4栋职工宿舍、3栋小型厂房、4栋中型厂房等14栋建筑物，共计25.8万平方米，完成招投标。三期工程包含5栋中型厂房，共计10.5万平方米，正进行施工图审图。截至2022年底，在谈招商项目16个，其中光模块研发及产业化项目明确落地方案，签订框架协议，完成工商注册。

（石狮高新技术产业开发区）

【石狮网商园】 2022年，石狮网商园位于灵秀镇，征用土地45公顷，全部征迁完毕。建设集网商仓储、研发、物流、加工生产等功能于一体的网商产业园，打造针对网商产业、网商群体的一站式综合性多元化服务平台，与网批市场、电商谷形成网商生态链。

2022年5月17日，位于石狮网商园的圆通速递福建总部暨石狮智创园举行开工仪式，项目占地11.27公顷，总建筑面积16万平方米，主要建设1栋综合楼、1栋智慧物流中心、1栋云仓配送中心。项目建成后将作为圆通覆盖全省的智慧物流中心，完善石狮的商贸配套、提升石狮市的专业市场能级。

（灵秀镇）

【锦尚智能制造园】 2022年，锦尚智能织造园位于石狮市锦尚镇港前村、港东村，毗邻石锦路、共富路、永祥路等3条主要县道，规划用地36.48公顷。聚焦纺织服装产业、智能制造产业建链延链，引进具有龙头带动作用的智能制造企业，提高传统产业智能制造水平，打造“五数据+智能制造”产业聚集区。截至年底，园区入驻企业6家。

2022年，锦尚智能制造园推进基础设施建设。配套智能厂房用地面积2.15公顷，规划总建筑面积5.16万平方米，其中智能厂房建筑面积为4.8万平方米、配套商业用房建筑面积0.2万平方米，智能园区服务中心建筑面积0.16万平方米。配套道路设施主要建

设锦尚智能制造园内港南路、经线规划路两条主要道路及其他区间消防道路，占地面积约 3.33 公顷，建设内容包括道路、雨污水管网、绿化、弱电及照明灯工程。自建区园区规划 11 宗地块，除园区智能、加油站等 2 宗地块，其余 9 宗地块为自建区，将作为招商地块引进企业投资建设。

【青山轻工产业园】 2022 年，青山轻工产业园位于蚶江镇，规划用地 44.33 公顷，规划引进纺织服装等轻工业高端制造项目、关键技术项目，打造高端轻工业产业集聚区。截至 2022 年底，园区处于土地平整阶段，在谈美明达体育用品、德奥纺织等项目。

【蚶江智能制造园】 2022 年，蚶江智能制造园位于蚶江镇，规划用地 46 公顷，规划引进智能硬件产业研发和制造企业，重点生产制造消费电子配件、智能家居产品、个人和家用智能快消品等产品。截至 2022 年底，引进华科高端装备与智能制造项目，计划投资 5 亿元，占地面积 6.67 公顷。引进中科创谷项目，计划投资 20 亿元。

【石湖港港后综合物流园】 2022 年，石湖港港后综合物流园位于蚶江镇，规划用地 93.33 公顷，依托落地的石湖港保税物流中心（B）型、泉州港石狮航运中心等项目，发展港后物流、港口服务、商品仓储与贸易等港后产业，为港口周边各大产业提供完善的物流配套。截至 2022 年底，引进泉州邮政智慧物流园项目，计划投资额 10 亿元。

（蚶江镇）

【生物医药园】 2022 年，石狮大健康产业园位于祥芝镇、蚶江镇交界，规划用地 105 公顷，引入国内知名制药科研生产、药品连锁经营、中药材标准栽培企业，打造以中成药生产为核心、大健康产业协同发展的专业化、标准化园区。

截至 2022 年底，园区改道大厦溪，配套石富路、中侨药业配套道路等道路、引进中侨修正药业项目，项目总投资 6 亿元，项目占地面积 13.06 公顷，新建厂房、办公楼及宿舍楼等 12 万平方米，计划 3 年建成投产，建成投产后总产值达 30 亿元。

（祥芝镇）

【新能源综合产业园】 2022 年，新能源综合产业园位于鸿山镇，规划用地 28.66 公顷，建设氢能源生产、光伏发电等新能源综合产业园区，布局新能源产业链，打造新能源产业聚集区。

（鸿山镇）

【鸿锦产业园】 2022 年，鸿锦产业园位于鸿山镇、锦尚镇交界，规划用地 28.73 公顷，其中涉及锦尚镇 13.03 公顷，涉及鸿山镇用地 13.61 公顷。园区聚焦周边区位优势和产业优势，顺应工业现代化转型的发展需求、智能产业园区的发展方向和全市新型产业发展战略，引入智能纺织机械、中高端面料、科技新材料等高新技术项目，推进港产城融合多元化高质量发展，建设成为投资环境优良、创新氛围浓厚、创业环境优美的产业园区，同时通过产业的配套衔接，形成循环经济产业体系，提升全市园区智能化发展水平。

2022 年，鸿锦产业园配套道路工程方案设计初稿完成。在建地块 2 宗，完成招商地块 4 宗。完成招商项目 5 个，在建项目 2 个，处于前期工作项目 3 个。入驻企业 12 家，其中，规模以上企业 3 家。主要涉及纺织服装、海产品加工、五金、生物科技、新材料等行业企业。

（鸿山镇 锦尚镇）

【永宁工业新区】 2022 年，永宁工业新区位于永宁镇，规划用地 42.53 公顷，建设集生产研发、物流仓储、电子商务等多种产业形态于一体的新型工业园区，改造提升传统动能，培育壮大新动能，打造新旧动能转换推动制造业高质量发展的示范区。截至 2022 年底，工业新区 4 个地块完成报批工作。

（永宁镇）

交通 邮政

交通建设

【概况】 2022年，石狮市推进城乡交通基础设施建设，交通基础设施建设项目14个，完成交通基础设施投资3.23亿元。指导各镇村农村公路建设，为19个村补助500万元“四好农村路”激励资金，申请2022年道路交通安全隐患整治市级补助资金15.4万元，申请2022年度通村组道路市级补助资金105万元。

【公路建设】 2022年，石狮市高速公路建设方面，规划建设“石狮南”高速出入口，加快石狮与厦门、漳州的快速交通联系。快速路建设方面，泉州环湾快速路石狮连接线工程（二期工程）完成总工程量的96%，累计完成投资2.7亿元，12月石狮界路段完工；泉州二重环湾快速路匝道工程（狮城大道至晋江）完成总工程量的80%，完成投资0.46亿元；外西环路高铁连接线完成总工程量的52%，完成投资0.77亿元。

【港口建设】 2022年，石狮市石湖港区5号和6号泊位码头工程完成竣工验收，后方堆场施工和岸桥设备制造加快推进。引入省港口集团合作开发石湖作业区7—9号泊位项目，签订泉州港务集团合作开发框架协议，基本完成项目可研报告修编。泉州港泉州湾港区锦尚作业区扩大对外开放通过省级验收。

【公路养护与管理】 2022年，泉州市公路事业发展中心石狮分中心完成路面啃边预防性养护40700米，日常维护桥梁12座、涵洞30余座，整治公路交通隐患14处，增设波形护栏300米，各类标志牌更新维护50余面。完成专项工程5个，全年公路投入855.94万元。

【路产路权保护管理】 2022年，泉州市公路事业发展中心石狮分中心产权股月均巡查次数21次，公路巡查241车次623人次，纠正、制止违章64起，开展联合行动31次，参加人员238人次，拆除违章广告牌96块，合计187平方米，清理堆积物47处合计2195平方米，送达路政管理通知书5份，办理路产损坏赔补偿案件3起，收取赔补偿费5340元。

【港口安全管理】 2022年，石狮市交通和港口发展局指导开展应急演练57场，参与1242人次，督促企业自查78次，发现问题隐患478项全部整改完毕，投入整改资金41.54万元，举办安全教育培训（含班前会）969场，受教育16697人次。组织隐患排查技能竞赛3场，以竞赛形式助推企业管理更新换代。组织问题企业上“补课班”、重点帮扶，提高后渚作业区企业外包作业管理水平，新增6个港内固定测速点。开展安全环保检查4次、船舶防污染检查3次、反恐督导1次。

（周志根 黄润霞）

交通运输

【概况】 2022年，石狮市道路客运企业6家，货运企业117家，水路运输企业38家，公交公司1家。客运车辆212辆，货运车辆3437辆，普通货船105艘，新能源公交车204台。水路完成货运量6693.43万吨，货物周转量10813952.19万吨千米。全年检查交通运输企业518家次，排查隐患问题414个，处罚决定244件。

【交通运输安全监督】 2022年，石狮市道路运输中心出动检查人员1442人次，检查交通运输企业518家次，排查隐患问题414个，提出检查意见1275条，发放整改通知书94份。出动执法人员4239人次，执法车辆865辆次，检查各类道路运输企业580家次，车辆5388辆次，作出行政处罚244件，处罚金额为197.72万元。监督356辆超限运输车辆卸载。

【道路旅客运输】 2022年，石狮市道路客运企业6家，拥有客运车辆212辆、8822座，其中省际班车24辆、

1132座、市际班车31辆、1274座、县际班车17辆、323座、省际旅游包车140辆、6093座，均为中高级客车，驾驶员257名。全市有客运站 3个（其中二级站1个、三级站1个、便捷站1个），道路客运企业经营的省际、市际、县际班线33条，其中省际班线5个省13条，市际班线15条，县际班线5条。

【公路货物运输】 2022年，石狮市货运企业117家，其中普通货运企业45家，集装箱运输企业42家，冷链运输企业15家，渣土运输企业12家，网络货运企业1家。拥有货运车辆3437辆/94193.6载重吨，其中单户个体车辆1227辆/18742载重吨。拥有营运货车2210辆/37362载重吨，其中牵引车1657辆/58919载重吨，普通货车652辆/8514载重吨。挂车2339辆。

【水路运输】 2022年，石狮市水路运输企业38家，主要从事国内沿海及长江中下游各港间普通货船运输， 另有水路运输辅助业14家。拥有普通货船105艘/205.86万载重吨/57459TEU（标箱），其中，5000载重吨以下船舶5艘2.45万载重吨；5000—1万载重吨船舶37艘24.29万载重吨；1万—2万载重吨船舶30艘41.05万载重吨；2万载重吨以上船舶33艘138.08万载重吨，以集装箱（多用途）船舶为主要运输船型。单船最大载重吨位达75311吨位，平均单船1.96万载重吨。拓展“丝路”航线，开通首条非洲荒料石航线、首条泉州—俄罗斯远东航线，并新增2条菲律宾航线，开辟国际贸易“直进直出”通道。水路完成货运量6693.43万吨，比2021年增长23.1%；货运周转量1081.39亿吨千米，比2021年增长24.12%，增幅居泉州市第二位。

【城市公交发展】 2022年，石狮市公交公司1家，公交从业人员261人，其中常规公交驾驶员192人，社区巴士驾驶员17 人。常规公交车辆204台（均为新能源公交车）。开通公交营运线路23条，其中市区5条，城乡13条，公交专线3条（2条老干专线、拥军旅游专线），社区公交小白2条。运营线路总长度370.5千米，日发班次727班，日均客运量约1.25万次。

【机动车维修业管理】 2022年，石狮市有一类维修企业4家、二类维修企业17家7、三类企业307家、综检站6家。

【机动车驾驶员培训管理】 2022年，石狮市机动车驾驶员培训机构12家，实操教练员754名，理论教练员83名，教学车辆659辆，全年结业学员6571人。

（周志根 黄润霞）

邮 政

【概况】 2022年，石狮市完善城乡物流网络体系，推动寄递服务效率持续提升，全市拥有快递企业品牌13个，从业人员2422名，遍布城乡的快递网点超200个，快递业务量完成32407.03万件，业务收入13.24亿元。

【邮政公司】 2022年，中国邮政石狮市分公司实现业务总收入11741万元。其中，寄递业务完成收入6208万元，邮务业务完成收入1239万元，代理金融业务收入4160万元。中国邮政石狮市分公司获福建省“安康杯”荣誉和“平安邮政创建先进单位”称号。

【邮政服务】 2022年，中国邮政石狮市分公司组建自提代投网络建设专班，新增自提点61个减轻末梢投递压力，提升投递效率，促进降本增效。推进村级寄递物流综合服务站建设，设立首站“邮政快递业务＋新就业群体”暖心驿站——灵山综合便民服务站，打造“邮政＋快递”运营新模式聚收投、自取、存放等功能的末端站点。完成网点点均叠加业务种类达9个的目标，推动“互联网＋政务服务”向乡村延伸，开办鸿山警医邮便民服务站，在灵秀支局、永宁支局等网点投放“警医邮”一站式智能微车管自助设备，实现邮政网点生活缴费、重点政务服务的一站式服务。

【邮政安全监管】 2022年，石狮市邮政管理局开展安全生产大检查，加大对辖区快递企业、网点的检查频次和力度，开展安全检查237次，发现问题80处，发出整改通知书51份，回收整改反馈报告49份，立案查处8家违法违规企业。加强联合执法检查，联合市烟草专卖局开展错时、突击检查6次，拦截草制品通过寄递渠道流通3件共计238条，累计4.62万元。

【石狮市快递行业联合工会成立】

2022年3月4日，石狮市举行快递行业联合工会成立大会，来自全市13个快递品牌的21名代表参加会议。会议产生石狮市快递行业联合工会第一届工会委员会、经费审查委员会和女职工委员会。3月8日，石狮市举行石狮市快递行业联合工会委员会授牌仪式。

（王燕青 王萍 李杰 邱汉良）

2022年3月8日，石狮市快递行业联合工会委员会授牌仪式在石狮市职工活动中心举行 （市邮政管理局 供图）

信息业

综 述

【信息化发展规划和政策】 2022年2月8日，石狮市印发《石狮市进一步推动工业经济高质量发展若干措施》，鼓励企业加快数字化转型。支持规模以上工业企业使用被列入泉州市云服务商目录提供的云服务平台，对年度服务费超过5万元、10万元的规模以上工业企业，分别给予每家1万元、2万元的补助。推动企业实施两化融合，鼓励制造业企业采购引进ERP、SCM、MES、CRM等综合性管理信息系统，对当年度采购软件实际投入金额达50万元（含）至100万元、100万元（含）至200万元、200万元（含）至300万元、300万元以上的，分别给予5万元、10万元、20万元、30万元补助。

【软件和信息业】 2022年，石狮市探索以两化融合管理体系引领企业战略转型、组织变革、管理创新的新机制，推动企业开展贯标与评定，鼓励企业推进先进制造技术与信息技术的深度融合，引导石狮帝牌（中国）有限公司等6家企业获省级两化融合管理体系贯标奖补资金共300万元；推荐卡宾、信泰公司申报两化融合示范项目，获得上级补助共117.48万元；组织鸿山热电申报2022年省级新一代信息技术与制造业融合发展新模式新业态标杆企业资金奖励兑现，获得奖励47万元。出台数字化转型专项扶持政策、邀请海尔卡奥斯等工业互联网平台公司对工业企业数字化转型进行深度诊断调研、引导企业向上争取数字化转型政策资金支持等综合措施，先后建成省级智能制造示范项目3个、泉州市级数字化车间11个。推荐卡宾等7个项目申报工业互联网优秀应用场景项目；推荐鹏泰、信泰申报工业互联网示试点示范项目；推荐美佳爽、信泰申报5G全连接种子项目。通过实施数字化项目，信泰、卡宾公司被评为“泉州市十佳数字化转型优秀企业”。

【信息化项目建设】 2022年，石狮市修订发布新版《石狮市信息化项目管理规定》。按规定对续建项目、新建项目进行管理，开展方案评审、标书论证等。经征集审核，立项9个信息化项目，总预算3883.8万元。其中，石狮服装智造园智能化建设、智慧教育（一期）等项目在完成招标建设。建成智慧石狮工信科技综合服务平台，建立“1234N”工业企业服务体系，通过多方数据治理和智慧评价平台，实现工企数据治理全面化、企业效益衡量客观化，辅助政府决策客观化；上线狮i企（狮企通）小程序，集成企业综合评价、政企直通车、政策匹配、复工复产等功能模块，实现企业数字体检，政策直通、惠企便企，打造全市“一站式”服务企业云平台。

（市工业信息化和科技局）

数字化建设

【概况】 2022年，石狮市加快智慧城市建设、强化数据汇聚应用、统筹数字经济发展。石狮市智能社会治理实验基地获“福建省级智能社会治理实验基地”称号，“石狮智慧城市大脑”经验入选《城市大脑案例集（2022）》。

【数字经济发展】 2022年，石狮市成立发展数字经济工作专班，推进石狮市数字经济工作。推荐圆通智慧供应链创新中心暨福建总部基地项目参加第五届数字中国峰会“泉州之夜”现场签约活动。推荐中科光芯公司、飞通公司申报并入选2022年省数字经济核心产业领域“未来独角兽”企业。推荐信泰公司、融媒体中心申报数字泉州发展专项

2022 年 7 月 22 日，圆通智慧供应链创新中心暨福建总部基地项目参加第五届数字中国建设峰会“泉州之夜”现场签约活动（市大数据管理局 供图）

资金——5G 示范应用项目，获资金扶持 38.18 万元。试点推进智慧园区建设。在灵秀服装智能制造园建设智慧园区，通过产业全链条数字化协同服务平台，整合“一馆一院两中心”、石狮市服装设计师协会、石狮纺织服装产业联盟等线下产业创新服务载体，通过线上、线下产业数据融合分析，掌握行业流行趋势、预测产业规模，指导企业主动调整产能，满足市场需求。

【5G 建设】 2022 年，石狮市大数据管理局推进 5G 建设，把 5G 基站建设列入《政府工作报告》目标任务，就 5G 网络建设进场难、审批难、选址难等问题，联合铁塔公司梳理 20 个 5G 基站建设重点难点清单，逐一分解梳理，并建立 5G 配套设施建设审批绿色通道，缩短行政审批时间、简化审批流程等。全年完成 5G AAU（有源天线处理单元）基础配套设施 1085 个，完成率 108.5%，累计建成 5G AAU（有源天线处理单元）基站 3585 个，实现中心城区、乡镇镇区 5G 网络连续覆盖，覆盖率位居泉州市第一。

【智慧平台建设】 2022 年，石狮市大数据管理局完善智慧平台建设，推进一号登录，一网统管。完成建设安全生产、日常办公等相关主题应用，接入系统 45 个。全年智慧石狮管控智慧中心接待省内外单位参观考察 20 场次，来访交流超 300 人次。建设入户访查、渔民访查、防疫管理、人口核验等相关人口核验服务，核验人口数据超 662246 条。打造网格化治理模式，做到“一标三实”和重点场所、物品的基本情况信息采集，掌握网格内的“人、地、事、物、情、组织”等基本要素信息。通过网格通改版，新增待办任务统计、事件管理、基础数据等信息，提升数据直观性。

【i 石狮“亲清家园”智慧平台】 2022 年，i 石狮“亲清家园”智慧平台完善服务建设，提升用户体验，在原有服务应用基础上，建成 10 个服务板块，包含 65 个服务应用，累计点击量超 800 万次。在第一、第二季度上线石狮市招生报名、高考查分、高等院校查询等教育类服务。第三、第四季度上线云孵化平台、狮企通、明厨亮灶、自主上报、我要租房等服务。

【政务云建设和管理】 2022 年，石狮市强化政务云管理与建设，开通 148 台服务器用于支撑全市信息化系统运行，借助云计算资源监控平台，监测云资源使用情况并根据《政务云管理办法（试行）》，开展政务云资源调整优化，全市政务云资源有效使用率由 35% 上升到 60%。

【信息安全应用和管理】 2022 年，石狮市出台《石狮市信息化系统数据与网络安全保障工作方案》《石狮市信息化系统网络安全保障工作技术方案》，依托泉州政务云平台，建设“石狮政务云”，形成“统一部署、统一管理、统一调配、统一防护”工作模式。组织网络安全培训，参加 500 余人次。开展石狮市网络攻防演练，探索联合防御机制。开展信息系统安全检查，建立常态化巡检机制，定期扫描全市 70 个应用系统，出具报告 267 份，保障信息系统安全稳定运行。

【县级政务数据汇聚】 2022 年，石狮市依托泉州市政务数据汇聚共享平台，建成石狮市数据共享中心，新汇聚石狮市工业信息化和科技局工业大数据平台、石狮市农业农村局平安渔船系统、泉州市医疗保障局石狮分局平台、云孵化平台等平台数据。截至年底，汇聚和回流数据 6.6 亿条，共享上级数据查询接口清单 344 个，为石狮市卫生健康局、石狮市财政局、石狮市应急管理局、石狮市工业信息化和科技局等单位提供数据共享服务超 1000 万次，共享数据超过 1 亿条。

【“石狮智慧城市大脑”入选《城市大脑案例集（2022）》】 2022 年 1 月 4 日，“石狮智慧城市大脑”入选《城市大脑案例集（2022）》，是全省唯一入选的城市大脑案例。“石狮智慧城市大脑”利用省、市两级数据汇聚共享的应用成果，以数据应用为导向，运用大数据云计算、物联网移动互联网和前沿通信技术手段，汇聚整合全数据资源和监控视频资源，感测、分析、整合城市运行核心系统的各项关键信息，突出信息资源的开发利用，加强资源共享，总体建设内容包括“一中心、一中台、一平台、N应用”，即一个石狮市数据资源中心，一个数字赋能中台，一个城市运行平台，拓展网格化治理、党的建设、文明城市创建、应急指挥、船舶管理、安全生产、5G基站监管等N个场景应用。石狮打造“一网统管、双向联动、三级响应”的城市大脑，有效解决城市管理效率、业务协同、事件高效处置等重要技术难题，在应对疫情防控、社会治理、政务服务、治安防控、营商环境优化等应用场景方面成效显著。

（市工业信息化和科技局）

通信业

【中国电信石狮分公司】 2022年，中国电信股份有限公司石狮分公司营业收入2.76亿元，电信固定电话用户10.52万人，宽带用户20.81万人，天翼用户22.48万户人，5G用户16.11万人。连续16年获评全国“安康杯”竞赛优胜企业，并三次获得“安康杯”连胜杯。

2022年，中国电信股份有限公司石狮分公司加快网络建设，新增光端口9760口，新建万兆端口1344个，万兆端口总数6064个，端口平均网速达800Mbps（兆比特每秒），总出口带宽达820Gbps（交换带宽）。完成5G基站建设77个，截至年底，5G基站总数610个，实现城区5G全面覆盖，中心镇区、重点企业和高效5G覆盖。结合物联网技术，配合打造智慧停车系统二期，覆盖石狮主城区多个重要路段，通过多种信息服务，为公众提供便捷高效的信息化生活。

（洪紫欣 陈永辉）

【中国移动石狮分公司】 2022年，中国移动福建公司石狮分公司加快5G网络建设，累计开通5G基站超700个。完成30千米海岸线5G全覆盖，满足沿海文旅、渔业、港口等海洋经济发展需求。推进网络优化，整体网络关键指标在泉州保持较高水平，网络严重高负荷控制在0.4%以内，网络良好度持续排名全市第一，百万客户投诉比全市最低。推进光纤宽带建设，端口总数超30万个端口，覆盖率98.71%。1000M（兆）以上高带宽用户超9000户，排名泉州第二。

2022年，中国移动福建公司石狮分公司加快5G融入千行百业，打造石狮行政服务中心5G数字政务平台，获得全国“绽放杯”竞赛二等奖。与太平洋码头、华锦码头、福建飞通科技股份有限公司等签订战略合作，打造海洋经济拓展联盟。通过5G无人集卡、多路高清视频回传、高精度定位等应用，建设石湖港智慧港口，提升港口运营效率和作业能力。推进打击治理电信网络诈骗犯罪，强化数据分析，及时分析不良号码，找出共性规律，发现可疑情况立即整理成台账并上报市公司全年累计分析2653个号码，上报背书118个号码，关停31个号码。

（王灿灵 李冬阳）

【中国联通石狮市分公司】 2022年，中国联合网络通信有限公司石狮市分公司完成创新收入3813万元，比2021年提升55.1%；完成签约4942万元，比2021年提升103.7%，累计签约百万元及以上项目15个，贡献占比82%。聚焦“教育”行业，全年签约21个项目，签约额1013.9万元，比2021年提升62.8%。

2022年，中国联合网络通信有限公司石狮市分公司提升网络质量，MR（优良比）良好覆盖率98.44%，排名全市第一；4G人口覆盖率、行政村覆盖率100%。与电信共享建设5G基站60个，5G室分53个，实现市区5G基本面覆盖。建设互联网专线项目39个。

（黄婷婷 龚海涛）

商贸流通服务业

国内贸易

【概况】 2022年，石狮市实现限额以上商业销售额2693.04亿元，比2021年增长26.6%。社会消费品零售总额641.41亿元，比2021年增长3.9%；限额以上社会消费品零售额244.63亿元，比2021年增长8.1%。

【“菜篮子”工程建设】 2022年，石狮市新增3家“菜篮子”基地，分别是石狮市协力兴种植专业合作社、石狮市嘉益果蔬种植专业合作社、石狮市苗发家庭农场，获得“菜篮子”工程建设补助资金15万元。

【商贸促销活动】 2022年，石狮市开展2022春节石狮GO活动、诚信“315”居然放心购促消费活动、购车补贴活动、第三届中国（石狮）网上直播交易会暨“五在石狮”直播节、千万消费券陪你过“五一”活动、家电促消费活动、全闽乐购·购在石狮促消费系列等活动。其中，全闽乐购·购在石狮系列促消费活动投放资金1206万元，直接带动消费9627.48万元，拉动消费杠杆比10.52%。

【“老字号”品牌建设】 2022年，石狮市出台《2022年度石狮老字号认定（首届）工作方案》，开展首届“老字号”品牌建设，17家传承超30年的美食商户报名参与，活动评选“许记”牛肉羹等13个字号为第一批“石狮老字号”。

2022年石狮市第一批“石狮老字号”名单

表5

石狮老字号	字号	镇（街道）
石狮市山海朝阳食品贸易有限公司	山海朝阳干货	凤里街道
福建石狮许记餐饮管理有限公司	许记牛肉羹	凤里街道
石狮市宝湖绿岛海鲜酒楼	绿岛海鲜酒楼	湖滨街道
福建万代豪食品有限公司	商记糖品	蚶江镇
石狮市万得香食品加工厂	万得香日晒花生	蚶江镇
石狮市清莲面粉制品有限公司	清莲手牵面线	蚶江镇
石狮市佳佳乐食品加工厂	阿日山瓜子	鸿山镇
石狮市鸿福海鲜馆	鸿福海鲜馆	鸿山镇
石狮市啊向牛肉馆	啊向牛肉羹	鸿山镇
石狮市邱尚昆饮食店	东埔阿茅烘猪脚	鸿山镇
石狮市锦新小笼包店	厝上小笼包	锦尚镇
福建北记食品有限公司	北记糕点	永宁镇
石狮市辉龙煎包店	阿潭水煎包	永宁镇

（黄鸿媚 王长华 林琪琳 王鸿亮 李玉萍 辛丽萍 庄心仪）

对外贸易

【概况】 2022年，石狮市获批省级水产品外贸转型升级基地，新增开通俄罗斯、安哥拉等4条外贸航线，推进石湖港保税物流中心（B型）保税集拼、“1210”、国际转口等相关业务开展。全年进出口总额465.8亿元，增长3.3%。其中，出口444.06亿元，增长0.69%；进口21.74亿元，增长122.4%，增幅位列泉州第一。全年市场采购试点全平台出口504.27亿元，比2021年增长34.16%。

【对外交流合作】 2022年，石狮市外贸企业通过参加云展会、代参展、微展会、国外线下展、建立海外营销网点等方式多渠道拓展国际市场，组织参加美国拉斯维加斯纺织服装展、法国面料展、德国慕尼黑国际体育用品展、广交会、跨交会、外贸云展会、泉州外贸微展会、福品博览会等25场线上线下展会。全年参展企业198家次，展位305个。

【外贸政策扶持】 2022年，石狮市出台《2022年度促进外经贸发展若干措施》，申请、兑现石狮市各类补贴293家次，金额4918.26万元；申请、兑现省、泉州市各类补贴437家次，金额1443.89万元。扩大政府“公共保证金池”覆盖面，实现外汇避险金额2.1亿美元，减免保证金2400万元；加快推广“增信信保贷”“出口退税贷”和跨境金融服务平台，增加贸易融资供给约4.5亿元服务中小微企业约200家；将非统保企业出口信保补贴比例提高到30%，引导企业应对俄乌冲突等外部变化。指导163家小微出口企业在省单一窗口申领政策性保单，承保渗透率位居全省前列。

【外资利用】 2022年，石狮市实际利用外资累计3758万美元，合同外资累计117895万元。全年接待来访客商13家，领导带队考察澳门、上海、杭州、广州4次，落地外资项目4个。厦洽会期间对接签约项目7个，投资总额3.5亿美元，拟利用外资3.5亿美元，完成目标任务的125%；合同项目合同外资0.97亿美元，完成任务目标的54%。

【出口贸易】 2022年，石狮市有900家企业开展自营出口业务，其中生产型企业211家，贸易型企业689家。全年石狮市出口444.06亿元，比2021年增长0.69%。其中，一般贸易出口186.83亿元，比2021年增长4.08%，市场采购贸易出口246.8亿万元，比2021年增长13.49%，跨境电商出口104369万元。

【进口贸易】 2022年，石狮市进口额217356万元，比上年增长122.4%，主要是石材（花岗岩）产品进口大幅度增长。进口产品结构方面，矿产品（花岗岩）进口额113255万元，主要进口国为印度；革、毛皮（生牛皮、羊皮等）及其制品进口额26209万元，进口额比2021年增长69.03%，主要进口国为美国和意大利；植物（海草及其他藻类）进口额15932万元，比2021年增长220.91%，主要进口国为印度尼西亚。

（市商务局）

粮油经营

【地方储备粮轮换】 2022年，石狮市执行地方储备粮轮换管理制度，按时足量完成年度轮换任务，确保储备粮数量真实、质量可靠。储备粮所需管理费用、贷款利息和储备轮换差价补贴纳入当年财政预算并及时拨付。按照储备粮标准，足额拨付储备费用，拨付拨储备粮管理费用、贷款利息和储备轮换差价补贴合计1205.52万元。

【粮油安全保障】 2022年，石狮市完善粮食调控和监管体系。开展全市政策性粮油库存检查、秋季粮油安全检查专项整治及对粮库监督检查，检查粮食的质量、数量、品种等内容，确保储备粮库存数量真实、质量良好、储存安全。畅通粮食销售出库问题反映渠道，开展政策性粮食销售出库监督检查，推进粮食库存消化工作。健全粮食质量安全监管体系。督促储备粮承储企业严格执行出、入库及半年储粮质量检测制度。加强粮食质量安全监督抽查工作，对重点环节、重点企业加大抽检力度，提高抽检频次，增加抽检样品数量，完成粮食送检样品数106份。开展节日期间粮食监督检查，督促企业落实食品质量安全主体责任，监督粮食生产加工企业严格执行进货检查验收制度，严禁使用不合格原粮或添加非食品物质加工食品，监督流通企业严格落实索证索票制度。

【粮食物资储备】 2022年，石狮市可储备粮食总仓容达标，满足全市粮食收储需要。加快推进应急粮食及物资储备库建设，提升全市粮食仓储设施。

【粮油市场管理】 2022年，石狮市加强粮油应急加工、销售网络、应急体系建设的监督，规范应急成品粮油管理工作，完成应急成品粮和食用油储备工作。构建放心粮油销售网络，新增应急供应网点4家，截至年底，全市粮油应急加工企业4家、应急供应网点15家。对粮食应急加工企业、粮食应急供应网点以及省、泉州市放心粮油经销店进行奖励，拨付奖励资金6.1万元。组织企业参加第18届粮食产销协作福建洽谈会，引导企业通过产销交易会与产区粮食企业签订合作协议，开展粮食产销贸易，拓宽合作渠道。

（刘少恺 张辉程）

供销合作

【概况】 2022年，石狮市供销系统商品购进、商品销售等统计指标比2021年增长19%，实现收入657.1万元，比2021年增长3.12%；实现利润237.2万元，比2021年增长7.4%。烟花仓库销售各类烟花926万元，实现经营利润78万元。拓展农产品经营渠道，组织参加省供销社举办的“一县一周”名特优农产品暨迎新春年货展销订货会、石狮市2022年“庆丰收迎盛会·助力乡村振兴”农民丰收节活动。

【基层建设】 2022年，石狮市建设完成省级乡镇惠农服务中心1个、县级乡镇惠农服务中心1个，新建连锁网点4个，新建村级供销社1个，新发展农民合作社1个，新增持股农民合作社2个，新建农村综合服务社4个，改造农村综合服务社2个，建设完成电商服务站点1个，再生资源分类回收点2个，农药包装物回收点1个。

【农资供应】 2022年，石狮市根据市场需求适当调整储备品种结构，完成化肥储备713.17吨，其中优质肥709.17吨，小化肥4吨，保障春耕生产生活用肥需求。

【农资宣传】 2022年，石狮市供销系统组织开展2次农资下乡送化肥暨宣传咨询活动，向农民专业合作社、农户赠送价值约4万元的有机肥42吨，赠送价值约1万元的巴斯夫格力高杀虫剂、甲氨基阿维菌素等农药，开展农资宣传咨询服务，咨询100余人次，发放农资宣传资料300余份；安排农技人员和“庄稼医生”10多人次深入基层、农业专业合作社、农户了解春耕备耕需求，提供用肥用药指导100多人次。

【农资质量检查】 2022年，石狮市供销系统组织农资公司对所属的农资经营网点开展农资质量自查，严禁销售假冒伪劣商品和剧毒、禁用农药。组织抽查农资公司化肥仓库、新型庄稼医院，督促网点自觉维护供销社庄稼医院的农资经营品牌，维护农资市场的稳定，保证春耕顺利生产。督促农资仓库配送中心和新型“庄稼医院”联网全省农资监管一体化平台，保证销售的农资商品可以溯源，确保农资商品购销在阳光下运行。组织“庄稼医生”开展技术服务工作，主动深入田间地头了解春耕生产，帮助农民解决春耕生产实际问题。

（李元强）

电子商务

【概况】 2022年，石狮市以品牌电商为抓手、以电商带动客商，推动电商工作稳定持续进展。5月底，在小康杂志社发布的“2022年度县市电商竞争力百佳样本”榜单中，石狮位列全国第三、全省第一。“双十一”购物节，石狮市全网零售额37.53亿元，占福建省网络零售额的比重为6.97%，占泉州为23.1%，位居全省第一。全年石狮“淘宝村”35个，“淘宝镇”7个，2022年电商销售额（含直播）1300亿元，连续5年保持福建省电商销售额首位。

【政策环境优化】 2022年，石狮市出台《石狮市支持品牌电商发展若干措施》，系全省首个品牌电商发展政策。从品牌建设、品牌营销、平台赋能、品牌供应链、品牌生态圈、协会发挥作用、开拓国际市场等8个方面支持品牌电商发展，设立支持品牌电商发展专项基金，引导电商企业提升“品质”、打造“品牌”、提高“品位”，增强自主品牌创新能力和核心竞争力。出台《石狮市电子商务行业人才评定与积分管理暂行规定》，启动电子商务行业人才评定与积分管理工作，在全省率先出台电子商务行业人才评价标准，通过“基础指标+企业技能自主评价+专家专业评价”，每年按积分高低分配享受住房保障、子女入学、进修培训奖励、创业扶持等优惠政策，加快集聚电商创新创业人才。

【电商平台建设】 2022年，石狮市

2022年12月26日，石狮市商务局、石狮市工业信息化和科技局联合在跨境电商公共服务中心举办供需对接沙龙 （市商务局 供图）

发展平台经济，培育以互联网为核心的新经济、新业态、新模式。截至年底，全市有“青创网”和“侨易邦”两个省重点平台。青创网被列入泉州市及福建省数字经济重大项目，覆盖四大鞋服产业带，入驻供应商8600余家，注册分销商60万余家，日均UV（独立访客）超10万人次，PV（页面浏览量）超80万人次，2022年核心发展私域供应链平台“衣百万”，并打造档口精简版的SAAS ERP管理系统，逐步覆盖产业带市场，实现电商数据的汇总分析。“侨易邦”跨境电商平台系全省首个面向华侨华人的跨境电商选品平台“侨易邦”，打造线上线下一体化的东南亚采购集散中心，为企业提供电商选品、报关通关、跨境物流、海外仓、外结汇等配套服务，招引入驻特色产业集群馆13个、1862家品牌厂家、产品链接7.37万个、SKU（库存最小存货单位）总数110.4万个。

【电商园服务完善】 2022年，石狮市深化电商转型发展，加强电商园服务。青创城西城1号楼引进产业带区域男装，完成招商率80%；双奇电商城二期规划为电商运营中心，形成线上、线下一体化的“市场+平台+直播+供应链”的发展模式；原创网批中心提升定位为优质原创设计男装聚集，完成100%商户升级并重装开业；女装国际网批中心定位女装品牌供应链、网批厂家聚集区，填补全省专业女装网批市场的空白；海洋渔业网商产业园将依托现有石狮网商产业优势和祥芝渔业产业基础，建设与产业集群结合紧密的电子商务经营主体集聚区，开拓“海产品+电商”新经济模式；跨境电商运营总部招商扩容，完善跨境总部配套服务功能，启用跨境电商公共服务中心，为企业提供跨境电商出海“一站式”服务。

【“爱泉州·大乐购”石狮电商节系列活动启动仪式举行】 2022年9月25日，“爱泉州·大乐购”石狮电商节系列活动启动仪式在石狮青创城举行，活动由福建省商务厅、泉州市商务局、石狮市人民政府指导，由石狮市商务局、石狮市工业信息化和科技局、灵秀镇人民政府、石狮市网商协会主办。活动以“1+N”的形式，聚焦“平台+品牌”两大便民消费核心，联动全市16个电商园区、基地、商业综合体等，并邀请14个主流平台齐聚石狮，采取线上优惠、创意市集、品牌发布会等多种形式开展N个系列活动，以深化石狮电商产业、商业综合体“数字化”赋能与“品牌化”发展。

【“五在石狮”直播节举行】 2022年4月18日至5月8日，石狮市举行第三届中国（石狮）网上直播交易会暨“五在石狮直播节”，围绕“‘创、购、游、吃、住’在石狮”，通过一个主平台、十大园区、百场直播专场、千名主播等渠道和方式，吸引4100多万人次在线观看，全城直播销售额达8亿元，对石狮服装、美食、旅游等全方位宣传，助力商贸氛围恢复带动复市复工。

2022年7月3日，2022电商主播大赛总决赛在石狮服装城举行。图为活动现场
（李荣鑫 摄）

【2022电商主播大赛总决赛】 2022年7月3日，2022电商主播大赛总决赛在石狮服装城艺术展览中心圆满落幕，其中石狮市刘静（静姐直播）获亚军。大赛搭建起“美、丽、家、乡”四大主题赛道，针对区域特色及重点就业群体，组织不同风格、各具特色的直播电商赛道推介好货。现场直播观看超663万人次，其中抖音点赞超132万次，累计实现直播带货交易额近20亿元，其中福建赛区带货近10亿元。

（市商务局）

烟草专卖

【概况】 2022年，石狮市管理和服务的持证卷烟零售客户3571户，实现税利3.1亿元。查获各类案件120起。开展志愿服务活动39场次。开展帮扶共建活动，帮扶14人，捐赠资金2.9万元。

【卷烟营销】 2022年，石狮市建成4家专业店、14家精品店、45家普通店。以4家专业店为重点打造各具特色的终端，并以点带面推动其他雪茄终端建设，打造成文化体验、品牌传播、产品销售的阵地。加强客户销售能力培训，协助零售客户做好卷烟销售，提高客户盈利水平。

【卷烟市场执法】　2022年，石狮市烟草专卖局查获各类案件120起，涉案卷烟608.09件案值总计599.13万元，其中查获5万元或5万支以上案件39起，向未成年人销售电子烟案件1起，破获国标假烟网络案件2起，刑事拘留13人，批准逮捕13人，网上追逃2人。

【专卖监督管理】　2022年，石狮市烟草专卖局开展清理校园周边专项治理工作10场次，清理电子烟网点3个，清理人证不符、证址不符零售户64户、中小学和幼儿园周边零售户4户。办理网上新办证申请116条。

【零售终端建设】　2022年，石狮市烟草专卖局加强流通品牌建设。严格标准，优选目标客户，紧扣各类终端必备组件，做好“海丝新晟”终端打造全流程跟踪指导。建成2家核心店、2家合作店、1家达标店。加强烟邮合作，推进4户农网特色终端建设，涵盖工商协同、政企合作、党建聚力三种类型。加强与市文明办的沟通衔接，坚持公益为本，合法合规地推动辖区文明吸烟环境建设，结合辖区实际广泛布点建设，投入多功能垃圾桶、烟蒂柱447个。

（陈颖君　张泽安）

住宿餐饮业

【概况】　2022年，石狮市限额以上商业企业793家，其中批发业553家，零售业209家，住宿业20家，餐饮业11家。全年新增限额以上住宿企业1家，餐饮企业2家。全年实现住宿餐饮业零售额2.61亿元。

【住宿业】　2022年，石狮市新增住宿单位6家，客房219间。停业住宿单位2家，客房73间。非星级酒店128家，房间约8550间。

【餐饮从业人员健康管理】　2022年，石狮市市场监督管理局强化餐饮从业人员健康管理工作，以学校（含托幼机构）食堂、养老机构食堂、医疗机构食堂、集体用餐配送单位、连锁餐饮企业、小餐饮店、宾馆酒店等餐饮单位为重点，针对从业人员无证上岗、健康证过期等问题开展专项检查，查处餐饮单位安排未取得健康证明的人员从事接触直接入口食品的工作案件51起。

【餐饮服务监管】　2022年，石狮市市场监督管理局开展餐饮具清洗消毒专项整治，健全落实餐饮具清洗消毒管理制度，配齐设备设施，执行过程规范。开展网络餐饮“脏乱差”现象专项整治，检查入网外卖商家5131家次，督促网络餐饮服务第三方平台“下线”违法违规网店188户，受理投诉举报309起，组织开展监督抽检403批次，查处餐饮服务违规操作食品安全违法行为183起，平台入网餐饮单位证照公示率、证照合规率提升至99.71%。开展以“文明餐桌、光盘行动”为主题的文明新风行动，通过微信公众号等媒介发布《文明餐桌》《制止餐饮浪费》及食品安全消费提示等相关文章62篇，发放各类宣传材料1万余份。

（市文化体育和旅游局
市市场监督管理局）

会展业

【第八届中国（泉州）海上丝绸之路国际品牌博览会】　2022年11月25—27日，第八届中国（泉州）海上丝绸之路国际品牌博览会（简称“海丝”品博会）暨第二届RCEP青年侨商创新创业峰会在石狮服装城展览艺术中心举行，展会期间入场参观13128人次，现场成交5021万元、意向成交2.6亿元。该届“海丝”品博会以“携手新时代、合作促发展、同心创未来”为主题，展出面积2.6万平方米，设置泉州海丝经济特色展区、主宾国国家馆展区、国潮品牌展区、RCEP青年侨商创业品牌展区、留学人员创新创业品牌展区、阿塞拜疆国家馆、进/消博会品牌企业展区、“海丝”国家及地区精品展区、宁夏农特名优产品馆、科技成果展区、福建品牌企业展区、闽西南协作展区、石狮食品城展区、综合服务区等14个展区，共有321个展位，超30个国家及地区近200家企业参加。第八届“海丝”品博会展期举办中国国际品牌创新论坛暨品牌创新委员会成立大会、国潮品牌大会（泉州）暨丝路品牌侨商对接会、“海丝”品牌博览会专精特新品发布会、品牌博览会主宾国专场商贸对接会、2022中国服装科技成果签约及产业沙龙等活动，助推企业提升国际化、品牌化、专业化水平。

【中国国际品牌创新论坛暨品牌创新委员会成立大会】　2022年11月25日，以“海上丝绸之路　助力品牌传播”为主题的中国国际品牌创新论坛暨品牌创新委员会成立大会在石狮举行，约200人线下参会。中国国际商会会员发展部副部长路鸣，福建省贸促会副会长谢续华，中国国际公共关系协会副会长郭晓勇，厦门市贸促会党组书记、会长柯碧如，泉州市政府副市长汪志红，香港贸发局福建代表郑佩珊等领导嘉宾出席此次活动。论坛以“海上丝绸之路，助力品牌传播”为主题，国内政商学界代表围绕世界经济与科技变革下品牌的出海、破局之道发表演讲。会上，中国国际商会品牌创新委员会正式成立。

2022 年 11 月 25 日，中国国际品牌创新论坛暨品牌创新委员会成立大会在石狮举办

（市贸促会 供图）

【中国直播（石狮）电商资源对接会】

2022 年 7 月 3 日，“五福四海 • 万有引力”2022 中国（石狮）直播电商资源对接会在石狮举行，活动现场邀请众多直播业态全链条资深人士，围绕直播产业、资源共享、数据平台、传媒生态等方面展开交流，全方位分享产业发展新趋势，共研行业高质量发展举措。现场促成全国八大赛区 MCN（多频道网络）机构、优质供应链代表、高校联盟签署战略协议，推进跨省域直播电商优势互补，互利共赢。大会作为 2022 电商主播大赛重要的配套活动之一，旨在依托石狮产业聚集优势和电商经济发展积淀，打造一个面向全国、面向海峡两岸、面向国际的“双招双引”平台，赋能直播电商产业延展，构筑全面贯通“政、产、学、研、商”、打通“人、货、场”的生态链。福建省、市有关部门（单位）、明星主播、达人“大V”、重点平台、知名企业等代表参加会议。

【中国（厦门）国际跨境电商产业展览会】 2022 年 11 月 10—12 日，中国厦门国际跨境电商产业展览会在厦门国际会议展览中心举行，展会现场开设跨境选品展区、跨境平台与综合服务商展区、跨境进口展区（国际展区）三大主题展区，汇聚全球上百家服务商及近 30 个跨境电商主流平台，吸引超 9 万人次观众参加。石狮市组织恒铭纺织、联邦三禾、缔千服饰、丰达服装织造等 18 家企业参加展会，共展出 29 个展位。展会上，石狮市贸促会联合中国厦门国际跨境电商产业展览会组委会设置“石狮跨境电商馆”，石狮跨境电商馆展示面积近 150 平方米，以产业集群馆形式凸显石狮跨境电商产业优势，把石狮纺织服装、面料、体育用品、休闲裤等优质企业及品牌集中放置于展馆主流平台展区，促进石狮企业与跨境电商主流平台、卖家间的有效对接，进一步打造优品展示区域，提高石狮参展企业的展示集中度。

【2022 西部电商产业发展论坛暨闽宁商品对接会】 2022 年 8 月 18 日，“2022 西部电商产业发展论坛暨闽宁商品对接会”在宁夏盐池县举行，该次活动由吴忠市商务和投资促进局、中共盐池县委员会、盐池县人民政府、中共石狮市委员会、石狮市人民政府联合主办，石狮市网商协会、食品行业协会、餐饮协会等组织 100 余名企业家到宁夏参加活动。活动涉及“闽宁 SHOW”盐池 / 石狮 2022 品牌联合发布秀、闽宁农特产品采购招商推介及签约仪式等 11 项内容，活动汇聚众多闽宁优质供应商，邀约重量级电商平台、网红带货主播及电商 MCN（多频道网络）机构参与，旨在通过丰富的主题活动、强大的网红效应、多媒体矩阵的宣传推广，打通网络销售平台和传统批发零售渠道，集聚更多的人流、物流、信息流和资金流，助力“闽货西行 宁货出塞”。

（市商务局）

金 融

金融监督管理

【概况】 2022年，石狮市以“促发展、防风险、强监管”为核心推进金融工作发展。各项存款余额987.09亿元，比年初增加146.82亿元。各项贷款余额844.41亿元，比年初增加30.25亿元。涉农贷款543.84亿元，比年初增加17.41亿元；小微贷款299.93亿元，比年初增加23.77亿元。不良贷款6.46亿元，比年初减少6.27亿元；不良率0.77%，不良指标稳定在低位，整体金融信用环境持续优化。

【金融保障“六个工程”】 2022年，石狮市推进首贷深耕、绿色金融、乡村振兴、科技金融、制造业高质量发展、供应链金融等金融支持“六个工程”。全年拓展深耕首贷421户，贷款金额12.39亿元。重点支持漂染集控区技改，加快绿色金融工程提升，年末绿色贷款余额52.23亿元，比2021年增长26.42%。发挥好涉农金融机构主体作用，深入发展普惠金融助推乡村振兴，年末涉农贷款余额547.86亿元，贷款占64.88%。加快科技金融深度融合，实现科技贷款提质增量，年末科技贷款余额20.96亿元，比2021年增长33.91%。推进金融支持制造业高质量发展，年末制造业贷款余额128.74亿元，比2021年增长2.4%，保持增长态势。推动金融机构、供应链核心企业及平台支持中小微企业融资，精准服务供应链产业链完整稳定运行。

【普惠金融】 2022年，石狮市落实支付降费让利政策。组织开展银行降费让利暗访，全年电话暗访辖内银行网点37家，现场暗访55家；督促辖内银行加大支付服务降费让利宣传力度，全年辖内银行减免小微企业个体工商户支付手续费1773.08万元，惠及40641家小微企业和个体工商户。推进移动支付便民工程建设，全年云闪付新增绑卡87464户、移动支付交易笔数36.99万笔；打造手机号码支付业务示范镇，确定祥芝镇为推广示范镇，截至12月末，辖区内8家银行年度新增手机号码支付注册用户38818户，年度交易笔数18755笔，交易金额2.52亿元。提升老年人支

2022年4月22日，石狮市金融工作局举办“金融助力，全力以‘复’”政银企融资专题沙龙
（市金融工作局 供图）

付服务便利化水平。加快网点适老化改造进程，推进科技赋能老年人金融服务场景建设；指导石狮农商行新增适老金融服务示范点“慈慧驿站”，打造安全、无障碍的适老化支付服务环境。优化农村金融生态环境，推动形成农村信用体系建设新格局，截至12月末，辖区涉农机构累计农户建档62609户，建档覆盖面达93.38%，并与50333户农户发生信贷关系，贷款余额超96.19亿元。推进现金服务网格化管理工作，提高辖内银行业金融机构现金服务水平。石狮辖内27个社区现金服务网格全部完成网点与基层对接，对接率100%。

【征信服务】 2022年，石狮市推进“信用城”建设，推动服装城及周边地区金融机构加快信息建档，加大信用贷款支持力度。全年石狮服装城商户信用建档609户，发放信用贷款2079笔，金额12.29亿元。推动中征应收账款融资服务平台推广应用，加大企业宣传对接力度，落实配套信贷政策，应收账款融资更加便利。全年新增开通13户，促成融资59笔，合计20.30亿元。

【外汇管理】 2022年，石狮市推出跨境收汇“总量核销”模式，提升市场采购贸易便利化水平。实现外贸公司出口报关总量与收汇总额度自动匹配核扣，缩短企业对外贸易收汇时间，加快资金周转速度。优化“外汇金融服务”线上平台，搭建银企对接桥梁，助力石狮市场采购企业获得银行贷款7笔、金额2952万元。

（陈睿琪 郭晓锋）

银行业

【概况】 截至2022年末，石狮市本外币各项存款余额987.09亿元，比年初增加146.82亿元，比2021年末增长17.47%，本外币各项贷款余额844.41亿元，比年初增加30.25亿元，比2021年末增长3.72%。各项外汇存款余额7440.95万美元，比年初减少13123.58万美元，比2021年末下降63.82%，各项外汇贷款余额217.03万美元，比年初减少937.72万美元，比2021年末下降81.21%。企业存款波动上升，住户存款增长。企业存款比2021年上升8.86%，全年增加14.33亿元，比2021年多增4.59亿元。住户存款比2021年上升18.26%，全年增加102.98亿元，比2021年多增76.31亿元。主导产业贷款增速反弹上升，新增贷款投向较多元化。从结构来看，主要集中在住户贷款特别是个人经营性贷款上；从行业来看，主要集中在制造业，交通运输、仓储和邮政业，租赁和商务服务业。不良贷款呈现下降趋势。至12月末，全市银行机构不良贷款余额6.46亿元，不良贷款率0.77%，不良贷款率比年初下降0.79个百分点。

【服务实体经济】 2022年，石狮市发挥结构性货币政策工具的牵引带动作用，加大对制造业、住宿餐饮、外贸行业的金融支持力度。全年组织地方法人机构投放支农支小贷款18.5亿元，惠及985户小微企业主和个体工商户。围绕“一县一品 贷动‘闽’生”专项行动，印发《石狮市蓝色海洋经济金融发展专项行动方案》，督促和指导辖区银行加大蓝色海洋信贷支持，全年投放涉海信贷53.2亿元，比2021年增加4.14亿元，涉海信贷机构覆盖面由65%增至80%。完善两项直达货币政策工具的转换和接续工作，强化正向激励，鼓励增加普惠小微贷款和信用贷款，年末普惠小微企业贷款余额299.93亿元，比2021年增长8.61%。

【风险防范】 2022年，石狮落实央行评级、存保费率核定、运行风险监测、压力测试等工作，健全风险预警体系。强化综合评价结果运用，发挥综合评价对金融机构风险防范化解的促进功能，把金融风险防控列入综合评价重要内容，推动银行业金融机构落实审慎经营原则。加强宣传与资产评估，开展“2022年防范非法集资宣传月”集中宣传，扩大宣传辐射面。开展法人银行上半年资产质量真实性评估工作，摸清资产风险分类偏离度情况。对新华人寿保险石狮支公司开展稳健性专项评估，及时发现并化解潜在风险隐患，促进保险业机构整体稳健性提升。指导辖内法人金融机构有序推进洗钱和恐怖融资风险自评估工作，定期跟踪自评估进度，对机构存在的问题及困难提出建议措施。开展打击治理跨境赌博、防范电信网络诈骗新型犯罪活动，截至12月末，辖内电信网络诈骗涉案银行卡944个，比2021年减少950个，降幅50.16%。

（邱晖莹 邱晓玲 张育雅）

【中国工商银行石狮支行】 2022年，中国工商银行石狮支行实现拨备前利润2.32亿元，比2021年增加2291万元，增幅11.0%。本外币各项存款95.96亿元，比年初增加11.44亿元，增幅13.5%。其中，储蓄存款余额69.42亿元，较年初增加10.45亿元，增幅17.7%。对公存款余额26.54亿元，比年初增加0.99亿元，增幅3.9%。中国工商银行石狮支行围绕服务实体经济，抢抓核心产业，跟进重点项目，做好新增贷款投放工作，新增投放公司贷款人民币9.49亿元、美元140万元，其中普惠贷款余额9.36亿元，较上年增量2.73亿元。支持中小微企业纾困增产增效，投放纾困贷款2.68亿元。强化与地方融资性担保机构合作对接，破解小微企业融资难题，为7户小微企业办理狮城担保公司担保的贷款6859万元。

（李忠庆 林华山）

【中国农业银行石狮支行】 2022年，中国农业银行石狮支行本外币各项存款余额141.03亿元，比年初增加16.38亿元。各项贷款余额105.5亿元，比年初减少10.59亿元。不良贷款余额5448万元，比年初减少2.39亿元，不良贷款率0.52%，累计处置不良贷款2.88亿元。获当地银行业金融机构人民币流通管理A类行、保持外汇综合评价A类行、石狮市银行业金融机构安全评估第一、泉州市安保工作先进集体、福建分行小微企业金融服务示范行等荣誉和称号。中国农业银行石狮支行加大对港口建设、海洋航运、水产品加工及渔业捕捞等重点领域的支持力度，投放全省首笔农发基础设施基金投放项目，授信省级及以上农业产业化龙头企业4户，授信覆盖率80%，授信金额3.95亿元，贷款余额1.75亿元；港口航运行业贷款授信余额10.23亿元，贷款余额4.21亿元，累计投放1.93亿元；水产品加工行业贷款授信余额5.23亿元，贷款余额2.51亿元，累计投放3.24亿元；渔船抵押贷款授信余额1.98亿元，贷款余额1.59亿元，累计投放1.74亿元。推进普惠金融发展。全年普惠型贷款余额25.6亿元，累计新增普惠小微企业线下授信35户，金额14584万元；为38户中小微企业发放纾困贷款2.59亿元，为10户中小微企业发放纺织纾困贷款1.14亿元；办理续捷e贷46户，金额1.58亿元，缓解小型和微型企业客户贷款到期"倒贷"垫高资金成本的困难；办理乡村振兴贷款3笔，金额3000万元。"三农"贷款余额15.03亿元，惠及2000余户农户。

（蔡阿芬　黄杰晖）

【中国银行石狮支行】 2022年，中国银行石狮支行各项存款余额55.49亿元，比年初增加10.85亿元；人民币存款余额54.36亿元，比年初增加10.78亿元，其中人民币公司存款余额20.26亿，比年初增加5.75亿元，人民币个人存款余额34.10亿元，比年初增加5.03亿元；各项贷款余额37.84亿元，比年初增加4.79亿元；人民币贷款余额37.83亿元，比年初增加4.85亿元，其中人民币单位贷款余额23.90亿元，比年初增加2.77亿元，零售贷款余额11.65亿元，比年初增加2.26亿元，信用卡透支余额2.29亿元，比年初下降1848万元；全年实现中间业务收入2498万元，实现营业收入11665万元，实现拨备前利润为7323万元；年末不良贷款余额2324万元，不良率0.61%，比年初下降0.05%。2022年，中国银行石狮支行批复大公司授信项目8个、金额8.25亿元；实现投放大公司项目7个、金额2.65亿元；批复小企业授信项目45个，金额2.3亿元；实现投放小企业项目37个、金额1.88亿元。支持国有企业融资需求，通过不同融资形式，累计合作项目额度8.1亿元。发挥国有银行在助力企业纾困和复工复产保资金链方面的重要作用，发放纾困贷款2.1亿元；普惠金融贷款余额5.87亿元，净增1.89亿元。针对传统线下业务的堵点和难点，开发"中银跨境e采通-闽采通"系统，并与石狮市商务局签署战略合作协议，为客户提供线上化、便利化跨境资金结算服务，全年实现国际结算量6.5亿美元，比2021年新增1.28亿美元，比2021年上升24.48%；跨境人民币结算量10.39亿元，比2021年新增7.16亿美元，比2021年上升221.67%。

（杨源波　蔡华榕）

【中国建设银行石狮分行】 2022年，中国建设银行石狮分行一般性存款日均余额173.23亿元，本外币各项贷款余额137.24亿元。服务实体经济发展，新增审批大中型信贷项目8个，审批批复金额7.24亿元。加大信贷支持力度，推进地方重点项目建设，全年基础设施贷款余额21.36亿元，绿色贷款余额10.25亿元，涉农贷款余额83.47亿元。加强"汇率避险公共保证金池"业务推广，提升代客资金交易市场份额，全年签约企业11家，办理笔数58笔，为企业减免初始保证金733.1万元，保障疫情防控和复工复产金融需求，为石狮市医药有限公司投放疫情专项贷2000万元用于采购抗疫物资；为困难企业办理各类再融资23笔，金额1.87亿元。获"2021—2022年企业文化建设先进单位"称号。

（林冰冰　蔡美月）

【交通银行石狮支行】 2022年，交通银行石狮支行各项存款余额12.03亿元，比年初减少0.68亿元。各项贷款余额25.36亿元，比年初减少6.62亿元。营业收入0.83亿元；年末不良贷款余额1.50亿元，不良率5.92%；银监口径普惠小微企业贷款余额1.96亿元，较年初增量0.86亿元，较年初增速79.14%；行内口径普惠两增余额2.5亿元，较年初增加1.16亿元；首贷户新增2户，累计金额0.18亿元。深化银政合作及拓展重点企业，加强与石狮文旅集团、产投集团等合作，集中资源拓展多家知名上市公司（七匹狼集团、兴业皮革等）以及多家泉州优质龙头企业进入战略合作银行序列。拓展普惠客户，增加普惠金融贷款，加强营销季季乐集团、华绿纸业、蓝盾机动车、闽南机动车、鸿达纺织品整理等优质小微企业，做好中小微企业拓展和合作，提高市场知名度。加强重点产品销售，提升财富管理能力，促进财管收入增长。做好个金资产投放，对私存款余额3.59亿元，比年初增加0.36亿元；对私贷款余额4.66亿元，比年初增加0.67亿元。

（谢绵绵　庄永士）

【中国邮政储蓄银行石狮支行】 2022年，中国邮政储蓄银行石狮支行各项存款余额297311万元，各项贷款结余370493万元，不良金额3238万元，不良贷款率为0.87%。加大涉农信贷投放力度，做好乡村振兴金融服务工作。截至12月底，涉农贷款结余221976万元，年新增391万元。开展“三区一链”走访营销，助力民企转型升级。截至12月底，民营企业贷款余额6.2亿元，比年初增加0.74亿元；制造业客户银行承兑汇票余额1.59亿元，比年初增加1.59亿元；绿色信贷余额0.15亿元，比年初增加0.1亿元。助力复工复产，与石狮纺织服装产业联盟、石狮市儿童产业联合会签订战略合作协议，分别予以信贷额度10亿元。支持文旅项目建设，审批并投放泉州某旅游项目0.3亿元。支持国有企业融资需求，通过不同融资形式，重点做好地市级和县域国有企业的融资支持，向五大市属国有企业授信额度超3亿元。支持普惠金融发展，做好民营和小微企业首贷植，首贷企业当年发放户数7户，首贷企业贷款发放金额0.2亿元，发放贷款对象均为民营企业。

（陈小芸 张仲仪）

【兴业银行石狮支行】 2022年，兴业银行石狮支行本外币各项贷款余额107.29亿元，比年初增加3.31亿元。本外币总存款余额89.6亿元，比年初增加14.97亿元。助推实体经济，巩固政、银、企三方合作关系，对国企新增投入流贷、项目贷约4亿元，联合承销美元债1.43亿美元，新增对国企发行的超短期融资券、中期票据、公司债、债务融资工具、美元债等各种债券投资近10亿元。推广无还本续贷业务，加强对农村小微企业授信客户配套“连连贷”业务，支持企业融资周转衔接，降低企业财务成本，化解企业转贷难转贷贵问题。加大普惠金融平台拓客力度，坚持普惠金融与文旅经济、绿色经济、乡村振兴融合发展，突破家庭、小工商业屋顶分布式光伏发电站项目，推进线上融资业务。加大重点产品组合运用力度，以多元化融资产品推动首贷户增长。获“中国银行业文明规范服务五星级营业网点”“福建省青年文明号” 称号。

（张仲仪 骆泽峰）

【泉州银行石狮支行】 2022年，泉州银行石狮支行各项存款余额34.18亿元，比上年增加5.84亿元。各项贷款余额31.94亿元，比上年增加1.04亿元。不良贷款余额5558万元，比年初下降2858万元；不良率1.81%，比年初下降1.07%。坚持零售金融特色发展道路，深挖客户金融需求，石狮支行零售金融总资产余额达36.40亿元，较年初下降0.22亿元。零售贷款余额6.67亿元，较年初增加1.11亿元，增速19.95%。社区深耕授信客户202户，授信金额7870万元，用信客户191户，用信金额6354万元。组建“党员先锋队”和“红色攻坚队”，担当“社区金融管家”，以流动服务的形式，深入周边社区定期开展金融服务，受理群众咨询400余次，主动上门开展金融服务200余次，发放贷款6354万元，开展金秋助学活动1次，服务社区老人、儿童等特殊客户群体6次。搭建网格和邻里中心金融服务站17个，开展邻里中心金融服务站活动累计22场。

（曾剑冲 陈祖巧）

【石狮农商银行】 2022年，石狮农商银行各项存款235.93亿元，比年初增加19.61亿元；各项贷款余额178.17亿元，比年初增加16.97亿元；全年实现中间业务收入1750.76万元，实现营业收入13.78亿元，实现拨备前方利润4.45亿元；年末不良贷款余额1.84亿元，不良率1.03%，比年初下降0.16个百分点。加大信贷投放力度，服务地方经济社会发展，全年各项贷款余额178.17亿元，比年初增加16.97亿元。民营企业贷款余额31.94亿元，比年初增加5.73亿元；制造业贷款余额29.47亿元，比年初增加2.56亿元，增幅9.49%。贯彻落实国家产业政策、环保政策和金融监管要求，促进产业升级，减少资源环境损耗，绿色信贷余额6.15亿元，比年初增加2.25亿元，增幅57.89%。支持普惠金融发展，银监口径普惠小微贷款余额75.25亿元，比年初增加13.5亿元，增幅21.86%；银监口径普惠小微客户数7055户，比年初增加1445户，超额完成普惠小微“两增”的监管目标。做好民营和小微企业首贷工作，首贷企业当年发放户数112户，首贷企业贷款发放金额4.65亿元，其中小微首贷企业当年发放户数107户，贷款发放金额4.25亿元。做好金融支持乡村振兴战略，涉农贷款余额111.21亿元，其中新型农业经营主体贷款余额0.36亿元。

（蔡晋阳 蔡良锥）

【招商银行石狮支行】 2022年，招商银行石狮支行全折人民币自营存款余额18.57亿元，比年初增加1.62亿元；全折人民币自营贷款余额9.53亿元，比年初减少0.18亿元；实现税前利润5397.41万元，不良贷款余额327.65万元，不良贷款率0.34%。制造业贷款余额1.53亿元，比年初减少0.53亿元，租赁服务业贷款余额0.58亿元，比年初减少0.5亿元。普惠贷款余额0.35亿元，比年初减少0.16亿元，其中小微企业主贷款约0.15亿元，比年初减少0.12亿元。涉农贷款余额2.84亿元，比年初减少1.74亿元。投放绿色贷款0.5亿元。获批泉州高速公路项目专项贷款10亿元。投放时代融单融资业务0.8亿元。发放设备更新改造贷款2000万元。

（蔡萍萍 蒋云飞）

【民生银行石狮支行】 2022年，民生银行石狮支行辖有2家支行（含石狮灵秀支行），4家社区小微支行，服务各类客户超16万户，各项存款余额比2021年增长39.76%，各项贷款余额比2021年增长22.73%。加大对制造业、专精特新、绿色信贷、普惠金融、乡村振兴等领域的支持力度，普惠小微贷款平均发放利率比上年下降69个BP。围绕“3·15”金融消费者权益保护日及“小小银行家 守好钱袋子”“金融防诈第一课”“跨越数字鸿沟，搭建适老桥梁”等主题，走进企业、社区、校园开展集中宣传，并通过制作金融知识宣传推文、在微信公众号建立“消保专区”、登载“以案说险”系列软文，联动社区民警以案说法，解决客户投诉等。

（傅伟煌）

【中信银行石狮支行】 2022年，中信银行石狮支行全口径对公存款时点10.15亿元，年日均为7.32亿元，年增2.49亿元。其中，核心存款年日均7.24亿元，年增长2.47亿元。零售AUM（理的资产总额）时点11.68亿元、日均余额为12.14亿元、日均年增3.25亿元，全口径储蓄存款时点3.89亿元、日均余额为3.83亿元、日均年增1.15亿元，其中一般核心存款时点为3.21亿元、日均2.82亿元、日均年增1.45亿元。各项贷款（不含贴现、低风险）余额6.44亿元。服务地方建设，落地石狮国投集团理财直融工具2亿元；通过政策性金融工具，获总行批复石狮产投园区开发公司9亿元项目贷款。零售板块持续施行分层经营客户的发展思路，对私行客户、贵宾客户、富裕客户风险性进行客群特征匹配，配置符合其客群特征的产品，将客户资产按需求和种类进行划分，增加客户黏性，提升客群整体管理资产贡献。

（欧阳焕然 李东平）

【平安银行石狮支行】 2022年，平安银行石狮支行各项存款22.52亿元，比年初增加10.29亿元；各项贷款余额6.23亿元，比年初增加1.54亿元；全年实现营业收入5455.04万元，其中实现中间业务收入54.58万元；年末不良贷款余额470.83万元，不良率0.76%，比年初下降0.35个百分点。加大信贷投放力度，服务地方经济社会发展，全年各项贷款余额6.23亿元，比年初增加1.54亿元。民营企业贷款余额3.48亿元，比年初增加 0.9亿元；制造业贷款余额2.03亿元，比年初增加0.46亿元，增幅29.3%。2022年，平安银行石狮支行创新搭建融资服务新平台，助力祥芝镇祥渔村乡村振兴，为当地渔民发放“祥芝渔业”贷金额达1683.3万元。升级“祥芝渔业”授信方案，通过量身定制更符合渔民需求的方案，解决渔民融资难问题。成立祥渔村金融服务小分队，通过驻点祥渔村，聚焦当地产业特色，制订“定制产品+个性服务”方案。

（施君瑜 陈德兰）

【浦发银行石狮支行】 2022年，浦发银行石狮支行本外币各项存款余额9.66亿元，较年初增加3.98亿元；各项贷款余额14.20亿元，较年初增加2.34亿元；全年实现营业收入4950万元，其中中间业务收入65万元。年末，不良贷款余额1150万元，不良率0.81%，比年初大幅度下降18.75个百分点，当年度处置不良贷款2.84亿元。全年为2户企业减费让利，为4户企业降息；累计减费金额1.3万元，累计减少利息19.75万元。加大信贷投放力度，支持实体经济的发展。制造业贷款余额3.58亿元，比年初增加0.43亿元，增幅13.70%。支持普惠金融发展，银监口径普惠贷款余额0.93亿元，比年初增加0.32亿元，增幅51.43%。涉农贷款余额5.09亿元，比年初增加0.81亿元，增幅18.91%。向上争取票据贴现额度，支持小微和民营企业的融资需求，对小微企业票据直贴予以价格优惠，降低中小企业财务费用。全年办理票据贴现近13亿元，服务企业客户超30户。

（庄燕清 柯明煜）

【光大银行石狮支行】 2022年，光大银行石狮支行本外币各项存款余额6.4亿元，比2021年增长45.4%；本外币各项贷款余额11.78亿元，比2021年增长11.45%。2022年，石狮光大银行走访各行业龙头企业，培育核心客户，并以此为依托，沿供应链和产业链拓展其上下游客户，发展和创新供应链金融产品、现金管理产品、结算型产品，推动中小微有效客户数量的增长；加强公司、投行、资金、租赁、托管等条线联动，推进核心客户的投行业务合作；加大对投行业务、票据和理财产品的推动和投入力度，加强对中大型项目，包括土地储备、安置房等政府性基础设施建设项目、行业重点建设项目、重点民生项目的资金支持。以支行ETC生活卡配合大额存单月息宝为特色业务，提高个人和企业的卡使用率。加大电商金融、养老金融等应用新业务创新力度，通过新的合作渠道、业务创新，寻找新的业务增长点。

（林长景 陈志聪）

【泉州农商银行石狮市支行】 2022年，泉州农商银行石狮市支行全部存款余额38245.39万元，比年初增加26335.70万元，储蓄存款余额9505.96万元，比年初增加2394.46万元，单位存款余额28739.43万元，比年初增加23941.24万元；各项贷款（含卡）余额60553.8万元，比年初增加5992.48万元；年末不良贷款余额1064.64万元，不良率1.75%。加大信贷投放力度，服务地方经济社会发展，全年各项贷款余额42837.36万元，比年初增加8400万元。其中，普惠领域贷款余额31574万元，比年初增加3721万元，增幅13.36%。企业贷款余额8721.92万元，比年初增加5461.93万元，其中首贷企业9户，贷款金额1220万元；制造业贷款余额5973.17万元，比年初增加2153.16万元，增幅56.36%。加强多种涉农信贷产品的推广，助力农村信用体系的建设和农村经济的发展，为6952户农户建立信用档案，并与2356户建立信用档案的农户发生信贷关系，贷款余额41135.65万元，累计发生额53268.62万元。建立信用档案农户不良贷款有64户，余额922.10万元。加大对涉农贷款的投放力度，实际投放的涉农贷款为5321.63万元。支持国有企业融资需求，通过不同融资形式，重点做好地市级和县域国有企业的融资支持，向国有企业授信额度超7800万元。加大海洋信贷支持力度，海洋渔业贷款余额4012.92万元，比年初增加2696万元。

（郑思萍　吴超纯）

【福建海峡银行石狮支行】　2022年，福建海峡银行石狮支行各项存款6.32亿元，各项贷款10.73亿元。福建海峡银行石狮支行加大对普惠小微企业的支持力度，提升金融服务能力，持续推广零售普惠小微贷款“快时贷”系列产品，包括“快抵贷”“加成贷”“蔚蓝贷”“制惠贷”等产品，固化“优质客群+优质押品+标准化授信方案”快速服务模式，支持优质个体工商户、小微企业主通过快速审批流程获得贷款优惠。

（曾婉芳　陈敬清）

【厦门银行石狮支行】　2022年，厦门银行石狮支行各项存款余额6.71亿元，比年初增加2.5亿元。各项贷款（含卡）余额27.65亿元，比年初增加1.94亿元。全年实现中间业务收入0.01亿元，实现营业收入0.79亿元。年末不良贷款余额0.09亿元，不良率0.35%，不良率保持较低水平。助力企业复工复产，新增“抗疫复产”贷款0.2亿元；支持国有企业融资需求，通过不同融资形式，向区域国有企业新增贷款1.13亿元。积极参与及承销国有企业债券发行，更好地服务地方经济；支持普惠金融发展，银监口径普惠贷款余额6.66亿元，比年初增加2.50亿元，增幅60.44%；银监口径普惠客户数68户，比年初增加15户。超额完成全年任务数，完成率142.22%；发放贷款对象均为民营企业。做好金融支持乡村振兴战略，涉农贷款余额10.52亿元。

（许冰冰　吴国栋）

【石狮渝农商村镇银行】　2022年，石狮渝农商村镇银行日均存款余额8210万元，比年初净增924万元，增幅12%。日均储蓄存款余额5609万元，比年初净增1367万元，增幅32%。全年累计投放各类贷款2.81亿元，贷款余额3.17亿元，比年初净增2870万元，增幅10%。日均贷款余额2.97亿元，比年初净增2852万元，增幅11%。石狮渝农商村镇银行按季度召开贷后管理联席会议，健全风险主动防范机制和重大风险处置机制，提高信贷风险应对和处置能力。加大对新增风险贷款和存量逾期贷款处置化解不力的问责力度。开展贷后检查。核实客户提供的财务、生产经营、押品、担保等资料的真实性，提高风险识别能力。

（叶荣义　王瑜）

证券期货业

【概况】　截至2022年12月底，石狮市有证券公司6家，客户总数19.35万户，实现交易金额2240.61亿元。2022年，石狮市证券业从业人员89人，比上年减少6人。石狮市有期货公司1家，为瑞达期货石狮营业部。

【证券经济业务】　2022年，证券公司石狮营业部经济业务总收入为4986.64万元，其中股票4652.62万元，基金191.98万元，债券142.04万元。

【证券行业营业情况】　2022年，证券公司驻石狮营业部营业收入6685.73万元，手续费净收入3850.21万元，利润总额2617.71万元，比上年下降18.63%。

2022年证券业驻石狮营业部情况一览表

表6

证券公司	客户总资产（亿元）	市值（亿元）	开户总数（户）	交易成交金额（亿元）	营业收入（万元）	手续费净收入（万元）	利润总额（万元）
东兴证券石狮营业部	28.07	26.06	58747	486.06	1858.62	1099.29	691.79
光大证券石狮营业部	4.01	3.74	5963	113.61	318.88	160.81	28.76
华福证券石狮营业部	27.85	25.57	58521	501.55	1468.99	1085.72	688.46
申万宏源证券有限公司石狮石龙路证券营业部	6.93	5.89	2838	73.04	400.67	112.25	45.54

续表 6

证券公司	客户总资产（亿元）	市值（亿元）	开户总数（户）	交易成交金额（亿元）	营业收入（万元）	手续费净收入（万元）	利润总额（万元）
太平洋证券石狮营业部	2.23	17	3000	44.35	115.57	95.14	-66.84
兴业证券石狮营业部	55	51	64381	1022	2523	1297	1230

【期货业务经营情况】 2022 年，瑞达期货石狮营业部净入金为 8443.63 万元，年末完成收入为 1002.9 万元，年末完成利润为 331.58 万元，全年开户数为 106 户，有效户数为 40 户。在传统的经纪业务开发上，石狮营业部坚持开展原有存量客户的服务，推进大客户立项工作，开发黑色系产业链客户。结合石狮区域的产业特点和所积累的产业客户情况，通过重点期货品种产业链客户的寻找和开发，实现新增净入金超过 4000 万元。

（陈睿琪 郭晓锋）

保险业

【概况】 2022 年，石狮辖区有保险业金融机构 32 家，较 2021 年减少 2 家，为保险中介机构退出。从业人员 2994 人，比 2021 年减少 759 人；保费收入 23.26 亿元，比 2021 年增加 0.018 亿元，增长率 0.08%；赔付支出 5.19 亿元，比 2021 年增加 0.52 亿元，增长率 11.19%。其中，财产保险机构有 12 家、从业人员 848 人；全年保费收入 6.50 亿元，比 2021 年增加 0.59 亿元，增长率 9.98%；赔付支出 3.17 亿元，比 2021 年增加 0.12 亿元，增长率 4.09%。人身保险机构有 15 家，从业人员 2146 人；保费收入 16.76 亿元，比 2021 年减少 0.57 亿元，减少率 3.3%；赔付支出 2.02 亿元，比 2021 年增加 1.62 亿元，增长率 24.55%，有保险中介机构 5 家。

【产险市场】 2022 年，中国人民财产保险股份有限公司石狮支公司完成全险种保费收入 24645 万元，比 2021 年度增长 1310 万元，增长率 5.61%，其中机动车辆保险 18759 万元，占比 76.12%。赔付支出 13004 万元。

2022 年，中国平安财产保险股份有限公司石狮支公司完成全险种保费收入 20745.72 万元，比 2021 年度减少 126.67 万元，减少率 0.61%，其中机动车辆保险 17356.12 万元，占比 83.66%。赔付支出 9831.25 万元。

2022 年，中国人寿财产保险股份有限公司石狮市支公司完成全险种保费收入 4869.24 万元，比 2021 年度增长 624.16 万元，增长率 14.7%，其中机动车辆保险 4089.44 万元，占比 83.99%。赔付支出 2483.4 万元。

2022 年，中国太平洋财产保险股份有限公司石狮支公司完成全险种保费收入 3589 万元，比 2021 年度增长 106 万元，增长率 3.04%，其中机动车辆保险 2851 万元，占比 79%。赔款支出 2080 万元。

2022 年，华安财产保险股份有限公司福建分公司石狮营销服务部完成全险种保费收入 1597.93 万元，比 2021 年度增加 434.93 万元，增长率 37.4%，其中机动车辆保险 1415.08 万元，占比 88.56%。赔付支出 692.74 万元。

2022 年，中华联合财产保险股份有限公司泉州中心支公司石狮营销服务部完成全险种保费收入 3842.15 万元，比 2021 年度增加 3213.73 万元，增长率 511.4%，其中机动车辆保险 509.75 万元，占比 13.27%。赔付支出 394.16 万元。

2022 年，太平财产保险有限公司石狮支公司完成全险种保费收入 844.4 万元，比 2021 年度减少 85.82 万元，减少率 9.22%，其中机动车辆保险 481 万元，占比 56.96%。赔付支出 618.29 万元。

2022 年，大家财产保险有限公司泉州中心支公司石狮营销服务部完成全险种保费收入 415.29 万元，比 2021 年度增加 314.97 万元，增长率 314%，其中机动车辆保险 390 万元，占比 94%；赔付支出 113.52 万元。

2022 年，长安责任保险股份有限公司泉州中心支公司石狮营销服务部完成全险种保费收入 1044 万元，比 2021 年度增加 70 万元，增长率 7.19%，其中机动车辆保险 937.72 万元，占比 89.82%。赔付支出 597 万元。

2022 年，亚太财产保险有限公司石狮支公司完成全险种保费收入 636 万元，比 2021 年度下降 43 万元，减少率 6.33%，其中机动车辆保险 559 万元，占比 87.89%，赔付支出 584 万元。

2022 年，中国大地财产保险股份有限公司石狮支公司累计完成全险种保费收入 1804.67 万元，比 2021 年度增加 104.67 万元，增长率 6.16%，其中机动车辆保险 1003.51 万元，占比 55.61%。赔付支出 721.11 万元。

2022 年，紫金财产保险股份有限公司泉州中心支公司石狮营销服务部完成全险种保费收入 958.11 万元，比 2021 年度减少 27.65 万元，减少率 2.8%，其中机动车辆保险 918.76 万元，占比 95.89%。赔付支出 575.97 万元。

2022 年石狮市各产险公司年度保费收入及赔付支出情况一览表

表 7　　　　单位：万元

公司	保费收入		赔付支出	
	累计	同比增减	累计	同比增减
中国人民财产保险股份有限公司石狮支公司	24645	1310	13004	1430
中国平安财产保险股份有限公司石狮支公司	20745.72	-126.67	9831.25	-1406.18
中国人寿财产保险股份有限公司石狮市支公司	4869.24	624.16	2483.4	-122.71
中国太平洋财产保险股份有限公司石狮支公司	3589	106	2080	443
华安财产保险股份有限公司福建分公司石狮营销服务部	1597.93	434.93	692.74	-168.26
中华联合财产保险股份有限公司泉州中心支公司石狮营销服务部	3842.15	3213.73	394.16	-99.98
太平财产保险有限公司石狮支公司	844.4	-85.82	618.29	289.84
大家财产保险有限公司泉州中心支公司石狮营销服务部	415.29	314.97	113.52	99.55
长安责任保险股份有限公司泉州中心支公司石狮营销服务部	1044	70	597	272
亚太财产保险有限公司石狮支公司	636	-43	584	275
中国大地财产保险股份有限公司石狮支公司	1804.67	104.67	721.11	27.11
紫金财产保险股份有限公司泉州中心支公司石狮营销服务部	958.11	-27.65	575.97	204.97

【寿险市场】　2022 年，中国人寿保险股份有限公司石狮市支公司完成保费收入 45822.82 万元，比 2021 年度增长 3264.63 万元，增长率 7.67%，其中寿险 39476.45 万元，占比 86.09%，健康险 5999.41 万元，占比 13.08%。赔付支出 4688.32 万元。

2022 年中国平安人寿保险股份有限公司泉州中心支公司石狮营销服务部完成保费收入 81025.81 万元，比 2021 年度减少 8254.6 万元，减少率 9.25%，其中寿险 57530.08 万元，占比 71%，健康险 21057.48 万元，占比 26%，赔款支出 8832.22 万元。

2022 年，中国人民人寿保险股份有限公司石狮市支公司完成保费收入 726.02 万元，比 2021 年度减少 273 万元，减少率 27.33%，其中寿险 324.18 万元，占 44.65%，健康险 398.44 万元，占比 54.88%。赔付支出 40.47 万元。

2022 年，中国太平洋人寿保险股份有限公司泉州中心支公司石狮营销服务部完成保费收入 9128.69 万元，比 2021 年度减少 253.31 万元，减少率 2.7%，其中寿险 6365.95 万元，占比 69.74%，健康险 2716.97 万元，占比 29.76%。赔付支出 2814.79 万元。

2022 年，新华人寿保险股份有限公司泉州中心支公司石狮支公司完成保费收入 19578.43 万元，比 2021 年度同比减少 670.57 万元，减少率 3.31%，其中寿险 8338.76 万元，占比 42.59%，健康险 11098.94 万元，占比 56.69%。赔付支出 2415.61 万元。

2022 年，泰康人寿保险有限责任公司福建泉州石狮营销服务部完成保费收入 3397.67 万元，比 2021 年减少 108.34 万元，减少率 3.09%，其中寿险 2594.91 万元，占比 76.37%，健康险 800.36 万元，占比 23.56%。赔付支出 566.80 万元。

2022 年，民生人寿保险股份有限公司泉州中心支公司石狮营销服务部完成保费收入 2305 万元，比 2021 年度减少 129 万元，减少率 5.30%，其中寿险 1332 万元，占比 57.79%，健康险 925 万元，占比 40.12%。赔付支出 260 万元。

2022 年，英大泰和人寿保险股份有限公司泉州中心支公司石狮营销服务部完成保费收入 412.42 万元，比 2021 年度增加 51.61 万元，增长率 14.3%，其中寿险 283.55 万元，占比 68.75%，健康险 128.71 万元，占比 31.2%。赔付支出 60.04 万元。

2022 年，富德生命人寿保险股份有限公司福建分公司石狮营销服务部完成保费收入 885.7 万元，比 2021 年减少 39.39 万元，减少率 4.25%，其中寿险 518.22 万元，占比 58.5%，健康险 367.05 万元，占比 41.43%。赔付支出 89.96 万元。

2022 年，幸福人寿保险股份有限公司石狮支公司完成保费收入 446.57 万元，比 2021 年度增加 13.89 万元，增长率 3.21%，其中寿险 295.44 万元，占比 66.16%，健康险 151.13 万元，占比 33.84%。赔付支出 0.06 万元。

2022 年，太平人寿保险有限公司石狮营销服务部完成保费收入 1232.32

万元，比2021年度减少98.14万元，减少率7.38%，其中寿险714.47万元，占比57.98%，健康险490.76万元，占比39.82%。赔付支出174.99万元。

2022年，百年人寿保险股份有限公司石狮支公司完成保费收入259.77万元，比2021年度减少15.23万元，减少率5.5%，其中寿险173.54万元，占比66.8%，健康险86.23万元，占比33.2%。赔付支出34.08万元。

2022年，农银人寿保险股份有限公司泉州中心支公司石狮营销服务部完成保费收入1265.99万元，比2021年度增长580.99万元，增长率84.82%，其中寿险1204.1万元，占比95.11%，健康险55.67万元，占比4.4%。赔付支出174.66万元。

2022年，华泰人寿保险股份有限公司石狮营销服务部完成保费收入766.81万元，比2021年度增长318.81万元，增长率71.16%。其中寿险629.21万元，占比82.06%，健康险136.27万元，占比17.77%。赔付支出0.99万元。

2022年，中英人寿保险有限公司福建分公司泉州石狮营销服务部完成保费收入371.64万元，比2021年度减少109.71万元，减少率22.79%。其中，寿险258.97万元，占比69.68%，健康险112.53万元，占比30.28%。赔付支出18.82万元。

2022年石狮市各寿险公司年度保费收入及赔付支出情况一览表

表8　　　　单位：万元

公司	保费收入		赔付支出	
	累计	同比增减	累计	同比增减
中国人寿保险股份有限公司石狮市支公司	45822.82	3264.63	4688.32	364.22
中国平安人寿保险股份有限公司泉州中心支公司石狮营销服务部	81025.81	-8254.6	8832.22	218.32
中国人民人寿保险股份有限公司石狮市支公司	726.02	-273	40.47	-98.32
中国太平洋人寿保险股份有限公司泉州中心支公司石狮营销服务部	9128.69	-253.31	2814.79	639.79
新华人寿保险股份有限公司泉州中心支公司石狮支公司	19578.43	-670.57	2415.61	-31.58
泰康人寿保险有限责任公司福建泉州石狮营销服务部	3397.67	-108.34	566.80	449.8
民生人寿保险股份有限公司泉州中心支公司石狮营销服务部	2305	-129	260	145
英大泰和人寿保险股份有限公司泉州中心支公司石狮营销服务部	412.42	51.61	60.04	28.99
富德生命人寿保险股份有限公司福建分公司石狮营销服务部	885.76	-39.39	89.96	19.2
幸福人寿保险股份有限公司石狮支公司	446.57	13.89	0.06	-75.51
太平人寿保险有限公司石狮营销服务部	1232.32	-98.14	174.99	-44.98
百年人寿保险股份有限公司石狮支公司	259.77	-15.23	34.08	26.88
农银人寿保险股份有限公司泉州中心支公司石狮营销服务部	1265.99	580.99	174.66	-4.34
华泰人寿保险股份有限公司石狮营销服务部	766.81	318.81	0.99	-2.01
中英人寿保险有限公司福建分公司泉州石狮营销服务部	371.64	-109.71	18.82	4.3

（陈睿琪　郭晓锋）

旅 游

综 述

【旅游业发展情况】 2022年，石狮市围绕滨海资源和海丝文化、闽南文化，编制十里黄金海岸度假区业态产品策划、水上项目策划规划、快艇航线及码头策划规划等方案，加强文旅项目建设，完善配套措施，强化旅游宣传，统筹资源，突出重点，旅游事业有序推进，打造“海丝滨海休闲之地”，塑造“闽派生活典范之城”。全年接待游客597.6万人次，旅游总收入68.21亿元。全市旅游星级饭店5家，A级旅游景区3家。2022年，石狮市获评全国县域旅游综合实力百强县。“宋元海丝宴”获中国饭店协会批准入选“地标美食名宴”。

【旅游宣传推介】 2022年，石狮市加大旅游宣传推介力度，通过微信、抖音、今日头条等新媒体开展宣传营销；举办“文旅融合 游在石狮”文化沙龙、“五在石狮”直播节、“5·19”中国旅游日暨“趣石狮 游山海 微度假”线路推介、蚶江“云上泼水节”等活动。组织旅游企业参加闽西南旅游联合推介、第二十届中国·海峡创新项目成果交易会世遗泉州展、“爱泉州·大乐购”促消费暨泉州优品数字化工程系列活动启动仪式活动、2022年“润物无声”泉州文创旅游商品设计大赛、2022福建旅游交易会等大型展会、比赛。组织拍摄美食宣传片《半城食肆 满城烟火》、旅游宣传片《宋元中国看泉州 海丝航标看石狮》。主动对接新华社、“学习强国”学习平台、央视等媒体，推出“游在石狮”“吃在石狮”系列报道；央视频直播节目《乘着大巴看中国》福建首站走进石狮，央视《消费主张》节目拍摄播出《2022中国夜市全攻略：福建石狮》。

【美食文化旅游打造】 2022年，石狮市深挖石狮美食文化性和地域性，促进美食与旅游、文创等产业融合发展。启动美食产业规划，成功举办首届宋元海丝宴暨闽南菜传承创意大赛，复原和创新具有海丝内涵、宋元美学特征的主题名宴。“宋元海丝宴”破格提前获评中国饭店协会批准入选“地标美食名宴”。加强美食传播。央视《消费主张》特别节目、央视频直播节目《乘着大巴看中国》相继到石狮拍摄，全方位、多维度展示石狮城市风光和美食文化，吸引808.8万人次在线观看；中英文发行餐饮业权威杂志《美食》发表长篇美文推荐石狮宋元海丝宴；组织拍摄《石狮旅游美食风情片》《来去石狮品美食》等主题宣传片。举办主题宣传活动。举办“打响石狮美食品牌 共创闽菜典范城市”等系列主题沙龙以及美食摄影等赛事，举办首届“福狮”文化节（石狮专场）、“购在石狮·美食嘉年华”等美食节庆，加大石狮美食品牌输出力度，打造闽菜典范城市。

（市文化体育和旅游局）

旅游资源开发

【概况】 2022年，石狮市编制十里黄金海岸度假区业态产品策划、水上项目策划规划、快艇航线及码头策划规划等方案，加强文旅项目建设，完善配套措施。培育打造西偏村嗨森游乐园、古浮村学生文创街、莲坂村沙滩旅游休闲、卢厝村狮阵文化非遗传习馆、厝仔村田野生态观光园、在宁海文旅项目等特色旅游产品。

【旅游项目建设】 2022年，石狮市推进文旅项目建设，加快滨海旅游景观大道建设，实施道路及景观工程项目7个，年度投资20100万元，其中锦江外线、锦尚外线、永宁外线（一期）道路外两侧景观工程完成开工建设；观音山项目总体策划和规划建筑方案竞赛成果基本定稿；永宁古卫城新增8家酒吧、民宿、

永宁镇西偏村嗨森游乐园，摄于2022年11月19日　（李荣鑫　摄）

文创类商铺入驻；华山古民居项目成立研学基地，全年接待140多个团队5500多人次；国际游艇汇加快推进土地报批；绵羊农场、悠见海屿、问海民宿等项目建成运营；宝盖山景区福文化营地市集、游客中心大众茶馆、咖啡厅等投入试运行；石狮铭宝食品旅游观光生产基地加快建设；推动矿坑海丝文化小镇、海丝文化主题街区等项目，推进林銮渡古渡口驿站、海岸生态修复和风景道建设。

【旅游项目招商】　2022年，石狮市对接北京体育大学联合打造"海洋生态运动之城"项目，筹建"中国·石狮海洋生态运动基地"，初步达成泉州海洋职业学院与北体大共建运动教育培训学院及赛事合作的意向；对接海南趣玩水运动公司洽谈水上项目运营。签约绿岛黄金海岸国际度假酒店、台风酒店、高正酒店、源和凤凰创意园等文旅项目。

【旅游公共服务建设】　2022年，石狮市加强遗产点旅游资源串联，优化设计世遗点旅游线路。在宝盖山游客中心配备全职导游，满足游客游览需求。十里黄金海岸观光栈道海洋世界—洛伽寺段、海岸节点绿化提升工程、军事公园游客中心、旅游厕所等项目完工，新增停车场6个，投入24辆智能电动代步车，肯德基移动餐车等配套业态入驻。永宁古卫城配套建设3500平方米停车场。华山古民居配套停车场及AAA级旅游公厕项目完成工程量70%。增开拥军旅游公交线夜间班次，满足游客夜间旅游交通需求。推进灵秀山森林公园景观提升，通过道路串联、生态修复、人文景观整合，打造综合性城市森林公园。

【研学旅游】　2022年，石狮市推广城市文旅品牌，旅游客源重点定位省内、周边地区及本地游客，组织建发国旅、假日国旅和市文旅集团联手合作，研发生成商旅游、研学游、山海游等系列文旅产品，全市组织研学旅游250多个团，接待5.8万多人次。

（市文化体育和旅游局）

旅游管理

【旅游饭店】　2022年，石狮市有旅游星级饭店5家，分别为绿岛国际酒店、爱乐皇冠假日酒店、建明国际酒店、建联大酒店、荣誉大酒店。其中，四星级2家、五星级3家。全年营业收入12684.78万元，比2021年上升4.19%，酒店入住率43.78%，餐桌使用率45.86%；就业人数1217人，就业率88%。

【旅行饭店】　2022年，石狮市在营旅行社10家，旅行社服务网点69家，开展国内旅游、组织、接待、咨询服务等业务。

【服务质量管理】　2022年，石狮市文化旅游和体育局指导旅游企业按标准建设、改造旅游厕所，督促旅游企业常态化开展卫生清洁。截至年底，全市A级旅游厕所14个，各旅游企业设置无障碍设施14处，安全警示标志278处，文明标语260处。

【旅游安全管理】　2022年，石狮市文化旅游和体育局组织在重要节点和旅游旺季对全市旅行社、星级旅游饭店、A级景点景区的安全制度、消防设施、安全通道、警示标志、娱乐项目等开展专项检查，全年出动检查人员202人次，检查旅游企业92家次，提出整改42起，全部完成整改。全年旅游市场秩序良好健康，未出现一例安全事故，旅游零投诉。

【讲解员培训】　2022年，石狮市文化旅游和体育局组织旅行社导游、讲解员、研学讲师参加全省出境游旅行社高级管理人员和在线旅游企业培训、2022年度导游（讲解员）在职提升培训、2022年闽西南五地市骨干导游专题培训、"闽山闽水物华新""直播+文旅"职业技能培训及10万人直播带游挑战赛，提升从业人员业务能力。

（市文化体育和旅游局）

城乡建设和管理

城乡规划

【概况】 2022年，石狮市推进国土空间规划编制。加快村庄规划编制，完成13个村庄规划编制。组织召开新沙堤台风酒店片区、华山片区等10个成片开发方案意见征集会。开展石狮永宁滨海（新沙堤—西岑）片区城市设计深化整合、观音山片区规划建筑方案征集竞赛活动等专项规划工作。开展地形图修测和数字石狮地理空间框架项目建设。

【国土空间总体规划】 2022年，石狮市推进国土空间总体规划编制工作，完成国土空间发展战略、人口与城镇化等八大专题研究。完成过渡期开发边界划定、招商一张图的编制，完成“三区三线”成果划定。完成国土空间总体规划方案阶段成果。完成石狮市生态保护红线评估论证和年度城市体检评估工作。

【城乡规划编制】 2022年，石狮市加快控规、专项规划、城市设计等各层次规划的编制，完成海洋生物科技园区控规和新型染整产业循环发展园控规及卡飒名筑西侧地块、加曾寨地块等29个地块控规，组织龟湖片区、城东片区、蚶江镇区、永宁镇区、加曾寨南片区控规编制工作。完成绿地系统专项规划及绿线控制规划、加油站等专项规划编制，启动全域海绵城市专项规划编制工作。完成《石狮市机动车停车场专项规划》。组织开展《石狮市城市更新“三旧改造”专项规划》编制工作。开展坑东村、水头村、莲塘村等13个村庄规划编制工作。完成厝仔村、洪厝村、新沙堤村等6个乡村振兴试点村庄和东埔一、二、三村的规划编制报批工作。

【规划审查】 2022年，石狮市完成《石狮市永宁镇镇区控制性详细规划》规划编制并通过技术审查。完成奈厝前村、院东村、郭宅村等13个村庄规划审查，累计完成38个村庄规划批复。组织开展石狮市观音山片区总体策划和规划建筑方案设计征集活动，并于5月20日完成方案征集评审会。

（陈振华　邵树枞）

城乡建设

【概况】 2022年，石狮市围绕片区更新专项行动、综合交通提升专项行动、老旧小区改造专项行动、生态人文空间提升专项行动、村镇建设专项行动、样板示范工程、其他类等7个方面，策划生成项目86个，总投资245.43亿元，2022年度计划投资56.44亿元。截至12月底，开工建设项目78个，处于前期阶段项目8个，年度新增开工项目53个，新增完工项目48个，累计完成投资约67.93亿元，占年度计划投资的120.2%。

【中心市区交通提升】 2022年，石狮市提升城市交通品质，建成锦南路西段（共富路—青莲村委会东侧道路）、金盛路（铺锦村段）、直一路（海宁路至直一路）等3条断头路，完成石龙路（南环路—同兴路）道路改造工程、和回兴路（九二东路—东港路）拓宽工程，完成石龙路人行天桥建设，串联服装城、国际轻纺城等商圈。加强区域互联互通，建成锦南路西段（共富路—青莲村委会东侧道路）、金盛路（铺锦村段）、直一路（海宁路至直一路）等3条断头路，实施锦南路西段、府园路、金盛路等城市主次干道新建、改造项目；推进泉州环湾快速路石狮连接线工程（二期）、泉州二重环湾快速路匝道工程（狮城大道至晋江）、外西环路高铁连接线等城市快速通道项目建设。完成宝盖科技园二期直一路工程、灵秀创业园横一路延伸段工程、灵秀科技园建科二路等3处微整治项目，优化道路微循环系统。建成三中校门口广场两侧停车场、八卦街镇中路入口停车场、永宁古卫城东门停车场、石湖港区停车场等公共停车场项目，新增泊位1474个，缓解停车难问题。新建公交候车亭26座，形成“三位一体”城乡交通出行体系，全市所有建制村全面通达公交车、平均步行5分钟内可以到达公交候车亭。

【中心城区更新改造】 2022年，石狮市中心城区更新改造项目主要为金曾片区改造项目、大仑东片区改造项目、宝盖新区改造项目（包含龟湖公园东片区、前园片区、城北片区3个子片区），涉及征迁建筑面积近77.4万平方米，征收土地面积约100.08公顷，需拆除房屋1429宗，项目总投资85亿元，全年计划投资19.1亿元，完成投资20.45亿元，完成额107.07%，完成征收土地面积90.09公顷，完成征迁建筑面积79.06万平方米。完成津毓花苑小区、蚶江宿舍楼、工商宿舍楼等9个老旧小区改造。

【裸房整治】 2022年，石狮市编制印发《石狮市农房建筑立面图集》，强化农房风貌管控，加大裸房整治技术指导工作力度，落实农房带图审批制度，提升乡村建筑风貌水平。推进永宁镇、祥芝镇创建“无裸房示范镇”，实施裸房整治1578栋，完成1540栋。制订《石狮市新时代农村社区建设样板创建实施方案》，推进祥芝镇湖西村新时代农村社区创建工作。

【历史文化名镇、传统村落保护】

2022年，石狮市完成第四批省级传统村落祥芝镇古浮村、鸿山镇洪厝村保护性规划编制，其中祥芝镇古浮村被列入2023年省级重点改善提升历史文化名镇名村传统村落，获得省级补助资金350万元。推进永宁镇历史文化名镇保护提升，完成历史街道路改造及管线落地；完成城内局部闲置空间的整治工作等。加强保护华山传统村落，完成华山古民居入口广场改造景观提升工程、停车场以及AAA级旅游公厕建设工程建设，完成古厝修缮5栋；以华山14栋古厝及1.27公顷农耕园为载体，设立华山研学基地，成立研学公司，开放七馆三业态。

2022年，石狮市打造裸房整治示范镇。图为祥芝镇湖西村

（市住房和城乡建设局 供图）

【农村危房改造】 2022年，石狮市对4户低收入家庭实施农村危房翻建改造，按照低保每人补助1.2万元（每户最高不超过4.8万元）的标准，发放补助4户共108000元。

（余水宝 林耀茂）

市政公用事业

【园林景观绿化】 2022年，石狮市绿化养护面积约为130万平方米。道路绿化养护包括市区所有道路及沿海五镇44条主要道路绿化养护，养护面积约170万平方米。提升道路安全性及整体景观风貌，完成市区主干道树根凸起修复项目，项目总投资约118万元。加强园林绿化景观日常维护，清理公园、景区、道路绿化清杂面积133万平方米，拔草83万平方米，修剪面积113万平方米，补苗补植9万平方米；完成环湾公园、风炉山等城市综合公园建设提升项目，实施宝盖山AAAA级旅游景区提升、花海谷花化及苗圃建设，新增公园绿地约16公顷。结合创建国家园林城市活动，新建20处街头绿地、口袋公园、休闲场，实施主干道花箱改造、子芳路街区整治新建立体绿化远超20处。建成锦江外线配套绿道、府园路绿道工程、石龙路运动公园等福道项目新增福道约15千米。

【市政道路建设】 2022年，石狮市修复路面及人行道5192平方米，挡车石294根、路缘石292米；维护、更新、拆除公交亭、临时站牌43块，维护公交灯箱28座，更换防腐木坐凳凳面18张，维护路灯杆上椭圆形广告灯箱100块，维护公交亭固定站点牌88座，更换户外写真灯布及背胶1933平方米、亚克力板247平方米等。完成杆洋线、峡谷旅游路、共富路等13条道路隐患整治。

【市政公用设施管理养护】 2022年，石狮市加强桥梁养护管理，完成定期检测92座，清理伸缩缝渣土2760米，桥梁铺装层修补600平方米，桥名牌修补43座等。维修路灯6238盏，处理路灯杆漏电跳闸515处，处理路灯控制箱故障142处，查找及隔离电缆故障239处；更换夜景故障变压器235台，洗墙灯、投光灯、点光源等共456套。受理市政排水设施维护案件1335起，主要完成井盖井座更换改造、检查井修复、管道修复、水沟清淤等工程量约140万元。

【垃圾、污水处理和设施建设】 2022年，石狮市升级替换村居（社区）内原有落后环卫设施设备，加大机械替代人工力度，提升环卫机械运行效率，全年投入资金2000多万元，完成城北片区垃圾综合处理站建设，添置3辆洗扫一体车、4台垃圾压缩车、4台冲洗车、7台洗扫车、7辆垃圾中转站对接车、1台餐厨垃圾车、80台快速保洁车、1600个垃圾桶、1500个果皮箱等环卫设备。完成8座中转站的设备升级改造，6座环卫工人休息小屋建设，安装除臭设备，改善人居生活环境。

2022年，石狮市推进农村生活污水治理PPP工程，提升治理35个村庄，完成管道建设79.1千米，完成三格化粪池696个，完成投资额 7930.43万元。完成石祥路（学府路—沿海大通道）城市主干道地下管网提质增效项目、港口大道（香江路—港口）城市主干道地下管网提质增效项目和石永路（学府路黄金大道）城市主干道地下管网提质增效项目等中心区污水处理厂配套管网工程。

【河道整治】 2022年，石狮市开展河道整治工作，提升流域水质，推进龟坝闸上游河道整治项目。其中，包含塘头沟、后垵沟、院后沟部分河段整治，进行清淤、截污、护砌及周边环境配套，整治长度约2千米。截至年底，项目全部完工。

【燃气供应与管理】 2022年，石狮市燃气供应主要为液化石油气和天然气。天然气管网771.4千米，覆盖城区各主干道和各镇（街道），共通气284个小区，天然气年供气量5352万立方米。年供气量12040吨。开展燃气安全整治，检查相关企业303场次，出动855人次，排查整改隐患313项，立案处罚6起，罚款14.1872万元，没收违规钢瓶632个，开展演练活动35次。

【供水】 2022年，石狮供水公司供水总量12632.96万立方米，平均日供水量34.61万立方米，管网漏损率6.66%，水质综合合格率100%。完成新建和改造管网33.39千米，投入金额3150万元。完成11个楼盘的二次供水改造、7处二次加压泵房改造，改造受益3075户。

（李薇薇 蔡荣滢）

城市管理与执法

【市容市貌整治】 2022年，石狮市开展户外广告、占道经营、餐饮油烟、“滴洒漏”等市容专项行动，整治市容乱象，完成71个村（社区）架空管线整治，立案查处“滴洒漏”案件285起，查纠占道经营6295起，整改油烟问题144家，拆除户外广告415块，创建城市精细化管理示范街1条、户外广告示范街2条、餐饮油烟示范街2条。

【“两违”管理】 2022年，石狮市推进石狮市城市管理综合执法改革工作，组建城市管理综合执法大队。开展拆违治违工作，清理、拆除违法建设及各类占道违章设施1396宗，冻结违建建筑产权268户。

【“门前三包”】 2022年，石狮市以八七路、九二路、濠江路、石金路、德辉商圈、城东生活区等6个点位为试点，建立示范街创建“八个一”工作机制，完成“网格通”App“门前三包”功能模块的开发，推进星级商户评定工作。全年签订示范街“责任区三包”承诺书2274份，分发宣传折页3558份，查纠卫生类问题1047起、设施类问题69起、秩序类问题9165起。

【渣土车整治】 2022年，石狮市推进渣土运输安全整治工作，开展联合执法行动89次，约谈主体责任落实不到位的企业22家次，发出工作提醒单26份，立案查处违法违规渣土车辆946辆，处罚金额41.3万元。

【数字城管】 2022年，石狮市数字城管指挥中心推进数字城管系统与智慧石狮管控平台功能融合，根据城市管理需要拓展完善油烟污染专项整治、“门前三包”等场景应用。完善数字城管运行机制，制定数字城管操作手册，明确规定城市管理问题的主管部门、权属单位、处置单位、处置时限和结案标准等，建立以职责确认、结果规范为核心的问题处置制度体系，并形成城市管理问题的采集、受理、派遣、处置、评价的闭环回路。全年数字城管系统上报有效案件19988件，其中有效案件19696件，自行处置1244件，各镇（街道）、专业部门应处置案件数17934件，完成处置17629件，结案率为98.3%。

（李薇薇 蔡荣滢）

建筑业

【概况】 2022年，石狮市建筑业总产值123.69亿元，比2021年增长约9.5%。石狮辖区受监在建工程项目165个，新受理质量安全监督项目84项，其中房屋建筑工程71项。完成竣工验收项目82个。全市有建筑业企业109家，拥有总承包资质的企业47家；拥有专业承包和劳务资质62家。

【建筑工程招投标】 2022年，石狮市住房和城乡建设局受理招标条件备案86件，招标文件备案86件，招标投标情况书面报告备案63件，发出招标文件整改意见书24份，信用扣分0件。

【工程质量安全监督】 2022年，石狮市开展危大工程专项检查，检查工程项目188个，检查建筑起重机械125台，排查安全隐患637处，发出《责令改正通知书》8份，责令3台存在较大安全隐患的机械停止使用。开展关键岗位履职专项整治，重点检查安全生产关键责任人履职情况，特种作业人员持证上岗情况，作业人员安全教育培训情况，检查在建项目130个，责令整改违规行为17起。加强汛期隐患排查治理，重点检查各在建项目防汛应急预案修订、防汛培训和演练、应急救援队伍建立、应急抢险物资及设备准备情况等防汛减灾措施落实情况，检查在建房屋建筑项目59个，排查安全隐患40处。开展消防安全专项整治，随机抽查在建房屋建筑工程57个，发出《责令整改通知书》17份，排查消防安全隐患23条。开展预防高处坠落专项整治，检查在建房屋建筑工程39个，开出整改通知单12份。抓好质量安全动态监管工作，完成评价工程项目228个，通过动态监管系统累计下发监督执法检查整改单256份，发现质量安全隐患1257条，督促整改隐患1257条，整改率100%。对违规单位累计动态记分8209.3分（其中施工单位2381.65分，监理单位1723分），对违规责任人累计动态记分4104.65分（其中项目经理2381.65分，总监1723分）。

【建筑材料监管】 2022年，石狮市开展混凝土原材专项治理，通过采取“双随机”检查、专项检查、夜间突击检查等方式，抽查混凝土用砂26组、混凝土试块18组、混凝土拌合物18组、水泥10组、粉煤灰10组、外加剂10组、矿渣粉8组、钢筋原材57组，合格率100%；钢筋接头57组，合格率89.47%；砌筑用砂18组，合格率88.89%。开展工程质量检测机构及预拌混凝土企业专项整治。重点核查人员、仪器设备等是否符合要求，重点检查涉及结构安全的检测项目是否存在虚假检测等违法违规行为，发出26份《责令整改通知书》，督促整改存在问题132处。

【石狮市在建工程环境在线监测平台上线】 2022年，石狮市建设工程环境在线监测平台，整合各在建工程环境监测数据，实现在建项目扬尘治理智能化管控全覆盖。并通过扬尘超标预警机制，迅速发现高值，迅速查找原因，迅速整改到位，实现精准防控，差异化监管，提高整治效能。全年111个项目接入平台。

（邱金环 林耀茂）

房地产业和住房保障

【概况】 2022年，石狮市商品房销售面积约109.78万平方米，比2021年下降7.93%；房地产固定投资约55.54亿元，比2021年下降18.47%。

【保障性安居工程】 2022年，石狮市纳入棚户区改造项目为永宁镇旅游度假片区安置房项目、龟湖公园东片区安置房项目。永宁镇旅游度假片区安置房项目实际建设规模为280套，建筑面积58008.16平方米，投资额24512.08万元，于6月20日开工建设。龟湖公园东片区安置房项目建设规模390套，建筑面积78806平方米，投资额28370万元，于9月30日开工建设。

【物业服务与管理】 2022年，石狮市组织物业管理专家对107个住宅小区开展2轮物业服务质量考评，逐步提升全市物业管理服务水平。举办职业技能竞赛、《中华人民共和国民法典》与物业管理的法规培训、消防安全培训等活动，提升物业服务人员业务水平。开展公共收益专项整治，联合发改、市场监管、公安、民政等部门对物业服务企业侵占小区业主公共收益、收入及分配不公开等问题进行专项整治，督促物业服务企业将公共收益302.15万元存入住宅专项维修资金账户，推进物业服务企业规范化经营，维护业主合法权益。开展消防安全检查，督促物业服务企业落实电动自行车、高层建筑消防安全管理责任，检查85个物业管理住宅小区，均建有电动自行车充电场所，违规充电、停放11处，完成整改11处；检查高层建筑48幢，发现隐患6处，完成整改6处。

（邱金环 林耀茂）

【住房公积金】 2022年，石狮市住房公积金实现增值收益0.1798亿元，比2021年增长11.98%；业务收入0.52亿元，比2021年增长8.31%。

2022年，石狮市新增归集职工3110人，新增归集住房公积金7.16亿元，截至年底，全市2956个归集单位48708名职工缴存住房公积金，分别增长12.22%和6.82%，历年累计归集住房公积金64.76亿元，归集余额20.02亿元。

2022年，石狮市批准81720人次提取住房公积金，提取金额累计46749.43万元，其中，购房支取807人，支取金额11404.18万元，建房支取6人，支取金额58万元，还贷支取78279人，支取金额26364.87万元，离退休支取309人，支取金额4981.85万元，其他支取2319人，支取金额3940.53万元。

2022年，石狮市新增发放个人住房公积金贷款 799户，发放贷款金额3.76亿元，历年累计发放个人贷款8039户，累计发放贷款金额32.57亿元，12月底贷款余额16.47亿元。

（邱丽练 施小云）

生态环境保护

综　述

【环境状况】 2022年，石狮市生态环境质量明显改善，环境安全形势稳定。环境空气质量优良率100%，空气质量综合指数2.32，同比改善0.29。石狮市集中式生活饮用水水源地水质达到III类标准，达标率100%。近岸海域水质达到海水第一类水质，达标率100%。全市未发现污染地块，耕地土壤环境质量均为优先保护类，农用地和建设用地安全利用率达到100%。

【环评审批】 2022年，石狮市强化项目环保服务，开展年度重点项目“面对面”上门帮扶指导服务，省重点项目及泉州市前期阶段攻坚活动项目环评手续办理完成率100%。主动提前介入同杰良聚乳酸纤维、修正药业、海水提钾、滔华生物、福碳石墨等重点招商项目的前期环保论证，为全市招商选资提供决策参考。全年办理环评审批事项64件，排污许可事项89件，工程建设项目联审103个，排污权指标交易审查15家。梳理上报生态环境治理项目36个，完成重点排污单位排污许可证变更68家，许可执行报告提交207家，许可证质量审核48家，许可证执行报告规范性审核33家。

【污染物减排】 2022年，石狮市推动福建省石狮市新源溢渔业有限公司燃煤锅炉淘汰、通达（石狮）科技有限公司生产工艺过程治理、泉州百琳鞋业有限公司产业结构升级，建成鸿山镇生活污水厂（石狮市循环经济发展有限公司）项目，完成污染物减排任务目标，实现氮氧化物减排量5.61吨、挥发性有机化合物减排量46.9936吨，化学需氧量减排量105.5吨、氨氮减排量25.3吨。

【生态环境保护督查】 2022年，石狮市召开全市生态环境保护工作会议暨环保督察迎检动员会，不断加大督查整改力度，持续推进环保督察问题和区域突出环境问题整改。配合完成2022年省环保督察迎检工作，督察期间交办的8件信访件全部按时办结。上级通报的13个突出生态环境问题整改完成率为100%。

（叶巧智）

【水土保持工作】 2022年，石狮市审批水保方案报告书22件，报告表37件，缴纳水土保持补偿费61.4452万元。制止非法抽取地下水5起，出台执法人员32人次，妥善解决水事纠纷案件。

【河湖长制管理】 2022年，石狮市推进河长制和湖长制工作，加强“河长+法官+检察官+警长”长效沟通协作机制，聘请党派河长，推进河长制办公室标准化建设。开展河湖专项整治行动，排查整治“四乱”问题23处，碍洪问题7处，排查整治入海溪流互花米草3处；组织开展河道环境卫生考评，督促完成整改问题756个；对巡河发现的110个问题进行分办并督促完成整改；对省河长办“96133”呼叫中心转办的群众监督举报问题的6个进行转办并督促完成整改。联合相关单位开展“世界水日”“中国水周”“巾帼展风采　护河齐行动”“河小禹社会实践专项行动圆桌会议”等主题宣传活动。首创司法局驻河长制办公室普法工作室、“民主党派+河长制”新模式、河（湖）长制工作交叉互查机制、首创水生态文明图书角建设等做法获得上级领导肯定。

（李薇薇　蔡荣滢）

污染防治

【大气污染防治】 2022年，石狮市

2022 年 10 月 9 日，泉州市石狮生态环境局联合鸿山热电厂生产策划部、中国银行石狮支行、华仑社区，与祥芝美丽海岸生态文明志愿者协会共同开展“喜迎二十大　共建清洁美丽海岸”主题净滩志愿服务活动　　（泉州市石狮生态环境局 供图）

组织每日对大气污染防治工作开展轮班巡查，出动 1000 余人次，发出整改通知书 80 份，下达黄牌警示函 8 份，完成问题整改 137 个。开展 3 轮全市扬尘督查行动。强化污染天气应对，错峰响应 50 余次。加强对印刷、制鞋、喷涂等产生有机废气行业的执法检查，出动生态环境执法人员 655 人次，检查制鞋企业 38 家次、印刷企业 33 家次、染整企业 167 家次、电镀企业 21 家次、油气仓储销售企业 18 家次，立案查处涉气环境违法行为 17 件。

【水污染防治】　截至 2022 年 12 月，石狮市完成 16 个工业企业（城镇污水厂）排口、29 个城镇雨洪排口、2 个农业排口及 35 个其他排口整治。推进“垃圾不落海”行动全民参与，出动打捞船 148 次、海上环卫人员 680 人次，打捞海漂及岸线垃圾 2000 余吨。设立“船舶垃圾不落海奖励资金”，举办“船舶垃圾不落海”星级文明渔船和海洋环保卫士表彰大会，对 2021 年以来参与“船舶垃圾不落海”的 35 艘渔船、6 名船东船员进行表彰。实施龟坝闸上游河道整治等 4 个“碧水清源”专项行动精准治理项目。开展中心市区内沟河排查，首次采用无人船对龟背闸水域开展水环境走航监测。

【土壤污染防治】　2022 年，石狮市危险废物产生量 2.97 万吨，处置利用量 3.09 万吨（含 2021 年底贮存量 0.14 万吨），危险废物处置利用率 99.4%。医疗废物安全处置率 100%。开展危险废物规范化环境管理评估工作，全市 83 家相关企业评估合格率 100%。督促 21 家土壤污染重点监管企业开展土壤自行监测和隐患排查整改工作，完成 2021 年度排查的 69 项隐患问题整改。开展“行业 + 园区”危险废物集中收集试点，在全省率先组织编制印发印染行业工业固体废物管理手册，入选省生态环境厅作行业典型案例，《中国环境报》专刊报道石狮印染行业危废管理改革做法。

（叶巧智　郑明）

环境管理

【环境监管与监测能力提升】　2022 年，石狮市督促企业开展自行监测 199 家，完成 11 家排污单位自行监测监督检查，完成 25 家企业自行监测方案备案。石狮市环境监测站顺利通过实验室资质认定（CMA）复评审。

【环境执法】　2022 年，石狮市开展“清水蓝天”、环境执法大练兵、排污许可专项执法、“静夜守护”城市夜间噪声污染整治等系列专项执法行动，立案环境违法行为 45 件，下达行政处罚决定书 35 件，罚款金额 286 万余元，其中查封扣押 5 起，因涉嫌环境污染犯罪移送公安 8 起，移送行政拘留 1 起。查办的《泉州市某物流公司涉嫌非法倾倒危险废物环境违法案》被福建省生态环境厅采纳作为第一批打击危险废物环境违法犯罪典型案例。探索生态环境损害赔偿适用减轻行政处罚，首创“公式化裁量”，《泉州市石狮市善意五金制造有限公司超标排放大气污染物同步开展生态环境损害赔偿适用减轻行政处罚案》被福建省生态环境厅评为减免处罚典型案例。

【环境宣传教育】　2022 年，石狮市举办“6·5”环境日、“5·22”国际生物多样性日、“6·15”低碳日、海洋日等系列宣传活动。制作“敢拼的环保之旅”动漫科普视频，举办“喜迎二十大 共建清洁美丽世界”百米绘画创作活动，开展环保低碳宣传进社区活动 1 次、环保设施公众开放活动 4 次，群众参与 3 万多人次。

（叶巧智　郑明）

科学技术

综 述

【科技政策】 2022年，石狮市推进出台《石狮市抓创新促应用专项行动方案》，加快实施科技创新“四个倍增”（研发投入倍增、高新企业倍增、研发平台倍增、高层次人才倍增）计划，激发创新主体活力，助力高质量发展超越。推进出台《石狮市“十四五”科技创新发展专项规划》，围绕现代化工业强市、商贸之都、旅游休闲名城的建设目标，聚焦石狮市重点领域和产业链科技需求，实现科技深度赋能，推动产业结构和创新布局更加优化，传统产业数字化赋能加速，战略性新兴产业持续壮大。制订《石狮市创新型县（市）建设方案》并申报国家第二批创新型县（市）。组织符合条件的企业申报各级各类惠企政策并加快兑现惠企政策资金，通过惠企资金线上直达兑付平台兑现福建省研发经费投入补助、研发经费投入增量奖励（泉州市级）、高新技术企业奖励补助、省级新型研发机构设备后补助（省补）、孵化器（众创空间）新增孵化用房经费补助等，全年兑现科技惠企资金近5000万元。

【科技投入】 2022年，石狮市财政科技投入超2亿元，高新技术企业达到238家，全市规模以上工业高技术产业增加值64.7亿元，占规模以上工业增加值比重15.8%。加大研发投入力度，用好研发费用加计扣除等扶持政策，以规模以上企业为重点逐步扩大研发活动覆盖面，全市规模以上企业开展研发活动占比较“十三五”期末增加5.61%。“一院一策”推进高水平产业科技创新平台建设，引进中国纺织工业联合会“一馆一院二中心”公共服务平台、中国海洋大学“泉州海洋生物产业研究院”、自然资源部第三海洋研究所合作平台“海洋生物产业化中试技术研发公共服务平台”等产学研用创新平台服务3个主导产业。

【科技成果转化】 2022年，石狮市鼓励技术输入输出服务，走访企业、高校及科研院所，开展技术合同认定登记各级政策扶持宣传普及工作，完成技术合同登记41项，成交总金额3853.23万元。举办石狮市首期初级技术经纪人培训班，新增持证人数53人。

【科技企业】 2022年，石狮市有国家级示范生产力促进中心1家、国家众创空间2家、国家星创天地1家、国家高新技术企业238家、科技型中小企业164家；省级创新型企业23家、省科技“小巨人”企业27家、省级企业技术中心8家、省级新型研发机构4家、省众创空间5家、省星创天地1家、省级科技企业孵化器2家、省级互联网孵化器2家、省级以上“专精特新”企业11家；泉州市企业技术中心11家、泉州市新型研发机构6家、泉州市孵化器3家、泉州市众创空间4家、泉州市产业技术创新战略联盟4个；石狮市产业技术创新战略联盟2个。

【石狮研究院入选首批“科创中国”创新基地】 2022年8月，“科创中国”创新基地认定结果公布，首批194个“科创中国”创新基地入选。其中，石狮中纺学服装及配饰产业研究院入选“科创中国”纺织服装（泉州）创新基地（产学研协作类）。

（市工业信息化和科技局）

科技管理与服务

【科技创新研发】 2022年，石狮市通过政策引导、深入企业调研深挖潜力等方式推进新型研发机构、企业技术中心等培育工作。泉州师范学院（石狮）生态智能织物工程技术研究院与上海霍尼韦尔、福建冠泓达成纳米膜、抗菌纺粘无纺布试样开发、PLA无纺布开发等合作，项目进入中期研发阶段。石狮市中纺学服装及配饰产业研究院与信泰（福建）科技有限公司等6家开展“产学研”合作，为80余家区域纺织服装染整企业提供技术服务，2022年度申请国家发明专利3项，实用新型专利1项，授权国家发明专利2项，参与起草和制定标准9项，建立首个可以模拟外界环境条件的环境气候舱。福建飞通通讯科技股份有限公司获得省级企业技术中心、泉州市级企业技术中心和省级新型研发机构称号；福建清源科技有限公司获得泉州市级企业技术中心称号。

【科技项目管理】 2022年，石狮市推荐中科光芯与福建省物构所合作的项目申报福建省中科院STS计划项目获得立项，推荐石狮市医院申报省创新人才团队、推荐中科光芯曹红军申报第八批福建省创新人才；中益邱远望入选第三批福建省创业之星；组织飞通公司、中益公司、威洁公司等3家企业申报2022年度泉州市高层次人才创新创业项目，中益公司获得立项；北记食品等7家企业获得2022年度福建省级科技创新券补助；福建中科光芯光电科技有限公司和汇星机械有限公司发布泉州市2022年“揭榜挂帅”重大技术需求项目榜单并获得立项；组织推荐福建省中科光芯电科技有限公司与闽都创新实验室联合承建福厦泉国家自主创新示范区福建省半导体光电子协同创新平台申报2022年度福厦泉国家自主创新示范区泉州片区协同创新平台项目。全年新增省科技计划项目3项，获得124.86万元经费支持；新增市科技计划项目9项，获得294.5万元经费支持。

【科技特派员工作】 2022年，石狮市获得省级科技特派员选任11名、省级团队科技特派员1个、泉州市级个人科技特派员38名、泉州市级团队科技特派员2个、泉州市级科技特派员工作站2个。截至年底，全市有省科技特派员68名，泉州市科技特派员113名、省法人科技特派员5家、省团队科技特派员4个、泉州市科技特派员工作站3家、泉州市团队特派员4个。

【众创空间和孵化器建设】 2022年，石狮市新增2家省级众创空间，1家泉州市级众创空间。石狮市孵化器、众创空间合计新增入孵企业53家，在孵企业177家，在孵企业员工总数1928人，高新技术企业9家，规模以上企业5家。其中，石狮市海峡两岸科技孵化基地2022年在孵企业及公共服务平台23家，高新技术企业6家；全年新增入孵企业2家，续孵企业2家，毕业企业4家，新增高企1家。入孵企业2022年度产值23496.89万元，研究与试验发展（R&D）经费投入662.32万元，纳税563.51万元。入孵企业新增知识产权23件，其中发明专利5件，实用新型专利18件，计算机软件著作权12件。累计拥有知识产权553件，其中发明专利83件、实用新型专利409件、外观设计专利61件、计算机软件著作权143件。

（市工业信息化和科技局）

科技交流与宣传

【产业联盟协调创新】 2022年，石狮市依托智能、印包、染整、物流、海洋、科技创新等联盟协会平台，邀请专家开展多场培训、技术推介、调研指导、合作对接等活动，促进联盟企业与高校、科研院所多项项目合作对接，服务上下游企业创新发展，构建“产学研”协作机制。智能联盟为推动石狮智能制造工业园区全速建设步伐，先后前往重品机械、金丰富、宝翔针织机械等17家企业开展深度调研。染整联盟多次组织企业参加“工业互联网与智能制造分享会”“石狮市纺织服饰供应链对接会（云展会）”“印染企业能源计量器具配备和管理规范”等交流会；组织企业前往福清宇邦、长乐德运等实地考察企业自动配液系统、三级计量、低浴比设备和企业规范化管理。印包联盟组织企业参加福建省2021年度包装装潢产品印刷质量评比交流会，其中石狮市明达包装装潢有限公司《有零有食冻干榴莲纯铝八边封拉链袋》获金奖，《安东尼大叔牛轧糖八边封袋》获银奖。创新协会走访会员单位50多家次，宣传各级惠企政策；联合承办2022年石狮市科技活动周启动仪式暨集中宣传活动，开展科技创新成果、科技政策、知识产权、青少年科技创新优秀作品展、科学秀等科普宣传。

【“绿色纺织·健康生活”2022纺织服装科技成果展暨产业高端论坛】

2022年11月25—27日，纺织服装科技成果展暨产业高端论坛在石狮服装城展览艺术中心举行。纺织服装科技成果展设置6个展区，展品来自12所开办纺织服装学科相关专业高校的最新研发成果及来自行业的22家知名纺织服装企业，布展面积约300平方米，现场吸引1000余人次观展。展会通过“看石狮”App、“石狮融媒”视频号、“爱抖石狮”抖音号三方平台对展厅现场进行线上同步直播，观看直播10万人次以上。11月26日，产业高端论坛在石狮服装城展览艺术中心举行，活动邀请中外工程院院士2名、国家级专家2名，行业领域知名专家、企业家3名进行线上、线下联动的融合交流，现场吸引来自20余家单位的103名听众参与。论坛期间，

2022 年 11 月 25—27 日，2022 纺织服装科技成果展暨产业高端论坛在石狮服装城展览艺术中心举行。图为 11 月 26 日活动现场 （李荣鑫 摄）

科技项目落地签约 4 项。

【“瑞鹰科技杯”2022 年福建省纺织印染助剂科技成果推介会】 2022 年 7 月 23 日，“瑞鹰科技杯”2022 年福建省纺织印染助剂科技成果推介会在石狮市举行。来自全国各地 150 多家企业 300 余人参会，1 万余人同步观看线上直播。推介会邀请中国印染行业协会、国家先进功能纤维创新中心等相关领导，以及业内有影响力的印染企业、品牌商、助剂供应商、设备供应商、高等院校、研究机构的技术专家和学者，围绕产业链上下游协调发展、技术创新、产品升级、工艺优化、改造升级、政策解读、研判趋势等进行深入探讨和交流，探讨应对疫情的挑战，寻找促进产业持续发展、企业创新升级的有效路径。会上，石狮市七星化工有限公司、西安工程大学、泉州师范学院（石狮）生态智能织物工程技术研究院、石狮市瑞鹰纺织科技有限公司先后与建明（中国）有限公司、福建省德奥针织股份有限公司、石狮清源印染科技有限公司、五邑大学就相关合作项目进行签约，计划总投资 1300 万元。

（市工业信息化和科技局）

气象科技

【气象服务】 2022 年，石狮市气象局制作重要气象信息专报 88 期、气象灾害预警信号 280 期，重要天气预警报告 43 期、专题服务 39 期，一周天气趋势展望 52 期，启动应急预案 14 次，短时强天气报告 9 期，发送各类气象预警短信 459 条，接受超 350676 人次。

【气象防灾减灾及科普宣传】 2022 年 3 月 23 日，石狮市气象局线上开展世界气象日防灾减灾宣传活动。5 月 12 日，石狮市气象局联合石狮市第五实验幼儿园开展气象防灾减灾周科普宣传活动，为师生讲解气象科普知识，同时通过单位微信公众号发布防灾减灾科普知识。6 月，石狮市气象局围绕第 21 个“安全生产月”主题在德辉广场联合多部门开展气象防灾减灾科普宣传及知识问答等系列活动。7 月 27 日、7 月 29 日、9 月 9 日，石狮市气象局联合石狮市应急局等部门开展防雷安全联合执法。9 月 14 日，石狮市气象局联合泉州市气象局在石狮市泰禾广场开展全国科普日宣传活动。

【防雷安全监管】 2022 年，石狮市气象局在全国防雷减灾综合管理服务平台更新 41 家防雷重点单位信息录入监管。成立领导小组组织开展易燃易爆危险化学品防雷安全生产专项整治百日行动、安全生产大检查、安全生产月等专项检查。按照《易燃易爆危险化学品防雷安全专项整治自查表》要求相关企业按照“企业自查、行业检查、政府督查”方式开展，对自查中发现的防雷安全问题及隐患立行立改，及时消除防雷安全隐患，相关检查信息已录入“互联网 + 监管”平台进行监管。

【人才培养】 2022 年 6 月，石狮市气象局组织参加第五届泉州市综合气象业务职工技能竞赛中获得团体第二名、陈志泉获个人全能二等奖、人工影响天气作业单项一等奖、综合业务理论单项二等奖、监测预警服务单项三等奖和装备技术保障单项三等奖；代表泉州市气象局参加第五届福建省综合气象业务职业技能竞赛获全能第十名，个人单项“应急观测数据处理”第一名，获泉州市金牌工人称号。崔寒获个人全能三等奖、人工影响天气作业单项二等奖、综合业务理论单项三等奖、监测预警服务单项三等奖、装备技术保障单项三等奖；林联发获人工影响天气作业单项二等奖。

【海洋渔业气象综合观测能力建设】 2022 年，石狮市气象局完成蚶江镇沿海大通道、锦尚镇华锦码头、永宁镇梅林码头三套自动气象站建设，完善石狮沿海气象观测数据，蚶江镇石湖码头自动气象站升级改造增加能见度数据观测。

（吴毅楠 林联发 陈志泉）

教育

综述

【各级各类教育基本情况】 2022年，石狮市有各类全日制学校237所（公办113所），幼儿园156所（公办38所，民办118所）；小学49所，小学教育集团5个（13个校区）；中学18所（初中4所，九年制学校6所，完全中学8所）；中等职业学校2所；高等职业学校 3所，其他类型学校4所（特殊教育学校1所、教师进修学校1所、素质教育实践基地1所、青少年学生课外活动中心1所）。教师8006名，其中在编教师5271名，合同教师2735名。全市学生184884名，其中幼儿园学生30923人，小学生69315人，初中生29557人，普通高中学生13257人，中等职业学校学生3395人，特殊教育学校学生174人，高等院校学生38263人。

【学校建设】 2022年，石狮市第八实验小学、第九实验小学、第九实验幼儿园等投入使用，新增中小学幼儿园学位3260个。全年重点建设项目24个，计划总投资6.57亿元，截至年底，13个项目开工建设，完成投资量59130万元，占年度投资的90%。2022年秋季学期全市新增班级133个班级，添置133套多媒体、7260套课桌椅，投入79.86万元用于5所幼儿园教玩具及教学设备的更换，改善5所中小学共计125间教室视觉环境，保障中小学校教室采光、照明等设施达到规定标准，投入198.73万元免费向全市义务教育阶段学生提供作业本，总投入1024.48万元。

【德育工作】 2022年，石狮市推进“五育”（德育、智育、体育、美育、劳动教育）融合，深化素质教育，提升学校文化品位。28所中小学校确定为省委、省政府为民办实事项目中学校体育场地向社会开放试点校，28所省级、国家级体育特色学校、示范校、传统校，1所学校入选省级第四批中小学劳动教育实践特色项目，素质教育基地获评福建省第五批中小学研学实践营地，40所学校获评泉州、石狮市级“绿色学校”，1所学校获评省级第三批乡村温馨校园建设典型案例学校，6所学校获评泉州市2022年乡村温馨校园，实现全市235所学校建设语言文字达标校、创建“一校一品”“一校多品”的特色学校模式，举办石狮市首届中学生“青鸟杯”征文大赛，评选出特等奖及一、二、三等奖学生70名，高分通过泉州市语

2022年1月21日，“喜迎二十大 奏响新篇章”石狮市首届校园新春民族音乐会在市文化馆举行
（市教育局 供图）

言文字工作督导评估验收。落实未成年人思想道德建设工作，举办“推广普通话 强国复兴有我”规范汉字书写比赛、“2023中国诗词大会石狮市选手选拔赛”，开展石狮市第四届“新时代好少年”评选活动及“扣好人生第一粒扣子”“传承雷锋精神，弘扬时代新风”“移风易俗·弘扬时代新风”系列主题教育，开展市级以上艺术活动25项，引导广大未成年人努力践行社会主义核心价值观。推进“道德模范”评选活动，依思幼儿园业务园长黄阿珍获第五届石狮市“道德模范”孝老爱亲模范称号。推进文明创建活动，84所学校申报2022—2024年度石狮市文明校园，全市学生参与志愿活动达到400余场次，服务时长469小时，服务群众51164人次。

【“家校”共育】 2022年，石狮市推进“家校”共育。与国家教育行政学院家教中心合作，创建“全国家庭教育实验基地”，成立“家庭教育讲师团”，开展“家+文化”建设活动。以学校少年宫建设为载体构建学校、家庭、社会“三位一体”的青少年育人网络，创建各级学校少年宫49所，中小学生研学实践基地20所，家长学校规范化示范校62所。将兴趣小组、社团活动、德育工作等活动课程化，构建特色整体课程体系。全市各学校开设创新创业、汽车模拟、机器人等特色校本课程400余种，为学生提供多样性、可选择的活动课程，学生综合素质全面提升，在各类全国性学科竞赛中屡获佳绩，全年13人次获全国学科素养大赛一等奖、全国中小学信息技术创新与实践活动大赛一等奖。

【教育督导】 2022年，石狮市完善责任督学挂牌督导平台建设，增设“双减”“五项管理”专栏，搭建挂牌督导网络平台，开展挂牌督导信息平台的培训工作。开展第二届“责任督学教育工作实践经验”专题巡讲活动，组织6名优秀责任督学(原校长、园长)，到各镇（街道）中小学幼儿园开展“责任督学教育工作实践经验”专题巡讲活动20场次。做好第九届责任督学的聘任工作，遴选75名优秀的各级干部作为责任督学，加强对新聘任的第九届责任督学工作的指导。落实挂牌督导各项工作，提炼和总结责任督学挂牌督导阶段性经验成果，对2021—2022学年学校责任督学工作进行学年度工作考核。组织评估组对石狮市第六实验小学、长福小学、华山小学等6所中小学进行素质教育学校的评估，对石狮市第二实验幼儿园、石狮市鸿山镇中心幼儿园、石狮市锦尚镇中心幼儿园等40所公民办幼儿园进行办园行为专项督导评估。督导评估组评出“优秀”幼儿园11所、“良好”幼儿园8所、“合格”幼儿园21所。

2022年石狮市各级各类教育基本情况一览表

表9

类别	校（园）数（个）	班数（个）	在校生数（人）	教职工数（人）	专任教师（人）	校园面积（平方米）	校舍面积（平方米）	图书数（本）	资产总值（万元）	仪器设备（万元）
学前教育	156	1106	30915	4674	2375	445057.58	465783.31	318777	48719.53	5755.26
小 学	61	1415	69307	3456	3367	936859.3	561650.49	1999597	101040.78	16174.14
初级中学	4	580	29558	435	409	151662	81576	236090	7695.80	1781.67
九年一贯制	6	分别归入小学或初中		913	813	329971	209281	464769	16395.90	3223.51
完全中学	8	273	13257	2154	2055	735735.12	590265.58	1268137	89953.31	10592.55
中职学校	1	87	3141	156	122	82664.2	51006	44015	6659.8	2552.59
特殊教育学校	1	20	172	41	38	29333	7500	5500	280	100

【校园安全】 2022年，石狮市教育局推动公办学校普及“校级未保联盟”，联合公安、政法等部门推行“1+N”模式护学岗建设，开展新一轮“平安校园”等级创建活动，全市95%以上学校达到新一轮“平安校园”等级标准。组织观看安全生产警示教育视频771场，参与128499人次，开展法治教育400余场参与师生28万余人次，实现全市学校100%设立法治副校长。开展各类应急演练765场次，参与师生435241人次。开展安全隐患排查，全年排查隐患、整改问题33个，整改2所学校6个非市政消火栓，查询涉校从业人员1万余人次，及时发现并依法妥善处理存在不宜从事未成年人看护工作的人员。联合公检法部门开展“青春成长法护航”中小学生欺凌防治专项治理工作，组织不良行为学生参加警营军训、参观看守所、旁听法院庭审等“八个一”主题活动，有效防治校园欺凌。

【改革创新】 2022年，石狮市教育局不断推进教育综合改革，组建第二实验小学、第三实验小学、第五实验小学、第七实验小学、永宁中心小学等5个小学教育集团，实行“一校多区、同一法人、统一师资、统一管理”模式，覆盖小学22所，惠及学生15921名。创办厦门外国语学校石狮分校教育发展共同体，把永宁中学办成“厦外石分永宁校区”，在鹏山实验学校加挂“厦外石分合作学校”牌子，推进联盟学校抱团发展。推行“阅读、体育”2种基本看护服务和“艺术、技能”多种特长培养的“2+N”课后服务模式，惠及全市8.9万余名学生，占全市义务教育阶段学生总数的90.8%，“课后服务”管理经验在全省作典型介绍。对全市51家培训机构实行24小时监控全覆盖，完成全市营利性学科类校外培训机构转型。制定《石狮市建设福建省基础教育改革发展实验区实施方案（2022—2025年）》，推进与中国教科院开展的“新高考新中考应对策略”等5个教育改革项目，成立中高考毕业班学科指导组，聘请省内外专家作高中九学科备考指导讲座并开展7个学科中考备考指导活动20余场次。投入资金510余万元，加强5G+同步课堂信息化建设，实施以市区学校为引领、乡镇学校为基础的名优校“1+N”结对帮扶共同体模式，遴选3所优质小学（石狮市实验小学、石狮市第三实验小学、石狮市实验中学附属小学）+7所乡镇小学，开展送教下乡、同步课堂活动50余场，实现市区乡镇学校课堂同上、交流共进、教研共研、差异互补，推动优质教育资源向乡镇延伸。“名优校+”同步课堂做法被《中国教育报》等12家中央、省、市媒体集中报道。石狮市教师进修学校以创建高水平的服务型、创新型、智慧型区域教科研训中心为目标，组建小学六大片区学科中心教研组，推进中学校际学科备课工作坊建设，面向全省公开遴选7名优秀教研人员。加大优质研训资源引进力度，先后与福建师大网络教育学院、福建教育学院培训中心、内蒙古玉泉区教师发展中心等签署战略合作。

【“名优校”+教育发展共同体建设模式】 2022年，石狮市推行“名优校+”同步课程试点，制订《石狮市中小学“名优校+”同步课堂试点实施方案》，依托互联网深入推进结对帮扶工作，采取“线上+线下”“优质学校+薄弱学校”“名师指导普通教师”的帮扶模式，推动优质教育资源由市区向乡镇延伸，实现学校课堂同上、交流共进、教研共研、差异互补，让优质的教育资源得到共享，缩小校间差异。全市开展“名优校+”同步课程会议6次，送教下乡活动16场，线上教学活动20场，参与师生数近1500人次。推进“名优校+”集团办学模式。制订《石狮市教育局关于石狮市第二实验小学等5所优质学校集团化办学实施方案》，组建石狮第二实验小学等5个教育集团，实行“一校多区、同一法人、统一师资、统一管理”的紧密型一体化集团管理模式，推动教育优质均衡发展和优质基础教育资源共建共享。推进“名优校+”学校布局调整。制定《石狮市永宁镇小规模小学优化提质工作实施方案》，优化永宁镇教育资源配置，满足人民群众对优质教育资源需求，将沙堤小学等4所规模200人以下小学着就近整合到信义实验小学等3所中等规模学校。推行“名优校+”合作办学。开展泉州师范学院附属小学与石狮校区的合作办学工作，签订合作续约协议，从学校管理、教师培养、教学教研、资源共享等方面进行深入的合作和交流。

【教师队伍建设】 2022年，石狮市探索多元化人才引进工作体系，通过组织高校专项招聘、师范类优秀毕业生面试、省教师招聘考试、公费师范生招聘，实施“回归计划”等形式，多渠道开展教育人才引进，全年公开招聘教师696名，其中硕士研究生以上学历83名，师范类本科优秀毕业生182名，以上两项占比达38.1%，79名石狮籍外地教师申请回归任教。加强学校干部队伍培养。继续推进县级“校长行动培养计划”项目培训，组织学员到深圳、成都等地跟岗学习。开展小学校长领航工作室培训，借力本地“名校长”加强中青年骨干校长的“传、帮、带”。组织8名校（园）长参加年泉州市“十四五”时期中小学“名校长”培养对象培训，推荐16名学校干部参加泉州市初中校长“壮腰”与中小校长任职资格培训等。举办石狮市新教师岗前培训，全市893名近三年新入职的教师参加培训。表彰教书育人模范教师，开展2022年全市“师德之星”“优秀教育管理工作者”“优秀园丁”“优秀班主任”等评选活动，评出240多名各类优秀教育教学工作者，每人给予3000—5000元的奖励。建立乡村教师荣誉制度，提升乡村教师职业荣

2022年3月3日，石狮市教师进修学校与福建师范大学网络与继续教育学院战略合作框架协议签署仪式在石狮市教师进修学校举行　（市教育局　供图）

誉感，组织开展2022年“石狮市乡村学校从教30年教师”荣誉证书颁发工作，为41名在乡村学校从教30年的教师每人颁发奖金1000元。

【校外办学机构查处】 2022年，石狮市有培训机构51家，其中办理终止办学培训机构30家，转型为非学科类培训机构44家，营利性学科类培训机构转为非营利性学科类培训机构7家，压减74家，压减率91.35%，51家机构核验通过，核验率100%，51家机构接受资金监管，实现校外培训机构学科类资金监管100%全覆盖。

（林 坤 邱世泽）

学前教育

【概况】 2022年，石狮市有幼儿园156所，其中，公办园38所，幼儿数17544人；集体办园11所，幼儿数816人；民办园107所，幼儿数12555人。全市幼儿园幼儿总数30915人，其中，外来生14635人，占比47.34%；就读公办性质幼儿园的幼儿(公办加集体办)18360人，占比56.75%。全市各级示范园57所，其中省级示范5所、泉州示范园13所、石狮市示范园39所，示范率占比48.18%。全市普惠性民办幼儿园88所，全市普惠率92.00%。建成狮子山幼儿园、服装城实验幼儿园、金埭中心幼儿园、锦林中心幼儿园等4所公办幼儿园，新增学位1776个。

【示范园幼儿园建设】 2022年，石狮市宝盖镇中心幼儿园湖光分园、龙渊中心幼儿园通过石狮市级示范幼儿园验收，被确认为“石狮市示范幼儿园”。全年石狮市有各级示范园58所，其中省示范性幼儿园5所（含公办园3所），泉州市示范幼儿园13所（含公办园6所），石狮市示范幼儿园40所（含公办园13所）。

【普惠性学前教育】 2022年，石狮市新认定普惠性民办幼儿园2所。截至年底，石狮市普惠性民办幼儿园88所，普惠性学位数28443个，普惠率达到92%。投入普惠性幼儿园奖补资金1183.11万元，其中，对85所普惠性民办幼儿园发放奖补资金977.35万元；对7所公办与普惠性幼儿园帮扶共建的幼儿园发放经费补助140万元；对9所集体办幼儿园发放普惠性集体办幼儿园经费补助65.76万元。

【幼儿园帮扶共建】 2022年，石狮市搭建“公带民”三级帮扶共建模式，成立以实验幼儿园、第二实验幼儿园、第三实验幼儿园、第五实验幼儿园、泉州幼师附幼石狮校区、湖滨中心幼儿园、宝盖中心幼儿园为龙头的七大片区，打造龙头园总带，片区内公办园带民办园的三级共建模式，通过督查指导、引领帮扶、区域内协同教研等方式，七大龙头幼儿园根据发展现状和薄弱点，制订切实可行的帮扶引领计划，多形式、多渠道为薄弱园、农村园、普惠性幼儿园的建设、发展以及规范管理提供智力支持，以点带面、区域推进，提高全市学前教育保教质量和办学水平，促进公民办幼儿园均衡发展。

（林 坤 邱世泽）

义务教育

【概况】 2022年，石狮市有小学49所，初中学校18所，小学教育集团5个（含13个校区），小学69315名（含外来生38201名、占55%），初中在校生29558名（含随迁子女学生16805名、占56.85%）。53所中小学通过省级义务教育管理标准化评估认定，5所小学被确定为泉州市乡村温馨校园，2所小学获评泉州市乡村温馨校园建设典型案例，1所小学获评福建省乡村温馨校园建设典型案例，成功举办石狮市首届“青鸟杯”中学生征文比赛。新建石狮市第八实验小学、第九实验小学。

【小学教育集团组建】 2022年6月2日，石狮市人民政府批复同意组建5个小学教育集团，通过实施教育集团化办学，推进教育优质均衡发展，让群众享受“家门口的优质教育”。具体情况为石狮市第二实验小学教育集团：将湖滨街道办事处林边小学设为第二实验小学琼林校区，集团由第二实验小学嘉禄

2022年8月29日，石狮市举行小学教育集团授牌仪式 （市教育局 供图）

校区、琼林校区组成。石狮市第三实验小学教育集团：将宝盖镇塘边小学设为第三实验小学龙渊校区，集团由第三实验小学曾坑校区、龙渊校区组成。石狮市第五实验小学教育集团：将永宁镇官聘小学设为第五实验小学官聘校区，新筹设第五实验小学闽理校区，集团由第五实验小学幸福校区、闽理校区、官聘校区组成。石狮市第七实验小学教育集团：将宝盖镇前坑小学、蚶江镇青莲小学设为第七实验小学前坑校区、青莲校区，集团由第七实验小学宝岛校区、前坑校区、青莲校区组成。石狮市永宁中心小学教育集团：将永宁镇梅林小学和陶青小学设为石狮市永宁中心小学梅林校区、陶青校区，集团由永宁中心小学永宁校区、梅林校区、陶青校区组成。教育集团实行“一校多区、同一法定代表人、统一师资、统一管理”的紧密型一体化集团管理模式。教育经费按校区预算，由教育集团统筹使用；教育集团统筹集团内部教职工管理工作，统筹教育资源，优化办学方案。

【“双减”政策推进】 2022年，石狮市推行“阅读、体育”2种基本看护服务和“艺术、技能”多种特长培养的“2+N”课后服务模式，解决职工子女课后监管难题，惠及全市8.9万余名学生，占全市义务教育阶段学生总数的90.8%。对全市81家培训机构实行24小时监控全覆盖，完成全市63家营利性学科类校外培训机构转型，加强校外培训机构专用账户监管，开立学费专用账户，协调学生退费350人，退费金额993992元。“课后服务”管理经验在全省作典型介绍，获得教育部“双减”工作典型报道。实验中学附属小学“五个一、五个有”关爱保障措施案例入选福建省教育厅第三批、教育部第五批落实“双减”工作典型案例。第四实验小学“党建引领赋能双减”，入选福建省第四批“双减”工作典型案例。石狮市第五实验小学、龟湖中心小学关爱教师的暖心举措被《中国教育报》报道。

【义务教育管理标准化学校建设】 2022年，石狮市加快义务教育学校内涵建设，通过实施义务教育学校管理标准，促进学校规范办学。全年53所中小学通过省级“义务教育管理标准化学校”评估认定，其中小学38所，中学15所。15所小学被认定为省义务教育教改示范性建设学校，1所小学被认定为省义务教育教改基地校，首批教改示范性建设学校通过省终期评估，第二批学校通过县终期评估。

【泉州第五中学石狮教改基地校建设】 2022年8月，石狮市教育局与泉州第五中学合作，将石狮市后垵学校创办为泉州第五中学石狮教改基地校，为高中部储备教师，办成完全中学校，9月1日，泉州第五中学石狮教改基地校（石狮市后垵学校）举行揭牌仪式。2021年1月11日，市政府发文同意创办石狮市后垵学校，升格为市直九年一贯制学校。学校占地面积78942平方米，总建筑面积44549.09平方米，分3期建设。一期工程行政综合楼，部分教学楼和教师宿舍楼2022年底完成建设。二期工程包括图书综合楼 、报告厅等场项目，计划2023年7月完工。三期拟建工程包括教师宿舍楼、艺术楼、体育馆等项目，计划2024年竣工。运作以来，基地校跟泉州五中本部同教研、听评课活动，结合线上与线下加强教研和资源共享；选派优秀的学校教师前往泉州五中跟岗学习，参加泉州五中教师专项培训等，提升教师的教育教学能力；创新教学管理工作，提升学生的学业成绩。

2022年石狮市小学教育资源情况一览表

表10

名称	性质	办学类型	班级数（个）	专任教师数（个）	占地面积（平方米）	校舍面积（平方米）
石狮市实验中学附属小学	公办	小学	52	146	20673	23853
石狮市新湖中心小学	公办	小学	36	101	10630	8091
石狮市第二实验小学琼林校区	公办	小学	24	68	6050	6000
石狮市湖滨街道办事处长福小学	公办	小学	38	95	21074	15773
石狮市第二实验小学嘉禄校区	公办	小学	40	125	13553	15958
石狮市第三实验小学曾坑校区	公办	小学	45	122	12583	12093
石狮市第六实验小学	公办	小学	44	122	23889.2	19088.22
石狮市大仑中心小学	公办	小学	26	72	13309	4850.45
石狮市凤里街道宽仁小学	公办	小学	30	82	12537	13796
石狮市凤里街道五星小学	公办	小学	26	76	12394.59	14395.2
石狮市实验小学	公办	小学	46	140	15682.7	17239
石狮市第四实验小学	公办	小学	36	93	24508	16165
厦门外国语学校石狮分校附属小学	公办	小学	38	93	15210	18620.4
石狮市灵秀镇塘园小学	公办	小学	20	52	7313	6332

续表 10

名称	性质	办学类型	班级数（个）	专任教师数（个）	占地面积（平方米）	校舍面积（平方米）
石狮市灵秀镇古洋小学	公办	小学	24	61	9419	6335
石狮市灵秀镇华山小学	公办	小学	17	45	5752	7555
石狮市灵秀镇塔前小学	公办	小学	22	58	7959	9627.64
石狮市灵秀镇港塘小学	公办	小学	23	52	12061	9866
石狮市世茂实验小学	公办	小学	23	60	20684	12160.9
石狮市第九实验小学	公办	小学	5	18	30000	8275.11
石狮市中英文实验学校	民办	九年一贯制学校	53	132	53135.73	44077.58
石狮市鹏山实验学校	公办	九年一贯制学校	27	67	48368.21	25438.66
石狮市第五实验小学幸福校区	公办	小学	64	184	22517	24011.5
石狮市教师进修学校附属小学	公办	小学	24	63	28946.83	26035.35
石狮市宝盖镇坑东小学	公办	小学	6	14	6439	2875
石狮市第七实验小学前坑校区	公办	小学	12	32	5902	2163.52
石狮市第三实验小学龙渊校区	公办	小学	23	64	14557	12610
石狮市龟湖中心小学	公办	小学	23	64	12291	9572
石狮市宝盖镇塘头小学	公办	小学	8	19	4984	4984
石狮市宝盖镇桃源小学	公办	小学	18	44	5120.87	4793.45
石狮市第三中学附属小学	公办	小学	16	43	8803	7825
石狮市第七实验小学宝岛校区	公办	小学	59	157	38679	14463.38
石狮市锦峰实验学校	公办	九年一贯制学校	36	95	36232.07	21278.64
石狮市自然门学校	民办	九年一贯制学校	11	22	4650.71	7330.69
石狮市后垵学校	公办	九年一贯制学校	12	28	11646.32	5630.15
石狮市蚶江中心小学	公办	小学	31	81	15261	12322
石狮市蚶江镇石湖小学	公办	小学	9	17	21500	5250
石狮市蚶江镇锦里小学	公办	小学	6	14	2450	1517
石狮市第八实验小学	公办	小学	14	39	44907	4200
石狮市蚶江镇石壁小学	公办	小学	6	16	6667	1570
石狮市蚶江镇洪窟小学	公办	小学	12	30	27708	7693.98
石狮市蚶江镇锦亭小学	公办	小学	6	16	4741	2253
石狮市蚶江镇峰山小学	公办	小学	12	33	7480.11	5748
石狮市实验小学蚶江校区	公办	小学	13	34	25969	10292
石狮市蚶江镇华锦小学	公办	小学	12	29	13567	5399.39
石狮市第七实验小学青莲校区	公办	小学	6	12	6253	1440
石狮市祥芝中心小学	公办	小学	35	94	24056	13580
石狮市祥芝镇大堡小学	公办	小学	13	33	13578	5916
泉州师范学院附属小学石狮校区	公办	小学	15	36	28823	16647
石狮市祥芝镇莲坂小学	公办	小学	6	14	20699	4948
石狮市祥芝镇紫湖小学	公办	小学	6	15	22211	3209
石狮市福民中心小学	公办	小学	23	62	15248	12681
石狮市实验中学附属小学东明校区	公办	小学	25	65	23084	9863
石狮市鸿山镇锦林小学	公办	小学	6	17	12726	4390
石狮市鸿山镇鸿山小学	公办	小学	6	16	12257	2826
石狮市鸿山镇邱厦小学	公办	小学	6	16	9330	3623
石狮市锦尚镇琼山中心小学	公办	小学	24	76	16709	9739
石狮市锦尚镇东店小学	公办	小学	6	17	18256	3232

续表 10

名称	性质	办学类型	班级数（个）	专任教师数（个）	占地面积（平方米）	校舍面积（平方米）
石狮市锦尚镇锦里小学	公办	小学	6	16	7523	3133
石狮市第三实验小学复光校区	公办	小学	18	39	23241	8485
石狮行实小学	民办	小学	9	22	7978	12715
石狮市永宁中心小学永宁校区	公办	小学	27	71	18750	8137
石狮市永宁中心小学梅林校区	公办	小学	4	9	8591	4372
石狮市永宁中心小学陶青校区	公办	小学	4	11	7671	5216
石狮市第五实验小学官聘校区	公办	小学	6	13	12854	3206
石狮市信义实验小学	公办	小学	15	39	13250	12640
石狮市银江华侨学校	公办	九年一贯制学校	21	52	18646.13	8432.81

说明：九年一贯制学校校园面积、校舍面积按小学、初中生数 1 ∶ 1.1 计算分配

2022 年石狮市初中教育资源情况一览表

表 11

名称	性质	办学类型	班级数（个）	专任教师数（个）	占地面积（平方米）	校舍面积（平方米）
石狮市第一中学	公办	完全中学	50	152	61182.09	54605.23
石狮市华侨中学	公办	完全中学	36	141	38981.85	33033.31
石狮市实验中学	公办	初级中学	40	145	26824	28927
石狮市中英文实验学校	民办	九年一贯制学校	22	66	26754.27	22193.42
石狮市鹏山实验学校	公办	九年一贯制学校	17	48	33481.79	17609.34
石狮市第八中学	公办	完全中学	43	134	57647.07	31843.83
厦门外国语学校石狮分校	公办	完全中学	32	110	38224.18	67074.74
石狮市锦峰实验学校	公办	九年一贯制学校	44	137	49037.93	28799.36
石狮市自然门学校	民办	九年一贯制学校	11	30	5506.29	8679.31
石狮市后垵学校	公办	九年一贯制学校	16	51	18765.68	9071.85
石狮市石光中学	公办	完全中学	50	166	75620.97	56111.80
石狮市第三中学	公办	完全中学	32	103	23104.64	16700.81
石狮市蚶江中学	公办	完全中学	48	158	57666.65	26503.09
石狮市第七中学	公办	初级中学	32	103	38722	16160
石狮市第五中学	公办	初级中学	24	83	59153	19265
石狮市第二中学	公办	初级中学	24	78	26963	17224
石狮市银江华侨学校	公办	九年一贯制学校	24	85	23745.87	10739.19
石狮市永宁中学	公办	完全中学	35	108	33153.42	19353.24

说明：完全中学中初、高中占地面积、校舍面积按初、高中生数 1 ∶ 1.2 计算分配

（林 坤 邱世泽）

普通高中教育

【概况】 2022 年，石狮市普通高中学校 8 所，在校班级数 306 个，高一招生数为 4598 人，在校生 13257 人，毕业生 4181 人，专任教师 985 人。

【普通高中建设与发展】 2022 年，石狮市扩大高中办学容量，做好中英文学校高中部校舍建设、设施设备采购、教师招聘等工作，计划 2023 年招生。推动厦门外国语学校石狮分校、石狮八中创建省二级达标高中，华侨中学创建省三级达标高中工作。引进域内外优质教育资源，推进教育发展共同体建设，发挥厦门外国语学校石狮分校辐射带动作用，在永宁中学加挂“厦门外国语学校石狮分校永宁校区”牌子，支持厦门外国语学校石狮分校、石狮市第八中学、石狮

市永宁中学、石狮市第三中学四校分别与省内四所示范性高中开展结对共建活动，推动全市普通高中优质特色发展。2022年，全市举办各类培训18场次，培训内容有师德师风建设、新教师岗位培训、课本研训和课标培训等，其中教师信息技术2.0培训及新任教师岗位2个培训项目的参训教师分别为8052名及893名，经费投入分别为130万元及40万元。

【高考与学科竞赛、科技创新比赛】 2022年，石狮市3689人报名参加高考。600分以上150人，物理方向总分列省前500名5人，历史方向省前200名3人，均在前100名内；本科上线人数2909人，上线率78.86%；特殊类型上线人数1049人，上线率28.84%，两项比率均居泉州市前列；本科录取人数2813人，录取率76.25%。2022年，在高中“数理化生信息学科奥赛+科技创新大赛”比赛中，获省级一等奖4人、二等奖3人、三等奖3人，泉州市一等奖9人。

（林 坤 邱世泽）

特殊教育

【概况】 2022年，石狮市有公办特殊教育学校一所，实施九年义务教育。学校有教职工42人，专任教师38人。学校有9个年段，12个班，学生169人，其中，在校生123人，送教上门服务的学生46人。

【送教上门】 2022年，石狮市特殊教育学校完善送教上门模式，由原来的“普特结合”转变为“按需送教”，即遵循送教对象及其家庭的意愿，以定期入户、免费教育的原则，采用普特结合送教、特教教师上门送教等方式，为送教服务对象开展每周至少一次的送教服务，送教活动包括康复训练、认知能力、语言能力、生活处理能力等，送教200人次。

【教学科研质量提升】 2022年，石狮市特殊教育学校加强常规教研活动。学校设立3个教研组开展教研活动，每周每个教研组按时保量开展学科的理论与实践的教学研讨。深化课程研究，开设闽南童谣、精细动作、心理沙盘、篮球、舞蹈、合唱、语言康复等潜能康复课，提高教学科研质量。1名教师参加2021—2022学年度泉州市特殊教育学校智障教育专业教师优质课评选获一等奖，1名教师参加2021—2022学年度泉州市特殊教育孤独症教育专业优质课获三等奖，1名教师获泉州市中小学教师网络学习空间创建活动优秀奖。1名教师的课题获2022年泉州市特殊教育优秀教科研论文评选活动一等奖，2名教师的课题获2022年泉州市特殊教育优秀教科研论文评选活动二等奖。

【特殊教育资源教室建设】 2022年，石狮市在实验中学附属小学、第三中学附属小学、永宁中学各新建1间特殊教育资源教室，投入使用。截至年底，石狮市特殊学生随班就读基地校2所，为石狮市宽仁实验小学、泉州师院附属小学石狮校区。随园保教基地园1所，为灵秀镇第二中心幼儿园。

（林 坤 邱世泽）

高等教育

【闽南理工学院】 2022年，闽南理工学院有教职工1200余人，其中福建省高校杰出青年科研人才3人，泉州市高校中青年学科（专业）带头人培养计划6人，泉州市技能大师2名。学生在校生17000余人。学校获评福建省节水型高校，8门课程被认定为2021年省级一流本科课程，1门课程入选福建省“三个百堂”高校思想政治理论课精品课，5门课程入选国家智慧教育公共服务平台。2022年，学校录取新生4480人。2022届毕业生4426人，就业毕业生4136人，毕业去向落实率93.45%，签约2526人，协议和劳动合同就业率57.07%，高质量就业率14.6%。

学科专业建设。2022年，闽南理工学院获批省级产业学院，5个专业通过学士学位授予评估，3个专业通过门类学士学位评估，3个专业获批省级一流本科专业建设点，9门课程被确定为省级五类一流本科课程，入选省级新工科优秀教学案例1项目，入选省级高校课程思政优秀教学案例2项目；立项6个教育部产学合作协同育人项目，获批泉州市数字经济人才培养示范基地1项；1项教育教学成果获福建省高等教育教学成果奖二等奖。12月，学校以泉州市加快建设国家产教融合试点城市为契机，与泉州市城乡建设局联合成立泉州市城乡建设“双碳”产业学院，标志着全国城乡建设领域首个“双碳”产业学院落户泉州。

实习、实训、实验基地建设。2022年，闽南理工学院整合校内实践教学资源，更新3间计算机机房，建设福建省普通话测试站1间，智慧教室4间，微格教室4间，三笔字实验室、钢琴实验室等。截至年底，校内实验、实习（训）基地面积14万多平方米，教学仪器设备总值1亿多元，实践教学体系完善，实践教学平台覆盖所有本科专业。获批泉州市产业工人技能培训基地。

科研工作。2022年，学校新增泉州市新型研发机构1所，组织开展“纺织鞋服智能化福建省高校工程研究中心”及“工业自动化控制技术与信息处理福建省高校重点实验室”验收工作，完成2021年提交的工程研究中心评估材料（土木）以及学院高校产学项目、引导性项目线上答辩。申报并立项省级课题27项，地市级项目74项。发挥福建省技术转移机构作用，与企业开展横向课题24项。全年师生发表科研论文190篇（SCI论文13篇、EI论文4篇、普通CN论文173篇），获福建省自然科学优秀学术论文三等奖1人次，申请专利127项，授权专利72项，其中发明专利7项。2022年，获批福建省科技特派团队1支、福建省科技特派员6人，泉州市科技特派工作站1个、泉州市科技特派员32人。推进联合培养研究生工作，遴选研究生导师5名，在机械和能源动力方向合计招生2人，实现学校研究生培养“零”的突破。开展教师队伍常规培训58次，教师创新创业专项培训1次，培训教师635人次，其中线上培训451人次，线下培训184人次。

创新创业工作。2022年，闽南理工学院完成大学生创新创业训练计划项目国家级20项、省级34项、校级70项；组织学生参加2022年第八届中国国际“互联网+”大学生创新创业大赛、第八届“创青春”中国青年创新创业大赛、第十届福建省大学生“创业之星”评选、第十四届福建省大学生职业规划大赛等数十项学科竞赛。其中，在第八届福建省“互联网+”大学生创新创业大赛中获43个奖项；在第十二届“挑战杯”福建省大学生创业计划竞赛中获金奖1项、银奖1项、铜奖2项；在第五届“中国创翼”创业创新大赛中获福建省级选拔赛优胜奖1项，获泉州市选拔赛一等奖1项、三等奖1项；在“创响泉城”泉州市巾帼科技创新创业优秀项目展评活动中获一等奖1项、二等奖3项、三等奖1项；学校学生参加学科竞赛获得955个省级以上奖项，其中国家级奖项 356个。

（唐小虎 赵富红）

【泉州纺织服装职业学院】 2022年，泉州纺织服装学院在校学生8000余人，教职工400余人。泉州纺织服装职业学院党支部获评首批全省高校党建样板支部。

专业结构优化。2022年，泉州纺织服装职业学院增设数字媒体技术、现代家政服务与管理、网络营销与直播电商、药学4个专业，分别对接区域内电子信息和数字、健康服务、商贸物流、生物医药等主导产业和新兴产业，推进学校专业建设水平和整体办学水平的提高。

教学质量提升。2022年，泉州纺织服装职业学院推进信息技术与专业教学融合创新，以信息技术优化专业教学设计和教学过程、创新教学方法、支撑课堂变革，提升专业课程教学智能化水平。依托网络学习平台和线上教学资源，推行混合式教学模式，形成线上、线下相结合的教与学新格局，促进网络条件下自主、泛在、个性化学习。建立“目标—标准—设计—组织—实施—诊断—创新—改进”的“八步一环”质量螺旋递进的教学诊改机制，促进专业建设水平的提升，通过福建省职业院校教学工作诊断与改进复核评审工作。

学生技能竞赛。2022年，泉州纺织服装职业学院组织参加由福建省教育厅、福建省军区政治工作局联合举办的2022年福建省大学生军事技能比武大赛，获一等奖3项、二等奖1项、三等奖1项，并以全省第二的成绩获团体一等奖。组织参加第十二届全国职业院校染色小样工技能大赛，获得一等奖1项、二等奖1项、三等奖2项、优秀奖两项的优异成绩。组织参加2022年海峡两岸暨港澳大学生职业技能大赛中，王晓燕老师指导苏丽君同学获导游服务赛项二等奖1项。

教师队伍管理。2022年，泉州纺织服装学院组织教师50余人次参加各级各类学习培训，如闽台师资联合培训班、青年教师教育教学能力提升班、高等职业院校骨干教师培训、下企业顶岗实训等。组建由骨干教师、企业优秀技术能手及国内知名纺织服装高校专家、教授组成的优质教学团队。

产教融合探索。2022年，泉州纺织服装学院探索产教融合、校企合作新模式，推动产学研用深度融合，成立海峡两岸服装设计研究中心，与京东教育研究院、浙江森马电子商务有限公司签约战略合作。

（陈惠鑫 陈军）

2022年12月7日，闽南理工学院联合石狮市市场监督管理局开展“学习贯彻二十大，踔厉奋发向未来”系列活动（闽南理工学院 供图）

【泉州海洋职业学院】 2022年，泉州海洋职业学院在籍学生 12617 人，泉州海洋职业学院获评省级征兵工作先进单位；获批全国海上设施工作人员海上交通安全技能培训资质，成为全国首批开展此项培训业务的单位；创新教育培训模式获评全国乡村人才振兴优秀案例；入选全国“职业院校服务全民终身学习”项目第一批实验校；通过船员培训质量管理体系附加审核（增加项目、扩大规模）。《乡村振兴新农人直播电商培养体系建设》《定训向培养培提升跨境电商专业人才综合素质就业能力》两个项目入选教育部高校学生司供需对接就业育人项目立项名单。9 月，学校与泉州市退役军人事务局合作成立泉州市退役军人思想政治研究中心，成为全省首个退役军人思想政治研究中心。“泉州海洋学院航海科普教育基地”被认定为第六届（2022—2024 年）泉州市社会科学普及基地。

推进专业建设。2022 年，学校主动对接海洋强省、强市战略建设需要调整专业，增设 5 个三年制专业和 4 个五年制专业，撤销 3 个市场需求量小或社会认同度低的专业。截至年底，学校开设三年制专业 36 个和五年制专业 13 个。推动教学信息化建设，打造数字化教学平台。截至年底，学校获批 5 门福建省精品在线开放课程立项建设项目，其中 1 门完成建设，并获批“福建省高水平职业院校和专业建设计划”职业教育在线精品课程立项项目，4 门课程获批第六批省级精品在线开放课程。学校课题立项，立项率达到 92.5%。

学生技能竞赛。学校在福建省第十七届运动会游泳比赛中获三金一银；在 2022 年福建省大学生军事技能比武活动中获一等奖、二等奖和三等奖各 1 项；在福建省高职院校党史知识竞赛中获一等奖 1 项。全年，学校获国际级三等奖 1 项，国家行业企业一等奖 1 项、二等奖 2 项、三等奖 1 项，省级一等奖 1 项、二等奖 2 项、三等奖 3 项、优秀奖 20 项等奖项。

产教融合提升。2022 年，泉州海洋职业学院和绿岛集团、上海电气有限公司、泉州浦西万达商业物业管理有限公司、九牧集团等 26 家企业签订合作协议，共同建设人才实训基地、共同制订人才培养方案、共同开发专业教材、共同制定专门的培训内容，深化“引企入校”“引企入教”改革。与国内外 200 余家知名企业签订人才培养校企合作协议，毕业生就业率达到 98.89%，用人单位满意度超过 97%，三创学院获评“泉州公益性三创学院”，11 月入选省级科技企业孵化器和“福建省众创空间”的认定名单。

社会服务能力提升。2022 年，泉州海洋职业学院获准扩大船员培训规模，开办值班机工、值班水手、三副、三管轮等船员培训，海船船员培训开设 731 期，船员培训 25574 人次，培训开班期数比 2021 年增长 52.6%，培训人次比 2021 年增长 62.5%。4 月，中国海事局发布“2021 年度全国船员培训机构适任考试及格率揭晓”，学校的船长、轮机长、大副、三副、大管轮、三管轮等培训项目的适任考试初考及格率在全国同类高职院校中均排名前三。

（卢允花 郑艳）

职业教育与成人教育

【概况】 2022 年，石狮市有石狮鹏山工贸学校、福建技师学院石狮校区 2 所中等职业学校。其中，鹏山工贸学校 2022 年秋季在校生规模有 3140 人。9 月福建技师学院石狮校区首批 300 名新生入学。

【产教学融合】 2022 年，石狮鹏山工贸学校新增学前教育、电子商务、无人机、酒店管理等专业校外实训基地 6 家。与北京现代汽车有限公司、新奇特车业股份有限公司、福建省世腾汽车集团、厦门寰特教育咨询有限公司、绿岛国际酒店等企业合作，新增中餐烹饪专业现代学徒制订单班 1 家，与福建五洲佳豪酒店集团合作。共建校外实训基地达 68 个，覆盖电子商务、无人机、汽车美容装潢、汽车机电维修、服装设计与打板、幼儿园教学、动漫制作、酒店与餐饮服务等实训课程内容，赋能学生入学到毕业的全教学实训过程。福建技师学院石狮校区联合 30 多家企业对学生开展订单式培养。

2022 年 10 月 21 日，石狮鹏山工贸学校与福建麦初海供应链有限公司举行“校企合作基地”“校外实习实训基地”授牌仪式

（市教育局 供图）

【职业培训与认定】 2022年，石狮鹏山工贸学校开展校内外全国计算机等级考试、专项能力培训与鉴定、“1+X”认证资格（含研学旅行策划与管理技能证书、数字影像处理技能证书、游戏美术设计技能证书、母婴护理技能证书等13项）、普通话水平等项目培训及鉴定3878人次。

【就业服务】 2022年，石狮鹏山工贸学校推进校企合作新机制，整合校企双方资源，提升校企合作内涵。全年学校举办招聘会4场，参加学院招聘会企业53家，2022学年毕业生745人，其中向社会输送合格毕业生742人，本地就业233人，初次就业719人。2022学年，有500名学生选择升入高职院校，比2021学年增长25.6%。

【志愿服务品牌打造】 2022年，石狮鹏山工贸学校推动志愿服务活动常态化，结合学校IP“鹏工爱心狮”，打造石狮首个校园“粉狮使者”志愿服务品牌，鼓励学生参与志愿服务社会活动。学校青协每年承接泉州市各大会议活动多个，校青年志愿者协会成员967人，其中团员注册志愿者比例100%。

【技能竞赛获奖】 2022年，石狮鹏山工贸学校组织42名选手参加泉州市职业技能大赛共18个赛项，获得一等奖1人次、二等奖7人次、三等奖10人次，5人次晋级省赛；获得福建省职业院校技能大赛二等奖3人次。

2022年9月27日，福建技师学院石狮校区正式揭牌，并举行首批新生开学典礼

（市教育局 供图）

【福建技师学院石狮（蚶江）校区揭牌开学】 2022年9月27日，福建技师学院石狮（蚶江）校区举行揭牌仪式和首批新生开学典礼。福建技师学院石狮校区由福建技师学院与石狮市人民政府共同创办，分为蚶江和永宁两个校区，校区推行“校企融合、工学一体”的办学模式，联合石狮市京东物流、通达电器有限公司、福建中科光芯光电科技有限公司等30多家企业按照“整体规划，分步实施”的原则开设订单班专业，主要培养与新福建建设要求相适应、德智体美劳全面发展，具有综合职业能力，在生产、服务、技术和管理一线工作的高素质劳动者和能满足产业发展及企业需要的中高级技术技能人才。校区专业设置涵盖电子技术应用、电气自动化设备安装与维修、机电一体化技术、服装设计与制作、电子商务、现代物流、酒店管理、烹饪、染整技术等，蚶江校区首批招生入学7个专业、300名学生，与13家本地企业建立产教融合实训基地。校区规划总投资25亿元，占地约15公顷，建筑面积约15万平方米。

【电大教育】 2022年，福建广播电视大学石狮学院招生185人，有教职工6人，外聘兼职教师35人。学校加强课程建设，扩大外聘教师范围，优选“双师型”教师，提高课程实用性，组织实施实践性教学2次。以软硬件“互联网+”能力的提升提高开放教育“数字化、智能化、终身化、融合化发展趋势”的实践能力。针对开放教育以“互联网+”为优势的特征，坚持开放合作、借力发展，整合社会优质资源和力量，提高互联网思维和提升教师运用信息技术教学能力，聘请高校教师就信息化与教育教学的融合应用进行指导，推进教育教学高质量发展。

（林坤 邱世泽）

文 化

综 述

【公共文化服务体系建设】 2022年，石狮市完善公共文化设施和服务标准，以图书馆、文化馆总分馆制为抓手，建成图书馆分馆15个、图书馆服务点12个、文化馆分馆9个。市图书馆、文化馆获评国家部颁一级图书馆、文化馆。发挥全市9个镇（街道）、128个村（社区）公共文化资源优势，强化文明实践功能，提高公共文化服务综合效益。搭建数字化服务平台，推出“石狮端午闽台对渡习俗”“泉州刣狮（石狮）”“连环画”等数字文化资源，举办“狮图展览”“狮图荐书”及“学才艺”云课堂等线上活动，让广大群众足不出户就能享受便捷的文化服务。

【公共文化设施建设】 2022年，石狮市新建宝盖镇宝盖山、蚶江镇林銮渡2个新型公共文化空间。宝盖山新型公共文化空间设有图书角、手工区、展示区、阅览区、轻饮区，结合石狮的旅游、非遗特色资源常态化开展各类文化活动；林銮渡新型公共文化空间面积240平方米，分上、下两层，与新华书店合作，结合研学、世遗文化进行运营。依托社会力量在上林苑小区建设奥园分馆（百姓书房），面积500平方米，现有藏书1万册，设有阅览区、活动区，方便周边市民就近享受阅读。

【文化惠民】 2022年，石狮市举办第十六届闽台对渡文化节暨蚶江海上泼水节、第20届广场文化艺术节、首届“福狮”文化节、木偶剧《灰姑娘》文艺演出、世遗汉风——中国世界文化遗产图片展等各类主题活动，开展“4·23”世界读书日阅读推广活动、“喜迎二十大，阅读向未来”百日阅读活动、非遗进校园进乡村等各类文化主题活动，丰富市民精神文化生活。加强数字文化资源建设，构建数字化平台，陆续向公众推出数字文化资源，推出“线上公益课堂”“智慧党建资源数据库”“贝贝国学教育数据库”“手绘石狮旅游资源数据库”及狮图系列活动等特色线上文化活动。

【文化市场综合执法】 2022年，石狮市组织开展文旅市场综合执法。出动执法人员1637人次，检查娱乐场所

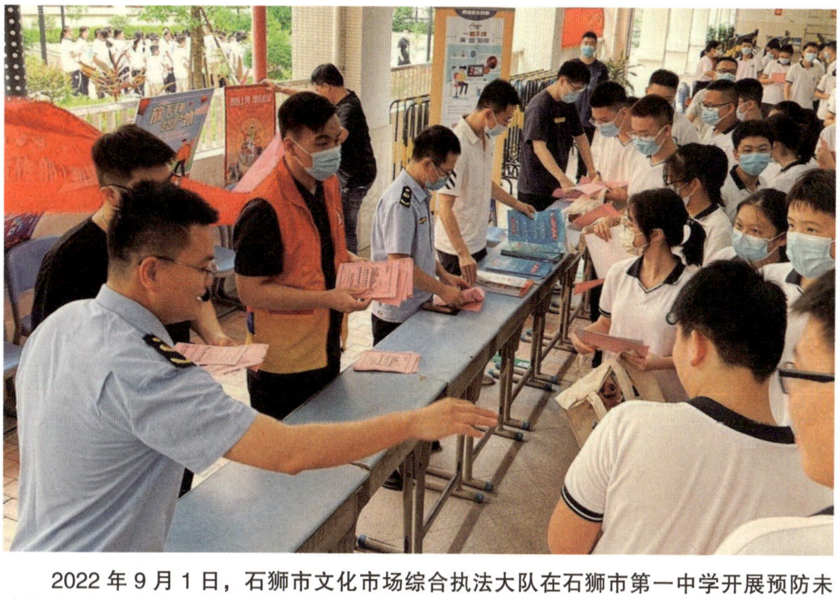

2022年9月1日，石狮市文化市场综合执法大队在石狮市第一中学开展预防未成年人网络沉迷宣传教育进校园活动　　（石狮市文化市场综合执法大队 供图）

814家次，查处各类违法违规案件19起，处罚没款153192.6元。开展网吧、KTV娱乐场所、演出市场等人员密集场所安全生产检查，出动检查人员1911人次，检查企业888家次，现场整改及督促消除安全隐患33处，全部整改到位。做好疫情防控工作，出动检查人员2876人次，检查企业1438家次，发现疫情防控工作漏洞（隐患问题）288处，均完成整改，责令停业整顿企业51家次。

【“书香狮城驿站”投入使用】 2022年11月4日，石狮市举行“全民阅读——听见内心的力量”石狮市全民阅读读书月活动启动仪式，该活动为全市15个书香狮城驿站授牌和赠书，为10个光明书吧颁牌。其中，15个书香狮城驿站分别为凤凰城百姓书房、侨乡乡土文化协会、新华书店书香狮城驿站、华山古民居、电商谷“党建+”邻里中心、旅游集散中心、行政服务中心、宝盖科技园“党建+”邻里中心、宝盖镇咱厝边家庭服务中心、蚶江镇林銮渡、永宁镇梅林村农家书屋、橘若民宿、“问海”微度假、鸿山镇五彩街区、锦尚镇政和园“党建+”邻里中心。

【首届“宋元海丝宴”暨闽南菜传承创意大赛】 2022年7月27日，首届“宋元海丝宴”暨闽南菜传承创意大赛开幕式在南宋著名美食家林洪的故里石狮举行，有10个团体近100名个人选手报名参赛。赛事以“宋元海丝”的文化追寻为发端，融合中国历史上最早的菜谱之一《山家清供》，以IP化、美学感和时代性为宗旨，挖掘、复原及创新具有海丝内涵、宋元美学特征的代表性菜肴，最终形成一席具有石狮特色的“宋元海丝宴”，推动传承创新闽菜文化。竞赛分为团体赛和个人赛，“海丝”宴以团体赛进行，参赛团体需要在限定的时间内完成一桌“宋元海丝宴”；而闽南传承创意大赛则以个人赛形式进行，每名选手需要在60分钟内制作2道热菜。开幕式上还举行“宋元海丝宴”之《山家清供》菜品复原专家组成员颁发证书仪式，竞赛裁判组成员、团体赛代表、个人赛代表宣誓。8月，首届宋元海丝宴暨闽南菜传承创意大赛获奖名单揭晓，经由专家团队从“色、香、味、形”上的考量和评定，共评出团队赛特金奖2名、金奖4名、银奖4名，个人赛特金奖22名、金奖21名、银奖21名。

（市文化体育和旅游局）

群众文化

【概况】 2022年，石狮市举办第十六届闽台对渡文化节暨蚶江海上泼水节、燕闲民族室内乐团新春音乐会等文艺演出以及“风从海上来——泉州港古航海图特展”等专题展览。开展“书香狮城”、万祥文教论坛、百日阅读、非遗进校园等群众文化活动。泉州通草工艺列入第七批福建省级非物质文化遗产代表性项目名录，增补第五批石狮市级非物质文化遗产代表性项目名录及第三批市级非遗传承人。

【节庆文化活动】 2022年春节期间，石狮市举办燕闲民族室内乐团新春音乐会；举办“我们的节日 元宵”石狮市文化馆少儿古筝艺术团音乐会、孝行福泽——石狮非遗彩扎“二十四孝”精品展；端午期间，石狮市推出“我们的节日·端午：海上泼水庆佳节”主题展览及“我们的节日·端午”第十六届闽台对渡文化节暨蚶江海上泼水节活动，将闽台对渡和蚶江文化民俗融入文化节，弘扬传播石狮端午闽台对渡习俗；中秋佳节，举办“我们的节日·中秋——月是故乡明”主题展览。

【群众文艺活动】 2022年，石狮市举办“我们的节日 元宵”少儿古筝艺术团音乐会、“五一”石窟公园灯光惠民演出、“文化和自然遗产日”南音专场音乐会、木偶剧《灰姑娘》文艺演出、泉州首届“福狮”文化节（石狮专场）、第20届广场文化艺术节“福见石狮”专场文艺演出等文化惠民活动，举办“风从海上来——泉州港古航海图特展”“孝行福泽——石狮非遗彩扎‘二十四孝’精品展”“‘印象石狮’书画作品展”等专题展览，举办石狮市社会舞蹈骨干教师公益培训班、舞蹈名师公益讲座、恽寿平花鸟画公益学习班、狮阵暑期培训班等。

（市文化体育和旅游局）

文学艺术

【概况】 2022年，石狮市围绕“喜迎中共二十大”“学习宣传贯彻中共二十大精神”“五在石狮”“狮响好声音”等主题，举办线上、线下各类主题活动50余场，文艺团体会员作品入选国家级展览10余次、省级展览50余次，灯谜协会创作基地获评福建省新时代特色文艺示范基地。

【文艺创作】 2022年，石狮市加大打造石狮文艺宣传精品工程力度。文学方面。石狮市作家协会创作《石狮归侨红色故事荟》。出版《姑嫂塔——石狮人的文学情结》等文学书籍，高寒长篇小说《寻找子芳路》获评2022年度“福建省文艺发展扶持项目”作品，《六十件旗袍》入选年度散文集《人间有所寄》，与王蒙、阿来等名家同辑出版。书法方面，石狮市老年书画研究会曾育波作品集《曾育波书画集》出版、史家朗作品集《史桐书法》出版。美术方面。7月9日，石狮市美术家协会涂立山作品《夏香》入选福建省美术家协会举办的福建省第九届工笔画展；9月9日，谢金表作品《闽南嗦啰嗹》入选“喜迎中共二十大·意之大者”——第九届福建省写意画大展；陈振平作品《闽西革命老区龙车村》入选“喜迎二十大，振兴我乡村”首届农民书画展；杨静怡水彩作品《漂洋过海的家书》入选泉州市美术家协会举办的泉州市喜迎二十大优秀美术摄影作品展。摄影方面。石狮市摄影家协会吴泽荣作品《狮阵雄风 薪火相传》组照参加第十七届中国黄山（黟县）乡村摄影大展。音乐方面。3月21日，石狮市音乐家协会创作抗疫原创歌曲《石狮加油，加油泉州》，并制作音乐录影带，该作品获得泉州市委组织部主办的“镜头里的抗疫先锋”主题短视频、摄影作品征集展评二等奖；3月，石狮市音乐家协会创作抗疫主题配乐诗朗诵《英雄》，发表在中国石狮网、石狮电视台、爱石狮、“学习强国”学习平台等公众平台；4月，石狮市音乐家协会和石狮市摄影家协会联合创作抗疫音视频《别样的潇洒》，音乐家协会创作抗疫配乐诗朗诵《翻阅阳光》《爸爸和我》。

【文艺交流】 2022年1月12日，石狮市书法家协会参加在德化县举办的福满瓷都“新时代·新征程·新作为”——五县（市）书法联展。2月11日，石狮市国际标准舞协会组织会员参加在厦门举行的世界舞总会福建新春舞会。6月4日，石狮市南音艺术家协会组织会员到惠安参加小岞村南音社新一届理监事就职典礼南音演唱会。6月18日，石狮市南音艺术家协会组织会员到洛江马甲参加洛江区南音协会成立20周年庆典暨南音演唱会。7月8—9日，石狮市作家协会开展“福建省文学下基层活动”，邀请福建文学社石华鹏、林东涵、陈美者3位编辑与石狮作者研讨作品，指导修改方案。7月19日，石狮市南音艺术家组织会员参加泉州市“新时代五少芳贤”线上男声唱腔比赛视频录音（像），2名选手全部入围决赛。12月1日，石狮市作家协会会员参加“泉州公益讲座”（文学类）。12月8日，石狮市作家协会会员参加“泉州公益讲座”（文学类）。

社会科学

【概况】 2022年，石狮市社会科学界联合会（简称“市社科联”）开展调查研究，立项社科研究课题109项，编印《社科精选》12期，加强社科普及基地图书角建设，开展社科普及丛书赠送活动。

【社会科学普及宣传活动】 2022年，石狮市社科联开展以“学习贯彻二十大 砥砺奋进新征程”为主题的社会科学普及宣传周系列活动。科普周期间，石狮市弘洋渔文化馆举办以东埔乡村记忆为主题的海丝文化图片展，宣传普及渔文化、海洋文化。乡土文化协会开展“咱厝人、咱厝话，书香狮城有故事”活动，围绕学习宣传中共二十大精神开展讲故事活动，免费发放《乡情石狮》《乡土石狮》及“福建省历史文化名人丛书”等科普读物。宣传周期间，海丝文化主题浮雕围墙、海洋文化展馆向群众展示独具特色的“海丝”“海洋”辉煌的历史文化；科普基地南华轩书院举办“印象石狮”书画展，展示石狮历史典故、建设成果；博物馆举行“清风美德润狮城”家风家训文化展；市相关部门开放金融行业警示教育基地，宣传普及反腐警示教育相关内容。石狮市湖边社区举行2022年福建省百场社科专题报告会走进社区基层，由黎明职业大学林春蓉教授作《学习贯彻二十大精神暨弘扬“晋江经验”、讲好福建故事》专题宣讲。组织全市干部群众参与省社科联“深入学习贯彻党的二十大精神”社会科学知识有奖竞答活动，通过微信群等形式，以图文并茂的方式推送社科知识。

【社科学术研究】 2022年，石狮市社科联制定《2022年度石狮市社会科学研究重点课题调研工作意见》，提出11个课题研究方向，发动全市社科理论工作者围绕市委、市政府中心工作开展调查研究。联合全市3所民办高校下发《关于2022年哲学社会科学重点课题立项的通知》，立项社科研究课题109项。指导下属社团市新四军研究会课题研究组开展“纪念以王汉杰为主的‘华支’创建八十周年”的课题研究并完成课题研究文稿。编印《社科精选》12期，为市委、市政府提供决策参考服务。

（王祺梁 王胜利）

文化场馆

【文化馆】 2022年，石狮市文化馆举办市“文化和自然遗产日”南音专场音乐会、泉州首届“福狮”文化节（石狮专场）、广场文化艺术节“福见石狮”专场文艺演出等文化惠民活动等20场次。举办“戏曲进校园”活动，开展非遗（高甲戏）进社区、非遗（木偶）进校园各21场，流动展览7场。举办“喜迎二十大 同心跟党走”石狮市各民主党派书画摄影展、“相约春天·奋斗新时代”书画摄影联展、非遗保护图片巡展等美术展览活动10余场。举办石狮市社会舞蹈骨干教师公益培训班、舞蹈名师公益讲座、恽寿平花鸟画公益学习班、狮阵暑期培训班等10场，受众600人以上。编辑出版《泼洒幸福水——历届海上泼水摄影作品集锦》。推进公益培训及艺术指导活动，完成增补第五批石狮市级非物质文化遗产代表性项目4项和增补第三批石狮市级非物质文化遗产项目代表性传承人10人的申报工作。组织完善整理四级非遗项目名录资料，开发集影音、文字资料库于一体的“石狮非遗数据库云平台”。

2022年6月11日，石狮市文化馆举行石狮市“文化和自然遗产日”南音专场音乐会
（市文化馆 供图）

【图书馆】 2022年，石狮市图书馆总分馆服务体系内共有分馆15个，服务点12个，百姓书房34家，光明书吧25个，书香驿站15个，新型文化空间2个。石狮市图书馆新增纸质图书21000多册，采购电子图书35000册，完成移动图书馆续费，新购“贝贝国学教育数据库”“报纸期刊数据库”“手绘石狮旅游资源数据库”。文林图书馆全年总流通321052人，外借67557人，外借310766册。流动图书车出车256次，服务时长512小时，外借3500多人，外借3.2万册。“书香石狮”微信公众号推出的狮图系列活动129场，包括狮图绘本17期、狮图荐书18期、狮图讲堂17期、狮图科普15期、狮图普法15期、狮图上新4期、狮图手工坊5期、狮图听书23期、狮图展览15期。全年举办各类线上、线下活动244场，参与3.5人次。

2022年，石狮市万祥图书馆举办万祥文教文坛·儿童阅读公益活动、石狮市妇联“家教进万家”公益大讲堂——石狮市“争做合格家长　培养合格人才”家庭教育讲座。设立“第十七届文津图书奖获奖图书”的图书专柜。联合石狮公交与石狮交港局共同打造“文明出行　清静你我”的主题车厢。依据万祥图书馆的闽台方志等特色文献的特点，有针对性地采购地方志文献电子文献资源，方便读者查阅。

【博物馆】 2022年，石狮市博物馆馆藏文物2509件，内设“丝路狮缘——狮文化馆”“清风美德润狮城——石狮市家风家训展示中心”“临时展厅”“文物库房”等。推进文化惠民，举办“风从海上来——泉州港古航海图特展”“孝行福泽——石狮非遗彩扎‘二十四孝’精品展”“‘印象石狮’书画作品展”等9场专题展览，参观达6万余人，举办线上展览2场。市博物馆分馆——王起沃纪念馆接待参观团队45批次，先后举办“我们的节日｜端午：海上泼水庆佳节”“我们的节日·中秋——月是故乡明”及庆祝对外开放三周年活动等3场展览。以“5·18”国际博物馆日、“7·25”泉州世界遗产日为契机，组织开展专题活动2场。发挥博物馆社会服务功能，围绕文物保护、家风家训等主题，在市直机关、企事业单位、社区、学校等举办文化讲座25场，开展“馆长开讲”活动8场并形成品牌，提供志愿讲解服务上百场次。

（市文化体育和旅游局）

非物质文化遗产保护

【概况】 石狮市有非物质文化遗产项目52项，其中国家级2项、省级6项、泉州市级7项、石狮市级37项。非物质文化遗产传承人106人，其中，省级传承人5人，泉州市级24人，石狮市级77人。

【“非遗”展示活动】 2022年，石狮市开展高甲戏、灯谜、南音、什音、木偶、狮阵等“非遗”项目进校园、进社区、进乡村活动。开展“非遗”（高甲戏）进乡村10场、“非遗”（提线木偶）进校园11场、非物质文化遗产流动展览7场，宣传推广“非遗”文化，加强“非遗”文化保护。

【泉州通草画工艺（石狮）入选第七批省级非物质文化遗产代表性项目】

2022年2月，“泉州通草工艺（石狮）”作为传统美术项目入选省“非遗”项目，截至年底，石狮的省级非遗项目增至6项。石狮通草画工艺品有百年的历史，工艺美术大师吴为家传承传统工艺美术的技法，独创立体通草画工艺美术品，以胜似国画、胜似彩塑的独特工艺美术风格，被誉为“东方艺苑”“珍奇新葩”。吴为家的女儿吴小锦、儿子吴东洋随父学艺，成为通草画传承人，创办石狮市新湖通草画礼品有限公司，建立900平方米的吴为家通草画博物馆，开设东洋艺苑，设立“福建省工艺画制作大师吴小锦大师工作室”“泉州市传统工艺美术保护单位”，并培养通草画学徒。吴小锦被授予福建省工艺美术大师称号，被评为国家一级技师、高级技师、石狮市“非遗”传承人；吴东洋被授予“泉州市工艺美术大师”称号，被评为国家二级技师。

2022 年石狮市获国家（省、泉州）级非物质文化遗产名录项目一览表

表 12

序号	项目名称	级别
1	泉州剑狮	国家级
2	石狮端午闽台对渡习俗	国家级
3	石狮灯谜	福建省级
4	姑嫂塔传说	福建省级
5	泉州什音	福建省级
6	泉州笼吹	福建省级
7	泉州踢球舞	福建省级
8	泉州通草工艺	福建省级
9	闽南念四句	泉州市级
10	掷铙钹习俗	泉州市级
11	塘头甜粿的制作技艺	泉州市级
12	泉州金苍绣技艺	泉州市级
13	蚶江王爷船巡海信俗	泉州市级
14	石狮城隍信俗	泉州市级
15	闽南喜娘	泉州市级

2022 年石狮市级以上非物质文化遗产项目代表性传承人一览表

表 13

项目类别	项目名称	传承人	级别
I 民间文学	石狮灯谜	苏荣灿	福建省级
	石狮灯谜	林清富	泉州市级
		林志攀	泉州市级
		纪清华	石狮市级
		林祖炳	石狮市级
		黄杏村	石狮市级
		纪培明	石狮市级
II 传统音乐	泉州南音	蔡维镖	泉州市级
		纪安心	福建省级
		蔡尔世	石狮市级
		王文灿	泉州市级
		吴光荣	石狮市级
		蔡忠庭	泉州市级
		吴文俊	泉州市级
		王德意	泉州市级
		蔡维能	石狮市级
		邱萌芬	石狮市级
		王培民	石狮市级
		蔡玉根	石狮市级
		林淑丽	石狮市级
		施亚兰	石狮市级
		蔡婷婷	石狮市级
		龚丹蓉	石狮市级
		陈风苗	石狮市级
		吴秀烦	石狮市级
		林婉如	石狮市级

续表 13

项目类别	项目名称	传承人	级别
Ⅱ传统音乐	泉州什音	郭茂萱	泉州市级
		陈永辉	泉州市级
		卢远雄	石狮市级
		王连强	石狮市级
		洪周景	福建省级
		刘以成	石狮市级
		蔡忠横	石狮市级
	泉州笼吹	何清和	福建省级
		何敬滔	石狮市级
Ⅲ传统舞蹈	泉州踢球舞	王明艺	泉州市级
		郭峰	福建省级
	公背婆	许清海	石狮市级
Ⅳ传统戏剧	高甲戏	王金山	石狮市级
		林月红	石狮市级
		林世忠	石狮市级
	木偶戏	陈赞灯	石狮市级
Ⅵ传统体育、游艺与杂技	泉州刣狮（石狮狮阵）	卢武稿	泉州市级
		卢天补	泉州市级
		卢远练	泉州市级
		卢远献	泉州市级
		卢瑞艺	泉州市级
		卢荣智	泉州市级
		卢章立	泉州市级
		卢建华	泉州市级
		卢维国	泉州市级
		卢少华	泉州市级
		卢天送	泉州市级
		卢武祝	石狮市级
		卢金练	石狮市级
		林水现	石狮市级
		林共和	石狮市级
		卢天雄	石狮市级
		卢德乐	石狮市级
		杨式育	石狮市级
		林佑定	石狮市级
		林邦返	石狮市级
		林再泉	石狮市级
		林世文	石狮市级
		林世忠	石狮市级
		卢文培	石狮市级
		卢维忠	石狮市级
		卢远满	石狮市级
		卢远润	石狮市级
	北狮	蔡奕品	石狮市级
	矮子摔跤	陈金傅	石狮市级
	掷饶钹习俗	邱培机	石狮市级

续表 13

项目类别	项目名称	传承人	级别
Ⅵ传统体育、游艺与杂技	五祖拳	周盟渊	泉州市级
		卢义荣	泉州市级
		吴明祥	石狮市级
		蔡福全	石狮市级
	梅花拳	林国平	石狮市级
		林秋宏	石狮市级
	舞龙（石狮）	林金清	石狮市级
		林清塔	石狮市级
		蔡泽容	石狮市级
Ⅶ传统美术	泉州通草工艺	吴小锦	泉州市级
		吴东洋	石狮市级
		吴艳森	石狮市级
	佛像雕塑技艺（石狮）	邱华拥	石狮市级
		邱金梭	石狮市级
	面人（妆糕人）	李家乐	石狮市级
	彩扎（石狮糊纸）	黄清权	石狮市级
		蔡祖沛	石狮市级
		邱国拥	石狮市级
		邱建生	石狮市级
Ⅷ传统技艺	泉州金苍绣技艺	张金智	石狮市级
	青莲面线制作技艺	谢啊岁	石狮市级
	古船模制作技艺（石狮）	蔡国栋	石狮市级
		蔡立新	石狮市级
	古船模制作技艺（石狮）	邱国丕	石狮市级
		蔡乌番	石狮市级
	传拓技艺	姜玉荣	石狮市级
	牛肉羹制作技艺（石狮）	林文向	石狮市级
	上元圆制作技艺（石狮）	林清竹	石狮市级
	肉脯制作技艺	王雅旋	石狮市级
Ⅸ传统医药	中医诊疗法（传统筋骨疗法）	姚燕珠	石狮市级
Ⅹ民俗	闽南喜娘	邱燕治	石狮市级
	石狮修谱礼俗	林斌峰	石狮市级
		黄江海	石狮市级
		蔡第福	石狮市级

（市文化体育和旅游局）

文物保护

【概况】 2022年，石狮市有文物保护单位39处，其中，全国重点文物保护单位4处，分别为万寿塔、石湖码头、六胜塔、景胜别墅，福建省级文物保护单位5处，石狮市级文物保护单位30处。全年完成万寿塔防雷、六胜塔安防项目，推进永宁城隍庙、凤里庵、慈航庙修缮工作，推荐“永宁海防石刻”和“新建蚶江海防官署碑记”两处不可移动碑刻类文物申报全国名碑名刻文物。

【文物保护管理】 2022年，石狮市文体旅游局、石狮市人民法院深化文化遗产司法保护共建，依托“石狮市文化遗产保护法官工作室”，开展文物检查、护遗宣传等活动。市文体旅游局、石狮市人民检察院在世界遗产点设立“检察护宝观测点”，聘任“护宝观察员”，组织开展文物安全联合检查，发挥执法合力。石狮市消防救援大队联合部分文物建筑单位开展文物消防安全隐患排查和消防演练。全年石狮市组织检查发现文保单位存在问题36个，其中当场责令整改问题14个、限期整改问题22个，并结合常态化检查进行“回头看”，均完成整改。组织全市22名文物巡管员开展日常巡查，实现有文物的村（社区）文物安全管理全覆盖。维护11处文物博物馆单位34套“智慧安全”用电系统，提升用电文物建筑单位火灾防控能力。

【世界文化遗产保护与宣传】 2022年，石狮市成立由市委主要领导任组长、市政府主要领导任常务副组长的石狮市世界遗产保护管理领导小组，统筹万寿塔、六胜塔、石湖码头世界遗产点的保护管理工作，研究决定石狮市世界遗产保护管理发展重要战略，审议重要问题，下设办公室及联合技术审查、巡查监督、遗产监测3个小组。围绕庆祝 “泉州：宋元中国的世界海洋商贸中心”申遗成功一周年，组织开展一系列文化展示活动。举办首届“宋元海丝宴”暨闽南菜传承创意大赛、泉州首届“福狮”文化节（石狮专场）、“丝路狮缘”福狮文化论坛、“风从海上来：泉州港古航海图特展”、“泉州世界遗产日”主题活动系列之“穿越宋元 一路向海”世遗文化体验，通过民俗文艺演出、非遗民俗展、文创美食市集、文化论坛、亲子研学、专题展览等，集中展示世遗文化在石狮的活态传承，增强市民“我家门前有世遗”的幸福感和获得感。

（市文化体育和旅游局）

融媒体中心

【概况】 2022年，石狮市融媒体中心发挥区域主流媒体作用，推进“四个一体化”（管理一体化、生产一体化、传播一体化、运营一体化）建设，开展“双十双创”提质增效工程，强化中心发展创新，带动中心经营创收。全年90件作品获得奖项，其中，省级以上有67件。石狮市融媒体中心获评泉州市宣传工作先进集体、福建日报社优秀报道组，蝉联全省优秀县级融媒体中心30强一等。

【5G移动直播技术平台建设】 2022年，石狮市融媒体中心结合业务需求与中国移动泉州分公司研发建设5G移动高清直播系统。该系统主要建设内容包括5G高清直播传输系统、新媒体点播直播客户端、指挥调度大屏、5G新媒体演播室。5G移动高清直播系统使用5G等无线信号传输高清视频，结合5G新媒体虚拟演播室实现多场景的网络直播，应用于电视网络直播产业及新闻应急宣传等领域，实现5G新技术与新媒体深度融合。10月，该项目被评选为泉州市级“5G示范应用项目”，获评2022年“福建省广播电视科技创新扶持项目”，成为泉州5G数字赋能十大典型案例之一。

2022年，5G移动高清直播系统的应用突破同一场直播多个场景间的空间限制，能够实现跨区域多个场景互动直播。该系统还突破有线线路及人员的限制，较以往传统的转播车直播更便捷，所需的人员也相应减少。全年5G高清移动直播系统应用于电视网络直播及新闻应急宣传中，开展融媒直播94场，单位承接活动业务的种类比2021年增长50%，经营创收能力提高60%。

【主题宣传】 2022年，石狮市融媒体中心围绕“强产业、兴城市”双轮驱动、“5510”项目竞赛、“五在石狮”等中心工作，常态化开设“五在石狮”“强产业 兴城市”专栏，年初推出五篇综述文章、五条视频新闻、五个专题小视频。围绕“吃在石狮”，举办2场主题沙龙，1场“宋元海丝宴暨闽南菜传承创意大赛”，1场“石狮美食吃透透”线上采购活动；围绕“游在石狮”，线上带领粉丝打卡石狮网红景点，承办“趣石狮 游山海 微度假”线路推介活动；围绕“创在石狮”，开展3期纺织服装产业数字化转型升级企业家沙龙；围绕“购在石狮”，举办1场中国（石狮）纺织服装供应链对接会，1场居然之家专场直播；围绕“住在石狮”，结合创城工作联动推出《石狮：美丽宜人的滨海文明城》等创城深度报道、新闻评论100多篇，全方位展示石狮宜居环境。围绕“5510”竞赛，开设“‘5510’项目竞赛 开启石狮高质量发展新征程”等专栏，推出项目建设、招商引资等200多篇报道，抖音号、视频号同步推出“5510”项目竞赛小视频。围绕“福狮文化”，结合石狮本地特色文化，开设“百年‘福’文化”等专栏，策划“光阴藏福”等30多个短视频，《福狮记》4集系列纪录片，现场直播泉州市首届“福狮”文化节开幕式。围绕“海洋文化”，落实省委宣传部部长张彦在石狮调研精神，制作“海丝潮”专版，“海丝潮·看石狮” 电视栏，“海风吹过”季播电视栏目，融媒产品等。

【专题宣传】 2022年，石狮市融媒体中心围绕“中共二十大”“疫情防控”等专题宣传，融合传播，唱响狮城好声音。推出“喜迎二十大”主题策划，包括“非凡十年·瞰见石狮”主题短视频，制作20个短视频+1个《嗨，我的家乡在石狮》视频，展示石狮十年来二十个领域的发展新貌；聚焦“新班子 新气象 新作为”工作，推出“喜迎二十大·美丽乡村走透透”专题；开展“喜迎二十大 永远跟党走”和“永远跟党走，奋进新征程”经典诵读活动；拍摄《喜迎二十大，一起向未来》《万疆》等10多个宣传片。发挥融媒体中心与菲律宾《联合日报》等海外媒体的合作关系，每周向外推送20多篇石狮新闻，对外宣传介绍中共十八大以来石狮经济社会发展成就。推出打赢疫情防控宣传战。针对疫情防控不同节点，策划推出“战‘疫’狮评”“闽言网语·主播说防疫”“战疫图志”等一批融媒栏目。结合闽南四句、快板、高甲戏等闽南特色文化，创作“土味”视音频，原创《闽南四句》《石狮子教你正确防疫》等150多个防疫宣传小视频、小动漫。融媒体中心全媒体平台刊登疫情防控相关新闻报道1600多篇，阅读量超10万人次以上的宣传产品有40多件，《石狮：同心战“疫”有你有我》等120多件战“疫”作品被新华社等央媒、省媒采用。

【电视节目创新】 2022年，石狮广播电视台综合频道推出《童读古厝》特别节目，从“读”出发，请孩子来唱主角，以孩子的视角来“读”古厝，让孩子走进古厝沉浸式体验，将有代表性的古厝里发生的故事，以及相关文化融合到一个个闯关游戏中，通过闯关的方式，在游戏任务的潜移默化中，读古厝、品文化。《童说古厝》节目入选省广播影视集团“我有好节目”十二强，全省县级融媒体仅2家入围，并被推荐参加全国广播电视第三季度创新创优赛。

【影视工作】 2022年，石狮市推进影视文化产业发展，新增影视节目制作企业4家；电影放映企业1家。新增注册资本1300万元。全年备案影视剧3部，拍摄完成2部，其中电视剧1部，网络剧1部，办理兑现前期到石狮拍摄的影视奖励资金1部。由北京领悦和晋江星势力公司投资拍摄的网剧《101次抢婚》顺利杀青；由最高法院影视中心、北京无歌词影视出品的年度重点项目电视剧《执行局》在石狮取景拍摄；电影《石狮之舞》在全国院线首映。

【精品作品】 2022年，石狮市融媒体中心90件作品在各级评奖活动获奖，其中省级及以上有67件、泉州市级13件。其中，杂文《都有谁知道……》获福建省报纸副刊年赛一等奖；新媒体消息《白鹤北归，惜别石狮！ 驻留62天牵动一座城……》、新闻摄影《强风来袭 石狮沿海掀起巨浪》获中国县市区域报新闻奖一等奖；文字通讯类《才与彩鹮邂逅 又盼白鹤归来》《石狮抢占外贸“新赛道” 跑出转型“加速度”转型“加速度”》和短视频现场新闻类《十年送出三百万个免费馒头的石狮永恒阳光馒头店，拟在本月闭店，不再接受社会捐赠！再多不舍，终说再见 #公益》荣获中国地市报优秀新闻作品一等奖；艺术论文《探究央视两大编辑规律实现县级融媒产品全媒化传播——结合县级融媒体移动端平台运行现状分析》获福建省广播电视艺术奖广播电视艺术论文二等奖；广播消息《石狮永宁两地携手 长眠他乡61载烈士魂归故里》、电视系列报道《乡村纪事》、报纸系列报道《“为吴斗光烈士寻亲”行动》获福建新闻奖三等奖；短视频《春天的颜色》获“镜头里的抗疫先锋”主题短视频、摄影作品征集展评活动一等奖。网络纪录片《三个人和一座古卫城》被省广播电视局推荐申报国家广播电视总局第四季度优秀网络视听节目，全省仅12件作品入围；《童读古厝》入围第一届全省电视节目创新大赛“我有好节目”创新赛12强，推荐参评国家广电总局2022年第三季度广播电视创新创优节目季度推优。

【广电网络】 2022年，福建广电网络集团石狮分公司应急广播系统上门服务20余次，共投入40多人次；全年应急广播播放1336次，累计播放时长达188小时。2022年，共保障政府视频会议479场次，其中，财政视频会议系统44场次，防汛视频会议系统202场次，政务视频会议系统173场次，民政视频会议系统59场次，文明办视频会议系统1场次，累计投入保障人员604人次。

【《石狮日报》】 2022年，石狮市融媒体中心强化《石狮日报》专题宣传，开设专题专版85期，其中主要包括“全国两会特刊”“二十大特刊”等中央重要时政报道专题专版，《做强“人社主业”贡献“人社力量”》《缓解企业用工难题助力首季实现“开门红”》《4000余岗位“职”等你来展鸿“虎”之志》等加强招才引才留才宣传的就业专题专版，《全力守护人民群众生命安全底线》《抗疫情 有温情》《夜幕下的“守夜人”，守候狮城的胜利曙光》等展现石狮众志成城抗击新冠疫情的专题专版报道，以及《壮大海洋经济 打造海洋强市》《稳大盘增动能 拼出“石狮速度”》等海丝潮专题专版。强化重点时政、中心工作的报道，开设“喜迎二十大·石狮这十年”“奋进新征程建功新时代”“深入学习宣传贯彻党的二十大精神”“聚焦第八届‘海丝’品博会”“开展‘5510’项目竞赛”“聚焦‘五在石狮’直播节”等30余个重要专栏。

【《石狮侨报》】 2022年，石狮市强化《石狮侨报》“一带一路”专版载体作用，通过石狮侨界“一带一路”倡议活动，挖掘“一带一路”共建国家的石狮籍侨亲活动，推进与侨亲互动。全年出版22期，开设“本地侨讯”“家乡半月”“海内外乡亲”“闽南故事”“一带一路”“闽台缘”“华界动态”“阮厝人”“宝盖山下”“影像生活”“福建自贸区”等版面。

【《收藏快报》】 2022年，《收藏快报》聚焦文物艺术品收藏、市场、投资等新闻报道和相关法律法规的普及宣传，出版48期，每期通过邮发、航运等途径，向境内外发行、赠送报纸，把中华优秀传统文化和收藏艺术品市场信息及时传播到世界各地。

【《东方收藏》杂志】 2022年，《东方收藏》出版12期，首次《东方收藏》入选中国知网的期刊学术评价体系，复合影响因子0.059、综合影响因子0.03。《东方收藏》主要栏目包括东方焦点、说陶论瓷、品书读画、学术研究、考古发现、非遗传承、文创天地、杂项珍玩、博物之窗等。

（市融媒体中心）

卫生健康

综　述

【各级各类医疗卫生机构情况】　2022年，石狮市有各级各类医疗卫生机构391家，其中公立医院12家、私立民营医院379家、社区卫生服务中心4家、乡镇卫生院5家、社区卫生服务站3家、村卫生所（室）151家、中医坐堂医诊所1家。全市卫生技术人员3460人，其中执业（助理）医师1523人，注册护士1522人、其他卫计人员415人。实际开放床位3160张。

【卫生应急处置】　2022年，石狮市开展公共卫生事件应急处置，做好传染病疫情分析及风险评估工作，每月编写传染病疫情月度分析报告，完成月度分析报告12期，石狮市实际发出流感等防控预警4期。开展对流感聚集性疫情、诺如病毒病聚集性疫情、新冠疫情、水痘聚集性疫情等重点传染病流行病学调查和疫情处置，累计开展卫生应急处置54起。

【三医联动改革】　2022年，石狮市推进药品耗材采购改革，组织跟进国家集采药品6批次，省级集采药品2批次，全市集采药品扩大至356种，减轻群众看病负担4300万元。在泉州地区率先推出集采药品“拆零盖印”举措，减少医保药品浪费。优化公立医院收入结构，落实调整医疗服务价格1次。推进医保支付方式改革，持续扩大按病种收付费范围，累计按病种收付费管理病种数506个，按病种开展率为58.84%，增加医务性收入800多万元。试点推进DRG（疾病诊断相关分组）支付方式改革，市总医院、妇幼保健院被列入泉州市DRG三年行动首批医疗机构名单，全市DRG入组率达95%以上，位列泉州市试点医院第一。

【“互联网+”医疗】　2022年，石狮市推进“互联网+”医疗发展，开展“新冠咨询、阳康门诊”。完成市中医院“智慧云药房”建设，在线选择各种中药协定处方，支持配送到家。搭建“云医院”平台，开展“微医”远程问诊、健康咨询、“码”上提等线上服务，处理4000余条医疗需求，收集意见建议1600余条。推进医共体单位医保电子凭证、电子票据应用，实现“无卡就医”，挂号、就诊、结算“一站式”服务。

【医疗对口帮扶】　2022年，石狮市选派人员参与援外和国内对口支援工作。石狮市总医院呼吸科主治医师林火为福建省第八批援疆干部，担任昌吉市人民医院呼吸科副主任；石狮市总医院泌尿外科副主任医师李少鹏赴博茨瓦纳执行援外医疗任务；石狮市总医院普外科主治医师林文荣为福建省第十批援藏干部支援西藏昌都市洛隆县人民医院外科主治医师；石狮市总医院黄松树、黄燕妮、方李鸿、黄珍珍4名医务人员支援宁夏盐池县人民医院。接收泉州市中医院3名高年资中级以上职称医师分别到湖滨社区卫生服务中心、鸿山镇卫生院和锦尚镇卫生院开展医疗帮扶，选派石狮市总医院6名高年资中级以上职称医师到6家基层医疗卫生机构对口支援。全年，医师支援期间为基层患者提供服务1858人次，开展病例讨论30次，教学查房23次，举办学术讲座16次，开展业务培训156人次，服务“特殊人群”261人次。

（陈雪芝　郑清峰）

基本公共卫生服务

【概况】　2022年，石狮市提升基本公共卫生服务，建立慢病管理新模式，推广高血压、2型糖尿病“两病前期门诊”，减少“两病”发病率和失能率。高血压、糖尿病患者规范管理服务率分别达79.35%和82.44%；7岁以下儿童健康管理率 96.35%，产妇产后访视率 97%。

【健康管理】 2022 年，石狮市 9 家基层医疗机构开放居民电子健康档案查询，建立 65 岁以上老年人健康档案 42277 人，规范健康管理 31200 人，规范管理率 73.8%。启动院校联动服务模式，联合泉州三院医疗资源，依托锦尚镇卫生院，建设融合防、治与心理危机干预一体化服务平台，为 21 人次青少年开展心理健康辅导。市总医院成立慢病管理中心，统筹全市基层医疗机构，畅通双向转诊渠道，探索“医防融合”模式，高血压、2 型糖尿病患者规范管理率分别为 79.35% 和 82.44%。7 岁以下儿童健康管理率 96.35%，产妇产后访视率 97%。强化精神分裂症患者应用长效针剂管理治疗项目，全市管理严重精神障碍患者 2601 人，规范管理率 90.91%。

【家庭医生签约服务】 2022 年，石狮市推行“全家会”家庭医生签约服务模式，制订实施“敲门入户计划”，全市 9 家基层医疗卫生机构组成 58 支家庭医生签约服务队伍，以网格化模式向全社会推广家签服务，签约居民 271632 人，签约率 39.42%，签约重点人群 116372 人，签约率 79.96%。

【健康教育】 2022 年，石狮市围绕世界防治麻风病日、全国爱耳日、世界防治结核病日、全国防治碘缺乏病日、全民营养周暨中国学生营养日、世界无烟日、联合国糖尿病日、世界艾滋病日等国际国内卫生活动日开展 29 场主题宣传咨询活动，6470 多人参与活动。以石狮市中小学素质教育实践基地为平台，通过举办讲座、抽奖答题，发放健康读本、健康工具等方式开展健康教育进学校活动，举办相关讲座 7 期，5140 名学生参与。

【爱国卫生运动】 2022 年，石狮市组织爱国卫生运动、除“四害”统一行动 8 次，清理“四害”滋生地 16474 处。依托“两微一端”等平台推送文明健康绿色环保宣传 600 余篇，刊播公益广告 500 余条次。利用文化服务中心等阵地开展“文明健康 绿色环保”等疫情防控宣传活动 200 余场次。新增“文明健康绿色环保”公益广告 100 多幅、围挡广告 5 万多平方米，H5 传播量累计超 20 万人次。开展“文明健康绿色环保”“科学普及”“卫生环保”等宣讲进校园、进企业、进社区、进村庄、进家庭活动 700 多场次。开展无烟单位创建，授予 56 家单位“石狮市无烟单位”称号。

（陈雪芝 郑清峰）

医政管理

【概况】 2022 年，石狮市优化医疗服务资源，放开医疗服务市场，优先支持社会资本举办非营利性医疗机构，加强医疗质量评价，加快推进中医药事业发展，开展优质服务基层行活动，建立乡村医生临床技能训练制度，石狮市总医院 2022 年度出院患者满意度在全省 194 所公立医院中位居全省第 18 名、泉州市第二名。提升医疗行业服务质量，以医疗机构积分制管理和从业人员记分制管理为抓手，以各类医疗专业技术培训和加强医疗质量控制为载体，加强病案质量、合理用药、医院感染等方面管理，提升石狮市医疗行业服务质量和水平。全年保障各类重大活动 16 场次，出动救护车 35 车次，派出医务人员 165 人次。

【医疗服务改善】 2022 年，石狮市推进基层服务能力提升，打造市内“30 分钟急救圈”，设立灵秀急救分站，出车 1933 趟次。启动“千名医师万人次下基层”，调配人员 2.6 万人次，指导市基层医疗机构独立开展肺功能检测，市总医院专家下基层坐诊 694.5 天，为 10570 人次患者提供诊疗服务。全市 9 家基层医疗卫生机构均达到国家基本标准，其中湖滨社区卫生服务中心通过国家推荐标准。推进实施基层“一镇一品”发展战略，湖滨社区卫生服务中心新增开设“糖尿病前期”门诊，成立儿童健康管理中心，祥芝卫镇生院开展中医慢病太空舱疗法干预等特色服务。强化村级医疗网底建设，以村卫生所（室）双达标建设为契机，推进“党建 +”邻里中心健康服务站点建设，完善卫生健康服务功能，打造老百姓身边的“健康守护站”和“暖心屋”，全市建设家卫生健康服务站（点）20 个，其中 8 个被确定为星级“党建 +”邻里中心卫生服务站（点）（“五星级”2 个、“四星级”1 个、“三星级”5 个）。

【医疗资源提升】 2022 年，石狮市创新对外合作模式，与福建省立医院共建“闽南区域医疗工作站”，实行“1+2”紧密型医疗合作模式，福建省立医院专家挂职总院副院长并兼任学科带头人，设立心血管内科、泌尿外科、胸外科等专科名医工作室，加入省立医院病理专科联盟。与厦门大学附属福州第二医院合作共建“创伤医学中心”闽南中心，与福建省协和医院、南方医科大学李爱青教授团队、厦门大学附属第一医院耳鼻喉头颈外科、福建医科大学附属第一医院吴斌专家团队等合作共建，成立 4 个专科名医工作室，1 个专科实验室，促进薄弱学科建设，提升医疗技术水平。成立创伤中心委员会，组建急诊 EICU，设立首个急救中心分站，建设急性上消化道出血急诊救治快速通道，推动石狮市胸痛中心、卒中中心等四大救治中心标准化建设向乡、村两级延伸，完善危急重症救治网络体系。

【卫技人才队伍建设】 2022 年，石狮市加大人才招聘力度，招聘卫生技

2022 年 1 月 9 日，石狮市人民政府、厦门大学附属福州第二医院、石狮市总医院三方合作共建“创伤医学中心”闽南中心在石狮市总医院签约揭牌　（市卫生健康局 供图）

术人员 52 名，疾控中心卫技人员 13 名，卫生监督执法人员 2 名，委托省内医学院校“定向培养一批”高职高专层次医学人才 5 名。加大卫技人才培训力度，选派 97 人次到上级医院进修培训，组织开展乡村医生规范培训，培训 203 人。2 个项目获评泉州级科研项目立项。

（陈雪芝　郑清峰）

疾病预防控制

【慢性病防治】　2022 年，石狮市开展慢性病监测和管理。加强居民死因监测工作，报告石狮市户籍居民死亡 2193 人，粗死亡率为 593.11/10 万，其中男性死亡人数为 1283 人，女性死亡人数为 910 人，前 5 位死因依次为恶性肿瘤、心脏病、脑血管病、损伤及中毒和内分泌营养代谢疾病。加强二级以上综合医院肿瘤报告工作，全年石狮户籍的新发病例 1384 例，前 5 位恶性肿瘤依次为肺癌、甲状腺癌、乳腺癌、结直肠肛门癌、肝癌和胃癌。开展心脑血管事件监测，石狮市户籍人口心脑血管事件发病数 1874 人次，报告发病率 506.83/10 万。心脑血管事件死亡 378 人，占 20.17%。推进严重精神障碍患者管理，全市各基层医疗机构纳入管理严重精神障碍患者 2852 例，患者管理率 92.81%，规范管理率 88.01%。

【艾滋病综合防治】　2022 年，石狮市新增报告 HIV/ 艾滋病首次随访流调率 100%。开展 CD4 检测率 95%；肺结核筛查率 98.6%；治疗艾滋病治疗覆盖率 94.8%。全年 HIV 抗体检测累计 59629 人。新增管理肺结核病例 291 例，其中病原学阳性病例 238 例，病原学阴性病例 48 例，单纯结核性胸膜炎 5 例，完成发病任务数。

【传染病信息监测】　2022 年，石狮市开展传染病网络报告信息监测情况。报告甲乙传染病发病数 10 种 1034 例，均为乙类传染病，报告发病率为 149.2150/10 万。报告丙类传染病发病数 4 种 3377 例，报告发病率为 487.3297/10 万。开展手足口病监测，报告手足口病病例 1071 例，送泉州市疾病预防控制中心检测 122 份，结果报告 122 份，EV71 阳性 1 例，COX-A16 阳性 19 例；其他肠道病毒阳性 83 例，占 84.43%；阴性 19 例，占 15.57%。

【免疫规划】　2022 年，石狮市接收免疫规划疫苗 108172 支，配送 109168 支，接种 109383 剂次；接收非免疫规划疫苗 217196 支，配送 210096 支，接种 201615 剂次。开展 13 岁至 14 岁半女性 HPV 免费接种工作，接种目标人群 4662 人。开展国家免疫规划疫苗查漏补种月活动，接种国家免疫规划疫苗 24883 剂次。开展常规日常监测工作，报告各类扩大免疫规划疫苗应种 165157 剂次，实种 164648 剂次（含非免规替代苗），监测接种率达 99.69%，各单苗接种率均超过 95%。报告并处置 AFP 病例 1 例、报告 15 岁以下儿童乙型肝炎 3 例，报告百日咳 14 例，报告并排除疑似麻疹 / 风疹病例 15 例，无乙脑、流脑、白喉、新生儿破伤风等病例报告。

（陈雪芝　郑清峰）

妇幼保健

【妇幼健康服务】　2022 年，石狮市叶酸预防项目完成率 115.43%；免费产前筛查项目完成率 89.75%；孕前优生健康检查项目完成 119.25%、地中海贫血防控试点项目完成率 103.63%；完成泉州市为民办实事免费产前筛查、妇女“两癌”检查项目。启用妇幼保健院成人数字化预防接种门诊，免费接种 HPV 疫苗完成率 98.93%。与泉州市妇幼保健院新生儿科建立双科主任制，提升石狮市危重新生儿救治中心服务能力。12 月 13 日，启用婚登“一站式”便民服务点，实现“一站式”婚登婚检全流程服务。

【孕产妇管理】　2022 年，石狮市孕产妇 9795 人，妊娠风险筛查为橙色 1081 例，红色 12 例，接受基层机构转诊 644 例，

2022 年 12 月 13 日，石狮市婚检便民服务点在市政务服务中心启用

（市卫生健康局 供图）

危重症孕产妇 34 人，其中 6 人转诊泉州市级医疗机构，无孕产妇死亡病例。石狮市孕早期保健艾滋病、梅毒和乙肝检测率 82.37%，孕期检测率 99.50%，住院分娩检测率 100%，HIV 阳性孕产妇 1 例，已转介，梅毒阳性孕产妇 20 例，接受梅毒抗病毒治疗 20 例，感染梅毒的孕产妇治疗率 100%，乙肝阳性孕产妇 493 例，乙肝阳性活产数 425 例。

【儿童保健】 2022 年，石狮市完成 7 岁以下儿童健康管理 28341 人，7 岁以下儿童健康管理率 96.34%。对 8 所幼儿园和 6 所托儿所开展新设立托幼机构卫生评价，到 26 所托幼机构开展集体儿童体检及专项视力检查、眼病检查、口腔检查和涂氟化泡沫防龋齿等工作，到幼儿园举办 2 期专题讲座，利用“六一”儿童节及“全国爱牙日”“爱眼日”等节点开展宣传、义诊活动。落实 5 岁以下儿童死亡评审制度，举办 5 岁以下儿童死亡评审，对 4 例死亡病例进行讨论。加强出生缺陷监测，2022 年石狮市监测医院活产数 4763 人，出生缺陷 32 例，出生缺陷发生率 0.67%，围产儿死亡 17 例，围产儿死亡率 0.36%。

（陈雪芝 郑清峰）

中医药事业

【概况】 2022 年，石狮市形成以市医院、中医院、妇幼保健院为龙头，以 9 家镇卫生院（社区卫生服务中心）中医馆为枢纽，以门诊部、个体诊所、村卫生所（室）为网底的城乡中医药三级网络服务体系。

【基层中医药建设】 2022 年，石狮市加强中医药服务机构建设，支持市中医院开展二级医院创建工作，加强基层医疗卫生机构中医药服务的基础作用，辖区内 100% 的社区卫生服务中心、镇卫生院、社区卫生服务站及 82.61% 的村卫生所（室）能提供中医药服务，全部社区卫生服务中心和乡镇卫生院设置中医馆，推广示范中医馆建设，湖滨社区卫生服务中心通过精品中医馆建设验收。建设妇幼保健院 “中医馆”，用地面积约 786 平方米，内设中医妇科、中医儿科、中医内科、中医康复科、治疗室等。

【中医药人才培养】 2022 年，石狮市中医院建设姚天源名老中医工作室，通过临床带教、学术交流、基层巡诊等形式，培养一支包括市级医院医生、镇（社区）级医生和村级医生在内的多层次继承人队伍，促进中医学术经验的传承。截至 12 月，工作室培养传承人 6 名，传承人及时收集整理老中医专家医案、处方、学习笔记、读书临证心得、论文、专著等资料，编印《姚天源临症集萃》一书。

【中医药文化传播】 2022 年，石狮市开展中医药文化周宣传活动，举办学术讲座、中医适宜技术培训、义诊咨询、

2022 年，石狮市中医院组织开展中医药文化进校园活动。图为 10 月 28 日中医师、中药师组成的志愿服务队在石狮市第三实验幼儿园传播中医药文化（市卫生健康局 供图）

医药文化进校园等系列活动3场，提高医疗质量和医疗服务能力。全年市中医院、各基层医疗机构开展中医药义诊活动16场，参与2489人次。

（陈雪芝 郑清峰）

卫生监督

【概况】 2022年，石狮市打击各类卫生违法行为，开展“双随机”抽查等各项监督工作。推行“互联网+监控”，加强医疗机构监管。开展卫生监督工作业务培训4场，提高执法人员业务水平。

【医疗服务卫生监管】 2022年，石狮市卫生健康局开展打击医疗乱象专项整治行动，出动127人次，发现问题6个，完成整改6个。加大打击非法行医和非法采供血力度，发现问题7个，完成整改7个。开展医疗美容专项整治活动，检查36家次，发现问题0个，完成整改0个。开展非医疗转运市场专项整治，与市交通港口局、交警大队等部门联合执法，对全市医疗机构院前救护车摸底造册，完成登记33辆。

【学校卫生监督】 2022年，石狮市卫生健康局结合春秋两季开学，联合教育部门印发《学校卫生生活饮用水、教学环境卫生检测工作的通知》，开展学校日常卫生监督工作，重点检查学校疫情防控、饮用水卫生管理、教学及生活环境卫生管理等工作，监督抽查18家学校，抽查合格18家，合格率100%。

【生活饮用水监督】 2022年，石狮市卫生健康局与住建、水务部门合作，开展每季度二次供水小区联合检查行动并就检查情况发布通报，监督检查供水单位40家次，结合年度监督抽检计划，抽检二次供水水样10份，检测结果100%。

重视涉水产品监管，加强对供水单位使用涉水产品情况的监督检查，督促供水单位落实涉水产品采购索证制度，确保生活饮用水卫生安全。

【公共场所卫生监督】 2022年，石狮市卫生健康局开展游泳场所夏季开放前的培训指导和开放期间的监督检查，监督检测34家游泳池水质，抽查合格32家，合格率94.1%。7月，举办2022年游泳场所卫生管理培训活动，34家游泳场所负责人、管理人员参加，签订卫生安全承诺书。组织美容美发从业人员线上培训，800余人参加。

【职业卫生监管】 2022年，石狮市卫生健康局建立职业健康分类监管“红黑名单”制度和条块结合的部门联动协作机制，组织开展职业卫生联合监督检查，检查出动743人次，检查177家；加强镇村两级职业健康协管队伍建设，完善“市—镇—村”三级监管网络建设。以《中华人民共和国职业病防治法》宣传周活动为契机，通过微信群、钉钉群等平台开展职业病防治基础知识宣传，210人次参与。

【放射卫生监管】 2022年，石狮市卫生健康局开展放射诊疗机构放射防护专项整治，督促放射诊疗医疗机构进行职业卫生危害项目申报，督查全市59家从事放射诊疗工作的医疗机构，规范放射诊疗行为，提升放射防护管理水平。

（陈雪芝 郑清峰）

体育

群众体育

【概况】 2022年，石狮市开展各种全民健身活动，举办石狮市第九届运动会，石狮市籍选手获福建省第十七届运动会群众比赛暨2022年福建省全民健身运动会太极拳总决赛金牌。石狮狮阵获评2022中华体育文化优秀传统民俗民间项目。石狮市武术（太极拳）健身指导志愿服务项目入选国家体育总局2022年全民健身志愿服务项目库。

【全民健身活动】 2022年，石狮市举办第三届“双拥杯”军地男子篮球邀请赛、石狮市夏季足球联赛、石狮市“足协杯”足球赛、20公里沙滩接力赛、“3·8”国际妇女节羽毛球赛等群众性体育赛事。开展“全民健身日”主题系列活动，设置地掷球交流赛、自行车骑行、太极拳和健身气功展演、体育舞蹈、健康跑、瑜伽等项目。

【社会体育指导员培训】 2022年，石狮市开展社会体育指导员培训班，382人获得三级社会指导员培训证书。组织参加省、市及国家级社会体育指导员培训，获得国家级社会体育指导员证2人，一级社会体育指导员1人，获得二级社会体育指导员证10人。

【石狮狮阵获评2022中华体育文化优秀传统民俗民间项目】 2022年11月，国家体育总局体育文化发展中心公布入选“2022中华体育文化优秀项目”名单，在全国范围内推选出104个中华体育文化优秀项目，其中，石狮狮阵获评2022中华体育文化优秀传统民俗民间项目。

【石狮市武术（太极拳）健身指导志愿服务项目入选2022年全民健身志愿服务项目库】 2022年12月27日，国家体育总局公布2022年全民健身志愿服务项目库名单，推选出127个项目入选2022年全民健身志愿服务项目库，其中石狮市武术（太极拳）健身指导志愿服务项目成功入选，并获得体育总局群体司颁发的证书。

【石狮市第九届运动会】 2022年6月，四年一度的石狮市第九届运动会开赛，历时半年，比赛项目有成人组钓鱼、11人制足球、五人制足球、篮球、象棋、围棋、游泳、乒乓球、气排球、地掷球、武术、5千米跑、羽毛球等13个项目比赛，以及青少年组别的乒乓球、足球、五人篮球、三人篮球、围棋、象棋、散打、拳击、网球、游泳、武术、跆拳道、体

2022年6月，石狮市第九届运动会举行。图为青少年组网球比赛

（市文化体育和旅游局 供图）

育舞蹈、柔道、田径、羽毛球等 16 个项目的比赛。共吸引 1 万多人参赛，获金、银、铜等奖项 1000 多人。

（卢章达 邱宗墩 蔡良万 王金冲 邱尚城）

竞技体育

【概况】 2022 年，石狮籍运动员获得省级及以上比赛 30 枚金牌、19 枚银牌、13 枚铜牌。在全国性体育竞赛事中获奖 2 人次。

【全国性竞技体育获奖】 2022 年，石狮市运动员在全国性体育竞赛事中 2 人次获得奖项。其中林绮雯获得全国击剑赛成年组女子花剑团体赛冠军，钱闽瑶分别获得 2022 年全国帆板冠军赛、2022 年全国风筝板场地赛第三名和长距离第三名。

【青少年体育】 2022 年，石狮市 16 名青少年在福建省第十七届运动会上获个人及团体共 9 金、1 银、6 铜。其中田径项目摘得 1 金 1 银 2 铜，篮球项目摘得 1 铜牌，武术套路摘得 3 金 1 铜，足球项目摘得 1 铜，网球（青少年社会俱乐部组）摘得 1 金，帆船帆板摘得 1 金，柔道摘得 2 金，击剑摘得 1 金 1 铜。在泉州市少年儿童网球锦标赛中获得 5 银，在泉州市少年儿童羽毛球锦标赛中获得 2 金以及男子团体第三名；在泉州青少年足球年度锦标赛中获得男子甲组第四名，女子乙组第二名；在泉州市少年儿童摔跤锦标赛中获得男子团体和女子团体第三名。

2022 年 12 月 17 日，石狮电子竞技赛事（英雄联盟）决赛在石狮市德辉广场举行
（市文化体育和旅游局 供图）

【石狮举行首届电竞赛事】 2022 年 12 月 17 日，由石狮市文化体育和旅游局、泉州市电子竞技协会主办的石狮电子竞技赛事（英雄联盟）决赛在石狮市德辉广场举行，此次历时近两个月的海选赛，近 70 支战队、400 名选手为争夺外卡赛冠军、3 个网咖小组赛冠军、决赛冠亚军的席位激战，最后由甲乙丙丁战队获得冠军。

（卢章达 邱宗墩 蔡良万 王金冲 邱尚城）

体育设施

【概况】 2022 年，石狮市健全公共体育设施体系，推进“15 分钟健身圈”建设，为民办实事全民健身场地项目完成新建足球场 1 个、篮球场 6 个以及全民健身路径 5 处，改建 7 个篮球场（门球场）。

【体育场地建设】 2022 年，锦尚镇锦尚村新建笼式足球场 1 个；凤里街道华仑社区、宝盖镇玉浦村、蚶江镇锦江村、锦尚镇卢厝村、祥芝镇古浮村分别新建篮球场 1 个；湖滨街道曾坑社区、蚶江镇厝仔村、蚶江镇溪前村、永宁镇郭坑村、宝盖镇龙穴社区、鸿山镇西墩村、鸿山镇莲厝村分别改建篮球场（门球场）1 个；凤里街道后花社区、灵秀镇仕林村、宝盖镇宝源社区、锦尚镇奈厝前村、锦尚镇厝上村分别建设全民健身路径 1 处。

【体育场地普查工作】 2022 年，石狮市在 2021 年度场地调查工作的基础上，对全市范围内体育场地进行统计调查。2022 年场地普查情况为全市 2211 个体育场地，体育场地面积 190 多万平方米，人均体育场地面积 2.77 平方米。

（卢章达 邱宗墩 蔡良万 王金冲 邱尚城）

社会民生

人口与家庭

【人口监测】 截至2022年底，根据人口计生报表，石狮市期末计生常住人口357194人，年内出生人数2412人，出生率6.79‰，死亡人数1978人，自然增长率1.22‰，政策内出生2398人，计划生育政策符合率99.42%，一孩出生1028人，二孩出生1092人，三孩出生266人，四孩及以上出生26人。人口信息准确率达98%以上。

【家庭】 截至2022年底，石狮市户籍人口37.27万人，总户数11.5万户，平均每个家庭户为3.24人。

【生育登记】 2022年，石狮市办理生育登记1706本，其中一孩生育登记808本，二孩生育登记753本，三孩生育登记141本，四孩及以上登记4本。

【计生家庭扶助】 2022年，石狮市计划生育家庭奖励扶助发放对象12612人，其中确认农村部分计划生育家庭贡励金发放对象166人，农村二女夫妇奖励金发放对象3066人，城镇部分计生家庭奖励扶助金发放对象1760人，农村部分计生家庭奖励扶助金发放对象7534人。全年奖扶兑现率100%。

【婴幼儿照护服务】 2022年，石狮市推进3岁以下婴幼儿照护服务试点工作，市产投教育集团等4家托育机构通过验收，分别为福建石狮产投教育集团有限公司、石狮市贝贝优托育服务有限公司、石狮市迪培教育咨询有限公司和石狮市坚菓托育服务有限公司，新增普惠性婴幼儿托位400个。

（市卫生健康局　市公安局　市民政局　市计生协会）

劳动就业

【概况】 2022年，石狮市新增城镇就业人数7234人，失业再就业人数947人，就业困难人员实现就业71人。石狮市获评全国和谐劳动关系创建示范企业1家，福建省劳动关系和谐乡镇1个、劳动关系和谐园区1个。

【劳动关系与劳动工资】 2022年，石狮市开展宣传和普及劳动保障法律法规知识活动，举办和参与各类法治宣传活动4次，发放宣传材料5000余份，接受群众现场咨询600余人次。做好企业薪酬调查及人工成本监测，完成167家企业的薪酬调查，22家服装企业设立人工成本监测点，为动态掌握企业用工、人工成本变化情况、制定工资增长指导线、工资指导价位和企业人工成本提供有效参考。全年石狮市获评泉州市2021年度企业劳动保障守法诚信等级A级企业3家、用人单位工资支付行为信用等级守信企业9家。

【劳动人事争议仲裁调解】 2022年，石狮市劳动人事争议仲裁院办结案件1075起，涉及劳动者2098人，涉案金额2553.22万元，调解率达65.47%。

【劳动保障监察执法】 2022年，石狮市人力资源和社会保障局加强主动监察，通过日常巡查、举报专查等方式，监察用人单位267家，涉及劳动用工16000多人。组织开展工资支付、禁止使用童工、劳动合同签订、清理和整顿人力资源市场秩序等专项执法检查。加大劳动保障监察执法力度，依法对17家违反劳动保障法律法规的企业予以行政处罚，罚款金额31万元。

【就业与创业】 2022年，石狮市城镇新增就业人数7214人，失业人员实现再就业人数946人，就业困难人员实现就业人数71人。石狮市举办线上招聘会、社会招聘会、校园招聘会、劳务协作对接会等人力资源招聘活动35场，参会企业1227家（次），提供就业岗位24043个，达成就业意向4564人。支持重点群体就业创业，兑现公益性岗位人员补贴24.76万元、就业困难人员灵活就业社保补贴67.33万元，向37人发放创业担保贷款447.36万元。

【“狮城零工市场”模式建设】 2022年，石狮市先行先试建设公益性规范化“狮城零工市场”，通过科学布点、双线覆盖、精准推送、招聘集市、暖心帮扶等系列举措，为零工和用工主体提供信息登记、信息发布、职业技能培训（鉴定）、劳务维权、政策咨询等公共服务，促进劳动力资源充分对接流动，解决村、社区富余劳动力资源配置问题。该模式成为泉州探索灵活就业机制新模式之一，入选全省优化营商环境工作典型经验做法，被省营商办发文向全省推广，并作为全省探索灵活就业成果接受国务院督查检阅，受到督查组表扬肯定。截至年底，石狮市建立宝盖、锦尚、灵秀、祥芝4个“零工市场”。其中，宝盖镇“零工市场”累计服务1082家次企业，近500人达成初步意向，近400人实现灵活就业；开展培训活动63场，服务近6000人次。祥芝镇“零工市场”征集企业招聘信息36家，服务企业（渔船）414家次，服务群众5600多人次。

【就业培训】 2022年，石狮市举办各类职业技能培训班7期，参训人员213名，兑现职业技能提升行动资金203.32万元，惠及1891余人。受理2020年度99家以工代训企业申报，补贴金额397.9万元；2021年度702家以工代训企业申报，补贴金额1711.2万元。兑现职业培训“见证补贴”77.6万元，惠及742人；高技能人才生活补助兑现9.8万元，惠及10人。受理失业保险技能提升补贴申请216人次，拨付补贴39万元。石狮市推动福建技师学院在福建技师学院石狮校区建立职业技能等级认定评价泉州考点，推进技能人才持证增量。引进福建技师学院、福建省餐饮烹饪协会2家机构单位在全市设立职业技能鉴定点，开展中式烹调师、西式面点师、电工等职业（工种）技能鉴定。全年新增取得职业资格或职业技能等级证书1487人次。

【石狮市跨境电商职业技能实训基地建设】 2022年10月，石狮市与中国天津人力资源开发服务中心、中国海峡人才市场在灵秀镇“党建+”邻里中心共建“石狮市跨境电商职业技能实训基地”，就“跨境电商运营师”工种开发和职业标准制定、实训教学、技能考证、技能培训等方面开展合作。全年完成《跨境电商运营管理师国家职业技能标准》《跨境电商运营管理师培训教程》等材料编写，开展培训5场，培训各类跨境电商人才近200人。

（吴剑锋 洪佳鑫）

居民生活

【概况】 2022年，石狮市全体居民人均可支配收入64961元，比2021年增长5.5%；居民人均消费支出39352元，比2021年增长5.1%。居民消费价格温和上涨，比2021年上涨1.4%。城镇居民人均可支配收入73205元，比2021年增长4.9%。农村居民人均可支配收入34136元，比2021年增长6.7%。

【流通和消费价格调查】 2022年，石狮市居民消费价格温和上涨。全市居民消费价格指数101.4（采用泉州市辖区数据），比2021年增长1.4%。其中，消费品价格指数102.0；服务项目价格指数100.5。八大类商品中，食品烟酒类比2021年增长1.8%；衣着类比2021年下降1.1%；居住类比2021年下降0.1%；生活用品及服务类比2021年增长1.3%；交通和通信类比2021年增长4.0%；教育文化和娱乐类比2021年增长2.6%；医疗保健类比2021年增长0.5%；其他用品和服务类比2021年增长2.2%。

（张辛荣 周加建）

社会保障

【概况】 2022年，石狮市参加基本养老保险344913人，工伤保险107305人，失业保险参66469人；发放养老保险待遇、工伤保险待遇、被征地老年和无力参保老年保障金、失业保险金、失业补助金58704.73万元，惠及977733人次。

【养老保险】 2022年，全市参加企业职工基本养老保险的人数为146816人，基金收入61854万元，基金支出12798万元；截至12月，企业退休人员3702人。全年石狮市调整城乡居民基本养老保险基础养老金标准，从每人每月185元提高至195元。当年，石狮市参保人数188558人，续保人数121836人，累计征缴保费2854.6万元，领取养老金人数52696人，累计发放养老金11442.78万元。

【医疗保险】 2022年，石狮市城乡医保参保居民296340人，统筹基金收入27855.96万元，支出30737.74万元。全市职工医保参保78620人，基金收入38654.01万元，其中，个人账户基金收入11436.7万元、统筹基金收入27217.31万元。基金支出27470.49万元，其中个人账户基金支出8420.33万元，统筹基金支出19050.16万元。

【医保经办服务提升】 2022年，石狮市推进基层医保经办服务体系建设，9个镇（街道）便民服务中心设置统一规范的医保窗口，每个村（社区）配备1名医保协理员，下放医保服务事项清单。推进医保服务进校园，通过整合高校与乡镇卫生院资源，在泉州海洋职业学院推行高校医保服务站，为1.5万多名在校师生员工提供足不出（校）门的专业化便捷化的校内医疗保障和医疗救治“一站式”服务。优化“两病”特殊门诊办理流程，将“两病”特门初审认定工作下沉至基层医疗机构，实现“两病”等患者在医共体内就医报销“一站式”服务。推进医保行风建设，医保窗口受理业务（不含网办件）25236件，不见面方式办理业务126602件，发放医疗救助金451.17万元。

【工伤保险】 2022年，石狮市参加企业职工工伤保险的人数为107305人，基金收入1834万元，基金支出3189万元；享受工伤保险待遇551人。全年全市阶段性减免工伤保险单位缴费部分1834万元。

【失业保险】 2022年，石狮市发放失业保险金758.8万元、失业补助金288.8万元，代缴医保150.17万元；发放困难群体价格临时补贴15万元、一次性生活补助金1.147万元、生育补助金3612元；发放稳岗返还资金978.149万元、一次性留工培训补助2332.8万元、一次性扩岗补助47.55万元。鼓励企业职工提升自身职业素养，发放技能提升补贴135.85万元。

（吴剑锋 洪佳鑫）

民政事务

【概况】 2022年，石狮市发放低保金1408.323万元、特困供养金374.5453万元，实施临时救助4670人次、发放临时救助金（含实物折价）327.511281万元，救助各类求助人员70人次，其中无主精神病人28人次，城市生活无着救助人员42人次。为11名社会散居孤儿、60名事实无人抚养儿童发放基本生活补贴74.1112万元。新培育社区社会组织4个，办理结婚登记1324对，组织海葬5次，海葬骨灰2270具。3月，石狮市民政局在福建省民政厅举办的全省社会工作主题宣传活动线上启动仪式上作“五社联动”经验交流。

【社会救助】 2022年，石狮市新增低保对象259人、特困人员23人、事实无人抚养儿童7人。全市低保对象1124户1789人、特困人员153人，发放低保金1408.32万元、特困供养金374.55万元。发放困难残疾人生活补贴188.32万元，重度残疾人护理补贴489.4964万元。为困难家庭减免高清数字电视和宽带服务费用，惠及特殊和困难群众1220户。为1936名困难群众投保每人每年保额80元的小额意外险。元旦、春节期间向低保家庭、特困人员、社会散居孤儿等对象发放一次性临时生活补贴141万元。9月按低保对象每人100元、特困人员每人150元的标准，为全市低保对象、特困人员增发一次性生活补贴19.77万元。启动社会救助和保障标准与物价上涨挂钩联动机制，累计发放困难群体价格临时补贴17.79万元。审批现金类临时救助946人次、发放临时救助金193.040551万元。新冠疫情防控期间，对分散供养特困人员、低保对象、社会散居孤儿、事实无人抚养儿童，按每人600元的标准发放米、油、肉、蛋及蔬菜等基本生活物资，实发1664人，价值99.84万元；为生活困难的外来务工人员、滞留临时遇困人员救助帮扶2060人次，发放物资价值33.79073万元、救助金0.84万元。救助各类求助人员70人次，其中无主精神病人28人次，城市生活无着救助人员42人次。

【养老服务工作】 2022年，石狮市为全市特困低保、重点优抚、计生特殊家庭、空巢、高龄等老人开展居家养老政府购买服务，其中，信息化服务对象1847人、实体家政护理服务对象28人。全市居家养老服务照料中心5所，区域性养老服务中心2所，农村幸福院（居家养老服务站）94家，新建锦尚镇东店村幸福院，完成主体建设，依托港边村幸福院开办长者食堂，投入运营。组织养老服务机构员工及服务对象参加“法扩银龄”涉老反诈在线宣讲。创新“中心带站”模式，依托“党建+”邻里中心，推进专业养老机构参与居家养老服务站的运营管理，完善丰富文娱活动、家政服务、康复护理等社区养老服务内容和功能，组织长福社区与泰和医院、厝仔村与蚶江镇伍星居家养老服务照料中心签约共建；为坑东村、宝源社区“党建+”邻里中心建设智慧健康小屋，配备智慧健康管理设备。落实高龄补贴制度，发放2021年度下半年高龄补贴7843人266.98万元、2022年度上半年高龄补贴8458人289.13万元，80周岁及以上的低保老年人高龄补贴2.57万元。

【儿童服务工作】 2022年，石狮市登记在册的社会散居孤儿8人、事实无人抚养儿童56人，发放基本生活补贴74.11万元。开展石狮市社会散居孤儿（事实无人抚养儿童）探访慰问，发放慰问金3.2万元。选取永宁镇创建农村留守儿童关爱保护和困境儿童保障工作示范点，鸿山镇实施“福蕾行动计划”，开展传统文化周末兴趣班以及课外作业辅导等活动8场次，服务留守（困境）儿童180人次，采取线上、线下等方式入户走访困境儿童85名，开设石狮“福蕾行动计划”——让爱照进“角落花朵”关爱帮扶特殊青少年群体防疫服务热线。实行分区照料和康复，保障福利中心在院集中供养孤儿9名、家庭寄养儿童7名正常就学。

【基层社区建设】 2022年，石狮市完善城乡社区治理体系建设。推动村规民约（居民公约）科学修订，以优秀村规民约征集评选为抓手，提高“两约”知晓率和执行率，湖边社区居民公约被省民政厅评为福建省第二批优秀村规民约。抽取18个村（社区）开展小微权力监督信息平台村（居）务公开情况检查，督促相关村（社区）规范公开内容、丰富公开形式。结合“党建+”邻里中心建设，推进湖滨街道新湖社区、锦尚镇深埕村建设2022年泉州市城乡社区服务站，湖滨街道长福社区实施2022年泉州市“共建共享”社区治理项目。

【社会组织管理】 2022年，石狮市办理社会团体成立登记9件、变更登记110件、注销登记11件；民办非企业单位成立登记 8件、变更登记34件、注销登记12件；基金会成立登记 1件、变更登记3件。社会团体换届备案118件，社会团体延期换届22件，社会组织开立、注销临时存款账户申请25件，宗教场所法人登记1件，养老机构备案1件。石狮市推进社会组织年报实现全程网办，应检社会组织737家，参检社会团体396家、民办非企业单位255家、慈善组织12家，共计663家，参检率达90%；通过审查的社会团体382家、民办非企业单位242家、慈善组织12家，通过率95.9%。依法对第三批3家连续两年以上不参加年检，拒不接受登记管理机关监督检查的社会组织实施撤销登记的行政处罚。开展58个行业协会商会收费自查自纠，其中，主动减免和降低收费的行业协会商会2个，通过主动减免和降低收费减轻企业负担3.2万元；作出缓缴安排的收费项目1个，通过缓缴收费减轻企业负担40.8万元；推动本行业企业为其他市场主体让利情况及减轻企业负担1.6万元。启动2022年度社会组织评估工作，12家社会组织申报参评，类别涉及行业协会、联合类社会团体、慈善组织、社会服务机构。

【社工服务】 2022年，石狮市9个镇（街道）社工站按照“1334+N”［坚持1个核心项目——党管社工人才服务项目，为城乡社区工作者进行增能赋能培训；实行三务公开——党务、业务、财务公开；打造三大平台——社会工作服务平台（人才服务、服务成果展示）、资源整合平台、协同治理平台；做好4个民政基础项目——社会救助、为老养老、儿童关爱、社区治理；“N”——完成不少于1个的自选特色项目］项目服务模式，重点做好社会救助、为老养老、儿童关爱、社区治理等4个民政基础项目，截至年底，全市各社工站总服务人数为126865人，其中服务低收入人口、各类民政对象或其他特殊困难群众5467人，入户走访1660户，开展个案服务55个，开展社区活动125个，社区活动参与8834人次，动员已有社区社会组织33个，新培育社区社会组织4个，联动志愿者318人，链接慈善等社会资源折合71214元。组织社工职业水平考试工作，224人报名参考。完善全国社会工作信息系统，登记社会工作者173人、社工机构8家。石狮市民政局以“五社联动聚合力，社工服务暖基层”为主题，开展社工宣传周系列活动，作为唯一县级市民政部门，在福建省民政厅举办的全省社会工作主题宣传活动线上启动仪式上作“五社联动”经验交流。

【区划地名服务】 2022年，石狮市完成蚶江—祥芝、祥芝—鸿山、鸿山—锦尚3条乡级界线联检。落实国家地名信息库质量建设，完成1664条地名信息的修改、完善、审核工作。完成并公布锦蚶路、普利路、莲金路等10条道路命名。

【婚姻收养登记】 2022年，石狮市办理婚姻收养登记服务事项3990件，结婚登记1324对，其中“省内通办”33对，涉外、涉港澳台侨34对；办理离婚申请763对，其中涉外、涉港澳台侨3对；离婚登记411对，其中涉外、涉港澳台侨2对；补发婚姻登记证215件，其中涉外、涉港澳台侨38对；撤销婚姻登记2件；查询婚姻登

2022年3月25日，石狮市少年家青少年社工服务中心的社工为群众免费送药取药
（市民政局 供图）

记档案271件，其中出具婚姻登记信息协查函8件。办理内地居民收养登记1件。新增登记数据及时进行转换上传电子证照库，累计生成电子证照3946条。

【殡葬管理服务】 2022年，石狮市倡导骨灰节地生态处置方式，组织海葬5次，海葬骨灰2270具，为符合条件和遵守文明殡葬规定的对象减免基本殡葬服务费1831例，共计费用217.797万元。推进移风易俗工作，发放《文明办丧告知书》1831份。

【革命“五老”人员】 2022年，石狮市落实革命“五老”（老地下党员、老游击队员、老接头户、老交通员、老苏区乡干部）人员及“五老”遗属的生活保障，调整提高革命“五老”人员定期生活补助至每人每月2903元，革命“五老”遗属生活补助提至每人每月1108元。全年发放革命“五老”人员定期生活补助15.94万元，革命“五老”遗属生活补助17.29万元。

（市民政局）

老龄事业

【概况】 2022年，石狮市推进老年友善医疗机构建设，全市14家医疗机构达到老年友善医疗机构认定标准。组织开展老年健康宣传周和敬老月活动，宣传普及老年健康政策和科学知识。选送的《盛世武魂》节目获第八届全国老年大学文艺会演比赛一等奖。

【老龄健康服务】 2022年，石狮市各基层卫生医疗机构为辖区内65岁及以上常住居民建立健康档案，每年免费提供1次健康管理服务。鼓励居家老人与家庭医生建立签约服务关系。开展失能老年人健康评估与服务。组织各基层医疗卫生机构对辖区内的提出申请的65岁及以上失能老年人上门开展健康评估，提供上门治疗、康复、护理及家庭病床等服务。全年完成140名失能老年人的健康评估和服务。

【老年教育及文娱活动】 2022年，石狮市老年大学设有6个系，28门课程，52个教学班，10个专业研究会，其中太极拳和音乐为省级精品课程。教师57名，学员近3000人。1人撰写的论文获得福建省老年教育优秀论文一等奖；1人撰写的论文获得福建省老年教育优秀论文三等奖，1人的撰写论文《整合优质资源，创新课程设置，提高文化自信，促进新时代老年教育全面协调发展》获得中国老年大学校长高峰论坛暨第七次全国老年大学校长研修班“优秀论文”奖。

市老年大学选送的舞蹈节目《锦绣中华》入选泉州市委老干局“喜迎二十大 增添正能量”优秀文艺节目展演暨泉州市第十五届老年文化艺术节闭幕式会演，获优秀表演奖。组织学员参加泉州市第三届木兰拳套路比赛，获一等奖。组织学员参加福建省第十七届运动会群众比赛暨2022年福建省全民健身运动会总决赛太极拳竞赛，获得金牌4枚，银牌2枚。组织参加第八届全国老年大学文艺汇演比赛获优秀组织奖，其中太极拳研究会的节目《盛世武魂》获金牡丹（一等）奖，旗袍研究会的服装秀节目《闽南风秀》获三角梅花（三等）奖。

（高觉慧　范启永）

慈善事务

【概况】 2022年，石狮市慈善总会坚持以慈善为民的宗旨，实施七大慈善工程，推动社会各界爱心人士设立冠名公益慈善基金，开展“携手做慈善，传播真善美”公益活动、“暖心行动”等多种形式的慈善救助活动。

【捐赠管理】 2022年，石狮市慈善总会接收社会捐赠款6116.87万元，其中，接收疫情捐赠价值2846.07万元的资金和物资。总支出5713.34万元，其中，七大慈善工程支出433.91万元，救助困难群众2126人；医疗公益项目支出210.79万元；定向资金支出5068.64万元。

【慈善工程】 2022年，石狮市慈善总会实施七大慈善工程。“慈善学子”工程方面，资助146名困难学子，发放助学金85.36万元，其中资助新增困难应届大学生 26名、往届未毕业大学

2022年8月，石狮市老年大学太极拳研究会参加福建省第十七届运动会群众比赛暨2022年福建省全民健身运动会太极拳总决赛并获得金牌　（市老年大学 供图）

生120名。“慈善救助”工程方面，组织会员、志愿者走访291户重疾患者家庭（包含定向资助对象），发放救助金280.48万元。“慈善助残”工程方面，为174例白内障患者补助手术治疗费用9.91万元。“慈善安老”工程方面，石狮市慈爱老人福利院供养老人55名，接收善款34.73万元，接收物品折价16.21万元，全部用于提高老人生活质量，完善各类功能设施、强化管理和服务。“精准救助”工程方面，市慈善总会通过官网发布筹款项目，帮助1名瘫痪工人筹集0.42万元善款。

【慈善活动】 2022年，石狮市慈善总会与市民政局联合开展冬日送温暖走访慰问活动，为革命老区村50户低保、特困户发放慰问品。与市民政局、志愿者走访慰问困难孤儿家庭10户。联合市民政局开展春节慰问活动，为永宁镇子英村20户低保困难户和五老遗属发放慰问金2万元。联合市妇联、市女企业家联谊会开展“低收入单亲母亲圆梦”救助活动，为石狮市20名低收入单亲母亲发放10万元慰问金。联合市民政局开展“六一”走访慰问活动，为石狮市64名社会散居孤儿和事实无人抚养儿童每人发放500元慰问金。举行新时代文明实践“暖心行动”启动仪式，成立石狮市“助残济困”慈善基金，发动社会各界力量投身助残济困事业，共同建设“大爱之城”。与市妇联、市残联、市女企业家联谊会等单位走访新星儿童学习能力发展中心，关爱“来自星星”的孩子，帮助孤独症儿童和家庭树立信心。联合市民政局开展中秋节慰问活动，走访慰问革命老区村子英村7户低保、困难户，发放3500元慰问金和米、油等节日慰问品。与泉州诺思教育62届学生走访慰问低保残疾困难户，为他们送去米、油、牛奶面包等生活物资。

【医疗公益】 2022年，石狮市慈善总会发动社会力量参与帮助基层医疗机构的建设，捐赠石狮市疾控中心2辆卫生应急用车、捐赠石狮市总医院1台德国高清膀胱镜；及时发放黑龙江福和制药集团股份有限公司向石狮市民捐赠的对乙酰氨基酚片等。

（程嘉倩 蔡盈盈）

民族宗教事务

【概况】 2022年，石狮市少数民族以回族、维吾尔族、苗族、土家族为主，4个回族行政村总人口数10982人，其中回族人口5485人。开展民族团结进步创建活动10场。检查开展宗教活动场所103家次。举办宗教界人士政策法规培训班2场，组织工商界人士走访石狮市挂钩的宁德市霞浦县崇儒畲族乡，做好对口帮扶工作。

【民族事务管理】 2022年，石狮市民宗局以“福籽同心爱中华”为主题，开展民族团结进步创建活动10场。在“石狮统战”及各少数民族村微信公众号开设民族团结进步宣传专栏，宣传民族政策法规和政策解读。凤里街道发挥“互联网+民族团结进步”宣传平台的作用，利用“凤里街道We服务”微信公众号平台发布关于民族团结进步的重要论述等，为群众提供信息学习共享平台。依托传统节日，组织开展“民族团结一家亲 中秋共话邻里情”主题宣传活动、“喜迎二十大 永远跟党走”主题中秋活动等，邀请辖区部分少数民族群众，通过制作月饼、竞猜灯谜、表演民族舞蹈等活动，促进民族间的沟通交流。向上级申报少数民族补助资金69万元用于蚶江镇石农村学府路提升改造工程。加大对挂钩帮扶民族乡的支持力度，拨给宁德霞浦县崇儒民族乡100万元发展特色产业。

【宗教事务管理】 2022年，石狮市开展宗教活动场所季度安全检查，检查场所103家次，发现安全隐患167个，整改到位率100%。指导宗教团体举办宗教活动场所安全（消防安全）标准化培训会暨消防应急演练活动2场。组织宗教界到永宁镇华侨历史纪念馆，开展爱国主义教育活动。举办全市宗教界人士政策法规培训班、首期佛教居士培训班，提高宗教团体队伍建设水平。开展宗教界“金秋助学”活动，为贫困学子捐资50多万元。

（市委统战部）

应急管理

综 述

【应急预案体系建设】 2022年，石狮市完善应急预案体系建设，修订应急预案工作9部，梳理汇总市级应急预案118份，其中，总体预案1份、专项预案46份、部门预案71份。建立健全镇级应急预案体系，指导灵秀镇试点开展镇级应急预案编制、修订工作。组织开展安全生产事故应急预案的实战化演练，开展涉及危化品、大型商超消防疏散、天然气泄漏、海上突发事件等专项演练271场次，参演12500多人次。

【应急救援力量建设】 2022年，石狮市增加应急救援力量，摸底、整合全市应急救援力量，形成以市消防救援大队为主，各重点行业领域应急救援队伍、社会救援力量为辅的应急救援力量体系。全市重点行业领域应急救援队伍54支1158人。其中，社会应急力量（含海上救援）8支327人，油气管道救援队4支35人，地震救援队3支72人，防汛抗旱救援队1支14人，企业、乡镇兼职消防队9支128人，社会化半专业化森林消防队伍9支98人，其他重点领域救援队20支484人。

【应急物资储备管理】 2022年，石狮市有市级救灾物资储备库1个，镇级救灾物资储备库9个，133个村级避灾点均配备有基础救灾物资，基本形成市、镇、村三级救灾物资储备网络。市级救灾物资库物资有折叠床、救灾帐篷、棉大衣、对讲机等应急救灾物资物品共计39项6172件，价值69.2万元。健全应急救灾物资保障联动机制，制定《石狮市救灾物资储备管理实施细则（暂行）》，涵盖救灾物资的采购和经费保障、储备管理、物资调运、发放和使用等内容。

【自然灾害避灾点整治】 2022年，石狮市组织对全市153个避灾点开展安全隐患排查整治工作，排查并整改隐患28个。确定宝盖镇宝源社区、永宁镇梅林村、祥芝镇古浮村、鸿山镇伍堡村（第一）、鸿山镇西墩村、锦尚镇西港村及锦尚镇谢厝村避灾点等7个建设较为薄弱的避灾点被列入2022年为民办实事项目，按照A类标准建设。联合人保公司、消防救援大队开发全市农房火灾案件微信小程序，对农房火灾案件处理覆盖率及时进行数据监控。2022年，全市政策性农房保险理赔128起，赔偿23.97万元。

【安全宣教培训】 2022年，石狮市围绕安全生产月、防灾减灾日等重要节点，开展主题宣传咨询活动、“安全生产法、防灾减灾知识知多少”网上有奖竞答、安全生产宣传使者“进门入户送安全”、灯谜展猜、微信朋友圈推送科普宣传信息、防震减灾科普宣传和地震逃生疏散演练等活动16场，参与5000余人次。举办防汛减灾应急管理业务培训会，开展灭火器材演练，联合市红十字会举办4期救护员培训等，培训700余人次。

【打造首个安全文化公园】 2022年，石狮市在西洋公园打造第一个安全文化公园，公园建成一个应急避灾点、一个应急物资储备站、一个微型消防站、一个安全宣教联播联控系统大屏、一套安全宣教体验产品，并融合海丝之路重要航标的古塔翘檐、闽南红砖古厝的燕尾脊、勇立潮头爱拼敢赢的闽南精神和灯谜等元素与“安安”IP形象，打造成集发布灾情预警资讯、应对处置灾情、宣传科普知识、“沉浸式”体验学习安全知识、休闲健身于一体的安全文化公园，9月29日，安全文化公园举行开园仪式。

（邱潇钧 蔡芳财）

安全生产监督管理

【概况】 2022年，石狮市开展“创安日”“每月一检”，检查企业11613家次，排查、整改隐患5937条，立案55起，罚款101.72万元，曝光企业92家。总结三年行动经验性做法及制度成果、工作机制等典型经验做法，被泉州市采用。

【安全生产专项整治】 2022年，石狮市开展“创安日”“每月一检”，检查企业11613家次，排查、整改隐患5937条。开展工贸行业安全生产专项整治“百日清零行动”，督促全市9家粉尘涉爆企业对“粉6条”、62家涉有限空间作业轻工重点企业对照“有限空间4条”自查自改，举办培训4场次，培训人员280余人次，检查企业71家，排查、整改安全隐患124条，立案处罚1起，罚款1万元。梳理涉及重大风险、重大事故隐患和一些长期停滞不前的安全生产“疑难杂症”问题9个（4个被列为泉州市级），由市领导挂钩整治，督促各镇（街道）、各有关部门履行安全生产“属地监管”和“部门监管”责任，推动完成整治。

【重点行业领域安全专项整治】 2022年，石狮市开展危化品领域安全监管，检查危化品运输车辆358辆次，查处违法违规案件21起，罚款16.1万元；检查危险化学品经营企业333家次，发现、整改隐患351条，处罚7家、罚款13.07万元。开展经营性自建房安全专项整治，完成住建部灾普系统5625栋经营性自建房结构安全核查，全市176栋一般安全隐患经营性自建房全部完成封房、加固、拆除等安全处置。推进全市1434幢（丙类1239幢、丁戊类195幢）自建房加工场所消防安全整治工作。开展燃气安全排查整治专项行动，开展燃气经营企业检查720场次，出动2735人次，排查4403家次，发现、整治隐患590项，入户安检72134户，排查整治用气隐患5348项。开展道路交通安全整治，现场查处各类违法行为108141起。其中，查处涉酒类交通违法行为1868起、摩托车和超标电动车超员4088起、涉牌涉证15374起、驾乘摩托车无帽36402起，查处渣土车交通违法行为592起。开展渔业船舶安全整治，渔业检查1256次，出动4399人次，检查渔船3190艘，现场整改148次，发出整改通知书515份，海上执法行动35次，行程990海里，立案54起，移送2起，结案46起，罚没款108.15万元。

【镇（街道）安全生产连片联合执法试点工作】 2022年，石狮市作为全省镇（街道）安全生产连片联合执法试点县之一，先后制定出台《石狮市推行镇（街道）安全生产连片联合执法试点工作方案》《石狮市推行镇（街道）安全生产连片联合执法试点工作实施办法》。将全市9个镇（街道）划分为东、西2个工作片区，凤里街道、湖滨街道、灵秀镇及宝盖镇为西片区（加挂市区中队）；蚶江镇、永宁镇、祥芝镇、鸿山镇及锦尚镇为东片区（加挂沿海中队）。各镇（街道）根据市政府下放赋予镇（街道）6项应急管理行政执法权限，以违法行为发生地镇（街道）为主体开展执法，按照“1+1”模式（1名正式在编执法人员加1名执法辅助人员）充实片区执法中队，通过整合行政执法资源，破解镇（街道）安全生产行政执法领域执法力量薄弱、专业知识不足，执法意愿不强等基层历年来执法工作存在的“老大难”问题，建立健全市、镇（街道）两级联动执法体制机制，确保全市安全生产形势持续平稳向好。全年开展安全监管执法，检查241家次，立案36件、罚款268万余元。

（邱潇钧　蔡芳财）

防汛抗旱

【概况】 2022年，石狮市落实以行政首长制为核心，以部门责任制、岗位责任制为重点的防汛防台风责任体系，组织修订《石狮市防汛防台风应急预案》，完成防御暴雨袭击3场，启动6次应急响应，无险情及重大损失和人员伤亡。

【备汛工作】 2022年，石狮市组织加强防汛备汛工作，修订《石狮市防汛防台风应急预案》，落实全市9个镇（街道）、128个村（社区）、11座水库和5个在建工程防汛预案修订备案工作。排查全市

2022年9月29日，石狮市举行镇（街道）安全生产连片联合执法授牌仪式

（市应急管理局　供图）

危险区转移对象建立明白卡211人，其中危旧房屋84户177人。组织召开2022年防汛抗旱工作部署会，开展指挥长培训4场次，140人次参加；组织召开2022年防汛减灾业务培训会，306人参加。

【防汛能力标准化建设】 2022年，石狮市开展基层防汛能力标准化建设，制订《石狮市防汛能力标准化建设实施方案》，成立标准化建设工作专班，全市9个镇（街道）启动同步推进建设，选取27个村（社区）作为试点。

【汛期隐患排查整治】 2022年，石狮市开展自然灾害风险隐患排查整治工作，检查发现问题80处，建立风险隐患问题排查治理“四张清单”，全部完成整改。组织对各镇（街道）防汛备汛情况开展督导检查，下发提示函9份，指导镇（街道）做好防汛备汛工作。

（邱潇钧 蔡芳财）

消防救援

【概况】 2022年，石狮市消防救援大队共接处警1634起，累计出动指战员14769人，抢救被困群众89人，疏散被困群众26人，抢救保护财产价值7386.98万元，其中火灾500起，建（构）筑物火灾197起，死亡1人，直接财产损失553.68万元，火灾起数比2021年下降15.8%，未发生特大及以上火灾事故。

【消防基层治理】 2022年，石狮市消防工作被纳入石狮市级“十四五”应急管理专项编制目录清单。消防工作目标责任落实情况首次被纳入全市各镇（街道）领导班子和领导干部年度目标考核（考评）范畴。多部门联合研发“智慧消火栓”系统，消防安全纳入智慧石狮管控指挥平台，推进建立“消防云”智慧平台。设立石狮市消防救援勤务中心、镇街赋权消防执法等工作。完成基层消防工作站100%规范化实体运行。

【消防重点领域整治】 2022年，石狮市开展消防安全专项整治工作，排查场所7194家次，发现火灾隐患875处，督促整改火灾隐患848处。改造全市64个老旧小区消防设施、通道以及电气线路等，在全市居民住宅小区推广设置电动自行车集中充电、停放场所，完成率达100%。排查经营性自建房租住场所1282栋。出台工业（产业）园区消防安全标准化建设工作，解决工业产业园区消防安全管理职责归属不清的瓶颈性问题。

【执勤战备训练】 2022年，石狮市组织辖区重点单位、涉疫场所、高层建筑、文保单位开展实战化演练，制定完善重点单位预案184份，单位熟悉184次、消防演练322次，与辖区多种形式队伍、社会水域应急救援力量建立联勤联训机制，开展联勤联训6次。获得整建制实战化比武竞赛及灭火救援实战化竞赛团体第二名。

【消防队伍建设】 2022年，石狮市加强专业人才培育，推进车辆事故处置专业队建设，建实建强水域救援、涉疫勤务等多支专业力量，选送优秀业务骨干参加上级举办的各类救援业务培训班，2人取得地震应急救援技术中级证，8人取得水域初中级救生员证，4人取得小型船舶驾驶证，8人取得AOPA级无人机驾驶资质。组织参与装备技术创新工作，推选4项作品参选，3人选送支队示教队。

【消防知识宣传】 2022年，石狮市开展“五进”宣传，“入户”宣传700余次。聘请第三方专家开设消防培训“流动课堂”，开展培训教育300余次，受众达8万余人，加大“全民消防安全学习云平台”和“消防志愿者注册管理平台”的推广应用力度，全市“全民消防学习云平台”注册6万余人。拓宽消防宣传渠道，刊发各类新闻稿件200余条，拍摄制作各类视频作品10余个，数篇报道上稿央级媒体。与灵秀镇第二中心幼儿园联合开展“119”主题日活动，被中央电视台《正点财经》栏目、央广网总网、《中国应急管理报》、福建新闻联播、新福建等10余家央级、省级媒体报道。

（李晓澜 蔡培曦 黄正寅）

地震应急管理

【地震监测】 2022年，石狮市加强地震监测数据处理，落实24小时震情值班和震情会商制度，按照观测程序每天收取前兆数据，对台站数据定期跟踪分析，及时整理报送会商资料，组织参加省局、市局组织的会商会议。2022年，赤湖地下流体监测台站的主测项数据完整率均在99%以上。

【震灾防治与应急】 2022年，石狮市督促各地震应急预案牵头单位加强地震预案的演练，组织全市各类学校和部分企业开展地震应急疏散演练。完成9家四类场所的铭牌及功能性标志牌挂牌工作。截至年底，全市有地震应急避难场所26家，可有效避险总面积21.75万平方千米，应急避险约10万人。

【地震科普宣传】 2022年，石狮市开展防震减灾科普宣传，组织参加全国防震减灾科普视频讲解比赛，1人获2022年全国防震减灾讲解大赛福建赛区第二名。围绕“5·12”防灾减灾日、“7·28”唐山地震纪念日等特殊时段开展防震减灾宣传。与市教育局联合举办新生入学地震等自然灾害安全教育专题讲座、开展赤湖地下流体地震前兆台站开放日活动、录制创作《防震减灾科普知识闽南四句》宣传片。

（邱潇钧 蔡芳财）

镇（街道）

凤里街道

【概况】 凤里街道位于石狮市中心城区，辖区总面积3.2平方千米，下辖大仑、华仑、五星、后花、东村、新华、龙华、华南、宽仁、仁里等10个社区。凤里街道户籍人口3.3万人，流动人口5.5万人。凤里街道历史悠久，人杰地灵，城隍庙和凤里庵是石狮市重要文化古迹，获“中国商品交易市场十佳纺织品专业市场”“中国商品交易市场最具影响力市场”称号，也是石狮纺织服装、石狮童装行业主要发源地，有“中国童装名镇”之称。2022年，凤里街道限额以上商业销售额完成388亿元，比2021年增长28.1%。规模以上工业总产值43.34亿元，比2021年增长4.79%。在库固定资产投资项目21个，完成固定资产投资8.62亿元，比2021年增长46.35%。

【经济发展】 2022年，凤里街道限额以上商业销售额完成388亿元，比2021年增长28.1%。规模以上工业总产值43.34亿元，比2021年增长4.79%。在库固定资产投资项目21个，完成固定资产投资8.62亿元，比2021年增长46.35%。签约招商项目32个，总投资68.78亿元，其中10亿元项目2个，5亿元项目1个。聚焦“低耗高效”项目，盘活凤凰城、中骏财富中心、国贸中心、国际轻纺城大仑产权等存量闲置楼宇、商场、厂房20万平方米。其中，羽豪综合科技产业园项目，投资10亿元，建成小微科技综合产业园；八号人LNG船舶项目，投资10亿元，建造1艘大型LNG船舶。打造“1+N”女装电商市场，以石狮国际女装网批中心为核心，辐射培育正诚、宏冠等多个电商楼。打造童装校服“行业+市场+平台”全链条运营模式，新增峰砖格服装制造、龙世辉服装制造、飞旭维巨服饰、名坊纺织等9家外贸型服装服饰类。招引落地思远文化园、星智禾教育城、宸汐职业技能培训学校等多个项目，总投资5.25亿元。

【城镇建设】 2022年，凤里街道实施重点项目12个，完成投资额12.8亿元。完成大仑东片区21.5万平方米征迁拆除。八卦街核心区“一街四节点”涉征房屋195幢以及涉改店铺382栋，实现全部签约和拆除，启动23个区段改造工程，启动率90%，凤里庵入口停车场竣工开放。新增启动保护区“一街五节点”项目，完成新华路保护提升工程，推进和平路、宝岛路综合文化A、B地块，后花街区等改造工作。形成星期Yi片区收购改造方案。围绕凤里街道长年征迁留下的历史难题，组建成立“破冰”专班，解决国际轻纺城产权分配、大仑旧菜市场危房隐患难题、南环壹号土地征收、凯旋名门征地难题、亿胜服饰建设供地等问题。开展“秀美凤里”专项行动，种植绿植200多株，治理空气污染13起。建成塘园溪河长制主题公园，完善提升河长制办公室建设，开展“河长+河道警长”“巾帼展风采 护河齐行动”“守护幸福河”等行动10余次，整治污水直排、河面垃圾等问题10余起。

【社会事业】 2022年，凤里街道推进大仑中心小学改扩建工程建设，完成五星小学改扩建工程扫尾。推进市实验小学景观提升项目，获得上级财政专项补贴1000万元，自筹项目资金达2500万元。狮仔山中心幼儿园开园办班，新增学位540个。建成4所复兴少年宫，开展服务活动28场次，覆盖服务2000余人次。发挥新时代文明实践所（站）作用，开展志愿服务活动260多场，出动志愿者1万多人次，受惠群众3万余人次。完成大仑农贸市场修复改造工程，惠及市场及周边群众2万多人。组织摸排认定低保户 51 户 81 人，特困 15 人，低保边缘户 1 户，申请临时救助 22 户次 96987 元，慰问困难群体 132 户 77500 元。走访 7 个老人活动中心和慰问退休干部、困难老人、老人活动中心等 1000 多人次。整治卫生死角、“牛皮癣”、建筑垃圾 2 万余处。开展“两违”专项整治行动，拆除临时搭盖 16 处，拆除违法建设 4 宗，拆除面积 805 平方米。

【首个侨亲服务站成立】 2022 年 1 月 13 日，凤里街道大仑东片区改造建设工作指挥部举行侨亲服务站揭牌仪式，系全市首个侨亲服务站。该服务站通过多种渠道帮助解决大仑东片区改造项目中涉及海外侨亲不便回国处理拆迁洽谈签约的事宜。

（吴贝娜　赵世权）

湖滨街道

【概况】 湖滨街道地处石狮市中心城区，系全市的政治、经济、商贸及教育文化中心。湖滨街道下辖玉湖、新湖、湖边、长福、林边、金林、曾坑、仙迹、花园城、金曾 10 个社区，常住人口 11.3 万人，户籍人口 4.8 万人，流动人口 6.5 万人，海外侨胞及港澳台同胞近 3 万人。2022 年，湖滨街道财政收入 3.23 亿元，增幅 6.7%，一般公共预算增长 11.7%，规模以上工业产值增长 10%；固定资产投资增长 54.2%。规模以上工业企业数 23 家，累计规模以上工业产值 75.48 亿元，增幅 8.57%；限额以上商业企业数 80 家，累计销售额 101.66 亿元，增幅 8.3%；限额以上社会消费品累计零售额 34.2 亿元，增幅 0.4%；固定资产投资累计完成 5.8 亿元，增幅 54.2%。

【经济发展】 2022 年，湖滨街道招商项目数 18 个，总投资约 45.3 亿元。联合泰禾广场、荣誉国际酒店、品牌网商部落联盟等 11 家商务楼宇单位签订合作协议，成立全市首个楼宇经济招商联盟，盘活 9 栋楼宇超 7 万平方米空间资源，入驻企业 50 家、年产值合计超 30 亿元。打造湖滨“现代网红商贸服务中心”，引进“那间”“曳 Livehouse”等网红“打卡点”，丰富夜购物、夜美食、夜休闲、夜旅游、夜健身等夜间经济业态，形成城东小镇、步行街夜市、龙福商城等多个夜间经济带，新增网红美食餐饮近百家，全年产生超 10 万人次人流量，年营业额超 3 亿元。

【城镇建设】 2022 年，湖滨街道金曾片区完成 372 宗民房签约，实现“零纠纷、零上访”；腾空 360 栋、腾空率 96.77%；迁移坟墓 586 个，完成民俗安置区初步规划设计及控规。马脚桥老街区改造项目完成 27 幢 31 户非沿街房屋、102 间 84 户沿街商铺签约；新增和平街 43 间 33 户沿街商铺征迁工作，完成签约 36.4%。推进德辉商圈、濠江路、八七路、九二路、城东生活区等 5 个“门前三包”示范街区创建。完善新时代文明实践所（站）、农贸市场等创城重要点位周边的破损道路修补、排水设施改造完善等 7 个基础设施项目。推广“垃圾分类”，建成 31 个分类亭，投放 65 台智能垃圾分类桶，居民投递现金奖励 2.2 万元。开展常态化实行安全生产工作点交叉互检行动，自查自纠消除安全隐患 64 条；完成 62 家企业安全生产标准化创建。落实 7 种类型 1313 栋房屋隐患排查整治工作。开展生态云环保网格监督系统巡查 406 人次，督促完成 53 条环保投诉事件落实整改。

【社会事业】 2022 年，湖滨街道稳步发展社会事业，放大市中心区位特色策划生成 130 个“新班子 新气象 办实事 促振兴”擂台大比拼项目，推进湖滨综合市场提档升级，打造闽南历史传统建筑文化特色街区，打通四端堂文博园核心区车流动线，一期、二期项目形成有效道路循环，“一街一园一区一动线”正式施工，展览馆完成建设及布馆，中心区外环境提升工程按时序推进。在全市率先开通“健康湖滨”直播间，一个月直播 2 次，定期邀请专家线上科普健康知识。率先采取基层首诊、双向转诊、上下联动的分级诊疗模式，打通急性胸痛救治“起跑”第一公里，湖滨社区卫生服务中心获评国家级胸痛救治单元（全省仅 6 个单位获评），通过“优质服务基层行”活动国家推荐标准省级评估和“社区医院”建设评估（石狮唯一获评）。探索社区养老服务新模式，实施“1+1+N 中心带站”社区养老服务，

2022 年，湖滨街道步行街全景　　（湖滨街道　供图）

湖滨居家社区养老服务照料中心与新湖、仙迹等9个居家养老服务站签订养老服务协议，提升养老服务水平。推进教育服务，拨付108.87万元支持学校基础设施建设，发放22.6万元奖教奖学助学金。长福、玉湖、新湖、金林、仙迹等5个社区新时代文明实践站投入建设乡村“复兴少年宫”，为辖区青少年开展道德培育、文体娱乐、劳动实践等活动提供公共教育和文化服务场所。玉湖豆腐文化商贸园打造农耕文化研学项目，建设玉湖乡创农场鸟类栖息观赏区、跳跳鱼养殖观赏区、莲藕种植观赏区等，接待人员近3万人。基本完成杨孙西文化馆二期展馆布置，收藏藏品超1200件，打造闽派文化博物馆综合体。

【创新矛盾纠纷多元化解模式】 2022年，湖滨街道创新“和润湖滨·订单分包”矛盾纠纷多元化解模式，整合派出所、司法所、市管所、法庭等基层综治资源下沉邻里中心，形成“报单—派单—办单—跟单—结单”的矛盾化解新模式，构建全链条“纠纷清单流转，化解动态追溯”机制，确保群众的每一起矛盾纠纷都有人管、有人解。全年排查矛盾纠纷299起，成功化解286起，化解成功率95.6%；辖区共接报违法犯罪类警情2219起，比2021年下降29.71%。其经验做法先后被司法部、公安部及省司法厅等转发推广。

（洪湘怡　蔡良辉）

灵秀镇

【概况】 灵秀镇地处石狮西南门户，下辖钞坑、彭田等12个行政村及曙光1个社区，户籍人口3.9万人，常住人口12.8万人，拥有石狮服装城、国际轻纺城、青创城网批中心等大批专业市场，是一个以纺织服装、专业市场、电商、物流为主要产业的商贸重镇，全年完成财政收入6.14亿元；规模以上工业总产值240亿元，增长8.1%；限额以上销售额1961亿元，增长30.1%；限额以上零售额172亿元，增长14.8%；固定资产投资增长6.7%。2022年，灵秀镇获评全国文明村镇，灵山村、灵狮村获评省级乡村治理示范村镇。

【经济发展】 2022年，灵秀镇新增签约项目23个，总投资100.09亿元。圆通速递福建总部基地项目一号楼完成支护工程，二号楼基础施工完成约70%，主体工程完成约5%，三号楼基础施工完成约25%。完成灵秀科技园标准厂房改造和招商工作。品牌汽车综合超市主体结构封顶。青创城西城区、双奇电商园二期、石狮国际轻纺城西塔完成招商并投入运营，新增电商园区10万平方米，电商档口780个，电商企业近200家。新引进八号人、博邦等船务公司，总运力规模100吨。推动港塘、彭田、容卿、仕林4个农贸市场通过市场化配置方式，拍卖市场租赁权，提升村财收入、改善消费环境。支持各村盘活集体闲置资产，指导各村制定特色产业型、服务配套型、电商发展型等村财发展路线，全年新增港塘、钞坑、塔前3个“百万村财村”，全镇年收入百万元以上的村达到8个，占比75%。

【城镇建设】 2022年，灵秀镇完成对接福厦高铁泉州南站建设，二重环湾快速路匝道工程、外西环路高铁连接线等项目征迁。完成石狮网商园项目征迁和土地平整工作，全年完成征地49.13公顷。推进旧城改造，完成联邦国际商业城改造重建项目856户回迁业主选房。解决狮城大道历史遗留征迁问题。完成灵山灵峰片区最后10栋历史遗留问题房屋签约。盘活灵山村B4地块建设人才公寓。推动解决彭田村回批地收储问题。梳理各村闲置回批地、集体用地情况，盘活村级土地资源。完成华山村道路提升、钞坑村人居环境整治提升项目，创建美丽庭院17个。

【社会事业】 2022年，灵秀镇投入教育经费507万元，石狮八中高中部和食堂、市第九实验幼儿园项目完工；市第九实验小学，世茂实验小学食堂和厦外石狮分校附属小学礼堂投入使用。发动社会捐款成立灵秀镇健康关怀基金，投用市急救中心灵秀分站。通过“以商养善”的方式重启阳光馒头店。建成灵峰村居家养老服务中心。启动运行117个单元网格。完成工贸企业安全生产标准化创建210家，建立公寓、旅馆安全年检制度，建成启用石狮服装城灵秀小型消防救援站。打造“电商枫桥”工作模式，启动以来成功调解电商行业纠纷74起。排查化解各类矛盾纠纷341起2197人次，涉及金额6321万元。

【圆通速递福建总部基地落地灵秀镇】 2022年5月17日，福建省泉州市举行第二季度全市重大项目视频连线集中开工活动。圆通速递福建总部暨石狮智创园作为石狮市代表项目参与现场集中开工。圆通速递福建总部暨石狮智创园项目位于灵秀镇网商园内，占地11.27公顷，总建筑面积16万平方米，主要建设一栋综合楼、一栋智慧物流中心、一栋云仓配送中心。主要建成覆盖全省的智慧物流中心，进一步完善石狮商贸配套、提升专业市场能级。

（李阳　施滨滨）

宝盖镇

【概况】 宝盖镇地处石狮市中部，辖区以北对接泉厦漳都市圈，以南连接永宁黄金海岸、古卫城，土地面积26平方千米，下辖坑东、杆头、前园、前坑、塘后、塘边、松茂、仓后、后垵、山雅、铺锦、后宅、苏厝、郑厝、上浦、玉浦、塘头、雪上18个行政村和宝源、龙穴2个社区。宝盖镇户籍人口（常住人口）68698人，流动人口97047人。辖区建有宝盖科技园、宝盖鞋业工业园和中国石狮国际食品城“两园一城”，全镇有工业企业1400多家，其中规模以上、限额以上企业168家，上市企业1家，中国驰名商标4枚，国家、省级高新技术企业43家。2022年，宝盖镇财政收入6.27亿元，规模以上工业产值194.52亿元，比2021年增长2.4%；限额以上商业销售额77.53亿元，比2021年增长8%；限额以上零售额8.13亿元，比2021年增长28%；完成固定投资36.07亿元，比2021年增长2.1%。

【经济发展】 2022年，宝盖镇引进招商项目24个，总投资83.64亿元，其中，10亿元以上项目4个，5亿元以上、10亿元以下项目3个。宝盖镇结合园区标准化建设，通过“腾笼换鸟”、增资扩建、技术改造等，提升园区亩产效益，升级传统产业。发挥卡宾创意园示范作用，推动园区企业向“制造+”转型；鼓励木依羊、鸿远、冠豪、宏伟五金等17个厂区增资扩建，新增厂房面积12万平方米；做好低效厂区盘活文章，促进三越集团、鸿远鞋底、威斯登等9个厂区腾换，盘活厂房面积30万平方米；引进三海户外、耀翔纺织织造等竞争力强、高产值的纺织鞋服企业；引进骏兴鞋材、康运体育用品、康米新材料科技、奥卡索、荣创鞋业、迈创融鞋业等鞋业鞋材企业，壮大传统纺织鞋服板块。拓展食品产业，重点培育沿石泉二路的“工贸融合”食品产业带；围绕食品城提质，引进预制菜新产业，推动中石（福建）食品产业园项目开工建设；推进旺臻食品、铭宝食品等城北食品基地企业项目建设。做大电商板块，引进逸津电子商务、美津浓品牌运营公司，鼓励传统企业拓展电商销售渠道；扩大智创跨境电商园规模，新增入驻电商企业6家。扩大体育产业，促成冠豪体育产业园落地，扩建新厂房3.5万平方米，拓展网球拍等体育用品自动化生产线。

【城镇建设】 2022年，宝盖镇推进片区改造和“项目攻坚2022”行动，全镇房地产用地、工业用地挂牌成交额近16亿元。完成龟湖公园东片区、前园片区征迁任务。全年完成开工项目12个、竣工项目14个，重点项目投资额25.86亿元，超额完成年度投资计划。解决百汇针织项目地表附属物补偿问题、食品基地周边道路建设受阻问题，完成食品城配套道路提升工程（金盛路）项目超50年以上历史建筑迁移。坚持项目带动，聚焦产业发展，策划生成前园智创电商城、科技园“党建+”邻里中心、坑东村“15分钟便民服务圈”和苏厝村“从零到廿”村财创收一揽子项目等村级项目244个，获得乡村振兴奖补资金361万元。全镇18个行政村实现村集体经营性收入20万元以上、8个行政村收入超100万元。宝盖镇获评2022年度泉州市乡村振兴整镇推进“五好”乡镇，成绩位列城乡融合型第一名。推进人居环境整治提升，清理农村生活垃圾27108吨、水塘234口，沟渠278千米。策划生成环境微治理项目20个，完成50户美丽乡村庭院示范户、19个美丽乡村微景观、3个小公园以及1片美丽田园创建。全域推进垃圾分类试点工作，更新“四分类”垃圾桶820个，设置垃圾分类亭68座。濠江国际一期二期小区、百德康桥小区、万科金域小区等4个小区创建生活垃圾分类示范小区。宝盖镇获评第二批省级乡村治理示范镇。

【社会事业】 2022年，宝盖镇加快教育优质均衡发展，投入139.8万元完成后垵学校新校区主体建筑、石狮第三中学改扩建、城北进修学校附属小学报告厅等项目建设。建设乐业XIN驿站，创新孵化石狮首个“零工市场”，推出“狮城零工市场 宝盖镇招聘市集”服务项目，设立人才服务“微基金”，开发“宝盖智慧园区”大数据管理系统，上线“宝盖职聘”小程序，解决企业用工难题。推动镇村两级文体设施与公共服务水平提档升级，新增镇级体育公园1个；松茂、仑后、前园、苏厝4个村级便民服务中心投入使用。发放低保金92.5万元、残疾人补贴67.85万元、特困供养金37.23万元、临时救助款13.57万元。做好全镇995人高龄补贴审核发放工作，为70～79周岁老人购买2022年度老年人意外险6.3万元，惠及2103人；完成78对出生缺陷一级预防工程，

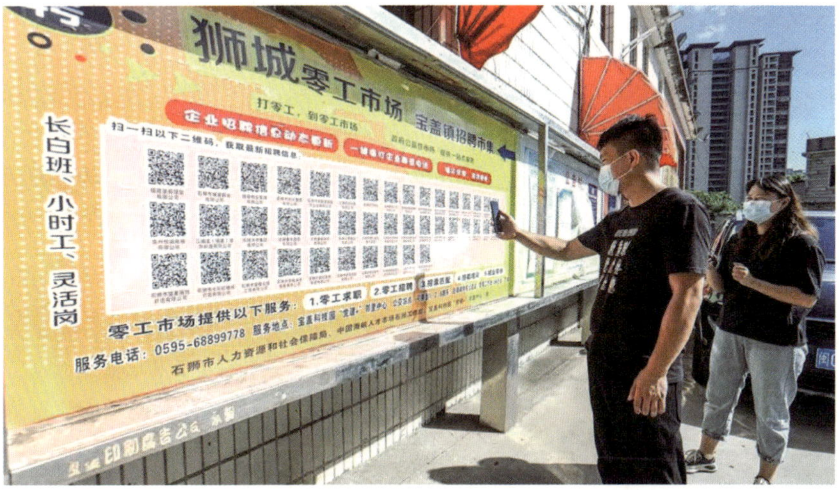

2022年6月17日，宝盖镇结合“我为群众办实事”与“我为企业办实事”行动，发挥“党建+”邻里中心聚合作用，推出服务群众与企业的新项目——“狮城零工市场·宝盖镇招聘市集”
（石狮市委组织部 供图）

65周岁以上老年人免费健康体检2020人，发放奖励扶助金511.536万元。

【基层治理】 2022年，宝盖镇聚焦“一老一小”，对原有党群服务中心建设提档升级，按照“一中心一特色”的理念，以坑东、宝源、科技园为试点建设“党建+”邻里中心，打造宝盖党建品牌。宝盖科技园邻里中心获评泉州市五星级“党建+”邻里中心，坑东村邻里中心获评泉州市三星级“党建+”邻里中心。因地制宜划定网格136个，优化设置网格党组织52个，构建“镇党组织—村级党组织—小区党组织”三级联动管理机制，探索“网格+楼栋长”工作机制，创新推行“单元网格长+网格协管员”组团式网格化管理模式，首创石狮网格协管员由镇级工作人员担任，主要承担后续入格的综治维稳、安全生产、文明创建等基层治理相关工作。

【园区建设】 2022年，宝盖镇推进园区管理体制改革，探索建设园区“业委会”新模式，引导鞋城企业自发成立鞋城发展促进中心。完成鞋城工业园区控规，投入3840万元完成科技园直一路（海宁路—横一路）道路、宝盖科技园一期人行道建设修复工程（三期）、宝盖科技园排水系统维修工程（二期）、宝盖鞋城人行道建设修复工程（二期）、宝盖鞋城排水系统维修工程（二期）等5个提升工程，改善提升园区营商环境。

（白铭坡 柳建波）

蚶江镇

【概况】 蚶江镇位于泉州湾南岸，石狮市东北部，是著名侨乡。总面积38.47平方千米（小城镇建成区26.93平方千米）。下辖蚶江、锦里、石渔、石农、大厦、莲东、莲西、莲中、石壁、东垵、莲塘、溪前、厝仔、青莲、古山、洪窟、锦江、锦亭、水头等19个行政村。常住人口10.2万多人。辖区内文物古迹众多，拥有“泉州：宋元中国的世界海洋商贸中心”世界遗产点2个——宋代六胜塔和唐代石湖码头，以及国家非物质文化遗产闽台对渡文化习俗——海上泼水节。获“中国裤业名镇”“国家级生态乡镇”“全国小城镇经济综合开发示范项目镇”“全国特色小镇”“中国灯谜艺术之乡”“全国先进司法所”“福建省文明乡镇”“泉州市平安乡镇”“泉州十佳特色小城镇”等称号。2022年，蚶江镇税收收入5.02亿元，完成固定资产投资29.83亿元，规模以上工业总产值211.03亿元，增长10.34%；限额以上商业销售额39.02亿元，增长66.3%。

【经济发展】 2022年，蚶江镇招商签约项目19个，总投资80.63亿元，引进民祥央厨、华玉衡科、中科创谷、联东U谷等重大项目。加强企业跟踪服务，帮助企业兑现惠企财政补贴7800万元、申请纾困贷50笔2.2亿元。推进“腾笼换鸟”，盘活低效土地4宗、闲置厂房19.7万平方米。全年新增规模以上工业企业12家、限额以上商业企业11家、战略性新兴产业企业9家。石湖港5号、6号泊位交工验收，新增开通俄罗斯、安哥拉、菲律宾等4条外贸航线，石湖港区停车场、配套加油站等项目基本完工，全年石湖港港口货物吞吐量累计2693.6万吨，比2021年增长1.7%；集装箱吞吐量139.6万标箱，比2021年增长11.24%；市场采购货物石湖港出口占比首次超过50%。

【城镇建设】 2022年，蚶江镇完成市级以上重点项目30个，按时序推进27个，卡宾二期、富华纺织等项目按时开工，晋晖科技、环洋水产、曙晖制造等项目相继落地投产。完成福建技师学院、林銮渡景观路、青山工业园、乐科电商园等征安迁项目12个，涉及征地113.33公顷。编制完成中心镇区控制性详规和15个村的村庄规划，完成镇区改造前期工作。拆除违建165处、2.6万平方米，复耕12.62公顷，整治“裸房”314栋、撂荒地26.67公顷。基本完成锦江、水头安置区配套基础设施建设。开展镇容镇貌专项整治，查处占道经营245起、办理案件49起。深化乡村振兴“串点连线成片”建设，蚶江—祥芝线被认定为“泉州市第二批乡村振兴精品示范线”，莲中村美丽田园获评“五个美丽”创建优秀案例。

【社会事业】 2022年，蚶江镇办好家门口的优质教育，石狮八小建成投用，树兰教育、福建技师学院、福建师大石狮附中等项目落地蚶江，福建技师学院蚶江校区迎来首批300名新生，辖区形成集优质幼儿园、中小学、大学、职业教育于一体的完整教育体系。开展医联体建设，创建“两病”门诊用药保障示范城市样板镇，缓解群众“看病难、看病贵”问题。发放低保、特困、临时救助等补助款363.32万元，惠及群众1452人。推进居家养老服务改造提升，莲中村、石壁村农村幸福院分获三星级、四星级幸福院称号。加强劳动关系源头治理，获评省级劳动和谐示范乡镇。深入挖掘蚶江海丝文化、对渡文化资源，加强宣传推介，央视《乘着大巴看中国》节目组在林銮渡直播品尝“宋元海丝宴”，成功举办“云端版”第十六届闽台对渡文化节暨蚶江海上泼水节，推出“蚶江文旅云推官”，举办“蚶江味道”美食品鉴会，吸引近50万观众线上“畅游蚶江”。依托镇村网格化治理中心和79个村级单元网格，建立“订单分包”矛盾纠纷多元化解机制，受理调处各类矛盾纠纷504起，涉及金额822.76万元，调解率和成功率均达100%。石农村、锦里村获评全省乡村治理示范村。推进安全生产专项整治，落实安全生产连片联合执法，排查整治隐患117处，创建安全生产标准化企业89家。

【蚶江农业公园入选省级典型案例】 2022 年 12 月，石狮蚶江农业公园被福建省乡村振兴局评为全省乡村“五个美丽”建设典型村之美丽田园典型案例。石狮蚶江农业公园美丽田园位于石狮北高速公路互通口和沿海大通道水头外线旁边，紧邻泉州湾跨海大桥，项目占地面积 270 公顷，其中保留基本农田 202 公顷。公园按照开展乡村“五个美丽”建设的要求，对现有农田进行整体提升，通过塑造海丝湖景观、展示农耕文化、还原湿地公园原生态自然景观等方式，创建一片集农业生产、生态湿地、休闲观光、田园体验、科普教育等功能于一体的美丽田园。

（王金演 许君君）

永宁镇

【概况】 永宁镇位于石狮市东南突出部，东临台湾海峡，西倚宝盖山，南临深沪湾。全镇总面积 28.6 平方千米，下辖 4 个社区居委会、20 个行政村。常住人口 4.7 万人，外来人口 1.9 万人。获“全国重点镇”“国家级生态乡镇”“福建省历史文化名镇”“福建省文明镇”“福建省卫生乡镇”“福建省乡村振兴重点特色镇”等称号，永宁老街获评第五届“中国历史文化名街”，永宁古卫城获评 AAA 级景区。2022 年，永宁镇实现公共财政总收入 1.5 亿元，规模以上工业总产值完成 95.65 亿元，增幅 10.65%；限额以上销售额完成 18.59 亿元，增幅约 22.8%，限额以上零售额完成 3.06 亿元，增幅约 4.3%；全社会固定资产投资完成 8.18 亿元。晋位 2022 年度全国综合实力“千强镇”第 791 名。

【经济发展】 2022 年，永宁镇拓展“5510”项目竞赛，完成房屋征迁 52746.1 平方米、征地 31.33 公顷。成立 11 个重点工作专班，推进观音山、永宁古卫城保护提升工程、十里黄金海岸度假区提升、永宁工业新区等 11 个市级重点项目，完成投资额 11.17 亿元。完成黄金海岸旅游度假酒店、蜈支洲岛海洋运动基地、山岚汐屿·在宁海、悠见星空营地等招商签约落地项目 14 个、投资额 77.38 亿元。对接绿岛黄金海岸国际度假酒店项目、万佳红塔湾酒店项目、卡宾台风酒店项目等落地，推进十里黄金海岸高端度假酒店群打造和永宁旅游度假片区建设。推动永宁工业新区建设，以“引进一个、带动一群、辐射一片”为发展目标，围绕打造球拍产业制造基地和卫星通信配套产业基地，开展“强链、延链”招商，对外引进江苏恒神股份有限公司、石狮市怀盛体育用品有限公司、泉州市丰泽新东阳工贸有限公司 3 家同类型实力意向入驻企业。

永宁镇前埔村，摄于 2022 年 12 月 3 日 （李荣鑫 摄）

【城镇建设】 2022 年，永宁镇以被确定为省级乡村振兴重点特色镇为契机，推进城乡融合型“五好”乡镇创建。永宁古卫城建筑概述馆、锦衣卫酒馆、水客一日店主民宿等 6 家新业态入驻开业，永梅路商业街改造项目开工建设。十里黄金海岸观光栈道全线贯通，滨海景交车投入使用，景区微电网高效用能示范项目正式投产。前埔绵羊农场一期、二期及西偏嗨森乐园建成运营，西偏体育文创园开工建设。沙堤、西偏村财收入首破百万元大关，郭宅获评泉州市级乡村振兴实绩突出村。建成 3 个“党建 +”邻里中心，组成 60 个基层治理网格，开展“近邻十项服务”，防范化解重点风险隐患，西偏、港边获评省级乡村治理示范村。启动永梅路两侧楼房改造建设，完成全年 300 幢整治任务。

【社会事业】 2022 年，永宁镇探索“名优校 +”教育发展共同体，组建永宁中心小学教育集团，做大做强信义实验小学、银江华侨学校，推动永宁中学加挂厦外石分永宁校区校牌、官聘学校建成市第五实验小学（官聘校区），引进福建技师学院创办西岑校区。临时救助困难群众 57 户 198 人、43.8 万元，落实安居工程 1 户及保障工程 900 户 632 人，建成港边村幸福院，下宅等村启用一批长者食堂，被确定为市农村留守儿童关爱保护和困境儿童保障工作示范点。深化新时代文明实践，泉州首届“福狮”文化节（石狮专场）活动在永宁古卫城举办，《走读泉州》融媒体主题报道活动首站走进永宁，前埔村红色革命研学基地封顶，沙美村狮阵文化馆建成。开展爱国卫生运动，打响“蓝天、碧水、净土”保卫战，港边、金埭、西偏获评中级版“绿盈乡村”。

【泉州首届“福狮”文化节（石狮专场）活动】 2022年7月26日晚，以“喜迎二十大·‘福狮’启征程”为主题的泉州首届“福狮”文化节（石狮专场）活动启动仪式在永宁古卫城广场举行，活动上举行“福见石狮 镜艳海丝”全国摄影大展开机仪式和“看福戏 闹福狮”福狮文化民俗文艺演出，并同步举行“来狮城逛福展”福狮文化非遗民俗展、福狮文化艺人LIVE秀、福狮文化论坛、福狮文化亲子研学等一系列活动。

（陈钟铭 陈静）

祥芝镇

【概况】 祥芝镇位于石狮东北部突出部，面积15.9平方公里，海岸线长12.9千米，户籍人口3.39万人，外来人口3.9万人，下辖10个行政村。2022年度，祥芝镇完成规模以上工业产值226.07亿元，比2021年增长9.37%。固定资产投资完成22.8亿元，固投项目入库31个，入库金额37.9亿元。限额以上商业销售额18.45亿元，比2021年增长3.55%；限额以上商业零售额7.27亿元，比2021年增长11.36%。祥芝镇入选全国农业产业强镇创建名单。

【经济发展】 2022年，祥芝镇签约招商项目31个，总投资74亿元。祥芝镇有市重点项目46个，完成投资进度比率98%。引进增量税源新注册企业10家，新增百万纳税大户4家。聚焦制约企业发展的突出困难和问题，协助解决企业生产经营难题137件，投放31家中小微企业纾困增产增效专项贷款2.5亿元，减免国有资产租金56.46万元。发展“工业邻里型”村落，各村通过集体留地建设农贸市场、职工配套中心、海鲜排档等业态实现村财增收，截至年底，祥农、大堡、莲坂村村财突破100万元。引进福建城际文旅集团开发休闲渔业观光旅游产业，提升“祥芝两湾”滨海界面，通过改善海岸带建筑风貌，推进滨海界面提升工程，创造“旅游+渔业”特色产业品牌。

【城镇建设】 2022年度，祥芝镇完成大厦溪改线工程、信泰二期项目、古浮紫菜文化园、后湖二路、镇前路（古浮段）等项目共计征地15.84公顷。建设湖西村社会主义新农村宜居样板，该村被评为泉州市2022年度第三批乡村振兴成效显著村。深耕斗美湾片区，投入2000万元实施祥芝滨海界面提升工程。开展拆违提升城乡品质，清理、整治占道经营208起，取缔流动摊点159起，拆除临时搭盖35处2.5万余平方米。结合乡村建设“五个美丽”创建活动，打造52个美丽乡村庭院、11个美丽乡村微景观、3个美丽乡村小公园（小广场）和1个美丽乡村休闲旅游点。

【社会事业】 2022年，祥芝镇首家“公建民营”区域性养老服务照料中心投入运营，开展公共场所配置自动体外除颤器（AED）和群众性应急救护公益培训项目，提高全民自救互救能力，推进慈爱老人福利院易址建设及配备设施建设。推进建设村级公共卫生委员会，提升基层公共卫生治理水平。每季度定期开展爱国卫生运动，整治室外环境卫生；开展无烟单位创建活动，推进室内环境建设，获评石狮市首批无烟单位。推进城乡居民基本医保征缴工作按时完成，开展“两病”示范城市样板镇创建活动，提高“两病”管理服务水平。推进新时代文明实践，完成前山村新时代文明实践站提档升级，常态化组织美丽海岸志愿者协会、义务救援协会等社会团体开展“净滩行动”“船舶垃圾不落海”“海上救援”活动。挖掘海洋文化、渔文化等内涵，举办6期万祥文教论坛儿童阅读公益活动，斗美湾购物节等活动。建成18个“扫黄打非”标准化基层站点，做到镇村站点100%全覆盖，并获授全国“扫黄打非”进基层示范标兵称号。

【祥芝镇入选全国农业产业强镇创建名单】 2022年4月27日，农业农村部办公厅、财政部办公厅公布“2022年农业产业强镇创建名单”，祥芝镇入选全国农业产业强镇创建名单，系福建省7个入选的乡镇之一，也是泉州市唯一入选的乡镇。

（许新新 纪荣喜）

鸿山镇

【概况】 鸿山镇位于石狮市东部，镇区依山傍海，北靠石狮市海拔最高的洪厝山，东临台湾海峡，陆域面积16.73平方千米，海岸线长9.65千米，辖11个行政村，户籍人口3.03万人、流动人口2.1万人，旅外侨亲和港澳台同胞2.6万人。全镇培育形成以热电企业为龙头，以光电子、新材料、新能源等高科技产业为主攻方向，以纺织印染、海洋食品产业为特色的多元产业结构。获“中国休闲面料名镇”“福建省文明乡镇”“福建省劳动关系和谐乡镇”“福建省农村宣传思想文化工作示范乡镇”等称号。2022年，鸿山镇全年完成财政收入5.51亿元，比2021年增长9%。规模以上工业总产值累计完成324.48亿元，比2021年增长5.62%。全社会固定资产投资完成32.49亿元，比2021年增长41%。

【经济发展】 2022年，鸿山镇加大力度抓好新旧动能转化，推进项目建设、招商引资工作，推动经济发展提质增效。紧紧围绕“项目攻坚2022”和“5510”项目竞赛目标任务，加压推进重点项目建设，实现“落地一批、建设一批、投产一批”。其中，全年新增煌祥、豪味来、中科光芯三期、神华福能配套煤仓等开工项目4个；完成祥欣、晓光、晋坤、建新轮胎、中石光芯、婴舒宝一期等竣工项目10个。推进闲置空间清理盘活，盘活低效用地26.8公顷、闲置厂房7.1万平方米，为12个优质项目落地鸿山腾出空间。签约引进金丘智能产业园、信泰二期、兴迅二期等23个招商项目，总投资78.74亿元。

【城镇建设】 2022年，鸿山镇开展存量裸房摸排，重点梳理传统村落、镇区沿线重要村庄、乡村振兴试点村、乡村振兴示范线村庄等“四类”村庄存量裸房，开展房屋安全信息摸排。全年审批农村宅基地和农村住宅翻改建80宗，拆除石结构危房1.2万平方米，完成裸房整治200栋，新建口袋公园2个。推进“五个美丽建设”，完成5个美丽庭院、11个美丽乡村微景观、3个美丽乡村小公园以及西墩村美丽田园建设。完成鸿山路绿化提升改造工程和伍堡哨所提升改造（配套建设）工程，协助豪味来食品、香山变出线走廊、五金110千伏输变电等重点项目投建，推进东园休闲食品小微园区周边配套建设工程、西墩面料园区配套道路建设工程、伍堡“土地公”岸线景观整治提升工程。

【社会事业】 2022年，鸿山镇推动社会事业协调发展，投入481万元加强辖区学校基础设施建设，完成石狮五中学生宿舍楼改造工程，锦林中心幼儿园正式对外招生并投入使用。提升“健康鸿山”建设，建成东园、邱下等5个乡村卫生所（室）一体化站点。向全镇172户276名低保对象、13名特困人员、1名孤儿发放低保金194.77万元、特困人员供养金27.86万元。为1531名70—79周岁老人购买意外险，总金额4.593万元。创建洪厝村、莲厝村幸福院，为辖区老年人提供免费餐食服务。鸿山五彩街区“党建+”邻里中心设立鸿山社工站，不定期为周边群众职工尤其是老人小孩提供个案服务。培养为老服务组织2家，鼓励引导社会力量参与提供各类为老服务，实施“爱心牛奶”“每日饭饭”等优质项目。实施基层社会治理网格化工作，将全镇划分为11个村级网格、45个单元网格，配套中心户长102名，强化网格员建设，打造“综治+”治理中心、邻里议事厅，构建“大调解”工作体系，排查受理各类矛盾纠纷77起，调解成功率100%。

【伍堡哨所休闲公园景观提升工程】

2022年5月，鸿山镇完成伍堡哨所休闲公园景观提升工程，新增海洋生物迎宾大道、哨塔广场、沿海荧光栈道、景观步道、门洞打卡、鸟巢座椅、彩色混凝土路面等，并配套停车场及临时停车位。

（蔡骏鸿 许安安）

伍堡哨所公园（摄于2022年7月7日） （李荣鑫 摄）

锦尚镇

【概况】 锦尚镇属石狮市沿海乡镇，面积14.5平方千米，海岸线长8.4千米，辖11个建制村，16个自然村，户籍人口2.34万人，外来务工人员近1.85万人，是石狮著名侨乡。全镇工业产业以纺织、服装和染整为主，工艺品、电子为辅，主要集中于锦尚工业区和中小企业创业基地；农业产业以海洋捕捞为主，粮食、蔬菜种植为辅。获国家级生态乡镇、全国体育健身示范工程等称号。以卢厝为代表的石狮狮阵被列为国家级第五批非物质文化遗产名录。2022年，锦尚镇完成规模以上工业企业14家，限额以上企业3家。一般公共预算总收入1.8037亿元，减少10.5%，其中一般公共预算收入0.9756亿元，减少12.1%；规模以上工业总产值145.96亿元，增加值比2021年增长14.4%；固定资产投资13.03亿元，比2021年增长22.8%；限额以上商业销售额54.11亿元，比2021年增长16.2%；限额以上零售额完成7.08亿元，比2021年增长5.8%。

【经济发展】 2022年，锦尚镇以融入全市“5510”项目竞赛为契机，完成锦尚智能制造园24万立方米土方清除及90万立方米石方爆破，平整盘活30.07公顷产业用地；鸿锦产业园完成土地征迁、报批及平整，新增11.47公顷用地空间。启动实施锦尚智能制造园东片区土地征收、深埕工业小区土地收储及锦尚智能制造园平整扫尾，实现30.6公顷工业用地储备扩容；梳理并盘活全镇供而未用闲置土地7.23公顷、闲置厂房2.6万平方米。谋划产业招商项目32个，完成18个项目签约，引进总投资82.9亿元。锦尚智能制造园开启现代高端纺织服装园区布局，鹏泰二期、博时纺织服装智造孵化基地、讯达织造等7个项目顺利入驻。鸿锦产业园引进嘉辉服饰、宝卿泰织造、深宝新型环保材料等项目，形成成片开发。锦尚东店一级渔港项目启动基础施工，配套渔港服务中心及智慧渔港信息化项目同步启动建设。锦尚作业区扩大对外开放顺利通过省级验收，推进华锦码头4号泊位扩建，全年华锦码头货物吞吐量1327.01万吨，比2021年增长20.5%，华锦码头集装箱吞吐量317795标箱，比2021年增长12.9%。

【城乡建设】 2022年，锦尚镇加强整镇“一盘棋”规划，全镇7个村通过村庄规划审核，锦尚外线、锦蚶路11栋安置楼启动建设、实现8栋完工，完成染整集控区、中小企业创业基地基础配套提升，鸿锦产业园、锦尚智能制造园完成控规编制。实施石锦路污水管网提升及道路修复，打通了锦南路西段断头路。审批翻建民房46宗、新建民房22宗，推动港前村农村示范住宅小区33宗房屋完成审批并启动施工。投入1800万元全面实施集镇环境整治，提升厝上村咸水园住宅区基础配套，开展厝上溪河道清淤，加强集控区排水排污、河道整治巡查。组织整治“两违”3.2万平方米、卫片执法整改82宗，治理占道经营238起、乱架管线1万余米。全镇建成美丽乡村庭院51个、微景观11个、小公园3个、美丽田园1个，2个项目获评省级乡村“五个美丽”典型示范建设点；厝上村、锦尚村、谢厝村获评省卫生村。

【社会事业】 2022年，锦尚镇优化社会保障服务，推动东店敬老院完成封顶建设，辖区群众城乡居民养老保险、医疗保险续保率分别达95.64%、95.39%。开展困难群众“漏保”“漏救”问题点题整治，新增低保对象35人，全年发放低保、困难救助等各类补助资金310万元。对全镇退役军人“建档立卡”，制作发放退役军人优待证。设立中小企业创业基地儿童之家，常态化开设“四点半”课堂，建设“涌泉·扬帆”大学生实习基地，实现受教群体更加多样、教育服务更富内涵。完善基层医疗卫生服务，入选创建“两病”门诊用药保障示范城市样板镇。推进平安锦尚建设，完善群防群治“四级巡逻网”，推出“订单分包，网格联调”矛盾纠纷多元化解机制，排查化解各类矛盾纠纷347起。

【锦尚镇港前村入选福建省乡村振兴实绩突出村】 2022年12月19日，中共福建省委扶贫开发成果巩固与乡村振兴工作领导小组办公室公示2022年度福建省乡村振兴重点特色乡（镇）、实绩突出村（含备选）的建议名单，其中石狮市锦尚镇港前村入选福建省乡村振兴实绩突出村。

（蔡沧江 蔡德谋）

荣誉 人物

荣 誉

2022年石狮市获省部级及以上表彰的先进单位一览表

表 14

单位名称	荣誉称号	颁发机构	颁发时间
祥芝镇人民政府	全国农业产业强镇	农业农村部	2022年4月27日
卡宾服饰（中国）有限公司公共关系部	全国工人先锋号	中华全国总工会	2022年4月28日
蚶江派出所	全国优秀公安基层单位	公安部	2022年5月25日
中建协和建设有限公司	2020—2021年度全国“安康杯”竞赛优胜单位	中华全国总工会、应急管理部、国家卫生健康委员会	2022年7月18日
石狮市公安局	全国公安机关执法示范单位	公安部	2022年8月19日
宝盖镇	中国服装辅料服饰名镇	中国纺织工业联合会、中国服装协会	2022年10月21日
石狮市工商业联合会（总商会）团体会员石狮市网商协会	2021—2022年度全国“四好”商会	中华全国工商业联合会	2022年11月30日

2022年石狮市获地厅级表彰的先进单位一览表

表 15

单位名称	荣誉称号	颁发机构	颁发时间
石狮市人民检察院办公室	2021年全省检察机关信息工作先进单位	福建省人民检察院办公室	2022年1月28日
石狮市工商业联合会	2021年福建省工商联系统信息工作先进单位	福建省工商业联合会	2022年1月8日
泉州市石狮生态环境局	福建省2021年生态环境保护执法大练兵表现突出集体	福建省生态环境厅	2022年3月18日
祥芝镇人民政府	省级外贸转型升级基地	福建省商务厅	2022年4月25日
国能神福（石狮）发电有限公司	福建省五一劳动奖状	福建省总工会	2022年5月13日
福建省石狮市通达电器有限公司自动化开发应用小组	福建省工人先锋号	福建省总工会	2022年5月13日
石狮市新祥华染整发展有限公司精品车间	福建省工人先锋号	福建省总工会	2022年5月13日

续表 15

单位名称	荣誉称号	颁发机构	颁发时间
石狮市工商业联合会	全省工商联系统先进集体	福建省人力资源和社会保障厅 福建省工商业联合会	2022 年 7 月 1 日
宝盖镇退役军人服务站	省级百家红色退役军人服务站	中共福建省委退役军人事务工作领导小组办公室	2022 年 7 月 4 日
湖滨街道金曾社区退役军人服务站	福建省服务保障体系建设“五有”先进单位	中共福建省退役军人事务领导小组办公室	2022 年 7 月 4 日
福建省石狮市通达电器有限公司	2021 年度 福建省“安康杯”竞赛先进单位	福建省总工会、福建省应急管理厅、福建省卫生健康委员会	2022 年 7 月 8 日
石狮市鸿峰环保生物工程有限公司	2021 年度 福建省“安康杯”竞赛先进单位	福建省总工会、福建省应急管理厅、福建省卫生健康委员会	2022 年 7 月 8 日
石狮市华锦码头储运有限公司	2021 年度 福建省“安康杯”竞赛先进单位	福建省总工会、福建省应急管理厅、福建省卫生健康委员会	2022 年 7 月 8 日
石狮市德辉物业管理有限公司营运部小组	2021 年度 福建省“安康杯”竞赛先进班组	福建省总工会、福建省应急管理厅、福建省卫生健康委员会	2022 年 7 月 8 日
石狮市万峰盛漂染织造有限公司针织开定车间	2021 年度 福建省“安康杯”竞赛先进班组	福建省总工会、福建省应急管理厅、福建省卫生健康委员会	2022 年 7 月 8 日
宝盖镇	福建省第七次全国人口普查突出贡献集体	福建省统计局、福建省第七次全国人口普查领导小组办公室	2022 年 8 月 18 日
巡特警反恐大队	集体二等功	福建省公安厅	2022 年 8 月 25 日
石狮市实验小学	第二批省级“平安校园”	福建省教育厅	2022 年 9 月 6 日
石狮市实验中学附属小学	第二批省级“平安校园”	福建省教育厅	2022 年 9 月 6 日
石狮市第三实验幼儿园	第二批省级“平安校园”	福建省教育厅	2022 年 9 月 6 日
石狮市第八中学	第二批省级“平安校园”	福建省教育厅	2022 年 9 月 6 日
石狮市宝盖镇中心幼儿园	第二批省级“平安校园”	福建省教育厅	2022 年 9 月 6 日
石狮市世茂实验小学	第二批家庭教育特色学校（园）	福建省教育厅	2022 年 9 月 6 日
泉州幼儿师范学校附属幼儿园石狮校区	第二批省级“平安校园”	福建省教育厅	2022 年 9 月 6 日
石狮市蚶江中学	第二批省级“平安校园”	福建省教育厅	2022 年 9 月 6 日
宝盖镇	第二批省级乡村治理示范村镇	福建省农业农村厅	2022 年 10 月 27 日
宝盖镇塘后村	第二批省级乡村治理示范村	福建省农业农村厅	2022 年 10 月 27 日
宝盖镇郑厝村	第二批省级乡村治理示范村	福建省农业农村厅	2022 年 10 月 27 日
灵秀镇灵狮村	第二批省级乡村治理示范村	福建省农业农村厅	2022 年 10 月 27 日
灵秀镇灵山村	第二批省级乡村治理示范村	福建省农业农村厅	2022 年 10 月 27 日
蚶江镇锦里村	第二批省级乡村治理示范村	福建省农业农村厅	2022 年 10 月 27 日
蚶江镇石农村	第二批省级乡村治理示范村	福建省农业农村厅	2022 年 10 月 27 日
永宁镇西偏村	第二批省级乡村治理示范村	福建省农业农村厅	2022 年 10 月 27 日
永宁镇港边村	第二批省级乡村治理示范村	福建省农业农村厅	2022 年 10 月 27 日
祥芝镇祥渔村	第二批省级乡村治理示范村	福建省农业农村厅	2022 年 10 月 27 日
祥芝镇湖西村	第二批省级乡村治理示范村	福建省农业农村厅	2022 年 10 月 27 日
鸿山镇洪厝村	第二批省级乡村治理示范村	福建省农业农村厅	2022 年 10 月 27 日
鸿山镇莲厝村	第二批省级乡村治理示范村	福建省农业农村厅	2022 年 10 月 27 日
锦尚镇卢厝村	第二批省级乡村治理示范村	福建省农业农村厅	2022 年 10 月 27 日
锦尚镇港东村	第二批省级乡村治理示范村	福建省农业农村厅	2022 年 10 月 27 日

续表 15

单位名称	荣誉称号	颁发机构	颁发时间
石狮市中小学素质教育实践基地	福建省中小学生研学实践教育营地	福建省教育厅	2022 年 10 月 27 日
石狮市人民检察院“刺桐花”未检团队	2022 年度全省检察机关优秀办案团队	福建省人民检察院	2022 年 10 月 31 日
石狮市祥芝中心小学少先队大队	2022 年度福建省少先队优秀集体	共青团福建省委、福建省教育厅、福建省少工委	2022 年 10 月 14 日
石狮市蚶江中心小学少先队六（2）中队	2022 年度福建省少先队优秀集体	共青团福建省委、福建省教育厅、福建省少工委	2022 年 10 月 14 日
石狮市锦尚镇锦里小学	省级乡村温馨校园建设典型案例学校	福建省教育厅	2022 年 11 月 8 日
宝盖镇郑厝村妇联	福建省“三百五有”达标村（社区）妇联	福建省妇女联合会	2022 年 11 月 10 日
石狮市湖滨街道妇联	2022 年省妇联“三百五有”推荐活动之全省达标的乡镇（街道）妇联	福建省妇女联合会	2022 年 11 月 10 日
祥芝镇妇联	2022 年省妇联“三百五有”推荐活动之全省达标的乡镇（街道）妇联	福建省妇女联合会	2022 年 11 月 10 日
宝盖镇郑厝村妇联	2022 年省妇联“三百五有”推荐活动之全省达标的乡镇（街道）妇联	福建省妇女联合会	2022 年 11 月 10 日
凤里街道后花社区妇联	2022 年省妇联“三百五有”推荐活动之全省达标的乡镇（街道）妇联	福建省妇女联合会	2022 年 11 月 10 日
石狮市湖滨综合市场	首批福建省“星级文明集市”	中共福建省委文明办、福建省商务厅、福建省市场监督管理局	2022 年 11 月 14 日
石狮市湖滨街道玉湖社区关心下一代工作委员会	第二批全省基层“五好”关工委示范点	福建省关心下一代工作委员会	2022 年 11 月 18 日
石狮市工商业联合会所属商会（石狮市锦尚商会、石狮市莆田商会、石狮市江西商会）	2021—2022 年度福建省“四好”商会	福建省工商业联合会	2022 年 11 月 26 日
石狮市应急管理局	福建省应急管理系统先进集体	福建省人力资源和社会保障厅、福建省应急管理厅	2022 年 12 月 12 日
石狮市教师进修学校	福建省示范性县级教师进修学校	福建省教育厅	2022 年 12 月 29 日

2022 年石狮市获省部级及以上表彰的先进个人一览表

表 16

姓名	工作单位	荣誉称号	颁发机构	颁发时间
蔡鹏泽、刘美娜家庭	石狮市祥芝镇	全国最美家庭	全国妇联	2022 年 5 月 15 日
李铭鐏	石狮市公安局凤里派出所	一等功	公安部	2022 年 8 月 25 日
王顺玲	石狮市人民法院	人民法院少年法庭工作先进个人	最高人民法院	2022 年 8 月 19 日
林建森	石狮市石光中学	福建省特级教师	福建省人民政府	2022 年 9 月 2 日
尤明剑	石狮市公安局电信网络犯罪侦查大队	嘉奖	公安部	2022 年 12 月 9 日
王嘉豪	石狮市公安局禁毒大队	嘉奖	公安部	2022 年 12 月 9 日
郑英德	石狮市公安局宝盖派出所	嘉奖	公安部	2022 年 12 月 9 日

2022 年石狮市获地厅级表彰的先进个人一览表

表 17

姓名	工作单位	奖励名称	颁奖单位	表彰时间
任娅玮	石狮市人民检察院	2021 年全省检察机关信息工作先进个人	福建省人民检察院办公室	2022 年 1 月
龚显钏	石狮市工商业联合会	2021 年福建省工商联系统信息工作先进个人	福建省工商业联合会	2022 年 1 月

续表 17

姓名	工作单位	奖励名称	颁奖单位	表彰时间
郑丽央	宝盖镇郑厝村妇联	福建省最美基层妇联执委	福建省妇女联合会	2022 年 3 月 7 日
吴敏智	泉州市石狮生态环境局	福建省 2021 年生态环境保护执法大练兵表现突出个人	福建省生态环境厅	2022 年 3 月 18 日
林毅芬	泉州市石狮生态环境局	福建省 2021 年生态环境保护执法大练兵表现突出法制审核人员	福建省生态环境厅	2022 年 3 月 18 日
林贤锋	石狮市第八中学	“新时代好少年・红心向党”先进个人	福建省教育系统关心下一代委员会	2022 年 3 月 14 日
蔡茂胜、许娟娟家庭	石狮市总医院	福建省最美家庭	福建省妇联	2022 年 5 月 5 日
叶元荣、刘君君家庭	石狮市公安局	福建省最美家庭	福建省妇联	2022 年 5 月 5 日
郭天助、施秀琛家庭	石狮市永宁镇	福建省绿色家庭	福建省妇联、福建省生态环境厅	2022 年 5 月 9 日
陈展峰、吴晖南家庭	石狮市湖滨街道	福建省绿色家庭	福建省妇联、福建省生态环境厅	2022 年 5 月 9 日
洪心愿	国网石狮市供电公司	2022 年福建省五一劳动奖	福建省总工会	2022 年 5 月 13 日
洪心愿	国网福建省有限公司石狮市供电公司	福建省五一劳动奖章	福建省总工会	2022 年 5 月 13 日
蔡婉妮	石狮市医院	福建省五一劳动奖章	福建省总工会	2022 年 5 月 13 日
林顺建	福建省石狮市通达电器有限公司	福建省五一劳动奖章	福建省总工会	2022 年 5 月 13 日
许聪海、施少芳家庭	石狮市宝盖镇	福建省五好家庭	福建省妇联、福建省委文明办	2022 年 5 月 19 日
曾程浩	石狮市湖滨社区卫生服务中心	2021 年度“福建省优秀共青团干部”	共青团福建省委	2022 年 5 月 4 日
吴煌清	祥芝镇人民政府	泉州市宣传工作先进个人	中共泉州市委、泉州市人民政府	2022 年 6 月 1 日
蔡建四	石狮市工商业联合会	福建省非公有制经济优秀建设者	福建省人民政府	2022 年 6 月 18 日
杨紫明	石狮市工商业联合会	福建省非公有制经济优秀建设者	福建省人民政府	2022 年 6 月 18 日
邱亚环	石狮市妇联	全省妇联系统先进工作者	福建省人力资源和社会保障厅、福建省妇联	2022 年 7 月 14 日
蔡培元	石狮市公安局刑事侦查大队	二等功	福建省公安厅	2022 年 8 月 25 日
卓国宏	石狮市公安局蚶江派出所	二等功	福建省公安厅	2022 年 8 月 25 日
蔡嘉荣	石狮市老干部活动中心	全省先进老干部工作者	中共福建省委老干部局	2022 年 9 月 30 日
程耕轮	石狮市人民法院	第三届“福建省审判业务专家”	福建省高级人民法院	2022 年 9 月 26 日
陈文君	石狮市第五实验小学	福建省优秀少先队辅导员	共青团福建省委、福建省教育厅、福建省少工委	2022 年 10 月 14 日
许蓉晖	灵秀镇塔前村妇联	2022 年省妇联“三百五有”推荐活动之全省优秀妇联主席	福建省妇联	2022 年 11 月 10 日
杨孙恭	石狮湖滨街道	福建省美丽庭院示范户	福建省妇联、福建省农业农村厅	2022 年 12 月 1 日
蔡嫦瑜	石狮湖滨街道	福建省美丽庭院示范户	福建省妇联、福建省农业农村厅	2022 年 12 月 1 日
杨金宝	石狮湖滨街道	福建省美丽庭院示范户	福建省妇联、福建省农业农村厅	2022 年 12 月 1 日
蔡文祥	石狮宝盖镇	福建省美丽庭院示范户	福建省妇联、福建省农业农村厅	2022 年 12 月 1 日

续表 17

姓名	工作单位	奖励名称	颁奖单位	表彰时间
黄特殊	石狮宝盖镇	福建省美丽庭院示范户	福建省妇联、福建省农业农村厅	2022 年 12 月 1 日
许秀环	石狮宝盖镇	福建省美丽庭院示范户	福建省妇联、福建省农业农村厅	2022 年 12 月 1 日
吴维彬	石狮宝盖镇	福建省美丽庭院示范户	福建省妇联、福建省农业农村厅	2022 年 12 月 1 日
郭伟雄	石狮宝盖镇	福建省美丽庭院示范户	福建省妇联、福建省农业农村厅	2022 年 12 月 1 日
蔡明哲	石狮永宁镇	福建省美丽庭院示范户	福建省妇联、福建省农业农村厅	2022 年 12 月 1 日
陈永显	石狮永宁镇	福建省美丽庭院示范户	福建省妇联、福建省农业农村厅	2022 年 12 月 1 日
高积福	石狮永宁镇	福建省美丽庭院示范户	福建省妇联、福建省农业农村厅	2022 年 12 月 1 日
龚金火	石狮永宁镇	福建省美丽庭院示范户	福建省妇联、福建省农业农村厅	2022 年 12 月 1 日
龚文康	石狮永宁镇	福建省美丽庭院示范户	福建省妇联、福建省农业农村厅	2022 年 12 月 1 日
龚诗钗	石狮永宁镇	福建省美丽庭院示范户	福建省妇联、福建省农业农村厅	2022 年 12 月 1 日
龚书照	石狮永宁镇	福建省美丽庭院示范户	福建省妇联、福建省农业农村厅	2022 年 12 月 1 日
龚志雄	石狮永宁镇	福建省美丽庭院示范户	福建省妇联、福建省农业农村厅	2022 年 12 月 1 日
杨祖衍	石狮永宁镇	福建省美丽庭院示范户	福建省妇联、福建省农业农村厅	2022 年 12 月 1 日
杨志成	石狮永宁镇	福建省美丽庭院示范户	福建省妇联、福建省农业农村厅	2022 年 12 月 1 日
王胜利	石狮永宁镇	福建省美丽庭院示范户	福建省妇联、福建省农业农村厅	2022 年 12 月 1 日
纪庆雄	石狮蚶江镇	福建省美丽庭院示范户	福建省妇联、福建省农业农村厅	2022 年 12 月 1 日
纪安全	石狮蚶江镇	福建省美丽庭院示范户	福建省妇联、福建省农业农村厅	2022 年 12 月 1 日
纪荣挺	石狮蚶江镇	福建省美丽庭院示范户	福建省妇联、福建省农业农村厅	2022 年 12 月 1 日
谢志芳	石狮蚶江镇	福建省美丽庭院示范户	福建省妇联、福建省农业农村厅	2022 年 12 月 1 日
谢金川	石狮蚶江镇	福建省美丽庭院示范户	福建省妇联、福建省农业农村厅	2022 年 12 月 1 日
蔡宝树	石狮蚶江镇	福建省美丽庭院示范户	福建省妇联、福建省农业农村厅	2022 年 12 月 1 日
林圣潮	石狮蚶江镇	福建省美丽庭院示范户	福建省妇联、福建省农业农村厅	2022 年 12 月 1 日
郑白玉	石狮蚶江镇	福建省美丽庭院示范户	福建省妇联、福建省农业农村厅	2022 年 12 月 1 日
洪国栋	石狮蚶江镇	福建省美丽庭院示范户	福建省妇联、福建省农业农村厅	2022 年 12 月 1 日
许清安	石狮蚶江镇	福建省美丽庭院示范户	福建省妇联、福建省农业农村厅	2022 年 12 月 1 日
许明聪	石狮蚶江镇	福建省美丽庭院示范户	福建省妇联、福建省农业农村厅	2022 年 12 月 1 日

续表 17

姓名	工作单位	奖励名称	颁奖单位	表彰时间
许经力	石狮蚶江镇	福建省美丽庭院示范户	福建省妇联、福建省农业农村厅	2022 年 12 月 1 日
陈秀气	石狮祥芝镇	福建省美丽庭院示范户	福建省妇联、福建省农业农村厅	2022 年 12 月 1 日
蔡连合	石狮祥芝镇	福建省美丽庭院示范户	福建省妇联、福建省农业农村厅	2022 年 12 月 1 日
蔡阿结	石狮祥芝镇	福建省美丽庭院示范户	福建省妇联、福建省农业农村厅	2022 年 12 月 1 日
陈军火	石狮祥芝镇	福建省美丽庭院示范户	福建省妇联、福建省农业农村厅	2022 年 12 月 1 日
蔡芳衍	石狮祥芝镇	福建省美丽庭院示范户	福建省妇联、福建省农业农村厅	2022 年 12 月 1 日
蔡国富	石狮祥芝镇	福建省美丽庭院示范户	福建省妇联、福建省农业农村厅	2022 年 12 月 1 日
周荣德	石狮祥芝镇	福建省美丽庭院示范户	福建省妇联、福建省农业农村厅	2022 年 12 月 1 日
刘金返	石狮祥芝镇	福建省美丽庭院示范户	福建省妇联、福建省农业农村厅	2022 年 12 月 1 日
刘秀雪	石狮祥芝镇	福建省美丽庭院示范户	福建省妇联、福建省农业农村厅	2022 年 12 月 1 日
吴　建	石狮祥芝镇	福建省美丽庭院示范户	福建省妇联、福建省农业农村厅	2022 年 12 月 1 日
刘丽玲	石狮祥芝镇	福建省美丽庭院示范户	福建省妇联、福建省农业农村厅	2022 年 12 月 1 日
林啊典	石狮鸿山镇	福建省美丽庭院示范户	福建省妇联、福建省农业农村厅	2022 年 12 月 1 日
邱煌添	石狮鸿山镇	福建省美丽庭院示范户	福建省妇联、福建省农业农村厅	2022 年 12 月 1 日
林美英	石狮鸿山镇	福建省美丽庭院示范户	福建省妇联、福建省农业农村厅	2022 年 12 月 1 日
邱连对	石狮鸿山镇	福建省美丽庭院示范户	福建省妇联、福建省农业农村厅	2022 年 12 月 1 日
许龙坤	石狮锦尚镇	福建省美丽庭院示范户	福建省妇联、福建省农业农村厅	2022 年 12 月 1 日
邱华钦	石狮锦尚镇	福建省美丽庭院示范户	福建省妇联、福建省农业农村厅	2022 年 12 月 1 日
邱奕向	石狮锦尚镇	福建省美丽庭院示范户	福建省妇联、福建省农业农村厅	2022 年 12 月 1 日
黄以鹏	石狮市公安局刑事侦查大队	二等功	福建省公安厅	2022 年 12 月 7 日
周德志	石狮市应急管理局	福建省应急管理系统先进工作者	福建省人力资源和社会保障厅、福建省应急管理厅	2022 年 12 月 12 日
苏丽蓉	石狮市人民法院	全省法院党的二十大期间信访安全保障工作成绩突出个人通报表扬	福建省高级人民法院	2022 年 12 月 20 日

人 物

2022年石狮市获得高、中级职称人员一览表

表18

工作单位	姓名	技术职务	评定时间
石狮市教师进修学校	黄雅芳	正高级教师	2022年1月21日
石狮市实验中学	施清杯	正高级教师	2022年1月21日
石狮高新技术产业开发区服务中心	蔡志祥	高级经济师	2022年3月6日
福建省耀景市政园林有限公司	苏志良	高级工程师	2022年3月15日
中建协和建设有限公司	林忠平	高级工程师	2022年3月15日
福建中科光芯光电科技有限公司	李　秋	高级工程师	2022年3月15日
福建冠兴皮革有限公司	曾江勇	高级经济师	2022年3月15日
石狮市城建档案馆	周文星	副研究馆员	2022年6月30日
石狮市职工活动中心	陈　琼	副研究馆员	2022年6月30日
厦门外国语学校石狮分校附属小学	张秀气	高级教师	2022年8月29日
厦门外国语学校石狮分校附属小学	蔡安娜	高级教师	2022年8月29日
石狮市宝盖镇塘边小学	柯妮娜	高级教师	2022年8月29日
石狮市大仑中心小学	杨晓枫	高级教师	2022年8月29日
石狮市第四实验小学	陈燕平	高级教师	2022年8月29日
石狮市第五实验小学	洪美玲	高级教师	2022年8月29日
石狮市第五实验小学	纪宝算	高级教师	2022年8月29日
石狮市福民中心小学	王美省	高级教师	2022年8月29日
石狮市龟湖中心小学	蔡毓玲	高级教师	2022年8月29日
石狮市蚶江镇峰山小学	程丽娜	高级教师	2022年8月29日
石狮市蚶江镇石湖小学	林庆丰	高级教师	2022年8月29日
石狮市鸿山镇锦林小学	王良枝	高级教师	2022年8月29日
石狮市教师进修学校附属小学	李丽娜	高级教师	2022年8月29日
石狮市教师进修学校附属小学	黄丽援	高级教师	2022年8月29日
石狮市锦峰实验学校	郑莲绢	高级教师	2022年8月29日
石狮市灵秀镇港塘小学	叶小云	高级教师	2022年8月29日
石狮市灵秀镇港塘小学	吕燕玉	高级教师	2022年8月29日
石狮市灵秀镇古洋小学	范成富	高级教师	2022年8月29日
石狮市灵秀镇塔前小学	邱跃玲	高级教师	2022年8月29日
石狮市灵秀镇塘园小学	蔡绵绵	高级教师	2022年8月29日
石狮市仁爱学校	李建城	高级教师	2022年8月29日
石狮市实验小学	郑珊珊	高级教师	2022年8月29日
石狮市实验小学	李华星	高级教师	2022年8月29日
石狮市祥芝中心小学	谢秀芬	高级教师	2022年8月29日
石狮市祥芝中心小学	王丽琼	高级教师	2022年8月29日
石狮市新湖中心小学	杨莉莉	高级教师	2022年8月29日
石狮市永宁镇美江小学	郑春兰	高级教师	2022年8月29日
石狮市永宁中心小学	高淑金	高级教师	2022年8月29日
石狮市永宁中心小学	林金发	高级教师	2022年8月29日
石狮市第五实验幼儿园	颜鸿仪	高级教师	2022年8月29日

续表 18

工作单位	姓名	技术职务	评定时间
石狮市永宁中心幼儿园	董雅诗	高级教师	2022 年 8 月 29 日
石狮市蚶江中学	陈章敕	高级教师	2022 年 8 月 29 日
石狮市蚶江中学	吴　纲	高级教师	2022 年 8 月 29 日
石狮市蚶江中学	乐建富	高级教师	2022 年 8 月 29 日
石狮市蚶江中学	王　共	高级教师	2022 年 8 月 29 日
石狮市蚶江中学	施东哲	高级教师	2022 年 8 月 29 日
石狮市蚶江中学	王传接	高级教师	2022 年 8 月 29 日
石狮市蚶江中学	黄华生	高级教师	2022 年 8 月 29 日
石狮市蚶江中学	李云芹	高级教师	2022 年 8 月 29 日
厦门外国语学校石狮分校	宋征兵	高级教师	2022 年 8 月 29 日
厦门外国语学校石狮分校	吴文娟	高级教师	2022 年 8 月 29 日
厦门外国语学校石狮分校	李祥叠	高级教师	2022 年 8 月 29 日
厦门外国语学校石狮分校	刘宏志	高级教师	2022 年 8 月 29 日
厦门外国语学校石狮分校	施雅心	高级教师	2022 年 8 月 29 日
厦门外国语学校石狮分校	修金文	高级教师	2022 年 8 月 29 日
石狮市永宁中学	戴　丹	高级教师	2022 年 8 月 29 日
石狮市永宁中学	何超党	高级教师	2022 年 8 月 29 日
石狮市永宁中学	李玉珍	高级教师	2022 年 8 月 29 日
石狮市永宁中学	钟海蓉	高级教师	2022 年 8 月 29 日
石狮市永宁中学	周陈胜	高级教师	2022 年 8 月 29 日
石狮市永宁中学	李志和	高级教师	2022 年 8 月 29 日
石狮市实验中学	黄华莉	高级教师	2022 年 8 月 29 日
石狮市实验中学	张小梅	高级教师	2022 年 8 月 29 日
石狮市实验中学	蔡玉彬	高级教师	2022 年 8 月 29 日
石狮市实验中学	吕小民	高级教师	2022 年 8 月 29 日
石狮市实验中学	施萍萍	高级教师	2022 年 8 月 29 日
石狮市实验中学	蔡良在	高级教师	2022 年 8 月 29 日
石狮市石光中学	李　宇	高级教师	2022 年 8 月 29 日
石狮市石光中学	王文立	高级教师	2022 年 8 月 29 日
石狮市石光中学	黄锦欣	高级教师	2022 年 8 月 29 日
石狮市石光中学	黄太玉	高级教师	2022 年 8 月 29 日
石狮市石光中学	洪勇辉	高级教师	2022 年 8 月 29 日
石狮市石光中学	吴红娜	高级教师	2022 年 8 月 29 日
石狮市石光中学	徐　肠	高级教师	2022 年 8 月 29 日
石狮市石光中学	柯洪伟	高级教师	2022 年 8 月 29 日
石狮市石光中学	黄　艳	高级教师	2022 年 8 月 29 日
石狮市锦峰实验学校	黄丽燕	高级教师	2022 年 8 月 29 日
石狮市锦峰实验学校	许贫芬	高级教师	2022 年 8 月 29 日
石狮市锦峰实验学校	李宝香	高级教师	2022 年 8 月 29 日
石狮市华侨中学	杨雅志	高级教师	2022 年 8 月 29 日
石狮市华侨中学	郑炯瑜	高级教师	2022 年 8 月 29 日
石狮市华侨中学	陈秀春	高级教师	2022 年 8 月 29 日
石狮市华侨中学	刘青辉	高级教师	2022 年 8 月 29 日
石狮市华侨中学	庄秀玉	高级教师	2022 年 8 月 29 日

续表 18

工作单位	姓名	技术职务	评定时间
石狮市华侨中学	吴丽珊	高级教师	2022 年 8 月 29 日
石狮市华侨中学	谢丙地	高级教师	2022 年 8 月 29 日
石狮市华侨中学	胡丽宣	高级教师	2022 年 8 月 29 日
石狮市华侨中学	陈宏海	高级教师	2022 年 8 月 29 日
石狮市华侨中学	王玲美	高级教师	2022 年 8 月 29 日
石狮市第八中学	郑丽榕	高级教师	2022 年 8 月 29 日
石狮市第八中学	张华瑜	高级教师	2022 年 8 月 29 日
石狮市第八中学	陈雨红	高级教师	2022 年 8 月 29 日
石狮市第七中学	蔡琴英	高级教师	2022 年 8 月 29 日
石狮市第七中学	蔡良恒	高级教师	2022 年 8 月 29 日
石狮市第五中学	刘婷婷	高级教师	2022 年 8 月 29 日
石狮市第五中学	王明长	高级教师	2022 年 8 月 29 日
石狮市第三中学	刘艳芳	高级教师	2022 年 8 月 29 日
石狮市第三中学	蔡栋梁	高级教师	2022 年 8 月 29 日
石狮市第三中学	陈永雀	高级教师	2022 年 8 月 29 日
石狮市第三中学	徐荣美	高级教师	2022 年 8 月 29 日
石狮市第三中学	蔡明勉	高级教师	2022 年 8 月 29 日
石狮市第二中学	蔡秀凤	高级教师	2022 年 8 月 29 日
石狮市第二中学	陈晓耕	高级教师	2022 年 8 月 29 日
石狮市第二中学	朱学义	高级教师	2022 年 8 月 29 日
石狮市第一中学	姚秋月	高级教师	2022 年 8 月 29 日
石狮市第一中学	郭苑南	高级教师	2022 年 8 月 29 日
石狮市第一中学	邱爱福	高级教师	2022 年 8 月 29 日
石狮市第一中学	吴作成	高级教师	2022 年 8 月 29 日
石狮市第一中学	谢清菊	高级教师	2022 年 8 月 29 日
石狮市第一中学	林振荣	高级教师	2022 年 8 月 29 日
石狮市第一中学	钟建明	高级教师	2022 年 8 月 29 日
石狮市第一中学	曾国泰	高级教师	2022 年 8 月 29 日
石狮市第一中学	薛道通	高级教师	2022 年 8 月 29 日
石狮市第一中学	涂永坤	高级教师	2022 年 8 月 29 日
石狮市第一中学	王智强	高级教师	2022 年 8 月 29 日
石狮市第一中学	黄志猛	高级教师	2022 年 8 月 29 日
石狮市第一中学	祝胜军	高级教师	2022 年 8 月 29 日
石狮市图书馆	杨孙超	副研究馆员	2022 年 8 月 28 日
石狮市蚶江镇卫生院	詹香花	基层副主任技师	2022 年 12 月 12 日
石狮市凤里社区卫生服务中心	许　怡	基层副主任技师	2022 年 12 月 12 日
石狮市宝盖社区卫生服务中心	王丽君	基层中西医结合副主任医师	2022 年 12 月 12 日
石狮市宝盖社区卫生服务中心	蔡成志	基层中西医结合副主任医师	2022 年 12 月 12 日
石狮市灵秀社区卫生服务中心	卢清芬	基层副主任医师	2022 年 12 月 12 日
石狮市湖滨社区卫生服务中心	杨雪峰	基层副主任医师	2022 年 12 月 12 日
石狮市疾病预防控制中心	蔡丽旋	基层副主任医师	2022 年 12 月 12 日
石狮市医院	蔡婉妮	副主任护师	2022 年 12 月 12 日
石狮市医院	蔡玉决	副主任护师	2022 年 12 月 12 日
石狮市医院	黄少治	副主任护师	2022 年 12 月 12 日

续表 18

工作单位	姓名	技术职务	评定时间
石狮市医院	李婉雅	副主任护师	2022 年 12 月 12 日
石狮市妇幼保健院	黄美玉	副主任护师	2022 年 12 月 12 日
石狮市妇幼保健院	李丽勉	副主任护师	2022 年 12 月 12 日
石狮市妇幼保健院	李玉丽	副主任护师	2022 年 12 月 12 日
石狮市医院	蔡晓蓉	副主任药师	2022 年 12 月 12 日
石狮市医院	杨叶楠	副主任药师	2022 年 12 月 12 日
石狮市妇幼保健院	蓝国亮	副主任药师	2022 年 12 月 12 日
石狮市医院	黄颂茂	副主任技师	2022 年 12 月 12 日
石狮市医院	许新岚	副主任技师	2022 年 12 月 12 日
石狮市妇幼保健院	王金珠	中西医结合副主任医师	2022 年 12 月 12 日
石狮市医院	上官渊辉	中医副主任医师	2022 年 12 月 12 日
石狮市医院	谢超凡	中医副主任医师	2022 年 12 月 12 日
石狮市宝盖社区卫生服务中心	施纯煌	中医副主任医师	2022 年 12 月 12 日
石狮市湖滨社区卫生服务中心	黄钟鸣	中医副主任医师	2022 年 12 月 12 日
石狮市湖滨社区卫生服务中心	出云娥	中医副主任医师	2022 年 12 月 12 日
石狮吴长汶中医内科诊所	吴长汶	中医副主任医师	2022 年 12 月 12 日
石狮市锦尚镇卫生院	黄斌斌	副主任医师	2022 年 12 月 12 日
石狮市医院	蔡清强	副主任医师	2022 年 12 月 12 日
石狮市医院	陈展峰	副主任医师	2022 年 12 月 12 日
石狮市医院	杜明明	副主任医师	2022 年 12 月 12 日
石狮市医院	张国彪	副主任医师	2022 年 12 月 12 日
石狮市医院	郑梅英	副主任医师	2022 年 12 月 12 日
石狮市医院	施炜城	副主任医师	2022 年 12 月 12 日
石狮市医院	王传南	副主任医师	2022 年 12 月 12 日
石狮市医院	谢　波	副主任医师	2022 年 12 月 12 日
石狮市医院	谢冬菲	副主任医师	2022 年 12 月 12 日
石狮市医院	杨天奖	副主任医师	2022 年 12 月 12 日
石狮市妇幼保健院	刘艳杰	副主任医师	2022 年 12 月 12 日
石狮市妇幼保健院	邱婷婷	副主任医师	2022 年 12 月 12 日
石狮市妇幼保健院	林玉婷	副主任医师	2022 年 12 月 12 日
石狮市妇幼保健院	蔡雅雅	副主任医师	2022 年 12 月 12 日
石狮市妇幼保健院	施俏裙	副主任医师	2022 年 12 月 12 日
石狮市妇幼保健院	吴雅丽	副主任医师	2022 年 12 月 12 日
石狮市妇幼保健院	蔡缘缘	副主任医师	2022 年 12 月 12 日
石狮鹏山工贸学校	李金莎	高级讲师	2022 年 12 月 21 日
石狮鹏山工贸学校	龚　源	高级讲师	2022 年 12 月 21 日

深入学习贯彻党的二十大精神 加快建设现代化商贸之都

——2022 年 12 月 12 日在中国共产党石狮市第八次代表大会第二次会议上的报告

中共石狮市委书记　黄春辉

一、深入学习贯彻党的二十大精神，以清醒坚定的政治自觉走好新时代赶考路

历史在继往开来中续写，事业在接续奋斗中升华。党的二十大是在全党全国各族人民迈上全面建设社会主义现代化国家新征程、向第二个百年奋斗目标进军的关键时刻召开的一次十分重要的大会。学习贯彻党的二十大精神，是我们当前和今后一个时期的首要政治任务。省委、泉州市委已分别召开全委会专门部署推进，全市各级党组织和广大党员干部要认真领悟新思想新论断新要求，对标对表、不折不扣将党的二十大精神落实到石狮各项事业高质量发展的全过程、各方面。

（一）充分认识重大意义，坚定拥护“两个确立”，坚决做到“两个维护”。党的二十大事关党和国家事业长远发展，事关中华民族伟大复兴，具有十分重大的政治意义、理论意义、战略意义。我们要深刻领会新时代十年的伟大变革，坚定历史自信、增强历史主动，意气风发踏上新的赶考之路。要深刻领会马克思主义中国化时代化新境界，把握好习近平新时代中国特色社会主义思想的世界观和方法论，使我市各项工作始终方向正确、行稳致远。要深刻领会以中国式现代化全面推进中华民族伟大复兴的使命任务，加快构建我市从经济到社会、从城市到乡村、从治理体系到治理能力等全方位的现代化体系。要深刻领会推进新时代党的建设新的伟大工程的重大部署，把全市各级党组织建设得更加坚强有力。

（二）始终坚定理想信念，激发奋进新征程、建功新时代的强大动力。习近平总书记在大会上所作的报告，为全党全国人民夺取中国特色社会主义新胜利注入了强大的精神力量。我们要学出政治担当。更加坚定共产主义信仰，更加深切感受中国特色社会主义制度优越性，稳扎稳打、一步一个脚印把党的二十大作出的重大决策部署付诸行动、抓出成效。要学出改革意志。挣脱制约发展的思想束缚，破除“外面有没有先例”“过去有没有惯例”的守成观念，进一步把握好政府和市场、供给和需求、开放和自主、政策时效度等重大关系，率先在构建新发展格局、共同富裕、城乡统筹等关键领域打造石狮样板。要学出斗争精神。正确把握危中有机、危可转机的辩证法，在应对各种复杂形势的斗争中，提早谋划稳增长、促转型、提质效的长远大计，不断提升县域竞争力和抗风险能力。

（三）时刻保持争先意识，全力以赴加快现代化商贸之都建设。学习贯彻党的二十大精神，关键要落到行动上，在学深悟透精神的基础上，充分释放各方活力、激发内生动能，保持经济社会发展走在全省、泉州市前列。我们要融入大局，重塑竞争优势。主动服务国家“一带一路”、福建省“海丝”核心区、泉州市“海丝”名城建设，找准石狮在国内大循环和国内国际双循环中的位置和比较优势，努力在构建新发展格局中先行示范。要统筹推进，增强工作定力。紧盯当下防范风险隐患不懈怠、咬定各项发展指标不放松等阶段任务，久久为功打好产业链供应链升级、消费需求扩张、投资结构调整等高质量发展组合拳，努力实现从量变积累到质变突破的递进跃升。要挖掘潜能，增强发展后劲。既充分发挥石狮民营经济发达、商贸市场活跃、创业氛围浓厚等长处，也清醒认识当前我市存在的产业能级总体不高、市场体系不够完善、用地能耗等核心资源制约日益趋紧等系列问题，加快补齐短板弱项，使建设现代化商贸之都的“四梁八柱”更加稳固。

二、回顾一年工作历程，感恩踔厉奋发的新时代建设者

即将过去的2022年，面对百年变局和世纪疫情相互叠加的复杂形势，市委高举习近平新时代中国特色社会主义思想伟大旗帜，坚持“疫情要防住、经济要稳住、发展要安全”，实施“强产业、兴城市”双轮驱动，带领全市广大党员干部群众锐意进取、负重拼搏，奋力建设现代化商贸之都。综合实力保持全国中小城市第15位，县域人口密度居全国第一位，电商竞争力晋位至全国第三位，获全国信访工作示范市和省级法治政府建设示范市、农村基层党建示范市、双拥模范城“九连冠”等荣誉。

这一年，我们坚持人民至上，众志成城防控疫情。紧抓“外防输入、内防反弹”，建立快速应急处置等长效机制。果敢坚毅打赢“3·13”疫情歼灭战。稳妥打好“11·14”疫情防控战。在病毒肆虐的日子，全市医务人员星夜出征，党员干部火线集结，志愿者们无私奉献，海内外乡贤慷慨解囊，80万市民聚涓滴之力、筑大爱之城，每个人都把自身冷暖与城市安危融为一体，每个人都成为这场“战疫”的坚强后盾。

这一年，我们直面复杂形势，克难攻坚稳住发展。深入开展“5510”项目竞赛，统筹推进“四产联动”，地区生产总值增长4.5%（预计，下同），工业投资增长30%，技改投资增长80%，地方一般公共预算收入增长8.3%。完成项目投资200亿元，推动60个超亿元实业项目投产。建成3个省级智能制造示范项目，飞通通讯、中科光芯入选“未来独角兽”和“瞪羚”创新企业。召开企业发展大会，兑现惠企资金近5亿元，全力为市场主体保驾护航。

这一年，我们勇当改革先锋，开拓创新激活商贸。成功举办第八届“海丝”品博会暨第二届RCEP青年侨商峰会，开启“小石狮·大世界”外贸拓展活动，获批全国首批外经贸提质增效项目，市场采购贸易试点规模上升至全国第4位，外贸出口占泉州份额增至24%，新增4条外贸航线。实施品牌电商发展计划，推出全省首个电商人才积分政策，承办全国电商主播大赛，年货节、网购节零售额居全省首位，限额以上销售额增长25%。开展“海丝航标”系列文旅活动，“宋元海丝宴”入选全国地标美食名宴，探索建立预制菜产业链。

这一年，我们推进全域美丽，描城绣海修护生态。“五大片区”改造驱动城市更新步伐，基本完成联邦商业城改造，城镇化率提升至86.1%。岸线整治拉近“亲海”空间，锦江外线、“问海”民宿成为新的“网红打卡地”。城景融合提升人居品位，新增20处街心绿地公园，峡谷旅游路见山遇水、移步换景。乡愁古韵与文明新风浸润狮城，举办首届“福狮”文化节，古航标、古卫城、古民居焕发千年沧桑美。生态文明建设彰显成效，空气质量达标率100%，海域水质达到一类标准，白鹤、彩鹮等“生态贵宾”如期而至。

这一年，我们增添小康成色，用心用情保障民生。组建5个“名优校+”教育集团，建成八小、九小、九幼等新校区，新增学位3260个。市总医院获批国家首批“千县工程”，排名全省公立医院满意度第3位。建成26个“党建+”邻里中心，开展“近邻十项服务”。整治裸房1498幢，推动13个村集体收入超百万，永宁镇获评省级乡村振兴特色乡镇。组成675个基层社会治理网格，“智慧城市大脑”入选全国典型，刑事破案率排名全省第三位，安全生产事故下降50%。

这一年，我们弘扬伟大建党精神，团结向上凝聚干群合力。巩固深化党史学习教育成果，实施“四好”示范创建行动。出台激励担当作为若干措施，抽调690名业务骨干到一线历练，提拔重用265名优秀干部。启动青年人才“狮城荟萃”工程，入选省级青年发展型县域试点。落实意识形态工作责任制，加强新时代文明实践中心建设。坚持从严管党治党，严肃查处违纪违法案件100件110人。市委带头加强自身建设，支持人大、政府、政协和法院、检察院依法依章程履行职责，鼓励工会、共青团、妇联等群团组织创造性开展工作，扎实做好党管武装、双拥支前、民族宗教、对台、侨务、老干部、关心下一代、山海协作等工作，与全市人民携手同心谋发展、拼事业。

各位代表、同志们！梦想无法凭空实现，成功惟有不懈努力。一年来，面对大变局大事件叠加的大考验，我们取得的成绩实属不易，这是全市各级党组织和广大党员干部群众在习近平新时代中国特色社会主义思想引领下，勠力同心、拼搏奋进的结果。在此，我谨代表市委，向全市党员干部群众，向驻石部队、武警官兵，向各民主党派、工商联和关心支持石狮发展的各界人士，致以崇高的敬意和衷心的感谢！

三、扛起示范带动的使命担当，勇敢站立现代化建设潮头

春风浩荡，春潮涌动。我国正加快

朝着第二个百年奋斗目标迈进，以中国式现代化全面推进中华民族伟大复兴。伟大时代需要坚强核心掌舵领航，伟大事业需要先进思想科学指引。我们一定要坚决维护以习近平同志为核心的党中央权威和集中统一领导，高举习近平新时代中国特色社会主义思想伟大旗帜，深刻理解在新时代新阶段肩负着什么样的使命、怎样实现使命这一重大课题，一锤接着一锤敲，一张蓝图绘到底，乘势而上、昂首阔步奋进新征程。

未来一段时期的总体要求是：坚持以习近平新时代中国特色社会主义思想为指导，深入学习贯彻党的二十大精神，统筹推进“五位一体”总体布局、协调推进“四个全面”战略布局，主动服务和融入新发展格局，突出创新引领、稳中求进，坚持强产业、兴城市，做好创新创业创造、发展商贸经济、精美城市建设“三个示范”，加快建设现代化商贸之都。

结合我市“十四五”规划，今后一段时期的发展思路是：

——*争当构建新发展格局先行区*。习近平总书记指出，有条件的地区可以率先探索有利于促进全国构建新发展格局的有效路径，发挥引领和带动作用。石狮商贸市场繁荣，与生俱来就有“重商善贾”的人文基因，有信心、也有责任率先探索、做好示范。我们必须保持高质量发展态势，持续完善现代产业体系，拓展商贸变革运用场景，着力解决一些供给侧低端、低效、资源不合理配置问题，积极捕捉、挖掘、创造新的消费需求，更好地利用国内国际两个市场两种资源，全面提升融入“双循环”的质量和水平，在区域发展中打造制度型对外开放高地。

——*争当共同富裕先行区*。共同富裕是中国式现代化的本质要求，是人民群众的美好愿望。石狮全域城市化水平较高，城乡居民人均可支配收入稳居全省县市首位，具备率先探索共同富裕之路的基础条件。我们必须坚持政府、社会、企业、个人共创共建共享，倡导勤劳致富、创新致富、先富带动后富，努力在完善收入分配制度、统筹城乡区域发展、促进各个群体的全面发展等方面先行先试，加快构建实现共同富裕的体制机制，使石狮成为社会物质富足、群众精神富有的县域发展典范。

——*建成活力海洋之城*。海洋是高质量发展的战略要地，是培育新动能、拓展新空间、引领新发展的大舞台。石狮临海而居、因海而兴，自古以来就有“用海”“闯海”的天赋秉性，海洋、岸线、港口是我市最独特的资源优势。我们必须向海图强，树立“经略海洋”的强烈意识，推动68公里海岸带成为高颜值的生态景观廊带、高效率的产业发展通道、高品位的空间成长轴线，在建设“海丝核心区”重要港口、集约利用海洋资源、创建海洋经济集聚区上打造标杆示范，用新理念新办法让蓝色海洋为石狮发展增添后劲。

——*建成美食文旅之城*。旅游业作为新兴绿色朝阳产业，将在经济发展、文化传承和生态保护相互协调促进中发挥更加重要的作用。石狮山海风光旖旎秀丽，人文气息隽永绵延。我们必须用好这些不可复制的宝贵财富，有序开发“滨海”旅游产品，深入塑造“海丝”文化品牌，广泛传播“狮味”美食口碑，持续完善全域旅游体系，不断提升“旅游+”“美食+”衍生能力，更好满足体验多元化、供给品质化、服务链条化的大众旅游新需求，努力打造国内知名美食旅游目的地。

——*建成精美善治之城*。城市是集聚要素、促进循环的主要载体，也是联系群众、服务民生的关键纽带。提升城市建设治理水平，是推进基层治理体系和治理能力现代化的重要内容。我们必须顺应人民群众对美好生活的向往，处理好产、城、人、文、景的关系，坚持生产、生活、生态协调发展，持续完善基础设施和公共服务，推动城市功能迭代升级，促进城市治理提质增效，努力实现城市“外在美”和“内在美”有机统一，推动石狮成为宜居、韧性、智慧的现代化中型城市。

落实以上目标，新的一年必须以深化“五在石狮”工作部署和开展“5510”项目攻坚年活动为抓手，打牢高质量之基，走好现代化之路。

（一）营造“创在石狮”浓厚氛围，全力夯实高质量发展根基。深化供给侧结构性改革，增强现代产业体系的韧性和竞争力，聚焦解决低端产品过剩与高端供给不足并存的矛盾。构建创新生态。深化科教兴市、人才强市战略，构建激励技术创新、理念创新、文化创新、制度创新的政策体系。实施纺织鞋服产业基础重塑计划和工业互联网示范工程，提升工业制造柔性快反能力，推动智能移动终端、北斗通讯应用、数控传感等数字产业比重稳步递增，促进实体经济与数字经济深度融合。建立“微成长、小升高、高变强”创新型企业梯次孵化机制，充实“专精特新”“隐形冠军”“小巨人”育苗库。支持产业联盟搭建创新联合体，鼓励本地高校开展应用技术研发，推动“产学研用”活性转化。坚守实业阵地。探索产业基金招商模式，多渠道引导社会资本参与投资“3+3+N”实业。紧抓“开放招商”，聚焦光电信息、生物医药、芯片、储能等新兴领域，积极引进更多投入少但市场大、位于产业链顶端的高精尖项目。优化工业投资专项政策，促进鸿　山热电厂三期等重大招商项目落地建设，推动建新轮胎、信泰科技、中科光芯、特步一体化、九牧卫浴等企业投产和增资扩产。制定五金、辅料、印染等行业绿色低碳循环发展和垂直整合方案，规范排污权、用能权制度化交易，强化“亩均效益”综合评价导向。大力开发“蓝色资源”，精耕现代远洋渔业，补足“冷链组网”“精深加工”等薄弱环节，发展海工装备、绿色化工、氢能源。做强民营经济。始终把民营经济当作石狮改革发展的金字招牌，大力弘扬新时代企业家精神，深化“点石·青年企业家培养行动”，真心实意带领民营企业提信心、抗风险、拼发展。坚持“千名干部进千企”，用好减税、降费、补助、贴息、稳岗等政策措施，及时兑现财政惠企资金。完善“金融特派员”“无还本续贷”“纾困贷”“技改贷”等融资畅通机制，支持商业银行创新金融产品，鼓励与本地龙头企业合作发展供应链金融，对发展前景好但缺乏资金的中小企业给予更多帮扶。建立产业链供应链风险监测和应急调度机制，及时化解原材料短缺、用工紧张等痛点堵点。抢抓“盘活利用低效用地”试点机遇，聚焦解决土地开发碎片化问题，持续推进闲置空间清理盘活，加快企业用地报批进度。推进工业园区标准化建设，绘制产值、纳税、用电等热力图，植入创客孵化、创投融资、成果交易等核心功能，为中小微企业提供全生命周期服务。

（二）搭建“购在石狮”完备体系，全力抢抓新消费转型风口。加强需求侧跟踪管理，形成有效需求牵引高效供给的动态平衡，增强商贸市场在“双循环”中的平台带动力。完善专业市场开发体系。支持服装城等传统市场向综合服务商升级，推行“标准进市场”“设计进市场”“电商进市场”，整合“市场＋研发＋制造”业态功能。加快建设中餐食材配送中心、跨境电商运营总部等新市场，助力“异地产业带”链接“全球需求端”。办好海博会、校服展、“海丝”品博会、国际时装周等重点展会，举办“新国潮”创意大赛，打造会展经济高地和时尚流行策源地。完善电商业态培育体系。把握“品牌化”发展趋势，增强“电商谷”集聚效应，深入实施“潜商计划”，打造全国电商品牌运营中心。顺应“社交化”转型潮流，引导商家转战直播电商、社交电商、视觉电商，发展“直播引流＋柔性制造”新业态。提升“专业化”运营能力，引进更多网红主播、视频制作、淘宝模特、传播策划等各类达人，建设互联网营销师培训基地，培养更多适应业态快速变迁的复合型人才。完善对外贸易运营体系。建设国家级外贸转型升级基地，推动流通型、生产型企业接单自营出口，新增一批外贸经营主体，拓展海外抢单专项行动。发展“市场采购＋跨境电商＋外贸综服”业态，做大“侨易邦”平台规模，主攻 RCEP 成员国家和俄罗斯、中东、非洲等新兴市场，推动中泰“两国双园”落地。引导企业“走出去”，建设境外展示中心、运营中心、公共海外仓，让国际采购商“在家门口看样下单”。抢抓自贸试验区扩区机遇，激活保税物流中心平台功能，支持国内采购商“一站式购买全球货”。推进内外贸一体化，鼓励发展“同线同标同质”产品。完善交通物流网络体系。全面融入福建省“211”、泉州市“聚城畅通”交通网络，推进外西环高铁连接线、福厦高速公路彭田连接线、泉州二重环湾路石狮段等重点线路建设，提高进出城重要节点通行效率。抓紧华锦港口岸开放国家级验收，推动石湖港 5 号、6 号泊位运营和 7 号、8 号、9 号泊位落地，推进疏港铁路等集疏运体系前期工作，促成“泉厦组合港”，新增开通一批外贸航线，建设国家商贸型物流枢纽，为省内外小商品出海打开通道。利用电商优势引进更多物流头部企业，建设网商园公共仓储中心，完善配送、结算、数据分析等物联网功能，打造区域物流分拨中心。

（三）彰显“游在石狮”丰厚内涵，全力传承海丝路千年文脉。坚持生态为底、文化塑魂，促进文旅深度融合，使文旅经济成为推动绿水青山转化为金山银山的富民产业。努力展现生态之美。统筹海岸带综合开发，着力塑环境、梳脉络、引项目，打通滨海快速交通廊道，建设十里黄金海岸旅游度假区，加快国际游艇汇、国际度假酒店、观音山酒店、高正酒店、台风酒店、悬崖酒店、古浮紫菜文化馆等具有带动效应的文旅项目落地，引进海上运动项目，努力打造国家级滨海旅游目的地。守护多样生物种群，把环湾湿地变成“鸟的天堂”，让“来石狮·迎候鸟”成为美丽的生态之约。加大宝盖山、灵秀山、风炉山绿色资源保护力度，创建国家级园林城市，构筑山清水秀的生态连绵带和城市公园体系，将山、海、林、田、湖更美好地呈现给游人。努力展现人文之美。加强“海丝三宝”世遗点环境整治，推进八卦街、四端堂、古卫城、华山古民居招商与活化利用，依托古建筑开办“狮美如歌·非遗绽放”闽南剧场，让文化遗产接地气、更生动。精心修缮名人先贤故居遗址，办好海上泼水节、渔民文化节、城隍文化节等民俗节庆，凸显福狮文化、海丝文化、华侨文化深厚底蕴，打造“闽派生活记忆”“海丝航标印象”。推广“狮来运转”超级 IP，支持乡土文艺精品创作，凝练爱拼敢赢的人文精神和开放包容的城市品格。努力展现服务之美。搭建全域旅游智慧平台，提升游客集散中心功能，优化“旅游直通车”，串联景区公交线路，促进城市设施与旅游设施融合衔接。发展特色民宿和观光农业，推广自驾游、露营游、海上游，把准年轻人时尚出游新动向。大力发展文化产业，探索建设集旅游观光、影视拍摄、文化消费于一体的文创产业园，举办各类旅游伴手礼大赛，围绕特色文旅元素开发创意小商品，使文化传承与产业发展交融互促。开展文旅质量专项整治提升行动，始终把优质服务当作旅游业发展的生命线。

（四）打响“吃在石狮”良好口碑，全力挖掘烟火味民生需求。坚持以改善民生为导向、以美食产业为抓手，积极培育新的消费热点，全面带动生活性服务业高质量有效供给。创建闽菜典范城市。持续挖掘《山家清供》学术价值，还原“宋元海丝宴”风雅美味，推出精致实惠的“石狮简餐”，深度解析“石狮风味”。

丰富地方特色闽菜谱系，认定美

食非遗项目，培养烹饪技能大师，开展名菜名店名厨评选和“老字号”评定，运用科技手段提升美食制作、包装、存储工艺，营造鲜香交融、色味俱佳的感观体验。办好“海丝”美食节，推出“味觉石狮”系列宣传片和各类“探店寻味”手册，发展互动营销、虚拟展示、平台定制等“美食+互联网”推介模式，让“吃在石狮”的口碑广为人知。做大舌尖经济规模。强化“美食办”的规划引导功能，认真学习先进地区经验做法。激活食品城经营热度，支持与周边市场互补合作，对接“山海协作”开馆办展，吸引更多行业知名品牌入驻。抢抓“预制菜”发展潮流，建设融合食材采购、生产包装、冷链运输、线上销售等功能的配送基地，争取全国首个出口试点。支持本地龙头餐饮企业走品牌化、连锁化发展道路，推行口味、服务、环境等综合评价。招引国内外知名餐馆、网红餐厅，发掘本地饮食名店、特色排档，用美食美味引人流聚人气。拓展民生消费领域。建设凤里老街“古早味”品鉴区，改善红塔湾、古浮湾海鲜排档经营环境，发展金相路、城东小镇等夜间经济，造热一批以美食为主题的市民消费街区。引导德辉、泰禾、世茂等商圈升级“体验消费”设施，推广“石狮定制”产销融合模式，支持本地服饰名企开设高端旗舰店，推动原创品牌、设计师品牌、海外小众品牌在石发布新品，打造“新零售”示范之城。持续优化促进消费政策，开展“放心消费在石狮”行动，发展“七有”产业，精准发力群众生活新需求，促进社会消费稳定增长。

（五）提升“住在石狮”舒适品质，全力汇聚山海城旺盛人气。深化以人为核心的新型城镇化，坚持精心规划、精致建设、精细管理、精美呈现、精明增长，形成高质量发展的区域空间格局。打造宜居家园。突出规划的科学性、前瞻性、系统性、整体性、引领性，全面融入闽西南协同发展区和泉州环湾一体化建设，高标准策划高铁新区、环湾片区等对外连结重点区块。深入实施“抓城建提品质”行动，加快大仑、金曾、龟湖、前园、前坑等片区招商运营，启动科创新区规划建设，提升城市形象与品位。推进老城区微更新，整体保护历史风貌和街巷肌理，完善公共文体设施，优化“15分钟便民生活圈”，使传统印记与现代体验和谐共融。坚持产城融合、职住平衡，健全多层次、广覆盖的住房保障体系，优化人口、空间、生产力布局。持续推进生态文明建设，落实“三线一单”分区管控，开展美丽海湾建设，保障饮用水源安全，推进三大集控区综合整治，严查内沟河排污，纵深推进“蓝天、碧水、净土”保卫战，塑造人与自然和谐共生的栖居空间。强化韧性治理。推进“党建+”邻里中心全域覆盖，提升多元化运行实效，建成党领导基层治理的坚强阵地。深化全国文明城市创建，深入开展“十大文明新风”主题活动，推进环境卫生保洁、农贸市场改造、裸房整治、垃圾分类等专项提升行动。发展普惠共享的社会事业，更好统筹疫情防控和经济社会发展，最大程度保护人民生命安全和身体健康；支持市总医院创建三级甲等医院，提升义务教育集团化办学质量，推进长期护理保险试点工作，健全困难群体精准识别与社会救助制度。维护安定稳定局面，巩固拓展“海上枫桥经验”，推广“和润狮城”矛盾纠纷多元化解模式，强化电商、渔船、危化品、燃气、自建房、道路交通、消防等领域安全监管，严厉打击电信网络诈骗等新型违法犯罪。植入智慧大脑。加快5G网络全覆盖和新型基础设施建设，拓展智慧城市在供需结构对接上的有效应用，促进企业生产、流通、经营、管理全链式智能化升级，重构面向未来的生产方式、商业模式和消费习惯。开展三级网格管理中心规范化建设，完善多维立体电子地图功能，推进公共场所智慧转型，构建反应高效、逻辑清晰的数字化基层运转图景。重塑行政机关运行机制，打破“信息壁垒”“业务障碍”，推广行政审批“网上办”“掌上办”，深化服务企业群众“一件事”集成改革，构建跨层级、跨部门的整体智治体系。推进乡村振兴。深入推动村级组织擂台大比拼，持续优化“双百双十”计划，进一步深化农村集体产权改革，高质量建设滨海走廊产业振兴示范带，不断缩小城乡发展差距。开展乡村建设“五个美丽”创建活动，全面清理村容村貌“脏、乱、差”，打造乡村人居整治示范。完善农村基础设施建设，鼓励科技进乡村、资金进乡村、人才进乡村，支持社会力量积极参与乡村振兴事业。

四、推进新时代党的建设，锻造高素质党员干部队伍

事业发展，关键在党。必须全面落实新时代党的建设总要求，以高质量党建引领高质量发展。

（一）提升政治力，把准前进方向。始终把党的政治建设摆在首位，深入开展主题教育，深刻领悟“两个确立”的决定性意义，增强“四个意识”、坚定“四个自信”、做到“两个维护”。压实基层党建责任，增强全国城市基层党建示范市、全国社会组织党建综合监测区等品牌效应，深化省级农村基层党建示范市创建，做好新业态新就业群体党建工作。坚持党管意识形态，完善“融媒体”宣传话语体系，把党的创新理论传播到大街小巷、深耕在群众心坎里。

（二）提升创新力，拓展现代视野。常态化组织党员干部到先进地区考察交流、挂职学习，办好“狮城干部讲堂”，深化“岗位大练兵”，进一步打开认知空间、作为空间。深刻把握创新制胜导向，最大限度发挥政府、社会、企业创新潜能，充分运用创新理念激活“新三闲”，善于变“不可能”为“可能”、变“潜力”为“实力”。持续在加强制度供给、优化营商环境、释放改革红利上深化探索实践，全面践行“让干部敢为、地方敢闯、企业敢干、群众敢首创”的要求。

（三）提升执行力，注重穿透落实。培养科学严谨的专业素养，鼓励党员干部掌握新知识、熟悉新业态，成为各项工作的“行家里手”。完善高效闭环的运转机制，坚持“项目化实施+专班化推进”，强化绩效考评和效能督查，确保说一件、干一件、成一件。树立唯实惟先的正确导向，拓展“5510”等干事创业比拼舞台，正确运用“容错纠错、尽责免责”，推动干部担当作为、比学赶超，用只争朝夕的奋斗抓落实、担使命。

（四）提升组织力，点燃奋斗激情。优化领导班子配备结构，加大优秀年轻干部培养选拔力度，推动形成青蓝相继、薪火相传的生动局面。推进青年人才“狮城荟萃”工程，开展高技能人才倍增计划。发挥统一战线独特优势，广泛调动各民主党派、工商联和无党派人士等积极力量。突出做好“侨”的工作，实施“乡 愁”记忆工程，坚持亲情联侨、政策惠侨、产业聚侨。深化对台经贸、文化、旅游等领域交流合作，加强以通促融、以惠促融、以情促融。大力弘扬伟大建党精神，深入传承“福狮”精神、“狮商”精神，激励全体石狮人民同心同向追求美好生活、共建美丽家园。

（五）提升廉洁力，维护清朗风气。强化政治监督，坚持精准问责、规范问责。严格落实中央八项规定及其实施细则精神，持续开展“群众点题整治”。准确把握政治巡察内涵和方向，推进主题式常规巡察。严肃查处破坏企业正常生产经营活动的行为，构建“亲而有度、清而有为”的良好政商关系。加大重点领域的反腐败力度，做好案件查处“后半篇”文章，使石狮的政治生态更加海晏河清。

同志们！大道至简，实干为要。让我们更加紧密地团结在以习近平同志为核心的党中央周围，高举习近平新时代中国特色社会主义思想伟大旗帜，认真做好“五在石狮”文章，坚持用电商带动客商、用舌尖带动脚尖、用今天带动明天，加快建设现代化商贸之都，以实际行动贯彻落实党的二十大精神，努力为大局添 光彩、作贡献！

人大常委会工作报告

——2022年12月22日在石狮市第八届人民代表大会第二次会议上的报告

石狮市人大常委会主任　李　斌

2022年的主要工作

2022年，迎来了党的二十大胜利召开。市八届人大常委会坚持以习近平新时代中国特色社会主义思想为指导，深入学习贯彻习近平总书记关于坚持和完善人民代表大会制度的重要思想，紧紧围绕市第八次党代会战略部署，紧紧依靠全体人大代表和全市人民，依法履职、担当作为，实现了新一届人大工作的良好开局。

一年来，市人大常委会坚持在市委领导下，围绕中心、服务大局，共召开常委会会议7次、主任会议8次；听取审议“一府一委两院”专项工作报告16项，审查“一府一委两院”规范性文件11件，开展满意度测评8次；开展执法检查6次；开展专题调研6项；作出决议决定9项；任免国家机关工作人员47人次，组织宪法宣誓35人次，各项工作取得新进展新成效。特别是，人大监督工作实现“三个首次”，即：首次对“一府一委两院”规范性文件全面开展备案审查，首次听取审议市监委专项工作报告，首次对法官、检察官履职情况进行评议。全国人大常委会办公厅《联络动态》专刊刊载《石狮市人大常委会围绕“全”字下功夫 探索推进全过程人民民主落地落实》，得到省人大常委会领导批示肯定；《石狮市：“全过程人民民主”的基层实践》在泉州市第16届“宣传人大制度好新闻”评选中获得一等奖。

一、坚持以党的全面领导为最高原则，政治方向更加坚定

常委会自觉增强政治机关意识，坚持党的领导、人民当家作主、依法治国有机统一，确保人大工作正确政治方向。

*坚定政治立场。*组织市镇两级人大代表和人大干部深入学习宣传党的二十大精神，认真贯彻落实中央和省委、泉州市委人大工作会议精神，常委会领导带头深入村居、企业和人大代表工作室学习宣讲8次，组织机关干部集中学习12次、专题研讨8次，切实把思想和行动统一到党的二十大精神上来，坚决捍卫“两个确立”，做到“两个维护”。

*增强政治自觉。*认真贯彻市第八次党代会精神，及时向市委请示报告重要事项，得到市委主要领导批示10次。坚持党管干部与人大依法任免相统一，依法任免国家机关工作人员。响应市委部署，开展“同步同向同心，抓早抓细抓实”专项提升行动，

启动“创建全国文明城市专题监督”，督办“文旅产业发展”“扬尘治理”等重点代表建议，确保人大工作始终在市委领导下依法推进。

强化政治担当。人大常委会机关全体干部积极参与“5510”项目竞赛、产业链招商、“千名干部进千企”等工作。常委会领导牵头负责重点项目23个，全力推动食品药品产业补链强链，快速推进金曾片区拆迁改造，深化拓展八卦街保护提升，迅速启动食品城盘活、星期YI创意园整治、锦尚智能制造园招商等等。在抗击“3·13”“11·14”疫情期间，常委会领导全员上阵，牵头负责疫情社区（社会）防控、冷链及餐饮防控等工作专班，机关干部下沉村居、冲在一线，各级人大代表积极参与志愿服务、踊跃捐款捐物619万元，在大事要事中彰显“人大永远在线”的精神和担当。

二、坚持以围绕中心服务大局为导向，监督实效更加明显

常委会准确把握国家权力机关“保证人民当家作主”的民主属性、工作机关“全面担负宪法法律赋予的各项职责”的法治属性，紧跟市委决策、紧盯法律实施、紧贴群众关切，开展正确监督、有效监督、依法监督。

围绕高质量发展正确监督。聚焦“疫情要防住、经济要稳住、发展要安全”要求，助推政府统筹疫情防控和经济社会发展。紧盯经济运行，重点关注计划、预算执行和审计发现问题整改落实，督促加快债券资金支出进度；依法审批地方政府债券转贷收支预算、年度预决算和预算调整，督促政府积极落实减税降费政策。紧盯强产兴城，针对“创在石狮”，开展工业园区建设提升专题调研，重点督办相关代表建议件，助推“5510”项目实施；针对“购在石狮”，专题调研食品市场培育，助推食品市场健康可持续发展；针对“游在石狮”，开展《中华人民共和国非物质文化遗产保护法》实施情况执法检查，视察我市世界文化遗产保护与利用工作，调研景区文化建设，推动文旅产业加快发展；针对“吃在石狮”，开展美食与文旅融合调研，助力打造福建美食“新地标”；针对“住在石狮”，开展《中华人民共和国城乡规划法》实施情况执法检查，督促优化城乡规划布局。紧盯国资管理，跟踪监督2020年度国有资产管理审议意见落实，督促摸清国有资产家底；听取2021年度国有资产管理综合报告和企业国有资产管理专项报告，督促落实国企改革三年行动方案，抓紧国有资产确权登记。

围绕群众关切有效监督。坚持把人民群众的呼声和人大代表的建议作为监督重点，不断提高监督实效。力促教育发展优质化，视察全市中小学学生视力保护工作，开展“双减”工作专题调研，强调在推进学生减负的同时，更要做到教学责任不减、教学质量提高；重点督办“教师进修研训基地打造”代表建议件，推进市教师进修学校迈入福建省示范性县级教师进修学校行列。力促城乡建管精细化，开展《中华人民共和国道路运输条例》实施情况执法检查，专题调研《泉州市机动车停车管理条例》贯彻实施情况，推动解决停车难、乱停车问题；开展《中华人民共和国乡村振兴促进法》实施情况执法检查，推动人才、资金、产业、项目下乡。力促人居环境生态化，持续对环保工作进行“年检”，听取审议市政府2021年环境状况和环境保护目标完成情况专项工作报告，开展《中华人民共和国森林法》实施情况执法检查，调研《泉州市市容和环境卫生管理条例》实施情况，促进环保措施落地见效；重点督办“扬尘治理”代表建议件，今年空气质量优良率达100%，扬尘污染防治初见成效。力促社会治理现代化，开展《中华人民共和国慈善法》实施情况执法检查，强调建立慈善事业激励、监管机制；专题调研新时代民族工作，督促加快民族村经济社会发展；专题调研《福建省宗教事务条例》实施情况，督促解决宗教活动场所登记、确权、管理等难点问题；重点督办“基层融合治理”代表建议件，助推基层网格化体系建设取得新进展。力促信访工作规范化，严格落实《信访工作条例》对人大信访工作的新要求，规范办理流程，一年来人大信访室受理群众来信来访11件，有效推动矛盾源头化解。

围绕法治石狮依法监督。紧盯依法行政、依法监察、公正司法等关键环节，不断推进法治监督扩面、提质、增效。聚焦依法行政，制定《石狮市人大常委会规范性文件备案审查操作流程》，接受“一府一委两院”报送备案文件9件，对不属于备案审查范围的退回1件，对超越法定权限的纠正撤销1件；听取政府有关专项工作报告、开展执法检查，针对城乡规划盲点、“非遗”活化缺点和基层慈善人才弱点等问题，提出意见建议，有效发挥“法律巡视”监督作用；视察公安派出所执法规范化建设，督促完善执法办案机制和执法监督制度。聚焦依法监察，听取审议市监委“开展整治群众反映强烈问题工作情况专项报告”，推动侵害群众利益“点题整治”，强调从查处个案向解决共性问题拓展，做好专项治理“后半篇文章”。聚焦公正司法，开展法官、检察官履职评议，采取走访座谈、抽查卷宗、旁听庭审和满意度测评等方式，加强对法官、检察官的任后跟踪监督；规范人民陪审员任命程序，任命人民陪审员94名，进一步推动司法民主。

三、坚持以强化履职服务保障为己任，代表作用更加突出

常委会准确把握代表机关的人民属性，切实尊重代表主体地位，全力支持代表依法履职。

全方位优化代表履职服务。举办市镇两级人大代表履职培训，聘请省人大专家授课，不断提升代表履职能力。将市人大代表分成9个代表小组，组织代表参与视察、调研、执法检查、列席常委会会议、旁听庭审等654人次，更广泛地听取代表意见建议。创新代表小组活动“三深入三提升”载体，依托市镇村三级活动室，建立代表服务群众轮值制度，全年共开展轮值396次、主题活动40场。

全覆盖搭建代表履职平台。在持续推进各镇（街道）人大代表联系群众活动室提档升级的同时，结合产业特色和代表分布，全域化布局代表活动室36个，其中，新建海上枫桥、科技园区、政和园等“党建+”邻里中心人大代表工作室15个，推动各级代表联系群众467人次，为群众办实事好事198件。建立“察民情、集民意、解民忧”工作机制，拓展民主民意表达平台和载体，共收集意见建议267件，落实反馈率100%，其中12条意见建议被《泉州人大民情专报》采用。

全流程抓好代表建议督办。将市八届人大一次会议期间收到的159件代表建议，交市政府分解到46个单位和9个镇（街道）办理。组织常委会各工委分系统、全流程跟进督办，开展办理“回头看”和集中视察，推动各承办单位切实把办理代表建议的过程转化为了解民意、推动工作、改进作风的过程。所有代表建议均在规定期限内办结并答复，代表满意率（含基本满意）达100%，其中有12件代表建议被列入市政府常务会、专题会研究，25件转化为重点项目，3件转化为为民办实事项目，有效提升代表建议的办理实效。

四、坚持以提升依法履职能力为目标，自身建设更加有力

常委会认真按照“四个机关”的定位和要求，突出政治建设，完善制度机制，以自身建设新成效推动人大工作新发展。

涵养人大政治生态。常委会党组严格履行全面从严治党主体责任和意识形态工作责任，推进党史学习教育常态化长效化，严格落实中央八项规定及其实施细则精神，全力支持派驻纪检组履行职责，专题分析人大常委会机关全面从严治党工作2次，开展警示教育3次、政治监督谈话10人次、任前廉政谈话提醒3人次，人大常委会机关风清气正、干事创业的政治生态进一步得到强化。

健全人大工作机制。建立常委会重要会议议题呈报制度，提升常委会集体履职行权的质量和效率。实施“改进监督方式方法，增强监督工作实效”专项行动，改变地方政府债券转贷收支预算到年底一次性调整审批的做法，实行“每调必审”。重视人大审议意见的办理落实，进一步优化交办流程和规范办结要求，实现审议监督工作闭环。健全人大机关干部日常培养管理机制，推行“岗位大练兵”，开设“人大讲堂”，举行机关业务交流20场，选派干部参加疫情防控、征地拆迁等攻坚任务50人次，常委会组成人员和机关干部的政治品格和实践能力得到锻炼提高，在市委重视关心下，4名科级干部得到职级晋升。

讲好人大履职故事。构建“大宣传”矩阵，开通“石狮人大”微信公众号、在《石狮日报》开辟“人大视线”专栏、在“石狮融媒”视频号开设“人大履职”专窗，全方位宣传人大工作成效和代表履职风采。一年来，我市人大工作被《人民代表报》刊载3次；《人民政坛》、“福建人大”微信公众号刊载3次；《泉州人大》、“泉州人大”微信公众号推介15次；石狮本级推介195次。积极开展人大制度理论研究，在福建省人大课题调研评选中获得优秀奖1篇，在泉州人大课题调研评选中获得一等奖1篇、三等奖1篇，并获“优秀组织奖”。

紧密人大上下联动。自觉接受上级人大工作指导，积极参与省市县三级人大联动监督3项，全力服务省人大常委会领导、部分全国人大代表、省人大代表莅石调研，全力配合泉州市人大常委会组成人员莅石开展“双联”活动。坚持市镇人大“一盘棋”，召开镇（街道）人大工作推进会，建立人大常委会机关各工委办挂钩联系镇（街道）人大和代表小组制度，加强对基层人大工作的督促指导。镇（街道）人大工作有序开展、守正创新，湖滨街道人大工委探索“三常、二同、一评比”工作机制，宝盖镇人大探索“1+2+N”代表履职工作机制，祥芝镇人大探索“1+3”海上枫桥调解模式等，不断丰富基层人大工作实践。

各位代表！市人大常委会工作取得的成绩，根本在于习近平新时代中国特色社会主义思想的科学指引，是在市委的正确领导下，全体人大代表、常委会组成人员和人大常委会机关工作人员履职尽责、担当作为的结果，是市政府、市政协、市监委、市法院、市检察院密切配合、通力协作的结果，是全市人民群策群力、支持参与的结果。在此，我代表市人大常委会表示崇高的敬意和衷心的感谢！

我们也清醒地认识到，常委会工作与新时代的要求、与人大代表和人民群众的期待还有差距，主要是：深入基层一线、密切联系群众不够全面细致；为代表履职创设载体不够丰富；监督工作的针对性和实效性有待进一步增强；全过程人民民主的实践探索需要长期坚持、不断深化。我们将虚心听取人大代表和各方面意见，自觉接受监督，持续加强和改进工作。

2023年的工作任务

2023年，市人大常委会要坚持以习近平新时代中国特色社会主义思想为指导，深入学习贯彻党的二十大精神，不断丰富发展全过程人民民主的石狮实践，按照市第八次党代会第二次会议的部署要求，积极投身做好创新创业创造、发展商贸经济、精美城市建设“三个示范”的生动实践，为加快建设现代化商贸之都贡献人大智慧和力量。

一、抓住一条主线，坚定全过程人民民主发展方向

把学习贯彻党的二十大精神作为首要政治任务，牢牢抓住这条主线，坚持好运用好贯穿其中的立场观点方法，推动学思践悟在人大系统走深走实。通过常委会党组带头学、专家授课引领学、“人大讲堂”交流学等方式，完整准确全面领会党的二十大精神，把学习成果转化为做好人大工作的强大动力。常委会党组充分发挥领导作用，围绕“把方向”，认真履行全面从严治党主体责任；围绕“管大局”，落实市委人大工作会议精神，主动向市委请示报告重大事项，把人大监督置于市委工作大局中谋划推进；围绕“保落实”，及时通过法定程序将市委主张转化为全市人民群众的共同意志和行动，推动市委各项决策部署落地见效。

二、密切两个联系，展示全过程人民民主独特优势

尊重代表主体地位，发挥代表主体作用，使人大代表真正成为践行全过程人民民主的重要推动力量。密切常委会组成人员与人大代表的联系，拓展人大代表参与常委会工作的深度与广度。组织代表列席常委会会议及调研、视察、执法检查等活动，定期向代表通报工作，让代表更好知政议政；开展优秀代表建议评选活动，激发代表履职热情；持续推行重点督办、跨年度督办、承办单位绩效考评等工作，推动代表意见建议得到落地转化。密切人大代表与人民群众的联系，不断完善民主民意表达平台和载体。落细落实“察民情、集民意、解民忧”工作制度，健全民情民意收集、办理、反馈机制；组织代表向原选区选民报告履职情况，接受选民评议和监督；持续推动“党建+”邻里中心人大代表工作室标准化建设、制度化管理、常态化运作；积极探索线上线下联系服务群众新平台新渠道，更广泛听取人民群众的意见建议，回应社会关切。

三、聚焦三个重点，丰富全过程人民民主生动实践

按照市委提出的“两区三城”发展思路，紧扣深化“五在石狮”工作部署，寓支持于监督中，着力提升人大监督的精准度、覆盖面和有效性。聚焦“争当构建新发展格局先行区”，听取审议市政府“十四五”规划纲要实施情况中期评估报告，听取审议市法院、检察院营造法治化营商环境专项工作报告，开展中小企业促进法、科学技术进步法、职业教育法等法律法规执法检查，促进教育、科技、人才等创新发展要素加快集聚，造浓“创在石狮”氛围。聚焦“争当共同富裕先行区”，开展社会救助法、种子法、建设工程质量管理条例等法律法规执法检查，听取审议环境状况和环境保护目标完成情况工作报告，持续开展乡村产业振兴调研，兜牢民生底线，守护粮食红线，助推农村现代化建设，提升“住在石狮”品质。聚焦“建成活力海洋之城、美食文旅之城、精美善治之城”，开展城乡规划水平提升专题询问和海岸带规划建设管理、交通港口建设工作视察，促进滨海资源串点连线成片，汇聚商流物流人流，激发“购在石狮”活力；听取审议加强古厝古建筑保护利用专项工作报告，开展预制菜产业发展调研，助力丰厚“游在石狮”“吃在石狮”内涵；开展“八五”普法中期检查，加强规范性文件备案审查，深化法官、检察官履职评议，促进严格执法、公正司法、全民守法，助推基层治理体系和治理能力现代化。

四、锻造“四个机关”，夯实全过程人民民主工作基础

始终加强自身建设不放松，切实担负起发展全过程人民民主的职责使命。努力锻造自觉坚持中国共产党领导的政治机关。全面加强人大常委会机关党的建设，坚持党建工作与人大的法律监督、工作监督相融合、相促进，推进党风廉政建设和反腐败斗争在人大常委会机关落地见效。努力锻造保证人民当家作主的国家权力机关。依法用好监督权，强化听取专项报告、视察调研、专题询问、满意度测评等监督方式的系统集成，打好人大监督“组合拳”；依法用好决定权，围绕全市改革发展稳定大局开展调查研究，适时作出决议决定，加强对决议决定贯彻实施情况的监督；依法用好任免权，确保组织意图顺利实现，同时加强对人大任命干部的任后监督。努力锻造全面担负宪法法律赋予的各项职责的工作机关。修订常委会议事规则，健全机关运行管理制度，严格用制度管人管事；加强人大制度理论研究、政策法规业务学习，提高人大常委机关执行力、创造力。努力锻造始终同人民群众保持密切联系的代表机关。加强代表履职培训，与市委党校联合办班，开展学习观摩，进一步提升代表的群众意识和履职能力；加强镇（街道）基层人大建设，健全完善代表向原选区选民报告履职、提出议案建议、密切联系群众等制度，更好发挥代表主体作用，使代表工作实起来、严起来、活起来。

各位代表！团结就是力量，奋斗开创未来。让我们更加紧密地团结在以习近平同志为核心的党中央周围，在市委的坚强领导下，紧紧依靠全体人大代表和全市人民，踔厉奋发、赓续前行，推动人大工作与时俱进、完善发展，齐心协力谱写“五在石狮”新篇章，为加快建设现代化商贸之都贡献人大智慧和力量！

附 注

◆两个确立：党确立习近平同志党中央的核心、全党的核心地位，确立习近平新时代中国特色社会主义思想的指导地位。

◆两个维护：坚决维护习近平总书记党中央的核心、全党的核心地位，坚决维护党中央权威和集中统一领导。

◆五在石狮：创在石狮、购在石狮、游在石狮、吃在石狮、住在石狮。

◆“5510”项目：龟湖公园、前坑前园、塘园、大仓、金曾五大片区；观音山、国际游艇汇、永宁古卫城、凤里八卦街、华山古民居五大文旅项目；光子技术产业园一园、网商园、锦尚智能制造园、青山轻工产业园、蚶江智能制造园、港后综合物流园、生物医药园、新能源综合产业园、鸿锦产业园、永宁工业新区10个小微园区。

◆两区三城：争当构建新发展格局先行区，争当共同富裕先行区，建成活力海洋之城、美食文旅之城、精美善治之城。

◆四个机关：自觉坚持中国共产党领导的政治机关、保证人民当家作主的国家权力机关、全面担负宪法法律赋予的各项职责的工作机关、始终同人民群众保持密切联系的代表机关。

◆双减：减轻义务教育阶段学生作业负担和校外培训负担。

◆代表小组活动“三深入三提升”：深入学习交流，提升代表素质；深入联系群众，提升为民情怀；深入调研视察，提升履职实效。

◆湖滨街道人大工委“三常、二同、一评比”工作机制：“三常”即坚持“代表常驻”“轮值常态”“主题常新”。“二同”即抓“平台同享”，共享基层工作平台，收集社情民意；抓“合力同促”，凝聚“两代表一委员”、检察官、法官、律师、纪检监督员等多方合力，共同推进代表建议办理落实。“一评比”即组织代表集体评议、群众满意度评比，对建议意见办理情况进行分档定级。

◆宝盖镇人大“1+2+N”代表履职工作机制：“1”即一支人大代表队伍。“2”即两个专题小组，分别是实体经济促进小组和基层治理促进小组。“N”即为精准科学地提出建议而设立N个立项研究论证的课题。

◆祥芝镇人大“1+3”海上枫桥调解模式：“1”即一个依托祥芝渔业协会调解委员会建立的人大代表工作室。“3”即代表当好联络员、调解员、服务员。

政府工作报告

——2022年12月21日在石狮市第八届人民代表大会第二次会议上

石狮市人民政府市长　余志伟

一、2022年工作回顾

2022年是党的二十大胜利召开之年，也是本届政府履职的第一年。在以习近平同志为核心的党中央领航掌舵下，在上级和市委的坚强领导下，市政府坚决贯彻党中央关于“疫情要防住、经济要稳住、发展要安全”的重要要求，认真落实省委“三提三效”行动和泉州市委“强产业、兴城市”双轮驱动部署，精准发力“两稳一保一防”，扎实推进“1+3”专项行动，做好做实“五在石狮”文章，高效统筹疫情防控和经济社会发展，全面建设现代化商贸之都迈出了坚实步伐。预计（下同）全年实现地区生产总值1171亿元、增长4.5%，一般公共预算总收入56亿元，一般公共预算收入41.1亿元，居民人均可支配收入64423元、增长4.6%，保持全国综合实力百强县市第15位。主要工作和成效是：

（一）坚持平战结合，疫情防控有力有序。迅速歼灭突发疫情。坚持人民至上、生命至上，全面动员、全民参与，慎终如始应对秋冬季疫情。全面提升应急能力。按照“三个第一时间”要求，重塑应急指挥机制，建立集中健康观察场所储备体系。

（二）坚持量质齐抓，产业结构调优调强。精准复工复产。出台抗疫助企保民生促发展九条措施、促进工业企业有效投资等系列政策，组建复工复产服务小组，深入开展“千名干部进千企、一企一策促发展”专项行动，不折不扣推动财税“组合拳”政策落地，兑现惠企资金4.8亿元，减免租金9600万元，减免企业税费15.1亿元，全力帮助企业稳生产、克时艰。力促满工达产。建立全覆盖、全要素挂钩服务体系，举办“爱泉州·大乐购”石狮专场等供需对接会，开设招聘市集10个，创新金融特派员制度，召开政银企对接会12场次，帮助企业争取纾困贷款20.7亿元，纺织鞋服、食品药品产业规上工业增加值分别增长7%、35%。统筹增资扩产。深入开展“项目攻坚2022”专项行动，完成重点项目投资240亿元，新建成工业项目50个，建新轮胎一期、特步一期、中科光芯三期、通达创智等一批重大项目相继投产；深入开展“抓开放招商促项目落地”专项行动，签约落地项目186个，总投资1120亿元。加速提质强产。深入开展“园区标准化建设”专项行动，实施“1+N”园区管理体制改革，建立园区新增财力分成制度，石狮服装智能制造园、光子技术产业园一园等十大产业园区掀起建设热潮，拉动工业投资增长20%；完善亩均产值、纳税贡献等综合评价体系，加速“腾笼换鸟”，处置批而未供土地1266.4亩、闲置土地567.5亩，盘活闲置厂房52.5万平方米；深入开展“抓创新促应用”专项行动，建成省级智能制造示范项目3个，新增省级数字经济领域“未来独角兽”企业2家、科技“小巨人”企业10家、高新技术企业80家，新引进培育省级高层次人才21人、泉州市高层次人才117人，入选全国科技创新百强县市。

（三）坚持内外协同，商贸市场升温升级。市场加快集聚。在全省率先出台品牌电商扶持政策、电商人才评定标准，成功举办第二届RCEP青年侨商创新创业峰会、第八届“海丝”品博会、网交会直播节、中国（福建）电商主播大赛等活动，完成限额以上商业销售额2638亿元、增长25%，跻身全国县市电商竞争力百强第3位，网络零售额连续5年保持全省首位；新建成中国男装城、女装网批中心2个专业市场，市场采购完成全平台出口465亿元，增长23.7%，规模跃居全国第4位，外贸占泉州市比重提升至25%，获批省级水产品外贸转型升级基地。文旅稳步回暖。出台支持美食、海岸带酒店等行业发展的系列政策措施，举办“趣石狮、游山海、微度假”线路推介活动，五大文旅项目招商建设加快推进，滨海景观旅游大道、十里黄金海岸观光栈道、军事公园游客中心等旅游设施不断完善，问海民宿、悠见海屿、绵羊农场等项目建成投运，入选全国旅游综合实力百强县；开展首届石狮“老字号”、名菜、名小吃评选，启动建设食品城预制菜线上线下交易展示中心、中餐食材配送基地，宋元海丝宴入选“地标名宴”和全国地标美食名录，美景美食相继登上央视《消费主张》《乘着大巴看中国》等栏目。物流更加畅通。石湖港5#、6#泊位交工验收，港区停车场、配套加油站等项目基本完工，锦尚作业区扩大口岸开放通过省级验收，增开俄罗斯、安哥拉等4条外贸航线，新增水路运力56.6万载重吨，外贸集装箱吞吐量增长5.1%，港口货物吞吐量增长4.9%，市场采购货物石湖港出口占比首次超过50%。

（四）坚持城乡统筹，城市品质提质提档。城市功能更加完善。97个“抓城建提品质”项目完成投资65亿元，海岸带开发建设、五大片区更新改造稳步推进，联邦商业城改造重建和44个老旧小区修缮全面完成，泉州环湾快速路石狮连接线二期、永宁外线（红塔湾旅游路至梅宁路段）建成，锦南路西段等“断头路”成功打通，新建公交候车亭26座，新增停车泊位2000多个，晋位全国新型城镇化质量百强县市第17位。乡村建设活力焕发。深入开展“新班子新气象、办实事促振兴”擂台大比拼活动，成立乡村振兴促进会，抓实6个省级试点村、3条泉州市级示范线、3个整镇推进载体，实施实事好事项目1302个，新建高标准农田1150亩、美丽田园示范区16个，新增省级乡村治理示范村14个，祥芝镇入选全国农业产业强镇创建名单，永宁镇获评省级乡村振兴重点特色镇，宝盖镇被认定为省级乡村治理示范乡镇。生态质量稳步提升。扎实推行河（湖）长制、林长制，启动农村生活污水提升治理五年行动，新铺设污水管网120公里，新建口袋公园20个、造林绿化883亩，全面除治泉州湾南岸互花米草3150亩，科学实施10个大气精准减排治理项目，空气质量优良率、集中式饮用水水源地和近岸海域水质保持100%达标。始终坚持最严格的环境监管执法，全面推进中央、省环保督察反馈问题整改，完成垃圾综合处理厂提级改造，建成餐厨垃圾预处理项目、大件垃圾综合处理站，印染行业转型升级成效获央视《焦点访谈》点赞，入选全国绿色发展百强县市。

（五）坚持扩优并举，民生福祉增进增厚。全年民生支出占财政总支出的八成以上，28项为民办实事顺利完成。社会保障更有温度。坚持保就业优先导向，高校毕业生留石就业创业直通车工程成效初显，在石高校毕业生留石就业人数实现翻番，新增城镇就业5286人。省级和谐劳动关系示范区建设有序推进，获评全国和谐劳动关系创建示范企业1家、省级劳动关系和谐乡镇1个、劳动关系和谐园区1个。新一轮妇女儿童发展纲要顺利启动，城乡社保、医保持续扩面提质，低保标准提升至户月人均940元。全面落实退役军人、军属优待服务，蝉联省级双拥模范城“九连冠”。社会事业更有质量。投入5.7亿元，推进24个教育项目建设，第九实验小学等7个学校建成投用，新增学位3260个。深入实施教育人才引育计划，培育各类名师141名，引进优秀教师696名，教师进修学校获评省级示范。深化省级基础教育改革发展实验区建设，实施“名优校+”集团化办学新模式，高位引进福师大附中、福建技师学院合作办学，加快教育优质均衡发展。市总医院被列入国家首批“千县工程”，市总医院子英院区启动改造，“两病”门诊用药保障示范城市样板县创建工作稳步实施，药品和医用耗材带量采购常态化开展，累计帮助群众减轻药费负担约4500万元。举办首届“福狮”文化节、云上泼水节等文化节庆活动23场，完成67所少年宫改造提升，实现市区15分钟健身圈和农村全民健身设施全覆盖。社会治理更有效率。整合打通智慧交通、城市管理、综治维稳、疫情防控等100多个数字服务应用，汇聚各类数据6.5亿条，实现社会治理事项“一网通办”，获评省级智能社会治理实践基地。巩固提升安全生产三年行动，稳步推进应急管理综合行政执法改革，推动2579家企事业单位完成安全生产标准化创建，被确定为全省安全生产连片联合执法试点。纵深推进平安石狮建设，严厉打击电信网络诈骗等违法犯罪活动，积极稳妥化解信访积案，创新“和润狮城·订单分包”等调解模式，获评全国首批信访工作示范市。强化“餐桌污染”治理，全面推进食品放心工程建设。此外，统计、档案、工青妇、红十字、残疾人、民族宗教、防震减灾、对口协作、老干老龄等各项事业加快发展。

（六）坚持标本兼治，自身建设走深走实。始终旗帜鲜明讲政治，深入学习贯彻习近平新时代中国特色社会主义思想，迅速掀起党的二十大精神学习热潮，坚定拥护“两个确立”，坚决做到“两个维护”。始终坚持依法行政，重新修订市政府工作规则，出台法治政府建设实施方案，自觉接受市人大法律监督、工作监督和市政协民主监督，高效办理人大代表建议159件、政协提案211件，荣膺全省首批法治政府建设示范市。深入开展“提高效率、提升效能、提增效益”行动，深化“局长走流程”活动，创新推行“模拟审批”“拿地即开工”等服务新模式，行政许可事项承诺时限压缩90.6%，“最多跑一趟”和“一趟不用跑”事项占比99.8%，“E政务”自助办事项达115项，新增市场主体2.5万户。市属国企改革向纵深推进，运营集团获批AA+信用评级，国投、产投、文旅三大集团承建代建项目124个。落实全面从严治党要求，厉行勤俭节约、反对铺张浪费，持之以恒纠治“四风”，深化政府系统党风廉政建设，扎实抓好各级各类巡视巡察和审计反馈问题整改。

各位代表！事业的成功源自共同奋斗。这些成绩的取得，是市委坚强领导、科学决策的结果，是市人大、市政协和社会各界有力监督、大力支持的结果，是全市干部群众勠力同心、攻坚克难的结果。在此，我谨代表市人民政府，向全市广大干部群众，向人大代表、政协委员、各民主党派、工商联、无党派人士、各人民团体、离退休老同志和社会各界人士，向驻石单位、驻石部队、武警官兵、新闻界朋友，向奋战在抗疫一线的广大工作人员，向关心支持石狮发展的港澳台同胞、海外侨胞、海内外朋友，表示衷心的感谢和崇高的敬意！

在总结成绩的同时，我们也清醒看到，石狮发展仍面临着不少困难和问题一是经济下行压力仍然较大，有效投资增长乏力，实体经济发展后劲和竞争力有待增强；二是产业发展空间不足，开放创新带动不够，消费潜力有待充分释放，与高质量发展目标还有一定差距；三是财政收支平衡难度增加，民生领域尚有短板，优质公共服务供给与群众期盼仍有差距；四是市镇联动、国企运营还不够高效，部门协同还需提升，政府系统工作理念、工作能力、工作作风还不能完全适应新时代新征程新要求；等等。为此，我们一定直面困难和问题，在反思中改进，在长效中解决，决不辜负党和人民的殷切期待！

二、2023年政府工作安排

党的二十大为新时代新征程党和国家事业发展、实现第二个百年奋斗目标指明了前进方向、确立了行动指南，擘画了以中国式现代化全面推进中华民族伟大复兴的宏伟蓝图。2023年是贯彻落实党的二十大精神的开局之年，做好政府工作：必须坚持以习近平新时代中国特色社会主义思想为指导，深入学习贯彻党的二十大精神，坚持稳中求进工作总基调，立足新发展阶段，完整、准确、全面贯彻新发展理念，服务和融入新发展格局，坚持强产业、兴城市，深化落实“五在石狮”部署，做好创新创业创造、发展商贸经济、精美城市建设“三个示范”，全力争当构建新发展格局先行区、共同富裕先行区，全力建设活力海洋之城、美食文旅之城、精美善治之城，努力实现质的有效提升和量的合理增长，加快建设现代化商贸之都！

主要预期目标是：全市生产总值增长6%左右；农业总产值增长3.5%左右，工业增加值增长6.2%左右；第三产业增加值增长6.3%左右；一般公共预算总收入增长6%；一般公共预算收入增长6%；固定资产投资增长7%左右；实际利用外资增长5%；出口增长10%；社会消费品零售总额增长8%左右；居民消费价格涨幅控制在3%以内；居民人均可支配收入增长6%左右；完成节能减排任务。围绕上述目标，重点要抓好以下五方面工作：

（一）聚焦实业提质，全力构筑高质量产业体系

让实业更有效益。链式思维放大集群优势，推动“链长制”走深走实，带动上下游、大中小企业紧密配套，梯次成长。纺织鞋服产业实施基础重塑计划，重点深耕辅料、校服、职业装等细分领域，深化印染行业技改升级，补强高端面料、高端织造、新材料研发、品牌培育、供应链反应能力等环节，全链条提升行业竞争力；机械装备产业重点围绕龙头企业延链聚群，加快建新轮胎二期、信泰二期、九牧智慧产业园二期等项目建设；食品药品行业依托生物医药园、海洋食品园等载体，培育海洋生物制药、海洋保健品、高端精细制药等业态，促成中侨药业等重大项目落地建设。数改智转释放发展潜能，实施工业互联网示范工程，加快产业基础再造，新建5G基站1000个，引导企业开发更多5G、工业物联网应用场景；加快产业数字化进程，支持骨干企业建设智能工厂、数字车间、应用型大数据平台，完成技改投资85亿元以上，新增智能化生产线15条、“上云上平台”企业120家；加快数字产业化步伐，引导光芯片、集成电路、海洋通信等产业集聚发展，紧盯光模块等项目建设，大力培育一批数字经济领域的标杆企业、龙头企业。绿色低碳助推产业升级，全面落实碳达峰、碳中和部署，强化能源消费“双控”管理，实施节能降耗项目10个，引导小微企业加速入园入区，培育一批绿色工厂、生态园区，促进行业结构低碳化、生产过程清洁化、资源利用高效化，积极争创国家级节水型城市；全力推动鸿山热电三期、海水提钾等重大项目开工建设，鼓励发展屋顶光伏、智慧新能源服务，完善充电桩布局，持续调优能源结构。

让实业更有动能。深入推进“四个倍增计划”，着力构建全要素全链条创新生态，让科创产业和产业科创相得益彰。完善多层次孵化体系，加大创新型企业梯队培育力度，新增科技“小巨人”企业10家、高新技术企业80家，力争规上工业研发活动企业数占比达50%，R&D投入增长20%以上。深化与中纺联“一馆一院两中心”、四川大学、西安工程大学等科研院所的合作，启动建设泉州海洋生物产业研究院，引导创新资源加速向产业园区集聚，新增泉州市级以上科研平台5家以上。积极推进省级青年发展型县域试点，主动对接“涌泉行动”，深入实施青年人才“狮城荟萃”工程，定期举办专家博士企业行活动，对重点企业实行人才专员“一对一”服务，新引进泉州市级以上高层次人才100名以上；积极申报省级人才驿站，推动全市人才之家提标升级，策划建设全省首个人才公园，建成人才公寓292套。

让实业更有空间。深化园区标准化建设，统筹抓好现有园区改造提升和十大产业园区招商建设，加快锦尚智能制造园、鸿锦产业园、蚶江智能制造园、新能源综合产业园连片开发，基本建成石狮服装智能制造园、光子产业园一园，新增标准厂房450万平方米，力争规上工业企业入园率提升至60%、在园规上工业企业增加值占比提升至70%。深化园区管理体制改革，按照“一区多园”的思路，建立健全市场化投资、建设、运营机制，策划实施20个园区基础设施项目，不断提升园区聚集效应和发展效益。开展工业企业土地效益提升专项行动，用好盘活低效用地试点政策，严格落实新上项目税收贡献承诺制，全面实行工业企业分级管理，通过差别化资源配置，引导低效产能有序退出。

让实业更有土壤。围绕做好“创在石狮”文章，靠前为企纾困、破解“堵点”“痛点”，全力打造市场化、法治化、国际化一流营商环境，让更多创业者、实干家在石狮找到更广阔的筑梦空间。进一步简化政务审批，加大“放管服”改革力度，推出更多“一件事”套餐，深化“模拟审批”服务，全面梳理公布“五办”事项清单，全力打通“三个一公里”。优化金融环境，升级小微融资对接平台，高效开展政银企对接活动，引导更多资金进入实体经济，全年增存增贷120亿元以上；纵深推进上市企业育苗成林工程，新增上市后备企业30家以上，全流程做好企业上市服务。深化市属国企改革，整合优化企业内部结构和产业布局，大力盘活国有资产，引进专业人才，健全运营机制，积极探索“政府+平台公司+头部企业+社会资本”合作模式，不断提升国企服务城市发展战略的能力。加强企业家队伍建设，深化“点石·青年企业家培养行动”，着力培育壮大一支政治上有方向、经营上有本事、责任上有担当、文明上有涵养的新生代企业家队伍。秉持“大侨务”理念，以侨架桥、以侨聚侨，支持海外同乡会、异地商会发展，吸引更多侨资侨智侨力回归。

让实业更有后劲。牢固树立“项目为先”理念，深入开展“5510”项目攻坚年活动，努力以高质量投资支撑高质量转型。集中精力抓攻坚，深化重点项目挂钩联系、分级协调制度，完善项目全生命周期服务，梯次推进290个重点项目，确保全年新开工项目130个以上，竣工项目85个以上，完成投资240亿元以上。创新方式抓招商，持续推进招商体制改革，加强专业化招商队伍建设，探索运用产业投资思维，开展产业链招商、以商招商、基金招商，引进亿元项目120个以上、10亿元项目30个以上。主动策划抓对接，建立健全与争资争项相挂钩的财政资金奖补体系，全力抢抓政策窗口期，拓宽专项债、政策性金融工具等低成本融资渠道，构建多元化投融资体系。

（二）聚焦商贸提级，全力融入高水平开放格局

增强专业市场竞争力。围绕做好“购在石狮”文章，构建“时装+N”专业市场体系，推动服装城、轻纺城等传统市场数字化改造和综合服务转型，加快中餐食材配送基地、水产品交易市场、国际食品城预制菜线上线下交易展示平台等新型市场建设，持续提升“海丝”品博会、海博会、校服展、国际时装周等展会市场化专业化水平，打造辐射全省、面向全国全球的消费品线上采购中心。持续推进“一十百千万”网红城市和“电商谷”建设，引导商户主动参与“海丝”福甄品开发，发展社交分享、社区团购、直播电商、内容电商等新模式，力争网络销售额突破1350亿元。大力实施“品牌培育计划”“品牌赋能计划”“潜商计划”，探索组建品牌电商知识产权保护中心，建立“狮城好货”重点企业和重点产品培育库，引导千万级别电商企业培育自主品牌、中小体量卖家争做细分领域单项冠军，推动品牌电商梯队式发展。深入实施“万人培训”计划，常态开展电商技能培训和人才孵化活动，大力培育海外营销、品牌推广、技术服务等紧缺型人才，招引一批多频道网络营销、直播培训、代运营机构，争取互联网营销师人才孵化实训基地落户。

增强对外贸易辐射力。增创制度优势，主动对接自贸区扩区，推动市场采购全国通关一体化，加快扩展预包装食品试点品类及目标市场，全力争取市场采购预制菜出口试点，支持祥芝镇建设国家级水产品外贸转型升级基地。壮大市场主体，以建设国家级纺织服装外贸转型升级基地和实施提质增效项目为抓手，推动中国—泰国“两国双园”建设，建立重点进出口企业名录，引导优势行业内外贸产品同线同标同质，培育内外贸一体化经营主体890家以上，完成外贸出口480亿元以上。发展新兴业态，引进全国知名的跨境电商第三方运营服务机构，开展“小石狮大世界”系列跨境电商推介活动，组建海外仓联盟，做强“侨易邦”等本地跨境电商平台，壮大“市场采购+跨境电商”“保税物流+跨境电商”等业态。

*增强港口物流承载力。*积极融入“丝路海运”和国家物流枢纽建设，深化石湖港疏港铁路、7#8#9#泊位前期，加快航运中心、港后物流园、保税物流中心建设，推动石湖港5#6#泊位、锦尚4#泊位扩建项目投入运营。争取锦尚作业区对外开放通过国家级验收，推动“泉厦区域组合港”模式落地，协调开通“华锦—厦门”外贸内支线和更多外贸航线，完善循环式国际物流链条。推动物流降成本，加速圆通速递福建总部、乐科服装电商园等项目建设，主动对接集聚更多智能供应链项目和物流总部入驻，努力打造区域电商物流基地和快递成本洼地。

*增强文旅消费吸引力。*围绕做好“游在石狮”文章，加快五大文旅项目和海岸带休闲酒店群招商建设步伐，大力发展特色民宿、网红打卡、精致露营、休闲购物等业态，拓展“商务+旅游”“会展+旅游”“赛事+旅游”“康养+旅游”“研学+旅游”等时尚旅游消费矩阵，打造海丝滨海旅游休闲地和中国海洋生态运动城；创新“世遗”玩法，鼓励特色伴手礼、文创产品研发，精心打造智慧旅游平台，全力打通旅游目的地、文体赛事、住宿餐饮消费产业链。围绕做好“吃在石狮”文章，支持创建一批餐饮标杆企业、预制菜经营主体、石狮美食示范店、剧场式主题餐厅，提速八卦街美食展示中心等特色美食集聚区建设，打响城市美食文化品牌；主动承办全国性美食节庆活动，开展新一轮“闽菜馆”“老字号”评选，大力培育名厨名师，创新丰富“宋元海丝宴”谱系，争创“闽南菜地标城市”。

（三）聚焦建管提升，全力争当高颜值城市示范

*在有序规划建设中塑造美。*围绕做好“住在石狮”文章，优化城市功能布局，高标准推进国土空间总体规划、生态修复规划、村庄规划编制落地，提升海岸带、城北等重点区域城市设计，用好每一寸土地，让城市更经得起品味、耐得住细看。加快城市更新，规划实施城北科创新城，有序推进十里黄金海岸旅游度假区、五大片区建设，启动蚶江镇区改造，精细织补提升老旧小区、老旧街区。完善交通设施，启动福厦高速公路晋江至石狮支线（彭田连接线），加快二重环湾快速路匝道、外西环路高铁连接线、永宁外线（梅宁路至西岑段）等项目建设，推动国道228线、沿海大通道提级改造，打通“断头路”2处，让内通外联网络更加顺畅。

*在精细城市管理中展现美。*下功夫打造城市大脑，整合数字资源，丰富场景接入，优化智慧石狮管控指挥平台、“网格通”APP、“i石狮”小程序功能，不断提升智慧化管理水平。花心思扮靓城市节点，提升宝盖山、灵秀山两大“绿核”景观风貌，建设祥芝滨海界面提升工程，美化水头外线、高速互通口等进出城主要通道景观，新建“口袋公园”20个，争创国家园林城市。出重拳治理城市顽疾，优化公交线路布局，新改建一批公交候车亭、公共停车泊位；持续推进海绵城市、韧性城市建设，强化城市易涝点隐患整治，新铺设城乡雨污水管网40公里以上；扎实开展城市环境综合治理，严格落实“门前三包”，深化“两违”、背街小巷、违章停车、物业服务、农贸市场等专项整治，扩大垃圾分类试点，让城市生活更加井然有序。

*在守住历史文脉中涵养美。*坚持以文塑城，活化利用万寿塔、六胜塔、石湖码头3个世界遗产点，加强凤里八卦街、永宁古卫城、华山古民居等古街古城古民居保护提升，深入挖掘海丝文化、狮文化等传统文化新时代内涵，有机植入城市地标。坚持以文润风，大力弘扬社会主义核心价值观，深化移风易俗，建好管好用好新时代文明实践中心，完善创城常态长效机制。坚持以文惠民，加快“书香城市”建设，完善市镇村三级公共文化服务设施，改造提升体育中心，办好文化惠民剧场，常态化推动非遗项目进校园、进社区、进乡村，积极创建“中国民间文化艺术（灯谜）之乡”。

*在加快乡村振兴中提升美。*让农村更富裕，科学合理规划乡村产业布局，加快祥芝中心渔港、锦东一级渔港、东埔一级渔港等项目建设，大力发展远洋渔业、深海养殖，培育培优“一村一品”“一镇一业”，培训高素质农民600人以上；严格落实粮食安全责任制，建成应急粮食储备库、肉品加工厂，扎实开展第三次全国土壤普查，将粮食播种面积稳定在1.66万亩以上，牢牢守住“米袋子”；开展“万企兴万村”活动，深化集体产权制度改革，积极探索村集体预留地、“回批地”盘活新模式，因地制宜壮大村财收入。让生活更幸福，落实防止返贫动态监测和帮扶机制，确保贫困户动态清零；持续完善乡村基础设施，狠抓乡村治理效能提升，推动“一约四会”覆盖率达到100%。让乡村更美丽，严格新建农房“带图审批”，大力整治存量“裸房”、杜绝新增“裸房”；深化农村人居环境整治，强化农村公厕、污水处理设施常态化运行管理，持续推进“绿盈乡村”创建，新增一批乡村建设“五个美丽”样板。

*在用心呵护生态中留住美。*持续抓好中央、省环保督察反馈问题整改，全力巩固污染防治攻坚战成果。提升大气污染防治能力，加强挥发性有机物、颗粒污染物监测，围绕制鞋、包装印刷等重点行业开展测管联动，强化工地扬尘、工业废气、餐饮油烟等污染源管理，努力让良好的空气成为最普惠的公共产品。提升水污染防治能力，严格落实河（湖）长制要求，实施12个水环境综合治理项目，开展美丽海湾建设，全面推进海漂垃圾整治和黑臭水体治理，完成锦尚、鸿山工业污水处理厂提标改造，建成高新区污水处理厂深海排放工程，确保城镇生活污水集中收集率达到63%以上，努力让碧海绿水交相辉映。提升土壤污染防治能力，生态修复废弃石窟28万平方米，加快建筑垃圾资源化利用；严格落实林长制，加强水土保持，

完成植树造林530亩，努力让青山更绿、城市更美。

（四）聚焦民生提档，全力打造高品质生活样板

用教育惠民暖心。优化教育资源布局，加快市区教育资源整合提升，投入6.9亿元，实施石光中学、石狮一中、厦外石狮分校、蚶江中学扩建工程等25个教育项目，新增各类优质学位4200个。实施基础教育高质量发展行动计划，提升小学"名优校+"集团化办学规模效益，发挥本地优质中学和福师大石狮附中、泉州五中石狮教改基地校辐射带动作用，优化校际和城乡紧密型教育共同体办学机制，促进强弱互补、城乡共进，大力构建优质均衡的教育体系。加快福建技师学院石狮校区二期、鹏山工贸改扩建项目，支持在石高校、中职学校转型发展。深入推进"双减"改革，完善评价体系，持续推进名校长领航工作室建设，争创省级基础教育综合改革实验区。

用健康托举幸福。科学精准落实疫情防控措施，深化疾控体制机制改革，统筹抓好医疗救治能力建设和疫苗接种工作，确保平稳转段，顺利度过流行期。支持市总医院创建三甲医院，加快市医院科研教学楼、子英医院项目建设，提升重点专科服务水平，推动救治中心点向镇、村延伸，全力打通危急重症一体化快速救治通道。深化医药卫生体制改革，扎实开展公立医院DRG收付费试点，扩大基本医保参保覆盖面，强化"两病"门诊用药保障，推动长护险试点提质扩面，积极争创国家级慢性病综合防控示范区。探索新建小区配建养老设施专业化运营路径，推动鸿山医养结合居家养老服务中心投入运营，鼓励更多有条件的村（社区）建设长者食堂，努力满足多元化养老需求。开展生育关怀行动，积极发展普惠托育服务，加快构建生育支持政策体系。

用保障兜底民生。通过高质量就业、高水平创业、高层次技能带动致富增收、扩中提低，加快狮城零工市场建设，提升高校毕业生、退役军人等重点群体就业服务，完善留石来石高校毕业生帮扶机制，完成职业技能培训2000人次以上，城镇新增就业8000人以上。深化劳动关系"和谐同行"能力提升三年行动，推进劳动人事争议仲裁流动庭和智慧仲裁庭建设，全力打好根治欠薪攻坚战。精准实施社保扩面，加强社会救助动态管理，健全兜底长效帮扶机制，关心关爱妇女儿童、老年人、残疾人等群体，大力发展公益慈善事业，擦亮"大爱石狮"品牌。深化双拥共建，推动军民融合，扎实做好国防教育和国防动员工作，高标准落实支前保障和退役军人服务，争创全国双拥模范城"七连冠"。

用善治守护平安。加快"党建+"邻里中心全域覆盖，完善网格化管理工作机制，推动更多专业力量和治理事项入格，着力打通基层治理"最后一公里"。创新推进镇（街道）安全生产连片联合执法试点，建成应急救援指挥中心，持续加强道路交通、自建房经营场所、渔业船舶、危险化学品、消防火灾等重点领域安全管理，全面提升安全生产标准化创建质量。常态化开展扫黑除恶，依法严打电信诈骗、走私涉毒等违法犯罪行为，丰富"海上枫桥"集群，完善矛盾纠纷多元排查化解机制，不断提升群众的安全感、满意度。严格落实"四个最严"要求，积极推进食品安全"一品一码"追溯系统试点应用，全力保障食品药品安全。扎实做好第五次经济普查工作，支持侨联、工青妇、工商联、红十字会等人民团体发挥更大作用，推动外事、民宗、人防、海防、气象、地方志等各项事业全面发展。

（五）聚焦服务提效，全力推进高效能政府建设

始终坚持忠诚为政。学深悟透做实习近平新时代中国特色社会主义思想，全面贯彻落实党的二十大精神，切实增强"四个意识"、坚定"四个自信"、做到"两个维护"。牢记以中国式现代化推进中华民族伟大复兴的使命任务，胸怀"国之大者"，发扬斗争精神，增强斗争本领，勇于面对各种风险挑战，勇于克服各种困难，敢担当，善作为，察实情，创造性落实好上级和市委的各项决策部署，以更大的发展成果满足人民群众对美好生活的新期待。

始终坚持实干兴政。主动对接省委省政府《关于传承弘扬"晋江经验"支持泉州建设21世纪"海丝名城"的意见》，积极践行"马上就办、真抓实干"的优良作风，自觉用系统观念、改革思维、创新办法来解决问题、推动工作，用实干热度加速工作进度。统筹推进"数字政府"建设，加快实现"一网通用""一网通办""一网统管"，全面提升政府服务与监管的精准度。

始终坚持依法行政。始终在法治轨道上开展工作，自觉接受人大法律监督、工作监督，政协民主监督，认真办理人大代表建议和政协提案，加强政务公开，让权力在阳光下运行。深化综合行政执法改革，严格规范行政执法人员管理和涉企行政检查，积极推进执法力量向基层延伸。深入开展"八五"普法，加快建设法治社会，努力使尊法学法守法用法蔚然成风。

始终坚持廉洁从政。认真履行全面从严治党主体责任，严格落实意识形态工作责任制，深入推进廉洁政府建设，健全重点领域、关键环节、关键岗位廉政风险防控机制。严格落实中央八项规定及其实施细则精神，牢固树立"过紧日子"思想，压减"三公"经费，着力整治形式主义、官僚主义，构建"亲清"政商关系，切实树立政府良好形象。坚决做好各级巡视巡察、审计反馈问题整改工作，常态化开展"回头看"，做到老毛病不反复、新问题少产生。

各位代表，新时代是充满光荣和梦想的远征。石狮正处于高质量发展爬坡过坎的关键期，任务艰巨，责任重大。让我们更加紧密地团结在以习近平同志为核心的党中央周围，在中共石狮市委的坚强领导下，踔厉奋发、勇毅前行，为全面建设现代化商贸之都而不懈奋斗！

附 注

◆ 三提三效：提高效率、提升效能、提增效益。

◆ 两稳一保一防：稳增长、稳市场主体，保就业，防风险。

◆ “1+3”专项行动：“1”指项目攻坚2022；“3”指抓开放招商、促项目落地，工业（产业）园区标准化建设，抓城建提品质等三个专项行动。

◆ 五在石狮：创在石狮、购在石狮、游在石狮、吃在石狮、住在石狮。

◆ 三个第一时间：第一时间赶赴现场、第一时间转移人员、第一时间组织管控。

◆ 三公（工）一大：公安、公卫、工信，大数据。

◆ “1+N”园区管理体制：1个市级园区办、N个镇级分园办公室。

◆ RCEP：区域全面经济伙伴关系协定。

◆ 千县工程：国家卫生健康委县医院综合能力提升工程。

◆ 两个确立：党确立习近平同志党中央的核心、全党的核心地位，确立习近平新时代中国特色社会主义思想的指导地位。

◆ 两个维护：坚决维护习近平总书记党中央的核心、全党的核心地位，坚决维护党中央权威和集中统一领导。

◆ 四风：形式主义、官僚主义、享乐主义和奢靡之风。

◆ “5510”项目：龟湖公园、前坑前园、塘园、大仑、金曾五大片区，观音山、国际游艇汇、永宁古卫城、凤里八卦街、华山古民居五大文旅项目，光子技术产业园一园、网商园、锦尚智能制造园、青山轻工产业园、蚶江智能制造园、港后综合物流园、生物医药园、新能源综合产业园、鸿锦产业园、永宁工业新区10个小微园区。

◆ 能源消费“双控”管理：对能源消费总量和强度进行控制管理。

◆ “四个倍增”计划：力争3—5年推动科研投入、高新企业、高端研发平台、高层次人才等数量实现翻番。

◆ R&D：研究与实验发展。

◆ 一馆一院两中心：国家纺织面料石狮馆，中纺学石狮服装及配饰产业研究院，国家纺织信息中心石狮分中心、中纺联检测中心泉州实验室。

◆ 放管服：简政放权、放管结合、优化服务。

◆ “一件事”集成套餐服务：通过再造业务流程，将涉及多部门互相关联的“单个事项”集成为企业群众视角的“一件事”。

◆ 五办：马上办、就近办、网上办、掌上办、自助办。

◆ 三个一公里：行政审批便捷直达落地“最先一公里”、解决企业办事痛点堵点“中间一公里”、政策服务企业“最后一公里”。

◆ “一十百千万”网红城市：打造一座网红城市、建设十个直播基地、汇聚百家直播机构、链接千家生产企业、带动万个直播商铺。

◆ 两国双园：两个主权国家在对方境内互设产业园区，深化双向企业及产业合作、联动发展的一种新型合作方式。

◆ 门前三包：临街单位、门店、住户包卫生、包绿化、包秩序。

◆ 一约四会：村规民约，红白理事会、道德评议会、村民议事会和禁毒禁赌会。

◆ 五个美丽：美丽乡村庭院、美丽乡村微景观、美丽乡村小公园（小广场）、美丽田园、美丽乡村休闲旅游点。

◆ 双减：减轻义务教育阶段学生作业负担和校外培训负担。

◆ DRG收付费：将临床疾病严重程度、治疗方法的复杂程度以及治疗成本的不同划分成若干组，以组为单位定价打包支付的收付费方式。

◆ 两病：高血压、糖尿病。

◆ 四个最严：最严谨的标准、最严格的监管、最严厉的处罚、最严肃的问责。

◆ 四个意识：政治意识、大局意识、核心意识、看齐意识。

◆ 四个自信：道路自信、理论自信、制度自信、文化自信。

◆ 国之大者：事关党和国家前途命运、事关中华民族伟大复兴、事关人民幸福安康、事关社会长治久安的大事。

◆ “三公”经费：因公出国（境）费、公务用车购置及运行维护费和公务接待费。

政协工作报告

——2022 年 12 月 20 日在政协第八届石狮市委员会第二次会议上的报告

石狮市政协主席　黄延艺

2022 年工作回顾

2022年是新一届政协的开局之年。一年来，市政协常委会坚持以习近平新时代中国特色社会主义思想为指导，深入学习贯彻中共十九大、十九届历次全会和二十大精神，全面贯彻落实中共中央办公厅《关于加强和改进新时代市县政协工作的意见》精神，在中共石狮市委坚强领导下，紧紧围绕“全面建设现代化商贸之都”目标，坚持发扬民主和增进团结相互贯通、建言资政和凝聚共识双向发力，充分发挥专门协商机构作用，全年共召开常委会会议 5 次、主席会议 6 次，组织视察调研 17 场，形成调研报告 22 篇、专项监督报告 1 篇、呈阅件和社情民意专报件 17 份。《人民政协网》《政协天地》媒体刊发《石狮市政协为建设现代化商贸之都汇智聚力》等专题报道 15 篇，相关工作得到省政协有关领导的批示肯定。

坚持一个根本：党建引领把牢方向

深入学习贯彻习近平总书记关于加强和改进人民政协工作的重要思想，坚持把政治建设摆在首位，落实全面从严治党主体责任，持续加强政协系统党的建设。

（一）强化党的全面领导

落实新时代党的建设总要求，推动党建和履职深度融合、互促共进。充分发挥政协党组把方向、管大局、保落实作用，坚决贯彻执行中央、省、泉州市委和石狮市委决策部署，严格执行重大事项请示报告制度，定期向市委汇报工作。贯彻执行《中国共产党政治协商工作条例》，落实与党委政府共同制定年度协商监督计划机制，把智慧和力量凝聚到服务大局、服务发展的思路上来。首创政协委员工作室（联系点）派驻党建指导员制度，打造石狮政协特色党建。严格遵守政治纪律和规矩，自觉在思想上政治上行动上同以习近平同志为核心的党中央保持高度一致，确保政协工作与大局同向同行。

（二）深化党的理论武装

以党组理论学习中心组为引领，完善政协委员和党员干部全覆盖的学习体系，深入学习贯彻习近平新时代中国特色社会主义思想，常态化开展“四史”学习教育，推动理论学习与协商议政双向融合。全年共组织党组理论学习中心组、常委会会议以及党支部集体学习 29 场，专题学习 27 场。坚持读原著、学原文、悟原理，系统学习《习近平谈治国理政》《闽山闽水物华新——习近平福建足迹》等，深刻认识把握“两个确立”的决定性意义，不断增强“四个意识”、坚定“四个自信”、做到“两个维护”。

（三）深入学习宣传贯彻中共二十大精神

在全市政协系统开展学习宣传贯彻中共二十大精神“三个一”（一期政协委员提升履职能力培训班、一堂《石狮政协讲堂》专题讲座、一轮走进基层巡回宣讲）系列活动，把委员和各界人士的思想和行动统一到中共二十大精神上来。市政协领导带头到挂钩镇（街道）、活动组、企业开展宣讲 7 场，在“政协之窗”公众号开设学习中共二十大精神专栏，推送委员学习心得 40 余篇，向社会各界主动发声、传播共识。举办“政协讲堂”专题讲座，邀请全国工商联原副主席、全国政协参政议政人才库特聘专家庄聪生，就《学习贯彻二十大促进民营经济发展壮大重要论述　推动民营企业实现高质量发展》作专题讲座，引导全体委员尤其是经济界人士坚定信念信心，为助推高质量发展奉献政协力量。举办“丹青迎盛会 • 翰墨颂党恩”“喜迎二十大 • 礼赞新时代——‘印象石狮’”书画展和“福见石狮　镜艳海丝”全国摄影展，多方位展现政协和各界人士共迎二十大、奋进新征程的壮志豪情。

抓住一条主线：围绕中心服务发展

立足新时代人民政协新使命，主动服务和融入新发展格局，在助推“全面建设现代化商贸之都”中展现政协作为。

（一）聚焦中心，助力强产兴城

坚持发展第一要务，紧贴“5510”“五在石狮”活动及商贸发展提质增效“十个行动”，按照市委“点题”，组织开展“以商贸提质增效带动产业创新发展”专题议政性协商，从产业发展、品牌建设、人才引育等方面提出意见建议 18 条，为石狮经济社会发展献良方、添动力，受到省政协张兆民副主席和市委黄春辉书记的批示肯定，人民政协网作相关报道；组织开展“抓城建提品质专项行动”专题议政性协商，形成主报告及子课题 18 篇，提出“五个加快、五个提升”建议，市政府主要领导就加快推进城建工作向全市提出“六个注重”要求，省政协许维泽副主席作出专门批示。组织各专委会、活动组、民主党派，围绕“聚焦‘强产兴城’双轮驱动　助推现代化商贸之都建设”开展年度专题调研。就“纺织鞋服产业转型升级”开展对口协商，助推产业健康发展。聚焦“乡村特色产业发展”和“永宁郭坑回族村生态园建设”开展对口协商，为推进我市乡村振兴和美丽家园建设建言献策。积极开展对外交流，与江西省兴国县政协建立友好关系，推动石狮、兴国两地实现政务服务“跨省联办”，促成兴国县特产通过石狮东南亚采购集散中心出口，助力两地经济社会发展。

（二）服务大局，助力改革发展

聚焦经济发展全局，聚力改革攻坚重点，在服务大局上体现新作为。市政协班子成员按照市委要求挂钩重点项目19个、工作专班4个、企业63家，带领政协机关干部参与大仓东片区、金曾坑前片区、龟湖公园东片区、前坑片区征迁改造工作，协调解决征迁和建设中出现的新情况、新问题，推动工作落实。围绕园区标准化建设开展系列专项调研，形成《关于推进园区标准化建设，打造高质量发展载体的建议》，在泉州市政府市政协专题协商会议上作重点交流发言。针对十大产业园区建设与开放招商工作情况及存在问题，形成《关于加快十大产业园区标准化建设的几点建议》得到市委重视采纳并批转相关部门。将“加快发展跨境电商促进外贸转型升级”的建议列为重点提案，组织全链条调研，为加快形成“一总部十二园区”布局、推动我市跨境电商高质量发展积极建言。

（三）发挥优势，助力社会治理

准确把握人民政协在推进国家治理体系和治理能力现代化中的优势，在基层社会治理中发挥更大作用。将“公益诉讼”纳入重要协商议题，从构建多方参与格局、建立长效机制、加大宣传发动等方面协商建言。围绕“基层社会治理网格化”开展对口协商，就整合部门资源、强化主体责任、加强网格力量议政谋方。从督办“科学完善交通信号灯设置”重点提案入手，延伸对城市道路交通情况进行调研，共同为我市道路交通寻乱点、找堵点、通滞点、排患点。开展“营商环境优化提升情况”视察，就增强政务服务“软实力”、营造良好营商环境等提出建设性意见建议。

践行一个宗旨：履职为民彰显担当

坚持把人民群众对美好生活的向往，作为人民政协履职的出发点和落脚点，在助力民生改善中展现政协情怀。

（一）关注民生，视察监督补短板

持续关注与群众利益息息相关问题，积极推进视察性监督。围绕“五在石狮”、守护“舌尖安全”，对食品安全全过程各环节展开专项监督，提出6项建议被市委采纳。连续三年对我市老旧小区改造进行跟踪视察，确保监督成果落到实处。将“关于加强中小学生校内课后服务提升的建议”列为重点提案，围绕“全面推行学校课后服务 治理整顿校外培训机构”重要协商议题，就我市实施“双减”政策、推行课后服务、规范培训机构等情况协商建言。围绕“优化基层医疗服务”梳理短板、对症献策，推动基层医疗服务更好满足群众需求。围绕“社会力量参与文化建设”开展视察，为探索文化惠民新途径积极发声。广泛收集社情民意，整理报送《关于加快露营旅游产业发展的建议》《关于畅通住宅小区消防通道的建议》等专报12期，一批社会民生实事得以解决，使“小信息”发挥沟通党政、联系民心“大作用”。

（二）履职下沉，激活基层新动能

打通政协组织向基层延伸“最后一公里”。首创委员、专委会（活动组）双向选择制，设置6个专委会，在各镇（街道）及港澳委员中成立11个政协委员活动组。各镇（街道）党委、政府高度重视，主动邀请政协委员参与实地视察、座谈交流和现场招商，进一步增强委员荣誉感和使命感。各基层活动组主动探索协商议政新方式，在延伸工作触角、拓宽履职空间、联系服务群众等方面发挥重要作用。凤里活动组设立“5+2”挂钩联系机制，真诚服务群众；湖滨活动组担任辖区招商顾问单位，积极参与招商引资；灵秀活动组集资聚力，有效推动鹏山实验学校建设；宝盖活动组开展“服务企业年”活动，推动惠企政策落实；蚶江活动组关注贫困学子，连续11年开展“金秋助学”活动；永宁活动组深入古卫城及旅游度假片区开展调研，助推文旅产业发展；祥芝活动组开展扶贫助困，关心关怀弱势群体；鸿山活动组定期召开辖区企业资源对接会，促进企业共同发展；锦尚活动组设立“1+1”和“三联系三走访两活动”机制，密切联系镇、村、企业。

（三）齐心抗疫，倾情奉献展情怀

在“3·13”疫情伊始，第一时间向全市政协组织和政协委员发出倡议书，号召政协干部和各级政协委员主动投入疫情防控。

市政协班子成员以身作则、下沉一线，带队走访了解疫情后企业复工复产情况，及时形成《关于稳妥有序推进企业复工复产的几点建议》和《关于增强若干政策业务穿透力的建议》，被市委市政府采纳，推动相关政策穿透落实。机关党员干部挺身而出，赶赴村（社区）和重点企业，积极参与防控志愿服务和知识宣传，其中，4名干部担任封控区临时党支部书记。广大政协委员积极响应，踊跃参与疫情防控、捐资捐物，据不完全统计，各级政协委员共捐资、捐物达1500多万元；发动文艺界人士，以诗歌、书画、摄影等形式创作抗疫主题文艺作品60余篇（幅），“政协之窗”公微号增设“抗疫有我”专栏，积极营造浓厚氛围。

紧扣一个抓手：民主协商凝聚共识

始终把团结与民主贯穿于履职全过程和各方面，广泛开展交流联谊，在充分协商、求同存异中彰显政协力量。

（一）团结协作，汇聚助推发展正能量

深入贯彻《中国共产党统一战线工作条例》，落实党组成员联系常务委员、党员委员联系党外委员机制，加强与各民主党派、工商联、无党派人士和人民团体的联系，强化与非公有制经济和新的社会阶层人士沟通交流。开展富有政协特色的港澳台侨对外交往工作，发挥港澳委员“双重积极作用”，开展“汇集侨心侨力侨智，服务海丝名城建设”专题调研，形成《关于加强联络联谊，引导华侨华人新生代融入家乡发展》的报告；将侨捐项目管理使用情况列入重要协商议题，就如何进一步做好侨捐项目管理使用，更好维护捐赠人合法权益建言献策；设立台港澳侨政协委员锦尚工作室，搭建侨胞侨亲侨眷交流平台；提出《关于进一步做好石狮华侨古民居保护工作的建议》，推动华侨古民居修缮保护工作与城市建设协调发展；走访外资和委员企业，深入了解生产运营、市场拓展、防疫工作等情况，积极为企业纾困解难。加强部门沟通，政协领导班子成员多次带队到公检法、经济、文体、卫生等对口单位及民族宗教场所、委员企业走访，为密切联系交流、更好履职尽责打下坚实基础。组织视察我市宗教活动场所土地确权推进和少数民族流动人口服务管理情况，推动落实党的民族宗教政策，发挥好民族宗教界委员作用。

（二）创新载体，打造协商议事新阵地

丰富“有事好商量、众人的事情由众人商量”制度化实践，深化“党建+”邻里中心、委员工作室融合机制，完善委员基层协商服务平台建设。加大政协委员工作室（联系点）创建力度，出台《石狮市政协委员工作室（联系点）创建管理办法》。按照“区域、界别、产业、委员”等四种类别，建成政协委员工作室（联系点）9个。印发《关于在“党建+”邻里中心、委员工作室（联系点）发挥政协委员作用的通知》，对“党建+”邻里中心政协委员工作室（岗）的建设管理、履职考评等提出明确要求。在“党建+”邻里中心设立政协委员工作岗26个，进驻委员65人，涵盖18个界别，实现委员广覆盖、有作为。各委员工作室（联系点）共开展调研协商等活动50余场，走访接待群众215人次，解决民生问题27件。如，石狮市纺织服装产业联盟政协委员调解工作室协助石狮法院调解多个民（商）事案件，成功调解各类民（商）事纠纷10余起，涉及金额2000多万元；政协委员“海岸枫桥式”调解工作室协助化解沿海五镇多起矛盾纠纷，群众赠送锦旗致谢；医药卫生界委员联系点发挥专长，开展送医送药志愿服务，方便群众享受“家门口”优质医疗服务。人民政协网为此刊发专题报道《石狮市政协：委员工作室架起群众“连心桥”》。

（三）民主协商，提案成果落地见实效

强化提案办理协商，促进协商成果迅速转化。立足“提得准”，引导委员聚焦发展、深入调研。坚持“办得好”，在重点提案督办中，市政府副市长全程参与、市政协副主席领衔督办，力度不断加大。致力“出成效”，充分利用“回头看”，督促承办单位做好提案办理后半篇文章，完善提案办理考评机制，着力解决相关问题。委员提案共立案211件，提案答复率和满意率均达到100%。提案成效突出，其中，关于打造光子产业聚集区的重点提案被市政府研究采纳，建设光子产业重点项目3个，促进光子产业延链聚群；关于后申遗时代创新发展我市文旅产业的重点提案推动市委市政府成立工作专班，石狮连续两年进入全国县域旅游综合实力百强县行列；关于提升我市托育机构服务水平的建议，推动相关部门制订《石狮市促进3岁以下婴幼儿服务发展实施意见》，提升婴幼儿照护服务；关于规范停车场所收费的建议，推动出台《石狮市机动车停车服务收费管理规定》，进一步优化城市停车资源配置；关于在全市公共场所配置AED的建议，推动我市各类公共场所新增配置AED31台，培训持证救护员3065人。

把握一个关键：带强队伍激发活力

坚持抓好“两支队伍建设”，引导激励广大委员和机关干部强化学习提升、强化自身修养、强化责任担当，以过硬素质提升履职水平、展现政协风采。

（一）加强委员学习培训

开展新一届政协委员履职培训，围绕“政协委员如何运用好提案助推双向发力”，邀请全国政协委员骆沙鸣作专题辅导讲座。组织市政协常委到晋江经验馆开展现场教学，聆听《“晋江经验”由来内涵及时代价值》专题讲座，深刻领会“晋江经验”的时代价值和实践意义。深化“书香政协”创建，在新华书店书香狮城驿站设立“书香政协·委员读书驿站”，开设政协文史之窗，举办“书海巡航·经典品读”等读书分享活动，促进读书履职双进步、交流资政相融合。

（二）完善委员履职管理

建立正向激励委员管理机制，修订完善《石狮市政协委员履职积分管理办法》，在委员参加会议、提交提案、反映社情民意等常规评分基础上，将参与委员工作室（联系点）活动、招商引资、公益捐赠、疫情防控、扶贫济困和读书学习等纳入积分，以“小积分”激发“大能量”，使委员深感肩上有责、争先有标、行为有尺，为打造一支“懂政协、会协商、善议政、守纪律、讲规矩、重品行”的委员队伍奠定坚实基础。一年来，共有8名政协委员（成员）获各级各类表彰，2名政协委员（成员）荣获第五届石狮市道德模范，16名政协委员引荐项目14个，投资金额35.8亿元，为经济社会发展作出积极贡献。

（三）强化干部队伍建设

加强党风廉政建设，落实意识形态工作责任制，深入实施“三提三效”行动，持续优化机关作风。常态化开展“道德讲堂”、主题党日、“我为群众办实事”等活动，举办“文明创城，净我家园，党员先行”和“同心庆七一 喜迎二十大”“奋进新征程 勇担新使命”学思践悟党的二十大精神主题活动，开展干部“岗位大练兵”、开设政协机关“业务大讲堂”、强化“学习强国”APP积分结果运用，激励党员干部、机关人员学用结合、比学赶超。组织开展“身边人身边事”廉政警示教育，增强廉洁自律意识，努力塑造干事创业、高效务实、风清气正的新时代政协机关良好形象。

各位委员，过去一年市政协工作取得的各项成绩，是习近平新时代中国特色社会主义思想科学指引的结果，是中共石狮市委正确领导的结果，是市人大、市政府和社会各界大力支持的结果，是市政协各参加单位和全体政协委员团结奋斗的结果。在此，我代表市政协常委会，向各位领导、各级各部门、政协各参加单位、广大政协委员、全体政协工作者和关心支持政协工作的社会各界人士，致以崇高的敬意和衷心的感谢！

在肯定成绩的同时，我们也清醒地看到，面对经济发展新态势，协商议政广度和深度还需进一步拓展；面对协商民主新要求，专门协商机构作用还需进一步强化；面对人民群众新期盼，基层协商创新途径还需进一步探索。针对这些问题和挑战，我们一定要认真研究、切实改进，以奋斗的激情和创新的勇气，不断开创政协事业蓬勃发展新局面。

2023年工作思路

2023年是全面贯彻落实中共二十大精神的开局之年，是实施“十四五”规划承上启下之年，更是我市高质量发展的关键之年。刚刚闭幕的市党代会为政协履职明确了目标任务，我们要在中共石狮市委的坚强领导下，高举习近平新时代中国特色社会主义思想伟大旗帜，全面贯彻习近平总书记关于加强和改进人民政协工作的重要思想，充分发挥专门协商机构作用，践行全过程人民民主，在做好“三个示范”，加快建设现代化商贸之都新征程上，奋力书写新时代人民政协新答卷。

一、增强政治定力，以更高站位坚持党的全面领导

加强思想政治建设，持续深化党的创新理论武装，把学习宣传贯彻中共二十大精神作为首要政治任务。持续深化“三个一”系列活动，通过党组理论中心组学习会、政协讲堂等多种形式，将学深悟透中共二十大精神与深入贯彻习近平总书记关于加强和改进人民政协工作的重要思想相结合，与学习贯彻《中国共产党政治协商工作条例》《关于加强和改进新时代市县政协工作的意见》精髓要义相结合。加强政协党的建设，突出政协党建特色，把党建工作融入协商议政和自身建设等方面。自觉接受市委领导，把市委工作中心作为政协履职重心，确保工作上同心勠力、节奏上同轴运转、目标上同向推进。

二、主动服务大局，以更强担当助推高质量发展

要围绕大局，聚焦“五在石狮”工作部署和“5510”项目攻坚等中心工作，紧扣“争当构建新发展格局、共同富裕两个先行区，建成活力海洋、美食文旅、精美善治之城”的发展思路，深入协商、集中议政，民主监督、助推落实。要高质量协商，围绕文旅经济和侨务工作重点，与市委、市政府开展专题议政性协商；紧扣智能制造、跨境电商、知识产权保护等热点建睿智之言、献务实之策，为市委市政府科学决策提供参考。要高质量调研，紧盯片区改造、人民调解、校服产业等焦点深入一线，全面调研、有效支招，努力为市委市政府提供更多富有前瞻性、科学性、可行性的意见建议。

三、恪守为民初心，以更实举措助推民生改善

要助力改善民生福祉，围绕群众普遍关心的教育、医疗、就业、养老等民生问题组织专题视察调研，就“持续提升长护险服务”“扎实推进集团化办学”“校园食品安全”等议题协商建言，就“农村人居环境提升情况”开展视察。持续增设政协委员工作室（联系点），推动委员进一步融入“党建+”邻里中心，充分发挥委员在协调关系、理顺情绪、化解矛盾等方面的作用，推动政协协商与基层社会治理有机融合，为经济社会发展减阻力、增动力、聚合力。广泛动员政协委员和社会各界开展捐资助学、结对帮扶、医疗义诊等慈善活动，协助党委政府把好事办实、把实事办好，把“委员作业”写进群众心坎。

四、彰显特色优势，以更大半径画好最美同心圆

坚持团结民主、汇集各方智慧，凝聚建设现代化商贸之都的共识与力量。要发挥新型政党制度优势，更大力度支持各民主党派、工商联、无党派人士在政协履职发挥作用，畅通各界人士诉求表达渠道，加强与港澳台同胞、海外侨胞的联系交往，就《香港澳门台湾居民在内地（大陆）参加社会保险暂行办法》实施情况进行调研。进一步健全同党外委员、界别委员交流、联系制度，推动“有事好商量”协商议事工作常态长效。深入挖掘富有地域特色的文化内涵，编撰富有时代价值的文史资料，发挥好新时代政协文史资料“存史、资政、团结、育人”的社会功能，传播正能量。

五、注重强基固本，以更严标准加强自身建设

要强化委员学习培训、服务管理和考核评价，进一步提高委员履职能力。持续开展“书香政协”系列活动，推动“读书+履职”互为赋能。要进一步提升专委会工作水平，引导专委会把握重心、创新思路，切实发挥在重点课题调研、重点提案督办、对口界别协商中的基础作用。要巩固省级文明单位创建成果，扎实推进机关自身建设，探索服务保障新途径，推动政协工作再上新台阶。

各位委员、同志们，新征程已经开启，新使命催人奋进。让我们更加紧密地团结在以习近平同志为核心的党中央周围，高举习近平新时代中国特色社会主义思想伟大旗帜，在中共石狮市委坚强领导下，踔厉奋发、勇毅前行，为加快建设现代化商贸之都贡献政协智慧和力量！

附 录

统计资料

2022 年石狮市主要指标完成情况一览表

表 19

主要指标		单位	2022 年计划	1—12 月实际	增长（%）	完成计划（%）
综合	石狮市生产总值	亿元	—	1159.68	4.2	—
	#第一产业	亿元	—	31.56	1.7	—
	第二产业	亿元	—	510.37	3.4	—
	第三产业	亿元	—	617.75	5.0	—
	农林牧渔业总产值	亿元	—	59.41	1.9	—
	规模以上工业增加值	亿元	—	—	4.5	—
	社会消费品零售总额	亿元	—	641.41	3.9	—
	限额以上社会消费品零售额	亿元	—	244.63	8.1	—
	固定资产投资（不含农户）	亿元	—	204.69	4.8	—
财税	一般公共预算总收入（不含基金）	万元	636000	581053	6.2	91.4
	#地方一般公共预算收入	万元	424000	436206	14.9	102.9
	中央级收入	万元	212000	144847	-11.4	68.3
	税收收入	万元	556000	385061	-5.5	69.3
	非税收入	万元	80000	195992	48.8	245.0
金融	银行存款余额（本外币）	亿元	—	987.09	17.5	—
	#境内住户存款	亿元	—	666.94	18.3	—
	银行贷款余额（本外币）	亿元	—	844.41	3.7	—
水电	供水量	万吨	—	12633	-5.3	—
	工业用水量	万吨	—	5692	-9.8	—
	全社会用电量	万度	—	482224	-2.5	—
	工业用电量	万度	—	288869	-5.0	—

续表 19

主要指标		单位	2022 年计划	1—12 月实际	增长（%）	完成计划（%）
邮电	邮政收入（不包含速递和邮政银行）	万元	—	11548	7.2	—
	电信业务收入	万元	—	27568	7.8	—
	移动电话业务收入	万元	—	70311	17.1	—
其他	水产品产量	吨	—	400469	1.5	—
	居民消费价格指数（泉州市辖区）	%	—	101.4	1.4	—
	港口货物吞吐量	万吨	—	4020.61	7.2	—
	石湖码头港口货物吞吐量	万吨	—	2693.60	1.7	—
	华锦码头货物吞吐量	万吨	—	1327.01	20.5	—
	集装箱吞吐量	标箱	—	1714184	11.5	—
	石湖码头港口集装箱吞吐量	标箱	—	1396389	11.2	—
	华锦码头集装箱吞吐量	标箱	—	317795	12.9	—
	全体居民人均可支配收入	元	—	64961	5.5	—
	城镇居民人均可支配收入	元	—	73205	4.9	—
	农村居民人均可支配收入	元	—	34136	6.7	—

说明：三次产业比重 2.7 ∶ 44.0 ∶ 53.3

2022 年石狮市生产总值（行业增加值）情况一览表

表 20

指标	12 月止累计（万元）	增减（%）
一、石狮市生产总值	11596784	4.2
总计中：第一产业增加值	315552	1.7
第二产业增加值	5103695	3.4
第三产业增加值	6177537	5.0
总计中：农林牧渔业	315812	1.7
工　业	4657105	4.0
建 筑 业	447952	-2.8
交通运输、仓储和邮政业	416956	1.6
批发和零售业	3569920	8.3
住宿和餐饮业	196753	2.5
金融业	496801	4.7
房地产业	364380	-0.6
其他服务业	1131105	-0.6
二、三次产业比重（%）	12 月止累计	上年同期
第一产业	2.7	2.6
第二产业	44.0	44.2
第三产业	53.3	53.2

说明：全市生产总值按当年价格计算，增长率按可比价格计算

2022 年石狮市农业情况一览表

表 21

指　标	计量单位	2022 年	增长（%）
农林牧渔业总产值（现价）	万元	594135	1.9
全年农作物播种面积	亩	43800	0.3
# 春收	亩	17460	-0.5
夏收	亩	11594	0.4

续表 21

指 标	计量单位	2022 年	增长（%）
秋收（预计）	亩	14746	1.3
全年粮食播种面积	亩	16899	1.2
# 春收	亩	5331	0.2
夏收	亩	1763	-1.2
秋收（预计）	亩	9805	2.1
全年粮食产量	吨	5340	4.0
# 春收	吨	1574	2.9
夏收	吨	652	11.5
秋收（预计）	吨	3114	3.1
秋冬播农作物播种面积	亩	18220	4.4
其中：粮食播种面积	亩	5402	1.3
水果产量	吨	2404	-0.6
食用菌产量	吨	—	—
肉蛋奶产量	吨	141.33	15.6
水产品产量	吨	400469	1.5
1. 海水产品产量	吨	400024	1.5
# 海洋捕捞	吨	337944	1.6
# 近海捕捞	吨	288186	0.0
# 远洋捕捞	吨	49758	12.2
海水养殖	吨	62080	0.7
2. 淡水产品产量	吨	445	0.0

2022 年石狮市规模以上工业增加值情况一览表

表 22

指 标	12 月增长（万元）	1—12 月增长万元
合计	9.1	4.5
制造业	—	—
农副食品加工业	-2.7	17.7
食品制造业	13.0	-2.6
酒、饮料和精制茶制造业	-70.1	-16.5
纺织业	3.0	4.8
纺织服装、服饰业	7.4	11.3
皮革、毛皮、羽毛及其制品和制鞋业	28.4	-0.1
造纸和纸制品业	61.6	-2.5
印刷和记录媒介复制业	12.8	-12.8
文教、工美、体育和娱乐用品制造业	13.7	18.4
石油、煤炭及其他燃料加工业	-35.6	-31.5
化学原料和化学制品制造业	54.1	10.5
医药制造业	67.0	47.8
化学纤维制造业	26.5	-51.0
橡胶和塑料制品业	1.8	8.8
非金属矿物制品业	32.3	-8.4
有色金属冶炼和压延加工业	-0.5	2.8
金属制品业	16.9	4.1

续表 22

指 标	12 月增长（万元）	1—12 月增长万元
通用设备制造业	-17.8	-4.1
专用设备制造业	14.8	37.7
汽车制造业	45.8	9.2
电气机械和器材制造业	22.3	1.3
计算机、通信和其他电子设备制造业	14.3	-9.4
仪器仪表制造业	-8.9	15.6
其他制造业	3.2	-1.0
电力、热力、燃气及水生产和供应业	—	—
电力、热力生产和供应业	14.9	-7.2
燃气生产和供应业	14.5	5.3
水的生产和供应业	-8.0	-8.5

2022 年石狮市固定资产投资完成情况一览表

表 23

指 标	12 月止累计（万元）	增长（%）
固定资产投资（不含农户）	2046869	4.8
一、按产业分	—	—
1. 第一产业	—	—
2. 第二产业	880243	35.3
#工业投资	880243	35.3
#技改投资	763262	86.8
3. 第三产业	1166626	-10.4
二、构成分	—	—
1. 项目投资	1491422	17.2
2. 房地产开发投资	555447	-18.4

2022 年石狮市财政收入情况一览表

表 24

项目			预算数（万元）	完成情况			
				累计数（万元）	增减（万元）	新口径增长（%）	完成任务（%）
财政总收入		合计	636000	581053	-14674.5	6.2	91.4
		其中，税收	556000	385061	-78986.5	-5.5	69.3
		非税	80000	195992	64312	48.8	245.0
其中	一般预算收入	小计	424000	436206	34787	14.9	102.9
		其中，税收	344000	240214	-29525	-1.2	69.8
		非税	80000	195992	64312	48.8	245.0
	中央级收入	税收	212000	144847	-49461.5	-11.4	68.3
基金收入			303543	285312	120644	73.3	94.0

2022年石狮市财政支出分功能科目情况一览表

表 25

科目名称	预算数			累计完成数		比上年同期		
	预算数（万元）	上级专款（万元）	合计（万元）	金额（万元）	占预算（%）	金额（万元）	增减额（万元）	增减（%）
一般公共服务支出	38000	650	38650	50273	130.1	36013	14260	39.6
国防支出	450	110	560	888	158.6	433	455	105.1
公共安全支出	35150	900	36050	39578	109.8	35983	3595	10.0
教育支出	107000	5000	112000	124092	110.8	98373	25719	26.1
科学技术支出	18022	3200	21222	20365	96.0	19550	815	4.2
文化旅游体育与传媒支出	4880	1000	5880	6310	107.3	4091	2219	54.2
社会保障和就业支出	39000	10000	49000	49388	100.8	44489	4899	11.0
卫生健康支出	34055	4300	38355	48214	125.7	24267	23947	98.7
节能环保支出	16500	4000	20500	17962	87.6	18995	-1033	-5.4
城乡社区支出	59940	2500	62440	94248	150.9	61283	32965	53.8
农林水支出	17100	10351	27451	50346	183.4	19887	30459	153.2
交通运输支出	1550	6605	8155	29487	361.6	9051	20436	225.8
资源勘探工业信息等支出	1778	2877	4655	3784	81.3	17917	-14133	-78.9
商业服务业等支出	11500	11500	23000	20690	90.0	25341	-4651	-18.4
自然资源海洋气象等支出	2895	150	3045	3066	100.7	2803	263	9.4
住房保障支出	11145	2500	13645	18897	138.5	10933	7964	72.8
粮油物资储备支出	2400	7	2407	1278	53.1	1086	192	17.7
灾害防治及应急管理支出	3350	50	3400	4440	130.6	2686	1754	65.3
预备费	4500	—	4500	—	—	—	0	—
其他支出	18865	2000	20865	12083	57.9	27687	-15604	-56.4
债务付息支出	21900	—	21900	21951	100.2	21971	-20	-0.1
债务发行费用支出	20	—	20	137	685.0	39	98	251.3
一般预算支出合计	450000	67700	517700	618421	119.5	483274	135147	28.0
基金支出合计	303543	—	303543	364921	120.2	205619	159302	77.5
支出合计	753543	67700	821243	983342	119.7	688893	294449	42.7

2022年石狮市人口及其变动情况一览表

表 26

项目	年末总户数（户）	年末总人口（人）										本年度人口变动（人）													上期总人数	平衡状态
		合计	城镇人口	乡村人口	性别		年龄					出生			死亡			迁入		迁出			区划调整			
					男	女	0—15岁	0—17岁	18—34岁	35—59岁	60岁及以上	合计	男	女	合计	男	女	省内迁入	省外迁入	迁往省内	迁往省外	多报删除	增加	减少		
甲	1	2	3	4	5	6	7	8	9	10	11	12	13	14	15	16	17	18	19	20	21	22	23	24	25	26
福建省石狮市	115560	372731	297921	74810	186781	185950	81700	88451	76473	147777	60030	3341	1860	1481	1503	885	618	7586	2171	4859	759	34	615	615	366788	0
湖滨街道	16083	48134	48134	0	22908	25226	14385	15366	9053	17906	5809	526	290	236	89	57	32	2153	561	770	134	2	433	416	45872	0
湖滨街道新湖社区	878	2887	2887	0	1449	1438	613	655	505	1109	618	26	13	13	13	10	3	47	7	25	9	0	0	0	2845	-9
湖滨街道仙迹社区	799	2661	2661	0	1385	1276	517	547	463	1025	626	32	16	16	8	5	3	29	7	20	7	0	0	0	2643	15
湖滨街道花园城社区	1581	4297	4297	0	1920	2377	1476	1565	855	1499	378	48	25	23	4	3	1	413	267	92	14	0	0	0	3682	3
湖滨街道金林社区	677	1958	1958	0	960	998	525	576	368	820	194	13	5	8	1	1	0	57	14	45	2	0	1	0	1950	29
湖滨街道玉湖社区	1711	5467	5467	0	2679	2788	1239	1326	1011	2159	971	53	28	25	14	7	7	210	22	62	27	0	192	193	5302	16
湖滨街道林边社区	1848	5673	5673	0	2770	2903	1534	1641	1108	2179	745	58	27	31	12	8	4	232	43	105	25	0	0	0	5478	-4
湖滨街道长福社区	2844	7977	7977	0	3648	4329	2972	3174	1355	2869	579	92	57	35	15	10	5	451	80	144	17	0	193	191	7523	-5
湖滨街道曾坑社区	3193	9195	9195	0	4225	4970	3308	3534	1722	3280	659	115	60	55	13	8	5	427	63	172	16	1	47	31	8744	-32
湖滨街道湖边社区	1135	3372	3372	0	1704	1668	660	718	689	1418	547	37	27	10	5	3	2	80	15	64	5	0	0	1	3321	6
湖滨街道金曾社区	1417	4647	4647	0	2168	2479	1541	1630	977	1548	492	52	32	20	4	2	2	207	43	41	12	1	0	0	4384	-19
凤里街道	10804	32664	32664	0	16188	16476	6400	6825	6553	12923	6363	316	172	144	115	68	47	650	217	608	72	2	5	5	32278	0
凤里街道后花社区	747	2249	2249	0	1118	1131	398	432	432	924	461	21	10	11	1	1	0	53	27	39	4	0	0	0	2201	9
凤里街道东村社区	632	1787	1787	0	904	883	338	358	357	732	340	15	5	10	6	4	2	37	12	39	3	0	0	0	1772	1
凤里街道宽仁社区	790	2408	2408	0	1237	1171	319	342	452	994	620	20	9	11	16	11	5	2	2	37	4	2	0	0	2466	23
凤里街道仁里社区	1011	2821	2821	0	1319	1502	683	717	533	1012	559	37	26	11	9	5	4	167	41	35	6	0	0	0	2619	-7

续表 26

项目	年末总户数（户）	年末总人口（人）										本年度人口变动（人）													上期总人数	平衡状态
		合计	城镇人口	乡村人口	性别		年龄					出生			死亡			迁入		迁出			区划调整			
					男	女	0—15岁	0—17岁	18—34岁	35—59岁	60岁及以上	合计	男	女	合计	男	女	省内迁入	省外迁入	迁往省内	迁往省外	多报删除	增加	减少		
凤里街道新华社区	811	2615	2615	0	1353	1262	465	490	470	1044	611	32	18	14	7	4	3	21	9	73	5	0	0	0	2637	−1
凤里街道华南社区	1112	3139	3139	0	1584	1555	579	632	609	1274	624	27	15	12	6	5	1	61	20	88	6	0	5	0	3120	−6
凤里街道华仑社区	509	1482	1482	0	714	768	272	293	293	592	304	10	5	5	3	3	0	24	13	36	3	0	0	0	1476	−1
凤里街道五星社区	1544	4861	4861	0	2371	2490	1163	1238	965	1846	812	46	25	21	30	14	16	134	33	89	8	0	0	0	4769	−6
凤里街道龙华社区	1624	4957	4957	0	2465	2492	1163	1224	964	1879	890	52	33	19	21	13	8	85	22	75	14	0	0	5	4905	−8
凤里街道大仑社区	2024	6345	6345	0	3123	3222	1020	1099	1478	2626	1142	56	26	30	16	8	8	66	38	97	19	0	0	0	6313	−4
宝盖镇	22012	68071	68071	0	31805	36266	21278	22600	13392	24665	7414	784	420	364	65	34	31	2363	559	735	142	12	31	48	65336	0
宝盖镇坑东村	520	1863	1863	0	906	957	303	333	449	766	315	15	9	6	3	1	2	7	3	13	9	1	0	0	1866	2
宝盖镇龙穴社区	4538	12564	12564	0	5410	7154	5909	6167	2049	3926	422	203	110	93	3	3	0	482	91	170	20	2	0	0	11994	11
宝盖镇杆头村	1270	3807	3807	0	1748	2059	1359	1402	757	1276	372	54	31	23	2	1	1	128	21	16	13	0	0	0	3628	−7
宝盖镇前坑村	1384	4078	4078	0	1865	2213	1320	1419	749	1525	385	50	29	21	1	1	0	202	26	44	10	1	0	0	3840	−16
宝盖镇前园村	624	1845	1845	0	844	1001	652	696	317	695	137	19	12	7	1	1	0	66	3	32	0	0	0	0	1797	7
宝盖镇松茂村	436	1579	1579	0	800	779	259	286	352	641	300	10	8	2	3	1	2	23	1	11	1	0	0	0	1562	2
宝盖镇塘后村	3211	9464	9464	0	4111	5353	3939	4071	1880	2832	681	135	60	75	8	5	3	763	237	85	15	1	0	0	8383	−55
宝盖镇塘边村	1875	5669	5669	0	2603	3066	1741	1903	1113	2111	542	75	49	26	4	3	1	241	35	87	18	0	0	1	5375	−53
宝盖镇塘头村	996	3417	3417	0	1859	1558	548	604	716	1439	658	26	14	12	7	3	4	7	2	38	3	0	0	0	3440	10
宝盖镇后垵村	596	2002	2002	0	1025	977	275	316	506	843	337	11	6	5	4	1	3	15	0	19	6	0	0	0	2008	3
宝盖镇上浦村	491	1640	1640	0	839	801	259	288	376	689	287	11	6	5	4	2	2	0	1	7	4	0	0	0	1653	10
宝盖镇玉浦村	643	2058	2058	0	1010	1048	383	421	416	823	398	20	8	12	2	1	1	31	12	18	4	1	0	0	2027	7
宝盖镇山雅村	310	1011	1011	0	525	486	167	185	221	394	211	1	0	1	0	0	0	7	0	7	1	0	0	0	1040	29
宝盖镇仑后村	797	2750	2750	0	1339	1411	598	657	544	1087	462	17	8	9	10	3	7	69	17	19	6	0	0	0	2689	7
宝盖镇雪上村	491	1813	1813	0	901	912	339	369	433	714	297	17	10	7	4	3	1	5	1	9	2	1	0	0	1805	−1
宝盖镇铺锦村	1345	4799	4799	0	2264	2535	1043	1145	1066	1882	706	46	27	19	2	1	1	100	42	31	11	2	0	0	4629	−28
宝盖镇后宅村	382	1243	1243	0	606	637	245	277	269	518	179	11	5	6	2	0	2	58	32	14	2	0	0	0	1171	11

续表 26

项目	年末总户数（户）	年末总人口（人）合计	城镇人口	乡村人口	性别 男	性别 女	年龄 0—15岁	0—17岁	18—34岁	35—59岁	60岁及以上	本年度人口变动（人）出生 合计	出生 男	出生 女	死亡 合计	死亡 男	死亡 女	迁入 省内迁入	迁入 省外迁入	迁出 迁往省内	迁出 迁往省外	迁出 多报删除	区划调整 增加	区划调整 减少	上期总人数	平衡状态
宝盖镇郑厝村	397	1592	1592	0	803	789	282	316	356	628	292	17	10	7	1	1	0	15	2	14	6	2	0	0	1583	2
宝盖镇苏厝村	235	875	875	0	453	422	122	137	209	367	162	3	1	2	2	2	0	0	1	4	1	0	0	0	877	-1
宝盖镇宝源社区	1471	4002	4002	0	1894	2108	1535	1608	614	1509	271	43	17	26	2	1	1	144	32	97	10	1	31	47	3969	60
灵秀镇	12553	40226	40226	0	19003	21223	10441	11064	8928	14983	5251	426	248	178	188	105	83	1793	652	388	88	12	32	32	38031	0
灵秀镇钞坑村	3634	10169	10169	0	4373	5796	4105	4237	2160	3098	674	178	104	74	30	20	10	992	352	100	22	0	0	0	8760	-39
灵秀镇彭田村	1421	5127	5127	0	2500	2627	920	1003	1166	2093	865	41	27	14	33	16	17	30	12	20	10	2	0	0	5117	8
灵秀镇塘园村	585	1867	1867	0	890	977	356	385	465	737	280	10	5	5	7	4	3	10	8	14	8	0	0	0	1874	6
灵秀镇仕林村	614	2201	2201	0	1081	1120	434	462	523	858	358	21	12	9	12	8	4	9	0	12	0	0	0	0	2194	-1
灵秀镇塔前村	568	2027	2027	0	1046	981	324	358	475	844	350	13	6	7	12	7	5	10	2	36	6	2	14	0	2050	6
灵秀镇港塘村	1643	5129	5129	0	2391	2738	1354	1451	1045	1914	719	54	27	27	20	8	12	271	99	79	15	0	0	0	4832	13
灵秀镇灵狮村	1091	3576	3576	0	1752	1824	761	821	764	1450	541	17	10	7	21	11	10	68	21	39	3	2	1	16	3552	2
灵秀镇灵峰村	479	1716	1716	0	831	885	307	326	399	690	301	15	7	8	12	5	7	8	1	9	3	0	0	10	1730	4
灵秀镇灵山村	400	1528	1528	0	744	784	270	302	391	615	220	10	7	3	6	4	2	12	0	3	1	1	10	0	1505	-2
灵秀镇前廊村	715	2409	2409	0	1214	1195	462	506	548	958	397	22	13	9	13	7	6	22	8	25	4	5	0	5	2408	-1
灵秀镇华山村	653	2405	2405	0	1241	1164	472	511	534	982	378	15	7	8	12	8	4	13	3	21	5	0	7	1	2407	1
灵秀镇茂厦村	261	903	903	0	467	436	164	171	228	366	138	7	6	1	9	6	3	10	2	8	6	0	0	0	912	5
灵秀镇曙光社区居委会	489	1169	1169	0	473	696	512	531	230	378	30	23	17	6	1	1	0	338	144	22	5	0	0	0	690	-2
永宁镇	13562	43975	23540	20435	22607	21368	6302	7042	8872	18571	9490	277	140	137	265	155	110	151	55	500	98	0	26	26	44355	0
永宁镇下宅村	694	2358	0	2358	1221	1137	306	340	498	1003	517	17	7	10	13	7	6	0	2	18	4	0	0	0	2373	-1
永宁镇新沙堤村	90	335	0	335	165	170	60	67	63	143	62	1	0	1	2	2	0	2	0	3	0	0	0	0	337	0
永宁镇郭坑村	243	874	0	874	449	425	125	142	195	364	173	2	1	1	9	5	4	2	0	11	1	0	0	0	891	0
永宁镇后杆柄村	440	1567	0	1567	785	782	263	290	325	659	293	15	7	8	6	5	1	4	0	24	0	0	0	0	1578	0
永宁镇院东村	281	1056	0	1056	524	532	178	198	216	424	218	3	2	1	5	3	2	5	1	15	0	0	0	0	1067	0
永宁镇山边村	216	728	0	728	376	352	102	116	145	319	148	7	4	3	5	1	4	0	1	13	5	0	0	0	743	0
永宁镇郭宅村	214	792	0	792	417	375	124	138	159	346	149	7	3	4	2	2	0	2	0	2	0	0	0	0	787	0
永宁镇塔石村	197	687	0	687	347	340	104	120	139	290	138	4	4	0	2	2	0	2	0	8	1	0	0	0	693	1
永宁镇西偏村	294	1083	0	1083	544	539	152	165	249	449	220	5	2	3	3	1	2	6	2	12	3	0	0	0	1088	0

续表 26

项目	年末总户数（户）	年末总人口（人）										本年度人口变动（人）													上期总人数	平衡状态
		合计	城镇人口	乡村人口	性别		年龄					出生			死亡			迁入		迁出			区划调整			
					男	女	0—15岁	0—17岁	18—34岁	35—59岁	60岁及以上	合计	男	女	合计	男	女	省内迁入	省外迁入	迁往省内	迁往省外	多报删除	增加	减少		
永宁镇洋厝村	352	1085	0	1085	573	512	150	171	220	460	234	6	1	5	12	8	4	3	2	15	4	0	0	0	1106	1
永宁镇前埔村	243	817	0	817	438	379	106	118	199	338	162	4	3	1	6	5	1	2	1	4	1	0	0	0	821	0
永宁镇子英村	650	2103	0	2103	1102	1001	270	304	462	896	441	12	5	7	15	8	7	6	0	23	5	0	0	0	2127	−1
永宁镇西岑村	752	2466	0	2466	1297	1169	350	389	488	1054	535	12	7	5	21	7	14	11	4	33	1	0	0	0	2494	0
永宁镇沙美村	723	2461	0	2461	1248	1213	314	360	497	1049	555	14	9	5	15	10	5	4	3	34	5	0	0	0	2493	−1
永宁镇外高村	395	1407	1407	0	687	720	264	290	309	544	264	11	3	8	5	2	3	6	2	12	3	0	0	0	1413	5
永宁镇浯沙村	300	1001	0	1001	516	485	146	166	209	426	200	6	4	2	1	0	1	4	0	13	3	0	0	0	1010	2
永宁镇金埭村	315	1022	0	1022	504	518	156	164	205	402	251	5	3	2	5	3	2	14	6	5	2	0	0	0	1004	−5
永宁镇梅林村	1500	4228	4228	0	2242	1986	601	664	760	1833	971	24	13	11	16	10	6	10	1	48	8	0	0	0	4266	1
永宁镇港边村	981	2903	2903	0	1486	1417	349	404	583	1211	705	20	9	11	24	13	11	8	2	38	10	0	0	0	2945	0
永宁镇沙堤村	1727	5990	5990	0	3095	2895	932	1042	1158	2546	1244	37	19	18	16	11	5	31	12	63	17	0	6	0	6001	1
永宁镇永宁第一社区居委会	764	2312	2312	0	1181	1131	316	364	455	979	514	17	11	6	22	15	7	8	11	34	7	0	0	14	2339	−14
永宁镇永宁第二社区居委会	686	2050	2050	0	1050	1000	282	317	406	880	447	17	11	6	19	15	4	9	2	18	5	0	1	5	2071	3
永宁镇永宁第三社区居委会	968	2883	2883	0	1464	1419	373	412	576	1214	681	15	6	9	26	13	13	9	0	28	5	0	19	7	2895	−11
永宁镇永宁第四社区居委会	537	1767	1767	0	896	871	279	301	356	742	368	16	6	10	15	7	8	3	3	26	8	0	0	0	1813	19
蚶江镇	14833	52770	25052	27718	27882	24888	8429	9477	11465	21989	9839	389	240	149	334	200	134	187	42	618	96	2	35	35	53202	0
蚶江镇锦里村	369	1349	1349	0	710	639	203	233	279	589	248	4	3	1	10	7	3	2	1	14	0	0	0	0	1366	0
蚶江镇莲塘村	1942	7046	0	7046	3707	3339	1080	1225	1634	2935	1252	44	27	17	52	36	16	41	6	62	10	0	0	1	7081	1
蚶江镇溪前村	580	2026	0	2026	1066	960	307	345	473	853	355	7	4	3	7	6	1	11	1	25	1	0	0	0	2042	2
蚶江镇青莲村	454	1696	0	1696	866	830	311	349	360	728	259	19	9	10	4	3	1	6	1	30	3	0	0	0	1706	−1
蚶江镇厝仔村	724	2589	0	2589	1343	1246	447	485	566	1085	453	19	8	11	20	11	9	7	3	26	18	0	0	0	2624	0
蚶江镇古山村	385	1358	0	1358	705	653	204	234	318	592	214	8	3	5	6	4	2	3	0	7	1	0	0	0	1360	−1
蚶江镇石壁村	544	1864	1864	0	995	869	314	348	403	778	335	14	10	4	14	7	7	4	0	8	3	0	0	0	1871	0
蚶江镇东垵村	447	1553	1553	0	838	715	271	310	328	659	256	12	9	3	14	12	2	5	0	26	2	1	0	0	1581	2
蚶江镇洪窟村	1258	4416	0	4416	2335	2081	659	729	985	1843	859	32	28	4	36	19	17	22	7	51	10	0	0	0	4450	−2

续表 26

项目	年末总户数（户）	年末总人口（人）										本年度人口变动（人）													上期总人数	平衡状态
		合计	城镇人口	乡村人口	性别		年龄					出生			死亡			迁入		迁出			区划调整			
					男	女	0—15岁	0—17岁	18—34岁	35—59岁	60岁及以上	合计	男	女	合计	男	女	省内迁入	省外迁入	迁往省内	迁往省外	多报删除	增加	减少		
蚶江镇锦亭村	515	1826	0	1826	983	843	301	343	369	775	339	12	10	2	13	8	5	10	1	23	5	0	0	0	1846	2
蚶江镇莲东村	602	2093	2093	0	1117	976	344	382	429	880	402	14	10	4	15	11	4	9	1	16	4	0	0	0	2103	−1
蚶江镇莲中村	528	1870	1870	0	983	887	299	344	408	785	333	13	7	6	13	6	7	7	0	21	1	0	0	0	1885	0
蚶江镇莲西村	592	2162	2162	0	1129	1033	388	432	471	869	390	17	11	6	12	7	5	4	3	28	3	0	0	0	2183	2
蚶江镇蚶江村	1779	5785	5785	0	3078	2707	830	935	1099	2430	1321	41	22	19	41	22	19	24	10	74	7	0	5	12	5836	−3
蚶江镇水头村	1773	6761	0	6761	3558	3203	1202	1329	1523	2732	1177	53	34	19	33	20	13	19	2	72	17	0	1	0	6808	0
蚶江镇石渔村	733	2639	2639	0	1447	1192	410	470	590	1067	512	25	13	12	17	7	10	5	3	47	3	1	6	11	2677	−2
蚶江镇大厦村	271	1009	1009	0	509	500	156	182	207	443	177	10	4	6	6	2	4	0	0	14	3	0	0	0	1022	0
蚶江镇锦江村	660	2353	2353	0	1251	1102	345	391	469	985	508	23	14	9	14	8	6	6	1	38	4	0	12	5	2375	3
蚶江镇石农村	667	2375	2375	0	1262	1113	358	411	554	961	449	22	14	8	7	4	3	2	2	36	1	0	11	6	2386	−2
祥芝镇	9778	33330	23491	9839	17843	15487	5889	6521	7062	13977	5770	241	126	115	204	119	85	107	31	498	49	0	24	24	33702	0
祥芝镇莲坂村	968	3335	0	3335	1740	1595	576	655	681	1410	589	23	12	11	23	17	6	13	2	40	3	0	0	0	3362	−1
祥芝镇赤湖村	1076	3660	0	3660	1966	1694	576	658	752	1541	709	17	10	7	24	12	12	20	2	47	4	0	0	2	3697	−1
祥芝镇后湖村	616	2092	0	2092	1115	977	341	396	414	899	383	9	4	5	15	7	8	6	1	21	4	0	0	0	2117	1
祥芝镇湖西村	241	752	0	752	377	375	131	146	167	310	129	3	0	3	2	1	1	6	2	6	0	0	0	0	750	1
祥芝镇前山村	297	945	945	0	498	447	155	176	216	364	189	4	2	2	9	5	4	3	1	18	0	0	0	0	964	0
祥芝镇古浮村	914	2944	2944	0	1523	1421	492	549	606	1255	534	11	6	5	19	6	13	14	10	40	14	0	0	0	2983	1
祥芝镇祥农村	1177	3945	3945	0	2096	1849	721	788	898	1665	594	26	15	11	25	17	8	7	2	63	7	0	11	11	3984	−21
祥芝镇祥渔村	2908	10370	10370	0	5635	4735	1982	2158	2164	4348	1700	101	53	48	52	31	21	26	10	182	8	0	13	11	10493	20
祥芝镇祥运村	773	2822	2822	0	1555	1267	491	530	618	1168	506	19	5	14	18	11	7	5	1	51	5	0	0	0	2877	6
祥芝镇大堡村	808	2465	2465	0	1338	1127	424	465	546	1017	437	28	19	9	17	12	5	7	0	30	4	0	0	0	2475.	−6
鸿山镇	9228	30468	21365	9103	16418	14050	5073	5618	6352	12980	5518	220	136	84	77	43	34	117	43	373	43	3	0	0	30584	0
鸿山镇西墩村	729	2429	2429	0	1301	1128	420	460	503	1034	432	28	17	11	5	4	1	8	4	29	4	0	0	0	2426	−1
鸿山镇洪厝村	459	1630	0	1630	853	777	284	314	335	680	301	14	7	7	4	3	1	7	0	12	2	0	0	0	1627	0
鸿山镇莲厝村	576	1954	0	1954	1070	884	327	371	439	814	330	14	10	4	4	2	2	9	10	22	2	0	0	0	1945	−4
鸿山镇东园村	574	1882	0	1882	1023	859	323	356	409	811	306	15	8	7	4	2	2	5	1	18	1	0	0	0	1884	0
鸿山镇郭厝村	270	909	0	909	479	430	160	188	176	394	151	4	4	0	3	3	0	7	4	16	1	0	0	0	915	1
鸿山镇邱下村	534	1855	0	1855	977	878	366	404	353	772	326	18	10	8	4	2	2	3	0	20	2	0	0	0	1863	3

续表 26

项目	年末总户数（户）	年末总人口（人）合计	城镇人口	乡村人口	性别 男	性别 女	年龄 0—15岁	0—17岁	18—34岁	35—59岁	60岁及以上	本年度人口变动（人）出生 合计	出生 男	出生 女	死亡 合计	死亡 男	死亡 女	迁入 省内迁入	迁入 省外迁入	迁出 迁往省内	迁出 迁往省外	迁出 多报删除	区划调整 增加	区划调整 减少	上期总人数	平衡状态
鸿山镇湖厝村	264	873	0	873	483	390	152	167	175	372	159	5	4	1	1	1	0	5	0	10	1	0	0	0	875	0
鸿山镇东埔一村	1241	4023	4023	0	2183	1840	674	729	815	1718	761	21	13	8	9	6	3	4	1	59	7	1	0	0	4073	0
鸿山镇东埔二村	1134	3591	3591	0	1987	1604	567	629	719	1547	696	24	15	9	11	5	6	16	3	52	5	2	0	0	3612	−6
鸿山镇东埔三村	1439	4636	4636	0	2536	2100	750	839	960	2002	835	32	19	13	16	8	8	20	5	59	5	0	0	0	4669	10
鸿山镇伍堡村	2008	6686	6686	0	3526	3160	1050	1161	1468	2836	1221	45	29	16	16	7	9	33	15	76	13	0	0	0	6695	−3
锦尚镇	6707	23093	15378	7715	12127	10966	3503	3938	4796	9783	4576	162	88	74	166	104	62	65	11	369	37	1	29	29	23428	0
锦尚镇杨厝村	416	1460	1460	0	770	690	214	251	302	623	284	3	1	2	12	8	4	4	0	10	1	0	0	0	1476	0
锦尚镇西港村	474	1620	1620	0	862	758	278	302	334	682	302	16	9	7	16	5	11	4	0	18	6	0	0	0	1640	0
锦尚镇谢厝村	202	724	0	724	376	348	108	132	138	303	151	2	2	0	1	1	0	2	0	5	0	0	0	0	726	0
锦尚镇卢厝村	665	2415	2415	0	1274	1141	378	413	503	1002	497	22	13	9	23	13	10	9	3	35	4	0	0	0	2444	1
锦尚镇港前村	476	1430	0	1430	724	706	227	256	301	614	259	8	3	5	7	5	2	2	0	23	6	0	0	0	1456	0
锦尚镇奈厝前村	802	2921	0	2921	1566	1355	457	525	608	1246	542	20	11	9	15	11	4	6	5	46	3	0	1	0	2953	0
锦尚镇厝上村	1110	3833	3833	0	1983	1850	589	659	830	1603	741	22	9	13	36	26	10	11	1	76	8	1	28	1	3894	1
锦尚镇锦尚村	826	2746	2746	0	1445	1301	371	404	576	1177	589	23	16	7	20	13	7	12	0	41	3	0	0	28	2803	0
锦尚镇东店村	1023	3304	3304	0	1785	1519	462	518	647	1436	703	28	12	16	19	9	10	4	0	68	3	0	0	0	3361	−1
锦尚镇深埕村	419	1485	0	1485	759	726	219	252	331	604	298	8	6	2	7	6	1	7	2	34	1	0	0	0	1510	0
锦尚镇港东村	294	1155	0	1155	583	572	200	226	226	493	210	10	6	4	10	7	3	4	0	13	2	0	0	0	1165	−1

2022年石狮市纳税500万元（含500万元）以上企业一览表

表27

纳税人名称	法人	税额（万元）
国能神福（石狮）发电有限公司	郑　恒	29935.63
石狮天邻缘电子商务有限公司	丁利智	8810.55
泉州安通集速拼物流有限公司	郭朝阳	8358.74
福建石狮国有投资发展集团有限责任公司	许俊华	8192.00
福建鑫联辉房地产开发有限公司	张　鸿	7785.66
福建石狮产业投资发展集团有限责任公司	吴清民	7549.00
通达（石狮）科技有限公司	王明乙	4724.98
泉州兆铭置业有限公司	张　鸿	4460.99
泉州兆恒置业有限公司	汤义坤	4113.01
国网福建省电力有限公司石狮市供电公司	林诗贤	3791.76
卡宾服饰（中国）有限公司	杨紫明	3640.62
石狮市百德房地产开发有限公司	郭其仁	3394.36
石狮市明发房地产开发有限公司	郭其仁	3277.54
福建石狮农村商业银行股份有限公司	白进才	3218.40
中国平安财产保险股份有限公司石狮支公司	许俊明	2528.67
泉州市九牧商用技术有限公司	林孝发	2340.65
中国人民财产保险股份有限公司石狮支公司	吴青颖	2296.31
福建百宏房地产开发有限公司	林海滨	2290.95
石狮特步体育科技有限公司	丁美清	1934.98
福建省石狮市通达电器有限公司	王亚榆	1813.76
威斯登（中国）有限公司	郑若松	1678.98
石狮市豪富华房地产开发有限公司	吴东东	1530.40
美佳爽（中国）有限公司	陈汉河	1527.87
石狮市闽南黄金海岸度假村有限公司	陈　艳	1525.05
石狮世茂新领航置业有限公司	陈志阳	1489.96
中建协和建设有限公司	杨金盾	1426.64
大森宝业科技有限公司	刘德品	1390.25
泉州太平洋集装箱码头有限公司	陈毅鹏	1386.92
福建石狮市富贵鸟集团有限公司	林和平	1356.86
石狮正源水产科技开发有限公司	李晓鹏	1234.27
石狮豪宝染织有限公司	刘德川	1203.53
福建加多宝饮料有限公司	李淑仪	1195.64
信泰（石狮）科技有限公司	许金升	1161.15
石狮世茂新城房地产开发有限公司	梁海文	1141.94
泉州顺丰运输有限公司石狮分公司	崔奇勇	1139.61
泉州奥嘉置业有限公司	赖志峰	1117.05
福建省福能新型建材有限责任公司鸿山分公司	连建平	1079.29
冠宏股份有限公司	陈新民	1056.99
泉州百荣房地产开发有限公司	林山明	1036.63
福建冠兴皮革有限公司	蔡健全	1032.82
石狮市快克体育用品有限公司	林永全	1004.31
石狮市利成水产食品有限公司	施少芳	997.74
昇兴集团股份有限公司泉州分公司	戴德辉	985.61
福建泓一实业有限公司	王培新	963.18

续表 27

纳税人名称	法人	税额（万元）
石狮市德辉开发建设有限公司	佘德聪	953.14
兴业银行股份有限公司石狮支行	龚书暖	938.98
石狮大长江红星汽车销售服务有限公司	龚诗富	930.33
石狮市通达电机有限公司	王亚榆	926.92
石狮市环洋水产品有限责任公司	李华滨	890.19
威兰西（中国）服饰有限公司	陈连升	888.60
石狮市新华宝纺织科技有限公司	刘德川	860.19
福建石狮农村商业银行股份有限公司香江支行	蔡维哲	852.88
福建石狮农村商业银行股份有限公司南洋路支行	陈丽涼	852.88
海联天峰建设有限公司	杨伟平	851.34
石狮市长发其祥食品有限公司	蔡芳响	837.43
石狮优质优格电子商务有限公司	洪章安	802.21
石狮市历记名酒贸易有限公司	许鑫慰	800.21
中国建设银行股份有限公司石狮分行	丁映晖	798.40
泉州亿兴电力工程建设有限公司石狮分公司	陈胜义	797.96
石狮市万峰盛漂染织造有限公司	郑焕卯	787.78
福建国盛鞋材有限公司	张小海	787.22
福建万弘海洋生物科技有限公司	邱清培	779.51
福建百德置业有限公司	郭其仁	779.13
石狮市汇星机械有限公司	许明生	777.83
石狮市雄兴水产品有限公司	蔡天按	771.50
石狮龙湖恒嘉置业有限公司	雷　莛	738.06
石狮市华宝漂染织造有限公司	刘德川	699.30
宏兴汽车皮革（福建）发展有限公司	吴国仕	693.90
福建省石狮市富兴包装材料有限公司	卢庆垣	684.13
李宁（福建）羽毛球科技发展有限公司	刘志颖	681.27
石狮茂衡电子商务有限公司	丁利智	680.03
福建金进鑫建设工程有限公司	徐　思	670.48
石狮市凌峰漂染织造有限公司	蔡振志	653.42
石狮碧桂园房地产开发有限公司	赵　宁	649.75
石狮市通达精雕制造有限公司	王明乙	633.03
福建兴迅新材料科技有限公司	张小海	622.20
石狮市新祥华染整发展有限公司	邱文力	619.23
石狮市聪祥新材料科技有限公司	蔡鸿桥	606.09
福建省石狮市华联辅料有限公司	柯松情	600.69
石狮市益盛化纤织造有限公司	黄演讲	591.52
中呈建设集团有限公司福建石狮分公司	阮志强	590.35
石狮市科达电器有限公司	蔡孝捆	586.80
泉州鹏泰服饰有限公司	张晓莉	565.63
福建省海星生物科技有限公司	胡建兰	563.09
石狮经纬纺织有限公司	王世贤	560.52
石狮市华宝明祥食品有限公司	刘鹏飞	559.51
德宝（福建）实业有限公司	洪佳玲	557.17
石狮市裕铭服饰织造有限公司	侯振评	540.15

续表 27

纳税人名称	法人	税额（万元）
石狮市韦蓝琪服装织造有限公司	林志龙	537.21
福建信义房地产开发有限公司	李贤义	535.41
石狮市豪宇服饰有限公司	邱国财	522.95
野豹服饰（中国）有限公司	陈清衔	518.64
福建协盛协丰印染实业有限公司	蔡朝敦	512.83
石狮市新恒隆水产制品有限公司	蔡加欠	507.93
石狮世茂房地产开发有限公司	梁海文	505.97
泉州市健博服装发展有限公司	王清山	500.01

2022 年石狮市 100 岁及以上人员一览表

表 28

姓名	性别	出生年月	居住地址
李秀敏	女	1922 年 6 月	凤里街道宽仁社区
肖仁慈	女	1918 年 9 月	湖滨街道新湖社区
许招治	女	1919 年 5 月	湖滨街道湖边社区
洪肇服	男	1920 年 5 月	湖滨街道仙迹社区
李　角	女	1922 年 3 月	湖滨街道湖边社区
吴彦垵	男	1922 年 1 月	湖滨街道玉湖社区
施碧华	女	1920 年 4 月	宝盖镇龙穴村
蔡月华	女	1921 年 11 月	宝盖镇龙穴村
王爱治	女	1922 年 2 月	宝盖镇仑后村
蔡秀惜	女	1921 年 7 月	灵秀镇彭田村
林　偷	女	1922 年 9 月	灵秀镇仕林村
黄腰治	女	1918 年 11 月	蚶江镇莲东村
谢希梦	男	1921 年 9 月	蚶江镇古山村
程瑞凤	女	1921 年 8 月	蚶江镇洪窟村
邱明月	女	1922 年 8 月	蚶江镇蚶江村
林算治	女	1922 年 4 月	蚶江镇锦江村
吴加类	男	1922 年 11 月	蚶江镇莲西村
谢圣福	男	1922 年 1 月	蚶江镇青莲村
谢　箱	女	1922 年 5 月	蚶江镇水头村
施瑞和	女	1922 年 7 月	永宁镇沙美村
邱金	女	1913 年 11 月	祥芝镇祥渔村
林　脑	女	1921 年 7 月	祥芝镇赤湖村
邱素来	女	1922 年 10 月	祥芝镇祥运村
侯　招	女	1919 年 4 月	鸿山镇东埔二村
刘　凤	女	1922 年 8 月	鸿山镇东埔二村
邱荣圭	男	1922 年 11 月	鸿山镇东埔三村
蔡　宣	女	1922 年 10 月	鸿山镇邱下村
蔡淑美	女	1921 年 10 月	锦尚镇东店村

调研报告

以商贸提质增效带动产业创新发展

市商务局课题组

2022年6月28日

石狮市委、市政府把全面建设现代化商贸之都作为贯彻落实省委“三提三效”行动部署的主战场，扎实开展实施商贸发展提质增效行动，结合做好“吃在石狮”“游在石狮”“购在石狮”等“五在石狮”文章，加大力度培育文旅、外贸出口、跨境电商、直播电商、商圈经济等新产业新业态，建成青创城、双奇电商城、海西电商城等12个新兴网批市场，规划建设全球进口食品交易中心、中餐食材配送中心、休闲鞋网批中心、水产交易市场、跨境电商选品市场，持续推进锦尚作业区口岸开放验收和“泉厦组合港”建设，完善东南亚等近洋航线布局，加快打造国内大循环重要节点 和面向 RCEP、“一带一路”市场的对外贸易桥头堡。2021年全市进出口总额450.79亿元，比上年增长4.21%（其中出口441.02亿元，比上年增长3.54%；进口9.78亿元，比上年增长47.56%）；限额以上商业销售额2044.3亿元，比上年增长 28.8%；社会消费品零售总额617.16亿元，比上年增长13.6%；电商销售额1258.4亿元，比上年增长43%，居全省县级市第一位。

一、主要做法和成效

（一）市场提质带动产业扩容。一是传统专业市场巩固提升。引导发展专业化的批发分销互联网平台，拓展设计研发、售后服务等商贸服务，服装城南D栋定位网批直播中心，将在原有传统电商的基础上引进网批商户和专业的直播运营机构、供应链；青创城、海西电商园、双奇电商城、狮城众创四大市场向“百亿”销量进军。二是新项目业态规划清晰，推动产业创新发展。新开业青创城西区、S168国际网批中心、原创网批基地、女装国际网批中心等专业市场，新增网批档口近千个，为产业发展注入新鲜血液。三是产品丰富度、区分度以及产品品质不断提升。青创城西城1号楼定位“中国男装城”，引进产业带区域男装，从款式及性价比等方面打造产业优势，招商率已经完成80%；双奇电商城二期规划为电商运营中心，形成线上线下一体化的“市场+平台+直播+供应链”的发展模式；原创网批中心提升定位为优质原创设计男装聚集，潮牌风格凸显，原创氛围浓厚，已完成100%商户升级并重装开业；女装国际网批中心定位女装品牌供应链、网批厂家聚集区，填补全省专业女装网批市场的空白。2022年1—5月全市限额以上销售额908亿元，比上年增长21%；电商销售额预计350亿元，增长7.4%。

（二）直播电商打造网红城市。一是在全省率先出台扶持电商发展系列政策。从打造网红城市系列直播活动、扶持直播基地、直播人才政策支持、招商奖励等四个方面扶持直播电商发展，从品牌建设、品牌收购、品牌营销、平台赋能、品牌供应链、品牌生态圈、协会发挥作用、开拓国际市场等八个方面支持品牌电商发展，为“品牌之都网红城市”发展按下加速键。二是深化“一十百千万”发展计划。即打造一个网红城市、十个直播基地、百个网红直播机构、千家供货商、万个直播商铺，对接抖音、快手、拼多多、淘宝等直播平台举办系列网红直播活动，将线上流量引向石狮。三是加速构建直播电商产业生态圈。培育1000平方米以上规模的直播基地20家，落地“1688”、天猫、抖音等5个官方产业带服务中心，招引入驻300余家直播企业、MCN机构、服务机构入驻，在全省率先出台《石狮市电子商务行业人才评定与积分管理暂行规定》，常态化开展电商技能培训和人才孵化活动，汇聚直播电商人才约5000人（含主播、运营、短视频制作），形成行业集群效应。连续5年居全省电商销售额县级首位，排名全国县域网络零售百强第四，获评“中国直播电商发展示范市”“中国服装网商创新示范基地”在“2022年度县市电商竞争力百佳样本”榜单中排名全国第三。

（三）新业态撬动外贸转型。一是市场采购试点建成全省外贸公共服务平台。率先开辟跨境收汇“总量核销”绿色通道，全国首创汇率避险“公共保证金池”模式，创新跨境贸易支付新模式，创新推广外贸“增信信保贷”“数据贷”等金融新产品，为全省稳外贸保主体做出积极贡献。截至目前，已备案主体10070家，2022年以来新增主体426家，带动就业人数1.8万人，带动新增就业约3000人。今年来市场采购实现出口122亿元，外贸“公共保证金池”已成功为76家企业，实现外汇避险金额近2亿美元，企业减少汇率损失约310万元。二是鼓励扶持跨境电商发展。出台扶持跨境电商发展十条重磅措施，设立1000万元跨境电商发展年专项资金，构建“一网一总部十二园区”跨境电商生态圈，各园区累计招商约400家跨境电商商户，全市在速卖通、亚马逊等第三方跨境电商经营平台经营的商户达2500多家，引导330余家石狮传统外贸企业和全省近百名侨商侨企和侨二代触网运营跨境电商，引导海外侨亲在菲律宾、德国等6国布局建设海外仓。三是建设石狮跨境电商运营总部，项目一期约5万平方米入驻率达100%，汇集跨境支付、孵化培训、跨境物流、金融外汇、知识产权等多种业态，成立石狮市跨境电商发展服务中心，为跨境电商市场主体提供登记、税务、海关、外汇等一站式代理代办等服务。与浙江国贸数字科技有限公司、深圳市跨境电子商务协会等达成战略合作，加速培育具有国际竞争力的跨境电商品牌和产业集群，2021年跨境电商海关出口数据45亿元，形成9610、邮快件、跨境B2B、海外仓等多种跨境电商出口模式齐头并进的发展格局。2022年1—5月预计进出口额214.7亿元，比上年增长39%，其中出口207.7亿元（市场采购128.7亿元，比上年增长56.4%；一般贸易71亿元，比上年增长12%；跨境电商8亿元，比上年增长38%）。

（四）产销对接带动会展旅游。一是持续开展一季一展会、一月一活动。举办中国（石狮）纺织服饰供应链对接会（线上云展），推动石狮市纺织服饰供应链复工复产，加强产业链环节内循环，促进服装贸易与面辅料、染整行业协同发展，活动达成意向成交1.3亿元。二是举办第三届中国（石狮）网上直播交易会暨“五在石狮”直播节。围绕“‘创、购、游、吃、住’在石狮”，通过一个主平台、十大园区、百场直播专场、千名主播等渠道和方式，累计吸引4100多万人次在线观看，全城直播销售额达8亿元，对石狮服装、美食、旅游等进行全方位宣传，助力商贸氛围恢复带动疫后复市复工。三是组织青创网参加福建首届“福品网购节”暨第四届“双品网购节”。首次设立“非洲国家馆”通过春夏新品推介、促销活动，以档口销售带动工厂生产。四是培育打造特色旅游产品。建成配套花海小火车、卡丁车的前埔村绵羊农场，配套户外咖啡厅、游泳池的祥芝问海民宿，“大爱古浮”滨海打卡点及网红渔船等特色网红景点，卡宾文化创意园投入运营，进一步提升金相路夜市；持续打造滨海旅游景观大道等公共服务设施，完善军事公园、华山古民居、灵秀山森林公园等重要景观工程；举办海丝世遗推介、美食主题沙龙和中国旅游日推介等活动，加大文旅宣传营销力度，入选2021年全国县域旅游综合实力百强县。

（五）园区建设提升效能集聚。一是升级传统食品行业销售贸易模式，打造适应国内消费升级需求、具有影响力的集贸易对接、展览展示、市场推广及产业配套服务于一身的综合性进出口食品交易中心，依托周边食品龙头企业和食品行业协会，多渠道引入进口食品行业资源。进一步拓展市场采购预包装食品出口政策，拓宽食品出口渠道。二是加快海洋食品园区建设。推动台宏食品、新逸丰隆等项目开工建设，打造海产品速冻保鲜及精深加工企业集聚区，鼓励开发新型海洋活性物质、海洋功能食品、中餐预制菜等产品，拉长、增厚海洋食品产业链条。三是启动建设生物医药园区。引入修正药业集团、福和医药等国内知名制药科研生产、药品连锁经营、中药材标准栽培企业，打造以中成药生产为核心、大健康产业协同发展的专业化、标准化园区，依托华宝、中益制药，建设中药生产基地、销售公司福建总部、医药仓储配送基地。

二、存在的主要问题

（一）产业创新人才不足。当前各地对人才的吸引政策竞争越来越激烈，与大中型城市相比，石狮市在城市魅力、子女就学等方面没有明显优势，产业创新发展所需的高级技术人才与运营人才匮乏的问题较为明显。企业人才流失现象也普遍，许多电商企业普遍反映缺乏网店运营、网页设计、产品摄影和文案策划、跨境电商等专业人才。由于人才招聘困难，一些商贸企业将总部设在厦门等城市。

（二）品牌原创研发不足。缺少本地自主品牌，产品定位不清晰，同质化现象严重，缺乏核心研发技术，设计理念不能满足消费者和市场需求；新产品研发投入、研发能力较为薄弱。部分企业沉溺于对线上爆款产品的模仿、抄袭，依赖低价竞争，款式雷同、仅商标或外包装不同的“打版商品”在本地市场中广泛存在。在平台升级原创保护，从各环节深度治理“打版”时，石狮不少企业被下架商品、集中清退，受损严重，并间接影响到城市声誉。

（三）生产供应深度不足。服装行业经营模式粗放，普遍采取提前订货的形式，订货的数量依靠订货商对于市场的经验来判定，容易产生库存积压。供应链管理环节协同水平不高，小单快返生产模式仍难于形成。本地纺织服装规模化加工生产能力下降，智能化、标准化、规范化生产车间和设备较少，依靠外发代工多，难以形成产业竞争优势。

（四）仓储配送能力不足。本地电商企业的仓库大多以厂房改造而来，比较分散，面积小，管理不规范。缺乏标准化智能仓库成为当下痛点，许多企业将仓库设在晋南一带，部分电商企业将生产基地、仓储搬迁至武汉等其他服装产业带。石狮目前日快递收寄量约150万件，受转拨中心等能力限制，继续增长能力有限，物流快递成为电商发展的制约要素。在“双十一”等大促期间，大量的订单常常造成电商和物流企业仓库积压和堵塞；同时2021年出现快递价格普遍上涨事件，严重影响电商企业效益。

三、下一步工作举措

（一）进一步聚集商贸人才人气。一是加快推进电子商务行业人才评定与积分管理，创新电子商务行业人才评价标准，不唯学历而是重实操能力，以“基础指标 + 企业技能自主评价 + 专家专业评价”的积分量化方式评价人才，给予优秀人才子女本地就学、最高30万元创业贷款支持、最高12万元购房补助等优惠政策，吸引、留住、培养电子商务人才，打造商贸人才聚集高地。二是强化与各大主流平台、网红直播基地合作，推动开展抖音石狮男装行业招商会、京东产业带商家座谈会、京东男装专享会、拼多多男装专享会、快手男装男鞋产业带扶持招商会等活动，培训培养电商人才。三是设立福建省跨境电商人才孵化基地，与本地三所高校、中职学校合作，鼓励培育各类电商人才并留在本地就业，奏响人才培训、实训、就业三部曲。

（二）进一步培育擦亮狮潮品牌。一是加快落实支持品牌电商发展若干措施，发挥支持品牌电商发展专项基金引导作用，促进电子商务企业提升“品质”、打造“品牌”、提高“品位”，增强自主品牌创新能力和核心竞争力。二是对接新兴平台“新供给”计划，打造本地新国潮品牌，改变低价竞争策略，实施质量和品牌战略，推进新国潮品牌与石狮生产供应链合作。三是打造整合本地品牌、国际品牌、国潮IP、游戏IP、集产业链上下游整合的直播生态产业园，以渠道焕新品牌，以品牌赋能生态，以生态建立产业，以产业聚合价值。

（三）进一步升级产业链供应链。一是引导企业生产流程再造，以数字化、智能化提升生产效率，聚小单成大批，采用数智化流水线，降本增效，打造纺织服装产业优势，支持食品、纺织服装等产业发展个性化柔性化制造，提供更具创造力的优质产品。二是探索老旧工业小区改造，实施工业园区标准化改造提升，加快建设石狮服装智能制造园，统筹推进研发销售、仓储物流、标准厂房及配套设施等建设进程。三是鼓励先进制造业和现代服务业融合发展，创新土地供给、金融和人才支撑等机制，既要发展智能工厂（车间）、工业互联网平台等新型制造业企业，也要发展科技、物流、金融、创意等生产性服务业，推动产业链供应链双向互动耦合。四是推动制造服务化，创新消费模式业态。发展首店经济、首发经济，搭建“制造 + 展览 + 文创”消费新场景；鼓励制造企业推动“产品制造 + 互联网消费 + 智能服务”一体化发展，建设工厂代发货直播间、电商网红打卡地，拓展网络购物、定制消费、在线服务等线上线下新应用。

（四）进一步完善现代物流体系。一是加快圆通速递福建总部建设。项目用地规模11.27公顷，总投资20亿元，建成后将极大提升全市快递转运分拨能力。二是发展商贸物流新业态新模式，提升供应链物流管理水平，加快推进冷链物流发展，健全绿色物流体系，推动业态模式创新，提升商贸物流的组织化、专业化、绿色化水平。三是抓好电商仓储规划，完善合理布点，强化功能，推动石狮仓储建设规范提升，引导物流快递企业加大科技创新，建立“仓储配送一体化”，降低电商物流仓储成本，力争将全市收递能力提升到每日300万件，带动电商网批产业进一步发展。四是推进集疏运一体化国家级物流枢纽系统建设，以石湖港保税物流中心（B型）为核心，整合周边存量物流设施资源，在空间上集中连片，将片区打造成海峡西岸商贸物流中心、区域供应链物流服务平台和21世纪海上丝绸之路门户枢纽。

（五）进一步发掘新商机新业态。一是支持美食产业发展，推出宋元海丝、山家清供等主题宴，组织老字号、闽菜馆评定，开展名菜名店名厨评选，打造网红美食商圈，构筑多元美食休闲旅游通道，打响石狮海丝航标品牌。二是加快建设标准化中小食品产业园区，孵化休闲食品品牌，支持食品商贸企业向生产端发展，布局预制菜等新赛道。三是以祥芝国际水产城为基础，建设集批发交易、水产贸易、冷链物流、保税冷藏、休闲渔业、餐饮旅游、水产外贸加工、电子商务、供应链金融服务、食品安全保险等功能于一体的高端水产综合市场。四是推动海洋渔业网商园建设，探索水产品交易市场与旅游、电商、深加工融合发展的新业态模式，促进水产品交易市场的高质量发展，推动渔村电商模式发展。

课题指导：谢建智
课题负责：苏金发
课题执笔：李荣亮

关于大力实施“抓城建提品质”专项行动促进城市建设管理提质增效的思考

市政协课题组

2022年12月14日

一座城市的品质，就是一座城市的竞争力。为全面贯彻落实市委全面建设现代化商贸之都战略部署，市政协课题调研组多次深入有关市直部门、镇（街道）、村（社区）、企业及片区开展“抓城建提品质”专项行动实地调研，并前往厦门和福州等地深入学习先进经验。同时，结合石狮市实际，探寻促进城市建设管理提质增效的思路。

一、石狮市“抓城建提品质”专项行动工作进展与成效

（一）全域一体展现城市发展质量。石狮市城镇化率、城乡居民人均可支配收入均居全省县市首位，交通、给排水、城市管理、教育、医疗等服务基本实现城乡均等，2021年跻身全国新型城镇化质量百强县市第18位。

（二）“山海城”联动凸显城市发展魅力。建成石狮湿地公园、学府公园、体育公园、凤炉山公园等一批城市公园；全面推进海岸带保护开发，整治提升64公里海岸线生态环境；新建城市公共停车泊位4535个；打通“断头路”13条，新增道路里程86千米，公路密度达到每百平方公里414.7千米，形成全域20分钟交通圈，获得全国“城乡交通运输一体化示范县”称号。

（三）生态宜居建设彰显城市发展理念。持续推进矿山生态修复，实施废弃石窟生态修复项目30余个，推动“一环、双核、三廊多节点、线线串联”的生态廊道体系建设；新增城市绿地147万平方米、绿道80千米。2019年石狮湿地公园、宝盖山石窟公园两个项目入选住建部生态修复城市修补试点示范（泉州市）案例。城乡人居环境有效改善，先后获得“国家生态市”“福建省森林城市”等称号。

（四）精细管理水平展示城市发展实力。坚持数字赋能城市管理，推进数字城管系统与智慧石狮管控平台功能融合，打造数据共享、高效协同的业务系统；运用智慧城管、卫星图斑自动比对等科技手段，加强城市运行监测管理，基本实现了全域一体的城市管理体系；整合疫情防控、安全生产、文明实践、“党建+邻里中心”等十余类主题应用，打造县级“智慧城市大脑”标杆，整体功能点超过500个，建设成果作为福建省唯一一个案例，入选由全国信标委智慧城市标准工作组组织编写的《城市大脑发展白皮书（2022）》和《城市大脑案例集（2022）》。

二、石狮市“抓城建提品质”专项行动存在的主要问题

从调研情况看，石狮市“抓城建提品质”专项行动取得初步成效，但仍存在规划实施有偏差、管理体制机制不完善、基础设施建设滞后、减污降碳水平不高等问题，制约了石狮市进一步提升现代化商贸之都的地位和作用。

（一）城市规划实施尚有偏差

*一是规划调整不够严谨。*石狮市正在全力推进国土空间规划编制，市域控规（除中心城区外）也基本全覆盖，控规编制由具有资质的专业单位编制，对于片区的发展定位、规模容量、用地布局都较为科学合理的。但有时为了项目落地，会对控规进行调整，如变更用地性质、调整用地布局、挤占公共空间等，导致整体规划结构失衡，不利于片区整体良性发展。二是村庄规划编制较为薄弱。各镇对于村庄规划编制关注度不高，未能指导邻近村庄连片编制或协同互补发展。村庄规划基本由村级主导，各村在编制村庄规划时大多只关注宅基地的增量，忽略对于公共空间和配套设施的合理布局，未结合各自村庄类型，考虑村庄的长远发展。三是历史文化遗产规划管控相对滞后。泉州申遗成功后，上级规划管理部门对石狮市三个遗产点的保护规划管控要求尚未明确，影响石狮市遗产点后期规划管控。石狮市现存历史建筑多、分布广，但全流程保护体系缺失，往往是在片区改造时才进行历史建筑普查、提出处置措施，不利于历史建筑整体统筹保护。

（二）城市管理体制机制尚需完善

*一是横向联合不紧密。*城管委统筹协调的作用尚未充分发挥，导致目前各个部门之间沟通不足、衔接不紧密、落实不够有力，存在各自为政的现象。二是纵向管理不顺畅。统一指挥、科学调度、上下联动、形 成合力的城市管理机制不够健全，市镇两级城市管理联动执法机制不够顺畅，镇（街道）、村（社区）在城市管理服务工作中的基础地位和属地管理作用未充分发挥，镇（街道）、村（社区）、小区、物业公司、社会组织各负其责的立体交叉管理网络格局尚未完全建立，市区环卫一体化管理水平还有待进一步提升。

（三）高品质基础设施配套资源供给不足

*一是配套基础设施尚有欠缺。*老城区市政环卫污水绿化设施规划预留空间不足、房屋老旧、道路狭窄、停车难等老大难问题突出，新建城区也存在停车位、环卫污水设施等配套不够的问题。二是土地等要素保障制约项目建设。由于土地手续不完善、属性不清，导致部

分城市更新项目、文旅项目推进困难。受制于土地性质、生态红线调整、围填海历史遗留等问题，部分基础设施项目推进受阻。三是旅游与景观项目配套设施不足。旅游产品和形式相对单一，景区主要以观光游为主，与其他地区的旅游产品重合度高；一些重点景区尚未充分开发，餐饮、住宿、旅游交通线路、购物、娱乐等基础设施仍需完善；部分公园文化景观不足，缺少石狮元素，主题不够明确。

（四）生态保护与减污降碳水平仍待提升

一是绿色低碳化水平偏低。受产业结构及煤炭能源需求影响，石狮市在双碳背景下节能减排的压力较大，主要工业企业能耗、水耗指标需进一步改善，产业结构、生产方式、空间格局在绿色低碳方面还存在短板。二是固体废弃物处理处置能力有待加强。石狮市工业固废产生量大（比如染整企业产生的污泥），且无本地处置能力，存在污泥堆积隐患，增加环境风险。生活垃圾中的有害垃圾收集体系不健全，未能及时有效收集。三是水环境质量改善需要持续发力。南低渠、梧垵溪、海烟沟等跨境小流域交界断面水质常年为劣Ⅴ类，市区内沟、溪流无活水来源，龟背闸（省控点位）水质无法稳定在Ⅴ类，水环境质量有待进一步提升；城乡生活污水处理设施及配套管网需进一步完善。

三、促进石狮市城市建设管理提质增效的几点建议

城市建设品质事关宜居宜业和高质量发展，根据调研情况，就深入落实“抓城建提品质”专项行动，扎实推进城市治理体系和治理能力现代化，打造具有鲜明特色的品质之城，全面推动现代化商贸之都建设提五个方面的建议。

（一）加快推进“三旧”改造，提升城市风貌与居住品质

一是加快片区更新改造。持续推进五大片区改造，高起点、高标准做好产业规划、城市设计和控规编制，谋划城市北拓片区更新改造，进一步改善城郊及城中村面貌。二是持续推进老旧小区改造。按照“先民生后提升、先地下后地上、先功能后景观”的原则，持续推进老旧小区改造。在全面完成2000年以前建成的老旧小区改造基础上，分批稳步推进2005年前建成的老旧小区修缮提升工作，不断改善居民居住环境。三是拓宽筹资渠道。建立健全政府政策性补助、居民共同出资、社会全方位支持的多元化融资机制，通过落实税费减免和提升金融服务等政策，吸引社会资本参与小区电梯、停车场等公共基础设施建设和运营。四是建立长效机制。做细群众工作，结合“党建+”邻里中心建设，充分发挥小区居民及“两代表一委员”等群体作用，做到共谋共建共治共享。此外，加强宣传，通过示范带动营造良好氛围。

（二）加快完善配套设施，提升城市建设品质

一是完善城乡基础设施，提升城乡建设一体化品质。加大城建补短板力度，持续推动全域基础设施提升、旧城片区改造、历史文化保护、景城融合打造、城市韧性提级、滨海风情带提升等工作，提升城乡建设一体化品质。二是完善交通基础设施，提升城市全域通达能力。加快推进福厦高速彭田出入口等对外互联互通交通工程，梳理完善乡村路网格局，同时改进和优化公交线路，加强慢行交通系统建设，提升城市全域通达能力。三是留足城市发展空间，提升城市人文景观品质。城市规划要留足教育、卫生、公园绿化、公共停车、生活服务等用地，加强城市建筑高度、色调的把关以及天际线管控，加大“海丝三宝”等历史文化遗产的保护力度，延续城市文脉。四是系统规划“夜间经济”，提升市井活力品质。充分发挥石狮“不夜城”的优势和特色，因势利导打造一批夜间特色示范品牌街区，推动“夜间经济”带动旅游产业发展。

（三）加快推动生态优先，提升城市绿色发展品质

一是加快生态连绵带项目建设。持续推进郊野公园、城市综合公园、精品公园、街头绿地、口袋公园等项目建设，努力打造“两山三带多点”的城市景观带格局。二是推进城市发展绿色低碳转型。严格限制高能耗、高水耗、高污染企业的引进；积极推进纺织鞋服产业转型升级，引导染整企业兼并重组，引进先进的低碳生产工艺，减少污染物排放，重点解决石狮市污水厂及染整企业污泥处置问题。三是加强水环境治理。对生活污水处理工程不到位、设计有问题的区域进行查缺补漏；加大中心市区内涝治理，提升城市防洪安全保障能力；深入研究生活污水处理尾水用于水景观，增强城市水文化特色。四是加强扬尘污染治理管控。建立建设工地污染监管量化考核体系，加大扬尘污染违法行为的实时监管督查力度，督促施工单位落实施工工地六个100%措施，争创“文明工地”。

（四）加快推进规范化整治，提升城市精细化管理品质

一是理顺城市管理体制。把事前、事中、事后的工作一体化纳入城市管理全过程，强化执法保障，提高执法水平；加强对政府购买服务的监管，如环卫保洁服务等，要加强日常考评监督，避免一包了之。二是强化市容市貌整治。结合老旧小区改造，加大背街小巷架空管线整治力度，持续开展城市道路杆线箱柜等“城市家具”专项整治，合理规划设置城市报刊亭、公交候车亭等，进一步提升城市颜值。三是加大物业服务标准化建设。理顺物业企业、业委会、镇（街道）和村（社区）、部门间的关系，完善小区物业收费、管理与监督机制，建立满意指数评价制度，加强业委会组织建设，推动物业服务行业健康有序发展。四是完善数字化城市管理新模式。整合数字化城管等系统，建立统一的城市管理数据库，利用数字化、网格化精准管理城市，实现住建、城管、公安、自然资源等部门有关城市管理的信息资源共享，做到城市管理问题快速发现、快速反应、快速处置、快速解决。

（五）加快推动乡村振兴，提升城乡融合发展品质

一是强化党建引领。加强党对乡村振兴工作的领导，激发基层党建工作活力；强化村主干培育、村干部队伍建设，激发村干部干事创业热情；抓住村庄规划“牛鼻子”，下好乡村振兴“先手棋”。二是发展生态产业。加强农村生活污水、垃圾等突出环境问题综合治理，让良好生态成为发展立体农业、乡村旅游、文化康养、体育健身等乡村振兴产业的支撑点。三是推进裸房整治。根据周边建筑风貌、色彩、材料等实际情况，研究多款整治施工方案，因地制宜推进裸房整治；同时建立长效机制，尽快消除存量裸房，有效杜绝裸房新增。四是人文赋能发展。紧抓人才“引、育、用、留”，动员海内外乡贤回乡投资兴业，让各类人才在乡村大显身手，为乡村振兴赋智赋能；深入挖掘乡村特色文化，传承弘扬非遗文化、红色文化、海洋文化等优秀传统文化，讲好乡村发展故事，丰富乡村发展内涵。

课题指导：黄延艺
课题负责：朱　贤
课题执笔：刘　宇　蔡新群

石狮市2022年为民办实事项目完成情况一览表

表29

序号	项目名称	项目建设内容和规模	承办单位	完成情况
1	普惠性幼儿园项目	根据《石狮市教育局、石狮市财政局关于建立学前教育经费保障机制实施方案（2019—2020年）》（狮教综〔2019〕21号），对约90所普惠性民办幼儿园奖补资金约1100万元。对9所公办与普惠性幼儿园帮扶共建的幼儿园，每所给予20万元的经费补助，共计180万元。对20所集体办幼儿园的3500名学生进行考核后补助，预计发放普惠性集体办幼儿园经费补助220万元	市教育局	已完成。认定88所普惠性民办幼儿园、7所公办与普惠性幼儿园帮扶共建的幼儿园和12所普惠性集体办幼儿园。8月发放7所公办园帮扶共建经费补助140万元；12月发放普惠性民办幼儿园奖补资金977.35万元，普惠性集体办幼儿园奖补资金65.76万元
2	改善学校办学条件项目	1. 部分中小学专用教室、功能教室改造和修缮及相关配套。2. 改善一批中小学学校教室视觉环境，保障中小学校教室采光、照明等设施达到规定标准	市教育局	已完成。1. 教室改造和修缮：设备采购方面，添置课桌椅涉及全市23所学校，添置多媒体涉及全市20所学校，多媒体、课桌椅等均完成采购并完成安装和调试。修缮改造方面，涉及全市23所学校，全部完工。2. 教室视觉环境改善：完成5所学校共125间教室护眼灯的安装
3	校园安全管理提升项目	通过购买社会服务的方式，成立市校车安全监管服务公司，加强对全市校车（在用校车60部）的日常监管，强化对非法集中接送学生车辆的摸排。预计投资40万元	市教育局	已完成。5月10日与中标公司星龙校车服务公司签订合同，由星龙公司进行校车管理日常监管
4	乡村“复兴少年宫”项目	建设提升乡村“复兴少年宫”67所。其中，新建1所，用于场所修缮及设备购买、场地提升、辅导员加班交通补贴等，共20万元；提升6所，每所投入8万元经费补助，用于改造提升、器材补充、辅导员加班交通补贴等，共48万元；持续运转60所复兴少年宫，每所投入3万元运转经费，用于场所维护、器材补充、辅导员加班交通补贴等，共180万元	市委文明办	已完成。11月，市委文明办联合教育局、各镇（街道）对新建类型的1所、提升类型的6所及运转类型的60所少年宫进行验收。全市67所乡村“复兴少年宫”完成建设并正常运转
5	建设禁毒教育基地项目	选择一处合适地点建设石狮市禁毒教育基地，以“诗画石狮、辨识毒物、禁毒史话、案例警示”四个主题，集中展示禁毒史中的虎门销烟等重大历史事件，揭示毒品的隐蔽性，展示全市禁毒工作	市禁毒办	基本完成。项目选址八七路原地税办公楼一楼，基本完工正进行设备安装和工程扫尾
6	文化惠民项目	邀请国内专业演出团体、本地艺术团体举办惠民演出，全年共演出8场	市文体旅游局	已完成。举办2022年燕闲民族室内乐团新春音乐会、“福狮迎春·世遗泉州”石窟公园灯光秀惠民演出、木偶剧《匹诺曹梦幻之旅》（线上展演）等演出活动 、文化和自然遗产日——南音专场音乐会、石狮市第十九届社团南音大会唱、木偶剧《灰姑娘》（2场）、广场文化艺术节“福见石狮”专场文艺演出等8场演出
7	购置图书和更新数字资源项目	1. 采购手绘文旅特色资源库，更新贝贝国学、移动图书馆APP等数字资源，预计20万元。2. 采购2022年度纸质图书15000册以上，预计50万元；报纸期刊200种以上，预计10万元	市文体旅游局	已完成。手绘文旅特色资源库，更新贝贝国学、移动图书馆APP等数字资源已采购完毕；纸质图书15000册、报纸期刊数据库采购完毕
8	15分钟全民健身场所建设项目	新建5个篮球场（每个补助10万元）、改建5个篮球场或门球场（每个补助7万元），新建2个五人制笼式足球场（每个补助20万元）、5个健身路径（智能路径每个补助5万元，非智能路径每个补助3万元）	市文体旅游局	已完成。原新建2个足球场项目，因暂无合适建设场地，减少1个足球场建设项目，新增新建1个篮球场和改建2个篮球场项目。完成新建6个篮球场，改建7个篮球场或门球场、新建1个五人制笼式足球场、建设5个健身路径
9	体育中心修缮改造项目	对体育中心外立面、公共卫生间、硅PU室外篮球场、观众席、主席台网架、各馆木地板、吊顶、屋面等进行改造提升；对体育中心结构进行检测加固；对少体校综合楼的校舍进行修缮改造	文旅集团	基本完成。体育馆部分：完成部分公共卫生间修缮改造、硅PU室外篮球场网球场提升改造、东看台加固工程、体育馆室内修缮项目及体育馆加固工程；体育中心部分：主体维修维护已完成。正进行屋面板材瓷砖、外墙粉刷等工程

续表 29

序号	项目名称	项目建设内容和规模	承办单位	完成情况
10	建设 20 个口袋公园项目	建成 20 个街头绿地、口袋公园或休闲场所，满足不同年龄、文化层次人民群众日常休闲、健身、娱乐活动	市城管局	基本完成。15 个口袋公园完工；5 个进行工程扫尾
11	建设石龙路人行天桥项目	在石龙路上建设一座天桥及相关配套设施	市住建局	基本完成。进行桥面铺装及扶手焊接等扫尾工程
12	新建公交候车亭项目	在九二路东段、濠江路、石狮大道、锦江外线、镇中路、宝岛路新建公交候车亭 26 座	市交通港口局	已完成。26 座公交亭下部基础和上部结构均完成，投入使用
13	实施“瓶颈路”改造项目	对回兴路（九二东路—东港路）进行拓宽改造，将原状为双向四车道的沥青路面拓宽为双向六车道，全长 546.53 米，包含道路工程、交通工程、雨水工程、污水工程、路灯工程、绿化工程等	市住建局	已完成。道路投入使用
14	改造提升一批“四好农村路”项目	以“以奖代补”的形式，对农村公路建设较好的镇村进行补助，带动建设改造一批农村公路项目，打通断头路，实施窄路拼宽、路面改造提升等工程，优化村间道路通行	市交通港口局	已完成。对 20 条村农村公路进行以奖代补，11 月拨第一批（12 条农村公路）激励资金 220.84 万元，申请第二批（8 条农村公路）的补助
15	巩固提升 7 个自然灾害避灾点项目	巩固提升全市 7 个自然灾害避灾点，做到标识醒目、路径明显、责任明确、预案健全、制度上墙、设施配套、功能完善，配备齐全的生活保障类物资及疫情防控物资	市应急局	已完成。宝盖镇宝源社区、永宁镇梅林村、祥芝镇古浮村、鸿山镇伍堡村（第一）、西墩村、锦尚镇西港村、谢厝村共 7 个避灾点已按照要求完成提升，做到避灾点标识醒目、健全预案和避灾安置制度、功能健全，配齐配全避灾物资和疫情防控物资，已通过验收
16	道路交通安全设施设置、维护项目	1. 交通隐患、拥堵路段微改造及设备更新改造提升项目：（1）交通组织微改造。通过借道左转、设置可变车道等方式对濠江路、学府路部分路口渠化进行升级改造。（2）老旧设备更新。升级改造福辉路部分交叉口电警设备。（3）货车通道隐患专项治理。对北环路—香江路、北环路—石泉路、西环路—八七路 3 处货车通行主要路口进行改造，对港口大道新通达段行人过街隐患路口进行渠化升级改造 2. 交安设施维护及信号配时提升服务采购：（1）非电子类交安设施抢修维护。对全市现有的 189 个灯控、120 多套爆闪灯、2100 多面标志、67000 多米隔离护栏、3500 多米减速带等交通设施进行定期巡检维护及自然灾害、交通事故抢修。(2)电子类交安设施维护。聘请专业运维团队对全市交通电子警察设备（524 台球机、1216 台枪机设备和机房设备等）进行维护，确保在线率和使用效果。（3）信号配时提升。对市区全部信号灯路口进行数据采集分析，按“一口一策”精准信号配时，创建绿波带，提升路口通行效率。 3. 道路标志、标线等交通安全设施完善：对道路老旧、破损标线更新修复，对校园周边道路、设施缺失点段的交安设施进行完善	市公安局	已完成。 1. 交通隐患、拥堵路段微改造及设备更新改造提升项目：已完成。完成濠江路—九二路借道左转渠化升级改造；升级福辉—东港路交叉口电警设备；完成货车通道隐患治理北环—香江、货车通道隐患专项治理；对北环路—香江路、北环路—石泉路、北环路—石泉二路 3 处货车通行主要路口进行改造，对港口大道新通达段行人过街隐患路口进行渠化升级改造。 2. 交安设施维护及信号配时提升服务采购：5 月完成项目招标，按项目计划实时开展维护与服务，服务期一年。 （1）电子类交安设施维护：修复电警 383 次，更换光纤收发器 28 个、8 口交换机 4 台、千兆 5 口交换机 1 台、千兆光纤模块 7 个、工业级交换机 2 台、卡口及电警设备 21 台、终端 2 台、球机 40 台、枪机 14 台、终端存储服务器 2 个、交换机 6 台、前端存储 1 个、存储设备 1 台、终端 3 台、熔接杆件光纤 1 处，新增工业级交换机 2 台、交换机 3 台等。（2）非电子类交安设施维护：更换护栏片 584 片，校正护栏 5120 米，校正标志牌 466 套，补修减速带 80 米，更换防撞桶 192 个，人行过街U形管 10 套，抢修维护信号灯 659 处，更换灯具 62 套，用小型发电机给路口灯控供电共计 257 小时等。（3）信号优化及配时提升：建设路口信号台账 189 份，绿波巡查与校时 158 次，两化排查 68 次，舆情核实及处理 48 次，单点路口调整及优化 98 次，绿波带建设 6 条等。 3. 道路标志、标线等交通安全设施完善：7 月完成项目招标，服务期一年。修补减速带 191.5 米，增设小于 1.2 平方米标志牌使用基础及杆件 16 套，施划新热熔标线 13975.809 平方米，除旧热熔标线 6479.415 平方米，设置太阳能信号灯 8 套等

续表 29

序号	项目名称	项目建设内容和规模	承办单位	完成情况
17	老年人高龄补贴项目	根据《福建省老年人权益保障条例》第三章第二十五条，每年分 2 次为 80 周岁及以上老人高龄发放补贴，发放标准为 80—89 周岁 50 元／人•月、90—99 周岁 100 元／人•月、100 周岁及以上 300 元／人•月。对 80 周岁及以上的低保老年人每月叠加发放 100 元／人的高龄补贴	市民政局	已完成。1. 完成 2022 年上半年高龄补贴发放工作及 2022 年下半年高龄补贴人员审核工作。2022 年上半年高龄补贴发放人数共计 8458 人，发放金额 289.125 万元。2. 按月为 80 周岁及以上的低保老年人增发 100 元／人的高龄补贴，完成 2022 年 1—12 月 80 周岁及以上的低保老年人高龄补贴发放，累计发放 2.57 万元
18	购买养老服务项目	1. 政府购买养老服务项目：为 3000 名（以实际服务人数为准）老人提供每月 20 元的信息服务，并为其中 100 人（以实际服务人数为准）提供每月价值 300 元的实体援助服务。信息服务费 72 万元，实体家政护理服务费 36 万元，共计 108 万元。 2. 高龄老人意外伤害保险项目：继续为全市约 8000 名 80 周岁及以上老年人购买意外伤害保险，减轻老年人医药费负担，提高老年人抵御风险能力。2022 年按每人 30 元标准购买，保期一年，共计 24 万元	市民政局	已完成。1. 政府购买养老服务项目通过公开招投标，江苏禾康信息技术有限公司中标成交，9 月签订协议。2. 完成签订高龄老人意外伤害保险协议，保期 2022 年 9 月 7 日至 2023 年 9 月 6 日被保险人数 7872 人，保费 17.32 万元
19	城乡居民最低生活保障对象帮扶项目	小额人身意外伤害保险项目：全市城乡居民最低生活保障对象（含特困人员、孤儿、事实无人抚养儿童）因意外伤害导致的身故、伤残（含烧烫伤）和住院医疗等事故，保险公司按照承保的保险责任和保险金额赔付	市民政局	已完成。5—6 月开展低保（特困）年度复核，9 月与人寿保险公司签订协议，确定 2022 年被保险人数为 1936 人，总保费拨付到位
		减免有线数字电视收视费项目：为全市城乡居民最低生活保障对象、特困救助供养对象、孤儿、事实无人抚养儿童、革命五老人员每月每户支付 25 元电视宽带收视费用，福建广电网络集团石狮分公司负担不足部分（差额 43 元）、主终端智能机顶盒、Modem、智能卡，并免费提供广电网络云平台建设专属板块栏目（用于社会救助、养老相关政策宣传）和期间项目维护	市民政局	已完成。6 月开展低保（特困）年度复核，复核期间，与福建广电网络集团股份有限公司石狮分公司签订协议，对原低保（特困、特困人员、孤儿、事实无人抚养儿童、革命五老人员）对象有线电视服务续费 3 个月。根据 2022 年 8 月确定的低保（特困）名单，完成 249 户新增对象的上门安装调试智能机顶盒，减免对象共计 1220 户
20	长期护理保险试点项目(三期)	长护险保障范围扩大至石狮户籍 70 周岁及以上人员和低保对象、“边缘地带”困难户、特困人员（含孤儿）三类对象，约 2.4 万人，保持待遇不变，最高享受 600 元／月•人，优先保障精准健康护理服务项目 30 项	泉州市医疗保障局石狮分局	已完成。10 月完成对长期护理保险经办服务机构年度经办服务考核工作，并开展四家定点护理服务机构定点服务协议续签工作，长期护理保险顺延运行，继续推进长护险上门入户服务，2022 年共提供护理服务 893 人次

续表 29

序号	项目名称	项目建设内容和规模	承办单位	完成情况
21	“生育关怀行动”项目	1. 安居工程：对翻建、新建和购房的对象，市、镇两级分别给予每户 2 万元补助；对房屋修缮的对象，市、镇两级分别给予 1 万元补助。市财政投入 28 万元，镇财政投入 28 万元。 2. 成才工程：对一女、二女结扎户、计生困难户或一女自愿不再生育户子女就读高中给予学杂费补助，就读大学给予奖学助学。市财政投入 80 万元，镇财政投入 50 万元。 3. 保障工程：意外伤害保险、失独家庭体检及“六项重点任务”宣传服务活动等工作。市财政投入 105 万元 4. 亲情工程：春节及中秋节开展慰问计生家庭、失独家庭及计生工作者活动，开展失独家庭一次性慰问及“关爱小组”活动，根据基层报送情况对遭受重大病灾、事故的计生困难家庭实施紧急救助，开展宣传服务活动。市财政投入 100 万元，镇财政投入 65 万元。 5. 致富工程：开展计生家庭创业帮扶、技能培训等，提升计生家庭自身“造血”功能。市财政投入 2 万元	市计生协会	已完成。 1. 安居工程：研究通过帮扶对象共 14 户，完成验收。 2. 成才工程：为 128 名农村一女、二女结扎户，未违反计生的纯女结扎户，一女自愿不再生育户女儿办理中考加分。市镇两级各投入 12 万元，为 120 名一女、二女结扎户，未违反计生的纯女结扎户，一女自愿不再生育户的女儿提供学杂费补助。市级投入 40.2 万元，镇级投入 31.7 万元，为 127 名一女、二女结扎户、未违反计生的纯女结扎户、一女自愿不再生育户的女儿及困难户子女提供奖学助学。 3. 保障工程：投入 31.51 万元，为全市 3151 户纯女结扎户、一女自愿不再生育户及计生特殊家庭（指失独家庭）的母亲购买国寿关爱女性健康保险。投入 44.34 万元，为全市 7390 户计生家庭购买意外伤害保险。 4. 亲情工程：在春节期间，投入 0.25 万元，慰问 5 户挂钩帮扶困难户；投入 4.5 万元，走访慰问其他计生困难家庭 90 人次；投入 5.9 万元，走访慰问 59 户次失独家庭；投入 0.45 万元慰问 9 名困难基层计生协会工作者。研究 4 期生育关怀，市级投入 76 万元，救助 114 户近期遭受重大病灾、事故的计生困难家庭。 5. 致富工程：举办二期技能培训，参加人数 60 人
22	建设 0—3 岁婴幼儿照护服务机构项目	建设 1 家具有示范效应的婴幼儿照护服务托育机构，至少有 60 个托位以上，面向社会大众招生，收费实行政府定价或接受政府指导价	市卫健局	已完成。项目位于宝盖镇回兴路，设在丹尼尔托育成长中心。与石狮市卫生健康局签订“石狮市 2022 年婴幼儿照护服务试点协议”及价格协议，完成备案，完成泉州市级验收并招生运营
23	建设提升儿童之家项目	在全市留守、流动儿童较聚集，有一定条件的村（社区）建设提升 10 个儿童之家示范点，投入资金主要用于开展家庭教育、儿童成长关怀服务，购买家庭教育材料、心理辅导设备、亲子阅读材料、图书等软硬件设施	市妇联	已完成。确定蚶江锦江村、锦尚镇政和园“党建 +”邻里中心等 10 个儿童之家为项目建设点，为建设点购买家庭教育材料、心理辅导设备、亲子阅读材料、图书等资料，添置教室投影仪、电视及微型机，电脑、打印机、音响等设施设备。结合节假日、暑期，开展家风家训、传统文化传承、暑期安全教育、婴幼儿照护、关爱困境留守儿童等系列主题活动，为儿童提供全面方位的服务。全年开展各类活动 500 余场次，受益家长及儿童达 7.8 万人
24	治理“餐桌污染”，建设食品放心工程	开展农药兽药使用减量和产地环境净化、食品加工质量和婴幼儿配方乳粉提升、校园食品安全守护、农村假冒伪劣食品治理、保健食品行业专项清理整治、进口食品“国门守护”等专项行动，严厉查处食品安全违法违规行为。开展食品安全“一品一码”全过程追溯体系建设。开展食品污染物及食品中有害因素监测、食源性疾病监测，防控食品安全风险隐患。推动全市村（社区）开展食品安全责任保险投保工作，提升农村集体聚餐举办者、承办者食品安全主体责任意识。探索网络订餐“互联网 +”监管，依托网络平台大数据技术结合线下宣教服务，开展外卖平台线上监测	市市场监管局	已完成。累计完成食品安全监督抽检 2700 批次，快检 4860 批次，累计查处食品违法案件 198 起，罚没款 157.3 万元。累计投入 200 万元

续表 29

序号	项目名称	项目建设内容和规模	承办单位	完成情况
25	电力“双满意”工程	1. 持续深化居民智能用电服务。投资约2482万元，完成5万只以上智能电表安装。打造1个“零计划停电示范区”，预计覆盖5.9平方公里，示范区内全年计划开展带电作业200次以上，实现“零停电” 2. 实施农村电网巩固提升工程。投资约475万元，新建、改造7个农村配电网台区，重点解决供电设施重过载、用户“低电压”等问题，力争将农村地区供电可靠性提升至99.98% 3. 背街小巷、老旧小区电线搭挂整治。投资约57万元，完成线路规整4条、拆除废旧杆塔40基、改造老旧小区1个，改善城市面貌，提升生活品质	国网石狮市供电公司	已完成。1. 持续深化居民智能用电服务：打造石狮泰禾—体育中心片区“零计划停电示范区”，开展带电作业83次，减少停电数为9676户·时；轮换HPLC智能电表7.6万只，完成率152.38%。 2. 实施农村电网巩固提升工程：开展农村配电网台区低压电缆敷设和表箱搭接工作，7个台区新建改造任务全部完成（祥芝3个、永宁2个、祥芝、宝盖各1个）。3. 背街小巷、老旧小区电线搭挂整治：完成杆线规整4处，拆除废旧杆塔40基
26	开办企业“零费用”和便民“服务礼包”项目	对全市新开办企业免费发放一套印章（公章、财务章和发票章）；对行政服务中心内各窗口需留存的材料免费复印；对政府部门办理涉企审批（含公共服务）事项，发给企业的证照可选择免费邮寄	市行政服务中心管委会	已完成。为新开办企业免费提供印章10007枚，为企业节省资金5.6万元；为中心内各窗口需留存的材料免费复印185687张，节省资金7.4万元。合计为企业节约资金63.4万元
27	成品粮油应急储备和健康咨询服务项目	在钞坑综合市场内设立成品粮油应急储备及轮换站点、健康咨询服务及防疫物资储备站点，用以满足钞坑综合市场周边突发事件的成品粮油及防疫物资方面的需求。成品粮油应急储备及轮换点储备30吨大米及5吨成品油，如遇突发事件可保障6万—7万名群众一日所需粮食；医药公司健康咨询服务点以提供健康意见、宣传健康常识、组织健康服务为主，防疫物资储备点储备5万—10万元抗疫基础物资	市发改局	基本完成。健康咨询服务及防疫物资储备站点：店面装修完毕，LED显示屏与招牌已制作完毕；完成第一批人员招聘和培训工作；完成第二批人员招聘，进行人员培训。成品粮油应急储备轮换站点：广告LED及招牌安装完毕，货架及设备已进场，待补充储备物资
28	5G基站建设项目	投资建设1000个5G AAU基站配套设施，用以提升全市5G网络覆盖广度及深度，支撑工业企业、电商企业开展“5G+”赋能	市大数据局 中国铁塔泉州市分公司石狮办事处	已完成。累计完成1085个5GAAU建设

2022年石狮市重点建设竣工情况一览表

表 30

项目	建设内容
城乡建设与生态环保	
食品城配套道路提升工程（金盛路）	地点位于宝盖镇，建设内容：全长约400米、宽约26米，建设道路工程、路灯工程及绿化工程等
坑东村三片区改造项目	地点位于宝盖镇，建设内容：占地面积1.23公顷，总建筑面积3万平方米，建设连排串楼，层数3.5层
市区主干道花箱改造提升项目	地点位于八七路、子芳路，建设内容：主要建设内容是对市区主要道路（八七路、子芳路、福辉路等）花箱进行提升，总投资450万元
子芳路花漾街区建设工程	地点位于子芳路，建设内容：道路全长2.8千米，主要提升分带绿化景观、修复及改造提升人行道、树池，增加绿化彩化，打造景观节点，营造示范花漾街区，总投资600万元
石永路（学府路黄金大道）城市主干道地下管网提质增效项目	地点位于宝盖镇、永宁镇，建设内容：总投资5000万元。全长约4.4千米，对未建设雨污水管道的路段新增雨污水管道收集周边污水，完善污水管道系统，确保道路全线雨污水管道系统畅通

续表 30

项目	建设内容
石锦路（学府路—沿海大通道）城市主干道地下管网提质增效项目	地点位于锦尚镇，建设内容：总投资 4500 万元。全长约 3.6 千米，对未建设雨污水管道的路段新增雨污水管道收集周边污水，完善污水管道系统，确保道路全线雨污水管道系统畅通
港口大道（香江路—港口）城市主干道地下管网提质增效项目	地点位于宝盖镇、蚶江镇，建设内容：总投资 3500 万元。全长约 8.6 千米，对未建设雨污水管道的路段新增雨污水管道收集周边污水，完善污水管道系统，确保道路全线雨污水管道系统畅通
石祥路（学府路—沿海大通道）城市主干道地下管网提质增效项目	地点位于祥芝镇、鸿山镇、蚶江镇，建设内容：总投资 4000 万元。全长约 10 千米，对未建设雨污水管道的路段新增雨污水管道收集周边污水，完善污水管道系统，确保道路全线雨污水管道系统畅通
八卦街镇中路入口停车场	地点位于凤里街道，建设内容：新建地上一层建筑及地下二层车库，拟设置小汽车停车位 116 位，其中充电车位 23 个（快充车位 11 个）。新建地上建筑约 214.89 平方米、高 4.6 米，地下一层建筑约 2803.77 平方米、高 3.9 米，地下二层建筑约 2421.90 平方米、高 3.9 米
中小企业基地综合整治项目	地点位于锦尚镇，建设内容：项目主要分主体装修工程和为三个子项目，分别为装修工程及广告、监控系统设施、交通标志标线及导视设施、局部绿化修补提升，项目投资 500 万元
鹏山学校道路改造提升项目	地点位于灵秀镇，建设内容：道路等级为城市支路，路线总长 620.844 米。道路分为三部分：（1）道路标准段，长 469.77 米，红线宽度 18 米；（2）与外西环路交接及拓展段，拓展部分面积 2227.5 平方米，交叉口（平 B1 类）面积 802.76 平方米；（3）与健健路口交接段，交叉口（平 B2 类）面积 295.67 平方米。总投资 1300 万元
凤炉山景观提升工程	地点位于湖滨街道，建设内容：总绿化面积约 12000 平方米。主要对公园部分节点整理完善，合理布置厕所、公园服务中心等配套设施。对凤炉山西北次入口进行景观提升。总投资 1500 万元
石狮市环湾公园	地点位于蚶江镇，建设内容：湿地公园古厝周边及都宫溪西岸游步道提升工程：对古厝周边进行绿化景观提升，对原有两条游步道进行硬化提升，全长约 1200 米。总投资 337 万元。湿地公园连接锦江外线桥梁工程：在湿地公园蚶江沟南侧新建一桥梁连接锦江外线。总投资 500 万元
永宁外线（红塔湾旅游路至梅宁路）道路绿化工程	地点位于永宁镇，建设内容：全长 1 千米，总绿化面积约 4 万平方米，主要对道路中分带、侧分带、路外两侧进行绿化提升。总投资 850 万元。完成一标段建设
石龙路人行天桥建设	地点位于灵秀镇，建设内容：工程造价 1257 万元，主桥全长 47.56 米，最大单跨跨度为 21.85 米，天桥上部结构采用钢箱梁，桥梁总宽 16.50 米，在主桥的北侧两端各设置旋转梯道，在南侧两端各设置折返坡道。螺旋梯道为钢结构；采用钻孔灌注桩
石龙路（南环路—同兴路）道路改造工程	地点位于石狮市，建设内容：总造价 2067.7606 万元，路线长度约 0.94 千米，设计时速为 50 千米，道路等级为城市主干路，雨水管最大管径为 DN1500，道路标准宽度为 41 米，设计为双向六车道，内容有道路工程、排水工程、交通工程、交通信号灯、绿化工程、临时设施等
回兴路（九二东路—东港路）拓宽工程	地点位于回兴路，建设内容：工程造价 5914607 元，本项目为回兴路（九二东路—东港路）拓宽工程，道路南北走向，道路控制红线宽度 26 米，起终点有拓宽，沥青路面双向拓宽为双向六车道，全长约 546.538 米。招标范围：包含通用工程、道路工程、交通工 程、雨水工程、污水工程、路灯工程、绿化工程等
锦江外线路外两侧景观绿化工程	地点位于蚶江镇，建设内容：全长约 5.61 千米，主要对道路路外两侧空地进行绿化，绿化面积约 7 万平方米。总投资 1000 多万元
锦尚外线路外两侧景观绿化工程	地点位于锦尚镇，建设内容：全长约 6.2 千米，主要对道路路外两侧空地进行绿化，绿化面积约 108446 平方米。总投资 2000 万元
沿海大通道（石湖疏港路段）改线绿化工程	地点位于蚶江镇，建设内容主要对沿海大通道（石湖疏港路段）道路中分带及路测树池进行绿化，绿化面积约 1500 平方米。总投资 125 万元
石狮三中校门口广场两侧停车场建设	地点位于三中校门口，建设内容：本工程利用现状道路改建为停车场；工程内容为车位工程、雨水工程、交通工程、绿化种植等；总投资额 150 万元

续表 30

项目	建设内容
基础设施	
宝盖科技园排水系统维修工程（二期）	地点位于宝盖科技园，建设内容：宝科路、锦佳路、锦濠路、宝鸿路、宝昌路、锦逸路、锦鑫路、锦泰路、锦源路 9 条道路排水管道修复。雨水管道总长 178 米，污水管道总长 1881 米
宝盖科技园一期人行道建设修复工程（三期）	地点位于宝盖科技园，建设内容：园区内道路（宝科路、锦鑫路）的相关空地及现状人行道改造及修复
宝盖鞋城人行道建设修复工程（二期）	地点位于宝盖鞋城，建设内容：园区内道路（鞋业路、伟业路、敬业路、宏业路）的相关空地及现状人行道改造及修复
宝盖科技园二期直一路工程（海宁路至直一路）	地点位于宝盖镇，建设内容：全长 300 米，道路宽度 26 米，主要建设排水主管道、污水、人行道、路灯、绿化等工程
后湖二路工程 A 标	地点位于高新区，建设内容：全长 0.42 千米，道路宽度 26 米，配套建设雨污、弱电、路灯、绿化等工程。建安费 669.5502 万元
石狮高新区管道系统修复项目	地点位于高新区，建设内容：根据 2020 年进行的管道测绘及疏通项目，共查出污水管道和雨水管道缺陷 2062 个、混接点 8 处，有的结构性状况较差，部分管道已基本失去排水功能。该项目拟对缺陷部位进行修复。建安费：93.6705 万元
高新区智能产业园东园邻里中心（2011-21-03 号地块）	地点位于高新区，建设内容：占地面积 1.2 公顷，建筑面积 13573 平方米，配套建设商场、超市、酒店宾馆等场所，服务周边企业和村民。建安费：41993.444 万元
石狮市海洋生物食品园一企一管污水管道工程	地点位于高新区，建设内容：主要收集海洋生物食品园入园企业生产污水，采用一企一管形式沿道路明敷到污水处理厂，预计建设 DN100 污水管道约 30862 米
九牧 42 号地块新增挡土墙工程	地点位于蚶江镇，建设内容：新增挡土墙，总投资为 200 万元
神华福能配套煤仓及灰场项目	地点位于鸿山镇，建设内容：灰场占地面积 3.78 公顷，新增堆灰库容 46.5 万平方米，新建灰场管理站约 600 平方米（含建筑面积 244 平方米的库房），运灰道路 853 米
泉州环湾快速路石狮连接线工程(二期工程)	地点位于蚶江镇，建设内容：地面积 10.33 公顷，全长 0.972 千米，设计时速 60 千米，按一级公路兼城市主干道标准设计，主要建设道路、桥涵、管线、雨水、交通、道路照明等市政配套设施。总投资 27247 万元
灵秀创业园横一路延伸段工程	地点位于灵秀镇，建设内容：占地 0.28 公顷，道路全长 156 米，宽度 18 米，主要建设雨污水管道、路基、路面、人行道以及路灯等
灵秀科技园建科二路	地点位于灵秀镇，建设内容：全长 423 米、宽 18 米（主路 12 米，两侧人行道各 3 米），配套路灯、给排水管、人行道树等
社会事业	
苏厝村综合文化中心	地点位于宝盖镇，建设内容：占地面积 0.34 公顷，总建筑面积 6666 平方米，建设 1 栋 7 层综合文化楼
塘后村文化活动中心	地点位于宝盖镇，建设内容：建筑面积 1600 平方。建设塘后村文化活动中心 2 号楼一层店面二次装修工程
泉州纺织服装职业学院学生宿舍及配套项目	地点位于宝盖镇，建设内容：占地面积 3.33 公顷，建设 2 栋学生宿舍，1 栋附属用房，建筑面积 34729 平方米，建设 400 标准田径场、主席台、看台等
后花养老服务中心	地点位于凤里街道，建设内容：占地面积约 0.13 公顷，建筑面积 4330 平方米，5—8 层改扩建为集护理照料室、食堂及文体活动区等于一体的老年人照料中心，项目投资 4000 万元
乐梵影视传媒基地	地点位于凤里街道，建设内容：建设集电影放映、演员经济、电影发行、电视剧发行等于一体的综合影视传媒基地，面积约 5000 平方米，项目投资 4000 万元
梦芭教育基地项目	地点位于凤里街道，建设内容：占地 5000 平方米，建设集舞蹈、主持、武术、体育等于一体的综合少年儿童校外兴趣拓展基地，项目总投资 2000 万元
厝仔村间道路铺设及景观提升工程	地点位于蚶江镇，建设内容：总投资 46 万元，为村级的建设及村民的出行提供方便
新湖中心小学卫生间附属楼解危及运动操场改建工程	地点位于湖滨街道湖东公园南侧，建设内容：总投资 750 万元，对新湖中心小学西北侧 720 平方米附楼卫生间地基沉降安全隐患问题进行拆除重建，对校区操场进行提升铺设
杨孙西文博园周边地块道路提升工程	地点位于湖滨街道，建设内容：建设内容包含园路、路灯、绿化、给排水等；投资额为 268.6186 万元；完成工程进度 90%

续表 30

项目	建设内容
玉湖豆腐文化游学园建设项目	地点位于湖滨街道农耕古旧石器陶文化博览园东北侧，建设内容：总投资 2000 万，主要对玉湖豆腐文化园改造提升，以豆腐文化为核心，打造寓学于乐、寓学于游、寓学于做的玉湖豆腐文化游学园
石狮八中校园综合改造项目（礼堂改造成多功能报告厅）	地点位于石狮市第八中学，建设内容：石狮八中校园综合改造项目主要包括育英楼、实验楼、礼堂、尊师楼等旧校舍修缮改造及电力电缆改造还有综合布线、一体机、篮球场、实验室功能室仪器等设施设备采购，总投资 1700 万元
城北进修学校附属小学报告厅项目	地点位于宝盖镇，建筑面积为 1249.92 平方米；建设内容包括：搭建钢结构舞台，钢结构最大跨度为 7.2 米；室内装修及水电安装工程、智能化、空调系统、配套设施等
石狮市第八实验小学	地点位于蚶江镇莲埭村，用地面积 15576.32 平方米，建筑面积为 14078.12 平方米。项目拟建设综合楼、1 号教学楼、2 号教学楼及连廊等建筑，建设门卫房等附属设施，并配套消防水池、给排水、电力和道路硬化等附属设施建设
曙光中心幼儿园	地点位于灵秀镇，建设内容：改造建设 18 个教学班校舍及相关配套建筑、设施设备
商贸服务业	
碧桂园	地点位于宝盖镇，建设内容：占地面积 9.5 公顷，总建筑面积 32.04 万平方米
石狮泱著小区	地点位于宝盖镇，建设内容：占地面积 5.776 公顷，总建筑面积约 21 万平方米，建设商业高尚居住区及相关配套设施
石狮女装电商生态创业园	地点位于凤里街道，建设内容：选址凤里街道后花九地市联运城，租赁及升级改造联运城房产，占地 1 万平方米，建筑面积 2.2 万平方米，共六层。项目投资 6000 万元
青柠时尚公寓改造提升项目	地点位于凤里街道，建设内容：石狮市青柠房产中介有限公司在仁里社区改造建设一栋时尚公寓，项目投资 2300 万元
石狮市嘉禾公寓项目	地点位于凤里街道，建设内容：改扩建原丽都酒店，升级改造成嘉禾公寓，1—3 层用于直播，4—8 层公寓出租，新增建筑面积 3000 平方米，项目投资 3000 万元
羽豪综合科技产业园项目	地点位于凤里街道，建设内容：收购盘活原利豪工业园，建设集新型科技面料研发和生产、跨境电商、网红直播为一体的科技综合产业园，项目占地约 0.4 公顷，预计建成后创税 1000 万—1500 万元，项目投资 7000 万元
宏泰兴电子商务后端	地点位于湖滨街道道南环路 839 号，建设内容：总投资 2000 万元，主要建设集电子商务、生产服务、物流配送的电商集合基地
恒兴商务综合体	地点位于湖滨街道道嘉禄路畔山云海旁，建设内容：总投资 2000 万元，主要建设城东小型商务中心，以商务办公、商务洽谈、商务接待为核心功能
石狮市钞坑综合市场	地点位于灵秀镇，建设内容：占地 1.77 公顷，总建筑面积 49782 平方米，拟建设负二层停车场，一层农贸市场，二、三层预留引进业态，四层至六层公寓
工业	
中科光芯三期高端元器件项目	地点位于高新区，建设内容：该项目租用创业中心 8 号厂房，面积约 1 万平方米，扩大生产车间，增加员工 700 人，建设 10G 以上光芯片、光器件和光模块生产线，到 2022 年底，BOSA 产能达到 800 万只 / 月
石狮中石光芯片及器件研发、产业化项目	地点位于高新区，建设内容：总建筑面积 1.74 万平方米，引进从外延、芯片到器件的工艺生产线及配套设施
骏盛丰瑞服装厂区建设及改造提升项目	地点位于宝盖镇，建设内容：占地面积 0.46 公顷，原有厂房 1 栋，办公楼 1 栋，宿舍楼 1 栋。项目拟对原厂房进行改造提升；另新建 1 栋厂房，占地面积 1000 平方米，建筑面积 1 万平方米；购买服装智能化制造设备
石狮百川年产 1 亿米再生绿色生态纺织品、3000 吨熔喷纺织品项目	地点位于祥芝镇后湖村、蚶江镇锦里村，建设内容：项目总投资 35000 万元，新增用地 62312 平方米，建筑面积近 10 万平方米。建设生产厂房 2 栋，仓库 1 栋，综合楼 1 栋，购置多条布局合理、设备优良、工艺先进的纺织品生产线，采用无水着色生产工艺技术，打造绿色纺织品示范生产基地。每生产 1 吨再生无水着色涤纶产品较原生染色涤纶产品可减少 5.30 吨二氧化碳量排放，节省 145.00 平方米水消耗，节省 90.00 吉焦能源消耗。项目全面投产后，不仅能大量减少纺织行业的染整能耗并减少污染物排放量，还将解决 500 余名工人就业问题，每年新增纳税约 3000 万元

续表 30

项目	建设内容
通达创智石狮智能制造基地建设项目	地点位于蚶江镇港口大道 2606 号，建设内容：厂房和配套设施，主要建筑面积 43505.16 平方米，新增生产能力：年产家居产品 4000 万套，电动工具 90 万套。总投资额 28584.66 万元
石狮市汇星机械有限公司 8# 厂房	地点位于蚶江镇港口大道，建设内容：工程中心大楼为框架结构 4 层大楼，工程规模 11092 平方米，总造价 921 万，引进智能车间和工程中心 ，引入高层次人才 2 个团队，校企合作 5 个大学
机器人智能应用机电一体化系统项目	地点位于蚶江镇洪窟村，建设内容：泉州达克鸿五金制品有限公司厂区 -1 号生产车间、办公楼、门卫、消防水泵房，建筑面积：7476.25 平方米。框架结构，其中 1 号生产车间地上 5 层，地下 1 层，建筑面积 5047.39 平方米，地下建筑面积为 74.46 平方米，占地面积 995.49 平方米，建筑高度 22.2 米。办公楼地上 5 层，建筑面积 2332.4 平方米，占地面积 436.0 平方米，建筑高度 20.4 米。抗震设防烈度为框架结构三级 7 度，建筑结构安全等级为二级，耐火等级为二级
福建晋晖科技有限公司厂房及配套设施 -1 号厂房、2 号厂房、3 号厂房、7 号厂房、宿舍楼、消防泵房	地点位于蚶江镇后湖二区，建设内容：1 号厂房 21233.24 平方米，5 层，框架 2 号厂房 4009.6 平方米，1 层，钢结构 3 号厂房 3816 平方米，1 层，钢结构 7 号厂房 6723.6 平方米，7 层，框架结构；宿舍楼 6171.52 平方米，建筑层数 7 层
曙晖工业园	地点位于石锦路南侧，建设内容：项目总用地面积 68078 平方米，总建筑面积 43953 平方米，总投资 15000 万元。主要经营项目为：服装及纺织的机械制造、生产、销售及互联网（电商）的仓储物流，组成一个较为完整的现代工业园区
石狮建新轮胎项目	地点位于鸿山镇，建设内容：一期项目占地 33.33 公顷，总建筑面积 7.6 万平方米，拟建设年产 150 万条工矿胎生产基地
福建晋坤科技有限公司项目	地点位于海洋生物食品园，建设内容：占地 1.42 公顷，总建筑面积 1.66 万平方米，建设冻库及厂房。进行水产品加工、销售
库西水产线上海产品生产发货基地	地点位于海洋生物食品园，建设内容：占地 0.8 公顷，建筑面积 10000 平方米，建设冻库及厂房及相关配套，主要生产水产品
神华福能超超临界百万机组液氨改尿素制氨技术应用项目	地点位于鸿山镇，建设内容：新建尿素催化车间替代液氨脱销，消除重大危险源，主要建筑面积 800 平方米
台宏日产 30 吨厂房新建项目	地点位于鸿山镇，建设内容：用地 0.53 公顷，建设生产厂房，宿舍，引进国际先进生产设备，日产 30 吨肉脯、香肠等食品
祥欣新材料科技有限公司厂房建设项目	地点位于鸿山镇，建设内容：占地 2 公顷，总建筑面积 20000 平方米，建设厂房及配套设施，主要生产新材料鞋材及包装的研发、生产
晓光服饰反光材料有限公司厂房建设项目	地点位于鸿山镇，建设内容：占地 2.73 公顷，主要建筑面积约 45000 平方米，建设公司厂房，主要生产鞋服、学生服、手提包饰品等反光面料
婴舒宝年产 3 万吨水刺无纺布及加工制品生产项目	地点位于鸿山镇，建设内容：占地 4.67 公顷，建筑面积 55000 平方米，建设办公综合大楼、水刺布制品生产车间、水刺布生产车间、仓库（含原料、半成品、成品）、销售中心、配送中心、职工宿舍及基础配套工程等。主要生产水刺布成品、半成品
得宝染料二期	地点位于祥芝镇，建设内容：占地面积 1.33 公顷，总建筑面积 2 万平方米，建设标准化厂房及仓库、办公楼、实验中心、宿舍等引进先进生产设备。主要生产含氟活性染料、纯天然植物染料、印花染料
新鑫地新建厂房	地点位于灵秀镇，建设内容：占地面积 0.2 公顷，总建筑面积 14273 平方米，新建标准厂房及绿化、停车场等配套设施
八号人（厂房）	地点位于灵秀镇，建设内容：购置野豹厂房，共 8 层，总建筑面积 1 万平方米左右，建设集办公、仓储、生产为一体的总部大厦，通过工厂生产、网络销售往国内国外，预计年营业额达 1 亿元
佳特斯织造生产项目	地点位于锦尚镇，建设内容：石狮市佳特斯服饰织造有限公司 -1# 厂房、宿舍楼、地下水泵房。框架结构，其中，1# 厂房建筑面积 11796.75 平方米，占地面积 2329.54 平方米，建筑高度 27.7 米，建筑层数 5 层，功能布局为一至五为生产车间，火灾危险性等级丁类，建筑耐火等级为：二级。宿舍楼建筑面积 2797.41 平方米，占地面积 407.39 平方米，建筑高度 23.8 米，建筑层数 7 层。建筑耐火等级二级。水泵房、地下消防水池总建筑面积 95.28 平方米，占地面积 10.62 平方米，建筑层数地上一层 地下一层，建筑高度 3 米，功能布局 324T 消防水池、水泵房，建筑耐火等级一级。总投资为 5140 万元

续表 30

项目	建设内容
石狮市龙兴隆染织实业有限公司数字车间建设项目	地点位于锦尚镇，建设内容：新建印染车间 1 栋，建筑面积 9588 平方米。引进定型机、智能数字印染、水洗设备等 21 台（套）。总投资 1.1 亿元
圣洁卫生用品	地点位于祥芝镇，建设内容：规划总共用地面积 51710 平方米，建设用地面积 24425.91 平方米，总建筑面积 128996.81 平方米，分三期建设，一期建设丁类生产车间 2 栋，丙类生产车间 2 栋，宿舍楼 1 栋，占地 8824.34 平方米，建筑面积 24174.74 平方米，消防水池及泵房 296.06 平方米，二期建设丙类生产车间 2 栋，占地面积 5967.1 平方米，建筑面积 34055.1 平方米。三期建设丙类生产车间 2 栋，占地 9605.07 平方米，建筑面积 70470.91 平方米。新增生产能力：年产纸尿裤 5.8 亿片，拉拉裤 5.5 亿片，卫生巾 2.25 亿片，芯体 900 吨，无纺布 5000 吨，时间 4500 万包。至年底建好丙类生产车间 3 栋，宿舍楼 1 栋
百丝达无纺布有限公司新厂房、设备及配套设施建设	地点位于祥芝镇，建设内容：占地面积约 7.47 公顷，总建筑面积约 7.5 万平方米，建设厂房、办公楼，引进先进生产线，生产医用无纺布
得圣水产	地点位于祥芝镇，建设内容：占地面积 0.698 公顷，总建筑面积约 1.5 万平方米，拟新建冻库，引进高端的制冷设备、海产品加工设备，进行水产品销售
海日丰水产品项目	地点位于祥芝镇，建设内容：占地面积 1.26 公顷，总建筑面积 2.12 万平方米，建设冻库及厂房。进行水产品加工、销售
振荣水产品科技项目	地点位于祥芝镇，建设内容：占地面积 1.07 公顷，总建筑面积 2.21 万平方米，拟建设 2 栋冻库、1 栋办公楼，主要进行水产品加工、销售
益鸿冷冻有限公司	地点位于祥芝镇，建设内容：占地面积 1.09 公顷，总建筑面积 1.05 万平方米，拟建设冻库、厂房、机房，主要进行水产品加工、销售
瑞奇海产品贸易有限公司	地点位于祥芝镇，建设内容：占地面积 2.12 公顷，总建筑面积 4.46 万平方米，拟建设冻库、2 栋生产车间、办公楼等，主要进行水产品加工、销售
鑫源海胜水产品加工有限责任公司	地点位于祥芝镇，建设内容：占地面积 1.35 公顷，总建筑面积 2.68 万平方米，拟建设冻库、2 栋生产车间、办公楼等，主要进行水产品加工、销售
鑫盛水产项目	地点位于祥芝镇，建设内容：占地面积 0.71 公顷，建筑面积 1.19 万平方米，建设冻库及厂房，主要进行水产品加工、销售
石狮市挑战狼体育用品有限公司	地点位于永宁镇西偏村，建设内容：厂区建筑面积 0.73 公顷，总投资 1.2 亿
旺洋水产	地点位于祥芝镇，建设内容：占地面积 1.5613333 公顷，建筑面积 1.32 万平方米，建设冻库及厂房及相关配套，主要进行水产品加工、销售
辰亿涛水产	地点位于祥芝镇，建设内容：占地 1.23 公顷，建筑面积 9138 平方米，建设冻库及厂房及相关配套，主要进行水产品加工、销售
祥鹏水产	地点位于祥芝镇，建设内容：占地面积 0.87 公顷，建筑面积 1.07 万平方米，建设冻库及厂房及相关配套，主要进行水产品加工、销售
鼎立水产品	地点位于祥芝镇，建设内容：占地面积 0.8 公顷，建设冻库及厂房及相关配套，主要生产水产品
振富针纺机械技术改造项目（数控针织机械技术成果改造产业化）	地点位于祥芝镇，建设内容：新厂区项目总投资额 1 亿元，占地 2.43 公顷，建筑面积约 3.5 万平方米，拟建设包括生产车间、研究中心、办公中心、宿舍楼、食堂、员工休闲体育设施。引进针织大圆机等产线，主要生产针织大圆机。建成投产后年产针纺机台 1500 台，年产值 2.5 亿元

2022年石狮市各组织机构及负责人名录

中共石狮市委员会

书　记　黄春辉
副书记　余志伟
施晓瑛（女）
张　怡
（挂职，2022年8月任）
常　委　郑天助
陈守林
邱永丰
刘艺波
林进全
郭浪滔
许顺达
白玉成
李怀忠
（2022年12月任）
马学荣（挂职）

办公室
主　任　龚一士
副主任　陈鲲淼
庄佳龙
纪荣渠

党委综合系统党委
书　记　龚一士
副书记　王礼谦

组织部
部　长　许顺达
常务副部长　蔡志荣
副部长　佘日森
许宏图
陈泰坤
邱竞芬（女）

市直机关党工委
书　记　许顺达
副书记　蔡娃娃
（女，2022年12月任）

市委非公企业和社会组织工委
书　记　陈泰坤
副书记　黄泽栋
（2022年12月任）

宣传部
部　长　郑天助
常务副部长　邱永乐
副部长　蔡振宇
唐雪峰
邱海涛
蔡桦榕（女）

宣传系统党委
书　记　邱永乐
副书记　蔡小玲（女）

统战部
部　长　刘艺波
常务副部长　邱汉清
副部长　刘以欣
蔡连庭
林新苗
（2022年1月任）

统战系统党委
书　记　邱汉清
副书记　林　铲

政法委
书　记　林进全
常务副书记　吴宗顺
副书记　黄建辉
（至2022年8月）
陈清平
（2022年9月任）
李圣阳
蔡世鑫
林剑平（挂职）
政治处主任　许锡鸿

政法系统党委
书　记　吴宗顺
副书记　蔡怀令

机构编制委员会办公室
主　任　佘日森
副主任　郑明芬（女）

事业单位登记中心
主　任　温泽源

巡察工作领导小组办公室
主　任　姜荣树
副主任　赵龙毓

巡察组
组　长　汪华晔
许志民
谢忠宣
副组长　蔡振望
郑晓锋
林怡真（女）

老干部局
局　长　许宏图
副局长　蔡娃娃
（女，至2022年6月）
蔡冰冰
（女，2022年6月任）

老干部活动中心
主　任　蔡嘉荣

精神文明建设办公室
主　任　蔡振宇
副主任　黄雅霜（女）

创建全国文明城市工作促进中心办公室
主　任　蔡清瑜（女）

党校（行政学校）
校　长　许顺达
常务副校长　吴雄聪
副校长　李志伟
（至2022年6月）
蔡慰玲
（女，至2022年6月）
黄建华
（2022年6月任）
陈小榕
（女，2022年6月任）

党史和地方志研究室
主　任　林育明
副主任　王祖德
周卡娜（女）

档案馆

馆　长　陈章彬

副馆长　林清传

林建福（至2022年6月）

李延安（2022年6月任）

融媒体中心

主　任　唐雪峰

副主任　王金辉（女，至2022年6月）

王清彬

颜晓彬（2022年6月任）

石狮市人大常委会

主　任　李　斌

副主任　张永安

郑文芳

林志坚

陈垂汉

办公室

主　任　蔡荣桥

副主任　施青苗

人事代表工委

主　任　邱尚进

副主任　李灵燕（女）

内务司法工委

主　任　丁　洁（女）

副主任　蔡攀峰（2022年6月任）

财政经济工委

主　任　姚惠卿（女）

副主任　黄子秦（女）

教科文卫工委

主　任　刘建辉

副主任　李晓莹（女）

环境与城乡建设工委

主　任　张传标

华侨民族宗教工委

主　任　吴金旋（女）

石狮市人民政府

市　长　余志伟

副市长　郭浪滔

马学荣（挂职）

洪奕蓉（女）

李怀忠（至2022年12月）

黄明瑄（女）

黄建辉（至2022年8月）

许自霖

陈清平（2022年9月任）

谢建智

蔡俊龙（2022年12月任）

办公室

主　任　王汉滨

副主任　蔡文轴

许振洪

陈兴隆

邱泽群（2022年7月任）

政府综合系统党委

书　记　王汉滨

副书记　林友生

发展和改革局

局　长　张辉程

副局长　谢胜德

高培榕（女）

投资服务中心

主　任　张江滨（2022年7月任）

副主任　杨国淼（2022年7月任）

蔡加艺（2022年7月任）

教育局

局　长　蔡结生

副局长　陈晓东

蔡钰章

林曙燕（女，至2022年7月）

黄艺艺（女，2022年7月任）

教育系统党委

书　记　蔡结生

副书记　邱天生

教师进修学校

校　长　王昆仑

副校长　蔡满满（女）

邱世泽

吴毓玲（女）

工业信息化和科技局

局　长　邱春旭

副局长　龚建忠

李双双（女）

巫菲祥

经济系统党委

书　记　邱春旭

副书记　李佳兴

公安局

局　长　黄建辉（至2022年8月）

陈清平（2022年9月任）

政　委　颜清祥（至2022年9月）

陈宗熙（2022年9月任）

副局长　许铭坛

庄　强

胡俊峰

蔡建志

曾少斐（2022年12月任）

陈健伟（2022年12月任）

何　俊（挂职，至2022年12月）

机关党委

书　记　许峰柏

副书记　吴文献

指挥中心

主　任　刘锦添

教导员　王　涛

国保大队

大队长　叶小欣

教导员　许伟雄

刑侦大队

大队长　曾少斐（至 2022 年 12 月）

宋锋宁（2022 年 12 月任）

教导员　毛建光

交警大队

大队长　戴元军（至 2022 年 12 月）

陈清芳（2022 年 12 月任）

教导员　黄炳耀（至 2022 年 12 月）

谢清体（2022 年 12 月任）

法制大队

大队长　李维本

教导员　林鸿阳

治安大队

大队长　陈健伟（至 2022 年 12 月）

蔡金旺（2022 年 12 月任）

教导员　蔡金旺（至 2022 年 12 月）

林少钧（2022 年 12 月任）

经侦大队

大队长　李健腾（至 2022 年 12 月）

徐金德（2022 年 12 月任）

教导员　张光章

出入境管理大队

大队长　施正白（至 2022 年 12 月）

李健腾（2022 年 12 月任）

教导员　蔡英贤

禁毒大队

大队长　吕志新

教导员　吴国林（至 2022 年 12 月）

颜贻谦（2022 年 12 月任）

巡特警反恐大队

大队长　柯宏伟

教导员　林阿欣

海防大队

大队长　周俊彬

教导员　蔡文强

政工室

主　任　蔡红生

纪检监察室

主　任　李宝玉（女，至 2022 年 12 月）

警务保障室

主　任　王金水

凤里派出所

所　长　李铭鐏

教导员　黄文敬（至 2022 年 12 月）

吴国林（2022 年 12 月任）

湖滨派出所

所　长　施养枋

教导员　罗秋生

灵秀派出所

所　长　宋锋宁（至 2022 年 12 月）

黄文敬（2022 年 12 月任）

教导员　徐金德（至 2022 年 12 月）

严良华（2022 年 12 月任）

宝盖派出所

所　长　邱志鹏（至 2022 年 12 月）

曾志忠（2022 年 12 月任）

教导员　郭小林（至 2022 年 12 月）

邱晋榕（2022 年 12 月任）

蚶江派出所

所　长　叶元荣

教导员　邱晋榕（至 2022 年 12 月）

郭小林（2022 年 12 月任）

永宁派出所

所　长　曾志忠（至 2022 年 12 月）

王阿祥（2022 年 12 月任）

教导员　蔡金田

祥芝派出所

所　长　张宝利

教导员　林董永（至 2022 年 12 月）

曾国同（2022 年 12 月任）

鸿山派出所

所　长　王阿祥（至 2022 年 12 月）

刘振起（2022 年 12 月任）

教导员　刘振起（至 2022 年 12 月）

林董永（2022 年 12 月任）

锦尚派出所

所　长　蔡海炳

教导员　林辉煌

看守所

所　长　邱锂伟

教导员　李聪雄

拘留所

所　长　温卫东

教导员　颜奕晖

民政局

局　长　许明忠

副局长　蔡提福（至 2022 年 7 月）

曾少君

纪迎盈（女，2022 年 7 月任）

司法局

党组书记　苏金灿

局　长　苏金灿
（至 2022 年 12 月）
杜海鹏
（2022 年 12 月任）
副局长　黄艺艺
（女，至 2022 年 7 月）
杜海鹏
（至 2022 年 12 月）
林白莲
（女，2022 年 7 月任）
徐衍璋
（2022 年 12 月任）

凤里司法所
所　长　林智远

湖滨司法所
所　长　吴棉棉（女）

灵秀司法所
所　长　林白莲
（女，至 2022 年 7 月）
杨文灿
（2022 年 7 月任）

宝盖司法所
所　长　蔡鸳鸯
（女，至 2022 年 7 月）
蔡天成
（2022 年 7 月任）

蚶江司法所
所　长　陈彬彬（女）

永宁司法所
所　长　邱庆雄

祥芝司法所
所　长　蔡式彪

鸿山司法所
所　长　杨婉园（女）

锦尚司法所
所　长　杨玲玲（女）

财政局
局　长　傅荣辉
副局长　傅文淮
李垂轩

财税系统党委
书　记　傅荣辉
副书记　颜建生

国有资产发展服务中心
主　任　邱凉凉（女）
副主任　陈永瑞
（至 2022 年 7 月）
邱建仁
（2022 年 7 月任）
施养钞
（2022 年 12 月任）

国库支付中心
主　任　蔡天锡

人力资源和社会保障局
局　长　李迎河
副局长　邱尚付
王名体

社会保险中心
主　任　施佩芸（女）

人力资源公共服务中心
主　任　孙辉体

自然资源局
局　长　蔡晓智
副局长　吴金锁
蔡金郡
蔡少瑜

城建交通系统党委
书　记　蔡晓智
副书记　李幼芳（女）

不动产登记中心
主　任　黄振建

住房和城乡建设局
局　长　佘明涵
副局长　颜文艺
（至 2022 年 7 月）
林耀茂

人民防空办公室
主　任　张基明

交通和港口发展局
局　长　邱建申
副局长　陈文晖
刘世昌
（2022 年 7 月任）

交通运输事业发展中心
主　任　刘世昌
（至 2022 年 7 月）
王志锵
（2022 年 7 月任）

交通运输综合执法大队
大队长　王志锵
（至 2022 年 7 月）
庄宏腾
（2022 年 7 月任）

农业农村局
局　长　王英俊
副局长　李有接
（至 2022 年 7 月）
杨婉贞（女）
蔡芳臻
（2022 年 7 月任）
杜越成
张　宁（挂职）

农业综合执法大队
大队长　陈晓围

商务局
局　长　苏金发
副局长　李荣亮
李辉育

市场采购贸易服务中心
主　任　苏志纯
（2022 年 7 月任）

市场发展服务中心
主　任　郭善慧
（女，2022 年 12 月任）

文化体育和旅游局
局　长　蔡迎娟（女）
副局长　蔡志坤
骆旺山
（至 2022 年 7 月）

文化市场综合执法大队
大队长　曾晓敏
（女，至 2022 年 7 月）
林佳曲
（2022 年 7 月任）

卫生健康局
局　长　余文革
副局长　蔡世博
谢金磐
梁建莉
（女，2022 年 12 月任）

卫生监督所
所　长　王建基

疾病预防控制中心
主　任　李炎芳

医疗质量评估中心

主　任　　郑清峰

总医院

书　记　　邱宗财（至2022年6月）
孙飞轮（2022年6月任）

院　长　　孙飞轮（至2022年7月）
黄书琳（2022年7月任）

妇幼保健院

院　长　　孙飞轮（至2022年7月）
黄书琳（2022年7月任）

书记、执行院长　许志鹏

中医院

院　长　　孙飞轮（至2022年7月）
黄书琳（2022年7月任）

书　记　　黄书琳

执行院长　李灿新

退役军人事务局

局　长　　李少宗

副局长　　蔡宗凯

应急管理局

局　长　　陈国锋

副局长　　邱国衍（至2022年7月）
卢金宗
张孝强
方绍鹏（2022年7月任）

总工程师　朱永得（2022年12月任）

市应急救援中心

主　任　　蔡锦耀（2022年7月任）

市应急管理综合执法大队

队　长　　蔡振辉（2022年7月任）

地震办公室

主　任　　李延安（至2022年7月）
傅　途（2022年7月任）

审计局

局　长　　邓莲珍（女）

副局长　　王志春
邱少频（女，2022年7月任）

市场监督管理局

局　长　　邱灿飞

副局长　　佘连捷
吴育进
王建群

食品药品总监　张金聪

凤里监督管理所

所　长　　蔡怡适（至2022年7月）
黄滨滨（2022年7月任）

湖滨监督管理所

所　长　　胡文献

灵秀监督管理所

所　长　　黄荣炉

宝盖监督管理所

所　长　　郑鸿博

蚶江监督管理所

所　长　　郑敬谋

永宁监督管理所

所　长　　张培阳

祥芝监督管理所

所　长　　张文成

鸿山监督管理所

所　长　　蔡珍贵

锦尚监督管理所

所　长　　邱志宏

市场监管综合执法大队

大队长　　王永松（至2022年7月）
林再炎（2022年7月任）

统计局

局　长　　周加建

副局长　　曾焕达

社会经济调查大队

大队长　　孙秋声

金融工作局

局　长　　刘福全

副局长　　王正一

信访局

局　长　　蔡文轴

副局长　　肖秋华

城市管理局

局　长　　张尚炬

副局长　　宋建华
蔡荣滢
蔡加新

总工程师　潘志华（至2022年7月）
胡奕东（2022年7月任）

市政公用事业发展中心

主　任　　潘志华（2022年7月任）

副主任　　林义力（2022年7月任）
卢章钦
林育超（至2022年7月）
吴顺昌

大数据管理局

局　长　　邱尚齐

副局长　　李文谱

行政服务中心管委会

主　任　　苏龙锽

副主任　　庄忠庆

供销合作社联合社

主　任　　蔡文作

副主任　　张志刚
纪迎盈（女，至2022年7月）
邱国龙（2022年7月任）

政协石狮市委员会

主　席　　黄延艺（女）

副主席　　朱　贤

王莉萍（女）
李宁韧（女）
吕　锜

办公室
主　任　　郭永加
副主任　　蔡　菁（女）
　　　　　李加勇

提案法制办公室
主　任　　张育群
副主任　　上官加兴

经济资源办公室
主　任　　蔡新群
副主任　　范丽焜
　　　　　（女，2022 年 12 月）

教科文卫史办公室
主　任　　洪奇树
副主任　　许支援

台港澳侨民宗办公室
主　任　　李志雄
副主任　　蔡文茹（女）

中共石狮市纪律检查委员会、监察委员会

书记、主任　陈守林
副书记、副主任　蔡德森
　　　　　龚金镇
纪委常委　姜荣树
　　　　　（2022 年 8 月任）
　　　　　王翌壮
　　　　　吴朝阳
　　　　　颜雯雯
　　　　　（女，至 2022 年 8 月）
　　　　　洪秀劝（女）
监委委员　王翌壮
　　　　　吴朝阳
　　　　　王益富
　　　　　陈荣坊

办公室
主　任　　吴瑞文

组织和宣传部
部　长　　庄君斌

党风政风监督室
主　任　　陈　峰

信访室
主　任　　陈进良

案件监督管理室
主　任　　高群南

第一纪检监察室
主　任　　邱跃群

第二纪检监察室
主　任　　陈振广

第三纪检监察室
主　任　　邱世昌

第四纪检监察室
主　任　　邱专文

第五纪检监察室
主　任　　蔡德清

第六纪检监察室
主　任　　吴建军

案件审理室
主　任　　邱瑜谊（女）

纪检监察干部监督室
主　任　　王赵琳（女）

驻党群系统纪检监察组
组　长　　庄雪峰

驻政府综合系统纪检监察组
组　长　　蔡一鹏

驻政法系统纪检监察组
组　长　　张常亮

驻法院纪检监察组
组　长　　吴月明

驻检察院纪检监察组
组　长　　许达森

驻经济系统纪检监察组
组　长　　刘永辉

驻教育系统纪检监察组
组　长　　王山海

驻公安局纪检监察组
组　长　　张铭毅

驻财政系统纪检监察组
组　长　　傅　胜

驻城建系统纪检监察组
组　长　　陈伟鹏（女）

驻农业系统纪检监察组
组　长　　陈文希

驻文体卫生系统纪检监察组
组　长　　龚铭峰

石狮市人民法院

院　长　　林德育
副院长　　陈国兴
　　　　　（2022 年 11 月任）
　　　　　颜良伙
　　　　　（至 2022 年 11 月）
　　　　　叶　青
　　　　　（至 2022 年 11 月）
　　　　　吴志生
　　　　　戴剑萍
　　　　　（2022 年 11 月任）

政治部
主　任　　钟　军
　　　　　（至 2022 年 8 月）
　　　　　蔡美婷
　　　　　（女，2022 年 8 月任）
专职审委　程耕轮
　　　　　陈书雄

石狮市人民检察院

检察长　　余冬阳
副检察长　陈玳鸿
　　　　　陈紫凡
　　　　　陈国兴
　　　　　（至 2022 年 8 月）
　　　　　陈清真
　　　　　（女，2022 年 8 月提名）

政治部
主　任　　蔡志强
　　　　　（至 2022 年 8 月）
　　　　　颜雯雯
　　　　　（女，2022 年 8 月任）
专职检委　王晋荣
　　　　　王传苗
　　　　　（2022 年 8 月任）

民主党派

中国国民党革命委员会泉州市石狮总支部委员会
主　委　　陈垂汉
中国民主同盟石狮市总支部委员会
主　委　　蔡进强
中国民主建国会石狮市基层委员会
主　委　　吕　锜
中国民主促进会石狮市总支部委员会
主　委　　洪明芳
中国农工党石狮市总支部委员会
主　委　　李灿新
中国致公党石狮市总支部委员会
主　委　　施文坛
九三学社石狮市基层委员会
主　委　　郑海滨
台湾民主自治同盟石狮市支部委员会
主　委　　李璐琳（女）

群众团体

总工会
主　席　　许顺达
党组书记、常务副主席　王清波
副主席　　邱少频
（女，至 2022 年 6 月）
林曙燕
（女，2022 年 11 月任）
共青团石狮市委员会
书　记　　孙甜甜（女）
副书记　　林煜熙
妇女联合会
主　席　　邱亚环（女）
副主席　　李丽宽（女）
科学技术协会
主　席　　谢文传
副主席　　吴志远
归国华侨联合会
主　席　　董立新
副主席　　蔡冰冰
（女，至 2022 年 6 月）
姚凉凉
（女，2022 年 8 月任）
工商业联合会（总商会）
主席（会长）　杨紫明
（2022 年 2 月任）
党组书记、副主席　刘以欣
（至 2022 年 2 月）
常务副主席　林新苗
（2022 年 2 月任）
台湾同胞联谊会
会　长　　佘圣尧
副会长　　李璐琳
（女，2022 年 12 月提名）
文学艺术界联合会
主　席　　卢崎青
副主席　　洪明芳
国际贸易促进委员会（国际商会）
会　长　　李　佳
副会长　　邱尚定
残疾人联合会
理事长　　陈伟祥
副理事长　洪永家
红十字会
会　长　　洪奕蓉（女）
常务专职副会长　许经杭
专职副会长　蔡荣旭
计划生育协会
会　长　　施心新
常务专职副会长　蔡金勤
专职副会长　吴修忍
社会科学界联合会
会　长　　王胜利

各开发区

石狮高新技术产业开发区
党工委
书　记　　曾少嵘
副书记　　陈拥护
纪工委
书　记　　邱伟煌
管委会
主　任　　曾少嵘
（2022 年 8 月任）
副主任　　陈拥护
杨思恩
办公室
主　任　　施长华
（至 2022 年 7 月）
业务科
科　长　　洪金榜
（至 2022 年 7 月）
经济发展科
科　长　　洪金榜
（2022 年 7 月任）
石狮高新技术产业开发区服务中心
主　任　　邱雅容（女）

各镇、街道

凤里街道
党工委
书　　记　　蔡文博
副 书 记　　颜安妮（女）
吴激扬
政法委员　　吴激扬
纪工委书记　陈振达
组织委员　　张子健
宣传委员　　王雅凉（女）
统战委员　　赵世权
秘　　书　　赵世权
人大工委
主　　任　　蔡芳汶
街道办事处
主　　任　　颜安妮（女）
副 主 任　　王雅凉（女）
杜晓岚
郑天宝
综合便民服务中心
主　　任　　杨彬彬（女）
社区治理服务中心
主　　任　　王少勇
（至 2022 年 6 月）

林育超

（2022年6月任）

综合执法队

队　　长　　王元静

湖滨街道

党工委

书　　记　　傅凉凉（女）

副 书 记　　蔡清墩

孙文添

政法委员　　孙文添

纪工委书记　林文森

组织委员　　陈晓霞（女）

宣传委员　　卢鸿利

统战委员　　蔡良辉

秘　　书　　蔡良辉

人大工委

主　　任　　柯晓霖

街道办事处

主　　任　　蔡清墩

副 主 任　　卢鸿利

李巨擘

黄梅前

综合便民服务中心

主　　任　　张昊雯（女）

社区治理服务中心

主　　任　　朱瑜男（女）

综合执法队

队　　长　　谢维烽

灵秀镇

党　委

书　　记　　邱华侨

副 书 记　　张子群

蔡熙达

政法委员　　蔡熙达

纪委书记　　骆文杰

组织委员　　杨安雅（女）

宣传委员　　陈文默

统战委员　　施滨滨（女）

秘　　书　　施滨滨（女）

人大主席团

主　　席　　施正极

专职副主席　张宝忠

镇政府

镇　　长　　张子群

副 镇 长　　陈文默

邱世炎

林振志

吴宏达

（挂职，2022年8月任）

综合便民服务中心

主　　任　　卢逢亮（女）

乡村振兴服务中心

主　　任　　张宝葛

基层治理服务中心

主　　任　　李　晅（女）

综合执法队

队　　长　　颜增炜

宝盖镇

党　委

书　　记　　蔡俊龙

（至2022年12月）

副 书 记　　柳建波

林积沪

高淑芬

（女，挂职，2022年1月任）

政法委员　　林积沪

纪委书记　　李式禾

组织委员　　邱泽群

（至2022年6月）

蔡慰玲

（女，2022年6月任）

宣传委员　　王安庆

统战委员　　陈美妮（女）

秘　　书　　陈美妮（女）

人大主席团

主　　席　　蔡俊清

专职副主席　张再生

镇政府

镇　　长　　柳建波

副 镇 长　　王安庆

蔡作为

陈晓聪

综合便民服务中心

主　　任　　蔡雷霆

乡村振兴服务中心

主　　任　　蔡锦耀

（至2022年6月）

蔡佳默

（2022年6月任）

基层治理服务中心

主　　任　　王翠萌

（女，至2022年6月）

王泽永

（2022年6月任）

综合执法队

队　　长　　施隽杨

蚶江镇

党　委

书　　记　　陈殿魁

副 书 记　　陈增坛

卢小钦

蔡俊彬

（挂职，2022年1月任）

政法委员　　卢小钦

纪委书记　　王江坤

组织委员　　唐丽雯（女）

宣传委员　　郭荣芳

统战委员　　许君君（女）

秘　　书　　许君君（女）

人大主席团

主　　席　　邱明革

专职副主席　蔡育权

镇政府

镇　　长　　陈增坛

副 镇 长　　郭荣芳

张国梁

留锦章

综合便民服务中心

主　　任　　卢心心（女）

乡村振兴服务中心

主　　任　　林阳洋

文旅发展服务中心

主　　任　　邱晓虹（女）

综合执法队

队　　长　　王振景

永宁镇

党　委

书　　记　　邱银河

副 书 记　　邱志雄

施文静

政法委员　　施文静

纪委书记　　郭安妮（女）

组织委员　　林胜镜

宣传委员 蔡加勉
统战委员 傅森源
（至2022年6月）
陈 静
（女，2022年6月任）
秘 书 傅森源
（至2022年6月）
陈 静
（女，2022年6月任）

人大主席团

主 席 纪华雄

镇政府

镇 长 邱志雄
副 镇 长 蔡加勉
吴杰雄
王明晓

综合便民服务中心

主 任 陈珊婷（女）

乡村振兴服务中心

主 任 柯超群
（至2022年6月）
王少勇
（2022年6月任）

综合执法队

队 长 王文钦

祥芝镇

党 委

书 记 邱建明
副 书 记 邱培钦
张金从
政法委员 张金从
纪委书记 龚莹莹（女）
组织委员 蔡辉亮
宣传委员 卢盛银
统战委员 纪荣喜
秘 书 纪荣喜

人大主席团

主 席 吴伟峰

镇政府

镇 长 邱培钦
副 镇 长 卢盛银
蔡凯龙
王妮娅（女）

综合便民服务中心

主 任 陈明英（女）

乡村振兴服务中心

主 任 洪育群

综合执法队

队 长 林义力
（至2022年6月）
许鸿培
（2022年6月任）

鸿山镇

党 委

书 记 蔡鸿强
（至2022年8月）
廖闽欣
（2022年8月任）
副 书 记 杨思明
蔡文市
政法委员 蔡文市
纪委书记 叶 芃
组织委员 许安安（女）
宣传委员 蔡林鹏
统战委员 黄荣辉
秘 书 黄荣辉

人大主席团

主 席 苏 斌

镇政府

镇 长 杨思明
副 镇 长 蔡林鹏
林建勤
黄建钳

综合便民服务中心

主 任 林美华（女）

乡村振兴服务中心

主 任 施养钞
（至2022年12月）
蔡长沙
（2022年12月任）

综合执法队

队 长 王志贤

锦尚镇

党 委

书 记 廖闽欣
（至2022年8月）
洪星炫
（2022年8月任）
副 书 记 洪星炫
（至2022年8月）
王佳鸿
（2022年10月任）
洪志胜
政法委员 洪志胜
纪委书记 蔡芳臻
（至2022年6月）
陈非凡
（女，2022年6月任）
组织委员 王显明
宣传委员 张瑞富
统战委员 蔡德谋
秘 书 蔡德谋

人大主席团

主 席 邱友炳

镇政府

镇 长 洪星炫
（至2022年8月）
王佳鸿
（2022年11月任）
副 镇 长 张瑞富
林再裕
佘雅容（女）

综合便民服务中心

主 任 吴云玲（女）

乡村振兴服务中心

主 任 李华媚（女）

综合执法队

队 长 庄宏腾
（至2022年6月）
蔡奕鑫

索引

说明

一、本索引采用主题词分析法，按主题词首字汉语拼音字母顺序排列。

二、栏目、分目标题用黑体字。“年度聚焦”“专记”“大事记”“市情概览”“荣誉　人物”“文献选录”“附录”内容不作索引。

三、索引主题词后的数字表示页码，数字后的 a、b、c 表示栏别左中右。

四、空一字起排的款目为上一主题的“附见”。

D

E

F

K

L

M

N

X